中華博物通考

總主編 張述錚

日用卷

本卷主編
路廣正

上海交通大學出版社

圖書在版編目（CIP）數據

中華博物通考. 日用卷 / 張述錚總主編；路廣正本
卷主編.—上海：上海交通大學出版社, 2024.1
ISBN 978-7-313-29838-6

Ⅰ.①中… Ⅱ.①張… ②路… Ⅲ.①百科全書—中
國—現代②日用品—中國 Ⅳ.①Z227②TS976.8

中國國家版本館CIP數據核字(2023)第237828號

特約編審：完顏紹元

責任編輯：李　旦

裝幀設計：姜　明

中華博物通考・日用卷

總　主　編：張述錚
本卷主編：路廣正
出版發行　上海交通大學出版社　　　地　　址：上海市番禺路951號
郵政編碼：200030　　　　　　　　　　電　　話：021-64071208
印　　製　蘇州市越洋印刷有限公司　　經　　銷：全國新華書店
開　　本：890mm×1240mm　1／16　　印　　張：32
字　　數：661千字
版　　次：2024年1月第1版　　　　　　印　　次：2024年1月第1次印刷
書　　號：ISBN 978-7-313-29838-6
定　　價：386.00元

《中華博物通考》學術顧問

（按姓氏筆畫排序）

王　方	王　釗	王子舟	王文章	王志强	仇正偉	孔慶典	石雲里
田藝瓊	白庚勝	朱孟庭	任德山	衣保中	祁德樹	杜澤遜	李　平
李行健	李克讓	李德龍	李樹喜	李曉光	吳海清	佟春燕	余曉艷
邱永君	宋大川	苟天林	郝振省	施克燦	姜　鵬	姜曉敏	祝逸雯
祝壽臣	馬玉梅	馬建勛	桂曉風	夏興有	晁岱雙	晏可佳	徐傅武
高　峰	高莉芬	陳　煜	陳茂仁	孫　機	孫　曉	孫明泉	陶曉華
黃金東	黃群雅	黃壽成	黃燕生	曹宏舉	曹彥生	常光明	常壽德
張志民	張希清	張維慎	張慶捷	張樹相	張聯榮	程方平	鈕衛星
馮　峰	馮維康	楊　凱	楊存昌	楊志明	楊華山	賈秀娟	趙志軍
趙連賞	趙榮光	趙興波	蔡先金	鄭欣淼	寧　强	熊遠明	劉　静
劉文豐	劉建美	劉建國	劉洪海	劉華傑	劉國威	潛　偉	霍宏偉
魏明孔	聶震寧	蘇子敬	嚴　耕	羅　青	羅雨林	釋界空	釋圓持
鐵付德							

《中華博物通考》編輯出版委員會

《中華博物通考·日用卷》編纂委員會

主　　編：路廣正

副 主 編：唐子恒　　張小平

撰 稿 人：路廣正　　唐子恒　　張小平　　華　夫　　劉　毅　　李曉東　　田　茹

　　　　　賈繼海　　趙國卿　　楊廣學　　張畢明　　王天彤　　張亞南

導　論

——縱論中華博物學的沉淪與重建

引　言

在中國當代，西方博物學影響至巨，自鴉片戰争以來，屈指已歷百載。何謂"西方博物學"？"西方博物學"是以研究動植物、礦物等自然物爲主體的學科，但不包含社會領域的社會生活，至 19 世紀後期已完成學術使命，成爲一種保護大自然的公益活動，但國人却一直承襲至今。中華久有自家的博物學，已久被忘却，無人問津，這一狀况實是令人不安。前日偶見《故宮裏的博物學》問世，精裝三册，喜出望外，以爲我中華博物學終得重生，展卷之後始知，該書是依據清乾隆時期皇室的藏書《清宮獸譜》《清宮鳥譜》《清宮海錯圖》（"海錯"多指海中錯雜的魚鱉蝦蟹之類）繪製而成，其中一些并非實有，乃是神話傳説之物。其内容提要稱"是專爲孩子打造的中華文化通識讀本"，而對博物院内琳琅滿目的海量藏品則隻字未提。這就是説，博物院雖有海量藏品，却與故宮裏的博物學毫不相干，或曰并不屬於博物學的研究範圍。此書的編纂者是我國的著名專家，未料我國這些著名專家所認定的博物學仍是西方的博物學。此書得以《故宮裏的博物學》的名義出版，又證我國的出版界對於此一命題的認同，竟然不知我中華久有自家的博物學。此書如若改稱《故宮裏的皇室動物圖譜》，則名正言順，十分精彩，不失爲一部别具情趣的兒童讀物，但原書名却無意間形成一種誤導，孩子們可能會據此認定：唯有鳥獸蟲魚之類才是中華文化中的大學問，故而稱之爲"博物學"，最終會在其幼小心靈裏留下西方博物學的深深印記。

何以出現這般狀況？因爲部分國人對於傳統的中華博物及中華博物學，實在是太過陌生！那麼，何謂"博物"？本文指稱的"博物"，是指隸屬或關涉我中華文化的一切可見或可感知之物體物品。何謂"中華博物學"？"中華博物學"的研究主體是除却自然界諸物之外，更關涉了中國社會的各個方面各個領域，進而關涉了我中華民族的生息繁衍，關涉了作爲文明古國的盛衰起落，足可爲當代或後世提供必要的藉鑒，是我國獨有、無可替代的學術體系。故而重建中華博物學，具有歷史的、現實的多方面實用價值。我中華博物學起源久遠，至遲已有兩千年歷史，祇是初始没有"博物學"之名而已。時至明代，始見"博物之學"一詞。如明楊士奇《東里續集》卷一八評述宋陸佃《埤雅》曰："此書於博物之學蓋有助焉。"此一"博物之學"，可視爲"中華博物學"的最早稱謂。又，《四庫全書總目提要》卷一三六評清陳元龍《格致鏡原》曰："〔此書〕分三十類：曰乾象，曰坤輿，曰身體，曰冠服，曰宫室，曰飲食，曰布帛，曰舟車，曰朝制，曰珍寶，曰文具，曰武備，曰禮器，曰樂器，曰耕織器物，曰日用器物，曰居處器物，曰香奩器物，曰燕賞器物，曰玩戲器物，曰穀，曰蔬，曰木，曰草，曰花，曰果，曰鳥，曰獸，曰水族，曰昆蟲，皆博物之學。"此即古籍述及的"中華博物學"最爲明確、最爲全面的定義。重建的博物學於"身體"之外，另增《函籍》《珍奇》《科技》等，可以更全面地融匯古今。在擴展了傳統博物學天地之外，又致力於探索浩浩博物的淵源、流變，以及同物異名與同名異物的研究，致力於物、名之間的生衍關係的考辨。"博物學"本無須冠以"中華"或"中國"字樣，在當代爲區别於西方的"博物學"，遂定名爲"中華博物學"，或曰"中華古典博物學"。"中華博物學"，國人本當最爲熟悉，事實却是大出所料，近世此學已成了過眼雲烟，少有問津者，西方博物學反而風靡於中國。何以形成如此狀況？何以如此本末倒置？這就不能不從噩夢般的中國近代史談起。

一、喪權辱國尋自保，走投無路求西化

清王朝自鴉片戰争喪權辱國之後，面對列强的進逼，毫無氣節，連連退讓，其後又遭

甲午戰爭之慘敗，走投無路，於是由所謂“師夷之長技”，轉而向日本求取西化的捷徑，以便苟延殘喘。日本自 19 世紀始，城鄉不斷發生市民、農民暴動，國内一片混亂。1854 年 3 月，又在美國鐵艦火炮脅迫之下，簽訂《神奈川條約》。四年後再度被迫與美國簽訂通商條約。繼此以往，荷、俄、英、法，相繼入侵，條約不斷，同百年前的中國一樣，徹底淪爲半封建半殖民地社會，當權的幕府聲威喪盡。1868 年 1 月，天皇睦仁（即明治天皇）下達《王政復古大號令》，廢除幕府制度，但值得注意的是仍然堅守“大和精神”，并未全部廢除自家原有傳統。同年 10 月，改元明治，此後的一系列變革措施，即稱之爲“明治維新”。維新之後，否定了“近習華夏”，衝決了“東亞文化圈”，上自天皇，下至黎民，勠力同心，在“富國强兵、置產興業”的前提之下，遠法泰西，大力引入嶄新的科學技術，從而迅速崛起，廢除了與列强的一切不平等條約，成爲令人矚目的世界强國之一。可見“明治維新”之前，日本内憂外患的遭遇，與當時的中國非常相似。在此民族存亡的關鍵時刻，中國維新派代表人物不失時機，遠渡東洋，以日本爲鏡鑒，在引進其先進科技的同時，也引進了日本人按照英文 natural history 的語意翻譯成的漢語“博物學”，雖并不準確，但因出於頂禮膜拜，已無暇顧及。況且，自甲午戰爭至民國前期，日源語詞已成爲漢語外來語詞庫中的魁首，遠超英法俄諸語，且無任何外來語痕迹，最難識别。如“民主”“科學”“法律”“政府”“美感”“浪漫”“藝術界”“思想界”“無神論”“現代化”等，不勝枚舉。國人曾試圖自創新詞，但敗多勝少，祇能望洋興嘆。究其原因，并非民智的高下，也并非語種的優劣，實則是國力强弱的較量，國强則國威，國威則必擁有强勢文化，而强勢文化勢必涌入弱國，面對强勢文化，弱國豈有話語權？西方的“博物學”進入中國，遒勁而又自然。

那麼，西方博物學源於何時何地？又經歷了怎樣的發展變化？答曰：西方博物學發端於古希臘亞里士多德（公元前 384—前 322）《動物志》之類著述，又經古羅馬老普林尼（公元 23—79）的《自然史》，輾轉傳至歐洲各國。其所謂博物除却動植物外，更有天文、地理、人體諸類。這是西方的文化背景與知識譜系，西人習以爲常，喜聞樂見。在歐洲文藝復興和美洲地理大發現之後，見到别樣的動物、植物以及礦物，博物學得到長足發展。至 19 世紀前半期，博物學形成了動物學、植物學和礦物學三大體系，達於鼎盛。至 19 世紀後期，動物學、植物學獨立出來，成爲生物學，礦物學則擴展爲地質學，博物學已被架空。至 20 世紀，博物學已不再屬於什麼科學研究，而完全變成一種生態與環境探索，以供民衆休閑安居的社會活動。其時，除却發端於亞里士多德的"博物學"之外，也有後起的"文化博物學"（Cultural Museology），這是一門非主流的綜合性學科，旨在研究人類一切文化遺産，試圖展示并解釋歷史的傳承與發展，但在題材視野、表達主旨等方面與中華傳統博物學仍甚有差異。面對此類非主流論説，當年的譯者或視而不見，或有意摒弃，其志在振興我中華。

在尋求救國的路途中，仁人志士們目睹了西方先進文化，身感心受，嚮往久之。"試航東西洋一游，見彼之物質文明，莊嚴燦爛，而回首宗邦，黯然無色，已足明興衰存亡之由，長此以往，何堪設想？"（吴冰心《博物學雜誌》發刊詞，1914 年 1 月，第 1 ~ 4 頁），此時仁人志士們滿腔熱血，一心救國。但如何救國，却茫茫然，如墮五里霧中。這一救國之路從表象上觀察似乎一切皆以日本爲鏡鑒，實則迥别於"明治維新"之路，未能把握"富國强兵、置産興業"之首要方嚮，而當年的執政者却祇顧個人權勢的得失，亦無此遠大志嚮。仁人志士們雖振臂疾呼，含泪吶喊，祇飄摇於上層精英之間，因一度失去民族自信、文化自信，而不知所措，矛頭直指孔子及千載儒學，進而直指傳統文化。五四運動前夜，北京大學著名教授錢玄同即正告國人"欲驅除一般人之幼稚的野蠻的頑固的思想"，就必須要"廢孔學"，必須要"廢漢文"（錢玄同《中國今後的文字問題》，載 1918 年 4 月 15 日《新青年》第 4 卷第 4 號）。翌年，五四運動爆發，仁人志士們高舉"德謨克拉西"（民主）、"賽因斯"（科學）兩面大旗，掀起反帝反封建的狂濤巨瀾，成爲中國近現代史上的偉大里程碑，中國人民自此視野大開。這兩面大旗指明了國家强弱成敗的方嚮。但與此同時，仁人志士們又毫不猶豫，全力以赴，要堅决"打倒孔家店"。於是，孔子及其儒家學説成了國弱民窮的替罪羊！接踵而至的就是對於漢字及其代表的漢文化的徹底否定。偉大革命思想家魯迅也一直抨擊傳統觀念、傳統體制，1936 年 10 月，在他逝世前夕《病中答救亡情報訪員》一文中，竟然斷言："漢字不滅，中國必亡！"而新文化運動的主要人物之一胡適更是語出驚人："我們必須承認我們自己百事不如人，不但物質機械上不如人，不但政治制度不如人，并且道德不如人，知識不如人，文學不如人，音樂不如人，藝術不如人，身體不如人。"中華民族是"又愚又懶的民族"，是"一分象人，九分象鬼的不長進民族"（胡適《介紹我自己的思想》，1930 年 12 月亞東圖書館初版《胡適文選》自序）。這是"五四"前後一代精英們的實見實感，本意在於革故鼎新，但這些通盤否定傳統文化的主張，不啻是在緊要歷史關頭的一次群情失控，是中國文化史中的一次失智！在這樣的歷史背景、這樣的歷史氣勢之下，接受西方"博物學"就成了必然，有誰會顧及古老的傳統博物學？

在引進西方博物學之後，國人紛予效法，試圖建立所謂中華自家的博物學，於是圍繞植物學、動物學兩大方面遍搜古今，窮盡群書，着眼於有關動植物之類典籍的縱橫搜求，但這并非我中華的博物全貌，也并非我中華博物學，況且在中華古典博物學中，也罕見西方礦物學之類著作，可見，試圖以西方的博物學體系，另建中華古典博物學，實在是削足適履、邯鄲學步。自 1902 年始，晚清推行學制改革，先後頒布了"壬寅學制""癸卯學制"。1905 年，根據《奏定學堂章程》，已將西方博物學納入中學的課程設置。其課程分爲植物、動物、礦物、人體生理學四種，分四年講授。1912 年中華民國成立後，江浙等地出現過博物學會和期刊，稍後武昌高等師範學校設立了博物學系，出版過《博物學雜誌》，主要研究動物學、植物學及人體生理學，隨後又將博物學系改稱生物學系，《博物學雜誌》也相應改稱《生物學雜誌》，重走了西方的老路。北京高等師範學校也有類似經歷，甚爲盲目而混亂。至 30 年代，發現西方博物學自 20 世紀始，已轉型爲生態與環境探索，因國人再無興趣，對西方博物學的大規模推廣、學習在中國遂先停止，但因影响至深，其餘風猶存。

二、中華典籍浩如海，博物古學何處覓？

應當指出，中國古代典籍所載之草木、鳥獸、蟲魚之類，亦有别於西方，除却其自身屬性特徵外，又常常被人格化，或表親近，或加贊賞，體現了另一種精神情愫。如動物龜、鶴，寓意長壽（其後，龜又派生了貶義）；豺、狼、烏鴉、猫頭鷹，或表殘忍，或表不祥；其他如十二生肖，亦各有象徵，各有寓意。而那些無血肉、無情感的植物，同樣也被賦予人文色彩。如漢班固《白虎通·崩薨》載："《春秋含文嘉》曰：天子墳高三仞，樹以松；諸侯半之，樹以柏；大夫八尺，樹以欒；士四尺，樹以槐；庶人無墳，樹以楊、柳。"足見在我國古老的典制禮俗中，松、柏、欒、槐、楊、柳，已被賦予了不同的屬性，被分爲五等，楊、柳最爲低賤；就連如何埋葬也分爲五等，嚴於區别，從墳高三仞到無墳，成爲天子到庶人的埋葬標志。實則墳墓分爲等級，早在公元前 3300 年至公元前 2300 年的良渚古城遺址已經發現。這些浩浩博物，廣泛涉及了古老民族和古老國度的典制與禮俗，我國學人也難盡知，西方的博物學又當如何表述？

可見西方博物學絕難取代中華古典博物學，中華古典博物學的研究範圍，遠超西方博物學，或可說中華古典博物學大可包容西方博物學。如今，這一命題漸引起國內一些有識之士、專家學者的關注。那麼，中華古典博物學究竟發端於何時何地？有無相對成型的體系？如何重建？答曰：若就人類辨物創器而言，上古即已有之，環宇盡同。若僅就我中華文獻記載而言，有的學者認爲當發端於《周易》，因爲"易道廣大，無所不包"（《四庫全書總目提要》卷九），或認爲發端於《書·禹貢》，因爲此書廣載九州山河、人民與物產。《周易》《禹貢》當然可以視爲中華博物學的源頭。而作爲中華博物學體系的領銜專著，則普遍認爲始於晋代張華《博物志》。而論者則認爲，中華博物學成爲一門相對獨立的學科體系，當始於秦漢間唐蒙的《博物記》，此書南北朝以來屢見引用，張華《博物志》不過是續作而已。對此，前人久有論述。如《四庫全書總目提要》卷一四二曰："劉昭《續漢志》注《律曆志》引《博物記》一條，《輿服志》引《博物記》一条，《五行志》引《博物記》二條，《郡國志》引《博物記》二十九條……今觀裴松之《三國志》注（《魏志·太祖紀》《文帝紀》《吳志·孫賁傳》等）引《博物志》四條，又於《魏志·涼茂傳》中引《博物記》一條，灼然二書，更無疑義。"再如宋周密《齊東野語·野婆》曰："《後漢·郡國志》引《博物記》曰：'日南出野女，群行不見夫，其狀晶且白，裸袒無衣襦。'得非此乎？《博物記》當是秦漢間古書，張茂先（張華，字茂先）蓋取其名而爲《志》也。"再如明楊慎《丹鉛總錄》卷一一："漢有《博物記》，非張華《博物志》也，周公謹云不知誰著。考《後漢書》注，始知《博物記》爲唐蒙作。"如前所述，此書南北朝典籍中多有引用，如僅在南朝梁劉昭《續漢志》注中，《博物記》之名即先後出現了三十三次之多。據有關古籍記載，其內包括了律曆、五行、郡國、山川、人物、輿服、禮俗等，盡皆實有所指，無一虛幻。故在明代有關前代典籍分類中，已將唐蒙《博物記》與三國魏張揖《古今字詁》、晋呂靜《韵集》、南朝梁阮孝緒《古今文詁》、唐顔元孫《干禄字書》、宋洪适《隸釋》等字書、韵書并列（見明顧起元《說略》卷一五），足見其學術地位之高，而張華《博物志》則未被錄入。

至西晋已還，佛道二教廣泛流傳，神仙方士之說大興，於是張華又衍《博物記》爲《博物志》，其書內容劇增，自卷一至卷六，記載山川地理、歷史人物、草木蟲魚，這些當是紀要考訂之屬，合乎本文指稱的名副其實的博物學系統。此外，又力仿《山海經》的體例，旨在記載异物、妙境、奇人、靈怪，以及殊俗、瑣聞等，諸多素材語式，亦幾與《山海經》盡同，若"羽民國，民有翼，飛不遠……去九嶷四萬三千里"云云，并非"浩博實物"，已近於"志怪"小説。張華自序稱其書旨在"博物之士覽而鑒焉"，張序指稱的"博物之士"，義同前引《左傳》之"博物君子"，其"博物"是指"博通諸種事物"，虚虚實實，紛紛紜紜，無所不包。此類記述，正合世風，因而《博物志》大行其道，《博物記》則漸被冷落，南北朝之後已失傳，其殘章斷簡偶見於他書，可輯佚者甚微。後世輾轉相引，又常與《博物志》混同。《博物志》至宋代亦失傳，今本十卷爲采摭佚文、剽掇他書而成，真僞雜糅，亦非原作。其後又有唐人林登《續博物志》十卷，緊接《博物志》之後，更拓其虚幻内容，以記神异故事爲主，多是叙述性文字，其條目篇幅較長，宋代之後也已亡佚。再後宋人李石又有同名《續博物志》十卷，其自序稱："次第仿華書，一事續一事。"實則并不盡然，華書首設"地理"，李書改增爲"天象"，其他内容，間有與華書重複者，所續多是後世雜籍，宋世逸聞。此書雖有舛亂附會之弊，仍不失爲一部難得的繼補之作。李書之後，又有明人游潛《博物志補》三卷，仍係補張華之《志》，旨趣體例略如李石之《續志》，但頗散漫，時補時闕，猥雜冗濫。李、游一續一補，盡皆因仍張《志》，繼其孑遺。以上諸書之所謂"博物"，一脉相承，注重珍稀之物而外，多以臚列奇事异聞爲主旨，同"浩博實物"的考釋頗有差异。游潛稍後，明董斯張之《廣博物志》五十卷問世，始一改舊例，設有二十二類，下列子目一百六十七種，所載博物始於上古，達於隋末，不再因仍張《志》而爲之續補，已是擴而廣之，另闢山林，重在追溯事物起源，其中包括職官、人倫、高逸、方技、典制，等等。其後，清人陳逢衡著有《續博物志疏證》十卷、《續博物志補遺》一卷，對李石《續志》逐條研究探索，并又加入新增條目，成爲最系統、最深入的《續》説。其後，徐壽基又著有《續廣博物志》十六卷，繼董《志》餘緒，於隋代之後，逐一相繼，直至明清，頗似李石之續張華。但《廣志》《續廣志》之類，仍非以專考釋"浩博實物"爲主旨。我國第一部以"博物"命名而研究實物的專著，當爲明末谷應泰之《博物要覽》。該書十六卷，惜所涉亦不過碑版、書畫、銅器、窰器、瑪瑙、珊瑚、珠玉、奇石等玩賞之器物，皆係作者隨所見聞，摭録成帙；所列未廣，其中碑版書畫，尤爲簡陋，難稱浩博，其影響遠不及前述諸《志》，但所創之寫實體例，則非同尋常。而最具權威者，當是明末黄道周所著《博物典彙》，該書共二十卷，所涉博物，始自遠古，達於當朝，上自天文地理，下至草木蟲魚，盡予囊括，并以其所在時代最新的觀點、視野，對歷代博物著述進行了彙總研究。如卷一關於"天文"之考釋，下設"渾天""七曜"，"七曜"下又設"日""月""五星"，再後又有"經星圖""緯星圖""二十八宿"。又如卷七關於"后妃"，下設"宫闈内外之分""宫闈預政之誡"，緊隨其後的即教育"儲貳"之法，等等，甚爲周嚴。

以上諸書就是以"博物"命名的博物學專著。在晚清之前，代代相繼，發展有序，并時有新的建樹。

與這些博物學專著相并行，相匹配，另有以"事"或"事物"命名，旨在探索事物起源的博物學專著。初始之作爲北魏劉懋《物祖》十五卷，稍後有隋謝昊《物始》十卷，是對《物祖》的一次重大補正。《物始》之後，有唐劉孝孫等《事始》三卷，又有五代馮鑑《續事始》十卷，是對《事始》的全面擴展與開拓。《續事始》之後，另有宋高承《事物紀原》十卷，此書分五十五個類目，上自"天地生植"，中經"樂舞聲歌""輿駕羽衛""冠冕首飾""酒醴飲食"，直至"草木花果""蟲魚禽獸"，較《物祖》《物始》尤爲完備，遂成博物學的百代經典。接踵而來者有明王三聘《古今事物考》八卷，效法《紀原》之體，自古至今，上至天文地理，下至昆蟲草木，中有朝制禮儀、民生器用、宮室舟車，力求完備，較之他書尤得要領，類居目列，條理分明，重在古今考釋，一事一物，莫不求源溯始，考核精審。此書載録服飾資料尤爲豐富，如卷一有上古禮制之種種服式，非常全面，卷六所載後世之巾冠、衣、佩、帶、襪、履舄、僧衣、頭飾、妝飾、軍服等百餘種，考證多引原書原文，確然有據，甚爲難得。就全書而言，略顯單薄。明徐炬又有《古今事物原始》三十卷，此書仿高承《紀原》之體，又參《事物考》之章法，以考釋制度器物爲主，古今上下，盡考其淵源，更有所得，凡日月星辰、山川草木，亦必確究其淵源流變，但此與天地共生之浩浩博物，四百餘年前的一介書生，豈可臆測而妄斷？爲此而輾轉援引，頗顯紛亂。且鳥獸花草之起首，或加偶語一聯，或加律詩二句，而後逐一闡釋，實乃蛇足。其書雖有此瑕疵，却不掩大成。與王、徐同代的還有羅頎《物原》二卷（《四庫》本作一卷），羅氏以《紀原》不能黜妄崇真，故更訂爲十八門，列二百九十三條，條條錘實。如，刻漏、雨傘、鋦子（用於連合破裂器物的兩脚釘）、酒、豆腐之類的由來，多有創見。惜違《紀原》明記出典之體，又背《事物考》之道，凡有考釋，則溷集衆説爲一。如，烏孫公主作琵琶，張華作苔紙，皆茫然不知所本。不過章法雖有差失，未臻完美，但其功業甚巨，《物原》成爲一部研究記述我國先民發明創造的專著。時至清代，陳元龍又撰

《格致鏡原》一百卷。何謂"格致鏡原"？意即格物致知，以求其本原。此書的子目多達一千七百餘種，明代以前天地間萬事萬物盡予羅致，一事一物，必究其原委，詳其名號，廣博而精審，終成中華古典博物學的巔峰之作。

以上兩大系列專著，自秦漢以來，連續兩千載，一脉相承，這并非十三經、二十六史之類的敕編敕修，無人號令，無人支持，完全出自一種無形的力量，出自文化大國、中華文脉自惜自愛的傳承精神，從而構成浩大的博物學體系。在我國學術研究史中，在我國圖書編纂史中，乃至於世界文化史中，當屬大纛獨立，舉世無雙！本當如江河之奔，生生不息，終因清廷喪權辱國、全盤西化而戛然中斷。

三、博物古學歷磨難，科技起落何可悲！

回顧我國漫長的文化史可知，中華博物學是在傳統的"重道輕器"等陳腐觀念桎梏下，以强大的民族自覺精神、民族意志爲推動力，砥礪前行，千載相繼，方成獨立體系，因而愈加難得，愈加可貴。

"重道輕器"觀念是如何出現的？何謂"道器"？兩者究竟是何關係？《周易·繫辭上》曰："形而上者謂之道，形而下者謂之器。"何謂"道"？所謂道乃"先天地生"，無形無象、無聲無色、無始無終、無可名狀，爲"萬物之所然也，萬理之所稽也"（見《韓非子·解老》），是指形成宇宙萬物之本原，是形成一切事理的依據與根由。何謂"器"？器即宇宙間實有的萬物，包括一切科技發明，至巨至大，至細至微，充斥天地間，而盡皆不虛，或有實物可見，或有形體可指。器即博物，博物即器。"道器關係"本是一種有形無形、可見與不可見的生衍關係，并無高下之分，但在傳統文化中却另有解釋。如《周禮·考工記序》曰："坐而論道，謂之王公；作而行之，謂之士大夫；審曲面埶，以飭五材，以辨民器，謂之百工。"又曰："智者創物，巧者述之，守之世，謂之百工。百工之事，皆聖人之作也。"此文突顯了"道"對於"器"的指導與規範地位。"坐而論道"，可以無所不論，民生、朝政、國運、天下事，當然亦在所論之中。"道"實則是指整體人世間的一種法則、一種定律，或說是我古老的中華民族所創造的另一種學說。所謂"論道者"，古代通常理解爲"王公"或"聖人"，實則是代指一代哲人。《考工記序》却將論道與製器兩者截然分開，明確地予以區別，貶低萬衆的創造力，旨在維護專制統治，從而確定人們的身份地位。坐而論道者貴爲王公，親身製器者屬末流之百工（"審曲面埶，以飭五材、以辨民器"，謂觀察金、木、皮、玉、土之曲直、性狀，據以製造民人所需之器物）。《考工記序》所記雖名爲"考工"，實則是周代禮制、官制之反映，對芸芸衆生而言，這種等級關係之誘惑力超乎尋常，絕難抵禦，先民樂於遵從，樂於接受，故而崇敬王公，崇敬聖人，百代不休。因而在中國古代，科學技術大受其創。

"重道輕器"的陳腐觀念，在中國古代影響廣遠，"器"必須在"道"的限定之下進行，不得隨意製作，不得超常發揮，"道"漸演化爲統治者實施專政的得力手段。"坐而論道"，似乎奧妙無盡。魏晉時期，藉儒入道，張揚"玄之又玄"，乃至於魏晉人不解魏晉文章，本朝人爲本朝人作注，史稱"玄學"。兩宋由論道轉而談理，一代理學宗師應運而生，闡理思辨，超乎想象，就連虛幻縹緲的天宮，亦可談得妙理聯翩，後世道家竟繪出著名的《天宮圖》來。事越千載，五四運動時期，那些新文化運動主將們聯手痛搗"孔家店"，却不攻玄理，"論道""崇道""樂道""惜道"，滾滾而來，遂成千古"道"統，已經背離《易》《老》的本義。出於這樣的觀念，如何會看重"形而下"的博物與博物學？

那麼，古代先民又是如何看待與博物學密切相關的科學技術？《書·泰誓下》載，殷紂王曾作"奇技淫巧，以悅婦人"，爲百代不齒，萬世唾罵。何謂"奇技淫巧"？唐人孔穎達釋之曰："奇技謂奇異技能，淫巧謂過度工巧……技據人身，巧指器物。"所謂"奇技淫巧"，今大底可釋爲超常的創造發明，或可直釋爲科學技術。論者認爲，"百代不齒，萬世唾罵"者并不在於"奇技淫巧"這一超常的創造發明，而在於紂王奢靡無度，用以取悅婦人的種種罪孽。至於紂王是否奢靡無度，"以悅婦人"，今學界另有考證。紂王當時之所以能稱雄天下，正是由於其科技的先進，軍事的強大，其失敗在於大拓疆土，窮兵黷武，導致內外哀怨，決戰之際又遭際叛亂。所謂"以悅婦人"之妲己，祇是戰敗國的一種"貢品"而已，對於年過半百的老人并無多大"媚力"。關於殷商及妲己的史料，最早見於戰國時期成書的《國語·晋語一》，前後僅有二十七字，并無"酒池肉林""炮烙之刑"之類記載，後世史書所謂紂王對妲己的種種寵愛，實是一種演繹，意在宣揚"紅顏禍水"之説（此説最早亦源於前書。"紅顏禍水"，實當稱之爲"紅顏薄命"）。在中國古代推崇"紅顏禍水"論，進而排斥"奇技淫巧"，從而否定了科技的力量，否定了科技強弱與國家強弱的關係。時至周代，對於這種"奇技淫巧"，已有明確的法律限定："作淫聲、異服、奇技、奇器以疑衆，殺！"（見《禮記·王制》）這也就是説，要杜絕一切新奇的創造發明，連同歌聲、服飾也不得超乎常規，否則即犯殺罪！此文自漢代始，多有注疏，今擇其一二，以見其要。"淫聲"者，如春秋戰國時鄭、衛常有男女私會，謳歌相引，被斥爲淫靡之聲；"奇技"者，如年輕的公輸班曾"請以機窆"，即以起重機落葬棺木，因違反當時人力牽挽的埋葬禮節，被視爲不恭。一言以蔽之，凡有違禮制的新奇科技、新奇藝術，皆被視爲疑惑民衆，必判以重罪。這就是所謂"維護禮制"，其要害就是維護統治者的統治地位，故而衣食住行所需器物的質材及數量，無不在尊卑貴賤的等級制約之中。如規定平民不得衣錦綉，不得鼎食，商人、藝人不得乘車馬，就連權貴們娛樂時選定舞蹈的行列亦不可違制，違制即意味着不軌，意味着僭越。杜絶"奇技淫巧"，始自商周，直至明清而未衰。我國著名的四大發明，千載流傳，未料却如同國寶大熊猫一樣，竟由後世西方科學家代爲發現，實在可悲！四大發明、大熊猫之類，或因史籍隱冷，疏於查閱，或因地處山野，難以發現，姑可不論，但其他很多非常具體的發明創造，雖有群書連續記載，也常被無視，或竟予扼殺。如漢代即有超常的"女布"，因出自未嫁少女之手而得名（見《後漢書·王符傳》），南北朝時已久負盛名，稱"女子布"（見南朝宋盛弘之《荆州記》）。宋代又稱"女兒布"，被贊爲"布帛之品……其尤細者也"（見宋羅濬《寶慶四明志·郡志四》）。其後歷代製作，不斷創新，及至明清終於出現空前的妙品"女兒葛"。"女兒葛"爲細葛布的一種，其物纖細如蟬翼紗，又如傳説中的"蛟女絹"，僅重三四兩，捲其一端，整匹女兒葛便可出入筆管之中，精美絶倫，明代弘治之後曾發現於四川鄰水縣，但却被斷然禁止。明皇甫録《下陣記談》卷上："女兒葛，出鄰水縣，極纖細，必五越月而後成，不減所謂蟬紗、魚子纈之類，蓋十縑之力也。予以爲淫巧，下令禁止，無敢作者。"對此美妙的"女兒葛"，時任順慶府知府的皇甫録，并没給予必要的支持、鼓勵，反而謹遵古訓，以杜絶"奇技淫巧"爲己任，堅決下達禁令，并引以爲榮。皇甫録乃弘治九年（1496）進士，爲官清正，面對"奇技淫巧"也如此"果斷"！此後清代康熙年間，"女兒葛"再現於廣東增城縣一帶，其具體情狀，清屈大均《廣東新語·貨語·葛布》中有翔實描述，但其遭遇同樣可悲，今"女兒葛"終於銷聲匿迹。在中國古代，類似的遭遇，又何止"女兒葛"？杜絶"奇技淫巧"之風，一脉相承，何可悲也。

　　但縱觀我華夏全部歷史可知，一些所謂的"奇技淫巧"之類，雖屢遭統治者的禁弃，實則是禁而難止，況統治者自身對禁令也時或難以遵從，歷代帝王皇室之衣食住行，幾乎無一不恣意追求舒適美好，爲了貪圖享樂，就不得不重視科技，就不得不啓用科技。如

"被中香爐"（爐内置有炭火、香料，可隨意旋轉以取暖，香氣縷縷不絕。發明於漢代）、"長信宮燈"（燈内裝有虹管，可防空氣污染。亦發明於漢代）的誕生，即明證。歷代王朝所禁絕的多是認定可能危及社稷之類的"奇技淫巧"，并未禁止那些有利於民生的重大發明，也没有壓抑摧殘黎民百姓的靈智（歷史中偶有以愚民爲國策者，祇是偶或所見的特例而已）。帝王們爲維護其統治地位，以求長治久安，在"重道輕器"的同時，也極重天文、曆算、農桑、醫藥等領域的研究，凡善於治國的當權者，爲謀求其國勢得以强盛，則必定大力倡導科技，《後漢書·和熹鄧皇后紀》所載即爲顯例。和熹皇后鄧綏（公元81—121），深諳治國之道，兼通天文、算數。永元十四年（102），漢和帝死後，東漢面臨種種滅頂之灾，鄧綏先後擁立漢殤帝和漢安帝，以"女君"之名親政長達十六年，克服了有史以來最嚴重的十年天灾，剿滅海盜，平定西羌，收服嶺南三十六個民族，將九真郡外的蠻夷夜郎等納入版圖，恢復東漢對西域的羈縻，征服南匈奴、鮮卑、烏桓等，平息了内憂外患，使危機四伏的東漢王朝轉危爲安。正是在這期間，鄧綏大力發展科技，勉勵蔡倫改進造紙術，任用張衡研製渾天儀、地動儀等儀器，并製造了中尚方弩機，這一可以連續發射的弩機，其射程與命中率令時人驚嘆，成爲當時世界上最具殺傷力的先進武器（此外，鄧綏又破除男女授受不親的陳腐觀念，創辦了史上最早的男女同校學堂，并通過支持文字校正與字詞研究，推動了世界第一部字典《說文解字》問世）。這就爲傳統的博物研究提供了巨大的空間，因而先後出現了今人所謂的"四大發明"之類。實際上何止是"四大發明"？天文、曆算等領域的發明創造，可略而不論。鄧綏之前，魯班曾"請以機窆"的起重機，出現於春秋時期，早於西方七百餘年。徐州東洞山西漢墓出土的青銅透光鏡，歐洲和日本人稱其爲"魔鏡"，當一束光綫照射鏡面而投影在墙壁上時，墙上的光亮圈内就出現了銅鏡背面的美麗圖案和吉祥銘文。這一"透光鏡"比日本"魔鏡"早出現一千六百餘年，而歐洲的學者直到19世紀纔開始發現，大爲驚奇，經全力研究，得出自由曲面光學效應理論，將其廣泛運用於宇宙探索中。今日，國人已能够恢復這一失傳兩千餘載的原始工藝，千古瑰寶終得重放異彩！鄧綏之後，又創造了"噴水魚洗"，亦甚奇妙，令人大開眼界。東漢已有"雙魚洗"之名（見明梅鼎祚《東漢文紀》卷三二引《雙魚洗銘》），未知當時是否可以噴水。"噴水魚洗"形似現今的臉盆。盆内多刻雙魚或四魚，盆的上沿兩側有一對提耳，提耳的設置，不祇是爲了便於提動，同時又具有另外一個功用，即當手掌撫摩時，盆内還能噴射出兩尺高的水柱，水面形成一片浪花，同時會發出樂曲般的聲響，十分神奇。今可確知，"噴水魚洗"興起於唐宋之間（見宋王明清《揮塵前録》卷三、宋何薳《春渚紀聞》卷九），當是皇家或貴族所用盥洗用具。魚洗能够噴水，其道理何在？美國、日本的物理學家曾用各種現代科學儀器反復檢測查看，試圖找出其導熱、傳感及噴射發音的構造原理，雖經全力研究，但仍難得以完整的解釋，也難以再現其效果。面對中國古代科技創造的這一奇迹，現代科學遭遇了空前挑戰，衹能"望盆興嘆"。

中華民族，中華博物學，就是在這樣複雜多變的背景之下跌宕起伏，生存發展，在晚清之前，兩千餘年來，從未停止前進的步伐，這又成爲中華民族的民族性與中華博物學的一大特點。

四、西化流弊何時休，誰解古老博物學？

自晚清以還，中華博物學沉淪百年之久，本當早已復蘇，時至今日，幸逢盛世，正益修典，又何以總是步履維艱？豈料經由西學東漸之後，在我國國內一些學人認定科學決定一切，無與倫比，日積月纍，漸漸形成了一種偏激觀念——"唯科學主義"，即以所謂是否合於科學，來判定萬事萬物的是非曲直，科學擁有了絕對的話語權。"唯科學主義"通常表現爲三種態度：一、否認物質之外的非物質。凡難以認知的物質，則稱之爲"暗物質"。這一"暗"字用得非常巧妙，"暗"，難見也！於是"暗物質"取代了"非物質"；二、否認科學之外的其他發現。凡是遇到無從解釋的難題，面對別家探索的結論，一律斥爲"僞科學"。三、否認科學範圍以外的其他一切生產力，唯有科學可以帶動社會發展，萬事萬物必須以科學爲推手。

何謂"科學"？中國古代本有一種認識論的命題，稱之爲"格致"，意謂"格物致知"，指深究事物原理以求得知識，從而認識各種客觀現象，掌握其變化規律。這種哲學我國先秦諸子久已有之，雖已歷千載百代，但却未得應有的重視，終被西方科學所取代。自16世紀始，歐洲由於文藝復興，挣脱了天主教會的長期禁錮，轉向於對大自然的實用性的探索，其代表作即哥白尼的"日心説"與伽利略天文望遠鏡的發明，同時出現牛頓的力學，這是西方的第一次科技革命。這一時期已有"科學"其實，尚無後世"科學"之名，起始定名爲英語science一詞，源於拉丁文，本意謂人世間的各種學問，隸屬於古希臘的哲學思想，是一種對於宇宙間萬事萬物的生衍關係的一種想象、一種臆解，原本無甚稀奇，此時已反響於歐洲，得以廣泛流傳。至 18 世紀，新興的資産階級取得政權，爲推行資本主義，又大力發展科學，西方科學已處於世界領先地位。時至 19 世紀 60 年代後期及 20 世紀初，歐洲發生了以電力、化學及鋼鐵爲新興産業的第二次科技革命，英語 science 一詞迅速擴展於北美和亞洲。日本明治維新時期，赴歐留學的日本學者將 science 譯成"科學"，學界認爲是藉用了中國科舉制度中"分科之學"的"科學"一詞，如同將英文 natural history 的語意翻譯成漢語"博物學"一樣，也并不準確，中國的變法派訪日時，對之頂禮膜拜，欣然接受，自家固有的"格致"一詞，如同國學中的其他語詞一樣被弃而不用，"科學"一詞因得以廣泛流傳。"科學"當如何定義？今日之"科學"包括了自然科學、社會科學、思維科學以及交叉科學。除却嚴謹的形式邏輯系統之外，本是一種具體的以實踐爲手段的實證之學。實踐與實證的結果，日積月纍，就形成了人類關於自然、社會和思維的認知體系，成爲人類評斷事物是非真僞的依據。但科學不可能將浩渺無盡的宇宙及宇宙間的萬事萬物盡皆予以實踐、實證，能够實踐、實證者甚微，因而科學總是在不斷地探索，不斷地補正，不斷地自我完善之中，其所能研究的領域與功能實在有限。當代科學可以在指甲似的晶片上，一次性地裝載五百億電晶體，可以將重達六噸以上的太空船射向太空，并按照既定指令進行各種探索，但却不能造出一粒原始的細胞來，因爲這原始細胞結構的複雜神秘，所藴含的奇妙智慧，人類雖竭盡全力，却至今無法破解。細胞來自何處？是如何形成的？科學完全失去了話語權！造不出一粒原始的細胞，造一片樹葉尤無可能，造一棵大樹更是幻想，遑論萬千物種，足證"科學"并非萬能的唯一學問。況且，"暗物質"之外，至少在中國哲學體系中尚有"非物質"。何謂"非物質"？"非物質"是與"物質"相對而言，區別於"暗物質"的另一種存在，正如前文所述，它"無形無象、無聲無色、無始無終、無可名狀"，在中國古代稱之爲"道"。"道"可以不遵循因果關係，可以無中生有，爲"萬物之所然也，萬理之所稽也"，可以解釋萬物的由來，可以解釋宇宙的形成。今以天體學的的視野略加分析，亦可見"唯科學主義"的是非。人類賴以生存的地球，其直徑約爲 12 742 公里，是太陽系中的第三顆小行星。太陽系的直徑約爲 2 光年，太陽是銀河系中數千億恒星之一，銀河系的直徑約爲 10 萬光年，包括 1 千億至 4 千億顆恒星，而宇宙中有一千至兩千億銀河系，宇宙有 930 億光年。一光年約等於 9.46 萬億公里。地球在宇宙中祇是一粒微塵，如此渺小的地球人能創造出破解一切的偉大科學，那是癡人説夢！中華先賢面對諸多奥妙，面對諸多不可思議的現象，提出這一"無可名狀"之"道"，當然并非憑空想象，自有其觀測與推理的依據，這顯然不同於源自西方的科學，或曰是西方科學所包容不了的。先賢提出的"無可名狀"的"道"，已超越物質的範圍，或曰"道"絕非"暗物質"所能替代的。這一"無可名狀"的"道"，在當今的別樣的時空維度中已得到初步驗證（在這非物質的維度中滿富玄機）。論者提出這一古老學説，旨在證明"唯科學主義"排斥其他一切學説，過分張揚，不足稱道，絕無否定或輕忽科學之意。百年前西學東漸，尤其是西方科學的傳入，乃是我中華民族思維與實踐領域的空前創獲，是實踐與思維領域的一座嶄新的燈塔，如今已是家喻户曉，人人稱贊，任誰也不會否認科學的偉大，但却不能與偏激的"唯科學主義"混同。後世"科學"一詞，又常常與"技術"連稱爲"科學技術"，簡稱"科技"。何謂"技術"？　"技術"一詞來源於希臘文"techs"，通常指個人的技能或技藝，是人類利用現有實物形成新事物，或改變原有事物屬性、功能的方法，或可簡言之曰發明創造。科學技術不同於科學，也不同於技術，也不是科學與技術的簡單相加。科學技術是科學與技術的有機結合體系，既是人類認識世界和改造世界的成果或産物，又是人類認識世界和改造世界最有力的工具或手段，兩者實難分割。某些技術本身可能祇是一種技法，而高深技術的背後則必定是科學。

　　出於上述"唯科學主義"偏激觀念，重建中華博物學就遭致了質疑或否定，如有學者認爲，中國古代祇有技術而沒有科學，哪有什麼中華博物學？中華博物學被看作"前科學時代的粗糙的知識和技能的雜燴"，是一種"非科學性思考"，沒有什麼科學價值，當然也就沒有重建的必要，因爲西方博物學久已存在，無可替代。中國古代當真"祇有技術而没有科學"麽？前文已論及"科學"與"技術"很難分割，在中國古代不祇有"技術"，同樣也有"科學"。回眸世界之歷史長河，僅就中西方的興替發展脈絡略作比較，就可以看到以下史實：當我中華處於夏禹已劃定九州、建有天下之際，西方社會多處於尚未開化的蠻荒歲月；當我中華已處於春秋戰國鋼鐵文化興起之際，整個西方尚處於引進古羅馬文明的青銅器時代；當我宋代以百萬册的印數印刷書籍之際，中世紀的西方仍然憑藉修士們成年纍月在羊皮卷上抄寫複製；著名的火藥、指南針等其他重大發明姑且不論，單就中國歷朝歷代任何一件發明創造而言，之於西方社會也毫不遜色，直至清代中葉，中國的科技一直處於世界領先地位。英國科學家李約瑟主編的七卷巨著《中國科學技術史》，即認爲西方古代科學技術85%以上皆源於中國。這是西方人自發的沒有任何背景、沒有任何色彩的論斷，甚爲客觀，迄今未見異議。此外又有學者指出，中華傳統博物學不祇擁有科技，又超越了科技的範疇，它是"關於物象（外部事物）以及人與物的關係的整體認知、研究範式與心智體驗的集合"，"這種傳統根本無法用科學去理解和統攝"，中華古典博物學"給我們提供的'非科學性思考'，恰恰是它的價值所在"（余欣《中國博物學傳統的重建》，載《中國圖書評論》，2013 年第 10 期，第 45 ~ 53 頁）。這無疑是對"唯科學主義"最有力的批駁！是的，本書極重"科技"研究，又不拘泥於"科技"，同樣重視"非科學性思考"。

中華古典博物學的研究主體是"博物"，是"博物史"，通過對"博物""博物史"的探索，而展現的是人，是人的生存、生活的具體狀況，是人的直觀發展史。中華傳統博物學構成了物我同類、天人合一的博大的獨立知識體系，是理解和詮釋世界的另一視野，這種視野中的諸多"非科學性思考"的博物，科學無法全面解讀，但却是真真切切的客觀存在。所謂傳統博物學是"前科學時代的粗糙的知識和技能的雜燴"，是"非科學性思考"的評價，甚是武斷，祇不過是一種不自覺的"唯科學主義"觀念而已。另將"科學"與"技術"分割開來，強調什麼"科學"與否，這一提法本身就不太"科學"。對此，本書前文已論及，無須複述。我國作爲一個古老國度，在其漫長的生衍過程中，理所當然地包容了"粗糙的知識和技能"。這一狀況世界所有古國盡有經歷，并非中國獨有。"粗糙的知識"的表述似乎也并不恰當，"知識"可有高下深淺之分，未聞有粗糙細緻之別。這所謂"粗糙"，大約是指"成熟"與否，實際上中華傳統博物學所涉之"知識和技能"，并非那麼"粗糙"，常常是合於"科學"的，有些則是非常的"科學"。英國科學家李約瑟等認定古代中國涌現了諸多"黑科技"。何謂"黑科技"？這是當前國際間盛行的術語，即意想不到的超越科技之科技，可見學界也是將"科學"與"技術"連體而稱，而并非稱"黑科學"。認定中國古代"祇有技術而沒有科學"，傳統博物學是"前科學時代的粗糙的知識和技能的雜燴"之說，頗有些"粗糙"，準確地説頗有些膚淺！這位學者將傳統博物學統稱爲"前科學時代"的産物，亦是一種妄斷，也頗有些隨心所欲！何謂"前科學時代"？"前科學時代"是指形成科學之前人們僅憑五官而形成的一種感知，這種感知在原始社會時有所見，但也并非全部如此，如鑽木取火、天氣預測、曆法的訂立、灸砭的運用等，皆超越了一般的感知，已經形成了各自相對獨立的科學。看來這位學者并不怎麼瞭解中國古代科技史，并不太瞭解自家的傳統文化，實屬自誤而誤人。

中華博物學的形成及發展歷程，與西方顯然不同。西方博物學萌生於上古哲人的學說，其後則以自然科學爲研究主體，遍及整個歐洲，全面進入國民的生活領域。在這樣的文化背景之下，西方日益强大，直接影響和推動了社會的發展，因而步入世界前列。我中華悠悠數千載，所涉博物，形形色色，浩浩蕩蕩，逐漸形成了中華獨有的博物學體系，但面臨的背景却非常複雜，與西方比較是另一番天地，那就是貫穿數千載的"重道輕器"觀念與排斥"奇技淫巧"之國風，這一觀念、這一國風，其表現形式就是重文輕理，且愈演愈烈。如中國久遠的科舉制度，應試士子們本可"上談禮樂祖姬孔，下議制度輕儺玄"（見明高啓《送貢士會試京師》詩），縱論古今國事，是非得失，而朝廷則可藉此擇取英才，因而國家得以强盛。時至明代後期，舉國推行的科舉制度竟然定型爲千篇一律的八股文，泯滅了朝廷取才之道，一代宗師顧炎武稱八股之禍勝似"焚書坑儒"（見《日知録·擬題》）。清代後期爲維護其獨裁統治，手段尤爲專横强硬，又向以"天朝"自居，哪裏會重視什麽西方的"科學技術"？"科學技術"的落伍最終導致文明古國一敗塗地，這也就是"李約瑟難題"的答案！"科學"之所以成爲"科學"，是因爲其出自實踐、實證，實踐、實證是科學的生命。實踐、實證又必須以物質爲基礎，這正與我中華博物學以浩浩博物爲研究主體相合！但中華博物學，或曰博物研究，始終被置於正統的國學之外，這一觀念與國風，極大地制約了中華博物學的發展。制約的結果如何？可以毫不誇張地説，直接阻礙了中國古代社會的歷史進程。

五、中華博物知多少，皓首難解千古謎

中華博物如繁星麗天，難以勝計，其中有諸多別樣博物，可稱之爲"黑科技"者，令人百思不得其解。如八十餘年前四川廣漢西北發現的三星堆古蜀文化遺址，距今約四千八百年至三千年左右，所在範圍非常遼闊，遠超典籍記載的成都平原一帶，此後不斷探索，不斷有新的發現，成爲 20 世紀人類最偉大的考古發現之一。該遺址内三種不同面貌而又連續發展的三期考古學文化，以規模壯闊的商代古城和高度發達的青銅文明爲代表的二期文化最具特點。二期文化中青銅器具占據主導地位，極爲神奇。衆多的青銅人頭象、青銅面具，千姿百態。還有舉世罕見的青銅神樹，該樹有八棵，最高者近 4 米，共分三層，樹枝上栖息有九隻神鳥，應是我國古籍所載"九日居下枝"的體現；斷裂的頂部，當有"一日居上枝"的另一神鳥，寓意九隻之外，另一隻正在高空當班。青銅樹三層

九鳥，與《山海經·海外東經》中所載"扶桑""若木""九日居下枝，一日居上枝"正同。上古時代，先民認爲天上的太陽是由飛鳥所背負，可知九隻神鳥即代表了九個太陽。其《南經》又曰："有木，其狀如牛，引之有皮，若纓、黃蛇。其葉如羅，其實如欒，其木若藟，其名曰建木。"何謂"建木"？先民認爲"建木"具有通天本能，傳説中伏羲、黃帝等盡皆憑藉"建木"來往神界與人間。由《山海經》的記載可知，這神奇物又來源於傳統文化，大量青銅文化明顯地受到夏商文明、長江中游文明及陝南文明的影響。那些金器、玉器等禮器更鮮明地展現出華夏中土固有的民族色彩。如此浩大盛壯，如此神奇，這一古蜀國究竟是怎樣形成的？又是怎樣突然消失的？詩人李白在《蜀道難》中曾有絶代一問："蠶叢及魚鳧，開國何茫然？"意謂蠶叢與魚鳧兩位先帝，是在什麼時代開創了古蜀國？何以如此茫茫然令人難解？今論者續其問曰："開國何茫然，失國又何年？開失兩難知，千古一謎團。"三星堆的發掘并非全貌，僅占遺址總面積的千分之一左右，只是古蜀文化的小小一角而已，更有浩瀚的未知數，國人面臨的將是另一個陌生的驚人世界。中華民族襟懷如海，廣納百川，中外文化相容并包，故而博大精深。這些百思不得其解的神奇之物，向無答案，確屬於所謂"非科學性思考"，當代專家學者亦爲之拍案。"唯科學主義"面臨這些"黑科技"的挑戰，當然也絶難詮釋。以下再就已見出土，或久已傳世之實物爲例。上世紀 80 年代，臨潼始皇陵西側出土了兩乘銅車馬，其物距今已有兩千二百餘年，造型之豪華精美，被譽爲世界"青銅之冠"，姑且不論。兩輛車的車傘，厚度僅 0.1～0.4 厘米，一號車古稱"立車"或"戎車"，傘面爲 1.12 平方米，二號車傘面爲 2.23 平方米，而且皆用渾鑄法一次性鑄出，整體呈穹隆形，均匀而輕薄，這一鑄法迄今亦是絶技，無法超越。而更絶的是一號立車的大傘，看似遮風擋雨所用，實則充滿玄機，此傘的傘座和手柄皆爲自鎖式封閉結構，既可以鎖死，又可以打開，同時可以靈活旋轉 180 度，隨太陽的方位變化而變化，亦可取下插入野外，遮烈日，擋風雨，賞心隨意。令人尤爲稱奇的是，打開傘柄處的雙環插銷，傘柄與傘蓋可各獨立，傘柄就成了一把尖鋭的矛，傘蓋就成了盾，可攻可守。這一 0.1～0.4 厘米厚的盾，其抗擊力又遠勝今人的製造技術，令今人望塵莫及，故國際友人贊之爲罕見的"黑科技"。此外分存於西安與鎮江東西兩方的北宋石刻《禹迹圖》，尤爲奇异。此圖參閲了唐賈耽《海内華夷圖》，并非單純地反映宋代行政區劃及華夷之間的關係，而是上溯至《禹貢》中的山川、河流、州郡分布，下至北宋當世，已將經典與現實融爲一體。此圖長方約 1 平方米，國内行政區劃即達三百八十個之多，五個大湖，七十座山峰，更有蜿蜒數千里的長江、黃河等江川八十餘條；不祇是中原的地域，尚有與之接壤的大理、吐蕃、西夏、遼等區域，這些區域的山野江河亦有精準的繪製。作爲北宋時代的製圖人，即使能够遍踏域内、域外，也絕難僅憑一己的目力俯瞰全景。此圖由五千一百一十個小方格組成，每一小方格皆爲一百平方公里，所有城市、山野江河的大小距離，盡包容在這些格子裏，全部可以明確無誤地測算出來，其比例尺與今世幾無差異。如此細密精準，必須具有衛星定位之類的高科技纔能繪製出來，九百年前的宋人是憑藉什麼儀器完成的？此一《禹迹圖》較之秦陵銅車馬，更超乎想象，詭異神奇，故而英國學者李約瑟評之爲"世界上最神秘、最杰出的地圖"，美國國家圖書館將一幅19世紀據西安圖打製的拓本作爲館藏珍品。中國古代"黑科技"，又何止臨潼銅車馬與《禹迹圖》？

　　除却上述文獻記載與出土及傳世之物外，另一些則是實見於中華大地的奇特自然景觀，這些百思不得其解的神奇之物，散處天南海北，自古迄今，向無答案，亦屬於所謂"非科學性思考"，當代專家學者亦爲之拍案。"唯科學主義"面臨這些"黑科技"的挑戰，當然也絕難詮釋。我中華大地這些神奇之物，在當世尤應引起重視，國人必須迎接"超科技時代"的到來。如"應潮井"，地處南京市東紫金山南麓定林寺前。此井雖遠在深山之間，却與五公里外的長江江潮相應，江水漲則井水升，江水退則井水降，同處其他諸井皆無此現象。唐宋以來，已有典籍記載，如《江南通志·輿地志·江寧府》引唐段成式《酉陽雜俎》："蔣山有應潮井，在半山之間，俗傳云與江潮相應，嘗有破船朽板自井中出。"《景定建康志·山川志三·井泉》："應潮井在蔣山頭陁寺山頂第一峰佛殿後。《蔣山塔記》云：'梁大同元年，後閤舍人石興造山峰佛殿，殿後有一井，其泉與江潮盈縮增減相應。'"何以如此，自發現以來，已歷千載，迄今無解。以上的奇特之物，多有記載，名揚天下，而另一些奇物，却久遭冷落，默默無聞。如"靈通石"，亦稱"神石""報警石"，俗稱"豬叫石"。該石位於太行大峽谷林縣境内高家臺輝伏巖村。石體方正，紫紅色，裸露於地面約4立方米，高寬各3米，厚2米，象是一頭體積龐大的臥豬，且能發聲如豬叫。傳聞每逢國内大事（包括自然灾害、重大變革等）來臨之前，常常"鳴叫"不止，大事大叫數十天，小事則小叫數日，聲音忽高忽低，一次可叫百餘聲，百米之内清晰可聞。但其叫聲祇能現場聆聽，不可録音。何以如此怪异？同樣不得而知！中華博物浩浩洋洋，漫漫無涯，可謂無奇不有，作爲博物之學，亦必全力探究，這也正是中華博物學富有的使命。

六、中華博物學的研究範圍與狀況，新建學科的指嚮與體式如何？

中國當代尚未建立博物學會，也没有相應的報刊，人們熟知的則是博物院館，而博物院館的職責在於收藏、研究并展出傳世的博物，面對日月星辰、萬物繁衍以及先民生息起居等數千年的古籍記載（包括失傳之物），豈能勝任？中華博物全方位研究的歷史使命祇能由新興的博物學承擔。古老中華，悠悠五千載，博物浩茫，疑難連篇，實難解讀，而新興的博物學却不容迴避，必須做出回答。

本書指稱的博物，包括那些自然物，但并不限於對其形體、屬性的研究，體現了博物古學固有的格致觀念，且常常懷有濃厚的人文情結，可謂奥妙無窮，這又迥别於西方博物學。

如"天宇"，當做何解釋？在中國傳統文化中是與"宇宙"并存的稱謂，重在强調可見的天體和所有星際空間。前已述及，天體直徑可達930億光年以上，實際上可能遠超想象。這就出現了絶世難題：究竟何謂天體？天體何來？戰國詩人屈原在其《天問》篇中，曾連連問天："上下未形，何由考之？""馮翼惟象，何以識之？""明明闇闇，惟時何爲？"千古之問，何人何時可以作答？天宇研究在古代即甚冷僻，被稱爲"絶學"。中國是天宇觀測探索最爲細密的文明古國之一，天象觀測歷史也最爲悠遠，殷墟甲骨、《書》《易》諸經，盡有記載，而歷代正史又設有天文、曆律之類專志，皇家設有司天監之類專職機構，憑此"觀天象、測天意"，以決國策。於是，天文之學遂成諸學之首。天宇研究的主體是天空中的各種現象，這些現象又以各種星體的位置、明暗、形狀等的變化爲主，稱之爲星象。星象極其繁複，難以辨識。於是，在天空位置相對穩定的恒星就成爲必要的定位標志。在人們目力所及的範圍内，恒星數以千計，簡單命名仍不便查找和定位，我華夏先民又將天空劃分爲若干層級的區域，將漫天看似雜亂無章的恒星位置相近者予以組合并命名，這些組合的星群稱之爲星宿。古人視天上諸星如人間職官，有大小、尊卑之分，故又稱星官，因而就有了三垣二十八宿，成爲古天宇學最重要理論依據，這一理論西方天文學絶難取代。

再如古代類書中指稱的"蟲豸"，當代辭書亦少有確解。何謂"蟲豸"？舉凡當今動物學中的昆蟲綱、蛛形綱、多足綱，以及爬行動物中的綫形動物、扁形動物、環節動物、軟體動物中形體微小者，皆爲蟲豸之屬。蟲豸形雖微小，然其生存之久、種類之繁、分布之廣、形態之多、數量之巨，從生物、生態、應用、文化等角度，其意義和價值都大异於其他各類動物，或説是其他各類動物所不能比擬的。蟲豸之屬，既能飛於空，亦能游於水，既能潜於土，亦能藏於山，形態萬千，且各具靈性，情趣互异，故古代典籍遍見記叙，不僅常載於詩文，且多見筆記、小説中。先民又常憑藉其築穴或搬遷之類活動，以預測氣象變化或靈异别端，同樣展現了一幅具體生動的蟲文化畫卷，既有學術價值，又充滿趣味性。自《詩》始，就出現了咏蟲詩，其後歷代從蝶舞蟬鳴、蟻行蛇爬中得到靈感者代不乏人，或以蟲言志，或以蟲抒懷，或以蟲爲比，或以蟲爲興，甚至直以蟲名入於詞牌、曲牌，如僅蝴蝶就有"蝴蝶兒""玉蝴蝶""粉蝶兒""蝶戀花""撲蝴蝶""撲粉蝶"等名類。唐歐陽詢《藝文類聚》收集有關蟬、蠅、蚊、蝶、螢、叩頭蟲、蛾、蜂、蟋蟀、尺蠖、螳、蝗等蟲類的詩、賦、贊等數量浩繁，後世仿其體例者甚多，如《事物紀原》《五雜俎》《淵鑑類函》《古今圖書集成·禽蟲典》等，洋洋大觀。不僅詩詞歌賦，在成語、俗語中，言及蟲豸者，亦不可勝數，如莊周夢蝶、螓首蛾眉、金蟬脱殼、螳螂捕蟬、螳臂當車、蚍蜉撼樹、作繭自縛、飛蛾撲火（詞牌名爲"撲燈蛾"）等；不僅見諸歷代詩文，今世辭章以蟲爲喻者，仍沿襲不衰，如以蝸喻居、以蝶喻舞、以蟬翼喻輕薄、以蛇蠍喻狠毒等，比比皆是，不勝枚舉。

本博物學所指稱博物又包括了人類社會生活的各方面、領域，自史前達於清末民初，有的則可直達近現代，至巨至微，錯綜複雜。而對於某一具體實物，必須從其初始形態、初始用途的探討入手，而後追逐其發展演變過程，這樣纔能有縱横全面的認定，從而作出相應的結論，這正是新興博物學的使命之一。今僅就我中華民族時有關涉者予以考釋。今日，國人對於古代社會生活實在太過陌生，現當代權威工具書所收録的諸多重要的常見詞目，常常不知其由來，遭致誤導。如"祭壇"一詞，《漢語大詞典·示部》釋文曰：

祭壇：供祭禮或宗教祈禱用的臺。劉大傑《中國文學發展史》第一章三："無論藝術哲學都得屈服於宗教意識之下，在祭壇下面得着其發展生命了。"艾青《吹號者》詩："今日的原野呵，已用展向無限去的暗緑的苗草，給我們布置成莊嚴的祭壇了。"亦指上壇祭祀。侯寶林《改行》："趕上皇上齋戒忌辰，或是皇上出來祭壇，你都得歇工（下略）。"

以上引用的三個書證全部是現代漢語，檢索此條的讀者可能會認定"祭壇"乃是無淵源的新興詞，與古漢語無關。豈不知《晋書·禮志下》《舊唐書·禮儀志三》《明史·崔亮傳》諸書皆有"祭壇"一詞，又皆爲正史，并不冷僻。《漢語大詞典》爲證實"祭壇"一詞的存在，廣予網羅，頗費思索，連同侯寶林的相聲也用作重要書證。侯氏雖被贊爲現代語言大師，但此處的"祭壇"，并非"供祭禮或宗教祈禱用的臺"，"祭"與"壇"爲動賓語結構，并非名詞，不足爲據。還應指出，"祭壇"作爲人們祭祀或祈禱所用實體的臺，早在史前即已出現，初始之時不過是壘土爲臺罷了。

此外，直接關涉華夏文化傳播形式的諸多博物更是大異於西方。如"文具"初稱"書具"，其稱漢代大儒鄭玄在《禮記·曲禮上》注中已見行用。千載之後，宋人陶穀《清異錄·文用》中始用"文具"一詞。文具泛指用於書寫繪畫的案頭用具及與之相應的輔助用具。國人憑藉這些文具，創造了最具特色的筆墨文化、筆墨藝術，憑藉這些文具得以描述華夏五千載的燦爛歷史。中華傳統文具究有多少？國人最爲熟悉的莫過於"文房四寶"，實際又何止"文房四寶"？另有十八種文房用具，定名爲"十八學士"，宋代林洪曾仿唐韓愈《毛穎傳》作《文房職方圖贊》（簡稱《文房圖贊》，即逐一作圖爲之贊）。實際上遠超十八種，如筆筒、筆插、筆捔、筆洗、墨水匣、墨床、水注、水承、水牌、硯滴、硯屏、印盒、帖架、鎮紙、裁刀、鉛槧、算袋、照袋、書床、筆擱、高閣，等等，已達三十種之多。

"文房四寶""十八學士"之類中華獨具的傳統文化，今國人熟知者已不甚多，西方博物又何從涉及？何可包容？

七、新興博物學的表述特點，其古今考辨的啓迪價值

當代新興博物學所展現的是中華博物本身的生衍變化以及其同物异名、同名异物等，其主旨之一在於探尋我古老的中華民族的真實歷史面貌，温故知新，從而更加熱愛我們偉大的中華文明。

偉大的中華民族，在歷史上產生過許多杰出的思想觀念，比如，我中華民族風行百代的正統觀念是"君爲輕，民爲本，社稷次之"（見《孟子·盡心下》），這就是强調人民高於君王，高於社稷（猶"國家"），人民高於一切！古老的中華正統對人民如此愛護，如此尊崇，在當今世界也堪稱難得。縱觀朝代更迭的全部歷史可知，每朝每代總有其興起及消亡的過程，有盛必有衰。在這部《通考》中，常有實例可證，如有關商代都城"商邑"的

記載，就頗具代表性。試看，《詩·商頌·殷武》："商邑翼翼，四方之極。"鄭玄箋："極，中也。商邑之禮俗翼翼然……乃四方之中正也。"孔穎達疏："言商王之都邑翼翼然，皆能禮讓恭敬，誠可法則，乃爲四方之中正也。"《詩》文謂商都富饒繁華，禮俗興盛，足可爲全國各地的學習楷模。"禮俗"在上古的地位如何？《周禮·天官·大宰》曰："以八則治都鄙：一曰祭祀，以馭其神……六曰禮俗，以馭其民。"這是説周代統治者以禮俗馭其民，如同以祭祀馭鬼神一樣，未敢輕忽怠慢，禮俗之地位絶不可等閑視之。古訓曰："倉廩實而知禮節，衣食足而知榮辱。"（見《史記·管晏列傳》）此處的"禮節"是禮俗的核心内容，可見禮俗源於"倉廩實"。"倉廩實"展現的是國富民强，而國富民强，必重禮俗，禮俗展現了國家的面貌。早在三千年前的商代，已如此重視禮俗。"商邑翼翼"所反映的是上古時期商都全盛時期的繁華昌明，其後歷代亦多有可以稱道的興盛時期，如"漢武盛世""文景盛世"、唐"貞觀盛世""開元盛世"、宋"嘉祐盛世"、明"永宣盛世"、清"康乾盛世"等，其中更有"夜不閉户，路不拾遺"的佳話。盛世總是多於亂世，或曰温飽時代總是多於饑寒歲月。唐代興盛時期，君臣上下已萌生了甚爲隨和的禮儀狀態，不喜三拜九叩之制，宋元還出現了"衣食父母"之類敬詞（見宋祝穆《古今事物類聚別集》卷二〇、元關漢卿《竇娥冤》第二折），這正體現了"王者以民爲天，民以食爲天"（見《漢書·酈食其傳》）的傳統觀念。中國歷史上的黎民百姓并非一直生活在水深火熱之中，在漫長的歲月中也常有温飽寧静的生活，因而涌現了諸多忠心報國的詩詞。如"但使龍城飛將在，不教胡馬度陰山"（唐王昌齡《出塞二首》之一）；"忘身辭鳳闕，報國取龍庭"（王維《送趙都督赴代州得青字》）；"僵卧孤村不自哀，尚思爲國戍輪臺"（宋陸游《十一月四日風雨大作》）；"奇謀報國，可憐無用，塵昏白羽"（宋朱敦儒《水龍吟·放船千里凌波去》）。

　　久已沉淪的傳統博物學今得重建，可藉以知曉我中華兒女擁有的是何樣偉大而可愛的祖國！偉大而可愛的祖國，江山壯麗，蘭心大智，光前裕後，莘莘學子尤當珍惜，尤當自豪！回眸古典博物學的沉淪又可確知，鴉片戰争給中華民族帶來的是空前的傷害，不衹是漢唐氣度蕩然無存，國勢極度衰微，最爲可怕的是傷害了民族自信，爲害甚烈。傷害了民族自信，則必會輕視或否定傳統文化，百代信守的忠義觀念、仁義之道，必消失殆盡，代之而來的則是少廉寡恥，爾虞我詐，以崇洋媚外爲榮，這一狀況久有持續，對青少年的影響尤甚，怎不令人痛心！時至當代，正全力弘揚中華優秀傳統文化，全力推行科技創新，踔厲奮發，重振國風，這又怎不令人慶幸！

新興博物學在展現中華博物本身的生衍變化進而展現古代真切的社會生活之外，又展現了一種獨具中華風采的文化體系。如常見語詞“揚州瘦馬”，其來歷如何？祇因元馬致遠《天净沙·秋思》中有“西風古道瘦馬”之句。自 2008 年山西吕梁市興縣康寧鎮紅峪村發現元代壁畫墓以來，其中的一首《西江月》小令：“瘦藤高樹昏鴉，小橋流水人家，古道西風瘦馬，夕陽西下，已獨不在天涯。”在學界引發了關於《天净沙·秋思》的争論熱議。由《西江月》小令聯想元代的另一版本：“瘦藤老樹昏鴉，遠山流水人家，古道西風瘦馬，夕陽西下，斷腸人去天涯。”於是有學人又認爲此一“瘦馬”當指“揚州藝妓”，意謂形單影隻的青樓女子思念遠赴天涯的情郎——“斷腸人”，但這小令中的“瘦馬”之前，何以要冠以“古道西風”四字？則不得而知。通行本狀寫天涯游子的冷落凄凉情景，堪稱千古絶唱，無可置疑。那麽何以稱藝妓爲“瘦馬”？“瘦馬”一詞，初見於唐白居易《有感》詩三首之二：“莫養瘦馬駒，莫教小妓女。後事在目前，不信君看取。馬肥快行走，妓長能歌舞。三年五年間，已聞换一主。”金董解元《西厢記諸宫調》中的《仙吕·賞花時》又載：“落日平林噪晚鴉，風袖翩翩吹瘦馬。”此處的“瘦馬”無疑確指藝妓。稱妓女爲人人可騎的馬，後世又稱之爲“馬子”，是一種侮辱性的比擬。何以稱“瘦”？在中國古代常以“瘦”爲美，“瘦”本指腰肢纖細，故漢民歌曰：“楚王好細腰，宫中多餓死。”“細腰”强調的是苗條美麗。“好細腰”之舉，在南方尤甚，揚州的西湖所以稱之爲“瘦西湖”，不祇是因其狹長緊連京杭大運河，實則是因湖邊楊柳依依，芳草萋萋，又有荷花池、釣魚臺、五亭、二十四橋，美不勝收，較之杭州西湖有一種别樣的美麗。國人何以推崇揚州？《禹貢》劃定九州之中就有揚州，今之揚州已有兩千五百餘年的歷史。其主城區位於長江下游北岸，可追溯至公元前 486 年。春秋時期，吴王夫差在此開鑿了世界最早的運河——邗溝，建立邗城，孕育了唯一與邗溝同齡的運河城；因水網密布，氣候温潤，公元前 319 年，楚懷王熊槐在此建立廣陵城（今揚州仍沿稱“廣陵”），遂成爲中華歷史名城之一。此後歷經魏晋等朝代多次重修，至隋文帝開皇九年（589），廣陵改稱揚州。揚州除却政治地位顯赫之外，又是美女輩出之地，歷史上曾有漢趙飛燕、唐上官婉兒及南唐風流帝王李煜先後兩任皇后周薔、周薇，號稱“四大美女”。隋煬帝楊廣又在此開鑿大運河，貫通至京都洛陽旁連涿郡，藉此運河三下揚州，尋歡作樂。時至唐代，揚州更是江河交匯，四海通達，成爲全國性的交通要衝，故有“故人西辭黄鶴樓，煙花三月下揚州。孤帆遠影碧空盡，唯見長江天際流”的著名詩篇（唐李白《黃鶴樓送孟浩然之廣陵》，今之揚州已遠離長江）。揚州在唐代是除却長安之外的最爲繁華的大都會，商旅雲聚，青樓大興，成爲文壇才士、豪門公子醉生夢死之地。唐王建《夜看揚州市》詩贊曰：“夜市千燈照碧雲，高樓紅袖客紛紛。”詩人杜牧《遣懷》更有名作：“落魄江湖載酒行，楚腰纖細掌中輕。十年一覺揚州夢，贏得青樓薄幸名。”此“楚腰纖細掌中輕”之用典，即直涉楚靈王好細腰與趙飛燕的所謂“掌中舞”兩事。杜牧憑藉豪放而婉約的詩作，贏得百世贊頌，此詩實是一種自嘲、以書懷才不遇之作，却曾遭致史家“放浪薄情”的詬病。大唐之揚州，確是令人嚮往，令人心醉，故而詩人張祜有“人生只合揚州死”（見其所作《縱游淮南》）之感嘆。元代再度大修的京杭大運河弃洛陽直達北京，揚州之地位愈加顯赫。總之，世界這一最古最長的大運河歷代修建，始終離不開揚州。時至明清，揚州經濟依然十分繁盛，仍是達官貴人喜於擇居之地，兩淮鹽商亦集聚於此，富甲一方，由此振興了園林業、餐飲業，娛樂中的色情業也應運而生，養“瘦馬”就是其中的一種，一些投機者低價買進窮苦人家的美麗苗條幼女，令其學習言行禮儀、歌舞繪畫及其他媚人技能技巧，而後以高價賣至青樓或權貴豪門，大發其財。除却“揚州瘦馬”之外，又催生了著名的“揚州八怪”，文化藝術色彩愈加分明。

“揚州瘦馬”本是一種當被摒弃的陋習，不足爲訓，但這一陋習所反映出的却是關聯揚州的一種別樣的文化，反映了揚州古今社會的經濟發展與變化，這當然也是西方博物學替代不了的。

結　語

綜上所述可知，中華博物學是學術研究中的另一方天地，無可替代，必須重建，且勢在必行。如何重建？如何展現我中華博物獨有的神貌？答曰：中華博物絕非僅指博物館的收藏物，必須是全方位的，無論是宫廷裏，無論是山野間，無論是人工物，無論是天然品，無論是社會中，無論是自然界裏，皆應廣予收錄考釋。考釋的主旨，乃探索我中華浩浩博物的淵源、流變。此一博物學甚重“物”的形體、屬性及其淵源流變，同時又關注其得名由來，重視兩者間的生衍關係。通常而言（非通常情況當作別論），在人類社會中有其物必當有其名，有其名亦必有其物。此外，更有同物異名，或同名異物之別。探究"物"本體的淵源流變并釐清名物關係，這就是中國古典博物學的使命，這也正是最爲嚴密的格物致知，也正是最爲嚴肅的科學體系。但中國古典博物學，又必須體現《博物記》以還的國學傳統，必須體現博大的天人視野及民胞物與情懷，有助於我中華的再度振起，乃至於世界的安寧和諧。而那些神怪虛無之物，則不得納入新的博物學中，祇能作爲附錄以備考。如何具體裁定，如何通盤布局，并非易事，遠超想象。因我中華民族是喜愛并嚮往神話的古老民族，又常常憑藉豐富的想象對某種博物作出判斷與解讀，判斷與解讀的結果，除却導致無稽的荒誕之外，又時或引發別樣的思考，常出乎人們的所料，具有別樣的價值。如水族中的"比目魚"，亦稱"王餘魚""兩鮙""拖沙魚""鞋底魚""板魚""箬葉"，俗稱"偏口魚"，爲鰈形目魚類之古稱。成魚身體扁平而闊，兩眼移於頭的另一端，習慣於側臥，朝上的一面有顔色鮮明的眼睛，朝下一面似無眼睛，先民誤以爲祇有一眼，必須相互比并而行。此一判斷與解讀，始自漢代《爾雅・釋地》："東方有比目魚焉，不比不行。"郭璞注："狀似牛脾……一眼，兩片相合乃得行。今水中所在有之，江東又稱爲王餘魚。"事過千載，直至明代李時珍《本草綱目》問世，盡皆認定比目魚僅有一隻眼，出行必須各藉他魚另一眼（見《本草綱目・鱗四・比目魚》）。傳統詩文中用比目魚以比喻形影不離的情侶或好友，先民爭相傳頌，百代不休，直至1917年徐珂的《清稗類鈔》問世，始知比目魚兩眼皆可用，不必兩兩并游（《清稗類鈔・動物篇》）。古人憑藉想象，又認爲尚有與比目魚相對應的"比翼鳥"，見於《爾雅・釋地》："南方有比翼鳥焉，不比不飛。"這一"比翼鳥"，僅一目一翼，須雌雄并翼飛行，如同比目魚一樣，亦用以比喻形影不離的情侶或好友。"比目魚""比翼鳥"之類虛幻者外，後世又派生了所謂"連理枝"，著名詩作有唐白居易《長恨歌》曰："在天願爲比翼鳥，在地願爲連理枝。"何謂"連理枝"？"連理枝"是指自然界中罕見的偶然形成的枝和幹連爲一體的樹木。"連理枝"之外，又出現了"并蒂蓮"之類。"并蒂蓮"亦稱"并頭蓮""合歡蓮"等，是指一莖生兩花，花各有蒂，蒂在花莖上連在一起的蓮花。這種"連理枝""并蒂蓮"，難以納入下述的世界通行的階元系統，也難依照林奈創立的雙名命名法命名，但却又是一種不可忽視的實物，是大自然所形成的另一種奇妙的實物。此一"并蒂蓮"如同"比目魚""連理枝"一樣，亦用以喻情侶或好友，同樣廣見於傳統詩文。歲月悠悠，始於遠古，達於近世，先民對於我中華博物的無限想象以及與之并行的細密觀察探索，令人嘆爲觀止，凡天地生靈、袞袞萬物，無所不及，超乎想象，從而構成了一幅文明古國的壯闊燦爛畫卷。

　　這當是歷經百年沉淪、今得復蘇的我國傳統的博物學，這當是重建的嶄新的全方位的中華博物學。

　　中華博物學除却遵循發揚傳統的名物學、訓詁學、考據學及近世的考古學之外，也廣泛汲取了當代天文、地理、生物、礦物、農學、醫學、藥學諸學的既有成就，其中動植物的本名依照世界通行的階元系統，分爲界、門、綱、目、科、屬、種七類。又依照瑞典卡爾·馮·林奈（瑞文Carl von Linne）創立的雙名命名法命名。"連理枝""并蒂蓮""比目魚""比翼鳥"之屬旁及龍、鳳、麒麟、貔貅等傳說之物，則作爲附錄，劃歸相應的動物或植物卷中。這樣的研究章法，這樣的分類與標注，避免了傳統分類及形狀描述的訛誤或不確定性，即可與國際接軌。綜合古今中外，論者認爲《中華博物通考》的研究主體，可劃歸三十六大類，依次排列如下：

　　《天宇》《氣象》《地輿》《木果》《穀蔬》《花卉》《獸畜》《禽鳥》《水族》《蟲豸》《國法》《朝制》《武備》《教育》《禮俗》《宗教》《農耕》《漁獵》《紡織》《醫藥》《科技》《冠服》《香奩》《飲食》《居處》《城關》《交通》《日用》《資産》《珍奇》《貨幣》《巧藝》《雕繪》《樂舞》《文具》《函籍》。

　　存史啓智，以文育人，乃我中華千載國風。新時代習近平總書記甚重民族自信、文化自信，極力倡導"舊邦新命"，明確指出要"盛世修文"，怎不令人振奮，令人鼓舞！今日，我輩老少三代前後聯手、辛苦三十餘載、三千餘萬言的皇皇巨著——《中华博物通考》欣幸面世，并得到國家出版基金資助。這就昭示了沉淪百載的中華傳統博物學終得復蘇，這就是重建的全新中華博物學。"舊邦新命""盛世修文"，重建博物學，旨在賡續中華文脉，發揚優秀傳統文化，汲取生生不息的精神力量，再現偉大民族的深邃智慧，展我生平志，圓我強國夢！

張述錚

乙丑夾仲首書於山東師範大學映月亭
甲辰南吕增補於歷下龍泉山莊東籬齋

總　說

——漫議重建中華博物學的歷史意義與現實價值

緣　起

　　《中華博物通考》（下稱《通考》）是一部通代史論性的華夏物態文化專著，係"九五""十五""十四五"國家重點出版物專項規劃項目，并得到 2020 年度國家出版基金資助。全書共三十六卷，另有附錄一卷，其中有許多卷又分上下或上中下，計有五十餘册，逾三千萬字。《通考》的編纂，擬稿於 1990 年夏，展開於 1992 年春，迄今已歷三十餘載，初始定名爲《中華博物源流大典》，原分三十二門類（即三十二卷）。此後，歷經斟酌修補，終成今日規模。三十餘載矣，清苦繁難，步履維艱，而大江南北，海峽兩岸，衆多學人，三代相繼，千里聯手，任勞任怨，無一退縮，何也？因本書關涉了古老國度學術發展的重大命題，足可爲當今社會所藉鑒，作者們深知自家承擔的是何樣的重任，未敢輕忽，未敢怠慢。

　　何謂中華物態文化？中華物態文化的研究主體就是中華浩博實物。其歷史若何？就文字記載而言，中華物態文化史應上溯於傳説中的三皇五帝時期，隸屬於原始社會。"三皇五帝"究竟爲何人，我國史家多有不同見解，大抵有三説：一曰"人間君主説"，"三皇"分別指天皇、地皇、人皇，"五帝"分別指炎帝烈山氏、黄帝有熊氏、顓頊高陽氏、帝堯陶唐氏和帝舜有虞氏；二曰"開創天下説"，三皇分别指有巢氏、燧人氏、伏羲氏，"五帝"分别指炎帝烈山氏、黄帝有熊氏、顓頊高陽氏、帝堯陶唐氏和帝舜有虞氏；三曰"道治德化説"，認爲"三皇以道治，五帝以德治"，"三皇"是遠古三位有道的君主，分别指太昊伏羲氏、炎帝神農氏及黄帝軒轅氏，五帝則是少昊金天氏、顓頊高陽氏、帝嚳高辛氏、帝堯陶唐氏和帝舜有虞氏。有關三皇五帝的組合方式，典籍記載亦不盡相同，大抵有四種，在此不予臚列。"三皇五帝"所處時間如何劃定，學界通常認爲有巢、燧人、伏羲屬於舊石器時代，有巢、燧人爲早期，伏羲爲晚期，其餘皆屬新石器時代，炎帝、黄帝、少昊、顓頊等大致同時，屬仰韶文化後期和龍山文化早期。"三皇五帝"後期，已萌生并逐步邁進文明史時代。

中華文明史，國際上通常認定爲三千七百年（主要以文字的誕生與城邑的出現等爲標志），國人則認定爲逾五千年，今又有九千年乃至萬年之説。後者可以上溯至新石器時代，如隸屬裴李崗文化的河南省舞陽縣賈湖村出土了上千粒碳化稻米，約有九千年歷史，是世界最早的栽培粳稻種子。經鑒定其中百分之八十以上不同於野生稻，近似現代栽培稻種，可證其時已孕育了農耕文化。其中發現的含有稻米、山楂、葡萄、蜂蜜的古啤酒也有九千年以上的歷史，可證其時已掌握了釀造術。賈湖又先後出土了幾十支骨笛，也有七千八百年至九千年的歷史，其中保存最爲完整者，可奏出六聲音階的樂曲，反映了九千年前，中華民族已具有相當高度的生產力與創造力、具有相當高度的文化藝術水準與審美情趣。有美酒品嘗，有音樂欣賞，正如今人所稱道，彼時之人已知"享受生活"，當非原始人。賈湖遺址的發現并非偶然。近來上山文化晚期浙江義烏橋頭遺址，除却出土了古啤酒之外，又發現諸多彩陶，彩陶上還繪有伏羲氏族所創立的八卦圖紋飾，故而國人認爲這一時期中華文明已開始形成，至少連續了九千載。中華文明的久遠，當爲世界四大文明古國之首，徹底否定了中華文明西來之説。九千載之説雖非定論，却已引起舉世關注。此外，江西省上饒市萬年縣大源鄉仙人洞遺址發現的古陶器則産生於一萬九千至兩萬年前，又遠超前述的出土物的製作時間。雖有部分學界人士認爲仙人洞遺址隸屬於舊石器遺址，并未進入文明時代，但其也足可證中華博物史的久遠。

一、何謂"博物"與《中華博物通考》？《通考》的要義與章法何在？

何謂"博物"？"博物"一詞，首見於《左傳·昭公元年》："晋侯聞子產之言，曰：'博物君子也。'"其他典籍也時有記載，如《漢書·楚元王傳贊》："自孔子後，綴文之士衆也，唯孟軻、孫況、董仲舒、司馬遷、劉向、揚雄此數公者，皆博物洽聞，通達古今。"《周書·蘇綽傳》："太祖與公卿往昆明池觀魚，行至城西漢故倉地，顧問左右莫有知者。或曰：'蘇綽博物多通，請問之。'"以上"博物"指博通諸種事物，一般釋爲"知識淵博"。此外，《三國志·魏書·國淵傳》："《二京賦》博物之書也，世人忽略，少有其師可求。"唐釋玄奘《大唐西域記·摩臘婆國》："昔此邑中有婆邏門，生知博物，學冠時彦，内外典籍，究極幽微，曆數玄文，若視諸掌。"明王褘《司馬相如解客難》："借曰多識博物，賦頌所託，勸百而風一。"這些典籍所載之"博物"，即可釋爲今義之"浩博實物"。這一浩博實物，任一博物館盡皆無法全部收藏。本《通考》指稱的"博物"既可以是天然的，也可以是人工的；既可以是静態的，也可以是動態的；既可以是斷代的，也可以是歷時的，是古今并存，巨細俱備，時空縱橫，浩浩蕩蕩，但必須是我中華獨有，或是中土化的。研究這浩蕩博物的淵源流變以及同物異名或同名异物之著述即《博物通考》，而爲與西方博物學相區别，故稱之爲《中華博物通考》。

在中國古代久有《皇覽》《北堂書鈔》等類書、《儒學警語》《四庫全書》等叢書以及《爾雅》《説文》等辭書，所涉甚廣，却皆非傳統博物典籍。本書草創之際，唯有《中國學術百科全書》《中華百科全書》《中國大百科全書》之類風行於世，這類百科全書亦皆非博物學專著。專題博物學著作甚爲罕見，僅有今人印嘉祥《物源百科辭書》，俞松年、毛大倫《生活名物史話》，抒鳴、銳鏵《世界萬物之由來》等幾種，多者收詞約三千條，少者僅一百八十餘款，或洋洋灑灑，或鳳毛麟角，各有千秋，難能可貴。《物源百科辭書》譽稱"我國第一部物源工具書"（見該書序），此書中外兼蓄，虛實并存，堪稱廣博，惜略顯雜蕪。本《通考》則另闢蹊徑，别有建樹，可稱之爲當代第一部"中華古典博物學"。

《通考》甚重對先賢靈智的追踪與考釋。中華民族是滿富慧心的偉大民族，極善觀察探索，即使一些不足挂齒的微末之物也未忽視，且載於典籍，十分翔實生動。如對常見的鳥類飛行方式即有以下描述：鳥學飛曰翎，頻頻試飛曰習，振翅高飛曰翥，向上直飛曰翀，張翼扶摇上飛曰翆，鳥舒緩而飛、不高不疾曰翉、曰翂，快速飛行曰翲，水上飛行曰摵，高飛曰翰，輕飛曰翲，振羽飛行曰翻，等等，不一而足。如此細密的觀察探隱，堪稱世界之最，令人嘆服！而關於禽鳥分類學，在中國古代也有獨到見解。明代李時珍所著《本草綱目》已建立了階梯生態分類系統，將禽鳥劃分爲水禽、原禽、林禽、山禽等生態類別，具有劃時代意義。這一生態分類法較瑞典生物學家林奈的《自然系統》（第十版）中的分類要早一百六十餘年，充分展示了我國古代鳥類分類學的輝煌成就，駁正了中國傳統生物學一貫陳腐落後的舊有觀念。此外，那些目力難及、浩瀚的天體，也盡在先民的觀察探索之中，如關於南天極附近的星象，遠在漢代即有記載。漢武帝元鼎六年（公元前 111），滅南越國，置日南九郡事，《漢書》及顏注、酈道元《水經注》有關“日南”的定名中皆有詳述，而西方於 15 世紀始有發現，晚中國一千四百餘年。再如，關於太陽黑子，在我國漢代亦有記載，《漢書·五行志》載：“日黑居仄，大如彈丸。”其後《晋書·天文志中》亦載：“日中有黑子、黑氣、黑雲。”而西方於 17 世紀始有發現，晚於中國一千六百餘年。惜自清朝入關之後，對於中原民族，對於漢民族長期排斥壓抑，致使靈智難展，尤其是中後期以來的專制國策，遭致國弱民窮，導致久有的科技一蹶不振，於是在列強的視野下，中華民族變成了一個愚昧的“劣等”民族。受此影響，一些居留國外或留學國外的學人，亦曾自卑自弃，本書《導論》曾引胡適的評語：中華民族是“又愚又懶的民族”，是“一分象人，九分象鬼的不長進民族”（見胡適《介紹我自己的思想》，1930年 12 月亞東圖書館初版《胡適文選》自序）。本《通考》有關民族靈智的追踪考索，巨細無遺，成爲另一大特點。

　　《通考》遵從以下學術體系：宗法樸學，不尚空論，既重典籍記載，亦重實物（包括傳世與出土文物）考察，除却既有博物類專著自身外，今將博物研究所涉文獻歸納爲十大系統：一曰史志系統，即史書中與紀傳體并列，所設相對獨立的諸志。如《禮樂志》《刑法志》《藝文志》《輿服志》等，頗便檢用。二曰政書類書系統。重在掌握典制的沿革，廣求佚書异文。三曰考證系統。如《古今注》《中華古今注》《敬齋古今黈》等，其書數量無多，見重實物，頗重考辨。四曰博古系統。如《刀劍錄》《過眼雲煙錄》《水雲錄》《墨林快事》等，這些可視爲博物研究散在的子書，各有側重，雖常具玩賞性，却足資藉鑒。五曰本草系統。其書草木蟲魚、水土金石，羅致廣博，雖爲藥用，已似百科全書。六曰注疏系統。爲古代典籍的詮釋與發揮。如《易》王弼注、《詩》毛亨傳、《史記》裴駰集解、《老子》魏源本義、《楚辭》王夫之通釋、《三國志》裴松之注、《水經》酈道元注、《世說新語》

劉孝標注等。七曰雅學系統、許學系統，或直稱之爲訓詁系統，其主體就是名物研究，後世稱爲“名物學”。八曰異名辨析系統。已成爲名物學的獨立體系。如《事物異名》《事物異名録》等，旨在同物異名辨析。九曰説部系統。包括了古代筆記、小説、話本、雜劇之類被正統學者輕視的讀物，這是正統文化之外，隱逸文化、民間文化的淵藪，一些世俗的衣、食、住、行之類日常器物，多藉此得見生動描述。十曰文物考古系統，這是博物研究中至爲重要的最具震撼力的另一方天地，因爲這是以歷代實物遺存爲依據的，足可印證文獻的真僞、糾正其失誤，多有創獲。

二、《通考》内容究如何，今世當作何解讀？

《通考》内容極爲豐富，所涉範圍極廣，古今上下，時空縱横，實難詳盡論説，今略予概括，主要可分兩大方面，一爲自然諸物，二爲社科諸物，兹逐一分述如下：

（一）自然諸物：包括了天地生殖及人力之外的一切實體、實物，浩博無涯，可謂應有盡有。

如“太陽”“月亮”，在我中華凡是太空中的發光體（包括反射光體）皆被稱爲“星”，因此漢語在吸納現代天文學時，承襲了這一習慣，將“太陽”這類自身發光的等離子物體命名爲恒星。《天宇卷》研究的主體就是天空中的各種星象。星象就是指各種星體的位置、明暗、形狀等的變化。星象極其繁複，難以辨識。於是，在天空中位置相對穩定的恒星就成爲必要的定位標志。在人們目力所及的範圍内，恒星數以千計，先民將漫天看似雜亂無章的恒星位置相近者予以組合并命名，這些組合的星群稱之爲星宿，因而就有了三垣二十八宿之説。在远古難以對宇宙進行深入探索的時代，先民未能建立起完整的天體概念，也不知彼此的運動關係，僅憑藉直感認知，將所見的最強發光體——“太陽”本能地給予更多的關注，作出不同於西方的別樣解釋。視太陽爲天神，太陽的出没也被演繹成天神駕車巡游，而夸父追日、后羿射日等典故，則承載了諸多遠古信息。先民依據太陽的陰陽屬性、形體形象、光熱情況、時序變化、神話傳説及俗稱俗語等特點，賦予了諸多別名和異稱，其數量達一百九十餘種，如“陽精”“丙火”“赤輪”“扶桑”“東君”“摩泥珠”等，可見先民對太陽是何等的尊崇。對人們習見的“月亮”，《天宇卷》同樣考釋了其異名別稱及其得名由來。今知月亮異名別稱竟達二百二十餘種，較之“太陽”所收尤爲宏富。如

"太陰""玉鏡""嬋娟""姮娥""顧兔""桂影""玉蟾蜍""清凉宫"，等等。而關於"月亮"的所見所想，所涉傳聞佳話，連綿不絕，超乎所料。掩卷沉思，無盡感慨！中華民族是一個明潔温婉、追求自由、嚮往和平、極具夢想的偉大民族。愛月、咏月、賞月、拜月，深情綿綿，與月亮別有一番不解之緣！饒有趣味者，爲東君太陽神驅使六龍馭車的羲和，如同爲太陰元君駕車的望舒一樣，竟也是一位女子，可見先民對於女性的信賴與尊崇。何以如此？是母系社會的遺風流韵麽？不得而知！足證《通考》探討"博物"的意義并不衹在"博物"自身，而是關乎"博物"所承載的傳統文化。

再如古代出現的"雪""雹"之類，國人多認定與今世無多大差異，實則不然。《氣象卷》收有"天山雪""陰山雪""燕山雪""嵩山雪""塞北雪""南秦雪""秦淮雪""盧山雪""嶺南雪""犬吠雪"（偏遠的南方之雪。因犬見而驚吠，故稱），等等，這些雪域不衹在長城内外，又達於大江南北，可謂遍及全國各地，令人眼界大開。這些雪域的出現，又并非遠古間事，所見文字記載盡在南北朝之後，而"嶺南雪"竟見於明清時期，致使今人難以置信。若就人們對雪的愛惡而言，有"瑞雪""喜雪""灾雪""惡雪"；若就雪的屬性而言，有"乾雪""濕雪""霧雪""雷雪"；若就降雪時間長短而言，有"連旬雪""連二旬雪""連三旬雪""連四旬雪"；若就雪的危害而言，有"致人凍死雪""致人相食雪"等，不一而足。此外，雪另有色彩之别，本卷收有"紅雪""綠雪""褐雪""黑雪"諸文，何以出現紅、綠、褐、黑等顔色？這是由於大地上各類各色耐寒的藻類植物被捲入高空，與雪片相遇，從而形成不同色彩。對此，先民已有細微觀察，生動描述，但未究其成因。1892年冬，意大利曾有漫天黑雪飄落，經國際氣象學家研究測定，此一現象乃是高空中億萬針尖樣小蟲，在飛翔時與雪片粘連所致。這與藻類植物被捲入高空，導致顔色的變幻同理。或問，今世何以不見彩色之雪？因往昔大地之藻類及針尖樣小蟲，由於生態環境的破壞而消失殆盡。就氣象學而言，古代出現彩雪，是正常中的不正常，現代衹有白雪，則是不正常中的正常。本卷中有關雹的考釋，同樣頗具情趣，十分精彩。依雹的顔色有"白色雹""赤色雹""黑色雹""赤黑色雹"，依形狀有"杵狀雹""馬頭狀雹""車輪狀雹""有柄多角雹"，依長度有"長徑尺雹""長尺八雹"，依重量有"重四五斤雹""重十餘斤雹"，依危害則有"傷禾折木雹""擊殺鳥雀雹""擊殺獐鹿雹""擊死牛馬雹""壞屋殺人雹"等，這些記載并非出自戲曲小説，而是全部源於史書或方志，時間地點十分明確，毋庸置疑。古今氣象何以如此不同？何以如此反常？衹嘆中國古代的科研體系多注重對現象的觀察，而不求其成因，祇是將以上現象置於史志之中，予以記載而已。本《通考》對中華"博物"的考辨，不祇是展現了大自然的原貌、大自然的古今變幻，而且也提供了社會的更迭興替和民生的禍福起落等諸多耐人尋味的思考。

另如，《水族卷》中收有棘皮動物"海參"，其物在當代國人心目中，是難得的美味佳餚和滋補珍品。《水族卷》還原其本真面貌，明確指出海參爲海洋動物中的棘皮動物門，海參綱之統稱，而後依據古代典籍，考證其物及得名由來：三國吳沈瑩《臨海水土異物志》："土肉，正黑，如小兒臂大，中有腹，無口目……炙食。"其時貶稱"土肉"，祇是"炙食"而已。既貶稱爲"土"，又止用於燒烤而食，此即其初始的"身份""地位"，實是無足稱道。直至明代謝肇淛《五雜俎·物部一》中，始見較高評價，并稱其爲"海參"："海參，遼東海濱有之，一名海男子。其狀如男子勢然，淡菜之對也。其性温補，足敵人參，故名海參。""男子勢"，舊注曰"男根"，因海參形如男性生殖器，俗名"海男子"，正與形如女性生殖器的淡菜（又稱"海牝""東海夫人"，即厚殼貽貝）相對應。此一形似"男根"之物，何以又被重視起來？國人對食療養生素有"以形補形"的觀念，如"芹菜象筋骼，吃了骨頭硬；核桃象大腦，吃了思維靈"之類，而因海參似男根，故認定其有補腎壯陽的功能，這就是"足敵人參"的主要根據之一。謝氏在贊其"足敵人參"的同時，又特別標示了其不雅的綽號"海男子"，則又從另一側面反映了明代對於海參仍非那麼珍視，故而在其當代權威的醫典《本草綱目》中未予記載。"海參"在清朝的國宴"滿漢全席"中始露頭角，漸得青睞。本卷作者在還其本真面貌的過程中，又十分自然地厘清了海參自三國之後的異名別稱。如，"土肉""海男子"之後，又有"蚄""沙噀""戚車""龜魚""刺參""光參""海鼠""海瓜""海瓜皮""白參""牛腎""水參""春皮""伏皮"諸稱，"蚄"字之外，其他十三個異名別稱，古今辭書無一收録，唯一收録的"蚄"字，又含混不清。而"海參"喻稱"海瓜"，則爲英文 sea cucumber 的中文義譯，較中文之喻稱"海男子"似有异曲同工之妙，又可證西人對海參也并不那麼重視。

全書三十六卷，卷卷不同。本書設有《珍奇卷》，別具研究價值。如"孕子石"，發現於江蘇省溧陽市蘇溧地區。此石呈灰黃色，質地堅硬，其外表平凡無奇，但當人們把石頭敲開時，裏面會滾出許多圓形石彈子，直徑 21 厘米左右，和母石相較，顏色稍淺，但成分一致。因石中另包小石，好似母石生下的子石，故稱"孕子石"。這種"石頭孕子"史志無載，首次發現，地質學家們同樣百思而不得其解，祇能"望石興嘆"。再如"預報天旱井"，位於廣西全州縣內，每年大旱來臨前二十天，水井會流出渾水，長達兩天之久，附近村民見狀，便知大旱將臨，便提前做好抗旱準備。此外，該井每二十四小時漲潮六次，每次約漲五十分鐘，水量約增加兩倍。此井如同"孕子石"一樣，史志無載，首次發現，對此井的奇特現象有關專家同樣百思不得其解，也祇能"望井興嘆"。

（二）社科諸物：自然物外，中華博物中的社科諸物漫布於社會生活之中，其形成發展、古今變化，尤爲多彩，展現了一種別樣的國情特徵和民族靈智。

如《國法卷》，何謂"國法"？國法係指國家之法紀、法規。國法其詞作爲漢語語詞起源甚爲久遠，先秦典籍《周禮・秋官・朝士》中即已出現，"國法"之"法"字作"灋"，其文曰："凡民同貨財者，令以國灋行之，犯令者刑罰之。"同書《地官・泉府》中又有另詞"國服"，其文曰："凡民之貸者，與其有司辨而授之，以國服爲之息。"此"國服"言民間貿易必須服從國法，故稱"國服"。作爲語詞，"國法""國服"互爲匹配。國法爲人而設，國服隨法而施，有其法必有其服，有法無服，則法罔立，有服無法，舉世罔聞。今"國法"一詞存而未改，"國服"則罕見使用。就世界範圍而言，中國的國法自成體系，具有國體特色與民族精神，故西方學者稱之爲"中華法系"或"東方法系"。本《國法卷》即以"中華法系"爲中心論題，全面考釋，以現其固有特色與精神。中華法系如同世界諸文明古國法系一樣，源於宗教，興於禮俗，而最終成爲法律，遂具有指令性、強制性。中華法系一經形成，即迥異於西方，因其從不以"永恒不變的人人平等的行爲準則"自詡，也沒有立法依據的總體理論闡釋，而是明確標示法律應維護帝王及權貴的利益。在中國古代，從沒出現過如古希臘或古羅馬的所謂絕對公正的"自然法"，毋須在"自然法"指導下制定"實在法"。中國古代的全部法律皆爲正在施行的"實在法"，但卻有不可撼動的權威理論——"君權天授"說支撐。"天"，在先民心目中是無可比擬的最神秘、最巨大的力量。"天"，莊重而仁慈，嚴厲而公正，無所不察，無所不能。上自聖賢哲人，下至黎民百姓，少有不"敬天意"、不"畏天命"者，帝王既稱"天子"，且設有皇皇國法，條文森然，何人敢於反叛？天下黔首，非處垂死之地，絕不揭竿而起，妄與"天"鬥！故而在中國古代，帝王擁有最高立法權與司法權，享有無盡的威嚴與尊貴。今知西周時又強化了宗族關係，即血緣關係。血緣關係又分爲近親、遠親、异姓之親等。血緣關係成爲一切社會關係的核心，由血緣關係擴而廣之，又有師生、朋友及當體恤的其他人等關係。由血緣關係又進而強化了尊卑關係，即君臣關係、臣民關係，這些關係較之血緣關係更爲細密，爲此而設有"八辟"之法，規定帝王之親朋、故舊、近臣等八種人，可以享有減免刑罰之特權。漢代改稱"八議"，三國魏正式載入法典。其後，歷代常有沿襲。這一血緣關係在我國可謂根深蒂固，直至今世而未衰。爲維護這尊卑關係，西周之法典又設有《九刑》，以"不忠"爲首罪。另有《八刑》以"不孝"爲首罪。"忠"，指忠君，"孝"指孝敬父母，兩者難以分割。《九刑》《八刑》雖爲時過境遷之古法，但其倡導的"忠孝"，已成爲中華民族的一種處世觀念，一種道德規範。作爲個人若輕忽"忠孝"，則必極端自私，害及民衆；作爲執政者若輕忽"忠孝"，則必妄行無忌，危及國家。今世早已摒弃愚忠愚孝之舉，但仍然繼承并發揚了"忠孝"的傳統。"忠"不再是"忠君"，而是忠於祖國，忠於人民，或是忠於信守的理想；"孝"謂善事父母，直承百代，迄今不衰。"忠孝"是人們發自心底的感恩之情，唯知感恩，始有報恩，人間纔有真情往還，纔有心靈交融。佛家箴言警語曰"上報四重恩，下濟三途苦"（見《大乘本生心地觀經》），"四重恩"指父母恩、師長恩、國土恩、衆生恩（衆生包括動植物等一切生靈）。我國傳統忠孝文化中又融入了佛家的這一經典旨意，可謂相得益彰。"忠孝"乃我文明古國屹立不敗的根基，絕不可視之爲"封建觀念"。縱觀我中華信史可知，舉凡國家昌盛時代，必是忠孝振興歲月，古今如一，堪稱鐵律。國家可敬又可愛，所激起的正是人們的家國情懷！"忠孝"這一處世觀念，這一道德規範，直涉人際關係，直涉國家命運，成爲我中華獨有、舉世無雙的文化傳統。

中國之國法，并非僅靠威懾之力，更有"禮治"之宣導，而關乎禮治的宣導今人常常忽略。前已述及中華法系如同世界諸文明古國法系一樣，源於宗教，興於禮俗，由禮俗演進爲禮治，禮治早於刑法之前已經萌生。自商周始，《湯刑》《吕刑》（按，《湯刑》《吕刑》之"刑"當釋爲"法"）相繼問世，尤重"禮治"，何謂"禮治"？"禮治"指遵守禮儀道德與社會規範，破除"禮不下庶人"的舊制，將仁義禮智信作爲基本的行爲規範，《孟子·公孫丑上》曰："辭讓之心，禮之端也。""辭讓"指謙和之道，尊重他人，由"禮讓"而漸發展爲"禮制"。至西周時，"禮治"已成定制。這一立法思想備受推崇。夏商以來，三千餘載，王朝更替，如同百戲，雖脚色各异，却多高揚禮制之大旗，以期社會和諧，民生安樂。不瞭解中國之禮治，也就難以瞭解中華法制史，就難以瞭解中國文化史。此後"禮治"配以"刑治"，相輔相成，久行不衰。"禮刑相輔"何以行使？答曰：升平之世，統治者無不強調禮制之作用，藉此以示仁政；若逢亂世，則用重典，施酷刑（下將述及），軟硬兩手交替使用。這就組成了一張巨大的不可錯亂、不可逾越的法律之網，這就是中華民族百代信守的國家法制的核心，這就是中華民族有史以來建國治國之道。這一"禮刑相輔"的治國之道，迥別與西方，爲我中華所獨有，在漫長而多樣的世界法制史中居於前沿地位。

在我古老國度中，國家既已形成，於是又具有了不同尋常的歷史意義與價值觀。自先秦以來，"國家"一詞意味着莊嚴與信賴。在國人心目中，"國"與"家"難以分割，直與身家性命連爲一體，故"報效國家"爲中華民族的最高志節，而"國破家亡"則爲全民族的最大不幸。三十年前本人曾是《漢語大詞典》主要執筆者之一，撰寫"國家"條文時，已注意了先民曾把皇帝直稱爲"國家"。如《東觀漢紀·祭遵傳》："國家知將軍不易，亦不遺力。"《晉書·陶侃傳》："國家年小，不出胸懷。"稱皇帝爲"國家"，以皇帝爲國家的代表或國家的象徵，較之稱皇帝爲天子，更具親切感，更具號召力。中國歷史上的一些明君仁主也多以維護國家法制爲最高宗旨，秦皇、漢武皆曾憑藉堅定地立法與執法而國勢強盛，得以稱雄天下，這對始於西周的"八辟"之法，無疑是一大突破。本書《國法卷》第一章概論論及隋唐五代立法思想時，有以下論述：據《隋書·王誼傳》及文帝相關諸子傳載，文帝楊堅少時同王誼爲摯友，長而將第五女嫁王誼之子，相處極歡，後王誼被控"大逆不道，罪當死"，文帝遂下詔"禁暴除惡"，"賜死於家"。《隋書·文四子傳》又載，文帝三子秦王楊俊，少而英武，曾總管四十四州軍事，頗有令名，文帝甚爲愛惜，獎勵有加。後楊俊漸奢侈，違制度，出錢求息，窮治宮室，文帝免其官。左武衛將軍劉升、重臣楊素，先後力諫曰："秦王非有他過，但費官物、營廨舍而已。"文帝答曰："法不可違！"劉、楊又先後諫曰："秦王之過，不應至此，願陛下詳之。"文帝答曰："我是五兒之父，若如公意，何不別制天子兒律？"文帝四子、五子皆因違法，被廢爲庶民，文帝處置毫不猶豫，毫不留情。隋文帝身爲人君，以萬乘之尊，率先力行，實踐了"王子犯法，與民同罪"的古訓。在位期間，創建"開皇之治"，人丁大增，百業昌盛，國人視文帝爲真龍天子，少數民族則尊稱其爲聖人可汗。《國法卷》主編對歷史上身爲人君的這種舉措，有"忍割親朋私情，立法爲公"的簡要評論。這一評論對於中國這種以宗族故交爲關係網的大國而論，正是切中要害。此後，唐太宗李世民、玄宗李隆基、憲宗李純等君王皆有類似之舉，終成輝煌盛世。時至明代，面對一片混亂腐敗的吏治，明太祖朱元璋更設有"炮烙""剝皮"之類酷刑嚴法，懲治的貪官污吏達十五萬之衆，即便自家的親朋故舊，也毫不留情。如進士出身的駙馬，朱元璋的愛婿歐陽倫只因販茶違法，就直接判以死刑，儘管安慶公主及儲君朱允炆苦苦哀求，也絕不饒恕。據《明史·循吏傳序》載：“〔官吏〕一時受令畏法，潔己愛民，以當上指……民人安樂、吏治澄清者百餘年。”其時，士子們甘願謀求他職，而不敢輕率爲官，而諸多官員却學會了種田或捕魚，呈現了古今難得一見的別樣的政治生態。明太祖的這類嚴酷法令雖是過當，却勝於放縱，故而明朝一度成爲世界經濟大國、經濟強國。中國歷史上的諸多建國之名君仁主，執法雖未若隋文帝之果決，未若明太祖之嚴酷，但無一不重視國家安危。這些建國名君仁主“上以社稷爲重，下以蒼生在念”（見《舊唐書·桓彦範傳》），故而贏得臣民的擁戴。今之世人多以爲帝王之所以成爲帝王，盡皆爲皇室一己之私利，祇貪圖自家的享榮華富貴而已，實則并非盡皆如此。歷代君王既已建國，亦必全力保國，并垂範後世，以求長治久安。品讀本書《國法卷》，可藉以瞭解我國固有的國情狀況，瞭解我國歷史中的明君仁主如何治理國家，其方策何在，今世仍有藉鑒價值。縱觀我國漫長的歷史進程，有的連續數代，稱爲盛世；有的衰而復起，稱爲中興；有的則二世而亡，如曇花一現。一切取決於先主與後主是否一脉相繼，一切取決於執法是否穩定。要而言之：嚴守國法，則國家興盛，嚴守國法，則社會祥和，此乃舉世不二之又一鐵律。

《國法卷》雖以國法爲研究主體，却力求超越法律研究自身，力求探索法律背後的正反驅動力量，其旨義更加廣遠。因而本卷又區別於常見的法律專著。

另如《巧藝卷》，在《通考》全書中未占多大分量，但在日常社會生活中却有無可替代的獨特地位，藉此大可飽覽先民的生活境遇和精神世界。何謂“巧藝”？古代文獻中無此定義。所謂“巧藝”，專指巧智與技藝性的娛樂及各種健身活動，同時展現了與之相應的家國關係。中華民族的“巧藝”別具特色，所涉內容十分廣泛，除却一般游戲活動外，又包涵了棋類、牌類、養生、武術、四季休閑、宴飲娛樂、動物馴化等等。細閱本卷所載，常爲古人之智巧所折服。如西漢東方朔“射覆”之奇妙，今已成千古佳話。據《漢書·東方朔傳》載，漢武帝嘗覆守宮（即壁虎）於杯盂之下，令衆方士百般揣度，各顯其能，并無一言中的者，而東方朔却可輕易解密，有如神算，令滿座驚呼。何謂“射覆”？“射覆”爲古代猜測覆物的游戲。射，揣度；覆，覆蓋。“射覆”之戲，至明清始衰，其間頗多高手。這些高手似乎出於特異功能，是古人勝於今人麽？當作何解釋？學界認爲這些高手多善《易》學，故而超乎常人，但今世精於《易》學者并非罕見，却未見有如東方朔者，何也？難以作答，且可不論，但古代對動物的馴化，又何以特別精彩，令今人嘆服？

著名的唐代象舞、馬舞，久負盛名，這些大動物似通人性，故可不論，而那些似乎笨拙的小動物，如"烏龜疊塔""蛤蟆説法"之類的馴養，也常常勝過今人，足可展現先民的巧智，"'疊塔''説法'，固教習之功，但其質性蠢蠢，非他禽鳥可比，誠難矣哉！"（見明陶宗儀《輟耕録・禽戲》）古人終將蠢蠢之蟲馴化得如此聰明可愛，藉此可見古人之扎實沉着，心智之專一，少有後世浮躁之風。目前，國人甚喜馴養，寵物遍地，却未見馴出如同上述的"疊塔"之烏龜與"説法"之蛤蟆，今之馬戲或雜技團體，爲現代專業機構，也未見絶技面世。

《巧藝卷》的條目詮釋，大有建樹，絶不因襲他人成説，明確關聯了具體事物形成的歷史淵源與社會背景。如"踏青"，《漢語大詞典》引用了唐代的書證，并稱其爲"清明節前後，郊野游覽的習俗"。本卷則明確指出，"踏青"是由遠古的"春戲"演變而來。西周時曾爲禮制。漢代已有"人日郊外踏青"之俗，同時指出"踏青"還有"游春"的別稱。《漢語大詞典》與本卷的釋文內容差異如此之大，實出常人之所料。何謂"春戲"？所有辭書皆未收録。本卷有翔實考證，兹録如下：

> 春戲：古代民間春季娛樂活動。以繁衍後代和期盼農作物豐收爲目的的男女歡會活動，始於原始社會末期，西周時仍很流行。《周禮・地官・司徒》："中春之月，令會男女。於是時也，奔者不禁。若無故而不用令者，罰之。司男女之無夫家者而會之。"《墨子・明鬼篇》："燕之有祖，當齊之社稷。宋之有桑林，楚之雲夢也，此男女之所屬而觀也。"《詩・鄭風・溱洧》："溱與洧，瀏其清矣。士與女，殷其盈矣。女曰：'觀乎？'士曰：'既且。''且往觀乎！洧之外，洵訏且樂。'維士與女，伊其將謔，贈之以芍藥。"《楚辭・九歌・少司命》："秋蘭兮糜蕪，羅生兮堂下。綠葉兮素枝，芳菲菲兮襲予。夫人兮自有美子，蓀何以兮愁苦？"戰國以後逐漸演變爲單純的春游活動"踏青"。

《巧藝卷》精心地援引了以上經典，可證在中國上古時期男女歡會非常自然，而且是具有相當規模的群體性活動。此舉在中國遠古時代已有所見，青海大通縣上孫家寨出土的舞蹈紋彩陶盆，已展現了男女携手共舞的親密生動場景，那是馬家窰文化的代表，距今已有五千年歷史，但必須明確，這并非蒙昧時期的亂性之舉。這是一種男女交往的公開宣示。前述《周禮・地官・司徒》曰："中春之月，令會男女……司男女無夫之家者而會之。"其要點是"男女無夫之家者"。這是明確的法律規定，故而作者的篇首語曰："以繁衍後代和期盼農作物豐收爲目的。"這就撥正了後世對於中國古代奴隸社會或封建社會有關男女關係的一些偏頗見解，可證本卷之"巧藝"非同一般的娛樂，所展現的是中華先民多方位的生活狀態。

三、博物研究遭質疑，古老科技又誰知？

《通考》所涉博物盡有所據，無一虚指，如繁星麗天，構成了浩大的博物學體系，千載一脉，本當生生不息，如瀑布之直下，但却似大河之九曲，時有峽谷，時有險灘，終因清廷喪權辱國、全盤西化而戛然中斷，故而迥异於西方。由於西方科技的巨大影響，致使一些學人缺少文化自信，多認爲中國古老的博物學，無甚價值。豈知我中華民族從不乏才俊、精英，從不乏偉大的發明，很多祇是不知其名而已。如《淮南子·泰族訓》："欲知遠近而不能，教之以金目則快射。"漢代高誘注曰："金目，深目。所以望遠近射準也。"何謂"金目"？據高注可知，就是深目。"深目"之"深"，謂深遠也（又説稱"金目"爲黄金之目，用以喻其貴重，恐非是）。"金目"當是現代望遠鏡或眼鏡之類的始祖。"金目"其物，在古代萬千典籍中僅見於《淮南子》一書，别無他載。因屬古代統治者杜絶的"奇技淫巧"，又甚難製作，故此物宫廷不傳，民間絶踪，遂成奇品。上世紀80年代，揚州邗江縣東漢廣陵王劉荆墓中出土一枚凸透鏡，此鏡之鏡片直徑1.3厘米，鑲嵌在用黄金精製而成的小圓環内，視物可放大四五倍，此鏡至遲亦有兩千餘年的歷史。廣陵墓之外，安徽亳州曹操宗族墓等處，亦有出土。是否就是"金目"已難考證。作爲眼鏡其物，發展到宋代，始有明確的文字記載，其時稱之爲"靉靆"（見明方以智《通雅·器用·雜用諸器》引宋趙希鵠《洞天清録》）。今日學者皆將眼鏡視爲西方舶來品，一説來自阿拉伯，又説來自英國，如猜謎語，不一而足；西方的眼鏡實則是由中國傳入的，如若説是西方自家發明，也晚於中國千年之久。

"金目"其物的出現絶非偶然，《墨子》中的《經下》《經説下》已有關於光的直綫傳播、反射、折射、小孔成象、凹凸透鏡成象等連續的科學論述，這一原理的提出，必當有各式透體器物，如鏡片之類爲實驗依據，這類器物的名稱曰何今已不得而知，但製造出金目一類望遠物，是情理之中的必然結果。據上述《經下》《經説下》記載可知，早在戰國時期，先賢已有光學研究的成就，與後世西方光學原理盡同。在中國漫長的古代日常生活中，隨時可見新奇的創造發明，這類創造發明所展現的正是中國獨有的科學。《導論》中所述"被中香爐""長信宮燈"之外，更有"博山爐"（一種形似傳說中神山"博山"的香爐，當香料在爐內點燃時，烟霧通過鏤空的山體宛然飄出，形成群山蒙蒙、衆獸浮動的奇妙景象，約發明於漢代）、"走馬燈"（一種竹木扎成的傳統佳節所用風車狀燈具，外貼人馬等圖案，藉燈內點燃蠟燭的熱力引發空氣對流，輪軸上的人馬圖案隨之旋轉，投身於燈屏上，形成人馬不斷追逐、物換景移的壯觀情景，約發明於隋唐時期）之類。古老中華何止是"四大發明"？此外，約七千年前，在天灾人禍、形勢多變的時代背景之下，先民爲預測未來，指導行爲方嚮，始創有易學，形成於商周之際，今列爲十三經之首，稱爲《周易》，這是今世的科學不能完全解釋的另一門"科學"，其功用不斷地爲當世諸多領域所驗證，在我華夏、乃至歐美，研究者甚衆，本《通考》對此雖有涉及，而未立專論。

那麼，在近現代，國人又是如何對待古代的"奇技奇器"的呢？著名的古代"四大發明"，今已家喻户曉，婦幼皆知，但却如同可愛的國寶大熊猫一樣，乃是西方學者代爲發現。我仁人志士，爲喚醒"東方睡獅"，藉此"四大發明"，竭力張揚，以振奮民族精神。這"四大發明"影響非凡，但在中國傳統文化中亦無重要地位，其中"火藥"見載於唐孫思邈《丹經》，"指南針""印刷術"同見載於宋沈括《夢溪筆談》，皆非要籍鴻篇，唯造紙術見於正史，全文亦僅七十一字，緊要文字祇有可憐的四十三字（見《後漢書·宦者傳·蔡倫》）。而這"四大發明"中有兩大發明，不知爲何人所爲。

在古老中國的歷史長河中，更有另一種科學技術，當今學界稱之爲"黑科技"（意謂超越當今之科技，出於人類的想象之外。按，稱之爲"超科技"，似更易理解，更準確），那就是現代科學技術望塵莫及、無法破解的那些千古之謎。如徐州市龜山西漢楚襄王墓北壁的西邊墻上，非常清晰地顯示一真人大小的影子，酷似一位老者，身着漢服，峨冠博帶，面東而立，作揖手迎客之狀。人們稱其爲"楚王迎賓圖"。最初考古人員發掘清理棺室時，并無壁影。自從設立了旅游區正式開放後，壁影纔逐漸地顯現出來，仿佛是楚王的魂魄顯靈，親自出來歡迎來此參觀的游人一樣。楚襄王名劉注，是西漢第六代楚王，死後葬於此。劉注墓還有五謎，今擇其三：一、工程精度之謎。龜山漢墓南甬道長 55.665 米，北甬道長爲 55.784 米，沿中綫開鑿，最大偏差僅爲 5 毫米，精度達 1/10000；兩甬道相距 19 米，夾角 20 秒，誤差爲 1/16000，其平行度誤差之小，大約需要從徐州一直延伸到西安纔能使兩甬道相交。按當時的技術水準，這樣的墓道是何人如何修建的？二、崖洞墓開鑿之謎。龜山漢墓爲典型的崖洞墓，其墓室和墓道總面積達到700多平方米，容積達2600多立方米，幾乎掏空了整個山體。勘察發現，劉注墓原棺室的室頂正對着龜山的最高處，劉注府庫中的擎天石柱也正位於南北甬道的中軸綫上。龜山漢墓的工程人員是利用什麼樣的勘探技術掌握龜山的山體石質和結構？三、防盜塞石之謎。南甬道由26塊塞石堵塞，分上下兩層，每塊重達六至七噸，兩層塞石接縫非常嚴密，一枚硬幣也難以塞入。漢墓的甬道處於龜山的半山腰，當時生產力低下，人們是用什麼方法把這些龐大的塞石運來并嵌進甬道的？今皆不得而知。

斷言“中國古代祇有技術而没有科學”者，對中國歷史的瞭解實在是太過膚淺，并不瞭解在中國古代不祇有科技，而且竟然有超越科學技術的“黑科技”。

四、當世灾難甚可懼，人間正道何處覓？

在《通考》的編纂過程中，常遇到的重要命題，那就是以上論及的“科技”。今之“科技”，在中國上古曾被混稱爲“奇技奇器”，直至清廷覆亡，迄未得到應有的重視，導致國勢衰微，外寇侵略，民不聊生。這正是西方視之爲愚昧落後，敢於長驅直入，爲所欲爲的原因。因而一個國家、一個民族，要立於不敗之地，必須擁有自家的科技！世人當如何評定“科技”？如何面對“科技”？本書《導論》已有“道器論”，今《總説》以此“道器論”爲據，就現代人類面臨的種種危機，論釋如下：

何謂“道器”？所謂“道”是指形成宇宙萬物之原本，是形成一切事理的依據與根由。何謂“器”？“器”即宇宙間實有的萬物，包括一切科技，一切發明，至巨至大，至細至微，充斥天地間，而盡皆不虛。科技衍生於器，驗證於器，多以器爲載體，是推進或毁壞人類社會的一種無窮力量，故而又必須在人間正道的制約之下。此即本書道器并重之緣由，或可視爲天下之通理也。英國自18世紀第一次工業革命以來，其科學技術得以高速而全方位地發展，引起西方乃至全世界的密切關注與重視，影響廣遠。這一時期，英帝國統治者睥睨全球，居高臨下，自我膨脹，發表了“生存競爭，勝者執政”等一系列宏論；托馬斯·馬爾薩斯的《人口論》亦應時而起，其核心理論是：“貧富强弱，難以避免。承認現實，存在即合理。”甚而提出“必須控制人口的大量增長，而戰爭、饑荒、瘟疫是最後抑制人口增長的必要手段”（這一理論在以儒學爲主體的傳統文化中被視爲離經叛道，滅絕人性，而在清廷走投無路全面西化之後，國人亦有崇信者，直至20年代初猶見其餘緒）。在這樣的時代背景下，查爾斯·達爾文所著《物種起源》得以衝破基督教的束縛，順利出版，暢行無阻。該書除却大量引用我國典籍《齊民要術》《天工開物》與《本草綱目》之外，還鄭重表明受到馬爾薩斯《人口論》的啓示和影響。《物種起源》的問世，形成了著名的進化理論："物競天擇、優勝劣汰，弱肉强食，適者生存。"（近世對其學説已有諸多評論，此略）進化學説在人們的社會生活中留下了深刻的印迹，在世界範圍内引起巨大反響，當時英國及其他列强利用了自然界"生存法則"的進化理論，將其推行於對外擴張的殖民戰爭中，打破了世界原有生態格局，在巨大的聲威之下，暢行無阻，遍及天下。縱觀人類的發展史，尤其是近世以來的發展史可知，科技的高下決定了國家的强弱，以强凌弱，已成定勢，在高科技强國的聲威之下，無盡的搜羅，無盡的采伐，無盡的探測實驗（包括核試驗），自然資源和自然環境漸遭破壞，各種弊端漸次顯露。時至20世紀中後期，以原子能、電子電腦、信息技術、空間技術等發明和應用爲標志、第三次科技革命的到來，學界稱之爲"科技革命的紅燈時刻"，其勢如風馳電掣，所向披靡，人類社會發生了翻天覆地的變化，時至21世紀，又凸顯了另一灾難，即瘟疫肆虐，病毒猖獗，危及整個人類。這一系列禍患緣何而生？天灾之外，罪魁爲人。何也？世間萬種生靈，習性歸一，盡皆順從於大自然，但求自身生息而已，別無他求，而作爲"萬物之靈"的人類，在茹毛飲血，跨越耕獵時代之後，却欲壑難填，毫無節制！爲追求享樂、滿足一己之貪婪，塗炭萬種生靈，任你山中野外，任你江面海底，任你晝藏夜出，任你天飛地走，皆得作我盤中佳餚。閑暇之日，又喜魚竿獵槍，目睹异類掙扎慘死，以爲暢快，以爲樂趣，若爲一己之喜慶，更可"磨刀霍霍向猪羊"，視之爲正常！"萬物之靈"的人類，永無休止，地表搜刮之外，還有地下的搜索挖掘，如世界著名的南非姆波尼格金礦，雖其開采僅起始於百年前，憑藉當代最先進的科技，挖掘深度已超4000米（我國的招遠金礦，北宋真宗年間已進行開采，至今深度不過2000米左右），現有370千米軌道，用以運送巨大的設備與成噸重的礦石，而每次開采都必須用兩千多公斤的炸藥爆破，可謂地動山摇！金礦之外，又有銀礦、鐵礦、銅礦、煤礦、水晶礦（如墨西哥的奈略水晶洞，俗稱"神仙水晶礦"，其中一根重達50噸，挖出者一夜暴富），種種礦藏數以萬計。此外尚有對石油、純净水，乃至無形的天然氣等的無盡索取，山林破壞，大地沙化，水污染、大氣污染、核污染，地球已是百孔千瘡，而挖掘索取，仍未甘休，愈演愈烈，故今之地球信息科學已經發現地球性能的變异以及由此帶來可怕的全球性灾難。今日世界，各國執政者憑仗高科技，多是從一國、一族或一己之私利出發，或結邦，或聯盟，爭强鬥勝，互不相顧，國際關係日趨惡化，人類時刻面臨可怕的威脅，面臨毀滅性的核戰爭。凡此種種，怎不令人憂慮，令人悲痛？故而有學者宣稱：“科技確實偉大，也確實可怕。一旦失控，後患無窮。”又稱：“人類擁有了科技，必警惕成爲科技的奴隸。”此語并非危言聳聽，應是當世的警鐘，因爲人類面對强大的科技，常常難以自控，這是科技發展必然的結果。而作爲“萬物之靈”的人類，具有高智慧，能够擁有高科技，確乎超越了萬物，居於萬物主宰的地位，而執政者一旦擁有失控的權力，肆意孤行，其最終結局必將是自戕自毀，必將與萬物同歸於盡。一言以蔽之，毀滅世界的罪魁禍首是人類自己，而并非他類。

面對這多變的現實與可怕的未來，面對這全球性的灾難，中外科學家作了不懈努力，而收效甚微。1988 年 1 月，七十五位諾貝爾獲獎者及世界著名學者齊聚巴黎，探討了 21 世紀科學的發展與人類面臨的種種難題，提出了應對方略。在隆重的新聞發布會上，瑞典物理學家漢内斯·阿爾文發表了鄭重的演説：“如果人類要在 21 世紀生存下去，必須回頭到兩千五百年前去汲取孔子的智慧。”（見 1988 年 1 月 24 日澳大利亞《堪培拉時報》原文——《諾貝爾獎獲得者説要汲取孔子的智慧》）這是何等驚人的預見，又是何等嚴正的警示！這七十五位諾貝爾獲獎者没有一位是我華夏同胞，他們對孔子的認知與崇敬，非常客觀，非常深刻，超乎我們的想象。這種高屋建瓴式的睿智呼籲，振聾發聵，可惜并没有警醒世人，也没有引起足够多的各國領導人的重視。

人類爲了自救，不能不從人類自身發展史中尋求答案。在人類發展史中，不乏偉大的聖人，孔子是少有的没有被神化、起於底層的聖人（今有稱其爲“草根聖人”者），他生於春秋末期，幼年失父，家境貧寒，又正值天下分裂，戰亂不斷，在這樣的不幸世道裏，孔子及其弟子大力宣導“克己復禮”，這是人類歷史上最切實際的空前壯舉。何謂“禮”？《説文·示部》曰：“禮，履也。所以事神致福也。”禮本來是上古祭祀鬼神和先祖的儀式。史稱文、武、成王、周公據禮“以設制度”，此即“周禮”。“周禮”的内容極爲廣泛，舉凡國家的政治、經濟、軍事、行政、法律、宗教、教育、倫理、習俗、行爲規範，以及吉、凶、軍、賓、嘉五類禮儀制度，均被納入禮的範疇。周禮在當時社會中的地位與指導作用，《禮記·曲禮》中有明確記載：“分争辯訟，非禮不決；君臣上下、父子兄弟，非禮不定；宦學事師，非禮不親；班朝治軍、涖官行法，非禮威嚴不行。”當然也維

護了 "君臣朝廷尊卑貴賤之序，下及黎庶車輿衣服宮室飲食嫁娶喪祭之分"（見《史記·禮書》），這符合於那個時代的階級統治背景。孔子提出 "克己復禮"，期望世人克服一己之私欲，以應有的禮儀禮節規範自己的言行，建立一個理想的中庸和諧社會，這已跨越了歷史局限。孔子的核心思想是 "敬天愛人"，何謂 "敬天"？孔子強調 "巍巍乎唯天爲大"（見《論語·泰伯》），又曰："天何言哉？四時行焉，百物生焉，天何言哉！"（見《論語·陽貨》）孔子所言之 "天"，并非指主宰人類命運的上蒼或上帝，并非是孔子的迷信，因 "子不語怪力亂神"（見《論語·述而》）。孔子認爲四季變化、百物生長，皆有自己的運行規律，人類應謹慎遵從，應當敬畏，不得違背。孔子指稱的 "天"，實則指他所認知的宇宙。此即孔子的天人觀、宇宙觀。"巍巍乎唯天爲大"，在此昊天之下，人是何樣的微弱，面臨小小的細菌、病毒，即可淒淒然成片倒下。何謂 "愛人"？孔子推行 "仁義之道"，何謂 "仁"？子曰："仁者，愛人！"（《論語·顏淵》）即人人相親、相愛。又曰："己所不欲，勿施於人。"意即重正義，絕不損人利己。何謂 "義"？ "義"指公正的道理、正直的行爲。子曰："不義而富且貴，於我如浮雲。"（見《論語·述而》）這就是孔子的道德觀與道德規範，當作爲今世處理人與自然、人與社會的規範與行動指南。其弟子又提出 "親親而仁民，仁民而愛物"（見《孟子·盡心上》），漢代大儒又有 "天人之際，合而爲一"的主張（董仲舒在《春秋繁露·深察名號》中，爲維護皇權的需要而建立了皇權天授的觀念），這種主張已遠遠超越了維護皇權的需要，成爲了一種可貴的哲理。時至宋代，大儒張載再度發揚孟子 "親親而仁民，仁民而愛物"的襟懷，又有 "民吾同胞，物吾與也"（見其所著《西銘》）之名言箴語，即將天下所有的人皆當作同胞，世間萬物盡視爲同類，最終形成了著名的另一宏大的儒學系統，其主旨則是 "天人合一"論。何謂 "天人合一"？ "天人合一"有兩層意義：一曰天人一致，天是一大宇宙，人則如同一小宇宙，也就是說人類同天體各有獨立而相似之處；二是天人相應，這是說人與天體在本質上是相通的，是相互相連的。因此，一切人事應順乎自然規律，從而達到人與自然的和諧。達到人與自然的和諧統一，當作爲今世處理人與自然、人與社會的明確規範與行動指南。這是真正的 "人間正道"，唯有遵循這一 "人間正道"，人際關係纔能融洽，社會纔能和諧，天下纔能太平。

古老中國在形成 "孔子智慧"之前，早已重視人與自然的關係。約在七千年前，我中華先祖已能够通過對於蟲鳥之類的物候觀察，熟練地確定天氣、季節的變幻，相當完美地適應了生產、生活、繁衍發展的需求，這一遠古的測算應變之舉，處於世界領先地位。約四千年前，夏禹之時，已建有令今人嚮往的廣袤的綠野濕地。如《書·禹貢》即記載了“雷夏”“大野”“彭蠡”“震澤”“菏澤”“孟豬”“豬野”“雲夢”諸澤的形成及其利用情況，如其中指出：“淮海惟揚州，彭蠡既豬（瀦），陽鳥攸居；三江既入，震澤底定。篠簜既敷，厥草惟夭，厥木惟喬……厥貢惟金三品，瑶琨篠簜，齒革羽毛，惟木。”這是説揚州有彭蠡、震澤兩方綠野濕地，適合於鴻雁類禽鳥居住，適合於篠竹（箭竹）、簜竹（大竹）生長，青草繁茂，樹木高大，向君主進貢物品有金銀銅等三品，又有瑶琨美玉、箭竹、大竹以及象齒皮革與孔雀、翡翠等禽鳥羽毛。所謂“大禹治水”，并非祇是被動的抗災自救，實則是大治山川，廣理田野，調整人與大自然的關係，使之相得益彰。《逸周書·大聚解》又載，夏禹之時“且以并農力，執成男女之功，夫然則有生不失其宜，萬物不失其性，人不失其事，天不失其時……放此爲人，此謂正德”，此即所謂夏禹“劃定九州”之功業所在。其中“放此爲人，此謂正德”的論定，已蘊含了後世儒家初始的“天人合一”的觀念。西周初期，已設定掌管國土資源的官職“虞衡”，掌山澤者謂“虞”，掌川林者稱“衡”（見《周禮·天官·太宰》及賈疏）。後世民衆，繼往開來，對於保護生態環境，保護大自然，采取了各種措施，又設有專司觀察氣象、觀察環境的機構，并有方士之類的“巫祝史與望氣者”，多管道、多方位進行探測研究，從而防患於未然。《墨子·號令篇》（一説此篇非墨子所作，乃是研究墨學者取以益其書）曰：“巫祝史與望氣者，必以善言告民，以請（讀爲‘情’）上報守（一説即太守），上守獨知其請（情）。無［巫］與望氣，妄爲不善言，驚恐民，斷弗赦。”這裏明確地指出，由“巫祝史與望氣者”負責預告各種災情，但不得驚恐民衆，否則即處以重刑，絕不饒恕。愛惜生態，保護自然，這是何樣的遠見卓識，這又是何樣的撫民情懷！

是的，自夏禹以來，先民對於大自然、對於與蒼生，有一種別樣的愛惜、保護之舉措，防範措施非常細密，非常全面而嚴厲。《逸周書·大聚解》有以下記載：夏禹時期設定禁令，大力保護山林、川澤，春季不准帶斧頭上山砍伐初生的林木；夏季不准用漁網撈取幼小的魚鱉，此即世界最早的環境保護法。《韓非子·內儲説上》又載：殷商時期，在街道上揚弃垃圾，必斬斷其手。西周時又有更爲具體規定：如，何時可以狩獵，何時禁止狩獵，何樣的動物可以獵殺，何樣的動物禁止獵殺；何時可以捕魚，何時禁止捕魚，何樣的魚可以捕取，何樣的魚禁止捕取，皆有明文規定，甚而連網眼的大小也依季節不同而嚴予區別。并特別强調：不准搗毀鳥巢，不准殺死剛學飛的幼鳥和剛出生的幼獸。春耕季節

不准大興土木。《禮記·月令》又載："毋變天之道，毋絕地之理，毋亂人之紀。"這一"毋
變""毋絕""毋亂"之結語，更是展現了後世儒家宣導并嚮往的"天人合一"説。至春
秋戰國之際，法律法規的範圍更加全面，特別嚴屬。這一時期已經注意到有關礦山的開發
利用，若發現了藏有金銀銅鐵的礦山，立即封禁，"有動封山者，罪死而不赦。有犯令者，
左足入，左足斷，右足入，右足斷"（見《管子·地數》）。古人認爲輕罪重罰，最易執行，
也最見成效，勝過重罪重罰。這些古老的嚴屬法令，雖是殘酷，實際却是一聲斷喝，讓人
止步於犯罪之前，因而犯罪者甚微。這就最大限度地保護了大自然，同時也最大限度地保
護了人類自己。而早在西周建立前夕，又曾頒布了令人欽敬的《伐崇令》："文王欲伐崇，
先宣言曰……令毋殺人，毋壞室，毋填井，毋伐樹木，毋動六畜，有不如令者，死無赦！
崇人聞之，因請降。"（見漢劉向《説苑·指武》）這是指在殘酷的血火較量中，對於敵方
人民、財產及生靈的愛惜與保護。我中華上古時期這一《伐崇令》，是世界戰爭史中的奇
迹，是人類應永恒遵守的法則！當今世界日趨文明，闊步前進，而戰爭却日趨野蠻，屠殺
對方不擇手段，實是可怖可悲！我華夏先祖所展現的這些大智慧、大慈悲，爲後世留下了
賴以繁衍生息的楚山漢水，留下了令人神往的華夏聖地，我國遂成爲幸存至今、世界唯一
的文明古國。

五、筆墨革命難預料？卅載成書又何易？

《通考》選題因國内罕見，無所藉鑒，期望成爲經典性的學術專著，難度之大，出乎
想象，初創伊始，即邀前輩學者南京大學老校長匡亞明先生主其事。這期間微信尚未興
起，寧濟千里，諸多不便，盛岱仁、康戰燕伉儷滿腔熱情，聯絡於匡老與筆者之間，得到
先生的熱情鼓勵與全力支持，每逢疑難，必親予答復，但表示難做具體工作，在經濟方面
也難以爲力。因爲先生於擔任國家古籍整理領導小組組長之外，又全面主持南京大學中國
思想家研究中心的工作，正在編纂《中國思想家評傳》，百卷書稿須親自逐一審定，難堪
重任。筆者初赴南大之日，老人家親自接待，就餐時當場現金付款，没有讓服務員公款記
賬，筆者深受感動，終生難以忘懷。此後在匡老激勵之下，筆者全力以赴，進而邀得數百
作者并肩携手，全面合作，并納入國家"九五"重點出版規劃中。1996年12月，匡老驟
然病逝，筆者悲痛不已，孤身隻影，砥礪前行，本書再度確定爲國家"十五"重點出版規

劃項目，并將初名更爲今名。那時，作者們盡皆恪守傳統著述方式，憑藏書以考釋，藉筆墨以達志。盛暑寒冬，孜孜矻矻，無敢逸豫。爲尋一詞，急切切，一目十行，翻盡千頁而難得；爲求善本，又常千里奔波，因限定手抄，不得複印，纍日難歸！諸君任勞任怨，潜心典籍，閱書，運筆，晝夜伏案，恂恂然若千年古儒。至上世紀末，一些年輕作者已擁有個人電腦，各種信息，數以億計，中文要籍，一覽無餘，天下藏書，“千頃齋”“萬卷樓”之屬，皆可盡納其中，無須跋涉遠求。搜集檢索，祇需“指點”，瞬息可得；形成文章，亦祇需“指點”，頃刻可就。在這世紀之交，面臨書寫載體的轉換，老一輩學人步入了一個陌生的电脑世界，遭遇了空前的挑戰。當代作家余秋雨在其名篇《筆墨祭》中有如下陳述：“五四新文化運動就遇到過一場載體的轉換，即以白話文代替文言文；這場轉換還有一種更本源性的物質基礎，即以‘鋼筆文化’代替‘毛筆文化’。”由“毛筆文化”向“鋼筆文化”的轉換，經歷了漫長的數千載，而今日再由“鋼筆文化”向“電腦文化”轉換，却僅僅是二十年左右，其所彰顯的是科學技術的力量、“奇技奇器”的力量。作家所謂的“筆墨”，係指毛筆與烟膠之墨，《筆墨祭》祇在祭五四運動之前的“毛筆文化”。今日當將毛筆文化與鋼筆文化并祭，乃最徹底的“筆墨祭”。面對這世紀性的“筆耕文化”向“電腦文化”的轉換，面對這徹底的“筆墨祭”，老一輩學人没有觀望，没有退縮，同青年作者一道，毅然決然，全力以赴，終於跟上了時代的步伐！筆者爲我老一輩學人驕傲！回眸曩日，步履維艱，隨同筆墨轉型，書稿也隨之經歷了大修改、大增補，其繁雜艱辛，實難言喻。天地逆旅，百代過客，如夢如幻，三十餘年來，那些老一輩學人全部白了頭，却無暇“含飴弄孫”，又在指導後代參與其事。那些“知天命”之年的碩博生導師們皆已年過花甲，却偏喜“舞文弄墨”，又在尋覓指導下一代弟子同步前進。如此前啓後追，無怨無悔，這是何樣的襟懷？憶昔乾嘉學派，人才輩出，時有“高郵王父子，棲霞郝夫婦”投入之佳話，今《通考》團隊，於父子合作、夫婦合作之外，更有舉家投入者，四方學人，全力以赴。但蒼天無情，繼匡老之後，另有幾位同仁亦撒手人寰。上海那位《天宇卷》主編年富力强，却在貧病交加、孩子的驚呼聲中，英年早逝。筆者的另一位老友爲追求舊稿的完美，於深夜手握鼠標闃然永訣，此前他的夫人曾勸其好好休息，答説“我没有那麼多時間”！可謂鞠躬盡瘁，死而後已，這又是何樣的壯志，思之怎能不令人心酸！這就是我的同仁，令我驕傲的同仁！

　　自 2012 年之後，因面臨多種意外的形勢變化，筆者連同本書回歸原所在單位山東師範大學，于是增加了第一位副總主編——文學院副院長、古籍整理研究所所長韓品玉，解決了編務與財力方面的諸多困難，改變了多年來的孤苦狀況。時至 2017 年春，爲盡快出版、選定新的出版社，又增加了天津人民出版社總編輯、南開大學客座教授陳益民，中國職工教育研究院常務副院長、全國職工教育首席專家俞陽，臺北大學人文學院東西哲學與詮釋學研究中心主任賴賢宗教授三位爲副總主編，於是形成了現今的編纂委員會。

在全書編纂過程中，編纂委員會和學術顧問，以及分卷正副主編、主要作者所在單位計有：中國國家博物館、中國國家圖書館、中央文史研究館、中國佛教圖書文物館、全國總工會、中聯口述歷史研究中心、河北省文物與古建築保護研究院、河北省文物考古研究院、河北閱讀傳媒有限責任公司、北京大學、浙江大學、南京大學、南京師範大學、東北師範大學、鄭州大學、河北大學、河北師範大學、河北醫科大學、廈門大學、佛山大學、山東大學、中國海洋大學、山東師範大學、曲阜師範大學、山東中醫藥大學、濟南大學、山東財經大學、山東體育學院、山東藝術學院、山東工藝美術學院、山東省社會科學院、山東博物館、山東省圖書館、山東省自然資源廳、山東省林業保護和發展服務中心、濟南市園林和林業綠化局、濟南市神通寺、聊城市護國隆興寺、臺北大學、臺灣成功大學、臺灣大同大學、臺北中國文化大學、臺灣中華倫理教育學會，以及澳大利亞國立伊迪斯科文大學等，在此表示由衷的謝忱！

本書出版方——上海交通大學領導以及上海交通大學出版社領導，高瞻遠矚，認定《通考》的編纂出版，不祇是可推動古籍整理、考古研究的成果轉化，在傳承歷史智慧，弘揚中華文明，增强民族凝聚力和認同感，彰顯民族文化自信等各個方面具有重要意義。出版方在組織京滬兩地專家學者審校文字的同時，又付出時間精力，投入了相當的資金，增補了不少插圖，這些插圖多來自古籍，如《考工記解》《考工記圖解》《考工記圖説》《考古圖》《續考古圖》《西清古鑑》《西清續鑑》《毛詩名物圖説》《河工器具圖説》等等，藉此亦可見出版方打造《通考》這一精品工程的決心。而山東師範大學各級領導同樣十分重視，社科處高景海處長一再告知筆者："需要辦什麼事情，儘管吩咐。"諸多問題常迎刃而解，可謂足智善斷。筆者所屬文學院孫書文院長更親行親爲，給予了全面支持，多方關懷，令筆者備感親切，深受鼓舞，壯心未老，必酬千里之志。此前，著名出版家和龔先生早已對本書作出權威鑑定，并建議由三十二卷改爲三十六卷。本書在學術界漂游了三十餘載終得面世，并引起學界的關注。今有國人贊之曰：《通考》是中華優秀傳統文化創造性轉化、創新性發展的優异成果，是一部具有極高人文價值的通代史論性的華夏物態文化專著，凝聚了中華民族的深層記憶，積澱了民族精神和傳統文化的精髓。又有國際友人贊之曰：《通考》如同古老中國一樣，是世界唯一一部記述連續數千載生機盎然的人類生活史。國内外的評論祇是就本書的總體面貌而言，但細予探究，缺憾甚爲明顯，因本書起步於三十餘年前，三十餘年以來，學術界有諸多新的研究成果未得汲取，田野考古又多有新的發現，國内外的各類典藏空前豐富，且檢索方式空前便捷，而本書作者年齡與身體狀況又各自不同，多已是古稀之年，或已作古，或已難執筆，交稿又有先後之別，故而三十六卷未能統一步伐與時俱進，所涉名物，其語源、釋文難能確切，一些舊有地名或相關數據，亦未及修改，而有些同物异名又未及增補。這就不能不有所抱憾，實難稱完美！以上，就是本書編纂團隊的基本面貌，也是本書學術成就的得失狀況。

　　筆者無盡感慨，卅載一瞬渾似夢，襟懷未展，鬢髮盡斑，萬端心緒何曾了？長卷浩浩，古奥繁難，有幾多知音翻閱？何處求慰藉？人道是紅袖祇揾英雄泪！歲月無情，韶光易逝，幾位分卷主編未見班師，已倏而永別，何人知曉老夫悲苦心情？今藉本書的面世，聊以告慰匡老前輩暨謝世的同仁在天之靈！

張述錚

丙子中吕初稿於山東師範大學映月亭
甲辰南吕增補於歷下龍泉山莊東籬齋

凡　例

一、本書係通代史性的中華物態文化學術專著，旨在對構成中華博物的名物進行考釋。全書三十六卷，另有附錄一卷。各卷之基本體例：第一章爲概論，其後據内容設章，章下分節，爲研究考釋文字，其下分列考釋詞目。

二、本書所涉博物，分兩種類型：一曰"同物异名"，二曰"同名异物"。前者如"女墻"，隨從而來者有"女垣""女堞""女陴""城堞""城雉""陴堞"等，盡皆爲"女墻"的同物异名；後者如"衽"，其右上分別角標有阿拉伯數字，分別作"衽¹"（指衣襟）、"衽²"（指衣服胸前交領部分）、"衽³"（指衣服兩旁掩裳際處）、"衽⁴"（指衣袖）、"衽⁵"（指下裳）等，皆爲"衽"的同名异物。

三、各卷詞目分主條、次條、附條三種。次條、附條的詞頭字型較主條小，并用【　】括起。主條對其得名由來、産生年代、形制體貌、歷史演進做全面考釋，然後列舉古代文獻或實物爲證，并對疑難加以考辨，或列舉諸家之説；次條往往僅用作簡要交代，補主條不足，申説相佐；附條一般祗用作説明，格式如即"××"、同"××"、通"××"、"××"之單稱、"××"之省稱，等等。

四、各卷名物，或見諸文獻記載，或見諸傳世實物，循名責實，依物稽名，於其本稱、別稱、單稱、省稱，務求詳備，代稱、雅稱、謔稱、俗稱、譯稱，旁搜博采。因中華博物的形成、演化有自身規律，實難做人爲的斷代分割。如"朝制"之類名物，隨同帝王的興起而興起，隨同帝王的消亡而消亡，因而其下限達於辛亥革命；"禮俗"之類名物起源於上古，其流緒直達今世；而"冠服"之類名物，有的則起源甚晚，如"中山裝"之類。故各卷收詞時限一般上起史前，下迄清末民初，有的則可達現當代。

五、各卷考釋條目中的文獻書證一般以時代先後爲序；關乎名物之最早的書證，或揭示其淵源成因之書證，尤爲本書所重，必多方鈎索羅致；二十五史除却《史記》《漢書》外，其他諸史皆非同朝人編纂，其書證行用時間則以書名所標時代爲準；引書以古籍爲主，探其語源，逐其流變，間或有近現代書證爲後起之語源者，亦予扼要采用。所引典籍文獻名按學術界的傳統標法。如《詩》不作《詩經》，《書》不作《尚書》，《說文》不作《說文解字》等；若作者自家行文爲了强調或區別於他書，亦可稱《詩經》《尚書》《說文解字》等。文獻卷次用中文小寫數字：不用"千""百""十"，如卷三三一，不作卷三百三十一；"十"作〇，如卷四〇，不作卷四十。

六、本書使用繁體字。根據 1992 年 7 月 7 日新聞出版署、國家語言文字工作委員會發布的《出版物漢字使用規定》第七條第三款、2001 年 1 月 1 日施行的《中華人民共和國通用語言文字法》第二章第十七條第五款之規定，本書作爲大量引徵古籍文獻的考釋性學術專著，既重視博物的源流演變，又重視對同物异名、同名异物的考辨，故所有考釋條目之詞頭及文獻引文，保留典籍原有用字，包括异體字，除明顯錯別字（必要時括注正字訂誤）之外，一仍其舊。其中作者自家釋文，則用正體，不用异體，但關涉次條、附條等异體字詞頭等，仍予保留。繁體字、异體字的確定，以《規範字與繁體字、异體字對照表》（國發〔2013〕23 號附件一）及《通用規範漢字字典》爲依據。

七、行文叙述中的數字一律采用漢字小寫，但標示公元紀年及現代度量衡單位時，用阿拉伯數字。如"三十六計"，不作"36 計"；"36 米"，不作"三十六米"。

八、各卷對所收考釋詞條設音序索引，附於卷末，以便檢索。

目　録

序　言

　　《中華博物通考》（下稱《通考》）是一部通代史論性的華夏物態文化專著，係國家"十四五"重點圖書出版規劃項目，并得到 2020 年度國家出版基金資助。全書三十六卷，另有附錄一卷，達三千餘萬字，《日用卷》即其中的一卷。

　　所謂"日用"，主要指家居生活之日常所需。包括了坐臥盛貯、宴飲休閑等等必備之器具。日用諸器，由來遠矣，早在二三百萬年前的舊石器時代，已産生了打製石器。石器歷經中石器時代與新石器時代的發展，日用品漸次形成爲刮削器、尖狀器、砍砸器、切割器及穿孔器、雕刻器等簡陋的原始工具。本卷所收錄者多爲新石器時代的産物，如裴李崗文化石磨盤、石磨棒，馬家窑文化鯢魚紋彩陶瓶等，但這并非本卷的主體所在，本卷收列的日用諸器，主體在人類進入文明時期、組成了家庭、有了安定的家庭生活之後。至此，日用諸器始得不斷豐富、不斷變化，以滿足人們物質或精神的需求。從一定意義上説，日用諸器決定了人們的生活狀况、生活品質，故而時常爲人們所追求、所嚮往，甚至用以誇示身份地位，且永無休止。本可用銅者，而偏用金，本可用石者，而偏用玉，或雕鏤，或描繪，極盡奢侈之能事。本卷中的金銀之類，時有所見，即爲證明。作者之所重，在於展現億萬百姓、芸芸衆生的日常所需，重在合於天道的進取與發展。

　　本卷所收列的日用諸器，大抵起於商周，達於清末。從坐臥具、餐飲具至盥洗具、居飾具，從室内的枕席、手爐、耳挖、美人拳，至室外的拐杖、雨傘、背籠、孔明燈。此外還有錢筒、熨斗、搖車、襁褓，乃至褻器、鎖具等，林林總總，可謂應有盡有。可以說這是中華民族家居生活的具體生動的寫照，是中華民族數千載家居生活的歷史長卷。

尤爲難得的是，作者對於那些古今習見極易誤解的器物，那些古代日用諸器，作出了頗具權威性的詮釋。

如《坐臥具考》中的"牀"："牀，在中國古代是坐臥用具，多木製。有的牀是專供坐而不能臥的，較爲矮小，與今有別。"接着引用了經典著作《禮記·内則》中"少者執牀"諸語，而後指出："從原文看，其牀可執，也就肯定不是專供睡臥的牀。後來的胡牀稱牀，也說明牀是坐具。"同時又引用陳澔的《禮記集說》："牀，《說文》云安身之几坐。非今之臥牀也。"繼而作者評析曰："陳澔是南宋人，從上文所舉他對《禮記》的解釋，就能看出當時說牀多半指坐具。"接下就是自先秦以來"牀"作爲臥牀的文獻與考古的舉證，包括了"牀寢""棲""簣""牒"及河南信陽戰國墓出土的長 2.18 米的彩繪漆木"牀"等實物。其後列有"坐牀""眠牀""胡牀""浴牀""摺疊牀"種種具體的不同類型的牀，可證"牀"有多種功用，爲讀者展現了中國古代牀的全貌。

再如《睡眠具考》中的"筵"與"席"："筵：墊底的粗席。古人設席，每每不止一層，下層稱筵，筵上曰席。其制略大於席。《周禮·春官·序官》：'司几筵下士二人。'鄭玄注：'筵亦席也。鋪陳曰筵，藉之曰席。'賈公彥疏：'設席之法，先設者皆言筵，後加者爲席。'"其下又引《詩·大雅·行葦》及陸德明釋文、《說文·竹部》及段玉裁注、《周禮·司几筵》及鄭玄注等，進一步說明"筵"與"席"兩者的關係。而後又引《文選·張衡〈東京賦〉》"度堂以筵，度室以几。"李善注引薛綜文，指出"筵，席也，長九尺。"唐以來坐具漸高大，遂亦以筵代指坐席。明李昌祺《剪燈餘話·月夜彈琴記》："議論風生，驚四筵之雄辯。"釋文既明確了"筵"與"席"爲何物，又理清了"筵"與"席"兩者的關係。最後又着重考釋了相關聯的"席"編織及具體運用："席：坐臥時之鋪墊物，多以蘆葦、秫秸、竹篾編織而成。最初，以莞蒲織成者稱'席'，以稾秸編就者稱'薦'，後乃渾言之，凡鋪墊用具皆可稱'席'。古者席地而坐，故席敷於室内地上或筵上，多爲方形，略小於筵。其大者可容數人，小者容一人。唐代以後，多鋪於牀上。古代用席，依主人身份可分多重。《禮記·禮器》載：'天子之席五重，諸侯之席三重，大夫再重。'"而後又以《詩·大雅·行葦》與朱熹集傳、《周禮·春官·司几筵》及賈公彥疏、《孟子·滕文公上》、南朝宋劉義慶《世說新語·德行》爲證，強調了"筵"與"席"用法不同，"筵"爲最下層的鋪墊物，而

"席"則有五重、三重、二重的貴賤之別，同時也强調了"筵"與"席"用料的不同。在一般辭書裏，通常依從"筵"與"席"的部首劃歸兩處，本卷作者特將二者劃歸一處，着意相互比照，"筵"與"席"爲何物，有何異同，可謂一目了然。

又如《挹取具考》中的"箸"作者釋文曰："即筷子。關於箸的起源，史無記載，今人亦少關注。其物當始於先祖發明了火烤、水煮，有了熱食之後，用以替代手抓。最初上下粗細均等，不分首足。漢代又稱"挾提"，足端變細。古箸與匕分工不同，主要用於夾取羹湯中之肉菜，故較今之筷子略細長。唐宋後用途漸廣。至明代已定型爲方首圓足，與今無異。"玩味以上文字，箸的起始淵源及其後歷代的發展流變，十分明瞭。其後作者揭櫫了箸的異名別稱（含不同字體），自先秦至於明清，開列九種之多。而箸何以又呼作"快子""筷子"，又何以呼作"趙達"，"箸"與三國吳主孫權的謀士趙達何干？如果説前文"牀"，可以展示中國的"牀文化"，那麼此處之箸，又可展示中國的"箸文化"。

再如，本卷所設"扇"文，涉獵廣泛，集中體現了作者的考辨功力。以其中的"合歡扇"爲例，歷代詩文常有記敘描寫，却極易與"團扇"混同。團扇是指以圓形扇面爲主體的扇類。那麼何謂"合歡扇"？"合歡扇"產生於何時？答曰：其物至遲西漢已見使用。"合歡扇"乃是團扇的一種，特指兩兩相疊的合體"圓扇"，既爲同圓相疊，則必同心，故後世又稱爲"同心扇"，因其成雙成對，故又稱"比翼扇""鴛鴦扇"。此扇專用以表述心心相印、圓滿的愛情。漢成帝女官班婕妤，因趙飛燕姊妹勢盛，自知見薄，曾以"合歡扇"爲主題作《怨歌行》，以寄托艾怨之情。《文選·班婕妤〈怨歌行〉》："新裂齊紈素，皎潔如霜雪。裁爲合歡扇，團圓似明月……涼風奪炎熱，棄捐篋笥中，恩情中道絶。"李善注云："古詩曰'文綵雙鴛鴦，裁爲合歡被。'""合歡扇"，比之於成雙的鴛鴦合歡被，又可證"同心扇"必是兩扇相交疊。"合歡扇"既"團圓似明月"，可證其外觀形狀與圓扇無異。南朝梁劉孝威《七夕穿針》詩中有"故穿雙眼針，持縫合歡扇。"此謂七夕之日，少女手持雙眼針將兩扇面縫合起來，以求結同心郎，單扇則勿須縫合。明羅頎《擬古詩》："交交合歡扇，文綵鴛鴦羅。"此詩以"交交"狀其形，而非以"皎皎"寫其色，藉以凸現"合歡扇"的特點。而最耐人尋味的描述，乃是明王立道所作《衣篇》："玉關蕭索盡，音塵不可期……初縫合歡扇，中裝驃姚衣。"此詩作叙一深閨女子思念遠戍邊關的情郎，因相見無期，於是開始縫製合歡扇，用以裝載"驃姚衣"，期盼情郎建功而歸。"驃姚衣"，漢武帝以大將霍去病北擊匈奴建大功業，封爲"驃姚校尉"，《衣篇》特藉驃姚校尉之將衣爲喻。"同心扇""合歡扇""鴛鴦扇",皆爲"合歡扇"的同物异名,本卷各有相應的考證,惜直至今日,何謂"合歡扇"?何謂"同心扇""合歡扇""鴛鴦扇"?四者之間的關係如何?當代辭書、專著無一確解者,令人慨嘆!

此外,關於眼鏡的發明權、七輪扇的形制演變等,這些考證在學界皆處於領先地位,本書在海内外的學術研討會及學術報告中已得到證實。

上述日用諸器,通達古今,讀者大抵熟悉,而那些僅盛行於古代的日用諸器,形態各异,數量繁夥,人們常感茫茫然,望而却步,因爲識別這些古器,必須具備一定的金石學功底,而本編作者恰長此道,那些"茫茫然"的古器,一經直筆點度,原貌頓現。試看,《飯器考》中的"盨":"古代盛黍、稷、稻、粱、麥的食器。其形似帶兩耳的橢圓大碗,斂口,有蓋,圈足或四足。該器出現較早,但'三禮'中未有記述。從今傳世青銅器判斷,此器通行於西周中晚期,春秋時期便少見。器名乃據出土器物銘文而定,銘文自稱須或盨。"再如《飲酒器考》中的"爵":"古代青銅酒器。用於盛酒、飲酒或溫酒。亦作禮器。其形似蹲距之雀,或以爲名。爵,通'雀'。略小於尊,受一升。器物自身銘文,多自標尊彝、方彝、宗彝等字樣,未見自銘爲爵者。其物商初已行用,盛於商至西周,尤以商代爲多,春秋戰國已少見,後世則名存實亡。自宋代始,金石學始將上述自銘尊彝之類飲酒器,一律定名爲爵……"(以下形態描述等文字從略)以上具體明確的考釋文字,在當代普通字書或辭書中較爲難見。有關"盨""爵"之用途及得名由來,歷盡千載之物史,一目瞭然,可見作者學殖之深厚。

另一些古代禮器,因本書另設《朝制卷》《禮俗卷》,故本卷未予收列;如"籩",常同另一禮器"豆"相對而用,文獻中又常連文,稱"籩豆"。籩盛果品、乾肉,豆盛菜肴、肉醬。作者收"籩"而弃"豆",因"豆"除作禮器外,少見他用,但作者在"籩"的考釋中,有意將其與"豆"對舉,相提并論,在突出了"籩"的家居地位後,又交待了其禮儀價值,引入另一相關領域,以便讀者瞭解在中國古代常常是一器多用。可見作者調度文字,頗具匠心。

本卷主編路廣正教授早年就研於山東大學中文系,爲殷孟倫先生的高足,師承章黄學派,精於音韵訓詁之學,後留校任教席,在出任該系古漢語教研室主任并指導研究生期間,親自執筆,逐字逐句,巨細无遺,其弟子李曉東、田茹二同學繼踵其事,編輯校對,各盡心力,於20世紀90年代末,書稿終於定局,屈指已十七載矣。此後路教授或講學於韓國,或執教於威海，時勢遷衍，與序者少有會晤，一度失去聯繫。這一期間，當時的出版方聲稱將以最快速度出版，已排出清樣，要求作者儘快審校，於是序者請人前往山大，此时路教授不在本校校内，任務緊迫，幸得文學院副院長唐子恒教授代为接稿，并決定亲自審校，一絲不苟，按時返回，令序者深爲感動。事後方知唐教授與路教授同出殷先生門下，乃是路教授的師弟，此舉并未告知路教授本人。但未料出版方因紙質圖書遭逢零落時期，改變了原出版計劃，答說要等待時機，遂拖延了時日，而這一期間國内已啓用電子文獻，發現原稿引用典籍并不完備，有關博物的起源與流變尚需補正。於是序者復托山大在讀博士生王天彤、張亞南二君予以補苴，其功效之巨，實出望外。王、張二君交稿後，序者又發現有關中國的扇制、扇史及其他一些名物，在中國典籍中或失於探賾，或以訛傳訛，百世相承，迄未駁正。此时已難以復求他人，序者祇能徑自任筆。如"五明扇""合歡扇""蟬翼扇""同心扇""七輪扇""九華扇""折疊扇""胡牀""馬札"諸文即是。爲存本卷原貌，序者決審時，凡重要改動，必加按語，以示負責。

　　匆而爲序，意猶未盡。

張述錚

太歲重光單閼桂月下浣匆然書於山東師範大學映月亭
太歲玄黓攝提格蒲月上浣定稿於歷下龍泉山莊東籬齋

第一章　概　論

第一節　名義淵源演進論

所謂"日用"係指家居生活之日常所需。其中包括坐臥盛貯、遮照潔適、炊餐挹取、宴飲休閑、砍鋸剪掃等必備之器具。

日用諸器，與生民俱來。遠在舊石器時代（距今約三百萬年），我中華始祖已開始使用粗糙的打製石器，學會采集和漁獵，有了最簡陋的日用器具。這些"日用器具"，多是一些形狀各异的石片、石塊，散見於元謀、藍田、北京、丁村、柳江等遺址中。自新石器時代（距今八九千年），先祖已發明農業和畜牧，形成聚落，開始定居，有了所謂"家"。有了安定的家庭生活，始可廣泛使用磨製石器，并能製陶和紡織。此時的裴李崗文化、磁山文化、仰韶文化、大汶口文化、龍山文化、河姆渡文化、良渚文化等，已遍見細緻的日用器具，如河南新鄭裴李崗出土的石磨盤與石磨棒，距今約七千年，已頗見工巧；浙江餘姚河姆渡出土的灰陶鉢，距今約六千九百年，已刻有植物莖葉紋飾；山東日照出土的黑陶高柄杯，距今約四千年，其造形玲瓏俏麗，器壁最薄處僅 0.2 ～ 0.3 毫米，雖今世工藝師亦難製作，堪稱中華一絕。這些器具，已屬於本卷所指稱的"家居生活之日常所需"，爲中華"日用"

之濫觴。自新石器時代中後期，歷經夏、商、周，直至元、明、清（現當代暫不論），除却石器、陶器之外，又有紅銅器、青銅器、鐵器、金銀器、玉器、瓷器、漆器、牙角器、琺瑯器等等，質料繁夥，品類奇多，牀（床）、几、枕、席，釜、碗、瓢、壺，帳、簾、箱、厨，燈、燭、杖、傘，居處坐臥，宴飲休閑，日夜必用，須臾難離。

概而言之，本卷所涉，歷史久遠，種類繁細，涉及人們日常生活之方方面面。今擇其要者簡述如次，俾讀者識其大略。

第二節　坐臥盛貯諸器論

自母系氏族公社時期始，人類即已學會建造淺穴式的居所。今西安半坡遺址即有半地穴式房屋遺迹，浙江餘姚河姆渡遺址出土有結構合理、比例適度的房屋榫卯，可證。此後房屋不斷發展改進，直至有深宅大院、雕梁畫棟及連亘數里之華宅大殿出現。室内家具，以坐臥具産生最早。《説文》中"竛"是"坐"的古文，二字皆從"土"，可見在相當長的歷史階段中，古人皆席地而坐。几案之屬，起源亦甚早。《書・顧命》："相被冕服，憑玉几。"又："黼純，華玉仍几。"戰國時已出現案，較几高大，逐漸過渡爲後世之桌。《説文・木部》云："牀，安身之几坐也。"《禮記・内則》亦云："少者執牀與坐。"可見牀（床）之初興，實爲坐具。唐代始於胡床或凳上加靠背而成椅。由低而高，是後世坐具發展的趨勢之一。先秦時期，床既可坐又可臥，胡床傳入中土之後，坐具與臥具逐漸分工。早期之坐床往往可相容數人并坐，魏晋之後，單稱"床"者有時仍指坐具，或可坐可臥，後世乃專指臥床，床後置屏風，床前置几案。唐以後，臥床始移入内室。古有所謂"燕几"，或指用以憑靠休息的小几，燕者安也；或指宴飲時可隨意組合的桌子，燕者宴也。宋人黃伯思《燕几圖序》云："《燕几圖》者，圖几之制也……縱横離合，變態無窮，率視夫賓朋多寡，杯盤豐約，以爲廣狹之則。"今世所常用之帶抽屜的桌子究竟始興於何時，尚待考證，然"抽替"之名，南北朝已見，桌之使用，唐以後方才廣泛，故抽屜桌之出現當不早於唐代。今民間所坐机子，當由古之坐案發展而來，其起源亦不晚於晋朝。初時頗矮小，後漸高大。宋陸游《老學庵筆記》卷四有云："往時士大夫家婦女坐椅子、杌子，則人皆譏笑其無法度。"可見曾有一段時期婦女坐椅子、机子受到限制，至宋代此種習俗已漸淡漠，机子在民間已廣泛使用。椅子古作"倚子"，其稱源於南宋。

要之，中國家具之生產可上溯至新石器時代。自新石器時代至秦漢時期，受文化及生產力限制，家具皆較簡陋，且多席地而坐，家具均較低矮。南北朝之後，高型家具漸多。至唐代高型家具日趨流行，席地坐與垂足坐并存。至宋代高型家具普及民間，我國傳統木家具之造型、結構遂基本定型。此後，伴隨社會文化之發展，傳統家具之工藝、形狀、結構、裝飾等日臻成熟，至明代而大放异彩，進入一輝煌時期，在世界家具史上占有重要位置。清代家具之體量增大，注重雕飾而自成一格。20 世紀初，受外來家具之影響，遂有"西式中做"之新式家具。50 年代後，中國家具工業迅猛發展，至於今日乃借鑒各國不同風格與先進技藝并結合國情民俗而形成一代新風。

考之出土文物，我國已知木家具之最早者爲 1978 ~ 1980 年發掘山西襄汾陶寺村新石器時代晚期遺址所見之木製長方平盤及案俎等物。青銅冶煉技術發明之後，木工工具發生革命性變革，木具製造條件改善，故西周以後木家具逐漸增多。《詩》《禮》及《春秋》諸傳中，已見牀（床）、几、庋、箱之記載。而商代銅禁及饕餮蟬紋銅俎之發現，亦證明彼時青銅家具已達極高水準。戰國時期，漆木家具大發展，几、案、牀（床）等大型家具多爲框架結構，以榫、卯連接。信陽楚墓出土之大木床、雕花漆几、木俎等皆牢固美觀。几案類家具之足底常加一橫木曰"檜"（即"跗"）以加固器足，此爲中國傳統家具之重要特徵，流傳至今。秦漢時期漆木家具進入全盛時期，此時木家具已現由低型向高型演進之端倪。西漢時，由印度傳入筅筵（亦作"榻登"），《釋名·釋用器》云："榻登，施之大牀前小榻上，登以上牀也。"可見牀（床）之高度增加。魏晋南北朝時期民族大融合促進家具之發展，遂有扶手椅、束腰圓凳、方凳、圓案（檈）、長杌、櫥及笥、簏（箱）等家具之出現。其時之床已明顯增高，可以跂床垂足，并加床頂、床帳及可拆卸之多牒圍屏。隋唐五代，我國家具一改六朝前之面貌，形成流暢柔美、雍容華貴之唐式家具風格。五代而至於宋，則風格一變而爲崇尚簡潔、樸素。《通雅》云："倚卓（椅卓）之名見於唐宋。"可見高型家具已更趨流行。且此時家具已向成套化方向發展，并可按功能劃分爲坐臥類（凳、椅、墩、床、榻等）、憑倚及承物類（几、案、桌等）、貯藏類（櫃、箱、笥等）、架具類（衣架、巾架等）、其他類（如屏風等）。由五代畫家顧閎中所繪《韓熙載夜宴圖》中即可考見彼時成套家具於室內之陳設、使用情況。宋代家具造型淳樸纖秀，結構合理精細，重視外形尺寸結構與人體之關係，工藝嚴謹，使用方便。家具種類增多，如開光鼓墩、交椅、高几、琴桌、炕桌、盆架、座地檠（落地燈架）、抽屜桌等，各類家具又派生出不同款式。更爲引人注目者，宋代已出現"燕几"，即最早的組合家具。明代中葉，隨手工業之發展，家具成爲流通商品。文人雅士參與室内設計及家具造型研究，使中國古代家具又向藝術領域邁進一大步。清代家具則多結合廳堂、卧室、書齋等進行設計，分類詳盡而功能明確。其風格亦與前代不同，造型莊重，雕飾繁縟，體量寬大，氣度宏偉。彼時以揚州、冀州、惠州爲主，形成全國三大製作中心，産品分別稱爲"蘇作""京作""廣作"。

　　起卧具中，與人之日常生活關係至爲密切者，尚有枕頭、衾被之屬。《説文·木部》："枕，卧所以薦首者。"枕頭起源甚早，先秦典籍中已常見。《詩·陳風·澤陂》："寤寐無爲，輾轉伏枕。"《儀禮·喪服》："寢苦枕塊。"彼時"枕"字已有名詞、動詞之用。古時有木枕、石枕、竹枕、玉枕、銅枕、瓷枕等。被子古稱衾或寢衣。《論語·鄉黨》云："必有寢衣，長一身有半。"《詩·唐風·葛生》："錦衾爛兮。"又《召南·小星》："抱衾與裯。"可見古之被與今之所用無大異。唯宋時有紙被，以藤纖維紙製成，今已絕迹。宋劉子翬《吕居仁惠建昌紙被》詩云："嘗聞盰江藤，蒼崖走虬屈。斬之霜露秋，漚以滄浪色。粉身縱澼洸，蜕骨齊麗密。"寫明紙被原料來源及製作過程。古時褥分兩種：一種用於卧床上，即今之褥子；一種用於坐具或車上，即坐墊。《釋名·釋床帳》："褥，辱也，人所坐藝辱也。"褥子或以絲棉、棉花製成，或以獸皮製成。此外，至晚在漢代，中土也已使用氍毹之類，多於坐卧時鋪墊。簟席之類古時品種頗繁多，先秦時期即已廣泛使用。有以野獸毛皮製成之熊席、豹席，更多的用蘆葦、竹篾、莞蒲、翠菅、葭草、龍鬚草等編成。

第三節　遮照潔適諸器論

　　家居常備諸物，更有帷幕、簾幔、盥洗、褻器及鎖鑰、杖策、燈燭，等等。《周禮·天官》記載有掌帷、幕、幄、帟、綬之事的官員，統稱爲"幕人"。鄭玄注云："在旁曰帷，在上曰幕；幕或在地，展陳於上。"帷幕，又稱帳幔，民間多以布、帛、紗、綢製成，可用以遮塵、防蚊蠅及障蔽視綫等。古本《荀子》中又有"局室蘆簾"之語（《初學記》卷二五引《荀子》佚文）。《事物原會》卷二八引《物原》云"周公作簾"，又引《方言》云："自關而西曰箔，自關而東曰簾。"是簾箔之用，始於先秦。《儀禮·覲禮》："侯氏再拜稽首，出自屏南。"賈公彥疏引《禮緯》云:"天子外屏,諸侯内屏,大夫以簾,士以帷。"可見簾帷之類除障蔽之用,還可作爲身份之象徵。漢代以來,有作裝飾用之美簾,如珠簾、晶簾、雲母簾等,唐人詩文中更有"夜明簾",能於夜間發光,未知何物所製。自漢代以下,紡織業發達,遂有布帛製簾興起,其名曰帷、曰幔、曰幌,又有紗幌、軒幌(窗簾)諸名。

　　褻器之名始見於先秦典籍,但其産生當甚早。《周禮·天官·玉府》:"掌王之燕衣服、衽、席、牀、第,凡褻器。"鄭玄注引鄭司農云:"褻器,清器,虎子之屬。"漢以後,褻器有了大小便器之别。大便器曰圊桶、清器、行清,蓋因漢時稱厠爲圊,因便器須清潔且常移動,故稱。孫詒讓《周禮正義》云:"蓋漢時名厠曰圊,故受糞便之器爲清器……謂以木爲函,可移徙者。"今南方人所用之馬桶,其名始見於宋代文獻,因使用時坐於其上,勢如騎馬,故稱"馬子""馬桶"。一説唐人爲避李淵之父諱而改稱"虎子"曰"馬子"。(見宋趙彥衛《雲麓漫鈔》卷四)後世大便器又稱樜桶、净桶、觸桶等。小便器古稱曰伏虎、虎子,即後世之夜壺,蓋因形得名,又稱"夜瀉"。盥沐用具亦起源於先秦時期。1979年江西靖安出土一春秋時期的青銅盥盤,上有銘文,當是較早的盥沐用具。盥盤之外,古時尚有澡盤、浴斛、盥盆、匜羅等器,多見於漢以後特别是唐宋文獻中。皂類的産生在我國亦甚古。《山海經·西山經》:"〔錢來之山〕其上多松,其下多洗石。"郭璞注:"澡洗可以礪體去垢圿。"民間還用皂莢樹之果實搗爛後作去污之用。今之肥皂俗稱"胰子",由古人曾用猪之胰臟塗手去油而來。早在《禮記》中已有"手巾""俗巾"的記載,後衍生出隨身携帶之手帕,又稱"帊子",其絲織者又稱羅巾、羅帕,後漸爲女性所專用。唐宋文獻中有所謂"鮫綃""鮫帕"者,傳説爲水中鮫魚所做,乃帕類之精品。

　　鎖鑰之屬傳爲魯班所製,最初不過於門插上鑿兩孔,連以木椿,實即門閂,其名曰"楗",後有以金屬製者,其字作"鍵"。《周禮·地官·司門》:"司門掌握管鍵以啓閉國門。"賈公彥疏:"謂用管鑰以啓門,用鍵牡以閉門。"《禮記·月令》:"〔孟冬之月〕脩鍵閉,慎管籥。"鄭玄注:"管籥,搏鍵器也。"孔穎達疏:"以鐵爲之,似樂器之管籥,搢於鑹内以搏取其鍵也。"唐宋文獻中始有稱籥爲"匙"(字或作"筶")者,詩文中又美其稱曰"玉匙"。五代至宋詩文中多有"魚鑰"之稱,蓋因魚不閉目,故製魚形鎖以取其日夜守衛之意。明代始有洋鎖自西方傳入,即今鎖之前身。古時又有器物名"釘鋦"者,金屬製成,一端固定於門窗箱匣上,另一端搭在屈戌上以上鎖,字又作"了鳥"。唐李商隱《病中聞河東公樂營置酒口占寄上》詩:"鎖門金了鳥,展障玉鴉叉。"("鴉叉"即"丫叉",展物用的叉子。)

《通雅·諺原》：“門鍵曰釘鎘。”北方俗稱“吊兒”，清蒲松齡《聊齋俚曲·禳妒咒》第九回：“把門敲、把門敲，欠身就把吊兒搖。”

據文獻記載，周朝已有雨具出現。宋高承《事物紀原·衣裘帶服》引唐劉存引《事始》曰：“凡雨具，周已有。”《史記·仲尼弟子列傳》：“昔夫子當行，使弟子持雨具，已而果雨。”傘古作“繖”字，又稱“蓋”，不但是遮陽蔽雨用具，而且是帝王將相權勢身份的象徵，相傳爲周代呂望所製。最初多以絲羅等材料製成，有直柄、曲柄之分。《史記·五帝紀》：“舜乃以兩笠自扞而下，去，不得死。”司馬貞索隱云：“言以笠自扞己身，有似鳥張翅而輕下，得不損傷。皇甫謐云：‘兩繖。繖，笠類。’”先秦時多稱爲“蓋”，《太平御覽》卷七〇二引《釋名》云：“蓋，在上覆蓋人也。”《左傳·昭公二十年》：“使華寅肉袒，執蓋以當其闕。”《孔子家語·致思》篇：“孔子之郯，遭程子於途，傾蓋而語。”唐代李延壽作《南史》，始有“傘”稱出現。唐韓愈《咏柿》詩：“光華閃壁見鬼神，赫赫炎官張火傘。”宋高承《事物紀原·舟車帷幄》云：“按晉代諸臣皆乘車，有蓋無傘。元魏自代北有中國，然北俗故便於騎，則傘蓋施於騎耳。疑是後魏時始有其制也。”可見，傘出現後，蓋即多指施於車上之傘。清刊《重訂大金國志·車繖》：“一品青繖用銀浮圖，二三品用紅浮圖，四五品用青浮圖。”“浮圖”指傘頂。王三聘《古今事物考》卷四云：《宋會要》曰：‘繖，古張帛避雨之制。’今有方繖，大繖，則是繖之制始於古張帛也。國朝（按指清朝）鹵簿有紫方繖四把，紅方繖四把，曲柄紅繡繖兩把，黃繡繖兩把，黃羅繡九龍繖一把。”可見古時之傘可代表權勢與身份。隨着生產與生活的發展，傘之式樣日益繁多，今已有紙傘、布傘、塑膠傘、尼龍傘以及摺叠傘、自動傘、香傘、音樂傘，等等。

杖策之類，最早的記載大約是《山海經》。《海外北經》云夸父追日，“弃其杖，化爲鄧林”。古恒杖策連言。《莊子·齊物論》：“師曠之杖策也。”郭璞注云：“策，杖也。”《淮南子·墜形訓》記載夸父追日事，曰“夸父弃其策”。高誘注亦云：“策，杖也。”魏晉以前，帝王賞賜臣下恒以杖策。《周禮·秋官·伊耆氏》：“軍旅授有爵者杖。”鄭玄注：“王之所以賜老者之杖。”《禮記·曲禮上》：“大夫七十而致事。若不得謝，則必賜之几杖。”又《王制》：“五十杖於家，六十杖於鄉，七十杖於國，八十杖於朝。”此制一直延續至魏晉時期。其實，先秦時柱杖之屬已十分普及，未必皆爲帝王所賜。《論語·鄉黨》：“鄉人飲酒，杖者出，斯出矣。”又《微子》：“子路從而後，遇丈人，以杖荷蓧。”《吕氏春秋·孟冬紀·異用》云：“孔子之弟子從遠方來者，孔子荷杖而問之曰‘子之公不有恙乎？’搏杖而揖之，問曰：‘子之父母不有惡乎？’置杖而問曰：‘子兄弟不有惡乎？’杕步而倍之，問曰：‘子之妻子不有惡乎？’故孔子以六尺之杖諭貴賤之等，辨疏親之義。”唐宋以下，杖亦俗稱“拐”“拐杖”“拐子”等。杖之異稱，有曰“扶老”或“直兄”者，皆從文學作品中見之。

夏日手搖納凉之扇，先秦時亦已有之。據傳舜帝時儀仗中已使用“五明扇”（見晉崔豹《古今注·輿服》），乃掌扇之屬。儀仗源於日常生活，五明扇或本於取風納凉，而非遮掩也。漢揚雄《方言》：“《世本》曰：武王作箑。”（《太平御覽》卷七百○二所引）《方言》第五又云：“箑，扇也。”宋高承《事物紀原·什物器用》引陸機《扇賦》云：“昔武王玄覽造扇於前。然則今以招凉者，周武王所作云，故傳有武王扇暍之事。一曰夏禹也。”漢唐時，除竹扇、羽扇等之外，又有紈扇，漢末又有摺扇等。手持用以遮面之扇狀物，稱“便面”。《漢書·張敞傳》云：“然敞無威儀，時罷朝會，過走馬章臺街，使御史驅，自以便面拊馬。”顏師古注：“便面，所以障面，蓋扇之類也。不欲見人，以此自障面，則得其便，故曰便面，亦曰屏面。今之沙門所持竹扇，上衮平而下圜，即古之便面也。”據傳殷商時已有雉尾扇，至漢末羽扇大興，以羽十枚爲之，扇柄刻木若鳥骨，東晉後改長柄八羽。《太平御覽》卷七○二引唐裴啓《語林》云：“諸葛武侯與宣王在渭濱將戰，武侯乘素輿，葛巾，白羽扇，指麾三軍。”蘇軾《念奴嬌》詞寫周瑜赤壁破曹之事，亦曰“羽扇綸巾”。羽扇之初興，據傳始於周昭王時。《事物紀原·什物器用》引王嘉《拾遺記》云：“周昭王時，塗脩國獻丹鵲一雌一雄，孟夏取鵲翅以爲扇，一名條蝠，一名仄影。此疑羽扇之始也。”清汪汲《事物原會》卷二八亦曰“此羽扇之始”。以絲絹製成之絹扇，晉代文獻已有記載。《晉書·安帝紀》：“〔義熙元年〕五月癸未，禁絹扇及樗蒲。”《宋史·魏王廷美傳》：“閻懷忠受僎私遺白金百兩、金器、絹扇等。”至於紈扇、團扇之類，文學作品中多見描述。漢班婕妤《怨歌行》：“新裂齊紈素，鮮潔如霜雪。裁作合歡扇，團團似明月。”漢徐幹《團扇賦》云：“惟合歡之奇扇，肇伊洛之纖素。”南朝梁簡文帝《怨詩》：“秋風與白團，本是不相安。”白團即團扇，唐以前多爲素面，故稱。至於竹扇，先秦已有之。湖北江陵馬山磚廠曾出土一戰國時竹扇，短柄，扇面略呈梯形，較長一邊固定於柄上，以紅黑兩色漆過的竹篾編織而成，周邊以厚竹片爲框架。今民間所習見之蒲葵扇，晉代文獻中已有記載。《晉書·謝安傳》：“〔鄉人〕答曰：‘有蒲葵扇五萬。’安乃取其中者捉之，京師士庶競市，價增數倍。”白居易《山池》詩：“坐把蒲葵扇，閑吟三兩聲。”省稱“葵扇”或“蒲扇”。摺扇宋代已有之。宋趙彥衛《雲麓漫鈔》卷四：“今人用摺疊扇，以蒸竹爲骨，夾以綾羅。貴家或以象牙爲骨，飾以金銀。"明陸深《春雨堂隨筆》:"今世所用摺叠扇,亦名聚頭扇……東坡謂:高麗白松扇,展之廣尺餘,合之止兩指許,正今摺扇。"明文震亨《長物志·扇　扇墜》却説:"今之摺叠扇,古稱聚頭扇,乃日本所進,彼國今尚有絶佳者。"恐怕是揣測之詞,日本、高麗之摺扇,大約都是唐宋時期從我國流傳過去的。

古時家庭常置以爲陳設之如意,有以鐵、木爲之者,有以玉石爲之者,首多作雲頭狀,其始蓋今之癢癢撓耳。亦名"不求人""轂轆子""搔背爬""爪杖"等。其物可以搔背,甚如人意,故云"如意"。亦可用作指劃、防身或記録經文用,梵語爲"阿那律"。宋吴曾《能改齋漫録·如意》云:"齊高祖賜隱士明紹僧竹根如意,梁武帝賜昭明太子木犀如意,石季倫、王敦皆執鐵如意,三者以竹、木、鐵爲之,蓋爪杖也。故《音義指歸》云:'如意者,古之爪杖也,故骨角竹木削作人手指爪,柄可長三尺許。或脊有癢,手所不到,用以搔抓,如人之意。'"今故宫博物院藏清嘉慶年間所製之玉如意,長40厘米,青白色,長條S形。其首端爲扁圓形,正面外圈顯雲紋,内淺浮雕加飾陰綫作卍符號與一蝙蝠紋、一枝桃圖案。末端面上亦浮雕一蝙蝠紋,腹陰刻楷書御製詩一首,物甚精美。據宋高承《事物紀原·什物器用》推測,"蓋如意之始,非周之舊,當戰國事爾。"其實癢癢撓之類,始於民間,最初形狀簡陋,不過竹枝木叉之餘,搔背而已,何人所製,何時所始,難於確考。

今每日必用以清潔牙齒之牙刷,或以爲是由外國傳入者,其實唐宋時期即已有之。宋人嚴守和《嚴氏濟生方》有云:"每日清晨以牙刷刷牙。"宋吴自牧《夢粱録》記載當時京城已有"凌家刷牙鋪"。元人郭鈺《郭恒惠牙刷》詩:"南州牙刷寄來日,去膩滌煩一金直。"可見當時的牙刷已有頗貴重者。至於飯後剔齒所用牙籤,則起源更早。晋陸雲《與兄平原書》:"取其剔齒籤一個,今以送兄。"元趙孟頫《老態》詩:"扶衰每藉齊眉杖,食肉先尋剔齒籤。"清俞樾《茶香室叢鈔》有專章曰《剔齒纖》云:"記曹公器物,有剔齒纖,此即今所用剔齒之牙籤。"(按:"纖"即"籤"。)痰盂古稱唾盂、唾壺,民間多爲瓷製,王侯富貴之家多以金銀玉石爲之。今所見較早者爲浙江衢縣街路村西晋墓所出土。其制口小腹大底平,有圈足。北魏酈道元《水經注·漾水》:"絶壁峭峙,孤險雲高,望之形若覆唾壺,高二十餘里。"《西京雜記》卷六:"〔魏襄王冢〕床上有玉唾壺一枚。"李白《玉壺吟》詩:"烈士擊玉壺,壯心惜暮年。"玉壺即玉唾壺也。

燈燭之屬,亦居家所必備。燭炬本指火炬,古人以葦薪或麻蒸灌以膏油燃之以照明,與今所用之蠟燭不同。《儀禮·士昏禮》:"從車二乘,執燭馬前。"鄭玄注:"使徒役持炬火居前照道。"《禮記·曲禮上》:"燭不見跋。"孔穎達疏:"古者未有蠟燭,唯呼火炬爲燭也。"章太炎《檢論》云:"漢初炷燭不過麻蒸,後漢之季,始有蠟燭。"是以知蠟燭始於漢末。《晉書·周顗傳》:"〔周顗弟嵩〕以所燃蠟燭投之。"此蠟燭始見於史者。早期用蜜蠟,宋以後,以蟲蠟、石蠟代之。始於漢朝的"法燭"後世沿用。唐溫庭筠《乾馔子》云:"西市買油靛數石,雇庖人執爨,廣召日傭人,令剉其破麻鞋,粉其碎瓦,以疏布篩之,合槐子油靛,令役人日夜加功,爛擣,候相乳尺悉看堪爲挺,從曰中熟出,命工人併手團握,例長三尺已下,圓徑三寸,垛之得萬餘條,號爲法燭。"燭之別名曰"光濟叟",據宋人陶穀《清異錄》記載此名始見於高麗國使臣之物。喜慶之燭,曰紅燭、丹燭、朱燭、絳燭。雕以彩飾者,曰花燭、金花燭。繪以彩畫者,曰畫燭。飾以龍鳳形者,曰龍燭、鳳燭。雜以香料者,曰香燭。厥名不一而足。燭頭爐曰聖,芯花曰燈花、蠟花,餘灰曰灺,盛燭灰者曰剪筒。照明燈至遲始於戰國時期。兩漢以前點燈多用膏脂,魏晉以後漸爲植物油替代。燈體多用青銅、陶瓷、玉石等製成,形狀頗多。1971 年北京豐臺遼墓出土一白瓷燈,通高 13.2 厘米,口徑 8.4 厘米,足徑 10 厘米,通身白釉,高圈足。其餘瓷燈傳世及出土者尚有青瓷、白瓷及三彩燈,燈柱有筒形、螺旋形、獸形等,厥類實繁。盛行於戰國至漢晉間的青銅燈式樣亦甚多,1974 年甘肅平涼出土之戰國晚期秦國銅燈,設計十分精巧,造型敦厚規整,實屬罕見。河北平山中山王墓出土有戰國時期十五連盞銅燈,分枝矗立,其狀如樹。更有大者曰"百華燈樹",晉人傅玄《朝會賦》贊之曰:"華燈若乎火樹,熾百枝之煌煌。"1968 年河北滿城西漢竇綰墓出土之長信宮燈,通高 48 厘米,遍體鎏金,作侍女跪執燈狀,實爲國寶;同時出土之朱雀燈,通高 30 厘米,朱雀踏蟠龍,展翅欲飛,造型精美絕倫。

第四節　炊餐挹取諸器論

"民以食爲天",日用諸器,首推炊餐之具。遠古茹毛飲血之世,無炊具可言。人類學會用火,炊具始興。釜屬炊具實爲我國最早的飲食器皿,八九千年以前的新石器時代即已發明。初爲陶製,殷商時已見青銅製者,兼有蒸煮烹煎等多種功用,即今鍋的肇始。魏晉之前,尚不稱"鍋"。出土的有龍山文化遺址的陶釜、河南安陽殷商婦好墓及陝西扶風出土的青銅釜等等。釜之有足者曰"錡"。《詩・召南・采蘋》："於以湘之，維錡及釜。"毛傳："錡，釜屬。有足曰錡，無足曰釜。"漢代方言又稱"錡"爲"鉹鏤"，見揚雄《方言》第五。漢時又有温器曰"鐺"，見服虔《通俗文》。似釜而大者曰"鍑"。今民間之煎餅鏊子，亦見於漢代。煮食之器，新石器時代已有鬲屬，沿用至周，漢以後漸失。初爲陶製，後有青銅製者。今出土的有饕餮紋鬲（商代）、伯炬鬲（西周）、孟辛父鬲（西周）、穆父鬲（西周）等。蒸炊之具曰"甗"，早在龍山文化時期即已出現，山東、河南等地皆有出土。今所見商周之器有戈甗（商代晚期）、父辛方甗（西周前期）、兩頭獸紋甗（西周後期）等。盛物、汲水或烹煮所用之罐，興起更早。新石器時期已有用黏土燒製的陶罐。後世之陶、瓷及金屬罐，有多種用途及不同裝飾。1974 年上海青浦崧澤遺址出土之黑陶編織紋蓋罐，直頸，鼓腹，圈足，肩附一周直棱，腹上有編織紋，又飾一周鋸齒形堆紋，器型美觀大方，爲新石器時期之陶製盛貯器。1960 年上海出土印紋陶罐，爲商代之陶器。1964 年上海金山戚家墩遺址出土之印紋乳釘足罐，爲戰國時期之陶器。1958 年河南濮陽李雲墓出土之青釉六繫罐及綠彩黄釉罐，乃北齊時期之陶器。至唐宋時期，唐三彩罐、宋窑罐、元景德鎮瓷罐，异彩紛呈，各具特色。而明清時期製品最爲豐富，有瓜棱罐、摺方罐、月牙罐、鼓式罐、冰梅罐等，不可以縷叙。瓶類之屬，其初興時爲瓦器，後乃有陶瓷及青銅瓶。陶瓶在新石器時代即已有之，殷商時始有青銅瓶，宋以後至明清時各種瓷瓶更爲豐富。小口、鼓腹、底呈尖錐形之尖底瓶，爲仰韶文化之典型器物。青銅瓶與壺形相似，傳世遺器中有銘爲瓶者，如"孟城瓶""弘瓶"等，皆短頸無足；亦有瓶形而自銘爲壺者，如洹子孟姜壺。可見古時瓶與壺并無明顯差别。盛物或盥洗所用之盤，起源亦甚早。《禮記・大學》："湯之盤銘曰：'苟日新，日日新。'"《事物紀原》的作者宋代高承以爲："夏世已有盤制，而湯始銘之也。或曰盤盂，黄帝臣孔甲造，此蓋二物之所起也。"（《事物紀原・什物器用》）陶盤新石器時代已見行用，後世時有出土，且多爲彩陶。如 20 世紀 50 年代中期陝西西安半坡遺址曾出土魚紋彩陶、魚紋人面彩陶八件，1972 年初，陝西臨潼姜寨遺址出土魚蛙紋彩陶，以上均屬仰韶文化半坡類型。此外馬家窑文化、河姆渡文化亦多有出土。青銅盤爲貴族盥洗承水之器，大者亦可用於沐浴，盛行於商周時代。商代之盤多無耳，西周至春秋時多有附耳，戰國時有作長方形者，如傳世之著名虢季子白盤。後世之精美瓷盤除作容器外，亦有兼爲陳設品者。盤上銘文，是研究古代歷史及漢字史之寶貴材料。1976 年陝西扶風莊白一號青銅器窖藏出土之史墙盤，盤底銘文十八行二百八十四字，爲 1949 年以來發現的西周銅器銘文中最長者。其中記載的召王伐楚荆事，可印證補充歷史文獻。而且銘文書體工整秀麗，文字精煉簡要，許多語句押韵，既有較高的學術價值，又是古典文學之佳作。相傳爲清代乾隆年間出土於陝西鳳翔之矢人盤，不但造型典雅古樸、優美自然，而且所鑄銘文十九行三百五十七字實爲研究西周後期以來土地制度之絕好材料。盆之爲器，周代即已行用。《禮記·禮器》載孔子曰：“奧者，老婦之祭也，盛於盆，尊於瓶。”最初的盆爲容器，或盛食，或盛水，祭祀時承血，又可作炊具，後多用作洗滌之器。今所見銅盆有銘文者，爲傳世之曾大保盆與湖北省博物館徵集到的曾孟妳盆。吃飯用的碗，初爲陶製，最早見於距今七八千年的磁山——裴李崗文化遺址，距今七千年前之早期仰韶文化遺址也有紅陶碗。西周時期有青銅碗，金文中作“釜”字，形狀爲一小盂旁加一柄，挹水用之，有如今之舀子。瓷碗出現甚早，湖北當陽劉家冢子東漢畫像石墓就有瓷碗出土。湖南、四川也出土過東漢瓷碗。此外，三國吳也有瓷碗。六朝時期墓葬中出土之青釉蓮瓣紋碗，一套越窑青釉瓷碗，不同尺寸者達十種之多。唐代貞元年間之撇口碗，與敞口斜壁形底盤和撇口平底碟風格相近，已形成一套飲食用具。唐代之越窑碗、邢窑碗常見於詩人吟咏之中。宋代瓷碗釉色完美，如鈞瓷海棠紅、玫瑰紫，又有燦如晚霞之變色釉。景德鎮青白瓷色質如玉，尤其受人喜愛。明清之際，碗式增多，如鷄心碗、墩式碗、葵口碗、摺沿碗、磬式碗等，其所繪圖案亦甚豐富，有龍、鳳、松、竹、梅等。雍正年間景德鎮瓷碗，胎薄如紙，尤爲精緻。碗又有漆製者，1977年於浙江餘姚河姆渡遺址第三文化層中發現之漆碗，據鑒定爲六七千年前之物，乃目前所知之最早漆器。碗壁之紅色漆料雖剝落較重，然仍微有光澤。

陶瓷及漆器爲中國古老文化之重要代表。陶器之顏色有灰、紅、彩、黑、白等數種，後又有幾何印紋陶、鉛釉陶、三彩陶、紫砂陶等。灰陶最早見於距今六千年多年前之仰韶文化遺址，有夾沙灰陶與泥質灰陶兩種。紅陶出現於新石器時代，裴李崗文化、仰韶文化、馬家窑文化、齊家文化、大汶口文化、馬家浜文化皆以燒製紅陶爲主，且多手製而成，晚期尤爲精緻細密。彩陶出現於新石器之晚期，仰韶文化、馬家窑文化、馬廠文化、屈家嶺文化等皆有大量彩陶遺物。黑陶文化又稱“龍山文化”，最早見於山東章丘市龍山鎮，造型豐富多彩，裝飾素雅。此外，河姆渡文化、良渚文化及大汶口文化晚期遺址中亦常見黑陶。白陶最早見於新石器石代大汶口文化時期，以高嶺土爲原料，胎細質白。商代白陶最爲精美，尤以殷墟出土者爲最好，胎體細膩，器表白净，飾以仿青銅紋飾，極爲典雅美觀，端莊大方。豆、盤、壺、瓿是其常見器型。釉陶始見於商代，胎體灰白，質地堅硬，所施青釉色彩稍灰而透明，不吸水，已具有部分瓷器特徵。幾何印紋陶起源於新石器時代之晚期，延續至戰國、秦漢間，主要流行於商周時期。其印紋有編織紋、回紋、米格紋、雲雷紋等，器形以罐、尊、豆、盤、簋、杯等最爲常見。暗紋陶產生於春秋時期，至戰國時期有較大發展，流行於中原一帶。其製作以工具於陶坯未乾之前壓出花紋，紋樣深淺適宜，僅在强光下隱約顯現，故又稱"砑花陶"，其主要紋飾有弦紋、鋸齒紋、櫛齒紋、山形紋等，器形有壺、鼎、豆、盆、盒等。彩繪陶始於春秋時期，盛行於戰國并沿續至漢代。與新石器時代之彩陶不同，製作時先將陶胎燒好，再行彩繪裝飾。器形以生活器最爲常見，多用作殉葬之冥器。唐三彩於盛唐時臻於極盛，而後漸次衰微，其器色明艷絢麗，器形品類衆多，風格雄健開闊，影響頗大，遼宋時均曾燒製三彩陶，朝鮮、日本、波斯亦有仿造。

　　瓷器亦爲我國古代偉大發明之一。其起源，今有商代、東漢、魏晋等不同説法。唐以前，多係青瓷，入唐已極成熟，越窯青瓷、邢窯白瓷素享盛譽。宋代瓷業繁榮昌盛，窯場林立，青瓷、白瓷、青白瓷均高度發達，諸名窯各擅其美。元朝以後，景德鎮逐漸成我國瓷業中心，技藝日精，所製青花、釉裏紅、鬭彩、五彩、法彩、琺瑯彩諸器争奇鬭艷，其名氣久遠，至今不衰。商代出現之原始瓷器，最早爲鄭州二里岡時期出土，鄭州商代中期之居住遺址與墓葬中亦有發現。湖北黃陂盤龍城的商代中期墓葬中亦出土原始瓷器，其燒成溫度當在 1200℃以上。商代晚期原始瓷器在河南安陽殷墟、輝縣琉璃閣，河北槁城，山東濟南大辛莊、益都及江西清江吴城等地均有發現。西周時期之原始瓷器發現較普遍，北京琉璃河，河南洛陽，陝西長安、寶鷄，甘肅靈臺，安徽屯溪，江蘇句容等地均有發現，較之商代，有明顯發展。東漢時期，瓷器燒造技術大大提高，出現符合瓷器標準的青釉瓷器。魏晋南北朝時期，浙江越窯、溫州甌窯、金華婺州窯、江蘇均山窯所産青瓷各具特色。東晋時浙江德清窯的黑釉器色澤光亮，猶如漆器。隋唐五代瓷器之應用面日趨廣闊，造型繁多，唐代名窯見於陸羽《茶經》者已不止越地一隅，秘色瓷器已成爲進貢之物，文人歌咏越窯之詩章甚多。宋代汝窯及官窯專爲王室燒製瓷器，南方又有龍泉窯，其燒窯技術空前提高，青釉色澤蒼翠欲滴，明澈溫潤，且將繪畫方法用於瓷器紋飾，從筆觸中充分可見民間藝人的智慧，爲後世彩繪瓷器奠定基礎。元代瓷器形制巨大，胎骨厚重，氣魄雄渾，其繪畫題材廣泛，牡丹、芭蕉、瓜果、魚藻、雲龍、蓮池鴛鴦、殘荷飛禽、歲寒三友，無所不有。明清時期，續有發展，康熙五彩、雍正粉彩及琺瑯彩至今仍著稱於世。燒製工藝得心應手、無往不宜，爲中華民族藝術寶庫增添無限光彩。

漆器爲我國古代在化學工藝及工藝美術方面的重要發明。從新石器時代起，中國人即認識了漆的性能并以之製器，歷經商周以下而至於明清，漆器工藝達於極高水準，對日本等地有深遠影響。遼寧敖漢旗大甸子古墓出土之觚形薄胎朱漆器，距今已三千四百至三千六百年。河南安陽侯家莊商代王陵出土之漆繪雕花木器，嵌以蚌殼、蚌泡、玉石等。戰國漆器在胎骨做法、造型及裝飾技法上均有創新，信陽長臺關楚墓出土的彩繪神怪龍蛇及狩獵樂舞小瑟，隨州曾侯乙墓出土之鴛鴦盆，江陵楚墓出土之彩繪透雕小座屏，皆爲戰國漆器之代表作。西漢時期，出現大型漆器，直徑可超過70厘米，且可將若干小件巧妙套裝爲五具、七具之套盒、套奩。漢代漆器多刻銘文，詳列官員及工匠名，成爲珍貴文字資料。唐代漆藝超越前代，鏤刻鑿鏨皆精妙絶倫。宋元漆器大貌淳樸渾成而細部又極精緻，具有特殊魅力，故宫博物院今藏有元代張成造梔子紋剔紅盤、楊茂造觀瀑圖方剔紅盤，安徽博物院今藏有張成造烏間朱綫剔犀盒等，皆稀世之珍。明清時漆器分類至夥，有一色漆、罩漆、描漆、描金、堆漆、填漆、雕填、螺鈿、犀皮、剔紅、剔犀、款彩、熗金、百寶嵌等十餘類。宫殿中之寶座、屏風、櫥櫃、盒盤、書架，等等，皆爲今時可見之精緻漆器。明宣德以後，風格一變；入清之後，日趨纖巧，漆藝之發展，代有特色。

飲食所用挹取之器，由來亦甚久遠。古之常用者，主要有匕、勺、留犁、匙、魁、箸、斗、瓢、笊籬、筷子等。史前時期，即已用匕。出土之史前古匕一般爲骨質，長條形。商周時期又常見銅匕、木匕，主要用以取飯進食。秦漢以後又多以漆木、金、銀等製成，呈勺狀，用以舀酒及其他流質食物，漸變爲後之勺與羹匙。箸之用，亦始於史前時期。最初人們吃飯用手抓，後來用箸。《史記·十二諸侯年表》："紂爲象箸，而箕子唏。"彼時之箸上下粗細均等，不分首足。漢代以後，足端漸細，又名"梜提"，蓋亦夾住提起之謂。宋明時期，箸形已固定爲方首圓足，與今筷子相同。明陸容《菽園雜記》卷一："民間俗諱，各處有之，而吴中爲甚。如舟行諱'住'，諱'翻'，以'箸'爲'筷兒'，'幡布'爲'抹布'。"明李豫亨《推蓬寤語》亦載此説，云："今因流傳久之，至有士大夫間亦呼箸爲快子者，忘其始也。"杯勺之屬，在我國起源亦甚早。宋高承《事物紀原·什物器用》云："〔《禮記·明堂位》〕又曰：'勺，夏后以龍勺，商以疏勺，周以蒲勺。'蓋龍、疏、蒲，勺飾也，後王加文耳。然則勺之興，當有虞始創之，故無飾也，至夏后加龍以飾之。"若據此而言，勺之始製當在古之有虞氏之時。今傳世商、周之勺以銅製者爲多。殷墟婦好墓曾出土骨勺。故宫博物院收藏的戰國時銅勺，腹壁外鑄一鳥飾。古代典籍中，勺與斗挹酒和挹水兩用，不易分別。容庚《殷周青銅器通論》認爲，《儀禮》中所記之挹酒器皆稱爲勺，故應以挹酒之器名勺，以挹水之器名斗。傳世之斗數量較少，約流行於商晚期至春秋戰國時期。《詩·大雅·行葦》："酌以大斗，以祈黃耇。"《墨子·節用中》："飯於土塯，啜於土形，斗以酌。"《周禮·春官·鬯人》："大喪之大渳設斗。"皆是。

　　炊飯之事必以火始。從原始社會人類開始用火熟食及取暖之後，取火用具經過不斷改進，有了很大變化。傳說中的燧人氏鑽木取火，用的是木燧。還有用透鏡映日聚焦的陽燧取火之法。北周時期，始用發燭，名"焠兒"或"引光奴"，又稱"火寸""取燈兒"等。另有爐竈之類，《釋名·釋宮室》云："竈，造也，創造食物也。"仰韶文化與河姆渡文化遺址中均有陶竈出土。春秋晚期，有自銘爲"盧"之器，侈口淺腹，其形制與出土的戰國及秦代之爐相近。1923年，在河南新鄭南門就曾出土過王子嬰次爐。其後，水火爐、娃竈、歙鉢、燎爐、暖爐以及手爐、腳爐、被爐等器不勝枚舉，或炊食，或烹茶，或專用以取暖，厥類衆矣。《藝文類聚》卷八〇引漢李尤《竈銘》云："燧人造火，竈能以興。"《太平御覽》卷一八六又引《淮南子》云："黃帝作竈，死爲竈神。"可見竈之出現，亦甚爲古遠。

第五節　宴飲清賞諸器論

　　與炊食之具關係甚近者，當爲宴飲之器。古之飲器有杯、卮、觶、觴、船、盞、爵、盅、鍾等類。流傳至今世所常用者，唯杯與酒盅耳。杯之名先秦已見，南北朝之前多作飲酒具，至唐宋以後，亦用作茶具，杯腹遂逐漸加深，類似於今之水杯。據其質地，可分爲陶杯、象牙杯、玉杯、瑪瑙杯、銀杯、金杯、水晶杯、犀杯等，不一而足。我國飲茶歷史十分久遠，至唐代風氣始盛，故茶具之大興亦當起於隋唐之際，主要包括茶鼎、茶壺、茶杯、茶盤、茶匙、茶筅等。唐封演《封氏聞見記·飲茶》載："楚人陸鴻漸（羽）爲《茶論》，說茶之功效，并煎茶、炙茶之法，造茶具二十四事，以都統籠貯之，遠近傾慕，好事者家藏一副。"所謂"都統籠"，乃是放置茶具的籃子，又名"都籃"。今人貯茶，往往以玻璃瓶、瓷罐等密封之，以保其色澤香氣，唐時則常陳置於竹編之"筪莉"中。唐宋人飲茶，須先將團茶、餅茶用净紙密裹捶破，再用茶碾碾碎過羅，然後投於沸水烹煮，或置於碗中點茶。當時用以焙、研、碾、煎、炙茶之具有茶焙、茶僧、茶碾、茶磨、茶鼎、茶鈴等。

1987 年陝西扶風法門寺唐代地宮中出土一銀製茶碾，製作頗精美。唐宋人點茶之法，即以茶瓶煮湯，下茶末於碗，持瓶湯以茶匙、茶筅擊拂，使茶末融於湯，注滿後，則雲脚漸開，乳花浮面。今日本"茶道"仍保留我國唐宋時期之遺俗，唯所用茶筅已非竹製耳。

　　我國之茶文化源遠流長，影響至日本、朝鮮等國。茶具於隋唐之際大興，質地不一，造形多樣，其中紫砂茶壺尤爲茶具中之珍品。紫砂器創始於宋代，至明代中期而盛行。明周高起《陽羨茗壺錄》記載正德、嘉靖年間紫砂藝人龔春所造紫砂壺"栗色暗暗，如古金錢，敦龐周正"，極造型之美，"供春壺"之名遂大噪。至萬曆年間，名匠輩出，百品競新，明中期以後以瓷壺及紫砂壺飲茶漸成風尚。清代紫砂器已不僅供文人清賞，且成爲貢品。今北京故宮博物院藏有乾隆題款之紫砂茶罐及外加藤編提盒之茶爐、茶壺、茶罐等套器，爲江南貢品。清代紫砂器尚有花樽、菊盒、香盤、什錦杯及花生、荸薺等象生器，皆精美絕倫。清代紫砂壺式樣奇特，如仿古銅之方扁觶、小雲雷、提梁卣、分襠索耳及仿花果造型之菱花、水仙、束腰、蓮方、垂蓮、橄欖、冬瓜等器。乾隆年間署款"陳文伯""寄石山房""荊溪水石山人"之紫砂花盆皆遠銷日本，極爲外人所珍視。宜興紫砂器獨步天下，其泥料得天獨厚，技藝秘不相授。紫砂壺泡茶不失原味且不易變質，耐熱性強，久用更形光澤，空壺注水亦得茶味，故倍受青睞。

　　中華民族之酒文化歷史久遠，古代貯酒、飲酒之器，今所見者種類繁多，皆可以文物及藝術品視之。古之貯酒器如壺、罍、瓮、卣、觚、彝、鴟鴞、罎、尊、罇、舼、榼、鈁、康瓠、鍾、椑、錇、鑪、鉀、經程、服匿、欓、注子、郫筒、混沌、匹裂、鐐盎、素子等，質地各異，有陶製、瓷製、金製、銀製、玉製、青銅製、木製、瓜製、獸角製、皮製等。飲酒器有杯、巵、觶、觴、船、盞、爵、盅、鍾諸大類，每類中又各設名目，枝葉繁綴。今僅以杯爲例，據其質地可分爲陶杯、象牙杯、玉杯、瑪瑙杯、金杯、銀杯、水晶杯、犀杯、螺杯、椰杯、藤杯、蝦杯、蟹杯等。據其形狀可分爲耳杯、荷葉杯、蟠桃杯、雞心杯、套杯等。此外，尚有頗具神奇色彩之夜光杯、浮月杯、照世杯，又有以女子弓鞋載杯行酒之金蓮杯等，可稱五花八門。又有名稱罕見雅俗皆宜之酒具，如漆木"杯圈"、傳自西域之"叵羅"、鏤鐫金銀之"鑿落"（或"錯落"），漢代罰酒之杯曰"大白"，三國時又稱"三雅"——以盛酒之多少分"伯雅""仲雅""季雅"等。（見三国魏曹丕《典論》）宋元間方言呼杯爲"玉東西"或"西東"。

　　家居日用之器，尚有香爐之屬可供玩賞。明王佐《新增格古要論》卷六云："尚古無香，焚蕭艾尚氣臭而已，故無香爐……唯博山爐乃漢太子宮中所用香爐也。香爐之制，始於此。"《藝文類聚》卷七〇載漢劉向《熏爐銘》云："嘉此正氣，嶄岩若山。上貫太華，承以銅盤。中有蘭綺，朱火青烟。"博山爐多青銅製成，蓋高而尖，狀如山巒，雕鏤有羽人、走獸等，象徵海上仙山，故名"博山"。漢代又有傳爲巧匠丁綏（一曰丁緩）所造之卧褥香爐，一名被中香爐，玲瓏有孔，内設機環，任意輾轉，皆不致撒落外漏。厥後唐代之銀熏球、元代之琉璃釉龍鳳熏爐、明代之宣德爐、清代之香牙香筒，皆稀世之珍玩。李賀《宮娃歌》："象口吹香蚨甃暖，七星掛城聞漏板。"李商隱《促漏》詩："舞鸞鏡匣收殘黛，睡鴨香爐换夕熏。"所謂"象口""睡鴨"，皆香爐而象形者也。他如銅猊、蟠螭、鵲尾爐、獸爐等，不勝枚舉。

第六節　砍鋸剪掃諸器論

生產工具，起源更早。約在四五十萬年前舊石器時代之原始人類即已學會打製粗糙石器，新石器時代人類已能挑選石頭打成刀、鑿、斧、鏟諸器并磨光而使之鋒利。父系氏族公社時期已開始製造銅器。至商代，青銅器之形制、紋飾皆精美；商代前期之製品較輕薄，紋飾亦簡單，商代後期及西周前期之製品厚重華麗。除生產工具外，大量製作酒器、樂器、兵器等。西周中期至春秋中期，青銅器風格趨向簡樸，同時長篇銘文增多。春秋後期至戰國，製作輕巧，紋飾複雜細密并多有金銀玉石鑲嵌圖案。春秋時期，鐵器已在農業、手工業生產中使用。《詩·齊風·南山》："析薪如之何？匪斧不克。"此斧之見於載籍較早者。段玉裁《説文解字注》云："凡用斫物者皆曰斧，斫木之斧，則謂之斤。"王筠《説文句讀》亦云："斤之刃横，斧之刃縱。其用與鋤钁相似。"斧斤之异，於兹可知。又有方銎斧者曰斨，《詩·豳風·七月》"蠶月條桑，取彼斧斨"是也。傳説中魯般所用斧曰般斤，漢揚雄《法言》卷十二云："般之揮斤，羿之激矢，君子不言，言必有中也。"餘則銼、鋸、錛、錘、鑿、鑽、墨斗之屬，皆木匠之不或缺者。漢人謂鋸曰"槍唐"。今所見最早者爲商代青銅鋸，後有鐵鋸，戰國時有直鋸與彎鋸。明張自烈《正字通》云："鋸，解器也。鐵葉爲齟齬，其齒一左一右，以片解木石也。"古之農具，鋤、鐮、鍬、钁，不待煩言。杵臼之興，其源甚古。《周易·繫辭下》："斷木爲杵，掘地爲臼。"傳世最早之玉杵臼出於商代，1976

年河南安陽殷墟婦好墓出土一套，杵長 28 厘米，臼深 13 厘米。地碓以舂穀，石磨以靡物，篩羅以離屑，相傳皆魯般所創製。有名礱者，上臼下臼皆有齒，頂置漏斗，底置承盤，亦稻穀脱粒之具也。古之磨刀石曰砥礪。《書·禹貢》：“礪砥砮丹。”孔傳：“砥細於礪，皆磨石也。”《山海經·西山經》：“崦嵫之山……其中多砥礪。”郭璞注云：“磨石也。精爲砥，粗爲礪也。”《莊子·養生主》：“今臣之刀十九年矣，所解數千牛矣，而刀刃若新發於硎。”硎，亦砥石也。琢玉之石曰錯，字亦作“厝”。《詩·小雅·鶴鳴》：“他山之石，可以爲錯。”毛傳：“錯，石也，可以琢玉。”《説文·廠部》：“厝，厲石也。”是錯亦磨石也。

日用諸雜，亦居家須臾不可離者。剪刀亦稱剸刀，諧稱“齊司封”，當興於先秦。漢代剪刀之形已與今相似，兩刃相交以斷物，後於刃柄之交置軸，遂成今之剪刀。《墨子·公孟》：“昔者越王句踐，剪髮文身，以治其國。”傳世最早的剪刀首見於河南洛陽西漢古墓中，柄刃間無軸，唯憑藉交鐵之彈性張合。以其形如兩刀相交，故亦稱“交刀”，後加“金”旁作“鉸刀”。唐李賀《五粒小松歌》云：“緑波浸葉滿濃光，細束龍髯鉸刀翦。”唐代已有“剪刀”之名。時并州（今山西太原一帶）剪刀馳名天下，杜甫《戲題王宰畫山水圖歌》曰：“焉得并州快剪刀，剪取吳松半江水。”清代中葉杭州張小泉剪刀背上常鐫以“張小泉”三字，成一大流派。稍後北京王氏家族剪刀以靈巧快捷著稱，爲防僞劣，王家之另支於剪背鑿小點，時人戲稱“王麻子剪”——此即所謂“南張北王”，其盛勢至今不衰。今之“頂針”，古稱“指錯”，亦稱“帕”或“鍼裏”，漢代即已有之，以皮革或金屬製成。朱駿聲《説文通訓定聲》云：“揳，縫指揳也。……以革爲之。其以金者爲錯，今蘇俗謂之鍼裏。”《玉篇》：“帕，指沓也，亦稱頂針。”是“頂針”之名，南北朝時期已通行。針（亦作“鍼”）之出現，可追溯至原始社會晚期之骨針。其竹製者曰“箴”，《説文·竹部》：“箴，綴衣箴也。”段玉裁注云：“以竹爲之，僅可聯綴衣。以金爲之，乃可縫衣。”錐之别名曰“利通直”，初爲青銅或紅銅製，商代多爲細長扁條或長條形，戰國時之錐已與今之錐形狀相似，錐鋒與木柄相接。《戰國策·秦策一》載蘇秦夜讀欲睡引錐刺股之事，家喻户曉。古有“解錐”，亦名“觿”者，解結工具。多以象骨製成，可作佩飾。《詩·衛風·芄蘭》：“芄蘭之支，童子佩觿。”毛傳云：“觿，所以解結，成人之佩也。”1977 年江蘇蘇州張陵山墓葬出土之鏤雕玉觿，長 6 厘米，其形如角，通體鏤空，直立側視如頭戴尖頂高冠之人形，爲迄今所知最早之透雕玉器。觿之爲物，今已不見，唯於古詩文中見之。又古詩文中多有“擣衣”之説，其器曰砧杵。唐孟郊《聞砧》詩：“杵聲不爲衣，欲令游子歸。”唐張若虚

《春江花月夜》詩:"玉户簾中卷不去,擣衣砧上拂還來。"唐白居易《秋霽》詩:"月出砧杵動,家家擣秋練。"皆以狀思婦之苦,然可見砧杵於唐代即已普及。古之掃帚,除塵之外,尚可作驅鬼用。《周禮·夏官·戎右》:"贊牛耳桃茢。"鄭玄注:"桃,鬼所畏也。茢,苕帚,所以掃不祥。"今民間所稱"苕帚"之名,漢時已有之矣。要之,日用諸雜名目繁多,統稱"什器""什物""什具"。《史記·五帝本紀》:"舜耕歷山……作什器於壽丘。"什器之發明權,固不當歸於舜一人,然其出現之久遠亦於茲可見。司馬貞索隱云:"什,數也。蓋人家常用之器非一,故以十爲數,猶今云什物也。"今民間猶云"家什",即此類也。

家庭日用之器可資鑒賞珍玩世代寶藏者,奚啻於此?凡百器用,大而至於床帳櫥櫃,小而至於杯盞鼻烟壺,莫不窮極妍巧,具有極高審美價值。雖歷來珍奇精美之物多爲王室貴族所專有,然自生民之始而至於今,數千年來,能工巧匠各顯才智,奇巧華美之物層出不窮,亦足以令中華民族自豪矣!

此卷所收者:(一)家具説。包括①坐卧具考,②盛物具考,③雜用具考。(二)起居説。包括①睡眠具考,②居處具考,③什物考。(三)炊用説。包括①炊具考,②水器考,③飯器考,④挹取器考。(四)宴筵説。包括①貯酒器考,②飲酒器考,③酒什考,④茶具考。(五)爐燈説。包括①竈具考,②炭火考,③香爐考,④燈燭考,⑤燭炬考。(六)用物説。包括①工具考,②繩袋考,③諸雜考。凡六説二十二考。

付梓前夕,主編路廣正教授應邀外出講學,遵編委會旨意,由李曉東君重新編訂調整書稿、考辨删合條目,其間尤重引證之切當、釋文之真鑿。今本書總主編張述錚教授再予編審,并附記於是,以示負責。

第二章　家具說

第一節　坐卧具考

　　坐卧具無疑是起源最早、與人們的日常生活關係最密切的家具種類之一。我們的祖先經歷過穴處巢居的歷史階段，在母系氏族公社時期，就已有了淺穴式的住居。從有房屋的時候起，人們在住房中所最常用的姿勢恐怕就是坐與卧。所以，在家具中坐卧具產生得最早，應當是合乎情理的。從現存的文字資料看，在相當長的一個歷史階段中，我們的祖先保持着席地而坐的習慣。在《說文》中，"坒"是"坐"的古文，兩字都从土。在先秦，人們設席於地，兩膝着席，臀部壓在脚後跟上，這種姿式就稱爲坐。所以，《禮記·曲禮上》"先生書策琴瑟在前，坐而遷之"孔穎達疏說："坐亦跪也。"這種坐姿，在現今日本的某些場合還保持着。先秦時與坐關係密切的家具是几。因爲几不僅起後世桌案的作用，而且供坐着小憩時憑靠。《書·顧命》："相被冕服，憑玉几。"又："黼純，華玉仍几"；"綴純，文貝仍几"；"畫純，雕玉仍几"；"玄紛純，漆仍几"。可見在周初，几的種類已很繁多，而且製作、裝飾得已十分華美。在几之後又有案。約在戰國時已行用，它繼承了几的承物以供飲食、讀寫等功能，以至後來的人常把几、案并稱。但案往往比几高大，逐漸向後世的桌過渡。此外，作爲坐具的牀（床）先秦也已產生。《説文·木部》："牀，安身之坐者。"《禮記·内則》説的"少者執牀與坐"的"牀"肯定是坐具。這類坐具的產生，使"坐"的概念發生了變化，除席地跪坐外，將臀部安放在坐床的面上也是坐。這種坐姿比起席地跪坐來要舒服，既方便讀寫、飲食等，又不易疲勞。所以，由低變高，就成了後世坐具發展的趨勢之一，并由此促使几案升高而產生桌。坐床在古代也稱爲案，先秦又有浴床，晋始有小床等，式樣、用途各不相同。魏晋又有凳，其形制與今天已無大异。東漢胡床傳入中土，後來的馬閘子即其遺制。南北朝時在胡床或凳上加靠背而成椅，當是坐具的一大發展，但甚爲罕見。在我國，坐具升高、坐姿改變，經過了一個較長的時期。南朝梁侯景垂足而坐，以致爲人譏笑。到宋代，即使在家中，女人坐杌子、椅子仍被指責爲不合法度。盡管如此，凳、杌子、椅子等高坐具仍以其明顯的優越性而被越來越普遍地使用。與之相適應，几案也升高，漢代已出現了桌，到唐宋以後，桌的形制繁多，官府、民間的使用已十分普遍。卧具的出現也很早。甲骨文中有 、 等字，丁山認爲是"疾"字。前者像人卧於床上，後者像人躺在床上出汗。字中的" "或" "即是牀（床）形。但在先秦，床往往是可卧可坐，在胡床傳入中土後，坐具與卧具逐漸有了明確的分工，便有了"坐床"之稱。開始的坐床有的仍較大，可容數人同坐。魏晋之後單稱"床"者，有時仍指坐具，或可卧可坐。後來專指卧床。在隋唐之前，床常常是室内的主要家具，其他家具多圍繞床而陳設。如床後置屏風，床前放几案等。唐以後，床成爲專用的卧具，便逐漸移入内室。在我國傳統的坐卧具中，相傳爲魏曹操發明的欹案很值得一提。它是把普通的几案的面做成傾仄狀，使對案讀書時免去低頭伏案之苦和以手持卷册之勞。後來由此發展爲附有托書几架的懶架。此外，炕是我國北方很有特色的卧具。它可以有效地利用炊火的餘熱取暖。《舊唐書·東夷傳·高麗》："其所居必依山谷，皆以茅草葺舍……冬月皆作長坑，下燃熅火以取暖。"可見，古代用炕取暖睡卧的還不僅是我國。在今東北、河北、山東東部等地農村中，還普遍用炕，冬季在炕上用矮桌進餐，有客人到家，要請客人脱鞋盤腿坐在炕上，以示真摯之情。

桌　類

几案

　　亦作"几桉"。初爲几、案之合稱。几案類似後世之桌子。我國古代几案產生甚早，小者爲几，大者爲案。後"几案"成爲此類器具的泛稱。此稱漢代已有。漢王粲《儒吏論》："彼刀筆之吏，豈生而察刻哉？起於几案之下，長於官曹之間。"這裏的几案是官府中處理文牘用的桌案。北齊顔之推《顔氏家訓·治家》:"或有狼籍几案,分散部帙,多爲童幼婢妾之所點污,風雨蟲鼠之所毀傷。"這裏説的則是家裏讀書用的案桌。宋文同《和仲蒙夏日即事》詩:"簿領初休几桉清,西軒移枕卧前楹。"此"几桉"即几案。清俞樾《春在堂隨筆》卷八:"夏夜,每有蟲行几案間,亦能飛。"

【几桉】

同"几案"。此體宋代已行用。見該文。

几

亦作"机"。形似桌而矮小,古人席地而坐時,設於座側用以憑倚,或置於座前以供飲食、讀寫、放置物件等。按明王圻等《三才圖會·器用·香几》引漢李尤《几銘·叙》的説法,"几"在黄帝時就已有了。《書·顧命》説周成王"相被冕服,憑玉几",説明至晚在西周初年,几就被普遍使用,而且製作已相當考究。經東周以至秦漢,几的種類漸繁,有長几、重几、憑几等等。《禮記·檀弓下》:"有司以几筵舍奠於墓左。"陳澔集説:"几,所以依神。"《周易·渙》:"渙奔其机。"王弼注:"机,承物者也。"後世一般稱桌之小者爲几,大者爲案,但几與案的界限亦不十分嚴格。晉陸翽《鄴中記》載:"石虎御坐几,悉漆雕畫,皆爲五色花也。"從這段話中可見當時几的做工之精細講究之一斑,而且還能看出在當時几也用爲坐具。晉代以後,人們逐漸改變了席地而坐的習慣,所以,桌子用得逐漸多起來,但是,几并没有因此被完全淘汰。唐韓愈《唐故河東節度觀察使滎陽鄭公神道碑文》:"平居簾閣據几,終日不知有人。"直到清代甚至以後的一段時間裏,几仍然

是一種常見的家具。清黄軒祖《游梁瑣記·龍門鯉》:"有惜别書一函,留置几上。"現代的几,多稱"茶几",實際上是一種放茶具等的小桌子,往往與椅子、沙發等坐具配用。曹禺《雷雨》第一幕:"沙發前的矮几上放着烟具等物。"葉聖陶《歡迎》:"兩旁四隻茶几,陳設在六把椅子之間。"

【机】

通"几"。几,本象形,因多以木製成,故亦作"机"。此體先秦時期已行用。見該文。

玉几

玉飾的几案。玉几在我國古代很早就產生了。《書·顧命》:"相被冕服,憑玉几。"《周禮·春官·司几筵》:"凡大朝覲,大饗射,凡封國命諸侯,王位……左右玉几。"前者説的是周成王,説明在西周初期就已經有了玉飾的几。這兩例又都説明玉几在周代多爲天子所用。漢張衡《東京賦》中所説的"次席紛純,左右玉几,而南面以聽矣",則是用《周禮》之典,描述皇帝用玉几的情况。《西京雜記》卷一:"漢制,天子玉几,冬則加綈錦其上,謂之綈几……公侯皆以竹木爲几,冬則以細罽爲囊以憑之,不得加綈錦。"由此可見,漢代已有明文規定,玉几爲皇帝所專用,即使是公侯大臣,也衹能用竹木製作未加玉飾的几。後來,"玉几"成爲對几案的美稱,不一定以玉爲飾,使用者也不一定是皇帝。例如宋王安石《和王微之登高齋三首》其二:"六朝人物隨烟埃,金輿玉几安在哉?"

【玉案】

"案"在古代有時指一種盤盂類的食器。《急就章》卷三:"槃杅槃案杯閜盌。"顔師古注:

"無足曰槃,有足曰案,所以陳舉食也。"由此,"玉案"有時指玉飾的有足之盤。《周禮·考工記·玉人》"案十有二寸"漢鄭玄注:"鄭司農云:'案,玉案也。'……案,玉飾案也。"孫詒讓正義:"謂梓人爲之案,而玉人以玉飾之。"北周庾信《周大將軍瑯琊定公司馬裔墓志銘》:"玉案推食,河橋勸酒。"這裏的玉案都是指玉飾的有足之盤。

曲木几

省稱"曲几"。以屈曲盤節之异形木材製成的几案。取其有天然怪誕、鬼斧天工之美。北周庾信《奉報窮秋寄隱士》詩:"自然曲木几,無名科斗書。"省稱"曲几"。宋黃庭堅《以小團龍及半挺贈無咎并詩用前韵爲戲》:"曲几團蒲聽煮湯,煎成車聲繞羊腸。"宋邵雍《初秋》詩:"曲几静中隱,衡門閑處開。"

【曲几】

"曲木几"之省稱。此稱宋代已行用。見該文。

書几

亦稱"書案"。讀書寫字用的桌案。至晚在周秦時即已有了專用於讀寫的几案。因古人席地而坐,所以書几較後世要低。後世坐具不斷發展,書几也漸高。《後漢書·劉玄傳》:"韓夫人尤嗜酒,每侍飲。見常侍奏事,輒怒曰:'帝方對我飲,正用此時持事來乎?'起,抵破書案。"唐白居易《偶眠》詩:"放杯書案上,枕臂火爐前。"宋晁補之《題穀熟驛舍》詩:"掃地開窗置書几,此生隨處便爲家。"元明以後,"書几"之稱使用漸少,而"書案"之稱則相對漸多。例如元關漢卿《竇娥冤》第四折:"待我搭定書案,歇息些兒咱。"明湯顯祖《牡丹亭·閨塾》:"則要你守硯臺,跟書案,伴詩云,陪子曰。"到了現代,"書几"之稱已很少見,但仍有把讀寫用的案桌稱爲"書案"的,例如曹禺《北京人》第一幕:"窗前有楠木書案,紫檀凳子。"另外,至晚在明代,就有人把讀寫用的桌案稱爲"書桌",如明文震亨《長物志·几榻》:"書桌中心取闊大,四周鑲邊,闊僅半寸許,足稍矮而細,則其制自古。"

【書案】

即書几。此稱漢代已行用。見該文。

素几

古代有兩種几案稱爲素几。一種是喪事中用的塗了白土的小几。《周禮·春官·司几筵》:"凡喪事,設葦席,右素几。"孫詒讓正義:"《巾車》'素車'注云'以白土堊車也',此'素几'當與彼同;喪事略,故不漆也。"另一個意義的"素几"指不用油漆、不加雕飾的小木几。《南史·沈麟士傳》:"麟士無所營求,以篤學爲務,恒憑素几鼓素琴,不爲新聲。"唐司空曙《題玉真觀公主山池院》詩:"羽衣重素几,珠網儼輕埃。"宋陸游《閑居自述》詩:"净掃明窗憑素几,閑穿密竹岸烏巾。"

燕几

古稱"燕几"的家具有兩種。一種是用以憑靠休息的小几案。燕,取安寧、安適意。《儀禮·士喪禮》:"楔齒用角柶,綴足用燕几。"賈公彥疏:"燕,安也。當在燕寢之内,常馮之以安體也。"宋范成大《曉自銀林至東灞登舟寄宣城親戚》詩:"凝香繞燕几,安知路傍情。"另一種燕几是可組合的桌子,用於宴飲時,長短不一,可視賓客多少,錯綜排列成各種圖形。這裏的"燕",通"宴"。這種燕几産生較晚。

宋黃伯思有《燕几圖》一卷，其序云："《燕几圖》者，圖几之制也……縱橫離合，變態無窮，率視夫賓朋多寡，杯盤豐約，以爲廣狹之則。"清俞樾《茶香室三鈔·燕几圖》有具體尺寸規制，可參閱。

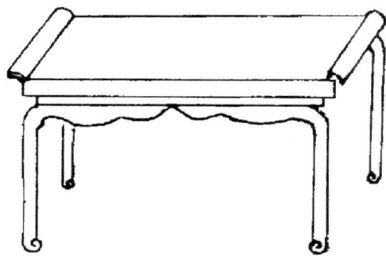

燕几
（明王圻等《三才圖會》）

棐几

省稱"棐"。用棐木所製之几桌。棐，通"榧"，木名，又稱"香榧"。《晉書·王羲之傳》："嘗詣門生家，見棐几滑净，因書之，真草相半。""棐几"之稱形成後，有時泛指几桌。如宋陸游《初夏》詩："細煃詩聯憑棐几，静思棋劫對楸枰。"元揭傒斯《和傅與礪》詩："棐几看雲憑，衡門罷月關。"此外，因棐木常用以製几桌，又因爲"棐几"可泛指几桌，所以有時僅以一"棐"字亦可作爲几桌的代稱。例如：宋蔣捷《滿江紅》詞："問如何清晝，倚藤憑棐。"

【棐】

"棐几"之省稱。此稱宋代已行用。見該文。

馮几

用以憑靠的矮几。馮，"憑"的古字。几在古代產生甚早，而且早期的几的主要作用是供人小憩時憑靠。《書·顧命》説周成王"相被冕服，憑玉几"，又説"皇后憑玉几，道揚末命"，這裏的玉几都是供憑靠的。《三國志·魏書·毛玠傳》："初，太祖平柳城，班所獲器物，特以素屏風、素馮几賜玠。"

蝶几

形如蝶翅，可相錯合的案几。出自明代。清俞樾《茶香室三鈔·燕几圖》："明人嚴澂又因《燕几圖》而變通之，以勾股之形，作三角相錯，形如蝶翅，名曰蝶几。今俗傳戲具有曰七巧牌者，疑出於此。好事者，或仿七巧牌式，製以爲桌，則適還其初矣。"

案 [1]

在古代有三種家具被稱爲案。第一種是桌案，几桌，供飲食、讀寫或放置物品用，後世之桌子即由此發展而來。古代曾稱桌之小者爲几，大者爲案，秦漢間有條案、方案等，後世沿用。《三國志·吳書·周瑜傳》："此天以君授孤也。"裴松之注引《江表傳》："權拔刀斫前奏案曰：'諸將吏敢復有言當迎操者，與此案同！'"唐李白《下途歸石門舊居》詩："羨君素書常滿案，含丹照白霞色爛。"1977年河北平山戰國古墓出土的一件戰國中期青銅龍鳳鹿銅方案，全身飾金銀錯花紋，圓形底座下，以四隻挺胸昂首的卧鹿爲足，底座上有四龍四鳳，相互盤繞。四龍均匀分布於一定方位，每條龍頭頂一斗拱形飾件，上承方案。造型優美，工藝精緻。第二種稱爲案的家具是有足的盤盂類食器。這

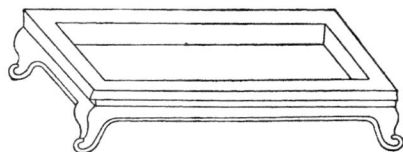

案
（清戴震《考工記圖》）

種案產生得也很早，《周禮·考工記·玉人》就有"案十有二寸"的記載。《急就篇》卷三："橢杅槃案桮閜盌。"顏師古注："無足曰槃，有足曰案，所以陳舉食也。"《後漢書·逸民列傳·梁鴻》中講的梁鴻之妻孟光"舉案齊眉"，舉的就是這種食案。第三種稱爲案的家具是一種坐具，見"案²"文。

青玉案

碧玉所製的食案。青玉，即碧玉。"案"在古代有時指桌案、几案，還有時指一種帶足的盛食物用的盤。因此，對青玉案亦有不同的解

青玉案
（明方于魯《方氏墨譜》）

釋。《文選·張衡〈四愁詩〉》："美人贈我錦繡段，何以報之青玉案。"李善注："玉案，君所憑倚，喻大臣亦爲天子所恃。"劉良注："玉案，美器，可以致食。"此處青玉案當指食案。張衡原詩中贈美人的尚有英瓊瑤、雙玉盤、明月珠，并不以這些東西隱喻政治內容或君臣關係。上引李善注的說法似嫌牽強。而且李善注下文又引《楚漢春秋》："淮陰侯曰：'臣去項歸漢，漢王賜臣玉案之食。'"這就又把玉案理解爲食案了。唐李白《憶舊游寄譙郡元參軍》詩："瓊杯綺食青玉案，使我醉飽無歸心。"這裏的青玉案也指食案，而非憑几。

香案

亦稱"香几"。放置香爐、燭臺等的案桌。唐元稹《連昌宮詞》："蛇出燕巢盤斗拱，菌生

香案正當衙。"專用於陳放香爐的几案至遲在漢代就有了。明王圻《三才圖會·器用·香几》："几，漢李尤《几銘》叙曰：黃帝軒轅作。則几創自黃帝，其來已古……今曰'燕几'，曰

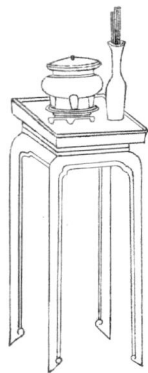

香几
（明王圻等《三才圖會》）

'槿'，曰'書卓'，曰'天禪几'，曰'香几'，長短大小不齊。"後世以陳置香燭，多用於祭祀、供奉或熏香。《新唐書·儀衛志上》："朝日，殿上設黼扆、躡席、熏爐、香案。"

【香几】

即香案。此稱漢代已行用。見該文。

欹案

亦稱"欹架""倚書床"。傾仄的几案，讀書時用來托書，以免除伏案及以手持書之勞。相傳爲漢末曹操所創。南朝梁劉孝綽《〈昭明太子集〉序》："臨書幌而不休，對欹案而忘怠。"宋高承《事物紀原·舟車帷幄》："《切韻》曰：曹公作欹架，臥視書，今懶架即其制也。"元陸友《研北雜志》卷下："曹公作欹案，臥視書，周美成又謂之倚書床。"欹案的具體樣式規制已不傳，於是又有一種說法，以爲欹案是臥具之一種。明胡侍《真珠船·臥視書》："《三國志》：'曹操作欹案，臥視書。'曹智人想便甚，但欹案之制不傳。北宋沈括《忘懷錄》有欹床，云如今倚床，但兩向施檔齊高，令曲尺上平，若臂倚左檔，則右檔可几，臂倚右檔，則左檔可几。臂左右互倚，令人不倦。仍可左右蟠足，

或枕檔角欹眠，無不便適……余意欹案之制，或當不大殊。”胡氏此言，也屬推測，并無實據，然可備一說。

【欹架】

即欹案。此稱宋代已行用。見該文。

【倚書床】

即欹案。此稱元代已行用。見該文。

齊眉案

矮脚小食桌。此稱典出《後漢書·逸民列傳·梁鴻》：“遂至吳，依大家皋伯通，居廡下，爲人賃舂。每歸，妻爲具食，不敢於鴻前仰視，舉案齊眉。”梁鴻妻所舉之案乃有矮足的食盤，而後人便稱有矮足之小桌爲“齊眉案”。如宋孫覿《蜀婦新寡從何純中讀左氏戲呈純中》詩：“一揮斷鼻斤，便舉齊眉案。”清趙翼《扈從途次雜咏·矮桌》：“或作齊眉案，侏儒所必需。”

雪案

本指利用窗前雪光映照以讀書的案桌。此稱源於晋人孫康映雪夜讀事。《文選·任昉〈爲蕭揚州作薦士表〉》“乃集螢映雪”李善注引《孫氏世録》：“孫康家貧，常映雪讀書。”後人遂用以泛指書桌。例如：宋劉克莊《贈陳起》詩：“雨檐兀坐忘春去，雪案清談至夜分。”明袁宏道《雙寺逢本上人》詩：“雪案堆《莊子》，花函出内家。”清沈曰霖《晋人麈·詩話·花字韵詩》：“〔新安黄之雋〕詩云：‘……螢囊頻替火，雪案慣堆花。’”

懶架

亦稱“懶几”。是一種附有托書之几架的坐卧具，可以倚憑之懶散地架書而讀，故稱。宋高承《事物紀原·舟車帷幄》：“《切韵》曰：曹公作欹架，卧視書，今懶架即其制也。”若此說

可靠，則懶架是以漢末欹架爲基礎發展而來。宋黄庭堅《題〈校書圖〉後》：“唐右相閻君粉本《北齊校書圖》，士大夫十二員……投壺一、琴二、懶几三。”又：“兩榻對設坐者七人……其一仰負懶几，左右手開書。”據此，懶架至晚在北齊時已有，唐宋時使用較爲廣泛。宋林逋《春日懷歷陽後園游兼寄宣城天使》詩：“一榻竹風橫懶架，半軒花月倒頑盆。”由於用途的限制，懶架衹在識字讀書的人中使用，後來逐漸減少，今已基本不見。

【懶几】

即懶架。此稱宋代已行用。見該文。

桌

本作“卓”，通稱“桌子”。多以木製，上有平面，下有支柱，比几案高而大，用以讀寫、飲食、放置物品等。我國古人多席地而坐，飲食、憑靠等多用几或案。後來坐具漸興，人們逐漸改變了席地跪坐的習慣，於是几案便漸高大而形成桌子。1972年河南靈寶東漢墓中出土了一件綠釉陶桌模型。桌面方正，四腿較高，腿的截面作矩尺形，腿間作弧形，與現代方桌相似。這是迄今爲止面世最早之桌。但東漢至

宋代桌子
（華夫《中國古代名物大典》）

南北朝仍以几案爲主要憑倚具。至唐以後桌的使用日漸廣泛，形制繁多，有長桌、方桌、圓桌等，直接置於地上，多與凳、椅等坐具配套使用。宋趙與時《賓退錄》卷一："京（蔡京）遣人廉得有黃羅大帳，金龍朱紅倚卓，金龍香爐。"明文秉《列皇小識》卷二："上與講官俗共一桌，真不啻天顏咫尺矣。"《水滸傳》第四回："安排整頓許多金銀酒器，設放在桌上。"清葉廷琯《吹網錄》卷三："考卓即桌字。俗以几案爲桌，當以卓爲正。"因桌多用木製，故後將字下之"十"改爲"木"。

【卓】

"桌"的本字。以其高卓然，故名。此體宋代已行用。見該文。

八仙桌

每邊可坐二人的大方桌。世俗有八仙的傳說，以八人共桌飲食，一如八位神仙，故稱。這種大方桌宋時已有，稱"八僊桉"。宋晁補之《八僊桉銘》："東皐松菊堂，飲中八僊桉。"明文震亨《長物志・几榻》："方桌……若近制八仙等式，僅可供宴集，非雅器也。"直至現代，八仙桌在民間尚有用者。曹禺《北京人》第二幕："思懿走到八仙桌前數錢。"

【八僊桉】

即八仙桌。此稱宋代已行用。見該文。

獨桌兒

指單獨一人就餐的桌子。例如元秦簡夫《東老堂》第一折："這二百五十錠盡勾了，先去買十隻大羊，五果五菜……我那丈母，與他一張獨桌兒。"

石面漆桌

此指明洪武二十二年（1389）隨葬於鄒縣魯王朱檀墓中的漆桌。當製作於明初，高94厘米。桌面爲長方形，長110厘米，寬71厘米。桌面中間鑲礫石心，長94厘米，寬56厘米，石面平滑。四足垂直，呈圓柱形。前後有透雕牙花。桌面與凹足卯榫連接，甚爲平穩。木胎上敷以麻布，再髹以朱漆，漆面光滑平凈。爲明初漆木家具之精品。現藏山東省博物館。

果卓

宴飲時陳放酒食果品的桌子。卓，同"桌"。南朝梁釋寶林《破魔露布文》（見《弘明集》）："左輔彌勒之流，右弼文殊之匹，前歌大方之雅頌，後舞四攝之鸞拂，衛以八住體虛之士，侍以四果卓，落通仙三臺，唯聖六府，唯賢爾乃宣教姬孔，宰守虞唐，揚威湯武，州牧三皇其爲化也。"元吳昌齡《張天師》第三折："陳太守云：'真人去了也。張千，排着果桌，直至十里長亭，與真人送行，走一遭去來。'"元楊顯之《酷寒亭》第四折："把那廝先綁上山去，就安排果卓，請哥哥到寨中作慶喜筵席。"

抽替桌

安裝着抽屜的桌子。抽替，今多作"抽屜"，即抽斗。抽替之名，南北朝已見。但桌之使用，至唐以後方才廣泛，故抽替桌之出現當不早於唐代。《金瓶梅詞話》第八六回："月娘到他房中，打點與了他兩個箱子，一張抽替桌兒，四套衣服。"《兒女英雄傳》第二九回："當中放着連三抽屜桌，被格上安着鏡臺、妝奩。"

剔犀官桌

一種表面塗漆的工藝品桌子。剔犀，漆器名。明曹昭《格古要論・古犀毗》："古剔犀器皿，以滑地紫犀爲貴。"此種漆器桌即可稱爲剔犀桌。《金瓶梅詞話》第五五回："祇見剔犀官桌上擺上珍饈美味來。”

炕桌

亦稱“炕几”。放在炕上的矮桌。我國北方某些地區飲食會客常盤膝坐於炕上，中設矮桌，以供飲食或放置物件。明清以來使用很廣泛。今北京故宮等處仍可見到不少清代炕桌。《金瓶梅詞話》第二九回：“〔二人〕止着薄繙短襦上床，安放炕桌果酌飲酒。”《老殘游記》第九回：“當中一個正方炕桌，桌子三面好坐人的。”又：“靠窗設了一個長炕几，兩頭兩個短炕几。”今我國東北、河北等地農村仍有用炕桌者，一般是餐時設置，餐後即撤去。

【炕几】

即炕桌。此稱清代已行用。見該文。

壁桌

一種窄長的長方形桌，一個長邊靠在墻壁上，專備供佛禮神等用，所以俗稱“佛爺桌”。在我國，專用以供佛之桌當不早於六朝。明文震亨《長物志·几榻》：“壁桌長短不拘，但不可過闊。飛雲、起角、螳螂足諸式，俱可供佛。或用大理及祁陽石鑲者，出舊制亦可。”《兒女英雄傳》第三七回：“當下公子夫妻進去，見堂屋裏佛爺桌兒上換了簇新的黃布桌圍。”“佛爺桌”亦可省稱“佛桌兒”，《兒女英雄傳》第三七回：“佛桌兒底下掏出一枝香根兒。”

【佛爺桌】

“壁桌”之俗稱，此稱清代已行用。見該文。

【佛桌兒】

“佛爺桌”之省稱。此稱清代已行用。見該文。

柴桌

製作粗陋的木桌。《歧路燈》第九七回：“〔王象藎〕入冬又蓋了一間草房，板扉磚牖，一張柴桌，四把柳椅，爲鄰叟扶杖來尋之所。”

平面子

一種平面矮腳桌几。宋朱弁《曲洧舊聞》卷一：“文肅奏曰：‘臣體肥不能伏地作字，乞賜一平面子。’上從之。”按：宋吳自牧《夢粱錄》卷三：“兩朵殿廊卿監以下，並是平面矮桌，亦三員共一桌。”可參考。

臺盤

指桌面。《詩話總龜·詼諧下》引《雅言雜載》：“馮兗牧蘇州日，多縱飲博，因大勝，以所得均與座客，吟云：‘八尺臺盤照面新，千金一擲鬥精神。合是賭時須賭物，不堪回首乞閑人。’”明王恕《王端毅奏議》：“常熟縣大戶顧志行等二十二名共出銀一千七百七十兩八錢五分、水晶臺盤一副。”

春台

亦作“春臺”。飯桌。《水滸傳》第四回：“春台上放下三個盞子，三雙箸。”按：“台”一本作“臺”。《儒林外史》第二回：“管家捧上酒飯，鷄、魚、鴨、肉，堆滿春臺。”

【春臺】

同“春台”。此體清代已行用。見該文。

桌幃

亦作“桌圍”，亦稱“卓衣”“桌裙”。圍在桌子邊的裝飾物，古代多以布或綢緞做成。宋洪邁《夷堅志補·鬼國母》：“鬼母導楊伏於桌幃，戒以屏息勿動。”宋吳自牧《夢粱錄·團圖》：“謂四司六局所掌何職役？開列于後：如帳設司，專掌仰塵、錄壓、桌幃、搭席、簾幙、繳額、眾罳、屏風、書畫、簇子、畫帳等。"《金史·儀衛志下》:"太子常行儀衛……殿庭與宴,襯用繡羅間金盤鳳。卓衣則用繡羅獨角間金盤獸。"宋朱熹《按唐仲友第六狀》:"唐仲友關支軍資庫絹二百匹,令染鋪夏松,收買紫草就本州和清堂,染紫造做宅堂帳幔,應干牀幃及幃、設、大卓衣及支散人從衣衫等物。"由此例可見古代宮廷裏的桌幃圖案之精美,綉製之考究。《紅樓夢》第一四回:"一面又搬取傢伙:桌圍、

椅搭、坐褥、氈席、痰盒、脚踏之類。"《老殘游記》第一七回:"走進堂門,見東邊一間擺了一張方桌,朝南也繫着桌裙。"

【桌圍】

同"桌幃"。此體宋代已行用。見該文。

【卓衣】

即桌幃。此稱宋代已行用。見該文。

【桌裙】

即桌幃。此稱清代已行用。見該文。

坐　具

案 [2]

案在古代有時指一種坐具,類似後之"坐床"。案產生得很早,一般供小憩用。《周禮·天官·掌次》:"王大旅上帝,則張氈案。"鄭玄注:"張氈案,以氈爲床於幄中。"賈公彥疏:"案,謂床也。"魏晉之後,墩、凳、椅等坐具發展很快,作爲坐具的案漸爲之取代,便不多見。

杌

亦作"兀",亦稱"杌子",小者也稱"小杌兒"。一種沒有靠背的坐具。杌當是從古代的坐案發展而來,其起源亦當不晚於晉代。初起時較矮小,後漸高大。北魏賈思勰《齊民要術·種桑柘》:"春采者,必須長梯高杌,數人一樹,還條復枝,務令净盡。"可見當時已有高杌,當與今之凳子無大區別。宋曾慥《類說》卷三四引《摭遺·安禄山》:"唐明皇召安禄山,用矮金裹脚杌子賜坐。"曾有一段時

杌子
(清王希廉等《增評補像全圖金玉緣》)

間,婦女坐椅子、杌子受到限制。宋陸游《老學庵筆記》卷四:"徐敦立言:往時士大夫家婦女坐椅子、兀子,則人皆譏笑其無法度。"從陸游的叙述看,這種習俗在宋代已經淡漠,說明當時杌子在民間的使用很普及。明文震亨《長物志·几榻》:"杌有二式,方者四面平等,長者亦可容二人並坐。"《金瓶梅》第六一回:"說着,只見王六兒也在旁邊小杌兒坐下。"今天在北方有的地區將方凳稱爲杌子,也有的地區將四腿垂直於座面且與座面四角取齊的方凳稱爲杌子。

【杌子】

即杌。此稱宋代已行用。見該文。

【兀】

同"杌"。此體宋代已行用。見該文。

小杌兒

矮小的杌子。此稱多見於明代及其後的典籍中,現今口語中亦用。見"杌"文。

椅

今一般稱"椅子"。一種有靠背的坐具,以其可倚之而坐,故名。古人席地而坐,憑靠則

用几。我國較早的坐具有案、床，但均無靠背。東漢時胡床已傳入中原，魏晋時又有凳，也都無靠背，且較矮，坐時須屈膝。敦煌第二百八十五窟，窟頂一隅繪一禪定者所坐即搭腦

椅子
（五代顧閎中《韓熙載夜宴圖》局部）

出頭的高背椅，旁有西魏大統五年題記。河南省曾出土一尊北朝時銅塑像，有高背靠椅，搭腦出頭上翹，板狀扶手，柱足略外敞。現藏加拿大多倫多安大略皇家博物館，不過，上述坐椅少見行世。故南朝梁武夫侯景垂足而坐，至爲人所譏。說明在當時，至少在嚴肅正式場合下，垂足而坐尚被認爲不合禮法。事見《南史·賊臣傳·侯景》。於凳或胡床上加靠背形成椅，約自唐代始興盛。當時字多作"倚"。《金石萃編·濟瀆廟北海壇祭器碑陰》："繩床十，內四倚子。"南唐尉遲偓《中朝故事》："崇文曰：'君非久在卑位也。'指己座下椅子謂之曰：'此椅子猶不足與君坐。'"椅起初多在官府中用，後漸至民家，但有一段時間僅供男子使用。宋陸游《老學庵筆記》卷四："徐敦立言：往時士大夫家婦女坐椅子、兀子，則人皆譏笑其無法度。"從這段話可看出，至南宋，士大夫家婦女不可坐椅的習俗已很淡薄，至於普通百姓家則更可想而知。元明以後，椅子的使用更爲普遍。明文震亨《長物志·几榻》："椅之制最多，曾見元螺鈿椅，大可容二人，其制最古。"今所用椅子形制繁多，其用料除木製者外，尚有塑膠、

金屬等，此不贅述。

【椅子】

"椅"之俗稱。此稱五代時期已行用。見該文。

養和

亦稱"靠背"。一種怪木靠背，用以保養身心，後又指帶有這種靠背的椅子。此稱唐代已有。唐皮日休《五貺詩》序："有桐廬養和一，怪形拳跼，坐若變去，謂之'烏龍養和'。"《白孔六帖》卷一〇〇："李泌嘗取松樛枝以隱背，名曰養和。後得如龍形者以獻帝，四方爭效之。"金宇文虛中《和高子文秋興》："散步雙扶老，栖身一養和。"《通雅·器用·雜用諸器》："隱背曰養和。程大昌載，李泌采异木蟠枝以隱背，號曰養和。按：《松陵集》（按：爲皮日休與陸龜蒙的唱和詩集），皮日休以五物送魏不琢，一曰烏龍養和，且曰有桐廬養和。皮陸皆有詩，蓋今之靠背也。"按：此一靠背，專指與養和對應的靠背，泛指靠背者，《宋史》之"輿服志"中已有記載。清代尚有把靠背椅稱爲"養和"者。如清黃宗羲《余若水周唯一兩先生墓誌銘》："又得懸崖奇木，製爲養和，坐臥其間。"

【靠背】

即養和。此稱明代已行用。見該文。

交椅

亦作"校椅"。腿交叉、有靠背、能摺叠的坐具。交椅由胡床改製而來。胡床初入中原時，形制較小，且無靠背，與今之"馬扎"相似。後來加了靠背，其時大約始於南北朝，而興盛於唐代，靠背形似栲栳圈。據宋張端義《貴耳集》卷下載，宋時有人奉承秦檜，在交椅上加

了荷葉狀托首，便發展成後來的太師椅，椅足由交叉而立演變成固定框架，四足，不再能摺叠，這樣，交椅與太師椅便成了一種坐具。交椅原爲官府或大戶人家所用，後來漸至民間。元關漢卿《玉鏡臺》一折："夫人云：'梅香，前廳上將老相公坐的栲栳圈銀交椅來，請學士坐着，小姐拜見。'"元李五《虎頭牌》第三折："他去那血泊裏難禁忍，則着俺校椅上怎坐實。"《醒世恒言・盧太學詩酒傲王侯》："汪知縣又被夫人搶白了幾句，一發怒上加怒，坐在交椅上，氣憤憤的半晌無語。"《古今小説・陳御史巧勘金釵鈿》："公子掇一把校椅朝上放下：'請岳母大人上坐，待小婿魯某拜見。'"

明圓後背交椅

【校椅】

同"交椅"。此體元代已行用。見該文。

太師倚

亦作"太師椅"。一種比較寬大、有圓弧形靠背和扶手的椅子。此稱源於南宋。宋岳珂《桯史》卷七："優伶詼語：有參軍者，前褒〔秦〕檜功德，一伶以荷葉交椅從之……伶指而問曰：'此何鐶'曰：'二勝鐶。'遽以朴擊其首曰：'爾但坐太師交倚，請取銀絹例物，此鐶掉腦後可也。'"宋張端義《貴耳集》卷下："今之校椅，古之胡床也。自來祇有栲栳樣，宰執侍從皆用之。因秦師垣（檜）在國忌所，偃仰片時墜巾，京尹吳淵奉承時相，出意撰製荷葉托首四十柄，載赴國忌所，遣匠者頃刻添上，凡

宰執侍從皆有之，遂號太師樣。"以上兩説雖不盡相同，但有兩點一致：一是太師倚的出現與秦檜有關，二是起初的太師倚是交椅中帶有荷葉樣靠背者。明沈德符《野獲編・玩具》："椅之栯捲聯前者，名太師椅。"這裏説的太師椅，其形制與今天見到的已無大差别了。今民間仍把舊式有扶手框架固定的大椅子稱爲"太師椅"。如張天翼《兒女們》二："廣州伯伯把手抹一下下巴，放到太師椅的把手上。"

【太師椅】

同"太師倚"。此體宋代已行用。見該文。

摺叠椅

古稱"逍遥座"。一種可以摺叠的輕便坐具。相傳初創於唐玄宗時，與胡床接近。宋陶穀《清異録・陳設・逍遥座》："胡床施轉關以交足，穿便條以容坐，轉縮須臾，重不數斤。相傳明皇行幸頻多，從臣或待詔野頓，扈駕登山，不能跂立，欲息則無以寄身，遂創意如此，當時稱逍遥座。"從這段話中看不出唐玄宗時的逍遥座是否有靠背。後來的摺叠椅從名稱上看當有靠背。但二者均用交足，可摺叠則一致。清陳元龍《格致鏡原》卷五三引《事物紺珠》："逍遥座，以遠行携坐，如今摺叠椅。"

【逍遥座】

"摺叠椅"的古稱。此稱唐代已行用。見該文。

禪椅

一種形體較高大的椅子，可用以静坐參禪，故名。明文震亨《長物志・几榻》："禪椅，以天台藤爲之，或得古樹根，如蚪龍詰曲臃腫，槎枒四出，可掛瓢笠及數珠、瓶鉢等器。更須瑩滑如玉，不露斧斤爲佳。"這裏描寫的禪椅製作

考究，具有很高的藝術欣賞價值。《清平山堂話本·五戒禪師私紅蓮記》："五戒禪師清早在方丈禪椅上坐，耳內遠遠的聽得小孩兒啼哭聲。"

椅袱

用棉、緞之類做成的椅子套，可作裝飾，亦可隔寒。《紅樓夢》第三回："因見挨炕一溜三張椅子上也搭着半舊的彈花椅袱，黛玉便向椅上坐了。"

鹿角椅

特指清康熙年間以所獵鹿的角製成的椅子。通高 131 厘米，寬 92 厘米。椅腿用四隻鹿角製成，角根部分爲足，恰成外翻馬蹄形。前後兩面每腿向裏側橫生一叉，構成支撐坐面之托角根，兩側面亦用其他角叉作榫插入成托角根。坐面爲黃花梨木，呈扁平葫蘆狀，外緣以兩條牛角鑲成素混面，中間嵌象牙一條。座面兩側及後面之邊框上裝骨雕勾捲紋花牙。靠背扶手用一完整鹿角製成。兩隻角的根部還連在鹿頭蓋骨上，正中用兩隻兩端仿榫之角把座面與椅圈連接在一起。靠背板上刻乾隆壬辰（1772）夏中澣題詩："製椅猶看雙角全，烏號命中想當年。神威祖上群藩讋，聖構應謀萬載綿。不敢坐分恒敬仰，既知樸矣顧捐妍。盛京惟遠興州近，家法欽承一例然。"此椅另附腳踏一隻。椅與腳踏現藏故宮博物院。

鵝項椅

一種靠背椅。其靠背長似鵝項，故稱。《水滸傳》第六〇回："吳用便喚道童跟着轉來，揭起簾子，入到廳前。教李逵衹在鵝項椅上坐定等候。"

醉翁椅

一種可以搖動的躺椅，因坐在上面的人搖

醉翁椅
（明王圻等《三才圖會》）

動似醉，故稱。《二十年目睹之怪現狀》第一三回："四五個鴉頭，把他扶了出來，坐在醉翁椅上，抬到上房裏去。"張友鶴校注："醉翁椅，一種半臥式的躺椅，前後兩腳之間釘有弧形的木條，坐在上面，可以搖動。"從張氏的校注看，所謂醉翁椅即今之安樂椅。

椅背[1]

亦稱"椅搭""椅披"。披在椅子上用於裝飾的織物，多爲長方形，搭於椅子靠背上，經椅面而垂下近地。多以絲織品爲之，上可繡各種圖案。《金史·儀衛志下》："〔皇太子〕椅用金鍍銀圈、雙戲麒麟椅背，紅絨條結。"《紅樓夢》第三回："地下面西一溜四張椅上，都搭着銀紅撒花椅搭。"《官場現形記》第三三回："堂屋正中桌圍椅披鋪設一新。"

【椅搭】

即椅背[1]。此稱清代已行用。見該文。

【椅披】

即椅背[1]。此稱清代已行用。見該文。

椅背[2]

指椅子的靠背，明曹學佺《蜀中廣記·錦》："叙州大被褥、雙連椅背、單椅背俱真紅。"巴金《沉默集・静夜的悲劇》："我把頭朝後一仰，將背向椅背上一靠，我祇想休息。"

坐墩

一種無腿的坐具。"墩"的原本意思是小土堆，後來將堆狀物也稱爲墩，如石墩、樹墩等，但不一定當坐具用。古人跪坐，有時在坐處設墊席，多以蒲草、棕等編成，圓形者居多，稱爲"蒲團"或"棕薦"。後來人們改變了席地而坐的習慣，坐具漸高，蒲團之類一加高，即似墩形，很可能就是坐墩之雛型，故坐墩又簡稱"墩"。宮廷、官府及富貴人

瓷坐墩
（華夫《中國古代名物大典》）

家將墩做成小鼓形，刺以文綉，飾以絲織品，稱"錦墩"或"綉墩"。《三國演義》第八六回："後主賜錦墩，坐於殿左。"《紅樓夢》第八五回："寶玉又磕頭謝了恩，在挨門邊綉墩上側坐。"至晚在宋代就有了瓷製坐墩，多爲鼓形或覆盂形，樣式繁多。清朱琰《陶説・説器下》："漏空花紋填五彩坐墩，五彩實填花紋坐墩，填畫藍地五彩坐墩，青花白地坐墩，冰裂紋坐墩。《博物要覽》：漏空花紋，填以五采，華若雲錦，又以五采填實花紋，絢艶悦目，二種皆深，青地子有藍地，填畫五采，如石青剔花，有青花白地，有冰裂紋者，種種式樣，非前代曾有。按：宋學士王珪召對蕊珠殿，設紫花坐墩命坐。"這裏説的瓷墩種類花樣令人眼花繚亂。《宋史・丁謂傳》："遂賜坐。左右欲設墩，謂顧曰：'有旨

復平章事。'乃更以杌進。"今天在公園等處仍可見到陶瓷或石製坐墩。蒲團在六朝以後多爲僧人坐禪用，今農村仍可見。

【墩】

"坐墩"之單稱。此稱宋代已行用。見該文。

綉墩

刺以文綉裝飾的坐墩，多爲富貴人家所用。明文震亨《長物志・器具》："宮中有綉墩，形如小鼓，四角垂流蘇者，亦精雅可用。"《紅樓夢》第三八回："自命人掇了一個綉墩，倚欄杆坐着。"此外，宋代有彩瓷製坐墩，亦稱"綉墩"，蓋言其華美。參見本考"坐墩"。

蒲團

用植物稭稈等編成的圓形軟墊。因起初多用蒲草編成且爲圓形，故稱。原爲佛道教徒打坐或跪拜所用。當肇始於魏晉南北朝佛教大盛之時，後士大夫乃至民間亦甚喜用。唐許渾《送惟素上人歸新安》詩："尋雲策藤杖，向日倚蒲團。"宋蘇軾《謫居三適・午窗坐睡》詩："蒲團盤兩膝，竹几閣雙肘。"後來的蒲團不一定用蒲草製，也不一定爲圓形，但仍沿用"蒲團"之稱。有用棕、氈等製成，亦有以雄黃熬蠟製成者。明屠隆《考槃餘事・起居器服箋》："有蒲團大徑三尺者，席地快甚。吳中製者精妙可用，棕團亦佳。或以青氈爲團，中印白梅一枝，雅稱'跌坐'。山椒玩月，以雄黃熬蠟，作蠟布團，坐之可遠濕，辟蟲蟻。"專用來墊以跪拜者，稱"拜墊"。如《紅樓夢》第一〇六回："琥珀知是老太太拜佛，鋪下大紅短氈拜墊。"今北方農村猶有用玉米殼編製的蒲團，精緻的可編出各種形狀、花紋、圖案，并由此發展成了一種草編工藝，産品價值已遠超坐具的範圍。

馬閘子

一種可摺叠的軟坐具。當是從古胡床的形制發展而來，木製框架，交足而立，以皮爲座面，無靠背。不用時可以摺合，便於携帶。清梁紹壬《兩般秋雨盦隨筆·馬閘子》："今人以皮爲交床，名馬閘子，官長多以自隨，以便於取擎也。按唐明皇作逍遥座，遠行携之，如摺叠椅，蓋即此物之權輿乎。"今人稱可摺合之軟坐具爲"馬扎子"，省稱"馬扎"，即本此。今之馬扎坐面除皮革外，尚有帆布、麻繩或尼龍繩等。編繩爲坐面者，則更接近於古之胡床。

凳

一種有腿、無靠背的坐具。亦作"橙"，晋代已行用。亦作"橙"，五代時已行用。宋吳曾《能改齋漫録·事始二》："牀凳之凳，晋已有此器。"清錢大昕《恒言録·居處器用類》："凳，本登字……蓋以登牀得名。後人稍高之，以爲坐具耳……史皆作橙。"從這兩段話看，凳初爲床前踏具，後成坐具。但作爲坐具的凳魏晋時肯定已有。《晋書·王獻之傳》："魏時陵雲殿榜未題，而匠者誤釘之，不可下，乃使韋仲將懸橙書之。"宋洪邁《夷堅丙志·餅店道人》："有風折大木，居民析爲二橙。"凳有圓凳、條凳、方凳等，高矮大小亦各不等，一直使用到今天。元秦簡夫《東堂老》第四折："我存下這一本帳目，是你那房廊屋舍，條凳椅卓……盡行在

橙
（明王圻等《三才圖會》）

上。"《儒林外史》第二一回："走近前去，看韋駄殿西邊凳上坐着三四個人。"

【橙】

同"凳"。此體晋代已行用。見該文。

【橙】

同"凳"。此體五代時期已行用。見該文。

春凳

亦作"春橙"。一種板面寬大的長凳，可坐可臥。此稱多見於明清時期。《金瓶梅》第五九回："上首列四張東坡椅，兩邊安二條琴光漆春凳。"清蒲松齡《聊齋志異·宅妖》："嘗見厦有春凳，肉紅色，甚修潤。"《紅樓夢》第三三回："鳳姐便罵：'糊塗東西……還不快進去把那藤屜子春橙抬出來呢。'"民國及以後，春凳在民間還能見到。例如茅盾《故鄉雜記·內河小火輪》："他們利用了老百姓家裏的春凳，把水淋淋的衣服在春凳上拍拍的打。"

【春橙】

同"春凳"。此體清代已行用。見該文。

鵝項懶凳

一種狹長的凳子。因其狹長如同鵝項，而且不易搬動，故稱。《水滸傳》第三回："〔魯智深〕信步行到半山亭子上，坐在鵝項懶凳上。"

脚凳

亦稱"脚踏""踏凳"。一種矮凳，主要用途是放在座椅、床榻等前供墊脚或放置鞋子。據宋吳曾《能改齋漫録·事始二》載，脚凳當起於晋代。《宋史·后妃傳·劉貴妃》："紹興二十四年，進賢妃，頗恃寵驕侈。嘗因盛夏，以水晶飾脚踏，帝見之，命取爲枕。"明文震亨《長物志·几榻》："脚蹬以木制滾凳，長二尺，闊六寸，高如常式，中分一鐺，內二空，中車

圓木二根，兩頭留軸轉動，以腳踹軸，滾動往來。蓋湧泉穴精氣所生，以運動爲妙。竹踏凳方而大者，亦可用。古琴磚有狹小者，夏日用作踏凳，甚涼。"《紅樓夢》第一一一回："〔鴛鴦〕急忙關上屋門，然後端了一個腳凳，自己站上，把汗巾拴上扣兒，套在咽喉，便把腳凳蹬開。"腳凳在民間直用到今天。按：故宮博物院藏清代鹿角椅附一腳踏，長 60 厘米、寬 30 厘米、高 12 厘米。四足以兩對小鹿角製成，角分兩叉，主叉作支，側叉作托角根。腳踏面外沿以牛角包邊。

【腳踏】

即腳凳。此稱宋代已行用。見該文。

【踏凳】

即腳凳。此稱明代已行用。見該文。

滾凳

一種用於踏腳的凳，上裝有可轉動的圓木，踏之可健身。明屠隆《考槃餘事·起居器服箋·滾凳》："以木爲之，長二尺，闊六寸，高如常。四程鑲成，中分一鐺，内二空中，車圓木二根，兩頭留軸轉動，凳中鑿竅活裝。以腳踹軸，滾動往來。蓋湧泉穴精氣所生之地，故必以運動爲妙。"現今有類似器具，當係在古代滾凳的基礎上改進而成，以木或塑膠等製成，可轉動部分多做成類似齒輪狀，以增強刺激湧泉穴等穴位的效果，達到却病健身目的。但現今此器具已發展成爲單純的健身器材，不應再看做家具，名稱也不叫"滾凳"。

坐臥具

牀

在中國古代是坐臥用具，多木製。有的牀是專供坐而不能臥的，較爲矮小，與今有別。如《禮記·内則》："父母舅姑將坐，奉席請何鄉；將衽，長者奉席請何趾，少者執牀與坐。"陳澔集說："牀，《說文》云：'安身之几坐。'非今之臥牀也。"從原文看，其牀可執，也就肯定不是專供睡臥的。後來的胡牀稱"牀"，也説明牀是坐具。這種專用爲坐具的牀元明以後也有。但唐宋後口語中，"牀"已主要指臥具。陳澔是南宋人，從上文所舉他對《禮記》的解釋，就能看出當時人說"牀"多半指臥具。稱睡臥之具爲牀，先秦時期已有。《詩·小雅·斯干》："乃生男子，載寢之牀。"《詩·豳風·七月》："十月蟋蟀入我牀下。"1956 年河南信陽長關臺一座戰國楚墓出土一漆繪彩木牀，由牀身、牀足、牀欄三部分組成。牀長 225 厘米、寬 136 厘米、高 42.5 厘米，見《文物參考資料》1957 年第九期 21 ～ 32 頁，另見《信陽楚墓》(文物出版社 1986 年版)。漢牟融《理惑論》："年十七，王爲納妃，鄰國女也。太子坐則遷席，寢則異牀。"唐杜甫《新婚別》詩："結髮爲妻子，席不暖君牀。""牀"亦作"床"，《玉篇·廣部》："床，俗'牀'字。"唐孟郊《弔盧殷》詩："夜踏明月橋，店飲吾曹床。"清代以後，床便專指供睡臥的家具了。

【床】

同"牀"。此體南北朝時期已行用。見該文。

棲

亦作"栖"。在古代，"棲"字有時與"牀"是同義詞，指坐卧之具，可能是由居處、歇息的意思引申來的。例如《孟子·萬章上》："象曰：'謨蓋都君咸我績。牛羊父母，倉廩父母，干戈朕，琴朕，弤朕，二嫂使治朕棲。'象往入舜宮，舜在牀琴。"趙歧注："棲，牀也。"但把坐卧具稱爲"棲"即使在先秦也并不多見，今天更沒有這種叫法。《莊子·盜跖》："且吾聞之，古者禽獸多而人少……暮栖木上，故命之曰'有巢氏之民'。"

【栖】

同"棲"。此體先秦時期已行用。見該文。

牀寢

牀寢是用於睡卧的床，先秦已有。古代多爲木製。此稱可能起於秦漢間，宋元後的文言中亦可見。漢王粲《從軍詩》之三："迴身赴牀寢，此愁當告誰。"清蒲松齡《聊齋志異·鳳仙》："婢子無恥，玷人牀寢。"

牀寢
（元劉貫道《消夏圖》局部）

簀[1]

簀在古代有時指床或床板。此稱先秦時期已有。《爾雅·釋器》："簀謂之第。"郭璞注："牀版。"《方言》第五："牀，齊魯之間謂之簀。"郭璞注："牀版也。"又："〔牀〕陳、楚之間或謂之第。"又："〔牀〕其上版，衛之北郊、趙、魏之間謂之牒，或曰牖。"綜上所引，簀、第、牒、牖在這裏指的是同一物。正因爲"簀"指床板，所以無席褥之床稱"簀床"。例如：《後漢書·袁術傳》："六月，至江亭，坐簀牀而歎曰：'袁術乃至是乎！'"李賢注："簀，第也，謂無茵席也。"這是説袁術兵敗，處境凄慘，祇能坐在光板床上。宋陸游《題旅舍壁》詩："泥淖停牛屋，風埃坐簀牀。"

【第】

即簀[1]。此稱先秦時期已行用。見該文。

【牒】

即簀[1]。此稱漢代已行用。見該文。

【牖】

即簀[1]。此稱漢代已行用。見該文。

坐牀

一種坐具。古時稱"牀"者常可卧可坐，但也有專用爲坐具的床。《禮記·內則》："父母舅姑將坐，奉席請何鄉；將衽，長者奉席請何趾，少者執牀與坐。"此床可執，當非卧床。故陳澔集説："牀，《説文解字》云：'安身之几坐。'非今之卧牀也。"東漢時西域之交足坐具傳入，也被稱爲"胡牀"或"交牀"。後來坐卧具分工漸明，於是有"坐牀"之稱，以便與睡卧之床榻相區別。坐床一般較小，亦有大可坐數人者，坐姿也由屈膝跪坐漸改爲盤腿或垂足而坐。北魏楊衒之《洛陽伽

坐牀
（傳唐閻立本《歷代帝王圖》局部）

藍記·龍華寺》："〔白象〕背設五彩屏風，七寶坐牀，容數人。"亦作"坐床"。宋沈括《夢溪筆談·譏謔》："冬月作小坐床，冰上拽之，謂之'凌床'。"

筐牀

亦作"匡牀""匡床"，省稱"匡"。指方正的床。一說爲安適的床。"匡"即"筐"之古字。筐床之稱，先秦已有。《莊子·齊物論》："麗之姬，艾封人之子也，晉國之始得之也，涕泣沾襟，及其至於王所，與王同筐牀，食芻豢，而後悔其泣也。"成玄英疏："筐，正也……與獻公同方牀而燕處。"陸德明釋文："筐，本亦作匡……司馬云：筐牀，安牀也。崔云：筐，方也。一云：正牀也。"《淮南子·詮言訓》："心有憂者，筐牀衽席弗能安也。"又《主術訓》："匡牀蒻席，非不寧也，然民有處邊城、犯危難、澤死暴骸者，明主弗安也。"高誘注："匡，安也。"《商君書·畫策》："人主處匡床之上，聽絲竹之聲，而天下治。"漢桓寬《鹽鐵論·取下》："匡牀旃席，侍御滿側者，不知負輅輓船，登高絕流者之難也。"唐劉禹錫《傷往賦》："坐匡牀兮撫嬰兒，何所丐沐兮，何從仰飴。"前蜀韋莊《和鄭拾遺秋日感事》詩："八珍羅膳府，五采鬥筐床。"省稱"匡"。明徐宏祖《徐霞客游記·粵西游日記四》："乃架匡展簟而臥。"《醒世姻緣傳》第一回："書房中匡床羅帳，藤簟紗衾。"清董道權《王麐友同宿客舍志感》詩："鼓聲坎坎下三四，解衣滅燭眠匡床。"

【匡牀】

同"筐牀"。此體先秦時期已行用。見該文。

【匡床】

同"筐牀"。此體先秦時期已行用。見該文。

【匡】[1]

"筐牀"之省稱。此稱明代已行用。見該文。

浴牀

指洗浴時用的坐臥具。《禮記·喪大記》："設牀襢第。"鄭玄注："襢第，袒簀也，謂無席，如浴時牀也。"可見先秦時代就有用於洗浴的坐床，上面不設席褥。但鄭注還沒有用"浴牀"這個專門稱呼。在古時對浴牀有另一個稱呼叫"柖"。睡虎地秦墓竹簡《封診式·穴盜》："内中有竹柖，柖在内東北，東、北去廧各四尺，高一尺。"《廣雅·釋器》："浴牀謂之柖。"但"柖"這個稱呼後來還是漸被"浴牀"所代替。亦作"浴床"。唐白居易《香山寺石樓潭夜浴》詩："平石爲浴床，窪石爲浴斛。"

【浴床】

同"浴牀"。此體唐代已行用。見該文。

【柖】

即浴床。此稱漢代已行用。見該文。

摺叠床

指可以摺叠起來的床。我國在先秦時期即有摺叠床。1987年湖北荆門市包山二號楚墓出土一戰國時的摺叠床，木製，長220.8厘米，寬135.6厘米，通身高28.4厘米（其中床面高23.6厘米）。床身由兩個形制相同的方形框架拼合而成。框架可分解開。床欄以竹、木條組成，呈方格式樣，兩邊有缺口供上下。有六隻床足，四角之足爲曲尺形，中部兩足爲長條形。曲尺形足結構與上部床身對應處相同，可以摺起。全床摺叠後長135.6厘米（即原床寬度），寬15.2厘米，高38.4厘米，頗便存放。該床通體黑漆光亮，製作精細。參閱《文物》1988年第五期。

象牀

亦作"象床"，亦稱"牙牀""牙床"。用象
牙裝飾的床。古代我國南方產犀象，故象牙很
早就用來製做器物或用以裝飾。《禮記·玉藻下》
就有諸侯以象牙做笏版的記載。象牀在先秦也
已產生了，如《戰國策·齊策三》："孟嘗君出行
國，至楚，獻象牀。"鮑彪注："象齒爲牀。"南
朝宋鮑照《代白紵舞歌辭》之二："象牀瑤席鎮
犀渠，雕屏匼匝組帷舒。"南朝梁蕭子範《落
花》詩："飛來入斗帳，吹去上牙牀。"南朝梁
柳惲《咏席》詩："羅袖少輕塵，象床多麗飾。"
唐李商隱《細雨》詩："帷飄白玉堂，簟卷碧牙
牀。"唐李賀《惱公》詩："象床緣素柏，瑤席
捲香葱。"宋龔明之《中吳紀聞·曾大父》："象
床珍簟凝流波，瓊樓待月微酣歌。"宋陳暘《樂
書·樂圖論》："〔羯鼓〕狀如漆桶，下承以牙床，
用兩杖擊之。"《剪燈餘話·洞天花燭記》："自非
女與婿對坐象床，斷不能辨其孰爲新婦也。"清
孔尚任《桃花扇·鬧榭》："承衆位雅意，讓我兩
個並坐牙床，又喫一回合卺雙杯，倒也有趣。"
清以後"象牀"之稱基本消亡，"牙牀"則偶有
用，但多泛指精美的床，不一定用象牙裝飾。
如：任光椿《戊戌喋血記》第二一章："〔少婦〕
正躺在錦褥牙牀上將息。"

【象床】

同"象牀"。此體唐代已行用。見該文。

【牙牀】

即象牀。此稱唐代已行用。見該文。

【牙床】

即象牀。同"牙牀"。此稱唐代已行用。見
該文。

【象榻】

即象牀。此稱唐代已有。例如：唐李商隱
《上河東公啓》："錦茵象榻，石館金臺。"宋韓
維《寄秦川馬從事》詩："宴洽翠娥連象榻，夜
寒嬌鳳泥銀簧。"元袁桷《簡馬伯庸》詩："象
榻香濃翠幌春，美人倦繡態橫陳。"參閱"象
牀"文。

欙牀

指有欄檻的床。欙在這裏指欄杆上雕有花
紋的格子。《三國志·魏書·袁術傳》："發病道
死。"裴松之注引三國吳韋昭《吳書》："時盛
暑，欲得蜜漿，又無蜜。坐欙牀上歎息良久。"

石牀

指供人坐卧的石製用具。古籍中所見之石
床，多不是實際生活中所用之器物。例如，《西
京雜記》卷六："魏襄王冢，皆以文石爲椁……
中有石牀、石屏風，婉然周正。"這裏的石床用
作冥器。又如，北魏酈道元《水經注·夷水》：
"村人駱都少時到此室邊采蜜，見一仙人坐石牀
上，見都凝矚不轉。"這裏的石床是傳說中仙人
的坐具。後代文學作品中也常以石床作爲一種
典型物件來表現超脫世俗的意境。例如，北魏
崔鴻《十六國春秋·前趙·石虎》："又有皇后浴
室三間，徘徊側宇櫨棋隱起，雕彩刻鏤極盡粲
麗，室中臨池上有石牀別爲浴臺。"唐許渾《寄
題南山王隱居》詩："更憶前年醉，松花滿石
床。"明王守仁《龍岡漫興》詩之五："白雲晚
憶歸岩洞，蒼蘚春應遍石床。"但是，在實際
生活中，有時因特殊需要，也用石床。如《南
史·宋紀上·武帝》："帝素有熱病……坐卧常須
冷物，後有人獻石牀，寢之，極以爲佳，乃歎
曰：'木牀且費，而況石邪。'即令毀之。"

土牀

亦作"土床"。以土坯砌成供睡卧的床。舊石器時代當有，原始社會遍見，至魏晋時仍有用者，後世發展爲炕。《晋書·楊軻傳》："常卧土牀，覆以布被，倮寢其中。"至宋代逐漸演變爲下有孔道，可燒火取暖的炕。《三朝北盟會編》卷三："環屋爲土床，熾火其下，而寢食起居其上，謂之炕，以其取暖。"參見"炕"文。

【土床】

同"土牀"。此體宋代已行用。見該文。

轉關牀

指能旋轉的坐具。晋陸翽《鄴中記》："石虎少好游獵，後體壯大，不復乘馬，作獵輦，二十人擔之，如今之步輦，上安徘徊曲蓋，當坐處安轉關牀，若射鳥獸，直有所向，關隨身而轉。"從此例看，這種能轉動的坐床或爲石虎之特殊需要而製。故後世典籍中未見記載。

小牀

亦作"小床"。指僅能供一人使用的坐床。在東晋至南唐這段時間裏使用得較多。《宋書·殷景仁傳》："其夜，上出華林園延賢堂召景仁，猶稱脚疾，小牀輿以就坐。"據初唐閻立本所畫《古帝王圖卷》可知，南朝陳時，小牀有方形、長方形，牀足四、六、八不等，足下均有橫木相聯，高於卧榻，面較大，坐姿已爲盤腿。《舊唐書·酷吏傳下·敬羽》："羽延遵（李遵），各危坐於小床，羽小瘦，遵豐碩，頃間遵即倒。請垂足，羽曰：'尚書下獄是囚，羽禮延坐，何得慢耶！'"可見當時在小床上仍是盤腿而坐，至少在正式場合垂足是過於簡慢的坐姿。但唐以後椅、凳漸多，坐姿改變爲垂足，小床的坐面就變小，腿變高，遂成杌子。

【小床】

同"小牀"。此體唐代已行用。見該文。

眠牀

指專用以睡眠的卧床。"床"在先秦可指坐具，亦可指卧具，有的可坐卧兩用。後來漸有分工，所以稱專用爲卧具的床爲"眠床"，亦作"眠牀"。《南齊書·虞顧傳》："眠床上積塵埃，有書數袠。"南朝梁陶弘景《冥通記》卷四："持之南行，取已所住户十二步，乃置眠床頭按上。"《南史·魚泓傳》："有眠牀一張……通用銀鏤金花壽福兩重爲脚。"唐以後，坐卧具分工越來越清楚，床一般只用做卧具，所以在稱呼上已不必區分。但"眠牀"之稱已形成，故後世仍有用者，祇是頻度漸少。如：《明成化説唱詞話叢刊·包龍圖案斷歪烏盆傳》："潘成已得天明了，急忙便乃下眠床。"魯迅《彷徨·弟兄》："他便在書桌旁坐下，正對着眠床。"

【眠床】

同"眠牀"。此體南北朝時已行用。見該文。

鹿牀

亦作"鹿床"。一種粗陋的坐卧之具，多爲隱士所用，以見其素樸。《宋書·文五王傳·竟陵王誕》："誕爲南徐州刺史，在京夜，大風吹落屋瓦，城門鹿牀倒覆，誕心惡之。"《梁書·處士傳·阮孝緒》："所居室唯有一鹿牀，竹樹環繞。"《雲笈七籤》卷一一三："修道命師道入坐於木兔上，修道自坐白石鹿床上。"

【鹿床】

同"鹿牀"。此體宋代已行用。見該文。

素木牀

省稱"素牀"。素木牀指不加油漆雕飾的白木床。按情理，早期木家具施油漆雕飾的當少，所以，從實物説，不加油漆雕飾的木床當産生於先秦。但“素木牀”或“素牀”之稱的産生則較晚。《南史·梁紀中·武帝下》：“以五明殿爲房，設素木牀、葛帳、土瓦器，乘小輿，私人執役。”又：“上釋御服，披法衣，行清净大捨，以便省爲房，素牀瓦器，乘小車，私人執役。”亦作“素木床”。宋于石《小石塘源》詩：“地鑪老瓦盆，竹几素木床。”因後代木器多施油漆雕飾，這裏説的宮廷中所用床反不加漆飾，與衆不同，故需要特別指出“素”或“素木”，以示節簡。

【素牀】

“素木牀”之省稱。此稱南北朝時期已行用。見該文。

【素木床】

同“素木牀”。此體宋代已行用。見該文。

局脚牀

指腿脚部彎曲，帶有裝飾性的床。《群書考索》卷六三：“〔南朝〕宋武帝素節儉，有司嘗奏東西堂施局脚牀，用銀塗釘。帝以爲費，使用直脚牀，釘用鐵。”劉宋武帝是南朝第一個皇帝，他拒用局脚牀以示節儉。這至少可以説明兩點：一是局脚牀至晚在晋代就有了，二是同直脚牀相比，局脚牀是較爲奢侈的家具。隨着家具樣式的發展，到隋唐以後，中高檔家具多采用局脚式樣。《太平廣記》卷三三四引《宣室志》：“堂上悉以花罽薦地，左右施局脚牀。”

胡牀

“牀”亦作“床”。一種可以摺叠的坐具。有木製框架，交足，坐面用藤繩之類編織，故亦稱“繩牀”。晋干寶《搜神記》卷七：“胡牀、貊槃，翟之器也；……自太始以來，中國

尚之。”漢武帝年號，表明漢武帝時期就已有胡床存在。宋程大昌《演繁露·交床》：“今之交床，制出塞外，其始名胡牀。桓伊下馬據胡牀，取笛三弄是也。隋以讖有

胡 床
（華夫《中國古代名物大典》）

胡，改名交牀，胡瓜亦改黄瓜。唐柴紹擊西戎，據胡牀，使兩女子舞。則唐史臣追本語以書也。唐穆宗長慶二年十二月見群臣於紫宸殿，御大繩牀。則又名繩牀矣。”由此可知胡床因來自西域，故稱。隋以後又稱爲“交床”。胡床傳到中原的時間大概在東漢。《後漢書·五行志》：“靈帝好胡服、胡帳、胡牀、胡坐……京都貴戚皆競爲之。”可見東漢末胡床在皇宮和京都中已很常見。胡床的形制在宋代陶穀的《清異録·逍遙座》中説得比較清楚：“胡床施轉關以交足，穿便條以容坐，轉縮須臾，重不數斤。”由於胡床携帶方便，三國及後來軍旅中皆常用。《三國志·魏書·武帝紀》：“賊亂取牛馬，公乃得渡”裴松之注引《曹瞞傳》：“公將過河，前隊適渡，超等奄至，公猶坐胡牀不起。”南朝宋劉義慶《世説新語·自新》中還記載了戴淵據“胡床”指揮一夥頑劣青年掠劫江上船隻的事。東晋時南方民間廣泛使用。後漸增高，加置靠背，就成了交椅。但原來體制的胡床也還繼續被使用。清趙翼《飯餘》詩：“携得胡牀臨水坐，柳蔭深處看荷花。”清金農《茶事八韵》：“鍐古交床支，甌香净巾拭。”

【交牀】

即胡牀。其足相交，故名。此稱隋代已行用。見該文。

【繩牀】

即胡牀。"牀"亦作"床"。古代的一種胡牀。因坐面用藤繩之類穿織而成，故又稱"繩床"。此稱至晚在唐初已有。《晉書·藝術傳·佛圖澄》："遒與弟子法首等數人至故泉上，坐繩牀，燒安息香，咒願數百言。"唐玄奘《大唐西域記·印度總述》："至於坐止，咸用繩牀。"看來繩床不僅傳到了中國，在當時的印度也很常見。宋王觀國《學林·繩牀》："繩牀者，以繩貫穿爲坐物，即俗謂之交椅之屬是也。"交椅與繩床都是以繩穿織成坐面，且能摺叠，但交椅較高，且有靠背，所以二者還不完全相同。此外，繩床後來還代指簡陋的坐卧具。如清昭槤《嘯亭續錄·王功偉》："訓課蒙童以爲糊口計，繩床土銼，終日書聲喧聒不已，而先生不以爲厭也。"《紅樓夢》第一回："雖今日之茅椽蓬牖，瓦竈繩床……亦未有妨我之襟懷筆墨者。"

竹牀

"牀"亦作"床"。亦稱"筠床"。指竹製的床。唐代書籍中已見。如唐韓愈《題秀禪師房》詩："橋夾水松行百步，竹牀莞席到僧家。"唐白居易《村居寄張殷衡》詩："藥銚夜傾殘酒暖，竹牀寒取舊氈鋪。"宋蘇轍《病退》詩："冷枕單衣小竹床，卧聞秋雨滴心涼。"宋吕南公《秋色》詩："筠牀讀書軒，一卧八九欸。"宋陸游《伏中官舍極涼戲作》詩："曉來秋色起，蕭蕭滿筠床。"竹床在今南方仍很常見，一般形制較小，供一人躺卧。因爲體小易搬動，而且竹質光滑潤涼，故多用以夏夜乘涼。如：

徐鑄成《報海舊聞》一八："盛暑時，各家吃完了晚飯，就先後把竹床搬到院子裹，乘凉往往到深夜。"

【竹床】

同"竹牀"。此體宋代已行用。見該文。

【筠牀】

即竹床。此稱宋代已行用。見該文。

【筠床】

同"筠牀"。此體宋代已行用。見該文。

【節日翁】

"竹牀"之戲稱。唐陸龜蒙始用。《事物異名錄·器用·床》引宋陶穀《清異錄》："陸龜蒙善談謔，有一竹牀，天寒忘施氈褥，蒙坐，急起曰：此節日翁須與衣服，不然他寒我也寒。"

水精牀

用水晶製作或裝飾的床。唐段成式《酉陽雜俎·諾皋記上》："敬伯懼水，其人令敬伯閉目，似入水中，豁然宮庭宏麗。見一翁年可八九十，坐水精牀。"水精，即水晶。

南牀

"牀"亦作"床"。本指唐代侍御史食坐之南所設置的床榻。《通典·職官六》："〔侍御史〕食坐之南設橫榻，謂之南牀。殿中監察不得坐也，唯侍御坐焉。凡侍御史之例，不出累月則遷登南省者，故號爲南牀。"正因爲祇有侍御史才能坐南床，故南床亦借指代侍御史官職。宋洪邁《容齋四筆·官稱別名》："唐人好以它名標牓官稱……侍御史爲端公、南牀、橫榻、雜端。"宋王禹偁《賀馮起張秉二舍人》詩："八年東觀知深屈，百日南床祇暫經。"宋張先《定風波令》詞之四："西閣名臣奉詔行，南牀吏部錦衣榮。"

【南牀】

同"南牀"。此體宋代已行用。見該文。

敧牀

"敧"亦作"攲""倚","牀"亦作"床"。
古代的一種坐卧之具,多與几案合爲一體。敧
床通行於宋代。宋孫覿《好學書事》詩之二:
"隱几抛書坐,敧床聽雨眠。"明胡侍《真珠
船·卧視書》:"《三國志》:'曹操作敧案,卧視
書。'曹智人想便甚,但敧案之制不傳。沈括
《忘懷錄》有敧牀,云如今倚牀,但兩向施檔齊
高,令曲尺上平,若臂倚左檔,則右檔可几;
臂倚右檔,則左檔可几。臂左右互倚,令人不
倦。仍可左右蟠足,或枕檔角敧眠,無不便適。
其度坐方二尺,足高一尺八寸,檔高一尺五寸,
木製藤繃,或竹爲之。又云尺寸隨人所便增損。
余意敧案之制,或當不大殊。"

【倚床】

同"敧牀"。此體宋代已行用。見該文。

【倚牀】

同"敧牀"。此體宋代已行用。見該文。

抱角牀

一種三面有靠背的倚床。元關漢卿《玉鏡
臺》第二折:"小姐,彈琴不打緊,須裝香來,
請哥哥在相公抱角牀上坐着。"

醉翁牀

一種可以倚坐也可以卧睡的床,多用來供
酒飯之後休息。中間嵌有小床面,可以活動。
起於何時已不可考。《古今小説·滕大尹鬼斷家
私》:"梅氏慌忙扶起,攙到醉翁牀上坐下,已
是不省人事。"許政揚校注:"醉翁牀:也叫醉
牀,一種可以倚、可以睡的牀。在大牀中間,
嵌着一塊小牀面,裝有轉軸,高下如意。如想
坐,可將小牀面撑起,便成靠背;如想倚,可
斜撑;如想睡,可將小床面放倒,即與大牀
平。"明沈周《咏醉翁床》詩:"酒後要息懶,
假床其制新。"此床形制較複雜,起源當不會早
於唐宋。清代以後的民間也未聞有此種家具。

檀香牀

省稱"香牀","牀"亦作"床"。指檀香木
所製之床,檀香木貴重,故此床名貴。典籍中
所見多於隋唐時宮廷中用。唐段成式《酉陽雜
俎前集·忠志》:"安禄山恩寵莫比,賜賚無數,
其所賜品目,有桑洛酒、闊尾羊窟利……帖白
檀香牀。""帖",一作"花"。宋曾慥《類説·香
後譜·五方香牀》:"隋煬帝觀文殿前兩厢,爲
堂,各十二間,於十二間堂中每間十二寶厨,
前設五方香牀,綴貼金玉珠翠。"《宋史·世
家三·吳越錢氏》:"塗金銀香臺、龍腦、檀香
床……凡數千計。"

【檀香床】

同"檀香牀"。此體宋代已行用。見該文。

【香牀】

"檀香牀"之省稱。此稱宋代已行用。見該文。

簟牀

亦作"簟床"。指鋪着竹席的床。簟即竹
席。并非指其床體。《詩·小雅·斯干》:"下莞
上簟,乃安斯寢。"鄭玄箋:"竹葦曰簟。"可見
先秦時即在卧具上加簟。但"簟牀"二字連用,
則見於後世文獻。唐白居易《二年三月五日齋
畢開素當食偶吟贈妻弘農郡君》詩:"二婢扶
盥櫛,雙童舁簟牀。"唐項斯《寄坐夏僧》詩:
"苔色侵經架,松陰到簟床。"

【簟床】

同"簟牀"。此體唐代已行用。見該文。

羅牀

亦作"羅床"。指鋪設錦緞的床，羅是一種紋理稀疏而質地輕軟的絲織品。并非指其床體。《古詩十九首·明月何皎皎》："明月何皎皎，照我羅牀幃。"唐李賀《莫愁曲》："羅床倚瑤瑟，殘月傾簾鈎。"

【羅床】

同"羅牀"。此體唐代已行用。見該文。

龍牀

亦作"龍床"。皇帝用的床。舊時認爲皇帝是天上真龍下凡，故與皇帝有關之事物常冠以"龍"字，如"龍袍""龍案""龍顏"等。龍床亦屬此例。有時其床上雕繪上龍形裝飾。"龍牀"之稱唐代已有。唐馮贄《雲仙雜記·龍床》："韓志和有道術，憲宗時，獻一龍牀，坐則鱗鬣爪角皆動。"此例中的龍床是指雕飾有龍的床。前蜀花蕊夫人《宮詞》之二："净甃玉階橫水岸，御爐香氣撲龍牀。"這裏的龍床指皇帝的卧具。宋孟元老《東京夢華錄》："大殿中坐，各設御幄，朱漆明金龍床，河間雲水戲龍屏風。"

【龍床】

同"龍牀"。此體宋代已行用。見該文。

綉沓

亦稱"綉床"。裝飾華麗的床榻。唐李賀《惱公》詩："綉沓褰長幔，羅裙結短封。"唐司空圖《楊柳枝·壽杯詞》之七："池邊影動散鴛鴦，更引微風亂綉床。"宋賀鑄《采桑子·羅敷歌》詞之一："半掩蘭室，惟有紗燈伴綉床。"元薩都剌《鸚鵡曲》："水晶簾垂宮晝長，猩色屏風圍綉床。"清平步青《霞外攟屑·斠書·裏乘》："山有石門……誤入者，見眷屬往來，洞房啞窱，有女子倚綉床者，亦時攝人間好女入洞云。"

【綉床】

即綉沓。此稱唐代已行用。見該文。

癭牀

亦稱"癭木牀"。用楠木的根部製作的床。楠木根部多癭瘤，故稱。《説文·疒部》"癭"清段玉裁注："凡楠樹樹根贅肬甚大。析之，中有山川花木之文，可爲器械。《吳都賦》所謂楠瘤之木。三國張昭作《楠瘤枕賦》。今人謂之癭木是也。"除枕外，古書中還可見到"癭尊""癭瓢"等。"癭牀"在唐詩中有載，例如：唐陸龜蒙《寂上人院聯句》詩："癭牀空默坐，清景不知斜。"唐張籍《和左司元郎中秋居》詩之六："醉倚斑藤杖，閑眠癭木牀。"一本作"癭木床"。

【癭木牀】

即癭牀。此稱唐代已行用。見該文。

【癭木床】

即癭牀。此稱唐代已行用。見該文。

拔步牀

亦作"拔步床"。一種舊式大床，一般做工都比較精細，結構高大，設有欄杆及碧紗厨，前面設踏步。這種床出現得較晚，元明以來的書籍中常見。如：元柯丹丘《荆釵記》："可將冬暖夏凉描金彩漆拔步大凉牀，搬到十二間頭透明樓上。"《金瓶梅詞話》第七回："手裏有一分好錢，南京拔步床也有兩張。"或省稱"拔步"。明文震亨《長物志·几榻》："若竹床及飄檐、拔步、彩漆……等式俱俗。近有以柏木琢細如竹者，甚精，宜閨閣及小齋中。"按：文氏認爲拔步床高大笨拙，推崇小巧便捷者。

【拔步床】

同"拔步牀"。此體明代已行用。見該文。

【拔步】

"拔步牀"之省稱。此稱明代已行用。見該文。

螺甸牀

以螺螄殼或貝殼鑲嵌加工成的床。螺甸即螺鈿，是一種用螺、貝的殼鑲嵌在漆器、硬木家具表面的裝飾手工藝。螺甸工藝品不知起於何時，但唐代已有，盛行於明清。《金瓶梅詞話》第二九回："〔西門慶〕見婦人睡在正面一張新買的螺甸牀上。原是因李瓶兒房中安着一張螺廠廳床，婦人旋教西門慶使了六十兩銀子，替他也買了這一張螺甸有欄杆的床，兩邊槅扇都是螺甸攢造，安在牀内，樓臺殿閣，花草翎毛，裏面三塊梳背都是松竹梅歲寒三友。"一本作"螺甸床"。

【螺甸床】

同"螺甸牀"。此體明代已行用。見該文。

懶版

指床榻上的靠背。此稱見於宋代典籍中，宋費袞《梁溪漫志·東坡懶版》："東坡北歸至儀真，得暑疾……不能卧。晋陵邑大夫陸元光獲侍疾卧内，輒所御懶版以獻，縱橫三尺，偃植以受背，公殊以爲便，竟據是版而終。"

牀垂

指床沿。此處"垂"是邊沿的意思。漢王粲《神女賦》："登筵對兮倚牀垂，税衣裳兮免簪笄。"晋潘岳《寡婦賦》："退幽悲於堂隅兮，進獨拜於牀垂。"隨着語言的發展，後"垂"字失邊沿義，故今不稱床沿爲"床垂"。

牀頭

"牀"亦作"床"。"牀頭"有二義。一指坐榻或床鋪的旁邊。如南朝宋劉義慶《世説新語·容止》："魏武將見匈奴使，自以形陋不足雄遠國，使崔季珪代，帝自捉刀立牀頭。"這是指坐榻旁。亦作"床頭"。《醒世通言·趙春兒重旺曹家莊》："太公病篤，唤可成夫婦到床頭叮囑。"這是指睡鋪旁邊。二指床的一端。例如《晋書·韓友傳》："友爲筮之，令以丹畫版作日月置牀頭，又以豹皮馬障泥卧上，立愈。"唐高適《醉後贈張九旭》詩："牀頭一壺酒，能更幾回眠。"一本作"床垂"。今亦有二義，一是繼承了古代的意思，指床鋪的一端，如諶容《人到中年》二："孫逸民抬頭望着陰森森竪在墙角的氧氣筒，又盯着床頭的心電監視儀。"另指一種組合式床的一部分。今所用組合式床多由床板、靠板以及床架（常帶四腿）三部分組成。人們一般把睡卧時頭所朝一端的靠板和它所連帶的床架合稱爲床頭。無靠板時，亦將兩端帶床足的部分皆稱爲床頭。

【床頭】

同"牀頭"。此體明代已行用。見該文。

踏牀

亦作"踏床""蹋床"。指放在床鋪或坐具前的矮几，用於擱脚或放鞋。至晚在唐宋時已有。宋洪邁《夷堅丁志·海門鹽場》："明旦起，枕席及蹋床上凡列泥饅頭三十餘，大小各異。"《宋史·輿服志一》："〔小輿〕上有小案、坐牀，皆繡衣，踏牀緋衣。"此踏床放於小輿上，可見不僅床鋪前，坐具前亦可設踏床。《宋史·輿服志二》："隆興二年正月，皇后受册畢，擇日朝謁，有司具儀物，乞乘肩輿龍檐……襯脚席褥，靠背坐褥及踏床各一。"《水滸傳》第四五回：
"那淫婦便不應，自坐在踏床上，眼淚汪汪，口
裏歎氣……楊雄就踏床上，扯起他在床上，務
要問道爲何煩惱。"

【踏床】

同"踏牀"。此體宋代已行用。見該文。

【蹋床】

同"踏床"。此體宋代已行用。見該文。

榻

一種坐臥用具。比今之床矮，三面有靠背，
無頂框，面較狹，可長可短。榻之起源不會晚
於秦漢，東漢劉熙《釋名·釋床帳》已言："人
所坐臥曰床……長狹而卑曰榻，言其榻然近地
也。"河南鄲城曾出土一西漢石榻，長 87.5 厘
米，上刻"漢故博士常山太傅王君坐榻"文。
榻四角有足。山東泰安、河北望都也出土過類
似的榻。參閱《考古》1965 年第 5 期、1988 年
第 4 期。《後漢書·徐稺傳》："（陳）蕃在郡不接
賓客，唯稺來特設一榻，去則縣之。"唐宋及以
後，榻仍被廣泛使用。唐杜甫《贈李十五丈別》
詩："山深水增波，解榻秋露懸。"宋姜夔《念
奴嬌·謝人惠竹榻》詞："須信下榻殷勤，翛然
成夢。"《紅樓夢》第七一回："當中獨設一榻，
引枕、靠背、腳踏俱全，自己歪在榻上。"豐子
愷《辭緣緣堂》："但把被褥、枕頭、書冊……
往船艙裏送，船家自會給你布置在玻璃窗下的
小榻及四仙桌上。"

卧榻

一種長榻，可供多人同時倚坐，也可以在
上面睡覺。可能起於隋唐時。五代顧閎中所繪
《韓熙載夜宴圖》中有五人并坐一榻的情景。宋
曾慥《類説》卷五三引宋楊億《談苑》："太祖

卧榻
（五代顧閎中《韓熙載夜宴圖》局部）

曰：'不須多言，江南有何罪，但天下一家，卧
榻之側，豈可許他人鼾睡？'"卧榻前往往配有
長案，與今之長沙發有相似之處，清以後，卧
榻即不多見。

獨榻

別稱"枰"。指一種供一人獨坐之板床。秦
漢間當已有。《釋名·釋床帳》："人所坐臥曰
床……小者曰獨坐。"又："枰，平也，以板作，
其體平正也。"而《初學記》卷二五引服虔《通
俗文》："床三尺五曰榻板，獨坐曰枰，八尺曰
床。"枰，一本作"秤"。唐慧琳《一切經音義》
卷四引《埤蒼》又説："秤，榻也，謂獨坐板床
也。"綜合上述材料可見獨榻、枰都供一人坐
之板床。南朝宋劉義慶《世説新語·排調》："劉
遵祖少爲殷中軍所知，稱之於庾公。庾公甚忻
然，便取爲佐。既見，坐之獨榻上與語。"《南
史·顏延之傳》："沙門釋慧琳，以才學爲文帝所
賞……上每引見，常升獨榻。"

【枰】

"獨榻"之別稱。此稱漢代已有行用，見該
文。

稺榻

指小床。唐許渾《寄獻三川守劉公》詩之
一："花深稺榻迎何客，月在膚舟醉幾人。"

風榻

指納涼時用的床榻，非有專門形制的用具。宋蘇軾《次韵劉貢父獨直省中》："隔墻我亦眠風榻，上馬君先鎖月軒。"

短榻

俗稱爲"彌勒榻"。一種矮小的榻，祇能一人獨坐或斜倚。三面有靠背，後面的靠背比左右兩面略高。明文震亨《長物志·短榻》："短榻，高尺許，長四尺，置之佛堂書齋，可以習靜坐禪、談玄揮塵，更便斜倚。俗名彌勒榻。"

【彌勒榻】

"短榻"之俗稱。此稱明代已用。見該文。

炕牀

舊時大户人家接待賓客用的木床，形制較大，中置矮几，兩旁爲坐席，供賓主坐談，亦可躺卧。炕牀元詩中已出現，以後也偶有所見。元楊允孚《灤京雜咏》詩："泥土炕牀銀甕酒，佳人椎髻語朱離。"一本作"炕床"。《後官場現形記》第三回："早有個十五六歲的學徒把門窗揭起，青雲躬身進來，擺設也與大廳上依稀仿佛，不過上面多一個炕床，鋪着綉花墊子，當中懸了一面大鏡子。"《金瓶梅詞話》第三七回："房正面紙窗門兒厢的炕床，掛着……吊屏兒。"元吳萊《送俞觀光學正赴調京師》詩："朔風吹塵織卉裘，炕牀煤炭手足柔。"亦作"坑床"。巴金《家》一四："他無力地躺在坑床上，半閉着眼睛，人顯得很憔悴。"

【炕床】

同"炕牀"。此體元代已行用。見該文。

【坑床】

同"炕床"。此體近現代已行用。見該文。

炕

亦稱"土炕""地炕"。一種用土坯或磚頭砌成的、中有通道可燒火取暖的坐卧具。主要流行於北方寒冷地區。炕古字作"匟"。炕的起源當與土床有關，宋代典籍中已見可燒火的炕。宋范成大《丙午新正書懷》詩之五："穩作被爐如卧炕，厚裁綿旋勝披氈。"清顧炎武《日知錄·土炕》："北人以土爲床而空其下以發火，謂之炕……《舊唐書·東夷高麗》傳：'冬月皆作長坑，下燃熅火以取暖。'此即今之土炕也，但作'坑'字。"明陸楫《古今説海·説淵十六》："回回祝室中，則土炕布衾，荊筐蘆席，依然如舊。"明呂毖《明宫史·飲食好尚》："是時夜已漸長，内臣始燒地炕，飽食逸居無所事，事多寢寐，不甘又須三五成群，飲酒擲骰、看紙牌、耍骨牌、下棋、打雙陸，至二三更始散。"清和邦額《夜談隨録·骷髏》："見美婦人獨坐炕頭，笑容可掬，以手相招。"《紅樓夢》第六四回："於是大家躡足潛踪的進了鏡壁一看，祇見襲人和一人二人對面都歪在地炕上，那一頭有兩三個老嬤嬤打盹。"現今我國東北及陝西、山西、河北、山東東部等地農村還普遍使用炕，一般在炕的一頭設竈燒火做飯，烟火由火道進入炕下，用做飯的餘熱取暖。有的在中部炕沿下另設一洞，專供填草引火取暖用。還有的地區比較講究的人家在室内或室外掘一長方形的坑，於坑内砌竈，從地下引火至炕中取暖。不燒火時，炕上覆之以板。炕靠近鍋竈的一端稱"炕頭"，竈下燒火時，炕頭最易發熱，故北方有"老婆孩子熱炕頭"的俗諺。

【土炕】

即炕。此稱明代已行用。見該文。

【地炕】

即炕。此稱明代已行用。見該文。

【火炕】

即炕。亦作"火坑"。清阮葵生《茶餘客話》卷九："京師火坑燒石炭，往往熏人中毒，多至死者。"楊朔《潼關之夜》："他們耐不住寒冷，睡不慣火炕，吃不下小米。"

【火坑】

同"火炕"。此體清代已行用。見該文。

【坑】

同"炕"。《舊唐書・東夷傳・高麗》："冬月皆作長坑，下燃煴火以取暖。"明宗吉《望江南》詞："舍北孤兒偎冷坑，墙東嫠婦哭寒煢，士女憶杭城。"

【匟】

同"炕"。《玉篇・匚部》："匟，古文'炕'。乾極也，炙也。"《蜀方言》下："坐牀曰匟，俗借'炕''坑'。"《篇海類編・器用類・匚部》："匟，匟床，坐床也。"《清朝野史大觀・清宮遺文・秘書奇聞》："某監驚曰：'聖駕來矣！可奈何？'無已，暫藏匟床腹內。"

第二節　盛物具考

作爲居室的盛物具，主要指箱篋櫥匱之類。《説文》有"匚"部，對"匚"的解釋是："受物之器也。"這是一個橫放的方形盛物器的形狀。匚部還有"匡"字，云："飯器，筥也。"其實，匡是筐的古字，在古代就不僅用來盛飯。《詩・小雅・楚茨》："既齊既稷，既匡既敕。"陸德明釋文："筐，本亦作匡。"《詩・周南・卷耳》："采采卷耳，不盈頃筐。"匚、匡皆爲較早的盛物器，但并非本考所指稱的家具。作爲家具的盛物器應當用以收藏衣物、糧食、書籍或其他日用雜品，而不是祗盛飯食或用於農桑勞作。盡管如此，古代的箱匣等家具仍然與匚類盛器有密切關係。箱匣類家具多爲方形，可能是考慮到便於放置、保管。這種較早的盛物家具有笥、匬、匲、箱、篋、櫝等，名稱雖然各不相同，但其形制則大同小異。這些盛器往往容積不很大，用以收藏的也往往是文書、珠玉、書册或其他較小的日用物件，也有時收藏衣物等。我國早期的盛物器竹製的很多，笥、篋、箱、笈等字即從"竹"，此外還有圓形的筥、簏等，可見古人很善於利用竹子編製容器，同時也説明在古代用竹子編製器物，要比裁木板製做家具容易。箱匣類盛物器加上足，可以防潮，就成了匱。匱初起時頗類箱匣，隨着生活的需要，它的形狀逐漸增大，在室內放置的地點也相對固定，可以用來收藏糧食、衣物以及體積較大的日用品。匱在先秦已有，漢魏之後逐漸發展，成爲重要的盛物家具之一。《莊子・胠篋》："然而巨盜至，則負匱揭篋擔囊而趨。"既然可以負之而趨，可見當時的匱還是較小。匱與箱篋逐漸分離，初期仍爲臥式，形似箱，在頂面開門。大約在六朝之末或隋代，出現了立式的匱。匱身變高，由頂面開門改爲前面開門，裏面設橫隔或抽屜之屬，稱爲竪匱，今人又多稱立匱。這種匱由於內加了橫隔，放置物品可以分門別類，存取方便，而且能節省地面，更有效地利用室內空間，具有明顯的優越性。竪匱盛行之後，原來形制的匱并未被淘汰，仍在民間廣泛使用，後來稱爲臥匱，以區別於竪匱。老式的臥匱今天在有些農村地區仍可見到，民間又稱爲"躺匱"。在今天常見的家具中，也有一種矮匱，取臥式，低而長，但在前面開門，頂面可利用來擺放物品。還可以根據房間的大小做成拐角式，以充分利用室內地面和空間。這種匱實際上是集中了古代臥匱和竪匱的優點而形成的新式樣，在現今的家具中十分常見，不再贅述。古代盛物家具起初并無明確的分工，後來漸有盛頭巾、書卷的巾箱，盛文書的函，盛衣物的衣笥，盛食物餐具的食匱，旅行用的行篋、行笥等等，但這種分工往往并不十分嚴格。值得注意的是，在古代典籍中，以盛物器保存書籍、典冊、文章之類的記載很多。例如：《書·金縢》："乃納冊於金縢之匱中。"《漢武帝內傳》："帝又見王母巾笈中有卷子小書，盛以紫錦之囊。"《漢書·張安世傳》："武帝幸河東，嘗亡書三篋。"南朝宋鮑照《臨川王服竟還田里》詩："道經盈竹笥，農書滿塵閣。"宋陸游《自述》詩："遺經在櫝傳家學，大字書牆作座銘。"《宋史·忠義傳·馬伸》："故在廣陵，行篋一擔，圖書半之。"此外，書厨、經笥等，更是專門用以收藏放置經籍書卷的家具。我們的祖先愛惜書籍、重視文化的優良傳統由此可見一斑。

匭

即匣子，小箱子。箱匣類盛器在我國產生得很早，先秦就有各種名稱，"匭"即是其中之一。《書·禹貢》："包匭菁茅。"孔傳："匭，匣也。"唐封演《封氏聞見記·匭使》："初，則天欲通知天下之事，有魚保宗者，頗機巧，上書請置匭，以受四方之書，則天悅而從之。"武則天采納了魚保宗的建議，設匭函於朝外，又置匭使院，屬中書省，接受處理臣民投書。這在客觀上使匭、匭函、匭匣等名稱流布廣久。《舊唐書·則天皇后紀》："〔垂拱二年〕三月，初置匭於朝堂，有進書言事者，聽投之。"清戴名世《種樹說》："各貫之以緱，而共置一匭中。"老舍《趙子曰》一三："趙子曰把票放在票匭裏，不等聽選舉結果就往外跑。"這裏仍把投票箱稱爲"票匭"，顯然與武則天設匭匣有關。

匱[1]

亦作"鐀""櫃""樻"。是較大型的藏物器，方形或長方形，多木製。往往比一般箱匣大，有足，故能防潮，多用來放置衣物、書籍、糧食及其他日用物品。起初多爲臥式，頂面開門，後漸改爲立式，前面開門，但臥式匱直至晚近仍在民間流行。匱先秦已見行用。《書·金縢》："公歸，乃納册于金縢之匱中，王翼日乃瘳。"孫星衍疏："匱者，王逸注《楚辭》云：'匣也。'"《莊子·胠篋》："然而巨盜至，則負匱揭篋擔囊而趨。"漢東方朔《七諫·哀命》："玉與石同匱兮，貫魚眼與珠璣。"《漢書·司馬遷傳》："卒三歲，遷爲太史令，紬史記石室金匱之書。"顏師古注："匱，與匱同。"唐韓愈《送權秀才序》："伯樂之廄多良馬，卞和之匱多美玉。"明王鏊《震澤長語·雜論》："碎金銀四箱，碎銀十匱。"另外，古又有"櫃"字，本指小匣，後來漸與匱同義，例如唐白居易《宿杜曲花下》詩："斑竹盛茶櫃，紅泥罨飯爐。"又《題文集櫃》詩："破柏作書櫃，櫃牢柏復堅。"古又有借"樻"爲"櫃"者，如唐蘇鶚《杜陽雜編·宣宗》："又以金銀爲井欄、藥臼、食樻、水槽、釜鐺、盆瓮之屬。"清人翟灝在《通俗編·器用》中説"匱"字"唐或有從木作'樻'者……今世悉承用之。"其實，"樻"字古已有之，爲木名，即椐；有"匱"義是因爲與"櫃"字通假，而不是匱字"從木作樻"。

【匱】

同"匱[1]"。此體先秦時期已行用。見該文。

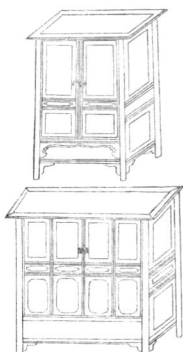

匱
（明王圻等《三才圖會》）

【櫃】

同"匱[1]"。此體唐代已行用。見該文。

【樻】

同"匱[1]"。此體唐代已行用。見該文。

臥櫃

指一種橫臥而較矮的櫃子。櫃古多作"匱"。古人所説的櫃，本與匣無大差別，故《説文·匚部》云："匱，匣也"；"匣，匱也。"段玉裁注引《廣韵》："箱，匣也。"可見古人所謂櫃、匣與後世的"箱子"大致相當，不過後代往往大者曰櫃，小者曰匣，而形制上仍無不同。因此古人説的櫃本來就是臥式，只是没有"臥櫃"之稱。宋沈括《夢溪筆談·器用》："閣者，格板以庋膳羞，正是今之立鏁。"這裏説的立鏁是一種立式的用以放置膳羞等的櫃子，大概相當於今之飯櫥。可見立式櫃子至晚在宋代即已出現。立式櫃漸多後，才産生了"臥櫃"之稱，以示與新式立櫃區別。《醒世姻緣傳》第七一回："還向老公乞恩，把那皆鋪子裏的臥櫃、竪櫃、板凳，賞借給使使。"今之櫃多爲立式，但臥式的櫃清以後民間也尚有，但多稱爲"躺櫃"。如：梁斌《紅旗譜》三七："車上載着一個破躺櫃，把糾察隊的刀、槍、劍、戟各種武器裝在櫃裏。"康濯《臘梅花·第一步》："他把半碗米湯狠狠地往躺櫃上一擱。"耿簡《爬在旗杆上的人》："耿開山從躺櫃上抓起了一個緤織的布袋，頂在頭上，深一脚淺一脚地跑出去了。"

竪櫃

指立式櫃。上古之櫃多臥式，頂面開門。櫃身變窄變高成爲立式，在前面開門，内設橫隔或抽屉，可存放衣物、書籍、餐具以及其他日用雜物，大約產生在隋唐之際。至明清時，櫃已多爲竪式。《舊唐書·楊慎矜傳》："〔盧〕鉉與御史崔器入城搜慎矜宅，無所得，拷其小妻韓珠團，乃在竪櫃上作一暗函，盛讖書等。"《太平廣記》卷二〇五引《傳記》："李龜年善羯鼓，玄宗問：'卿打多少枚？'對曰：'臣打五十枚訖。'上曰：'汝殊未。我打却三竪櫃也。'"《醒世姻緣傳》第七一回："還向老公乞恩，把那昝鋪子裏的卧櫃、竪櫃、板凳，賞借給使使。"參見"卧櫃"文。

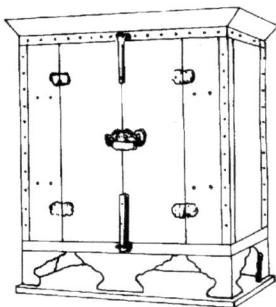

仿唐局脚竪櫃
（華夫《中國古代名物大典》）

篋匱

指箱櫃之類藏物器。此稱漢代已有。《韓詩外傳》卷一〇："王者藏於天下，諸侯藏於百姓，農夫藏於困庾，商賈藏於篋匱。"晉葛洪《抱朴子·博喻》："積萬金於篋匱，雖儉乏而不用，則未知其有異於貧窶。"

篋

即小箱子。藏物之具。先秦時期已有。《左傳·昭公十三年》："衛人使屠伯饋叔向羹與一篋錦。"《禮記·學記》："入學鼓篋，孫其業也。"鄭玄注："鼓篋，擊鼓警衆乃發篋出所治經業也。"《史記·樗里子甘茂列傳》："樂羊返而論功，文侯示之謗書一篋。"《漢書·張安世傳》："武帝幸河東，嘗亡書三篋，詔問莫知，惟安世識之。"唐韓愈《送文暢師北游》詩："開張篋中寶，自可得津筏。"篋古字作"匧"。《説文·匸部》："匧，緘藏也。從匸，夾聲。篋，匧或從竹。"《字彙·匸部》"匧"引晉張翰《豆羹賦》："是刈是穫，充簞盈匧。"章炳麟《秦獻記》："自秦紀史篇醫藥卜筮種樹而外，秘書私匧無所不燒。"

【匧】

同"篋"。此體先秦時期已行用。見該文。

篋笥

一種藏物的箱匣，多爲竹製，亦有用藤葦等編製者。其物產生甚早，此稱先秦時期已有。《禮記·內則》："男女不同椸枷，不敢縣於夫之楎椸，不敢藏於夫之篋笥。"漢班婕妤《怨歌行》："弃捐篋笥中，恩情中道絶。"《晉書·溫嶠傳》："故大將軍嶠……臨卒之際，與臣書別，臣藏之篋笥，時時省視。"唐杜甫《留別公安太易沙門》詩："數問舟航留製作，長開篋笥擬心神。"清王先謙《〈合校水經注〉序》："久藏篋笥，先授梓人。"南北朝以後，亦稱"笥篋"。《南史·宋文帝諸子·劉景素》："兩宮所遺珍玩，塵於笥篋。"唐羅隱《廣陵秋夜讀進士常修三篇因題》詩："入蜀歸吳三首詩，藏於笥篋重於師。"清唐孫華《貂扇》詩："他時笥篋終捐弃，翻在炎天暑汗中。"

【笥篋】

即篋笥。此稱南北朝時期已行用。見該文。

篋衍

一種方形的竹箱，多用以盛書籍或其他雜物。先秦時期已行用。《莊子·天運》："夫芻狗之未陳也，盛以篋衍，巾以文繡，尸祝齊戒以將之。"陸德明釋文引李頤曰："結芻爲狗，巫祝用之……衍，笥也，盛狗之物也。"明宋濂《〈筆記〉序》："濂從公游者最久，既受此編以歸，迺私序卷端，實諸篋衍，而擇善學授焉。”清錢謙益《瞿五丈星卿挽詞》：“三世簪纓存舊德，百年篋衍見遺經。”亦稱“衍篋”，清王晫《今世說・豪爽》：“即呼常從具衍篋，出紙筆，分題闉韵而賦之。”

【衍篋】

即篋衍。此稱清代已行用。見該文。

革篋

皮革製的箱子。此稱至晚西漢已有。漢劉向《列女傳・續列女趙飛燕姊娣傳》：“令殺所生兒，革篋盛緘之。”亦稱“韋笥”。三國魏曹操《内誡令》：“孤不好鮮飾嚴具，所用雜新皮韋笥，以黄韋緣中。”亦稱“皮篋”，《宣和遺事・後集》：“呼左右取水，喫乾糧，次於皮篋中。”今通稱爲“皮箱”，但“皮箱”之稱，古代已有。宋歐陽修《謝胥學士啓》：“所期用覆醬瓿，譬十年之練都，投置皮箱，資一笑於相樂。”《醒世恒言・錢秀才錯占鳳凰儔》：“顔俊早起，便到書房中，唤家童取出一皮箱衣服。”此外，革篋亦稱“韋篋”。元戴表元《贈趙子實》詩：“幅巾大帶長襦袍，韋篋錦囊鮮彩毫。”

【韋笥】

即革篋。此稱漢末已行用。見該文。

【皮篋】

即革篋。此稱宋代即已行用。見該文。

【皮箱】

即革篋。此稱宋代已行用。見該文。

【韋篋】

即革篋。此稱元代已行用。見該文。

行篋

亦稱“行笥”。指出外旅行時所帶的箱籠。笥篋之類盛物器用於旅行一定很早即有，但“行篋”“行笥”等稱呼却產生得很晚。《宋史・忠義傳十・馬伸》：“故在廣陵，行篋一擔，圖書半之。”清吴騫《春浮閣吟稿序》：“嘉慶癸亥春，復游荆南……予亟從臾之，並爲携行笥而雕梓於西湖。”《明史・耿定向傳》：“出按甘肅，舉劾無所私，去任行笥一肩，有以石經饋者，留境上而去。”清查慎行《元方以纍僮潘姓畫松詩索和戲次原韵》：“主人文雅僕不俗，行厨行笥隨提携。”《老殘游記》第三回：“老殘道：‘不過先人遺留下來的幾本破書，賣又不值錢，隨便帶在行篋解解悶兒，當小説書看罷了，何足掛齒。’”清以後，“行篋”之稱漸少，祇偶然見於書面語中。魯迅《書信集・致台静農》：“今此書尚在行篋，覽之黯然。”

【行笥】

即行篋。此稱明代已行用。見該文。

笥

一種方形盛器。產生於先秦，早期當多爲竹製。《書・説命》：“惟衣裳在笥，惟干戈省厥躬。”在這裏，笥用來盛衣物。《禮記・曲禮上》：“凡以弓劍苞苴簞笥問人者，操以受命，如使之容。”鄭玄注：“簞笥，盛飯食者，圜曰簞，方曰笥。”此例中，笥可用于盛飯食。《莊子・秋水》：“王巾笥而藏之廟堂之上。”《韓詩外傳》卷九：“鮑魚不與蘭茝同笥而藏，桀紂不與堯舜同時而治。”《漢書・貢禹傳》：“故時齊三服官輸物不過十笥，方今齊三服官各數千人，一歲費數鉅萬。”顔師古注：“笥，盛衣竹器。”笥很早就用以盛衣物，後代專盛衣服的笥亦稱“衣笥”。例如，唐薛用弱《集異記・李汾》：“女起告辭，汾意惜別，乃潛取女青氈履一隻，藏衣笥中。”《新唐書・韋巨源傳》：“韋後自言衣笥有五色雲，巨源倡其偽。”宋丁謂《丁晋公談録》：“〔艾仲孺〕嘗聞祖母當日歸時，衣笥中得黑黮衣。”明陸深《金臺紀聞》：“藏衣笥中，能辟蠹魚。”笥之華美者，有時稱“玉笥”。例如，南朝梁劉孝威《擬古》詩：“青鋪緑璅琉璃扉，瓊筵玉笥金縷衣。”

【玉笥】

泛指華美之笥。此稱南北朝時期已行用。見該文。

【衣笥】

盛衣服之笥。此稱唐代已行用。見該文。

琥珀笥

琥珀所製之箱匣。《西京雜記》卷一：“宣帝被收，繫郡邸獄。臂上猶帶史良娣合采宛轉絲繩，繫身毒（印度）國寶鏡一枚，大如八珠錢……常以琥珀笥盛之。”

竹笥

用來放衣物、書籍等的竹製盛器。其物産生甚早，在《書·説命》中即載有盛衣物之竹箱，稱爲“笥”。但“竹笥”之名漢代已有。《後漢書·逸民傳·戴良》：“良五女並賢，每有求姻，輒便許嫁，疏裳布被，竹笥木屐以遣之。”南朝宋鮑照《臨川王服竟還田里》詩：“道經盈竹笥，農書滿塵閣。”清鈕琇《觚賸續編·湯司空》：“其歿於京邸也……檢其所遺，惟竹笥内俸銀八兩。”

葦笥

亦稱“葦篋”。以葦草編製的方形盛器。古代多用以盛衣服、食品等。《儀禮·士喪禮》“櫛於簞”漢鄭玄注：“簞，葦笥。”《漢書·外戚傳下·趙皇后》載解光奏言：“美人以葦篋一合盛所生兒，緘封。”《後漢書·五行志一》：“靈帝建寧中，京都長者皆以葦方笥爲妝具，下士盡然。時有識者竊言：葦方笥，郡國讞篋也；今珍用之，此天下人皆當有罪讞於理官也。”清錢謙益《二鬅篇》：“身縻若盧獄，禍蔓葦笥籍。”此例中的葦笥用以存放獄案材料。

【葦篋】

即葦笥。此稱漢代已行用。見該文。

經笥

本指裝經書的箱子。《後漢書·文苑傳上·邊韶》：“腹便便，五經笥。但欲眠，思經事。”後多用此典，以“經笥”比喻通經博學的人。例如《晋書·裴秀傳贊》：“鉅鹿自然，亦云經笥。”裴秀封鉅鹿郡公。

家笥

指私家的箱篋。《新唐書·文藝傳下·盧綸》：“帝遣中人悉索家笥，得詩五百篇以聞。”明李東陽《忠愛祠賦》：“侯發公粟，若啟家笥。”家笥當多用以盛日常雜物，前例中用以盛文稿，後例中用以盛糧食。

櫝

小木匣、小木櫃之類藏物器。多用以放置珍寶、經書等。《論語·季氏》：“虎兕出於柙，龜玉毀於櫝中，是誰之過與？”何晏集解引馬融曰：“櫝，匱也。”《韓非子·外儲説左上》：“楚人有賣其珠於鄭者，爲木蘭之櫝。”宋陸游《自述》詩：“遺經在櫝傳家學，大字書墻作座銘。”清唐甄《潛書·尊孟》：“冶人致風之器，南方以櫝，北方以橐。”後例中的櫝，指匣狀物。此外，古時櫝也有玉製者，稱“玉櫝”，例如《左傳·昭公七年》：“燕人歸燕姬，賂以瑶瓮、玉櫝、斝耳，不克而還。”《史記·龜策列傳》：“王獨不聞玉櫝隻雉，出於昆山。”

【玉櫝】

玉製之小木匣之類盛物器。此稱先秦時期已行用。見該文。

函匣

泛指函與匣一類盛物器。函、匣渾言無別，析言則异。漢桓寬《鹽鐵論·禁耕》："家人有寶器，尚函匣而藏之，況人主之山海乎？"這裏的"函匣"是置於匣中的意思，這是較早的"函"與"匣"連用之例。晋王嘉《拾遺記·前漢上》："金狀混混若泥，如紫磨之色；百鑄，其色變白，有光如銀，即'銀燭'是也。常以此泥封諸函匣及諸宮門，鬼魅不敢干。"後世函匣之大者亦稱"巨函"，如清蒲松齡《聊齋志异·王者》："遂付以巨函，云：以此覆之，可保無虞。'"參見下文"函""匣"。

函

盛物器。初義爲匣。亦假"咸"爲之。《周禮·秋官·伊耆氏》："伊耆氏掌國之大祭祀，共其杖咸。"鄭玄注："咸讀爲函。老臣雖杖於朝，事鬼神尚敬，去之，有司以此函藏之，既事乃授之。"此咸即盛拐杖的匣子。《史記·刺客列傳·荆軻》："荆軻奉樊於期頭函，而秦舞陽奉地圖柙，以次進。"司馬貞索隱："柙，亦函也。"可見函和柙（匣）是一類器物，此處用以盛人頭。北周庾信《周車騎大將軍賀婁公神道碑》："龜轉印函，蛇盤綬笥。"《資治通鑑·唐德宗貞元四年》："韋皋知雲南計方猶豫，乃爲書遺雲南王，叙其叛吐蕃歸化之誠，貯以銀函，使東蠻轉致吐蕃。"宋張世南《游宦紀聞》卷三："唐顯德五年，國王因德漫，遣使者莆訶散來，貢猛火油八十四瓶，薔薇水十五瓶，其表以貝多葉書之，香木爲函。"因函在古代常用以盛書信之類，故後世書信亦稱爲函，如"函件""公函"等。此外，大約自隋唐時起，書籍的封套也稱函。唐許渾《題靈山寺行堅師院》詩："經函露濕文多暗，香印風吹字半銷。"明梅鼎祚《玉合記·贈處》："詩書户牖，真看縹帙千函。"今綫裝書籍的封套仍然稱爲"函"。

匣

亦作"柙"。指盛物之小盒。多木製，一般爲方形，有蓋。其實物產生甚早，其稱呼先秦已有。《列子·湯問》有"匣而藏之"的説法，衹不過將"匣"用如動詞而已。《書·禹貢》"包匭菁茅"孔傳："匭，匣也。"孔穎達疏："匣是匱之別名，匱之小者。"古代"柙"字有時也借作匣。例如《商君書·定分》："主法令之吏謹藏其右券木柙，以室藏之，封以法令之長印。"高亨注："柙借爲匣。"《史記·刺客列傳·荆軻》："荆軻奉樊於期頭函，而秦舞陽奉地圖柙，以次進。"司馬貞索隱："柙，亦函也。"魏晋及以後，"匣"這個稱呼一直沿用至今。三國魏曹丕《與鍾大理書》："鄴騎既到，寶玦初至，捧匣跪發，五內震駭。"唐高適《送渾將軍出塞》詩："城頭畫角三四聲，匣裏寶刀晝夜鳴。"《兒女英雄傳》第二七回："那頭抬是一匣如意，一匣通書；二抬便是你們那兩件定禮。"徐遲《財神和觀音》："那火柴也是他自己的火柴廠爲他定製的，上面還有他自己的肖像做的火柴匣的商標呢。"

【柙】

通"匣"。此體先秦時期已行用。見該文。

拜匣

亦稱"拜帖匣"。舊時拜客、送禮時放置束帖、禮封和零物等的扁木匣，多爲長方形。《二刻拍案驚奇》卷三：“此病惟有前門棋盤街定神丹一服立效，恰好拜匣中帶得在此。”明王驥德《題紅記·金水還題》：“書童，你另拾一片紅葉，取我拜帖匣裏筆硯過來，待我也題詩一聯，回他人去。”

【拜帖匣】

即拜匣。此稱明代已行用。見該文。

匣匱

本爲匣和匱的合稱，後用以泛指同類型的大小藏物器具。《淮南子·精神訓》：“夫有夏后氏之璜者，匣匱而藏之，寶之至也。”這裏的“匣匱”雖然用如動詞，做“放入匣匱”解，但此例説明匣匱之稱先秦已有。漢桓寬《鹽鐵論·禁耕》：“民人以垣牆爲藏閉，天子以四海爲匣匱。”《太平御覽》卷七一三引漢李九《匱匣銘》：“國有都邑，家有匣匱；貨賄之用，我之利器。”

匫

指箱類盛物器。其物先秦即有之，但典籍中記載甚少。《説文·匚部》：“匫，古器也。从匚，智聲。”又：“匚，受物之器，象形。”可見匫當多爲方形。許慎已稱之爲古器，似乎在東漢時已不見。1978 年在湖北隨州戰國曾侯乙墓出土的一件衣箱，上面陰刻“匫”字，是首次發現的自命爲“匫”的器具實物。原物爲木質漆器，長 82 厘米，寬 47 厘米，高 45 厘米；表裏均塗以黑漆，蓋上以朱漆作青龍白虎，中心爲北斗形，周圍書以二十八宿名。蓋形略呈拱橋狀，四角有柄，與器沿把手相對合。此物説明，匫在先秦曾被普遍使用，而且製做已很精美。另外，如果類似的木箱即可稱“匫”的話，那匫在後代仍然被廣泛使用，祇不過其稱呼在

秦漢時逐漸消亡，故許慎稱爲“古器”。

籄

亦作“鹿”。指竹編的高大盛器。多爲圓形。《説文·竹部》：“籄，竹高篋也。”桂馥義證：“《吳語》：‘市無赤米而囷鹿空虛。’韋昭注：‘圓曰囷，方曰鹿。’”《楚辭·劉向〈九歎·湣命〉》：“莞芎弃於澤洲兮，爬蟲蠹於筐籄。”王逸注：“方爲筐，圓爲籄。”按：韋、王二注互異。竹編之大器易圓不易方，應以王説爲是。漢應劭《風俗通·怪神·世間多有精物妖怪百端》：“火從篋籄中起，衣物燒盡。”《晉書·劉喬傳》：“卿讀書雖多，而無所解，可謂書籄也。”《宋史·歐陽脩傳》：“脩游隨，得唐韓愈遺稿於廢書籄中，讀而心慕焉。”清王晫《今世説·政事》：“有篙工拾遺犀一籄，不忍取，白府，以歸遺者。”茅盾《子夜》二：“説完，吳蓀甫就坐到他的純鋼轉椅裏，拿起筆來在一張信紙上飛快地寫了一行，却又隨手團皺，丢在字紙籄裏。”

【鹿】

通“籄”。此體漢代已行用。見該文。

箱

指方形有蓋的盛物器。多竹編或木製，大曰箱，小曰篋。但先秦箱類盛器多稱篋，“箱”字一般指車廂，而不是盛物器。漢佚名《古詩

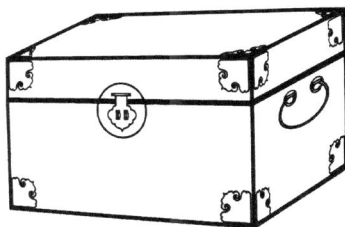

箱
（齊源據清代傳世物繪製）

爲焦仲卿妻作》:"箱簾六七十,綠碧青絲繩。"《太平御覽》卷九六九引三國魏曹操《兗州牧上書》:"山陽郡有美梨,謹上……甘梨二箱。"《晋書·郗超傳》:"〔超〕將亡,出一箱書付門生。"唐杜甫《村雨》詩:"挈帶看朱紱,開箱睹黑裘。"《正字通·竹部》:"箱,篋也。凡可藏物有底、蓋者,皆曰箱。"《儒林外史》第一八回:"忙到下午,趙雪齋轎子纔到了,下轎就叫取箱來。轎夫把箱子捧到,他開箱取出一個藥封來。"宋元後多稱"箱子",《儒林外史》的例子中"箱"和"箱子"就交替使用。

箱篋

亦稱"箱匣"。指大小箱類盛物器,一般爲木製,有蓋。南朝宋劉義慶《世說新語·德行》:"丞相(王導)還台,及行,未嘗不送至車後。恒與曹夫人併當箱篋。"宋袁褧《楓窗小牘》卷下:"〔李成〕每往,醉必累日,不特紙素揮灑,盈滿箱篋,即鋪門兩壁,亦爲淋漓潑染。"宋周必大《泛舟遊山録》:"度賀家嶺,大石如横案,上立兩石,俗云嶺北有新婦石,此其箱篋也。"宋石介《慶曆聖德頌》:"至今諫疏在於箱匣。"清蒲松齡《聊齋志異·荷花三娘子》:"由是兩情甚諧,而金帛常盈箱篋,亦不知所自來。"

【箱匣】

即箱篋。此稱宋代已行用。見該文。

箱筥

藏物用具。方曰箱,圓曰筥。宋蘇軾《虔州呂倚承事年八十三,讀書作詩不已,好收古今帖,貧甚至食不足》詩:"家藏古今帖,墨色照箱筥。"明歸有光《〈尚書別解〉序》:"〔余〕無暇爲文章,留之箱筥,以備温故。"

巾箱

亦稱"巾笈""巾笥""巾篋"。本指盛頭巾的小箱,後亦用以存放書卷、文件等物。至晚在西漢已有。《漢武帝内傳》:"帝又見王母巾笈中有一卷書,盛以紫錦之囊。"按:《太平御覽》卷七一一引《漢武帝内傳》"巾笈"作"巾箱"。晋葛洪《〈西京雜記〉跋》:"爾後洪家遭火,書籍都盡,此兩卷在洪巾箱中,常以自隨,故得猶在。"《南史·范雲傳》:"〔江祐〕求雲女婚姻,酒酣,巾箱中取篦刀與雲曰:'且以爲娉。'"唐劉禹錫《觀市》:"在巾笥者織文及素焉,在几閣者彫彤及質焉,在筐筥者白黑巨細焉。"宋王讜《唐語林·補遺一》:"廳之陳設頗極精異,巾箱、妝奩、冠蓋、首飾之盛,非人間之物。"宋王安石《得曾子固書因寄》詩:"故人莫在眼,屢獨開巾笈。"宋蘇軾《與謝民師推官》之一:"蒙不鄙弃,贈以瑰瑋,藏之巾笥,永以爲好。"宋沈遼《德相送荆公三詩用元韵戲爲之》:"辱枉淵明贈,今猶秘巾篋。"元辛文房《唐才子傳·盧倫》:"帝遣中使悉索其巾笥,得詩五百首進之。"清趙翼《李郎曲》:"捆載巾箱過嶺來,昔是玉人今玉客。"自注:"時販玉玩至粵。"清以後,巾箱、巾笈、巾笥、巾篋等稱均逐漸不用。

【巾笈】

即巾箱。此稱漢代已行用。見該文。

【巾笥】

即巾箱。此稱唐代已行用。見該文。

【巾篋】

即巾箱。此稱宋代已行用。見該文。

瑶箱

指用珠玉鑲嵌的華美的匣子。唐王勃《梓

州通泉縣惠普寺碑》：“彩帙瑤箱，龍編月久。”宋史達祖《眼兒媚·代答》詞：“兒家七十二鴛鴦，珠佩鎖瑤箱。”

奩

亦稱“奩子”。一種精緻的小型妝具。唐白居易《宿杜曲花下》詩：“籃輿爲卧舍，漆奩是行廚。”《新唐書·李德裕傳》：“敬宗立，侈用無度，詔浙西上脂奩粧具。”而李德裕的《奏銀粧具狀》中也有“去年二月中奉宣，令進奩子，計用銀九千四百餘兩”之語。宋吳自牧《夢梁

明代奩子

錄·嫁娶》：“先三日，男家送催妝花髻、銷金蓋頭、五男二女花扇、花粉奩、洗項畫彩錢果之類。”奩有單體，亦有重套裝者，除放脂粉外，還盛香器、璽印，珠寶等。《宋史·輿服志六》：“凡上尊號，有司製玉寶……納於小奩，奩以金裝。”這裏的奩就是盛印璽的小盒，已暗含“寶奩”義。稍後即稱“寶奩”，亦單稱“奩”。《金史·禮志九》：“捧册官、捧寶官、舁册匣官、舁寶奩官由西偏門先入，至殿西階下，册寶褥位之西，東向立。”又“捧册官帥舁册床人，捧寶官帥舁寶床人，皆升殿取匣、奩，蓋訖，置於床前。”明代之後，亦泛指小木匣之類。《正字通·皿部》：“奩，今人以櫝匣小者爲奩。”

【奩子】

即奩。此稱唐代已行用。見該文。

【寶奩】

即奩。此稱金代已行用。見該文。

厨

指櫃子一類的藏物家具，多木製，有門扇。晋代文獻中已見，實物產生得更早。晋范甯《厨籍教》：“一縣一厨。”南朝宋劉義慶《世說新語·巧藝》“謝太傅云顧長康畫，有蒼生來所無”南朝梁劉孝標注引《續晋陽秋》：“〔顧〕愷之尤好丹青，妙絶於時，曾以一厨畫寄桓玄。”因厨多木製，後代作櫃子講的“厨”字多從木作“櫥”。唐代已行用。例見“厨簏”文。《紅樓夢》第一一六回：“見有十數個大櫥，櫥門半掩。”現今常用家具中亦有衣櫥、書櫥、碗櫥等。

【櫥】

同“厨”。此體唐代已行用。見該文。

【厨簏】

亦作“櫥簏”。厨簏是書櫃和書箱，泛指盛書籍等的厨箱。其稱南北朝時已有。《南齊書·文學傳·崔慰祖》：“臨卒，與從弟緯書云：常欲更注遷固二史，採《史》《漢》所〔漏〕二百餘事，在厨簏，可檢寫之，以存大意。”唐皮日休《秋晚訪李處士所居》詩：“書閣鼠穿厨簏破，竹園霜後桔槔閒。”唐陸龜蒙《奉和襲美二游詩》之一：“開懷展櫥簏，唯在性所便。”

【櫥簏】

同“厨簏”。此體唐代已行用。見該文。

書厨

指專用以藏置書卷的厨櫃。《南齊書·陸澄傳》：“讀《易》三年不解文義，欲撰《宋書》竟不成。王儉戲之曰：‘陸公，書厨也。’”此句之“書厨”雖爲早見，但所用已是比喻意，書

厨的出現，至陸澄、王儉時當已有一段時間。唐韋毅《〈才調集〉序》："余少博群言，常所得志，雖秋螢之照不遠，而雕蟲之見自佳。古人云：自聽之謂聰，内視之謂明也。又安可受誚於愚鹵，取譏於書厨者哉？"此用王儉戲陸澄之典，仍以比喻讀書多而不能運用者。《宋史·吴時傳》："時敏於爲文，未嘗屬稿，落筆已就，兩學目之曰'立地書厨'。"宋葉適《題端信師帖》："淳熙初，都下禪講尚多宿舊名人，師年少，操矛入室，援據古今，中其機要，咸相顧歎駭曰：'信書厨，不可與争也！'"此兩例用以喻博學强記者。因書厨多爲木製，故字又作"書橱"。《警世通言·王安石三難蘇學士》："徐倫去後，東坡見四壁書橱關閉有鎖，文几上祇有筆硯，更無餘物。"明文震亨《長物志·几榻》："藏書橱須可容萬卷，愈闊愈古，惟深僅可容一册，既闊至丈餘，門必用二扇，不可用

四及六。"由此可窺見明清前後書厨形制之一斑。民國年間尚能見到清代留存的存放二十四史的書厨，是分體組合厨櫃，門扇上標明其中所藏書名。

屉

亦作"替"。一種扁平的匣狀盛器，多附於橱、桌等家具上，可來回抽動，今多稱抽屉或抽斗，古亦作"抽替"。北周庾信《鏡賦》："暫設裝奩，還抽鏡屉。"《南史·后妃傳上·宋孝武宣貴妃》："及薨，帝常思見之，遂爲通替棺，欲見輒引替覩屍。"宋孔平仲《孔氏雜説》引作"抽替棺"。《警世通言·杜十娘怒沉百寶箱》："十娘取鑰開鎖，内皆抽屉小箱。"

【替】

同"屉"。此體五代時期已行用。見該文。

【抽替】

即屉。此稱宋代已行用。見該文。

第三節　雜用具考

本考所指稱的雜用具，大致可以分爲屏風之屬、槅架之屬和籌籠之屬三小類。屏風是我國傳統的、很有民族特色的家具之一，它可以追溯到上古的扆。《説文·户部》云："户牖之間謂之扆。"古代宮殿中户牖之間正是放置斧扆的地方，所以扆也就指這種形似屏風的擺設物。扆多以絳紗爲質，高八尺，上面畫有斧形圖案，爲帝王朝堂專用。斧在古代作爲執法權力的象徵，畫在扆上以示帝王尊嚴。正因爲如此，扆常用以借指君位，如"扆寧""扆座""扆筵"指帝王的座位，"扆旒"爲皇帝的代稱，"扆聰"指皇帝的聽聞，"扆闈"指宮廷等。斧扆之制經過演化，在先秦就有了屏風。屏風與扆相比，已有很多不同。首先，屏風不是帝王或宮廷的專用品，貴族大臣的府邸中也可以用，後來又出現在民間；其次，屏風的作用不再是顯示威嚴，而是用於遮擋風塵和視綫，"屏風"之名即由此而來。此外，也作爲一

種擺設，起裝飾作用。因此，屏風上也不畫斧形，而改成素色，或裝飾以字畫、金玉等，所以就有了彩屏、畫屏、玉屏、雲母屏、翡翠屏、繡屏等。我國宋元時已有的軟屏風，則分扇而立，可以摺疊開合，其形制比扆更有明顯區別。後來還產生了形體很小、可擺在桌子或櫝架上專供欣賞的小屏風，此純是祇起裝飾作用的藝術品，已喪失遮蔽作用。櫝架之屬包括置物之板架、挂置衣帽的架子等。櫝架之類家具的產生應當不晚於先秦，它的形制與櫥櫃相近，但前面無門扇遮蔽，存置的物品可隨時取放，多用於放置書籍、食品或供欣賞的古物珍玩等。挂衣帽的家具古有衣架、帽筒等。其中箷在《爾雅》中已見載，當產生於先秦。而由冠架發展而成的帽筒，則至今在民間仍可見到，祇不過其作用已不是放置帽子，而多作爲裝飾物了。籠籠之屬在古代典籍中經常提到。這類家具的作用主要是烘烤熏香和取暖。從《西京雜記》《太平御覽》卷七〇引《東宮舊事》等書中的記載看，這類家具在古代的宮廷中也常用，而且其製作十分精美考究。但使用更多的應當在民間，多以竹篾、荆條等編成。隨着人們生活習慣的改變、取暖設施的改善，這類家具在現今，特別是北方地區已經難見。

屏風類

扆

　　早期的一種屏風。扆本指古代宮殿中窗和門之間的地方，《説文·户部》："户牖之間謂之扆。"因宮殿中常於此處常放置一種飾有斧形圖案的屏風，故這種屏風亦稱扆。後世屏風由扆發展而來，不僅設置於宮殿，一般官府、民間也普遍使用，其形制、裝飾圖案、安放的位置也都發生了變化，但後來的宮廷中仍保持了在户牖之間放扆的舊制，仍稱爲"扆"，或稱"扆屏"。《書·顧命》："狄設黼扆綴衣。"孔傳："扆，屏風，畫爲斧文，置户牖間。"此例記載的是周初成康時用扆的情形。《南史·賊臣傳·侯景》："方饗群臣，中會而起，觸扆墜地。"《宋史·后妃傳上·仁宗曹皇后》："后亦慈愛天至，或退朝稍晚，必自至屏扆候矚。"《西游記》第五回："上排着九鳳丹霞扆，八寶紫霓墩。"章炳麟《訄書·原人》："位蟲獸於屏扆之前，居雖崇，令雖行，其君之實安在？"但屏扆後來也泛指屏風，這是它與扆不同的地方。清方文《宋遺民咏·梁隆吉棟》："醉題僧屏扆，宵小爐弗容。"清魏源《白嶽西巖》詩："堂皇峻屏扆，結構誰所爲。"

【屏扆】

　　即扆。後亦泛指屏風。此稱宋代已行用。見該文。

繡扆

　　即彩繡的扆屏。南朝梁江淹《蕭被尚書敦勸重讓表》："今陛下方闢金門之聽，調繡扆之政，何得去禮廢雅，近於臣始，既無前章，孰表後世。"

屏風

　　單稱"屏"，亦稱"屏圍"。屏風是一種室內陳設物，用以遮蔽視綫并阻擋風塵。"屏"字較早的意思是照壁墻，屏風的起源當與之有關。照壁的作用也是遮蔽視綫并阻擋風塵等，但它是一種墻式建築物，不能移動，也不設在室內。較早設於室內的屏風是先秦宮殿中的扆，後經發展演變，式樣漸多。石製、木製者最爲常見，上面或雕飾花紋，或繪以圖畫，或書以詩文，或嵌以琉璃、翡翠、雲母等，以增加

屏風
（明王圻等《三才圖會》）

其裝飾性。以用途論，又可分爲"吊屏""圍屏""床屏"，等等。《史記·孟嘗君列傳》："孟嘗君待客坐語，而屏風後常有侍史，主記君所與客語，問親戚居處。"《燕丹子》卷八："八尺屏風，可超而絕。"《樂府詩集·清商曲辭·華山畿》："上床解要（腰）繩，自經屏風裏。"元白樸《墻頭馬上》第一折："倩丹青寫入屏圍，真乃是畫出個蓬萊意。"《三國演義》第三四回："蔡夫人隔屏密語。"清厲鶚《東城雜記·虞宗玫宗瑤》："及卒，中堂門署喪屏，庭設司鼓。"茅盾《手的故事》："陸紫翁和周老九挑中了右面那架屏風背後的好地方，悄悄説着話。"1972年，湖南長沙馬王堆一號漢墓出土一件繪漆屏風，木胎，長方形，長 72 厘米、寬 58 厘米、厚 25 厘米，上繪一條游龍飛舞於雲霧之中。這是我國目前能見到的最早的屏風實物。參見本考"圍屏"。

【屏】

　　"屏風"之單稱。此稱元代已行用。見該文。

【屏圍】[1]

　　即屏風。此稱至遲元代已行用。見該文。

【屏障】

　　即屏風。亦作"屏鄣""屏幛"。《晉書·阮籍傳》："籍乘驢到郡，壞府舍屏鄣，使內外相望，法令清簡。"唐杜甫《韋諷録事宅觀曹將軍畫馬圖歌》："貴戚權門得筆迹，始覺屏障生光輝。"《新唐書·魏徵傳》："朕今聞過矣，願改之，以終善道。有違此言，當何施顔面與公相見哉！方以所上疏，列爲屏障，庶朝夕見之。"《宣和畫譜·唐太宗》："〔太宗〕一日作真草屏幛，以示群臣。"元揭傒斯《吳歌一首送張清夫提舉征東校官先還吳中》："家家屏幛待新詞，日日王侯置醇醴。"元白樸《墻頭馬上》第一折："小姐，佳人才子爲甚都上屏障，非同容易也呵！"明劉基《發普濟過明覺寺至深居記》："諸峰咸外列如屏障，故寺雖高不露。"清錢謙益《福建布政使朱綵授中大夫制》："歷島嶼之紆回，瞭如屏幛。"

【屏鄣】

　　同"屏障"。此體晉代已行用。見該文。

【屏幛】

　　同"屏障"。此體唐代已行用。見該文。

【障子】

　　屏風的俗稱，單稱"障"。唐王維《題友人云母障子》詩："君家雲母障，時向野庭開。"

雲母障子即用雲母做的室內屏風，而非綢布障或秫秸等做成的室外屏障。唐白居易《題詩屏風絕句》："相憶采君詩作障，自書自勘不辭勞。"南唐張泌《碧戶》詩："小障明金鳳，幽屏點翠苔。"宋張先《河滿子·陪杭守泛湖夜歸》詞："游舸已如圖障裏，小屏猶畫瀟湘。"《新唐書·隱逸傳·武攸緒》："王公所遺鹿裘、素障、㻌杯，塵皆流積，不御也。"素障即未經題字繪畫的屏風。

【障】

"障子"之俗稱。此稱唐代已行用。見該文。

繡屏

亦作"綉屏"，亦稱"錦繡屏"。指錦繡屏風。唐趙嘏《送同年鄭祥先輩歸漢南》詩："人倚繡屏聞賞夜，馬嘶花徑醉歸時。"明汪砢玉《姚雪東自題諸畫》詩："遠山遙望有空青，溪口花橫錦繡屏。"明徐宏祖《徐霞客游記·滇游日記》："頡頑西來，至此下墜，而崖石遂出，有若芙蓉，簇萼空中，有若綉屏，疊錦崖畔。"

【綉屏】

同"繡屏"。此體至遲明代已行用。見該文。

【錦繡屏】

即繡屏。此稱至遲明代已行用。見該文。

素屏

亦稱"素屏風"。指不施彩飾的白色屏風。屏風之始，其作用主要是遮蔽，裝飾性與後代相比并不很重要，所以素屏風在古代較多。後世屏風多加彩飾，也有人故意保持其素色，使之有一種古雅樸拙的風格。《三國志·魏書·毛玠傳》："初，太祖平柳城，班所獲器物，特以素屏風素憑几賜玠，曰：'君有古人之風，故賜君古人之服。'"據此例中曹操之語可知，素屏風在漢末即被認爲有古樸之風。唐白居易《三謠·素屏謠》："素屏素屏，孰爲乎不文不飾，不丹不青……吾不令加一點一畫於其上，欲爾保真而全白。"宋晁冲之《睡起》詩："素屏紋簟徹輕紗，睡起冰盤自削瓜。"

【素屏風】

即素屏。此稱三國時期已行用。見該文。

玉屏

指玉飾的屏風，是屏風中之華貴者。漢代即有此稱。漢鄒陽《酒賦》："君王憑玉几，倚玉屏，舉手一勞，四座之士皆若舖粱焉。"清袁枚《隨園詩話》卷一："〔姚母〕住花園中，極珠簾玉屏之麗。"

石屏

指石製的屏風。屏風多石製，故其物產生甚早，亦祇稱屏。前加"石"字爲限，當是在其他質地的屏風漸多之後。"石屏"之稱在漢代當已行用。《西京雜記》卷六："魏襄王冢皆以文石爲槨……中有石牀、石屏風。"唐僧人無悶有《寒林石屏風》詩。唐高適《宴韋司户山亭院》詩則云："苔莖試窺踐，石屏可攀倚。"宋蘇軾有《咏石屏》詩。明文震亨《長物志·几榻》："屏風之制最古。以大理石鑲下座精細者爲貴，次則祁陽石，又次則花蕊石。"明陳繼儒《妮古錄》卷之二："高昌正臣博古好雅，其燕處之室，凡可以供清玩者莫不畢具。石屏其一也。石方廣僅尺，其文如董北苑僧巨然破墨用筆……此屏石色澄碧，今在雨花庵中。"

雲母屏

指以雲母爲飾物的屏風。雲母晶體半透明，有光澤，被古人認爲是珍貴的裝飾物，故有雲母車、雲母冠、雲母帳等。雲母屏也是較貴重的室内陳設用物。據《西京雜記》卷一記載，漢代趙飛燕被立爲皇后，其妹贈她三十五物以慶賀，其中即有雲母屏風。這説明雲母屏至晚在西漢已有。《後漢書・鄭弘傳》："每正朔朝見，弘曲躬而自卑。帝問知其故，遂聽置雲母屏風，分隔其間。"雲母屏風即雲母屏。唐杜甫《奉酬薛十二丈判官見贈》詩："志在麒麟閣，無心雲母屏。"唐李商隱《嫦娥》詩："雲母屏風燭影深，長河漸落曉星沉。"雲母屏又省稱"雲屏"，一説雲屏爲有雲形彩繪的屏風。此姑録其書證於次。晋張協《七命》："雲屏爛汗，瓊壁青葱。"唐劉長卿《昭陽曲》："芙蓉帳小雲屏暗，楊柳風多水殿凉。"元劉因《雜詩》之五："霜栗千封户，雲屏四畫圖。"清龔自珍《生查子・即事》詞："關了緑窗紗，鬆了湘裙釵。言病復言愁，絮絮雲屏下。"

【雲屏】

"雲母屏"之省稱。此稱晋代已行用。見該文。一説雲屏即有雲形彩繪的屏風。

畫屏

指帶有畫飾的屏風。南朝梁江淹《空青賦》："亦有曲帳畫屏，素女綵扇。"前蜀韋莊《奉和觀察郎中春暮憶花言懷見寄四韻之什》："落花帶雪埋芳草，春雨和風濕畫屏。"清蒲松齡《聊齋志異・道士》："兩女對舞，長衣亂拂，香塵四散；舞罷，斜倚畫屏。"《格致鏡原・居處器物類》有"書畫屏風"一節，可參閱。

香屏

亦稱"香宸"。指華美的屏風。南朝梁簡文帝《美女篇》詩："朱顔半已醉，微笑隱香屏。"唐鄭谷《朝謁》詩："威鳳回香宸，新鶯囀上林。"

【香宸】

即香屏。此稱唐代已行用。見該文。

彩屏

施以彩繪的屏風。唐李白《觀元丹丘坐巫山屏風》詩："昔游三峽見巫山，見畫巫山宛相似。疑是天邊十二峰，飛入君家彩屏裏。"《紅樓夢》第五三回："影前錦幔高挂，彩屏張護，香燭輝煌。"

翡翠屏

以翡翠石裝飾的屏風。翡翠是色彩鮮艷的天然礦石，在我國很早即被用來作裝飾品和工藝美術品。以翡翠石裝飾屏風不知起於何時，翡翠屏之稱至晚在宋代已有。宋蘇軾《芙蓉城》詩："珠簾玉案翡翠屏，雲舒霞卷千傅停。"另外，因翡翠石多緑色，翡翠鳥的羽毛也有緑色者，所以古人又常以"翠屏"稱翠緑色的屏風。南朝梁江淹《麗色賦》："紫帷鉿匝，翠屏環合。"後蜀鹿虔扆《思越人》詞："翠屏敧，銀燭背，漏殘清夜迢迢。"宋黃庭堅《次韵子瞻題郭引進雪林石屏要同作》："翠屏臨硯滴，明窗玩寸陰。"

枕屏

放在枕前的屏風。屏風而置於枕前，古已有之，但"枕屏"之稱在唐以前的文獻中則不多見。宋歐陽修《贈沈遵》詩："有時醉倒枕谿石，青山白雲爲枕屏。"宋趙彥衛《雲麓漫鈔》卷三："紹興末，宿直中官，以小竹編聯，籠以衣，畫風雲鷺絲作枕屏。"宋陸游有《書枕屏》詩。《格致鏡原》卷五三引《器物叢談》："屏風所以障風……又床屏施之於床，枕屏施之於枕。"清納蘭性德《河瀆神》詞："銀燈飄落瑣窗間，枕屏幾叠秋山。"

圍屏

　　原指用以圍繞障蔽之屏風。古屏風爲單扇，故必須有兩個或更多屏風合用，方可構成圍繞之勢。《格致鏡原》卷五三引明郎瑛《七修類稿》："古有硬屏風而無軟屏風，今圍屏也。弘治間倭國人貢來使，送浙鎮守，杭人遂能之。"若按此説，軟屏風，即分扇而立可以摺叠開合的屏風，是明弘治年間由日本傳入我國的，從此，這種軟屏風即被稱爲圍屏。實則我國宋元時已有。宋吳文英《柳梢青·題錢得閑四時圖畫》詞："翠嶂圍屏，留連迅景，花外油亭。"元白樸《墻頭馬上》第一折："梅香，你覷着圍屏上佳人才子、士女王孫，是好華麗也。"明文震亨《長物志·几榻》："〔屏風〕若紙糊及圍屏、木屏，俱不入品。"《金瓶梅詞話》："臨街樓上，設放圍屏桌席。"《紅樓夢》第九二回："一件是圍屏，有二十四扇楠子。"亦稱"屏圍"。元白樸《墻頭馬上》第一折："倩丹青寫入屏圍，真乃是畫出個蓬萊意。"郭沫若《蔡文姬》第一幕："左賢王與胡兵二人由原路下，掩伏在屏圍後。"

【屏圍】[2]

　　即圍屏。此稱元代已行用。見該文。

床屏

　　指置於床前的屏風。其稱大約在宋元以後才使用。明高啓《睡覺》詩："爐熏靄宿潤，秋滿床屏裏。"明吳寬《夜坐懷齋居諸公次前韵》："布衾寒擁對床屏，鵲繞南枝月過庭。"《格致鏡原》卷五三引《器物叢談》："屏風所以障風，亦所以隔形者也。古者扆之遺象。又床屏施之於床，枕屏施之於枕。"

吊屏

　　指懸挂於墻壁間成組的書畫條幅。其規制當是從書畫屏風演變而來。屏風本是置於地上遮蔽風塵視綫的家具，兼作裝飾物。時代越往後，其裝飾以供欣賞的作用越明顯。後代屏風多爲分扇摺叠式樣，其中每一扇上都可飾以字畫。經發展，人們把一組長條形字畫懸挂於壁間以供賞玩，亦稱"屏"。這種屏已經不是屏風，完全失去了蔽障作用，成了純粹的室內裝飾物。吊屏多以四幅爲一組，《金瓶梅詞話》第三七回："正面紙門兒，厢的炕床，挂着四扇各樣顏色綾緞剪帖的張生遇鶯鶯蜂花香的吊屏兒。"《老殘游記》第九回："抬頭看見北墻上挂着四幅大屏，草書寫得龍飛鳳舞，出色驚人。"最後一例雖未用"吊屏"之稱，但從句中可看出是挂在墻上的，亦當爲"吊屏"之制。今民間中堂字畫尚有"四扇屏"之式，即爲一組四幅屏條，其畫之內容相互聯繫，如春、夏、秋、冬等，構成一個整體。這種聯繫，當是從屏風的式樣演變而來。而且，字畫條幅而稱"扇"，也可見四扇屏與屏風之間的聯繫。

桌屏

　　此有二義，一是挂在壁間的書畫條幅，即吊屏，因中堂字畫多挂於室內正面方桌的上方，故稱；另一種是擺在桌上作爲裝飾的小屏風。屏風本置於地上，起遮蔽作用，在使用過程中，人們越來越注意它的裝飾性，出現了各種飾有字畫、金玉、雲母等的屏風。吊屏的起源當與裝飾性的屏風有關，可參閱"吊屏"文。擺在桌上的屏風是在原有的屏風的基礎上將形制縮小，加強其裝飾性，專供欣賞，完全失去了屏風原有的遮蔽作用。兩種意義上的桌屏起源都較晚，多見載於明清小説中。例如《紅樓夢》第一七回："諸如琴、劍、懸瓶、桌屏之類，雖懸於壁，却都是與壁相平的。"又第四○回："你把那石頭盆景兒和那架紗桌屏，還有個墨烟凍石鼎，這三樣擺在這案上就够了。"前一例上的桌屏即吊屏，後一例中的桌屏即擺在桌案上的小屏風。

炕屏

一種擺在炕上作裝飾用的屏風。它與床屏都置於睡卧處，但二者仍有區別。床屏一般放在地上，而且有遮蔽風塵視綫的作用；而炕屏多放在炕上，遮蔽作用已完全喪失，只起裝飾作用，供人欣賞。炕屏祇通行在北方有炕的地區，起源較晚，使用者多是富裕的大户人家。《紅樓夢》第六回："上回老舅太太給嬪子的那架玻璃炕屏，明兒請一個要緊的客，借了略擺一擺就送來。"清沈初《西清筆記・紀庶品》："造炕屏最難，入窑百十，纔得一二成者。"

螺屏

是一種用貝殼裝飾的屏風。螺，通"蠃"，即螺。我國古代有一種手工藝品，用螺螄殼或貝殼鑲嵌在漆器、硬木家具或雕鏤器物的表面，做成有天然彩色光澤的花紋圖案，稱爲螺鈿工藝品。螺屏即屬螺鈿工藝品。此種工藝唐代已有。據宋李心傳《建炎以來繫年要録》載，建炎元年十二月，温州、杭州上供物品中，有螺鈿桌椅，可見北宋末南宋初的螺鈿工藝已達到一定的水準。這種工藝盛興於明清時代。清二石生《十洲春語》卷下即有"羊燈懸幔，螺屏

障紗"的描寫。今南京博物院藏一明清之際所製的螺鈿巨屏，高 2.48 米，共十二扇，每扇寬 0.42 米，展開總寬近 5 米。扇幅間以鉸鏈聯結。用上等杉木爲胎，通體用髹黑漆爲底，正面飾軟螺鈿（即薄片彩鈿）加金銀片鑲嵌成園林仕女圖，背面爲刻漆十二幅山水條屏，爲福建泉州景致。該屏風體制巨大，工藝精湛，在傳世及出土文物中罕見。

枕障

猶枕屏，可參閲該文。唐李白《巫山枕障》詩："巫山枕障畫高丘，白帝城邊樹色秋。"唐張曙《浣溪沙》詞："枕障燻爐隔綉幃。"宋周邦彦《大酺・春雨》詞："潤逼琴絲，寒侵枕障，蟲網吹黏簾竹。"清龔自珍《説京師翠微山》："不居正北，居西北，爲傘蓋，不爲枕障也。"

屏山

常指床前枕畔的屏風。此稱多見於唐宋詩詞中。唐温庭筠《南歌子》詞："撲蕊添黄子，呵花滿翠鬟，駕枕映屏山。"宋歐陽修《蝶戀花》詞："枕畔屏山圍碧浪，翠被華燈，夜夜空相向。"清納蘭性德《玉連環影》詞："掩屏山，玉爐寒，誰見兩眉愁聚倚闌干。"清龔自珍《太常行》詞："月子下屏山，算窺見瑶池夢還。"

罘罳

特指室内屏風。常爲多體，以便圍合。宋洪邁《夷堅三志壬卷第一・吳仲權郎中》："明日，索浴治具於房，婢以罘罳圍之。吳曰：'何用？'曰：'恐爲隙風所搏。'"明花夢月《浣溪沙》詞："一窗日影到罘罳。"

槁架類

几閣

亦作"几格"。指櫉架，多用以陳置書卷。其作用大致相當於今之書架。其物很可能先秦就有了。《漢書·刑法志》："文書盈於几閣，典者不能遍睹。"這裏説的是西漢武帝時的事。唐韋應物《燕居即事》詩："几閣積群書，時來北窗閲。"宋林逋《贈當涂朱仲敏》詩："高閑几格圖書畔，冷澹門庭樹石中。"元邵亨貞《紅林檎近·水村冬景》詞："几格橫素帙，屏壁淡烟巒。"郭沫若《中國史稿》第三編第三章第二節説漢武帝時"法令繁多，盈於几閣"，可能是轉述《漢書·刑法志》之語。另外，在古代，專用以放書卷的櫉架又稱爲"書牀"。例如南朝梁陶弘景《冥通記》卷一："其二人並持囊，囊大如小柱，似有文書。挾席人舒置書牀上。"唐白居易《東南行一百韵》："書牀鳴蟋蟀，琴匣網蜘蛛。"

【几格】

同"几閣"。此體宋代已行用。見該文。

【書牀】

即几閣。此稱南北朝時期已行用。見該文。

庋

亦稱"庋閣""庋架"。指擱置器物的板或架子。多用以放書卷等。《玉篇·廣部》："庋，閣也。"南朝宋劉義慶《世説新語·賢媛》："王家見二謝，傾筐倒庋。"《新唐書·文藝傳下·李華》："因著《吊古戰場文》，極思研摧，已成，污爲故書，雜置梵書之庋。"宋洪邁《夷堅丁志·蔡河秀才》："見床内小板庋上，烏紗帽存。"明胡應麟《少室山房筆叢·經籍會通四》："關中非無積書之家，往往束置庋閣，以飽蠹魚。"清

吳研人《歷史小説總序》："秦漢以來，史册繁重，庋架盈壁，浩如烟海。"

【庋閣】

即庋。此稱明代已行用。見該文。

【庋架】

即庋。此稱清代已行用。見該文。

具列

當是一種陳列或收藏器物的用具。古籍中并不多見，可見不是民間常用的家具。唐陸羽《茶經·器》中有載，由此，似爲專門用以陳列或收藏茶道用品的器物。陸羽描述説："具列，或作床，或作架，或純木純竹而製之。或木，或竹。黄黑可扄而漆者，長三尺，闊二尺，高六寸。具列者，悉斂諸器物，悉以陳列也。"

籤厨

指存放書畫卷軸，標有牙籤以便撿取的櫉架。古人爲便於檢索，常於書卷、畫軸封套中用牙質帙簽以標示。此制至晚在唐代已很盛行，但"籤厨"之稱，則大約在宋代才較常用。宋梅堯臣《寄題西洛致仕張比部静居院四堂》詩："堂中何所有？書畫羅籤厨。"清刊《八旬萬壽盛典》卷一一二："秘殿列籤厨，編年特筆嚴司馬，輯覽公平折董狐。"亦稱"牙籤"。《宋史·禮志十七》："内侍進書案、牙籤，以經授執經官。"按："牙籤"亦指條形小標籤，插于書頁上端以爲標識。

【牙籤】

即籤厨。此稱宋代已行用。見該文。

槁

亦稱"槁子"。是一種放置物品的隔板。可

爲一層，亦可多層。其稱宋代已有。宋周密《癸辛雜識後集・向氏書畫》：“景定中，其祖若水墓爲賊所劫，其棺上爲一橱，盡貯平日所愛法書、名畫甚多。”《紅樓夢》第一七回：“一橱一橱，或貯書……或安放盆景。”《紅樓夢》第三七回：“襲人回至房中，拿碟子盛東西與湘雲送去，却見橱子上碟子槽兒空着。”又：“你再瞧，那橱子盡上頭的一對聯珠瓶還没收來呢。”又第四一回：“襲人一直進了房門，轉過集錦橱子，就聽的鼾齁如雷。”集錦橱子，就是彙集陳放名貴古玩書籍等物的橱子，即今博物架。

集錦橱子
（清王希廉等《增評補像全圖金玉緣》插圖）

【橱子】

即橱。此稱清代已行用。見該文。

箷

衣架。先秦時期已有。亦作“椸”，亦稱“椸枷”或“椸架”。其中“箷”當爲較早的稱呼。《爾雅・釋器》：“竿謂之箷。”郭璞注：“衣架。”邢昺疏：“凡以竿爲衣架者名箷。”“椸枷”之稱先秦也已有了，例如《禮記・曲禮上》：“男女不雜坐，不同椸枷。”鄭玄注：“椸，可以枷衣者。”陸德明釋文：“椸……衣架也。枷，本又作‘架’。”唐柳宗元《三戒・永某氏之鼠》：“某氏室無完器，椸無完衣，飲食大率鼠之餘也。”宋王安石《尚書兵部員外郎知制誥謝公行狀》：“卒之日，歐陽公入哭其堂，椸無新衣。”

宋陸游《老學庵筆記》卷五：“几筵殿，蓋帝（宋高宗）平日所御處也。殿三間，殊非高大，陳列几席、椸枷之類，亦與常人家不甚相遠。”宋文瑩《湘山野録》卷上：“凡巾櫛椸架及男女授受通問婚葬，悉有規制。”清蒲松齡《聊齋志異・嘉平公子》：“入門解去濕衣，胃諸椸上。”又《泥書生》：“夜分，書生果復來，置冠几上；又脱袍服，搭椸架間。”

【椸】

同“箷”。此體先秦時期已行用。見該文。

【椸枷】

即箷。此稱先秦時期已行用。見該文。

【椸架】

即箷。此稱宋代已行用。見該文。

【衣架】

挂置衣物的架子，先秦時就已產生，早期曾稱箷，至晚在魏晉時即被稱爲衣架。《爾雅・釋器》“竿謂之箷”郭璞注：“衣架。”唐沈佺期《七夕曝衣篇》詩：“朝霞散彩羞衣架，晚月分光劣鏡臺。”明文震亨《長物志・卧室》：“榻後別留半室，人所不至，以置薰籠、衣架、盥匜、廂盒、書燈之屬。”《兒女英雄傳》第三二回：“安太太便吩咐人把那新房裏無用的錫器、磁器、衣架、盆架等件，歸着起來。”茅盾《創造》一：“和這木橱對立的，在右首的沙發椅之右，是一個衣架，擎着雨衣、斗篷、帽子之類。”

衣桁

猶衣架，挂衣服的横木。此稱唐代至清代的典籍中常見。唐岑參《山房春事》詩之一：“數枝門柳低衣桁，一片山花落筆床。”宋黄庭堅《賈天錫惠寶薰乞詩予作詩報之》：“床帷夜氣馥，衣桁晚烟凝。”明湯顯祖《牡丹亭・尋夢》："侍香閨起早，睡意闌珊：衣桁前，妝閣畔，畫屏間。"清王士禛《池北偶談·談異一·博羅韓氏女》："明末廣州亂後，有周生者，市得一袴，丹縠鮮好，置床側衣桁上。"

帽筒

放帽子的器具。宋代已有。宋廖瑩中《江行雜録》："有一叟失牛，詣桑國師占，師曰：'爾牛在賈相公帽筒中。'"清代及以後的帽筒多爲瓷製，圓柱形，中空。在現今鄉間仍可見到，一般成對擺放在中堂方桌上，但已不用來放帽子，僅作裝飾，筒中可存放小雜物。例如蕭紅《呼蘭河傳》第三章："鐘的兩邊站着帽筒。帽筒上並不掛着帽子，而插着兩個孔雀翎。"周立波《蓋滿爹》："輔導員把桌上的一個帽筒拿到竈門口，用水洗净，灌滿一筒水，把花插上。"

冠架

放置帽子的器具。不知起源於何時，清代很流行，多爲瓷、玉或漆器。上部一般呈球形，用來放置帽子，下面有圓托，中間以十字形支架連接。有的上面的球形鏤空有蓋，球內可置香料以薰帽。故宮博物院藏有一清代乾隆年間的象牙製冠架，高 20.5 厘米，足徑 11.6 厘米。象牙染成綠色，頂端爲一鉢式盒，蓋鏤空。檠柱雕成仰覆瓶間夾一葫蘆式瓶，每節皆可啓閉，底座亦然。通體均有淺浮雕圖案。造型典雅，做工精細。

篝籠類

熏籠

亦作"薰籠""燻籠"，亦稱"墻居""衣薰籠"等。一種覆蓋於火爐、火盆之上供熏香、烘物、取暖用的籠狀物。其物很可能在先秦已有，起初爲竹木編製，較簡陋。《廣雅·釋器》："熏篝謂之墻居。"王念孫疏證："《方言》：'篝，陳、楚、宋、魏之間謂之墻居。'郭注云：'今薰籠也。'薰與熏同。"可見西漢時，陳楚宋魏之間均有熏籠。《太平御覽》卷七七一引《東宮舊事》："太子納妃，有漆畫手巾熏籠二，條被熏籠三。"這裏所載的熏籠種類已多，做工也相當考究。唐王昌齡《長信秋詞》之一："熏籠玉枕無顔色，卧聽南宮清漏長。"五代薛昭蘊《醉公子》詞："床上小燻籠，韶州新退紅。"按：燻籠同熏籠。宋高承《事物紀原·舟車帷幄·薰籠》："晋《東宮舊事》曰：太子納妃，有衣薰籠。當亦秦漢舊制也。"宋范成大《重午》詩："熨斗熏籠分夏衣，翁身獨比去年衰。"《紅樓夢》第五一回："晴雯祇在熏籠上圍坐。"

【薰籠】

同"熏籠"。此體晋代已行用。見該文。

【燻籠】

同"熏籠"。此體五代時期已行用。見該文。

【墻居】

即熏籠。此稱漢代已行用。見該文。

薰籠

【衣薰籠】

即熏籠。此稱晉代已行用。見該文。

【熏籠】

即熏籠。亦稱"烘籃"。明王圻等《三才圖會·器用》："烘籃:《晉東宮舊事》曰,太子納妃,有衣薰籠。當亦秦漢之制也。"《説文·竹部》："篝,笿也。可以熏衣,宋楚之間謂之竹篝、牆居也。"清段玉裁注:"今俗謂熏篝曰烘籃。"清厲鶚《悼亡姬》詩之八:"消渴頻煩供茗碗,怕寒重與理熏篝。"鄭文焯《鶴道人論詞書》:"美成詞所云'地卑山近,衣潤費爐烟',蓋記梅天以熏篝除濕。"

【烘籃】

即熏篝。此稱明代已行用。見該文。參見"熏籠"文。

【烘籠】

即熏籠。《水滸傳》第五六回:"另用一個小黄帕兒,包着一條雙獺尾荔枝金帶,也放在包袱内,把來安在烘籠上。"克非《春潮急》二七:"老太婆連忙把自己方才踏脚的烘籠提起來,順手撿個篾片撥一撥。"參見"熏籠"文。

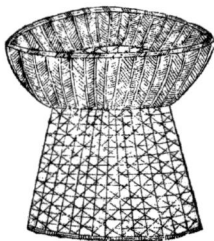
烘籃
（明王圻等《三才圖會》）

【衣篝】

即熏籠。宋周邦彦《浣沙溪·黃鐘》詞之二:"金屋無人風竹亂,衣篝盡日水沈微。"宋陸游《歲暮》詩:"客亦自孤寂,衣篝歇殘香。"參見"熏籠""熏篝"文。

【火箱】

即熏籠。因形狀如箱子,故稱。《紅樓夢》第五二回:"麝月便在薰籠上睡,一宿無話,至次日天未明……麝月忙被衣起來道:'咱們叫他起來,穿好衣裳,抬過這火箱去。'"參見"熏籠"文。

火籠[1]

籃狀用具,中間置小火盆,用以取暖。《西京雜記》卷一:"〔天子〕以象牙爲火籠,籠上皆散華文。"由此看來,漢代這種取暖的火籠已在宮廷中使用,而且製作得十分考究。南朝陳陰鏗《秋閨怨》詩:"火籠恒暖脚,行障鎮床頭。"用以在床上暖脚,可見是取暖的火籠。《金瓶梅詞話》第六八回:"衹怕冷,教丫頭燒個火籠兒與銀姐烤手兒。"

火籠[2]

指罩在火盆上面的籠子。用於烘烤衣物或別的東西,多以竹篾、荆條等編成。清許乃釗《武備輯要·鄉守器具·丸珠法》:"前賢論杵藥既成,或日曬,或火籠焙乾。"

竹火籠

即竹編的熏香籠,内置燃香的瓦器,可放在衣被中。南朝齊謝朓與南朝梁沈約均有《咏竹火籠》詩,其中沈約詩云:"覆持鴛鴦被,白鶴吐氛氳。"梁簡文帝有《謝敕賚織竹火籠啓》。《藝文類聚》卷七〇引南朝梁范靜妻《咏五彩竹火籠》詩:"含芳出竹被,耀緑接緗裙。"因竹火籠是以竹子編成,所以也美稱爲"筠籠"。北周庾信《對燭賦》:"蓮帳寒檠窗拂曙,筠籠熏火香盈絮。"倪璠注:"筠籠,竹火籠也。"但筠籠又指竹籃或竹製鳥籠,這就與竹火籠無關了。

【筠籠】[1]

"竹火籠"之美稱。此稱南北朝時期已行用。見該文。

第三章　起居説

第一節　睡眠具考

　　有關睡眠的日用品，大致上可以分爲枕、衾被、墊褥、簟席、帳幄等小類。《説文・木部》："枕，卧所已薦首者。"這裏説出了枕頭的最基本用途。枕頭的起源應當很早，在先秦典籍中已很常見。從質地上看，古代有木枕、石枕、竹枕、玉枕、銅枕、瓷枕，等等。河北保定中山王墓的玉枕、江川李家山古墓的銅枕、宋代定窑的瓷孩兒枕都是迄今出土的實物珍品。至於用紡織品爲外皮，中間裝填農作物糠殼等做成之枕則更普遍。除了"卧所已薦首"的基本作用外，木枕、竹枕、瓷枕等因其光滑凉潤，還有防暑降温作用。古代又有枕幄、菊枕，中間裝有酴釀、菊花等，古人認爲有去頭風、舒肝明目的功效，類似今之藥枕。被子在先秦也已普遍使用，古人又稱衾或寢衣。《論語・鄉黨》還説寢衣"長一身有半"。《詩・唐風・葛生》有"錦衾爛兮"的句子。被分夾被、棉被。夾被不絮棉，在天較暖和時使用，棉被中絮絲棉或棉花，外以絲織品或布包之，表面多用彩色錦緞等爲被面。這些，古今的變化不大。值得一提的是宋代文獻中記載的紙被，又稱紙衾，以藤纖維紙製成，這種被子現今可能已經絶迹了。古代的褥分兩種，一種用在卧床上，也就是今所謂褥子；

另一種用在坐具或車上，也就是坐墊。有的用絲棉或棉花製成，也有的用獸皮製成。此外，至晚在漢代，中土也使用毡毯之類，多於坐臥時鋪墊。簟席之類在我國古代品種繁多，而且在先秦就已廣泛使用。熊、豹之類野獸的毛皮所做的褥墊，古時也稱爲席，如"豹席""熊席"等，此外，席還可以用蘆葦、竹篾、莞蒲、翠菅、葭草、龍鬚草等編製。在先秦，人們多坐於地上，故席在日常生活中占據着比後世更重要的地位。於是引申而有"座位""酒筵""職位"等意思。筵席的下首稱"席下"，上首稱"席上"，座次稱"席次"，等等，可見席在生活中是重要的日用品。後來隨着坐具的升高，植物莖秆編製的坐墊漸少，但在臥床上，席簟之類仍很多。直到今天，我國有些地區的火炕上仍使用炕席，多用高粱秸秆的外皮編成。其他地區的竹席、草席之類則一般祇在夏季鋪床以求涼爽。帷帳之類也大致可分爲兩種，一種用在室內的座位等處，更多的則用在臥床之上。這類物品的起源應當比被褥坐席等晚，但在先秦也已常用。《周禮·天官》就記載了當時有"掌帷、幕、幄、帟、綬之事"的官員，稱爲"幕人"。鄭玄注云："在旁曰帷，在上曰幕；幕或在地，展陳於上。"這種帷幕多用於宮廷或豪門，而在民間更常用的是床帳。床帳多以布、帛、紗等製作，可用以防蚊蟲、遮蔽風塵視綫等。現今，我國部分地區還有使用布帛暖帳的習俗，至於蚊帳，則在全國各地普遍使用。

枕　類

枕

　　枕頭。先秦時已使用。有木枕、竹枕、瓷枕等多種形制。今傳世及出土者以瓷枕爲常見。一般高 15 厘米、寬 20 厘米左右。中空，枕面中部略凹，以利置頭頸。今民間所用多爲綿枕，中實以絲絮、蕎麥皮之類，亦有摻入中藥者，是爲藥枕。《説文·木部》："枕，臥所以薦首者。"《釋名·釋床帳》："枕，檢也。所以檢項也。"《廣韵·上寢》："枕，枕頭也。"《詩·陳風·澤陂》："寤寐無爲，輾轉伏枕。"康熙《漳州府志》卷二七："古者用木作枕，今以細竹絲編成，漆之，精妙可觀，出龍巖者最佳。又有扶手，以皮覆蓋，旅人用以收拾置輿中，夜置床上可作枕。"

三彩鴛鴦紋枕

玉枕

　　玉製枕頭。相傳殷商時已有之。晋王嘉《拾遺記》卷七："漢誅梁冀，得一玉虎頭枕，云單池國所獻。檢其頷下，有篆書字，云是帝辛之枕，嘗與妲己同枕之，是殷時遺寶也。"1973 年，河北保定中山王墓出土一玉枕，長 37.6 厘米，寬 23.5 厘米，高 14.7 厘米。木胎，長方形。枕面成弧形，通體鑲玉片。《晋書·王澄傳》："澄手嘗捉玉枕以自防，故敦未之得發。"唐王維《送孫秀》詩："玉枕雙文簟，金盤五色瓜。"《新五代史·史弘肇傳》："燕人何福進有玉枕，直錢十四萬，遣僮賣之淮南以鬻茶。"

竹枕

竹製枕頭。唐劉威《冬夜旅懷》詩："寒窗危竹枕，月過半床陰。"明王圻等《三才圖會·器用》收有竹枕圖，可參閱。

賣竹枕

色綾枕

木枕之一種。其木紋如彩色綾緞，故名。唐代已有之。唐段成式《酉陽雜俎續集·支植》："臺山有色綾木，木理如綾文，百姓取爲枕，呼爲色綾枕。"

豆枕

以豆殼作枕芯的枕頭。唐宋時已有之。五代齊己《夏日雨中寄幕中知己》詩："豆枕敲凉冷，蓮峰入夢魂。"

角枕

以獸角裝飾之枕頭。其名始見於先秦時期。《詩·唐風·葛生》："角枕粲兮，錦衾爛兮。"唐

白居易《苦熱中寄舒員外》詩："藤床鋪晚雪，角枕截寒玉。"

虎枕

伏虎形枕頭。據《西京雜記》卷五記載：傳說漢將李廣獵於冥山之北，見一卧虎，一箭射斃，斷其首以爲枕，故後人遂多製枕作伏虎形。宋高承《事物紀原·虎枕》："事始記爲虎枕之始。魏咸熙中，得梁冀玉虎枕。"是知此物漢魏時已行用。

夜明枕

亦稱"夜光枕"。夜間能發光的枕頭。唐代宮廷及貴族家中嘗有之。五代王仁裕《開元天寶遺事》卷四："虢國夫人有夜明枕，設於堂中，光照一室，不假燈燭。"唐鄭嵎《津陽門》詩："堂中特設夜明枕，銀燭不張光鑒帳。"唐鄭處誨《明皇雜録》卷下："太平公主玉葉冠，虢國夫人夜光枕，楊國忠鎖子帳，皆稀代之寶，不能計其直。"

【夜光枕】

即夜明枕。此稱唐代已行用。見該文。

紅蕤枕

本指傳說中之仙枕。據唐張讀《宣室志》卷六記載，杜陵韋弇寓於蜀郡，春游鄭氏亭遇群仙，群仙自稱玉清宮之女，宴飲絲竹，并贈弇三寶：碧瑶杯、紅蕤枕、紫玉函。後亦以紅蕤枕代指綉花枕頭。宋毛滂《小重山·春雪小醉》詞："十年舊事夢如新，紅蕤枕，猶暖楚峰雲。"清陳維崧《賀新郎·雲郎合卺》："最難忘，紅蕤枕畔，泪花輕。"

瓷枕

瓷質枕頭。唐代以來多有燒製。出土實物以宋代定窯白瓷孩兒枕最爲著名。1977 年河

北上蔡南關出土，高18厘米，長30厘米，寬12厘米。通體乳白釉色。狀爲嬰兒伏卧榻上，嬰背爲枕面，雙臂搭放頜下，右手持一繫縧綉球。雙腿交叉，身着長袍，上套坎肩，下裳有團花裝飾。榻四周浮雕螭龍和如意頭紋飾。嬰兒神態自然，雙目有神，笑容可掬，爲定窰瓷器中之精品。現藏故宫博物院。

宋定窰嬰戲枕

書枕

捲紙作書軸狀，用以爲枕，以示儒雅。明高濂《遵生八箋・起居安樂箋下・怡養動用事具》："書枕，癯仙製。用紙三大卷，狀如碗，品字相叠，束縛成枕。頭枕上卷，每卷綴以朱簽牙牌，下垂，一曰太清天籙，一曰南極壽書，一曰蓬萊仙籍，用以枕於書窗之下，便作一夢清雅。"

通中枕

空心枕。漢代尚書郎入直台中官供卧具之一，後遂沿用之。《後漢書・鍾離意傳》："給帷被皂袍。"李賢注引漢蔡質《漢官儀》："尚書郎入直台中，官供新縑白綾被，或錦被，畫夜更宿，帷帳畫，通中枕、卧旆蓐，冬夏隨時改易。"唐白居易《冬夜與錢員外同直禁中》詩："連鋪青縑被，對置通中枕。"

豹頭枕

豹頭形枕，俗以爲可以辟邪。今考古發現者爲唐代之物。正面爲豹頭形，張口露齒，姿態凶猛。其名始見諸唐代文獻。唐張鷟《朝野僉載》卷五："逆韋之妹，馮太和之妻，號七姨，信邪，見豹頭枕以辟邪，白澤枕以去魅，

作伏熊枕以爲宜男……韋之敗也，虢王矸七姨頭送朝堂，則知辟邪之枕無效矣。"

菊枕

用菊花作内芯之枕頭。古謂能清頭目，去邪穢。宋陸游《老態》詩之一："頭風便菊枕，足痹倚藜床。"元洪希文《枕簟入林僻》詩："桃笙寄憊懑，菊枕便昏花。"元陳元靚《歲時廣記・作菊枕》引《千金方》："常以九月九日，取菊花作枕袋、枕頭，大能去頭風，明眼目。"

琥珀枕

琥珀所製之枕。漢代已有。晋葛洪《西京雜記》卷一："趙飛燕爲皇后，其女弟在昭陽殿遺飛燕書曰：今日嘉辰，貴姊懋膺洪册，謹上襚三十五條，以陳踴躍之心：金花紫輪帽、金花紫羅面衣……琥珀枕、龜文枕。"據《南史・宋武帝紀》，寧州嘗獻琥珀枕，光色甚麗，價盈百金。時將北伐，或曰琥珀可療金瘡，武帝命碎之，分賜諸將。

楠榴枕

以有癭瘤之楠木製成的木枕，取其文理盤錯、花斑集結之美。後亦有以攬胎瓷器仿其文理者，如河南臨汝唐墓曾出土的三彩瓷枕等。三國吳張紘有《瓌材枕賦》。《三國志・吳書・張紘傳》裴松之注引《吳書》："紘見楠榴枕，愛其文，爲作賦。"晋蘇彦《楠榴枕銘》："珍木之奇，文鬱理鮮。"明方以智《通雅》卷四三："楠榴乃斗斑櫻木，非塗林之丹若也。吳張紘有《楠榴枕賦》，人多疑爲石榴。按《後山叢談》曰：嘉州産紫竹、楠榴。蓋木有癭瘤，取其材多花斑，謂之瘻子木……陳後主施瓦官寺，有南榴枕，即楠榴。"

寶枕

指三國魏甄后之玉鏤金帶枕。曹植持此枕思甄后至洛水作《洛神賦》（一名《感甄賦》），事見《文選·曹植〈洛神賦〉》李善注。唐李賀《春懷引》詩：“寶枕垂雲選春夢，鈿合碧寒龍腦凍。”《花月痕》第一五回：“寶枕贈陳思，漢佩要交甫。”

警枕

亦稱“敧枕”。指使人易覺醒之枕。以圓木爲之，枕轉則人醒。或枕以鈴，動輒有聲。唐宋時已有之。唐陸龜蒙《和人宿木蘭院》詩：“猶憶故山敧警枕，夜來嗚咽似流泉。”《資治通鑑·後梁均王貞明五年》：“〔錢〕鏐自少在軍中，夜未嘗寐，倦極則就圓木小枕，或枕以大鈴，寐熟輒欹而寤，名曰警枕。”宋王應麟《困學紀聞》卷五：“司馬文正公以圓木爲警枕，少睡則枕轉而覺，乃起讀書。”宋李之儀《千秋歲》詞：“掩門春絮亂，敧枕秋蛩咽。”

【敧枕】

即警枕。此稱宋代已行用。見該文。

靠枕

亦稱“引枕”。用於倚靠的枕頭。多圓墩形，較軟，置於炕床或卧榻上，斜卧時以爲依靠。《宋史·輿服志六》：“樺皮龍飾角弓一，金龍環刀一，紅絧絲靠枕一。”《紅樓夢》第六回：“南窗下是炕，炕上大紅條氈，靠東邊板壁立着一個鎖子錦靠背與一個引枕。”又第七一回：“當中獨設一榻，引枕、靠背、腳踏俱全，自己歪在榻上。”

【引枕】

即靠枕。此稱清代已行用。見該文。

竹夫人

古代消暑用具。編青竹爲長籠，或取整段竹中間通空，四周開洞以通風，暑日置床席間，以憩手足。唐時名“竹夾膝”。清趙翼《陔餘叢考·竹夫人湯婆子》：“編竹爲筒，空其中而竅其外，暑時置床席間，可以憩手足，取其輕凉也，俗謂之竹夫人。按陸龜蒙有《竹夾膝》詩，《天禄識餘》以爲即此器也。然曰夾膝，則尚未有夫人之稱，其名蓋起於宋時。”按：陸詩全題爲《以竹夾膝贈襲美》，另皮日休有《魯望以竹夾膝見寄因次韵酬謝》詩。至宋始稱竹夫人。宋蘇軾《送竹几與謝秀才》詩：“留我同行木上坐，贈君無語竹夫人。”王文誥輯注引查慎行曰：“蓋俗謂竹几爲竹夫人也。”宋陸游《初夏幽居》詩之二：“瓶竭重招麴道士，床空新聘竹夫人。”亦稱“青奴”。宋黃庭堅《趙子充示竹夫人詩蓋凉寢竹器憩臂休膝似非夫人之職予爲名曰青奴并以小詩取之》之二：“我無紅袖堪娛夜，政要青奴一味凉。”亦稱“竹奴”。宋方夔《雜興》詩之三：“凉與竹奴分半榻，夜將書孃伴孤燈。”

竹夫人
（明王圻等《三才圖會》）

【竹夾膝】

“竹夫人”之本名。此稱唐代已行用。見該文。

【青奴】

即竹夫人。此稱宋代已行用。見該文。

【竹奴】

即竹夫人。此稱宋代已行用。見該文。

【竹几】

"竹夫人"之正名。唐白居易《閑居》詩："南簷半床日，暖臥因成熟。綿袍擁兩膝，竹几支雙臂。"宋蘇軾《午窗坐睡》詩："蒲團蟠兩膝，竹几閣雙肘。"又《次韵柳子玉》詩："聞道床頭惟竹几，夫人應不解卿卿。"自注："俗謂竹几爲竹夫人。"明張岱《陶庵夢憶·不二齋》："余於左設石床竹几，帷之紗幕，以障蚊虻。"

枕幃

香囊枕頭，猶今之藥枕。采酴醾、菊花等香草花卉曬乾後縫入囊中以爲枕頭。幃，即香囊，故又稱"枕囊"。宋代已行用。宋黃庭堅《見諸人唱和酴醾詩輒次韵》詩："名字因壺酒，風流付枕幃。"又《觀王主簿家酴醾》詩："風流徹骨成春酒，夢寐宜人入枕囊。"宋陸游《余年二十時嘗作菊枕詩頗傳於人今秋偶復采菊縫枕囊悽然有感》詩："采得黃花作枕囊，曲屏深幌悶幽香。"

【枕囊】

即枕幃。此稱宋代已行用。見該文。

枕巾

亦稱"帉""枕頭衣"。鋪於枕上的巾類物品。《說文·巾部》："帉，枕巾也。"清段玉裁注："蓋加枕以藉首，爲易污也，今俗所謂枕頭衣。"今又稱"枕衣"。

【帉】

即枕巾。此稱漢代已行用。見該文。

【枕頭衣】

即枕巾。此稱清代已行用。見該文。

【枕衣】

即枕巾。此稱多行用於近現代。見該文。

衾被類

被

亦稱"寢衣""衾"。臥眠時覆體保暖之具。即今"被子"。《論語·鄉黨》："必有寢衣，長一身有半。"何晏集解引孔安國注："今之被也。"《說文·衣部》："被，寢衣，長一身有半。"《玉篇·衣部》："被，衾也。"唐李白《寄遠十二首》詩之十一："床中繡被卷不寢，至今三載聞餘香。"宋李清照《鳳凰臺上憶吹簫》詞："香冷金猊，被翻紅浪，起來慵自梳頭。"

【寢衣】

即被。此稱先秦時期已行用。見該文。

【衾】[1]

即被。此稱先秦時期已行用。見該文。

【被頭】

"被子"之俗稱。唐韓偓《惆悵》詩："被頭不暖空沾泪，釵股欲分猶半疑。"金董解元《西廂記諸宮調》卷六："被頭兒上泪點知多少，媚媚的不乾，抑也抑得着。"按：今民間俗稱"被頭"者，爲縫於被首防污之布帛，古謂之"被池"。參閱唐顏師古《匡謬正俗》卷七。

【被卧】

即被子。宋元以來民間之俗稱。《水滸傳》第十回："衹説林冲就床上放了包裹被卧，就坐下生些焰火起來。"《二刻拍案驚奇》卷四："得到床上，五個人多是醉的，看着被卧，倒頭便睡。"

【卧單】

即被子。《景德傳燈録》卷一七："師曰：'還有卧單得蓋否？'曰：'没有，亦無展底功夫。'"元鄭光祖《三戰吕布》第二折："大河裏淌下卧單來，可知流被哩。"

布被

亦稱"布衾"。布製之被。家境清貧或生活儉樸者多用之。漢劉向《列女傳·魯黔婁妻》："枕墼席稿，緼袍不表，覆以布被。"《漢書·叙傳下》："布衾疏食，用儉飭身。"《後漢書·王良傳》："〔王良〕妻子不入官舍，布被瓦器。"《晋書·楊軻傳》："常卧土床，覆以布被，偎寢其中，下無茵褥。"唐杜甫《茅屋爲秋風所破歌》："布衾多年冷似鐵，嬌兒惡卧踏裏裂。"

【布衾】

即布被。此稱漢代已行用。見該文。

紙被

亦稱"紙衾"。古時一種以藤纖維紙製成的被子。宋人詩文中尚有其製作原料及修整方法的記載。宋劉子翬《吕居仁惠建昌紙被》詩中"嘗聞盱江藤，蒼崖走虬屈。斬之霜露秋，漚以滄浪色。粉身縱澼絖，蜕骨齊麗密"數句，言明紙被的原料來源及製作過程。宋蘇軾《物類相感志·衣服》："紙被舊而毛起者將破，用黄蜀葵梗五七根捶碎水浸涎刷之則如新。或用木槿針葉搗水刷之亦妙。"宋陸游《謝朱元晦寄紙被》詩："紙被圍身度雪天，白於狐腋軟於綿。"宋高翥《同周晋仙夜宿》詩："更有詩人窮似我，夜深來共紙衾眠。"

【紙衾】

即紙被。此稱宋代已行用。見該文。

百幅被

指極寬大之被。《梁書·裴之横傳》："不事産業，〔兄〕之高以其縱誕，乃爲狹被疏食以激厲之。之横歎曰：'大丈夫富貴，必作百幅被。'"

夾被

没有被胎，衹有表裏的被子。《水滸傳》第七四回："燕青、李逵衹得就市梢頭賃一所客店安下，把擔子歇了，取一床夾被，教李逵睡着。"《恨海》第三回："〔棣華〕不覺慌張起來，抖了一床夾被窩，輕輕同他蓋上，自家守在旁邊。"

重纊

厚絲綿。亦指用厚絲綿製成的衣被。《文選·潘岳〈悼亡詩〉之二》："豈曰無重纊？誰與同歲寒！"李善注引孔安國《尚書傳》曰："纊，細綿也。"唐元稹《六年春遣懷》詩之一："重纊猶存孤枕在，春衫無復舊裁縫。"明唐順之《贈督府張半洲兼束周中丞石崖》詩之二："撫士嚴冬挾重纊，屏人半夜草陰符。"

裯

單被。亦泛指衾被。《詩·召南·小星》："肅肅宵征，抱衾與裯。"毛傳："衾，被也。裯，禪（單）被也。"陳奂傳疏："《傳》釋衾爲被，裯爲禪被者，渾言則衾裯皆被名，析言則裯爲禪被，而衾爲不禪之被也。"宋楊萬里《霜夜無睡聞畫角孤雁》詩："擁裯起望何人伴？衹有殘燈半暈青。"

繡被

繡有彩色花紋之衾被。《漢書·霍光傳》："上及皇太后親臨光喪……賜金錢、繒絮、綉被百領。"漢劉向《說苑·善說》:"越人擁楫而歌,歌辭曰:'……山有木兮木有枝,心說君兮君不知。'於是鄂君子皙乃褕脩袂行而擁之,舉綉被而覆之。"

壓被

以金屬或土石等製成各種人物、動物形象,壓於被上。亦可爲玩好,或可防被開啓,以保暖。宋元以來民間盛行之。清褚人穫《堅瓠秘集》卷二引宋洪邁《夷堅雜志》:"宋時臨安風俗繁華,嬉游湖上者,競置泥孩等物,回家送人。象院西一民家女買得壓被孩兒,歸置於床屏之上,玩弄愛惜。"《金瓶梅詞話》第五八回:"因那日薛姑子、王姑子家去,來對月娘說,向房中拿出他壓被的銀獅子一對來,要教薛姑子印造《佛頂心陀羅經》,趕八月十五日岳廟裏去舍。"

被池

被子的緣飾。被之形方,其周飾有如池岸,故名。唐顏師古《匡謬正俗》卷七:"池者,緣飾之名,謂其形象水池耳。左太冲《嬌女》詩云:'衣被皆重池',即其證也。今人被頭別施帛爲緣者,猶謂之被池。"

衾²

先秦時通指被,兩漢或特指大被,其後又復通指被。《說文·衣部》:"衾,大被。"桂馥義證:"'大被'也者,《一切經音義》二十一引《字林》同。《廣雅》:衾,被也。《釋名》:衾,廣也。其下廣大,如廣,受人也。《詩·召南·小星》:'抱衾與裯。'傳云:'衾,被也。'《士喪禮》:'幠用斂衾。'注云:'衾,被也。'《環濟要略》:孟仁母爲作大被。或問其故。母曰:小兒

無德以致賓客,學者多貧,故爲大被,庶可得氣類相接也。"《詩·召南·小星》:"肅肅宵征,抱衾與裯。"毛傳:"衾,被也。"北齊劉晝《新論·慎獨》:"獨立不慚形,獨寢不愧衾。"後蜀顧夐《訴衷情》詞之二:"怎忍不相尋,怨孤衾。換我心,爲你心,始知相憶深。"元王實甫《西廂記》第四折:"生則同衾,死則同穴。"

錦衾

亦稱"錦被"。以織錦爲表,較華麗,先秦時期已見之。《詩·唐風·葛生》:"角枕粲兮,錦衾爛兮。"《三國志·吳書·蔣欽傳》:"權歎其在貴守約,即敕御府爲母作錦被,改易帷帳,妻妾衣服悉皆錦繡。"《晉書·列女傳·羊耽妻辛氏》:"〔羊〕祜嘗送錦被,憲英嫌其華,反而覆之,其明鑒儉約如此。"唐孟浩然《寒夜》詩:"錦衾重自暖,遮莫曉霜飛。"唐岑參《白雪歌送武判官歸京》詩:"散入珠簾濕羅幕,狐裘不暖錦衾薄。"

【錦被】

即錦衾。此稱晉代已行用。見該文。

鴛衾

繡有鴛鴦之被。常指夫妻共寢之被。唐錢起《長信怨》詩:"鴛衾久別難爲夢,鳳管遥聞更起愁。"唐杜牧《爲人題贈》詩:"和簪抛鳳髻,將泪入鴛衾。"明陶宗儀《輟耕錄·鴛衾》:"孟蜀主〔昶〕一錦被,其闊猶今之三幅帛,而一棱織成。被頭作二穴,若雲版樣,蓋以叩于項下,如盤領狀。兩側餘錦則擁覆于肩,此之謂鴛衾也。"

羅衾

以絲織品製成的被子。漢張衡《同聲歌》:"願爲羅衾幬,在上衛風霜。"南唐李煜《浪淘

沙》詞：“羅衾不耐五更寒，夢裏不知身是客，一晌貪歡。”

墊褥類

褥

亦作“縟”。坐卧具上的鋪墊物。今俗稱“褥子”者爲床褥。其制略小於被，中實棉絮，表裏以布帛或錦緞。《釋名·釋床帳》：“褥，辱也，人所坐藉辱也。”《玉篇·衣部》：“褥，氈褥。”《集韵·入燭》：“褥，藉也。”《後漢書·張禹傳》：“乃詔禹舍宫中，給帷帳床褥。”南朝宋劉義慶《世説新語·雅量》：“〔顧雍〕以爪掐掌，血流沾褥。”南朝宋謝惠連《雪賦》：“携佳人兮披重幄，援綺衾兮坐芳縟。”《紅樓夢》第一一回：“〔鳳姐〕於是坐在秦氏的褥子上。”

【縟】

同“褥”。此體南北朝時期已行用。見該文。

皮褥

以毛皮製成的褥子，輕柔温暖，爲古時常物。《後漢書·王暢傳》：“郡中豪族多以奢靡相尚，暢常布衣皮褥，車馬羸敗，以矯其敝。”《藝文類聚》卷七〇引晋張璠《漢記》：“荀爽爲三公，食不過一肉，脱粟飯，坐皮縟。”縟，通“褥”。《紅樓夢》第五三回：“兩邊又鋪皮褥……小炕上也鋪了皮褥。”

【皮縟】

同“皮褥”。此體晋代已行用。見該文。

坐褥

置於炕几兩側或其他坐具之上的褥子。多以厚氈等製成。宋蘇軾《繳進陳繹詞頭狀》：“〔陳繹〕縱男役將下禁軍織造坐褥，不令赴教。”《兒女英雄傳》第一六回：“我從頭上直到脚下，以至他的鋪蓋坐褥，都給他張羅妥當了。”《紅樓夢》第一九回：“一面説，一面將自己的坐褥拿了來，鋪在一個机子上，扶着寶玉坐下。”

絪縟

亦稱“絪席”。内裝棉絮的褥墊。晋葛洪《抱朴子·登涉》：“或問：道士山居，樓巖庇岫，不必有絪縟之温，直使我不畏風濕，敢問其術也。”唐鄭綮《開天傳信記》：“三藏飲酒食肉，言行粗易，往往乘醉而喧，穢污絪席。”

【絪席】

即絪縟。此稱唐代已行用。見該文。

羅茵

亦作“羅裀”。絲綢褥子。後蜀顧敻《甘州子》詞：“雲迷水隔意中人，寂寞綉羅茵。”宋周邦彦《齊天樂·秋思》詞：“雲窗静掩，歎重拂羅裀，頓疏花簟。”

【羅裀】

同“羅茵”。此體宋代已行用。見該文。

羅薦

指以絲織物製成之華美席褥。薦本草席，此泛指席褥。《藝文類聚》卷六九引《漢武帝故事》：“帝齋於尋真臺，設紫羅薦。”宋周邦彦《玲瓏四犯》詞：“夜深偷展香羅薦。”

毯

亦稱“毛褥”。毛毯。一種鋪墊用的絲毛織品。唐佚名《補江總白猿記》：“其下緑蕪，豐軟如毯。”唐白居易《紅綫毯》詩：“一丈毯，千兩絲，地不知寒人要暖，少奪人衣作地衣。"
《新五代史・梁臣傳・王重師傳》："重師遽起，
悉取軍中氈毯沃以水，蒙之火上。"宋俞琰《席
上腐談》卷上："氈之異名曰毛席，毯之異名曰
毛褥，猶竹笠呼爲竹巾。"

【毛褥】

即毯。此稱宋代已行用。見該文。

罽茵

亦稱"罽毯"，單稱"罽"，一作"氋"。毛
毯。《爾雅・釋言》："氂，罽也。"郭璞注："毛氂
所以爲罽。"邢昺疏："罽者，織毛爲之，若今
之毛氍毹。"《漢書・高帝紀下》："賈人毋得衣錦
綉、綺穀、絺紵、罽。"顔師古注："罽，織毛，
若今氍及氍毹之類也。"《正字通・網部》："罽，
同氋。"《後漢書・李恂傳》："諸國侍子，及督使
賈胡數遺恂奴婢、宛馬、金銀、香罽之屬，一
無所受。"李賢注："罽，織毛爲布者。"唐張
說《安樂郡主花燭行》詩："罽茵飾地承珚履，
花燭分階移錦帳。"《宋史・禮志十六》："凡大
宴……宰相、使相坐以綉墩；參知政事以下用
二蒲墩，加罽毯。"元柳貫《次伯長侍制韻送王
繼學等扈從上京》詩："賦成特賜麒麟罽，宴出
初擎碼磂盤。"明李夢陽《上元訪杜煉師》詩：
"織罽四角銀麒麟，酒肉山堆滿堂醉。"清蒲松
齡《聊齋志異・蓮香》："及歸，則自門達堂，悉
以罽毯貼地，百千籠燭，燦列如錦。"

【罽毯】

即罽茵。此稱漢代已行用。見該文。

【罽】

"罽茵"之單稱。此稱漢代已行用。見該文。

【氋】

同"罽"。即罽茵。此體漢代已行用。見該
文。

罽綉

亦稱"花罽"。罽毯之有文飾者，即綉花
毛毯。漢代即已有之。漢桓寬《鹽鐵論・散不
足》："罽綉弇汗，垂珥胡鮮。"《太平廣記》卷
三三四引唐張讀《宣室志》："堂上悉以花罽薦
地。"

【花罽】

即罽綉。此稱唐代已行用。見該文。

榻登

細毛毯。常於冬日鋪設室內。西域多產。
古時於大床前施小榻，上銷毛毯，蹬以上床，
故名。《釋名・釋床帳》："榻登，施之承大床前
小榻上，登以上床也。"亦作"氍毹"。漢班固
《與弟書》："月支氍毹大小相雜，但細好而已。"
《後漢書・西域傳》："〔天竺國〕又有細布，好
氍毹。"唐玄應《一切經音義》卷一四引《通
俗文》曰："織毛蓐……細者謂之氍毹。"亦作
"氍毹"。《樂府詩集・雜曲歌辭・樂府古辭》："氍
毹氍毹五木香，迷迭艾納及都梁。"

【氍毹】

同"榻登"。此體漢代已行用。見該文。

【氍毹】

同"榻登"。此體漢代已行用。見該文。

【毛席】

即榻登。《後漢書・西域傳》："好氍毹。"李
賢注引《坤蒼》曰："毛席也。"《唐韵・上敢》：
"毯，毛席也。"宋俞琰《席上腐談》卷上："氈
之異名曰毛席，毯之異名曰毛褥。"按：俞説非
是，毛席當爲毯之異名。

皋比

虎皮所製之坐褥。古以指武將坐席，亦泛

指坐具。皋，一作臯。唐戴叔倫《寄禪師寺華上人次韵》詩之二：“猊座翻蕭索，皋比喜接連。”宋朱熹《横渠先生畫像贊》：“早悦孫吳，晚逃佛老，勇撤皋比，一變至道。”明劉基《賣柑者言》：“今夫佩虎符，坐皋比者，洸洸乎干城之具也。”。

【臯比】

同“皋比”。此體唐代已行用。見該文。

簟席類

筵

墊底的粗席。古人設席，每每不止一層，下層稱筵，筵上曰席。其制略大於席。《周禮·春官·序官》：“司几筵下士二人。”鄭玄注：“筵亦席也。鋪陳曰筵，藉之曰席。”賈公彦疏：“設席之法，先設者皆言筵，後加者爲席。”《詩·大雅·行葦》：“或肆之筵，或授之几。”陸德明釋文：“筵，席也。”《説文·竹部》：“筵，竹席也。”段玉裁注：“《周禮·司几筵》〔鄭玄〕注曰：‘筵亦席也……’然其言之，筵席通也。”《文選·張衡〈東京賦〉》：“度堂以筵，度室以几。”李善注引薛綜曰：“筵，席也，長九尺。”唐段成式《酉陽雜俎·樂》：“咸陽宫中有鑄銅人十二枚，坐皆三五尺，列在一筵上。”唐以來坐具漸高大，遂亦以筵代指坐席。明李昌祺《剪燈餘話·月夜彈琴記》：“議論風生，驚四筵之雄辯。”

席

坐臥時之鋪墊物，多以蘆葦、秫秸、竹篾編織而成。最初，以莞蒲織成者稱“席”，以蒿秸編就者稱“薦”，後乃渾言之，凡鋪墊用具皆可稱“席”。古者席地而坐，故席敷於室内地上或筵上，多爲方形，略小於筵。其大者可容數人，小者容一人。唐代以後，多鋪於床上。古代用席，依主人身份可分多重。《禮記·禮器》載：“天子之席五重，諸侯之席三重，大夫再重。”《詩·大雅·行葦》：“肆筵設席，授几有緝御。”朱熹集傳：“重席也。”《周禮·春官·司几筵》：“設莞筵紛純。”賈公彦疏：“凡敷席之法，初在地者一重即謂之筵，重在上者即謂之席。”《孟子·滕文公上》：“其徒數十人，皆衣褐，捆屨織席以爲食。”南朝宋劉義慶《世説新語·德行》：“武王式商容之閭，席不暇暖。”

茵席

褥墊，席子。《韓非子·十過》：“四壁堊墀，茵席雕文。”漢傅毅《舞賦》：“陳茵席而設坐兮，溢金罍而列玉觴。”《梁書·范縝傳》：“人之生譬如一樹花……隨風而墮，自有拂簾幌墜於茵席之上，自有關籬墙落於糞溷之側。”唐牛僧儒《玄怪録·崔書生》：“崔生乃於花下先致酒茗樽杓，鋪陳茵薦。”薦，同“席”。宋蘇軾《贈章默》詩：“朝吟噎鄰里，夜泪腐茵席。”又《祭文與可文》：“夢相從而驚覺，滿茵薦之濡泪。”

【茵薦】

同“茵席”。此體唐代已行用。見該文。

衽席

臥席。後亦泛指坐臥具上的鋪墊物。《周禮·天官·玉府》：“掌王之燕衣服、衽席、床第、凡褻器。”賈公彦疏：“衽席者，亦燕寢中臥席。”“衽，臥席也。”《莊子·達生》：“衽席之上，飲食之間，而不知爲之戒者，過也。”《後漢書·皇后紀序》：“高祖帷薄不修，孝文衽席無辨。”《三國演義》第四三回：“拯民於水火之中，措天下於衽席之上。”

薦席

單稱“薦”。草編墊席。以藉以自薦，故名。《廣雅·釋器》：“薦，席也。”王念孫疏證：“《釋名》云：‘薦，所以自薦藉也。’《晏子春秋·雜上十二》云：‘布薦席，陳簠簋。’”《楚辭·劉向〈九歎·逢紛〉》：“薛荔飾而陸離薦兮。”王逸注：“薦，臥席也。”《世說新語·德行》：“既無餘席，便坐薦上。”《晋書·列女傳·陶侃母湛氏》：“湛氏乃徹所臥新薦，自剉給其馬。”

【薦】

“薦席”之單稱。此稱先秦時期已行用。見該文。

水葱席

以水葱草（一名翠菅）編成的席。《新唐書·地理志二》：“登州東牟郡，中都督府……土貢：貲布、水葱席、石器。”參閱明楊慎《丹鉛總録·花木·翠菅》。

竹席

亦稱“筠席”“筠簟”。以竹篾編成的席。《説文·竹部》：“簟，竹席也。”南朝梁簡文帝《七勵》：“夏則桃笙竹席，冬則青筦金鬃。”唐陸龜蒙《茶甌》詩：“光參筠席上，韵雅金罍側。”又《開元寺避暑懷魯望》詩：“筠簟臨杉穗，紗巾透雨絲。”五代魏承班《訴衷情》詞之三：“筠簟冷，碧窗凉。”宋王觀《芍藥譜》：“惟芍藥及時取根，盡取本土，貯以竹席之器，雖數千里之遠，一人可負數百本而不勞。”

【筠席】

即竹席。此稱唐代已行用。見該文。

【筠簟】

即竹席。此稱唐代已行用。見該文。

紅席

用紅色葭草編織成的席。其名始見於南朝，後世沿稱之。《南史·梁武帝紀下》：“時海中浮鵠山，去餘姚岸可千餘里，上有女人，年三百歲。有女冠道士四五百人，年並出百，但在山學道，遣使獻紅席。帝方捨身時，其使適至，云此草常有紅鳥居下，故以爲名。觀其圖狀，則鸞鳥也。”

莞席

亦稱“莞筵”“莞簟”。以莞草編織的席子。《詩·小雅·斯干》：“下莞上簟，乃安斯寢。”鄭玄箋：“莞，小蒲之席也。”《爾雅·釋草》：“莞，苻蘺；其上蒚。”郭璞注：“今西方人呼蒲爲莞蒲……今江東謂之苻蘺，西方亦名蒲，中莖爲蒚，用之爲席。”《説文·草部》：“莞，草也，可以作席。”《周禮·春官·司几筵》：“設莞筵紛純，加繅席畫純。”《梁書·孫謙傳》：“冬則布被莞席，夏日無幬帳而夜臥。”唐王維《苦熱》詩：“莞簟不可近，絺綌再三濯。”

【莞筵】

即莞席。此稱先秦時期已行用。見該文。

【莞簟】

即莞席。此稱唐代已行用。見該文。

豹席

以豹皮製成之席。多爲隱士所用。《新唐書·隱逸傳·張志和》：“兄鶴齡恐其遁世不還，爲築室越州東郭，茨以生草，椽棟不施斤斧，豹席棕屬，每垂釣不設餌，志不在魚也。”

筍席

嫩竹青皮編成的席子，性頗柔韌。筍，嫩竹之青皮，又稱"篾青"。《書·顧命》："西夾南嚮，敷重筍席。"孔傳："筍，蒻竹。"孔穎達疏："《釋草》云：'筍，竹萌。'孫炎曰：'竹初萌生謂之筍。'是筍爲蒻竹，取筍竹之皮以爲席也。"陸德明釋文："徐云：竹子，竹〔可〕爲席。於貧反。"《南史·隱逸傳上·宗測》："王儉亦雅重之，贈以蒲褥筍席。"

葦席

用蘆葦編織成的席子。古代喪葬時常用之物。《周禮·春官·司几筵》："凡喪事設葦席。"《禮記·雜記上》："士輤，葦席以爲屋，蒲席以爲裳帷。"《後漢書·禮儀制下》："以木爲重，高九尺，廣容八曆，裹以葦席。"《新唐書·元載傳》："郇謨以麻總髮，持竹笥、葦席，行哭長安東市。"

簟席

竹席。《禮記·喪大記》："大斂於阼，君以簟席，大夫以蒲席，士以葦席。"陳澔集說："簟席，竹席也。"《荀子·非十二子》："奧窔之閒，簟席之上，斂然聖王之文章具焉，佛然平世之俗起焉。"唐劉恂《嶺表録異》卷上："南中醞酒……以指中心刺作一竅，布放簟席上，以枸杞葉攢罨之。"清劉大櫆《祭張閑中文》："何池亭之幽邃，敷簟席以連床。"

蒻席

單稱"蒻"，亦稱"蒲席"。以細蒲草編織成的席子，古人以爲席之精品。《說文·草部》："蒻，蒲子，可以爲平席。"又"蒲，水草也，可以作席。"《楚辭·招魂》："蒻阿拂壁，羅幬張些。"王逸注："蒻，蒻席也。"《禮記·喪大記》："君以簟席，大夫以蒲席……"《淮南子·主術訓》："匡床蒻席，非不寧也，然民有處邊城、犯危難、澤死暴骨者，明主弗安也。"漢桓寬《鹽鐵論·散不足》："古者皮毛草蓐，無袵席之加，旃蒻之美。"

【蒻】

"蒻席"之單稱。此稱先秦時期已行用。見該文。

【蒲席】

即蒻席。此稱先秦時期已行用。見該文。

熊席

熊皮製成之席。《周禮·春官·司几筵》："甸役，則設熊席。"《呂氏春秋·分職》："宛春諫曰：'公衣狐裘，坐熊席，陬隅有竈，是以不寒。'"《西京雜記》卷一："録熊席，席毛長二尺餘，人眠而擁毛自蔽，望之者不能見，坐則没膝其中。"

龍鬚席

省稱"龍鬚"。以龍鬚草莖編織的草席。《初學記》卷二五引晉張敞《東宮舊事》："太子有獨坐龍鬚席，赤皮席、花席、經席。"《玉臺新咏·長樂佳》："玉枕龍鬚席，郎眠何處床？"唐韓偓《已凉》詩："八尺龍鬚方錦褥，已凉天氣未寒時。"《新唐書·地理志一》："鳳翔府扶風郡……土貢：榛實、龍鬚席、蠟燭。"

【龍鬚】

"龍鬚席"之省稱。此稱唐代已行用。見該文。

豐席

一說爲蒲席，一說爲竹席。始於先秦時。《書·顧命》："東序西嚮，敷重豐席。"孔傳："豐，莞。"孔穎達疏引郭璞云："今之西方人呼蒲爲莞，用之爲席也。”又“鄭玄云：‘豐席，刮凍竹席。’”

蘸席

以水邊所生蘸草編織的席子。《玉篇・草部》：“蘸，蒯屬，可爲席。”唐時作爲貢物。《新唐書・地理志二》：“滑州靈昌郡……土貢：方紋綾、紗、絹、蘸席。”又“許州潁川郡，望。土貢：絹、蘸席、柿。”

床笫

亦稱“床席”。床上墊席。《説文・竹部》：“笫，床簀也。”《方言》第五：“床，齊魯之間謂之簀，陳楚之間或謂之笫。”《周禮・天官・玉府》：“掌王之燕衣服、衽席、床笫、凡褻器。”賈公彥疏：“床笫者，謂燕寢中床簀也。”《左傳・襄公二十七年》：“床笫之言不逾閾，況在野乎？”《史記・滑稽列傳》：“共粉飾之，如嫁女床席，令女居其上。”《南史・王微傳》：“終日端坐，床席皆生塵埃。”清王士禎《呂孺人孫氏墓志銘》：“臥床笫三載，爲二幼子經營娶婦，神明不亂。”

【床席】

即床笫。此稱漢代已行用。見該文。

【簀】[2]

即床笫。亦稱笫。《説文・竹部》：“簀，床棧也。”桂馥義證：“床棧也者，本書：棧，棚也。《莊子・馬蹄篇》釋文：‘編木作靈似床曰棧。崔云：木棚也。’”朱駿聲通訓定聲：“簀，如今北道以槀秸荐床，古人質素如此，後加以席，其席亦謂之簀。”《爾雅・釋器》：“簀謂之笫。”《禮記・檀弓上》：“華而睆，大夫之簀與？”鄭玄注：“簀，謂床笫也。”《後漢書・袁術傳》：“六月，至江亭。坐簀床而歎曰：‘袁術乃至是

乎！’”李賢注：“簀，笫也，謂無茵蓆也。”

【笫】

即簀[2]。此稱先秦時期已行用。見該文。

簟

亦稱“笙”。鋪墊用具。多以竹篾蘆葦編成，其精品或以象牙等爲之。《説文・竹部》：“簟，竹席也。”《釋名・釋床帳》：“簟，覃也。布之覃覃然平正也。”古人席、簟有別，席爲冬設，簟爲夏施。泛指則無區分。《詩・齊風・載驅》：

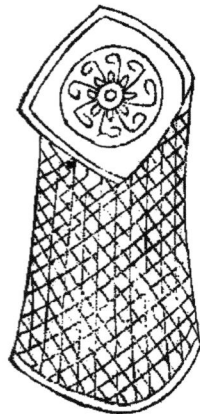

簟
（明王圻等《三才圖會》）

“載驅薄薄，簟茀朱鞹。”毛傳：“簟，方文席也。車之蔽曰茀。”《禮記・喪大記》：“君以簟席，大夫以蒲席……”鄭玄注：“簟，細葦席也。”《文選・左思〈吳都賦〉》：“桃笙象簟，韜於筒中。”劉淵林注：“桃笙，桃枝簟也。吳人謂簟曰笙。”又特指竹席，參見本考“竹席”。

【笙】

即簟。其物先秦時已通用，古時宋、魏、吳方言稱之爲“笙”。見該文。

【籧篨】

“簟”之別名。亦作“籧苗”。《方言》第五：“簟，宋魏之間謂之笙，或謂之籧苗。”唐陸龜蒙《奉和太湖詩・銷夏灣》：“日爲籧篨徒，分作祇裯雛。”原注：“渠曲二者，簟之異名。”參見本考“籧篨”。

【籧苗】

同 "籧笛"。此體漢代已行用。見該文。

冰簟

夏日所鋪竹席，猶今之涼席。《説文·竹部》："簟，竹席也。"唐李商隱《可嘆》詩："冰簟且眠金鏤枕，瓊筵不醉玉交杯。"明楊珽《龍膏記·酬咏》："一陣陣悲風凄惋，冰簟與冰肌並徹。"《金瓶梅詞話》第二七回："雲母床上鋪着那水涼冰簟，鴛鴦珊枕。"清方文《寄懷湯季雲》詩："疏簾静捲三山雨，冰簟香分四夢餘。"

【夏簟】

亦稱 "暑簟"。即冰簟。南朝梁江淹《別賦》："夏簟清兮晝不暮，冬釭凝兮夜何長。"宋蘇轍《巽堂》詩："暑簟卧清風，寒樽對佳客。"

【暑簟】

即夏簟。此稱宋代已行用。見該文。

犀簟

用犀皮製成的席子。《舊唐書·五行志》："張易之爲母阿臧爲七寶帳，有魚龍鸞鳳之形，仍爲象床、犀簟。"

象簟

亦稱 "牙簟""象牙簟"。以象牙篾織成之席。一説爲用象牙裝飾之竹席。《西京雜記》卷一："玉几玉床，白象牙簟。"又卷五："武帝以象牙爲簟，賜李夫人。"晋左思《吳都賦》："桃笙象簟，韜於筒中。"《魏書·韓務傳》："〔韓務〕除郢州刺史，獻七寶床象牙席。"據考清代雍正年間曾製有象牙席，計五件。每件長 216 厘米，寬 139 厘米，出自廣東牙雕藝人之手，以極薄之象牙篾編織而成。通體人字紋，四邊黑漆與牙本色相間之人字紋三道。至今尚能捲舒自如。據清代内務府檔案，雍正六年（1728），郎中海望奉上諭："爾等造辦處有朕先交的象牙席，照此尺寸做一黑漆床。欽此。"今僅存三件，故宫博物院藏有兩件，山東省博物館徵得一件。

【牙簟】

即象簟。此稱漢代已行用。見該文。

【象牙簟】

即象簟。此稱漢代已行用。見該文。

蘄簟

亦稱 "韭葉簟"。以蘄竹編織成的席。宋文同《寄永興吳龍圖學士》詩："使客不來化事少，一床蘄簟石林寒。"明文震亨《長物志·器具》："夏則蘄州之竹簟最佳。"陳植注引《新增格古要論》："今湖廣黄州府蘄州有竹，名'蘄竹'……其節平，久睡則涼，而不生痕，今謂之'蘄簟'。"明張岱《夜航船》卷一二："蘄州出美竹，製梅花笛、韭葉簟。白樂天詩：'笛愁春夢梅花裏，簟冷秋生韭葉中。'"

【韭葉簟】

即蘄簟。此稱明代已行用。見該文。

符籄

竹編粗席。《方言》第五："符籄……自關而西謂之符籄；南楚之外謂之籄。"郭璞注："似籧篨，直文而粗，江東呼笪。"《集韻·平唐》："符，符籄，織竹也。"明李時珍《本草綱目·服器部·簟》："籧篨、符籄，筍席。"

籧篨

亦稱 "笪""竹笪"。以竹篾或蘆葦編成之粗席。《説文·竹部》："籧，籧篨，粗竹席也。"《方言》第五："簟，其粗者謂之籧篨。"《淮南子·本經訓》："若簟籧篨。"高誘注："籧篨，葦席。"唐李匡乂《資暇録》卷下："粗籧篨因江東呼爲笪，今京洛皆呼爲竹笪。"宋王安石《獨

飯》詩："窗明兩不借，榻净一籧篨。"清方文
《大孤塘阻雪》詩："臥困籧篨中，唧唧聞歡聲。"

【筥】

　　"籧篨"之別名。此稱唐代已行用。江東方

言。見該文。

【竹筥】

　　"籧篨"之別名。此稱唐代已行用。京洛間
俗名。見該文。

帳幃類

牀帳

　　亦作"床帳"，亦稱帳。床上懸挂之帳。多
以絲綢等輕軟物製成，用以屏外。帳面常加花
木之類綉飾，以增居室之美。《説文・巾部》：
"帳，張也，從
巾，長聲。"段玉
裁注："以叠韵爲
訓。"《釋名・釋
床帳》："帳，張
也，張施於牀上
也。"三國魏曹植
《叙愁賦》："對牀

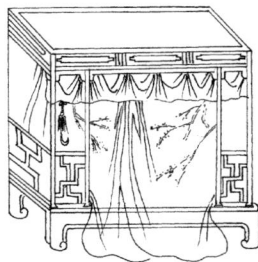

床帳
（明王圻等《三才圖會》）

帳而太息，慕二親以增傷。"《南史・毛惠素傳》：
"性至孝，母服除後，更修母所住處牀帳屏幃，
每月朔十五向幃悲泣。"元劉一清《祈請使行
程記》："十九日晚，宿明安站，有床帳，無人
家。"《明文海》卷四二〇引明宋淳《劉仙傳》：
"其床帳樸陋，殊類莊家，櫃中所貯皆丹書也。"
《紅樓夢》第二三回："遣人進去各處收拾打掃，
安設簾幔床帳。"

【床帳】

　　同"牀帳"。此體漢代已行用。見該文。

【帳】

　　即牀帳。此稱漢代已行用。見該文。

【牀幃】

　　即牀帳。亦作"牀帷"。《古詩十九首・明月
何皎皎》："明月何皎皎，望我羅牀幃。"三國魏
阮籍《咏懷》詩："開秋北凉氣，蟋蟀鳴牀帷。"
《晋書・鄭冲傳》："第一區，錢百萬，絹五百匹，
牀帷簟褥，置舍六人。"

【牀帷】

　　即牀幃。此稱三國時期已行用。見該文。

寢帳

　　亦稱"寢幌"。臥床上所施之帳幔。唐李
賀《追賦畫江潭苑》詩之二："泪痕沾寢帳，勻
粉照金鞍。"唐袁郊《甘澤謡・紅綫》："某發其
左扉，抵其寢帳，見田親家翁正於帳内鼓趺酣
眠。"唐楊衡《他鄉七夕》詩："寢幌凝宵態，
妝奩閉曉愁。"

【寢幌】

　　即寢帳。此稱唐代已行用。見該文。

紙帳

　　紙作之帳。以藤皮繭紙纏於木上，又以索
勒作皺紋，不用漿糊，以綫拆縫，以絺布爲頂，
使透氣。帳上常畫梅花、蝴蝶等爲飾。唐齊
己《夏日草堂作》詩："沙泉帶草堂，紙帳卷空
床。"宋朱敦儒《鷓鴣天》詞："道人還了鴛鴦
債，紙帳梅花醉夢間。"《醒世恒言・赫大卿遺恨
鴛鴦條》："倦來眠紙帳，閑暇理絲桐，好不安

閑自在。"清黄景仁《十二夜》詩:"破窗蕉雨夜還驚,紙帳風來自作聲。"參閱宋趙希鵠《調整變類編》卷二、明高濂《遵生八箋》卷八。

烏布帳

黑布所製之帳。《晋書·謝尚傳》:"尚爲政清簡,始到官,郡府以布四十匹爲尚造烏布帳,尚壞之,以爲軍士襦袴。"唐韓翃《送夏侯侍郎》詩:"聽訟不聞烏布帳,迎賓暫著紫綈裘。"

綺帳

華麗的帷帳。《樂府詩集·清商曲辭一·子夜四時歌秋歌七》:"蘭房競妝飾,綺帳待雙情。"南朝梁武帝《東飛伯勞歌》:"南窗北牖挂明光,羅幃綺帳脂粉香。"唐駱賓王《帝京篇》詩:"小堂綺帳三千户,大道青樓十二重。"

組帳

精美華麗的帷帳。三國魏嵇康《贈兄秀才從軍》詩之五:"微風動袿,組帳高褰。"晋葛洪《抱朴子·博喻》:"丹幃接網,組帳重蔭。"南朝宋謝莊《宋孝武宣貴妃誄》:"靈衣虚襲,組帳空烟。"唐韓愈《岳陽樓別竇司直》詩:"蛟螭露筍簴,縞練吹組帳。"

【組幃】

即組帳。《文選·左思〈吳都賦〉》:"張組幃,搆流蘇。"吕向注:"組,彩色也。"南朝宋鮑照《代白紵舞歌詞》之二:"象床瑶席鎮犀渠,雕屏合匝組幃舒。"

幬帳

單稱"幬",亦稱"襌帳"。夏日所施之薄帳,猶今之蚊帳。《爾雅·釋訓》:"幬謂之帳。"《説文·巾部》:"幬,襌帳也。"《楚辭·招魂》:"翡帷翠帳,飾高堂些。"洪興祖補注:"幬,襌帳也。"《南史·孫謙傳》:"夏日無幬帳,而夜卧未嘗有蚊蚋,人多異焉。"唐元稹《張舊蚊幬》詩:"獨有纈紗幬,憑人遠携得。"又泛指帷幕。宋韓縝《東山寺》詩:"像設嚴珠殿,經聲隱絳幬。"清王士禎《白紵詞》:"翡幬翠幄陳高堂,請君安坐樂未央。"

【幬】

"幬帳"之單稱。此稱先秦時期已行用。見該文。

【襌帳】

即幬帳。此稱漢代已行用。見該文。

斗帳

小帳。狀如覆斗,故名。《釋名·釋床帳》:"小帳曰斗帳,形如覆斗也。"《玉臺新咏·古詩爲焦仲卿妻作》:"紅羅複斗帳,四角垂香囊。"晋陸翽《鄴中記》:"石虎御床辟方三丈,冬月施蜀錦流蘇斗帳。"唐顧況《弃婦》詩:"琉璃作斗帳,四角金蓮花。"宋陸游《和范舍人病後二詩末章兼呈張正字》詩:"香雲不動熏籠暖,蠟泪成堆斗帳明。"

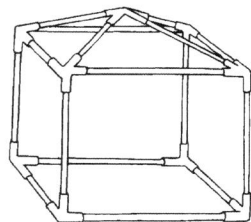
斗帳
(三國魏墓鐵帳鈎復原圖)

蚊幬

亦作"蚊裯",亦稱"蚊厨"。蚊帳。《南史·崔祖思傳》:"宋武節儉過人,張妃房唯碧綃蚊幬,三齊茈席。"唐元稹有《張舊蚊幬》詩。唐薛能《吳姬》詩之五:"退紅香汗濕輕紗,高捲蚊厨獨卧斜。"宋陸游《夏日雜題》詩之二:"新縫細葛作蚊裯,簟展風漪凜欲秋。"又《夏日》詩之六:"黄葛蚊厨睡欲成,高槐陰轉暑風清。"

【蚊裯】

同“蚊幬”。此體宋代已行用。見該文。

【蚊厨】

即蚊幬。此稱唐代已行用。見該文。

紗厨

張施在室内之隔層，用以避蚊蠅等。以木條爲框，上蒙以紗製成。其小者可罩於床上，其作用與今之蚊帳相似。唐司空圖《王官》詩之二：“盡日無人只高卧，一雙白鳥隔紗厨。”唐王建《贈王處士》詩：“松樹當軒雪滿地，青山掩障碧紗厨。”宋葛郯《洞仙歌》詞：“冰簟紗厨，一枕風輕自無暑。”宋李清照《醉花陰》詞：“佳節又重陽，玉枕紗厨，半夜凉初透。”元張可久《賣花聲·夏》曲：“紗厨簟簟，旋篘新醸，樂陶陶淺斟低唱。”清紀昀《閲微草堂筆記·如是我聞三》：“書室三楹，東一室隔以紗厨。”《紅樓夢》第四○回：“李紈、鳳姐之几設於三層檻、二層紗厨之外。”

紗幔

亦作“紗縵”。紗帷。《晋書·列女傳·韋逞母宋氏》：“〔苻堅〕於是就宋氏家立講堂，置生員百二十人，隔絳紗幔而受業。”清龔自珍《水龍吟·題家繡山停琴聽簫圖》詞：“分明不是，山重水叠，幾痕紗縵。”

【紗縵】

同“紗幔”。此體清代已行用。見該文。

翡帷

亦稱“翠帳”“羽帳”“翡幬”。飾有翠羽的華美帷幔。《楚辭·招魂》：“翡帷翠帳，飾高堂些。”王逸注：“言復以翡翠之羽雕飾幬帳，張之高堂，以樂君也。”洪興祖補注：“在帝曰帳。餚與飾同。”南朝宋鮑照《擬行路難》之一：

“奉君金巵之美酒，瑇瑁玉匣之雕琴，七彩芙蓉之羽帳，九華蒲萄之錦衾。”唐鮑溶《李夫人歌》：“璚閨羽帳華燭陳，方士夜降夫人神。”清王士禛《白紵詞》之三：“翡幬翠幄陳高堂，請君安坐樂未央。”

【翠帳】

即翡帷。此稱先秦時期已行用。見該文。

【羽帳】

即翡帷。此稱南北朝時期已行用。見該文。

【翡幬】

即翡帷。此稱清代已行用。見該文。

幨

亦稱“幨幌”。床帳，帷幔。《太平御覽》卷六九九引漢服虔《通俗文》：“障床曰幨。”晋張敞《東宫舊事》：“皇太子納妃，有緑石、綺絹、裹床幨二。”南朝宋謝靈運《日出東南隅行》：“晨風拂幨幌，朝日照閨軒。”《玉篇·巾部》：“幨，帷也。亦作襜、裧。”

【襜】

同“幨”。此體漢代已行用。見該文。

【裧】

同“幨”。此體漢代已行用。見該文。

【幨幌】

即幨。此稱南北朝時期已行用。見該文。

羅幕

亦稱“羅幃”。絲羅帳幕。《文選·陸機〈君子有所思行〉》：“邃宇列綺窗，蘭室接羅幕。”張銑注：“羅幕即羅帳。”唐盧照鄰《長安古意》詩：“雙燕雙飛繞畫梁，羅幃翠被鬱金香。”唐岑參《白雪歌送武判官歸京》詩：“散入珠簾濕羅幕，狐裘不暖錦衾薄。”宋晏殊《蝶戀花》詞：“檻菊愁烟蘭泣露。羅幕輕寒，燕子雙飛去。"《京本通俗小説·西山一窟鬼》："綉被五更香睡好，羅幃不覺紗窗曉。"元王實甫《西厢記》第二本第四折："這雲似我羅幃數重。"清龔自珍《減字木蘭花》詞："昨夜羅幃，銀燭花明蟢子飛。"

【羅幃】

即羅幕。此稱唐代已行用。見該文。

【羅幬】

即羅幕。《楚辭·招魂》："翡阿拂壁，羅幬張些。"晋潘岳《寡婦賦》："易錦茵以苫席兮，代羅幬以素帷。"宋孔平仲《續世説·汰侈》："朱梁、朱瑾，有所乘名馬，冬日以錦帳貯之，夏日以羅幬護之。"清龔自珍《驛鼓》詩之一："夜久羅幬梅弄影，春寒銀銚藥生香。"

寶帳

亦稱"寶幄"。華美的帳子。《廣韻·覺韻》："幄，大帷。"《小爾雅·廣服》："覆帳謂之幄。"南朝宋鮑照《代陳思王京洛篇》詩："寶帳三千萬，爲爾一朝容。"唐李白《擣衣篇》詩："横垂寶幄同心結，半拂瓊筵蘇合香。"《新唐書·王琚傳》："受饋遺至數百萬，侍兒數十，寶帳備具。"宋張先《菩薩蠻》詞："嬌香堆寶帳，月到梨花上。"宋周邦彦《丁香結》詞："寶幄香纓，薰爐象尺。"

【寶幄】

即寶帳。此稱唐代已行用。見該文。

帳額

床帳前幅的上端所懸之横幅。上有繪圖或刺綉，用爲床帳之裝飾。唐盧照鄰《長安古意》詩："生憎帳額綉孤鸞，好取門簾貼雙燕。"

帟

一種張設於幄中座上的承塵小幕帳。《周禮·天官·幕人》："掌帷、幕、幄、帟、綬之事。"賈公彦疏："帟者，在幄幕内之承塵。"《禮記·檀弓上》："君於士有賜帟。"鄭玄注："帟，幕之小者，可以承塵。"《釋名·釋床帳》："小幕曰帟。張在人上，奕奕然也。"《急就篇》卷三："承塵户幰絛繢總。"顔師古注："承塵，施於床上以承塵土，因爲名也。"《宋史·輿服志五》："凡帳幔、繳壁、承塵……毋得用純錦編綉。"是知古時稱"帟"，後世稱"承塵"，其物一也。

【承塵】

即帟。此稱先秦時期已行用。見該文。

床裙

指圍在床四周的織物，用以防止沾污床褥。起於何時已不能確考，但應不晚於隋唐。《宋史·輿服志》五："凡帳幔、繳壁、承塵、柱衣、額道、項帕、覆旌、床裙，毋得用純錦遍綉。"《紅樓夢》第一七回："椅搭、桌圍、床裙、杌套，每分一千二百件，也有了。"參閲清李漁《閑情偶寄·器玩·床帳》。

第二節　居處具考

居處一指人之居所，又指家居常備諸物。它們因與人們"衣、食、住、行"四種基本需要之一"住"聯繫在一起而格外重要。但與衣食類不同，這些器物一旦隨時代發展、文明的進步生活和水準的提高而産生，就與人們日常生活息息相關，成爲不可或缺的東西。其中部分器物除了具有實用性，滿足人們基本需求外，還具有裝飾和美化的功用。這是人類"上古穴居而野處"（《周易·繫辭下》）時代所不需要且不可能産生的。

家居諸物雜而繁瑣，舉其要者，略分爲五類：簾幔、居飾、盥洗、褻器、鎖具。凡此種種，因時代不同而有着從形狀、構造到稱謂的不同。

簾幔掩於門窗之上，用以辟寒、擋風、遮光，由來已久，先秦文獻已有記載。宋高承《事物紀原·舟車帷幄·簾》："《莊子》曰：'有張毅者，高門懸箔，無不走也。'……《荀子》有'局室蘆簾'之文，由此推之，疑三代物。"清代汪汲《事物原會》卷二十八引《物原》云："周公作簾"，又引《方言》云："自關而西曰箔，自關而東曰簾。"由此可知，簾在人類進入文明社會之初，就已存在了。最初以竹製成，故"簾""箔"字皆從竹，主要用以擋風寒而已。人類進入文明社會後，"簾"又是一種身份象徵。《事物原會》卷八引《禮》曰："天子外屏，諸侯内屏，大夫以簾，士以帷。"自漢以下，紡織業發達，遂有布帛製"簾"興起。其布帛製成之簾又作"幪"，又稱"幔"。"幌"，又有"紗幌（紗製者）""軒幌（窗簾）"之別。自漢代始亦有了作裝飾用的美簾，如"珠簾""晶簾""雲母簾"等，多見於唐及後人詩文中，世少有其實物流傳。更有"夜明簾"，夜間能發光，亦見於唐人詩文。有無其物，不可確信。隨工藝的改進、材料的增多，流傳至今，簾之種類、樣式更多，兼有多種功能。

褻器之名始見於先秦典籍，但其産生當更早。自産生以來，歷代褻器之稱謂、形制大同小異。漢代褻器有了大小便之別。大便器曰"圊桶""清器""行清"。蓋因漢時稱厠曰圊，又因便器時須清潔且常移動，故稱。《周禮·天宮·王府》"凡褻器"，漢鄭玄注引鄭司農曰："褻器，清器、虎子之屬。"孫詒讓正義："蓋漢時名厠曰圊，故受糞便之器爲清器……謂以木爲函，可移徙者。"其小便器曰"伏虎""虎子"，因其形似伏虎而得稱，今民間仍有。唐代爲避高祖之祖李虎之諱而改稱"獸子"。時至宋代，又稱大便器爲"溷床""溷器"。宋代文獻又見"馬子""馬桶"之稱謂，蓋因坐於其上，勢如騎馬而得名。一説唐人爲避李虎之諱而改稱"虎子"爲"馬子"。（見宋趙彦衛《雲麓漫鈔》卷四）。後世大便器又稱"樗桶""净桶""觸桶"，小便器又稱"夜潴""夜壺"，等等，均由"清器""虎子"衍化而來。

盥沐用具約起於先秦，1979年江西靖安縣出土一春秋時期用以貯接盥洗弃水的青銅盥盤，并刻有銘文。當是較早的盥沐用具。此外還有"澡盤""盥盆""浴斛""匜羅"等器物，多見於漢以後尤其是唐宋文獻中，有鐵製，亦有木製，今天浴室中所用的浴盆、浴缸，當由之衍化而來。盥洗時所用去污之物諸如肥皂之類的産生，亦可以追溯到春秋時期。《山海經·西山經》：“〔錢來之山〕其上多松，其下多洗石。”郭璞注：“澡洗可以磢體去垢坋。”古時無今天之經化學過程而産生的肥皂，只靠類似的天然去污之物。還有皂莢樹之果實，搗爛後亦可去污。（見宋莊季裕《鷄肋編》卷上）今之肥皂有“胰子”之俗稱，即從古人用猪之胰臟塗手而來。“手巾”“浴巾”早在《禮記》中已有記載。後衍生出隨身携帶之“手帕”，又稱“帊子”。其絲織者又稱“羅巾”“羅帕”，後漸爲女性專用。唐宋文獻中有所謂“鮫綃”“鮫帕”者，傳説是水中鮫人所做，乃帕之精品。（見《文選·左思〈三都賦〉》及注文）

　　以花瓶盆景裝點居室始於何時，不可確考。今之出土文物及見於文獻記載最多的在宋明至清期間。大概有兩方面的原因。其一，漢唐已有這種情況，但尚未形成風氣；其二，自宋至明，瓷器燒製品質大大提高，而居飾類器物多爲瓷製。花瓶種類頗多，形不同名亦不同：“一枝”瓶（僅容一枝花）、“花尊”（類古酒尊）、“花瓠”（類古酒瓠）、“膽瓶”（形似懸膽）、“壁瓶”（懸挂於壁上），等等，不一而足，均見載於宋明文獻。盆景亦稱“盆玩”，明以前文獻罕見記載，明人文震亨《長物志》記述甚詳。（見《長物志》中之《花木》《盆景》《水石》篇）。“礬山”是一種特殊盆景，將明礬堆於盆或盤中，如冰似雪，酷暑置於室内，使人望之可增寒，蓋始於宋。宋陸游《入蜀記》卷一：“乾道五年閏五月二十五葉夢錫侍郎招飲，案間設礬山數盆，望之如雪。”

　　鎖具傳爲魯班發明，最初於門插上鑿兩孔，連以木椿，實即門閂，木椿稱“楗”。後出現金屬製品，故其字作“鍵”。《周禮·地官·司門》：“司門掌授管鍵，以啓閉國門。”賈公彥疏：“謂用管籥以啓門，用鍵牡以閉門。”由此可見，春秋時已有金屬鎖具。“管”因似樂器管籥，又稱“管籥”，又作“管鑰”“筦鑰”“籥”。《禮記·月令》：“〔孟冬之月〕修鍵閉，慎管籥。”鄭玄注云：“管籥，搏鍵器也。”孔穎達疏：“以鐵爲之，似樂器之管籥，搢於鎖内以搏取其鍵也。”唐宋文獻始見稱籥爲“匙”（筂）或“玉匙”（玉筂是詩文中之美稱）。明代始有洋鎖自西方傳入，即今日鎖之前身。五代至宋詩文中，多有“魚鑰”之稱，蓋因魚不閉目，故製魚形鎖以取日夜守衛之義。（見宋丁用晦《芝田録》卷二）。

簾幔類

簾

作爲一種遮蔽門窗的器物早在先秦時期已產生，當時亦稱"箔"。宋高承《事物紀原・舟車帷幄・簾》："《莊子》曰：'有張毅者，高門懸箔，無不走也。'而《譚藪》有'戶下懸簾'，明知是箔，則懸箔即簾矣。《荀子》有'局室蘆簾'之文。由此推之，疑三代物。"按：今本《莊子・達生》："有張毅者，高門縣薄，無不走也。"縣薄，同"懸箔"。懸箔，謂挂簾。《荀子》有"局室蘆簾"之文，今本無此文。見於《初學記》卷二五引《孫卿子》曰："局室蘆簾、槀蓐，可以養形。"清王三聘輯《古今事物考》卷七亦有類似記載。簾在先秦還是一種身份的象徵，《儀禮・覲禮》："侯氏再拜稽首，出自屏南。"鄭玄注："天子外屏勞之。勞其道勞也。"賈公彥疏："云'天子外屏'者，據此文出門乃云屏南，即是外屏。云'天子外屏'，取《禮緯》之文。故《禮緯》云：'天子外屏，諸侯內屏，大夫以簾，士以帷。'是也。"簾多以竹、葦、蒲等織就或布帛裁製，前者稱"竹簾""葦簾""蒲簾"等，後者作"幨"。《說文・巾部》："幨，帷也。"又《竹部》："簾，堂簾也。"朱駿聲通訓定聲："縷竹爲之，施於堂戶，所以隔風日而通明者……其布者曰幨。"後都寫作簾。《漢書・外戚傳・孝成趙皇后》："嚴持篋書，

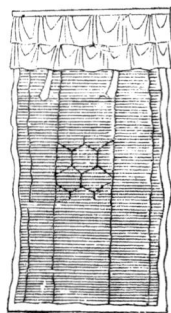

簾
（明王圻等《三才圖會》）

置飾室簾南去。"唐白居易《司馬廳獨宿》詩："府吏下廳簾，家僮開被襆。"唐劉禹錫《陋室銘》："苔痕上階綠，草色入簾青。"隨着製造技藝與材料的發展進化，簾之樣式、種類愈來愈繁、愈新。自先秦時代的竹簾、葦簾到後來的水晶簾、珠簾，一直到現代的紙簾、琉璃簾等。

【幨】

同"簾"。此體漢代已行用。見該文。

【箔】

即簾。《玉篇・竹部》："箔，簾也。"《事物原會》卷二八："《物原》：'周公作簾'，《方言》：'自關而西曰箔，自關而東曰簾。'"宋高承《事物紀原・舟車帷幄》有"明知是箔，則懸箔即簾矣"的記述。南朝梁任昉《奏彈劉整》："忽至戶前，隔箔攘拳大罵。"《新唐書・盧懷慎傳》："見敕簀單箔，門不施箔。"參見本考"簾"文。

水精簾

以水晶製成之簾。水晶簾少見，此名多出現於詩文中，作質地精細、瑩澈透明的簾之美稱。唐時最盛。唐李白《玉階怨》詩："郤下水精簾，玲瓏望秋月。"唐溫庭筠《菩薩蠻》詞："水精簾裏頗黎枕，暖香惹夢鴛鴦錦。"亦稱"水晶簾"。清尤侗《攤破浣溪沙》詞："水晶簾下看梳頭，宛轉小眉修。"蓋至清時，省稱"晶簾"，清洪昇《長生殿・製譜》："慢捲晶簾散朝霞。"《紅樓夢》第一七回："見水如晶簾一般奔入。"

【晶簾】

即水精簾。此稱清代已見行用。見該文。

竹簾

以竹子製成之簾。漢代始見其名，後世沿用。以細竹節串成或以竹篾編成，染色成各種圖案。《西京雜記》卷三：“漢諸陵寢，皆以竹爲簾，皆爲水紋及龍鳳之像”。亦稱“筠簾”。清體胥《晏清都》詞：“恨春歸，啼鳥都稀，筠簾畫長人静。”

【筠簾】

即竹簾。筠乃竹之皮，代指竹。《禮記·禮器》：“其在人也，如竹箭之有筠也，如松柏之有心也。”孔穎達疏：“筠是竹外青皮。”元顧觀《梨花睡鴨圖》自題詩：“昔年家住太湖西，常過吳興罨畫溪，水閣筠簾春似海，梨花影裏睡鳧鶯。”故稱。此稱元代已見行用。詳“竹簾”文。

却寒簾

以却寒鳥骨製成、能辟寒之簾。唐蘇鶚《杜陽雜編》：“同昌公主出降，宅於廣化里……堂中設連珠之帳，却寒之簾、犀簟牙席……却寒簾，類玳瑁斑，有紫色。云却寒鳥骨所爲也。”明韓雍《登雲中城西北樓次古詩韵》：“耐此高寒屬吾輩，不須重掛却寒簾。”

簾箔

亦作“簾簿”。以細竹枝或蘆葦編成之簾。《正字通·竹部》：“簿，簾簿，亦作箔。”《三輔黃圖》卷二：“未央宮漸臺西，有桂宮，中有光明殿。皆金玉珠璣爲簾箔。”唐李白《擣衣篇》詩：“明月高高刻漏長，真珠簾箔掩蘭堂。”唐李商隱《碧城》詩：“七夕來時先有期，洞房簾箔至今垂。”清龔自珍《菩薩蠻》詞：“文廊匼匝屏風曲，輕寒惻惻侵簾箔。”

簾簿

同“簾箔”。此體至遲明代已行用。見該文。

夜明簾

簾之一種，以夜明珠綴簾，黑夜則可放光，故稱。唐代文獻已有此稱。唐溫庭筠《錦鞋》詩：“瑶池仙子董雙成，夜明簾額懸曲瓊。”唐皮日休《古宮詞》：“梁間夜不睡，應怪夜明簾。”宋葉廷珪《海録碎事》卷五：“夜明簾雞林郡所進，張説得之書生，取進九公主以解難。”

風簾

遮蔽門窗，防風之簾。南朝文獻已見記載其物。南朝齊謝朓《和王主簿季哲怨情》詩：“花叢亂數蝶，風簾入雙燕。”唐宋直至晚清文獻中均有此稱出現。唐杜甫《夜譜》：“塵匣元開鏡，風簾自上鈎。”唐白居易《涼夜有懷》詩：“風簾夜涼入，露簟秋意生。”宋柳永《望海潮》詞：“風簾翠幕，參差十萬人家。”宋范成大《愛雪歌》：“須臾未遽妨性命，呼童盡捲風簾鈎。”《初刻拍案驚奇》卷三：“霜瓦鴛鴦，風簾翡翠。”風簾在有些詩文中亦指爲風吹動之簾。唐元稹《夜閑》詩：“風簾半鈎落，秋月滿床明。”

珠簾

亦稱“真珠簾”。以珍珠綴飾或串成之簾。《西京雜記》卷二：“昭陽殿織珠爲簾，風至則鳴，如珩珮之聲。”南朝齊謝朓《玉階怨》詩：“夕殿下珠簾，流螢飛復息。”五代釋貫休《洛陽塵》詩：“真珠簾中，姑射神人。文金綫玉，香成暮雲。”宋歐陽修《書懷感事寄梅聖愈》詩：“珠簾捲明月，夜色如春烟。”明施紹華《浣溪沙》詞：“如鏡窺妝逗小樓，真珠簾外半痕收。”

【真珠簾】

即珠簾。此稱五代時期已行用。見該文。

【珠箔】

即珠簾。此稱南北朝時已行用。南朝梁劉孝威《奉和晚日》詩："虯檐挂珠箔，虹梁捲霜綃。"唐白居易《長恨歌》："攬衣推枕起徘徊，珠箔銀屏迤邐開。"《西游記》第九四回："繡戶垂珠箔，閑庭絕火光。"

湘簾

簾之一種，以斑竹織成。傳說舜帝南巡未返，葬於湘水之濱的蒼梧山，其妃娥皇、女英祭舜於此，淚下沾竹，成爲斑竹，斑竹因又稱湘妃竹、湘竹。故斑竹織成之簾稱"湘簾"。宋范成大《夜宴曲》："明瓊翠帶湘簾斑，風幃綉浪千飛鸞。"元趙孟頫《即事三絕》詩："湘簾疏織浪紋稀，白苧新裁暑氣微。"

氈簾

簾之一種，毛毡所製，冬日用以擋風保溫。始用於金元。元遁賢《塞上曲》："雙鬟小女玉娟娟，自捲氈簾出帳前。"元王仲元《斗鵪鶉》曲："喚家僮且把氈簾下，教侍妾高燒絳紗。"清韓泰華《無事爲福齋隨筆》卷上："北地冬間多用氈簾，取重暖而壓風也。其制應起於金。"蓋起制於金時少數民族，元之大統後，遂行用於中原。

幌

布帛製成之窗簾。以幌稱簾，南朝文獻中已見行用。《文選·張協〈七命〉》："重殿叠起，交綺對幌。"李善注引南朝梁阮孝緒《文字集略》："幌，以帛萌牕（窗）也。"南朝宋謝靈運《燕歌行》："對酒不樂淚沾纓，闢窗開幌弄秦箏。"南朝梁元帝《登顏園故閣》詩："猶懸

北窗幌，未掩南軒帷。"宋蘇轍《葺東齋》詩："圖書易新幌，几杖移故處。"《花月痕》第四五回："沈沈綺閣幌雙垂，頻蔔歸期未有期。"

軒幌

窗簾之雅稱。軒者，窗之別稱；幌，布帛裁製之簾，故稱。多見於以鋪排用典見長的賦體詩文中。晋左思《吳都賦》："張組帷，構流蘇，開軒幌，鏡水區。"南朝宋傅亮《感物賦序》："於時風霜初戒，蟄類日繁，飛蛾翔羽，翩翩滿室，赴軒幌集明燭者，必以燋滅爲度。"

紗幌

紗製窗簾。絹之細者爲紗，周已有其物。紗幌之名則始見於晋代文獻，後世沿用。晋葛洪《抱朴子·勤求》："此何異乎在紗幌之外不能察軒房之內，而肆其倨慢，謂人之不見己。"晋陸翽《鄴中記》："石虎太武殿西有崑華殿，閣上輒開大牕（窗），皆施以絳紗幌。"宋司馬光《阮郎歸》詞："綺窗紗幌映朱顏，相逢醉夢間。"清紀昀《閱微草堂筆記·灤陽續録四》："因天暑，移床近窗，隔紗幌視天晴陰。"今有"紗窗"，以塑膠細絲織成網狀物夏日遮於門窗之上，擋蚊蟲而透風，與"紗幌"不同。

虛幌

簾之一種，既薄且輕、能透光亮者，多見詩文中。蓋自南北朝時始有其制，唐宋沿用。《文選·江淹〈雜體詩·王徵君'養疾'〉》："藥餌虛幌，泛琴臥遥帷。"李善注引南朝梁阮孝緒《文字集略》："幌，以帛萌牕（窗）也。"唐杜甫《月夜》詩："何時倚虛幌，雙照淚痕乾。"宋蘇轍《次韵張耒學士病中》詩之二："長空雁過疑相答，虛幌螢飛坐恐燒。"又稱"虛幔"。元納延《逍遥室爲鄰上舍賦》詩："嘉樹翳學

省，繁露夕零亂；琅琅讀書聲，歷歷在霄漢；君子慎齋居，編簡夙潛玩；秋蛩咽斷甃，流螢襲虛幔；燈燭耿餘輝，沉沉夜將半；宴坐遂忘言，群疑自冰渙；聖道日修明，玄譚乃虛誕；願君善其用，毋爲發深嘆。”明高啓《池亭晝卧》詩：“曲蘭虛幔映滄浪，長日宜眠夢蝶床。”

【虛幔】

即虛幌。此稱元代已行用。見該文。

雲母幌

以雲母裝飾之窗幔。雲母，礦石名，古人以爲此石乃雲之根，故名。可析爲片，質地精細、色澤光艷，可入藥。雲母幌之名始見於晉。晉陸翽《鄴中記》：“鄴城西北立臺，皆因城爲基址。中央名銅雀臺，北則冰井臺，高六十七丈。上作銅鳳窗，皆銅籠疏，雲母幌。”《藝文類聚》卷六九引《語林》：“滿奮，字武秋，體羸畏風，侍坐晉武帝，屢顧看雲母幌，武帝笑之。”

窗紗

以薄絹或紗布遮於窗上，以擋蚊蠅透風光，謂之窗紗。唐時已有其物，宋沿用。唐白居易《三月三日》詩：“畫堂三月初三日，絮撲窗紗燕拂檐。”宋惠洪《冷齋夜話》：“西風不入小窗紗，秋氣應憐我憶家。”其以生絲製成者亦稱“窗綃”。唐韓愈、孟郊《城南聯句》詩：“窗綃疑閟艷，妝燭已銷檠。”今有所謂“紗窗”，以塑膠細絲織成網狀物遮於窗上，非“窗紗”也。

幔

一種布製窗簾。幔最初指帷幕，《説文·巾部》：“幔，幕也，音慢。”幔指簾，疑始於南北朝。南朝齊謝朓《秋夜》詩：“北窗輕幔重，西户月光入。”唐沈佺期《酬蘇員外味道夏晚寓直省中見贈》詩：“捲幔天河入，開窗月露微。”此處“捲幔”“開窗”對文，可見“幔”乃窗上帷幕。《南史·謝幾卿傳》：“因指道邊酒壚，停車褰幔，與車前三騶對飲。”宋范成大《雪》詩：“遥想漫天匝地，近聽穿幔鳴窗。”《紅樓夢》第二三回：“遣人進去各處收拾打掃，安設簾幔床帳。”

蝦鬚

簾之流蘇。因簾之流蘇細長如蝦鬚，故稱。此稱宋時已見行用。宋王之道《次韵元發弟秋日德餘庵舊事》詩之十二：“珠簾高捲蝦鬚日，寶扇斜開雉尾宮。”元馬祖常《琉璃簾》詩：“吴儂巧製玉玲瓏，翡翠蝦鬚迥不同。”亦指簾幔。唐陸暢《簾》詩：“勞將素手捲蝦鬚，瓊室流光更綴珠。”元薩都刺《呈許榮達》詩：“呵筆題詩逸興舒，翠簾寒重捲蝦鬚。”《金瓶梅詞話》第二七回：“蝦鬚編成簾幕，鮫綃織成帳幔，茉莉織就的香球吊挂。”清陳維崧《東風齊着力·花朝》詞：“蝦鬚半軸，蛾綠不曾描。”

簾押

鎮壓簾子之物，垂挂於簾下使不爲風吹動。其玉質者稱“玉押”，或以“玉押”作美稱。六朝時已見，宋元時有以銀製者，呈蒜頭形，稱“銀蒜”。北周庾信《咏畫屏風》詩：“玉押珠簾捲，金鈎翠幔懸。”亦作“簾柙”。唐羅隱《仿玉臺體》詩：“晚夢通簾柙，春寒逼酒壚。”唐李賀《河南府試十二月樂詞·五月》：“雕玉押簾額，輕縠籠虛門。”唐李商隱《燈》詩：“影隨簾押轉，光信簟紋流。”《太平御覽》卷八〇三引《漢武故事》：“上起神屋，以白珠爲簾，瑇瑁爲押。”一直到近代，仍有記述。吴梅《檢點》詩之二：“燭龍彈泪徹階除，簾押銀葱捲未舒。”

【簾枒】

同"簾押"。此體唐代已行用。見該文。

銀蒜

銀質簾鈎，用以鈎簾。一般成雙使用。南北朝文獻已見其名，宋元時親王納妃，公主下嫁，皆有銀蒜數百雙。北周庾信《夢入堂內》詩："幔繩金麥穗，簾鈎銀蒜條。"倪璠注："銀鈎若蒜條，象其形也。"宋歐陽修《簾》詩："銀蒜鈎簾宛地垂，桂叢烏起上朝暉。"亦指銀製鎮壓簾子之物，以銀鑄之，蒜形，故名。《正字通・草部》："蒜，宋元時銀蒜押簾，鑄以爲蒜形。"懸垂於簾下，使之不爲風吹動，銀蒜押簾，蓋始於宋，後沿用。宋蘇軾《哨遍》詞："睡起畫堂，銀蒜押簾，珠暮雲垂地。"宋葛立方《西江月》詞："翠箔低垂銀蒜，羅幃小釘金泥。"宋蔣捷《白苧》詞："早是東風作惡，旋安排一雙銀蒜鎮羅幕。"《二十年目睹之怪現狀》第二五回："銀蒜雙垂碧戶中，櫻桃花下約簾櫳。"張友鶴校注："銀蒜，也叫簾押，是鎮壓簾子下端，免得被風吹動的一種器具。用銀子製成，形如蒜頭，所以叫做銀蒜。"

簾鈎

簾之挂鈎，用以懸挂簾箔或於簾下垂挂簾押；垂於簾之兩旁，用以鈎挂捲起之簾者，有"金鈎""銀鈎""玉鈎"之美稱，多見於詩文中，并非必爲金玉所成也。簾鈎當隨簾之形成而有其物，然其名始見於六朝文獻。北周庾信《夢入堂內》詩："幔繩金麥穗，簾鈎銀蒜條。"又《咏畫屏風》詩："玉押珠簾捲，金鈎翠幔懸。"唐王昌齡《青樓怨》詩："腸斷關山不解説，依依殘月下簾鈎。"唐杜甫《落日》詩："落日在簾鈎，溪邊春事幽。"南唐徐鉉《柳枝辭》："陌上朱門柳映花，簾鈎半捲綠陰斜。"宋秦觀《浣溪紗》詞："無邊絲雨細如愁，寶簾閑挂小銀鈎。"明陶宗儀《輟耕録・綠窗遺稿》："小閣烹香茗，疏簾下玉鈎。"清袁枚《隨園詩話》卷八引清陳以剛詩："六朝山立簾鈎外，萬卷書橫薄領中。"

【金鈎】

即簾鈎。此稱南北朝時期已行用。見該文。

【銀鈎】

即簾鈎。此稱宋代已行用。見該文。

【玉鈎】

即簾鈎。此稱明代已行用。見該文。

居飾類

花瓶

蓄水養花之瓶。多以瓷製，亦有銅、玻璃等製品。以瓷瓶養花，最遲興於宋，時定、官、哥窰，均有花瓶製品，後世沿用。宋周煇《清波雜志》卷二："至小孤山謁廟，見蟠脚花瓶中小青蛇盤結，舉首蜿蜒者甚衆。"宋袁采《袁氏世範・治家》："於是卧於空舍而鑰其門，酒渴索漿不得，則取花瓶水飲之。次日啟關而客死矣。"明代有夏秋用瓷、春冬用銅之講究。亦作"花缾"。《大金集禮・追加謚號上》："其日未明於殿上排辦每位食楪十四，實以茶、食、葅、菜，菓楪十四，實以果食，以粱米粳飯，又碗二，實以大羹，盤二其一實以羊牲，體二其一實以豬牲體，二匙箸各一副，茶盞各一承以托子酒，盞各三共承以一盤，酹酒器各一，酹茶器各一，花餅設於食案之前，並果壘量案，長短間設共設香案一，上置香爐香合，在殿之中楹間，酒二十銀瓶。"明張謙德《瓶花譜·品瓶》："凡插貯花，先須擇瓶，春冬用銅，夏秋用磁（瓷）。"銅質花瓶，名目頗多。明文震亨《長物志·花瓶》："以古銅入土年久，受土氣深，以之養花，花色鮮明，不特古色可玩而已。銅器可插花者：曰'尊'、曰'罍'、曰'觚'、曰'壺'，隨花大小用之。"《兒女英雄傳》第二二回："説着，便嚮案上花瓶裏，拈出三枝花來。"巴金《滅亡》第七章："房子底中央放着一張大餐桌，桌上正中放了一個大花瓶。"花瓶沿用至今，形制多，質地精，爲古所不及。不獨用以蓄水養鮮花，亦用以插放各種人造假花。

【花餅】

同"花瓶"。此體至遲金代已行用。見該文。

一枝瓶

花瓶名。形體小，僅可插花一枝，故稱。宋梅摠《咏梅》詩："折來初步東溪月，月溪東步初來折，香處是瑶芳，芳瑶是處香，蘇花浮暈淺，淺暈浮花蘇，清對一枝瓶，瓶枝一對清。"宋代已有其物。明張謙德《瓶花譜·品瓶》："瓷器以各式古壺、膽瓶、尊、觚、一枝瓶爲書室之妙品。"明文震亨《長物志·器具》："磁器用官、哥、定窑古膽瓶、一枝瓶、小菖草瓶。"

花尊

花瓶之一種。口大敞而腹小，仿古酒尊之形，故稱。可貯水養花，亦可供陳設玩賞用。多爲瓷製，亦有銅質者。宋周密《雲烟過眼録·胡存齊咏所藏》："玉花尊一隻，約高尺四五，徑七寸，玉色，雖不甚白，然文藻碾法極精，乃修陵内府物，在燕得之。"明文震亨《長物志·器具》："下格稍高，置小宣銅彝罏一……倭小花尊或小觶一。"清朱琰《陶説·説器下·敞口花尊》："按尊與瓶異，瓶口小於腹，尊腹小於口，瓶高尊庳。"

花觚

花瓶之一種。可插花，亦可作陳設品。瓷質或銅質。因仿古酒器觚之形，故稱。敞口外撇，腹徑小於口徑，呈細長狀。明代文獻已有記載。明袁宏道《瓶史》："銅器如花觚、銅觶、尊、罍、漢方壺、素温壺、匾壺。"因其幽雅細長，狀如美女，又稱"美人觚。"《紅樓夢》第三回："右邊几上汝窑美人觚，觚内插着時鮮花卉。"

【美人觚】

即花觚。此稱清代已行用。見該文。

净瓶

花瓶之一種稱謂。本爲佛教徒盥手用之澡瓶，梵語"軍遲"的音譯。俗家把與之相似用以插花之器亦稱净瓶，遂亦指花瓶。唐宋時已見行用。唐釋道世《法苑珠林·穢濁·便利部》："厠户前著净瓶，水復應著一小瓶，若自有瓶者當自用，若無瓶者用厠邊小瓶，不得直用。"宋黃昇《鷓鴣天·暮春》詞："戲臨小草畫團扇，自揀殘花插净瓶。"宋吳曾《能改齋漫録·記詩》："梅花過盡桃花惡，乞取山礬入净瓶。"明文震亨《長物志·位置》："案頭以舊磁净瓶獻花，净碗酌水。"參見本書《宗教卷·道具説·用物考》"净瓶"文。

膽瓶

亦作"膽缾"。花瓶之一種,多瓷製。口頸通貫,細長,大腹,形如懸膽,故名。宋時文獻已有記載。宋朱敦儒(希真)《梅花》詞:"便須折取,歸來膽瓶頓了。"宋陳傅良《水仙花》詩:"掇花寘膽瓶,吾今得吾師。"元無名氏《碧桃花》第一折:"興兒,你將這碧桃花揀那開得盛的折一枝來,膽瓶裏插着,等我看咱。"元白樸《墻頭馬上》第三折:"便將毬棒兒撇,不把膽缾藉。"明袁宏道《瓶史》:"邸居湫隘,遷徙無常,不得以乃以膽瓶貯花,隨時插換。"清納蘭性德《憶江南》詞:"急雪乍翻香閣絮,輕風吹到膽瓶梅。"宗璞《團聚》:"他以爲這些玩意都散失了,現在居然還有膽瓶、磁罐之類堆着。"

【膽缾】

同"膽瓶"。此體元代已行用。見該文。

壁瓶

亦稱"懸瓶"。室內陳設玩賞之物,瓶身一面隨形隆起,另一面平直,便於貼於壁上,故稱。明代已見,至清式樣增多且飾有花紋。明文震亨《長物志・器具》:"尤不可用者,鵝頸壁瓶也。"《紅樓夢》第一七回:"且滿墻壁皆係依古董玩器之形摳成的槽子,諸如琴劍、懸瓶、桌屏之類,雖懸於壁,却都是與壁相平的。"今有仿古懸瓶而製的壁燈,壁瓶已不多見。

【懸瓶】

即壁瓶。此稱清代已行用。見該文。

占景盤

銅製插花、養花之盤,中有許多細管,花插管中,貯水養之,可存數日。至遲宋代已見其物。宋陶穀《清異錄・器物》:"郭江州有巧思,多創物,見遺占景盤,銅爲之,花脣平底,深四寸許,底上齬細筒殆數十。每用時,滿添清水,擇繁花插筒中,可留十餘日不衰。"

象牙花插

象牙製插花用具。清雍正至乾隆間作品。高9厘米,寬7.7厘米。以圓雕竹根形爲主體,兩根相聯,盤結多節。一根枝葉滋生,上雕一覓食秋蟲。一株下竹根系粗壯,上雕二蜘蛛。雕藝精湛,景物自然,栩栩如生。故宮博物院藏。

瑪瑙雙孔桃椿花插

花插名。因以紅白瑪瑙鏤雙孔有桃椿等花飾,故名。今所見者高24厘米,長25厘米,厚12厘米。雕有仙鶴、壽桃、靈芝、蝙蝠等,象徵"福壽雙全"。造型生動活潑,雕刻華美精細,紅白妙合,相映成趣。爲清代玉雕中的佳作。故宮博物院珍寶館藏。

象牙回紋葫蘆式花薰

象牙製葫蘆形花薰,上刻回紋,故名。約爲清雍正至乾隆年間(1723—1795)作品。高9.3厘米,口徑1.4厘米,腹徑4厘米。蓋作蒂形,綠色,內雕鏈與之相連。鏈上有鐲、球,小葫蘆亦與鏈相連。腰部淺浮雕染色花卉。北京故宮博物院藏。

盆景

將草木、水石等經加工,種植或布置在盆或盤中,形成自然景物的縮影,故稱。有樹木盆景和山水盆景之別。盆景是我國傳統園林藝術之一。至晚不遲於唐代已有盆景。唐章懷太子墓甬道壁畫有手持盆景的侍女二人。亦稱"盆玩"。明文震亨《長物志・花木》:"盆玩,時尚以列几案者爲第一,列庭樹者次之。"清劉鑾《五石瓠・盆景》:"今人以盆盎間樹石爲玩,長者屈而短之，大者削而約之；或膚寸而結果實，或咫尺而蓄蟲魚，概稱盆景。元人謂之‘些子景’。”《紅樓夢》第五三回：“又有八寸來長，四五寸寬、二三寸高、點綴着山石的小盆景。”周而復《上海的早晨》第三部：“這盆景布置得好，象一幅畫。”

【盆玩】

即盆景。此稱明代已行用。見該文。

研山

亦作“硯山”。以小石堆成山形的盆景。蓋明之前已有之。明文震亨《長物志·水石》：“以大塊辰砂、石青、石緣爲研山盆石，最俗。”明陶宗儀《輟耕錄·寶晋齋硯山圖》：“右此石，是南唐寶石，久爲吾齋硯山。”清王士禎《分甘餘話》卷三：“靈璧石、英德石可作研山、懸盤。”

【硯山】

同“研山”。此體明代已行用。見該文。

礬山

用明礬在盤中堆起的小山，如冰似雪，望之生寒，溽暑饗客置席上。礬石，礦石名，其白者稱明礬。宋時興於士大夫中。宋陸游《入蜀記》卷一：“乾道五年閏五月二十五葉夢錫侍郎招飲，案間設礬山數盆，望之如雪。”農曆五月當正值酷暑，席間設礬山，望之如雪而生寒也。

盒[1]

古作“合”，盛器，底蓋上下相合而成，故稱。形體小而多樣，有香盒、粉盒、藥盒、鏡盒、油盒、黛盒等之別。又爲室內陳設物，古人桌案上所陳設之盒、瓶、鏡之類，既爲實用，亦寓“和和平平”“平平静静”之意。故其製

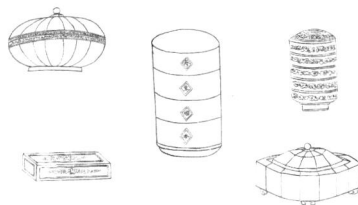

盒

作頗精，有竹木、漆鈿、金銀等多種質地。唐後燒製各式瓷盒有圓形、方形、八角形，又有瓜式、桃式、石榴式等。尚有大盒内裝小盒之“母子盒”。宋代景德鎮有專燒瓷盒的作坊。北魏賈思勰《齊民要術·種槐柳楸梓梧柞》：“〔梓木〕十年後……車板、盤合，樂器，所在任用。”《梁書·傅昭傳》：“〔傅昭〕身安粗糲，常插燭於板床。明帝聞之，賜漆合燭盤等。”唐白居易《長恨歌》：“惟將舊物表深情，鈿合金釵寄將去。”《太平廣記》卷三〇一引《傳奇》：“大娘曰：某有玉龍膏一合子。”元石子章《抱妝盒》第二折：“賜鵝黃封妝盒，着陳琳往後花園采辦果品。”《紅樓夢》第四一回：“〔丫頭〕又端了兩個小捧盒，揭開看時，每個盒內兩樣。”

【合】[1]

同“盒[1]”。此體南北朝時期已行用。見該文。

盥洗具

匜羅 [1]

亦稱“沙羅”。盥洗用淺盆，多銅質。宋代文獻已有記載。宋邵博《聞見後錄》卷八：“近世以洗爲匜羅。”宋葉適《永嘉端午行》詩：“立瓶匜羅銀價踴，冰衫雪袴胭脂勒。”宋陳昉《潁川語小》卷下：“葉文定公（適）《端午》詩云：‘立瓶匜羅銀價踴。’是直以沙羅爲匜羅。沙羅者，今之盥，古之洗也。當俟博古者。”由此可知，其當與洗相類也。

【沙羅】

即匜羅 [1]。此稱宋代已行用。見該文。

沙羅
（明王圻等《三才圖會》）

浴斛

洗浴之大盆。至遲不晚於南北朝已有此物。《北齊書·南陽王高綽傳》：“後主即夜索蠍一斗，比曉得三二升，置諸浴斛，使人裸臥斛中，號叫宛轉。帝與綽臨觀，喜噱不已。”唐時沿用之。唐白居易《香山寺石樓潭夜浴》詩：“平石爲浴床，窪石爲浴斛。”《資治通鑑·陳紀》宣帝太建六年：“置浴斛，使人裸臥斛中。”胡三省注：“浴斛，浴器也。”

盥盆

盥洗用盆。多爲銅製。明代已見其物。明瞿汝稷《指月錄》卷七：“僧文通慧者，河南開封府白雲寺僧也，其師令掌盥盆。”清梁章鉅《歸田瑣記·請鑄大錢》：“一盥盆，一炭盆，一壺一鑊，動重數觔。”

盥盤

亦作“盥槃”。盥洗用具，用以盥洗時承接廢水。春秋時已有此具，明清文獻亦有記載。明劉績《三禮圖·鼎俎·盥盤》：“盥，謂用匜沃

盥盤
（清蔣廷錫等《古今圖書集成》）

盥洗手也；盤，謂承盥洗者弃水之器也，故謂之盥盤。舊圖云：口徑二尺一寸，受二斗。”清夏炘《學禮管釋·釋槃》：“奉匜者以流注水於手，奉槃者自下奉之，盥水悉注於槃，盥卒又授巾拭之。若是者謂之盥槃。”1979年江西靖安縣出土一春秋時期青銅盥盤，高14厘米，口徑約38厘米。大口平底，頸部鑄獸形耳一對。頸飾一周錐刺紋，錐刺紋下爲一繩索紋帶，腹以下至器底飾平行瓦紋。內底有銘文兩行十二字：“叔（徐）王義楚擇其吉金，自乍（作）盥盤。”現藏江西省博物館。

【盥槃】

同“盥盤”。此體清代已行用。見該文。

澡盤

沐浴用具。最早爲陶製，後多以銅爲之，亦有木製者，蓋似今之浴盆。商周以前已有此物。1988年江蘇金壇市西崗鎮三星村新石器時期文化遺址出土有陶盤、陶匜。《事物原會》卷

二七引《稗史類編》曰："夏后氏已有盤制，而湯始銘之，或曰盤盂。黄帝臣孔甲造。《名物考》'盤，沐浴之器；頭曰沐，身曰浴'。"後魏晉乃至明，各代文獻均有記述。《太平御覽》卷七一二引《魏武上雜物疏》："御物有純銀盤，又有容五石銅澡盤也。"又引《杜預奏事》："澡盤、熨斗，民間要用。"復引《世說新語》"大將軍王敦至石崇家……數十婢曳羅縠，擎金澡盤盛水……群婢莫不大笑也"，亦引《述征記》及《異苑》中有關之記述，還有晉傅玄《澡盤銘》。《南史·劉之遴傳》："獻古器四種於東宮……其第四種，古製澡盤一枚。"

【浴盤】

即澡盤。亦稱"杅""浴盆"。先秦已有此稱。《通雅·器用·雜用諸器》："澡盤，浴盆也。浴盆最早見於《王會》。《王會》：'堂後赤蠻，浴盤在其中。'注：'《禮》曰：杅。'謂《玉藻》之'出杅'也。《荀子》曰：'杅圓則水圓。'"宋聶崇義《新定三禮圖·襲斂·浴盤圖說》："浴盤，長九尺，廣四尺，深一尺，有四周，似輿，漆赤中。"今指澡盆。魯迅《准風月談》引何人《我的意見》："為了浴盤的水糟了，就連小寶寶也要倒掉，這意思我們不敢贊同的。"

【杅】[1]

即浴盤。此稱先秦時期已行用。見該文。

【浴盆】

即浴盤。此稱明代已行用。見該文。

皂莢

亦稱"皂角"。皂莢樹之實，用於洗濯，可去污垢。以皂莢洗濯，南朝已行。《南齊書·虞玩傳》："（王）儉方盥，投皂莢於地。"又《劉休傳》記休妻於宅後開小店，親賣皂帚皂莢。

後宋元明清均有以皂莢洗濯之記述。宋莊季裕《雞肋編》卷上："浙中沙皂莢，澡面浣衣皆用肥珠子。"元方回《簡楊華父》詩："何如覓皂角，浣濯暑服膩。"元王實甫《西廂記》第二本第二折："我打扮着等他，皂角也使過兩個也，水也換了兩桶也。"清王士禎《香祖筆記》卷十二："宋王文憲家，以皂莢末置書中，以辟蠹。"直到現代，仍可見用皂莢洗濯之記述。丁玲《法網》二："一些灰色、蘭色、黑色的衣服在皂角的泡沫裏，便稍稍變得乾净了一點。"

【皂角】

即皂莢。此稱元代已行用。見該文。

洗石

一種能洗除污垢之石，名出《山海經》。《山海經·西山經》："〔錢來之山〕其上多松，其下多洗石。"郭璞注："澡洗可以磢體去垢圿。"南朝宋劉敬叔《異苑》卷二："永康王曠井上有洗石，時見赤氣，後有二胡人寄宿，忽求買之。"

澡豆

古洗濯用品。用豬胰磨成糊狀，而後拌合豆粉、香料及藥物製成塊狀物（一說顆粒狀），自然乾燥後用來洗沐，可去污且能使皮膚光潤。南朝宋劉義慶《世說新語·紕漏》："王敦初尚主，如廁，見漆箱盛乾棗本以塞鼻，王謂廁上亦下果，食遂至盡。既還，婢擎金澡盤盛水，瑠璃盌盛澡豆。因倒箸水而飲之，謂是乾飯，群婢莫不掩口而笑之。"後宋乃至清的文獻中均可見"澡豆"之用。宋彭乘《墨客揮犀》卷一〇：

漢澡豆罐
（清刊《西清古鑑》）

"〔王荊公〕面黧黑，門人憂之，以問醫人，曰：'此垢汗，非疾也。進澡豆令公洗面。'清和邦額《夜譚隨録·陳寶祠》："童子進澡豆，浴訖，更新衣。"

胰子

古洗沐用品。因以猪之胰臟爲之，故稱。舊傳以猪之胰臟浸於酒中，冬日塗手面，可防皴裂。後承之，因稱肥皂爲"胰子"，沿用至今。今方言中仍稱肥皂爲胰子。《兒女英雄傳》第一四回："早有兩個小小子端出一盆洗臉水、手巾、胰子，又是兩碗漱口水。"曹禺《北京人》第一幕："但製成時，一塊塊胰子軟皚皚的像牛油，原來他的化學教科書不好，那節肥皂的製造方法，没有寫明白。"

浴巾

洗沐時所用之巾，葛布爲之。先秦已有其制。《儀禮·士喪禮》："浴巾二，皆用綌於笲。"鄭玄注："巾，所以拭污垢也。二者，上體下體異也。"另《禮記·玉藻》："浴用二巾，上絺下綌。"又《喪士記》："浴用絺巾。"孔穎達疏："絺是細葛，除垢爲易，故用之也。"古之浴巾與今之浴巾不同。今指洗沐之後擦拭、包裹身體之巾。

手巾

擦拭手臉所用之巾。多爲絲帛製成，方或長方形，大小不一，常飾有圖案、花紋，猶今之毛巾。先秦已有其制。《禮記·內則》："盥卒，授巾。"鄭玄注："巾以帨手。"帨者，拭也，此以巾拭手之意。巾雖春秋時已有，然"手巾"之名當起於漢代。宋高承《事物紀原·舟車帷幄》："《禮》'浴用二巾，上絺下浴'，雖上下異用，而無異名，此三代之制也。漢王莽之斥逐王閎也，閎伏泣，元后親以手巾拭之。於是始見手巾之目，其事雖出於三代，而製名當自漢世也。"《太平御覽》卷七一六引《江表傳》曰："〔孫權〕慰勞與語，使（潘濬）親近，手巾拭其面。"又引《東宮舊事》曰："太子納妃，有百濟白手巾也。"又引《博物志》曰："魏文帝善彈，棋能用手巾角。"南朝宋劉義慶《世說新語·文學》："謝注神傾意，不覺流汗交面。殷徐語左右，取手巾與謝郎拭面。"《資治通鑑·梁紀》敬帝紹泰元年："敬帝紹泰元年，以手巾絞稜。"胡三省注："今人盥洗，以布拭手，長七八尺，謂之手巾。"

手帕

亦稱"帕子"。隨手携帶之小方巾，猶今之手絹，絲質或布質。唐時已見手帕之稱。唐王建《宮詞》："縫得紅羅手帕子，中心細畫一雙蟬。"宋何楘《虞美人》詞："分香帕子揉藍膩，欲去殷勤惠。"《水滸傳》第一〇回："只見那一個軍官模樣的人去伴當懷裏，取出一帕子物事，遞與管營和差撥。"《紅樓夢》第一九回："襲人拾了几個松瓤，吹去細皮，用手帕托着給他（寶玉）。"《二十年目睹之怪現狀》第二七回："只求大人把帕子去了，小人看看頭部。"

【帕子】

即手帕。此稱宋代已行用。見該文。

帊

亦作"帕"。較帕子稍大的手巾，隨身携帶，絲帛製品。《說文·巾部》："帊，帛三幅曰帊。"（《說文》中無"帕"字）。三國時已有之，後世沿用，今同手帕，帕子。《三國志·魏書·王粲傳》："觀人圍棋，局壞，粲爲覆之。棋者不信，以帊蓋局，使更以他局爲之。"南朝時已有"帕"可見。《南史·張譏傳》:"每歲時輒對帕哽咽不能勝。"宋文瑩《湘山野錄》卷中:"安鴻漸有滑稽清才,而復内懼。婦翁死。哭於柩……〔其妻〕曰:'汝哭何因無泪?'漸曰:'以帕拭乾。'"《宋史·高防傳》:"夢一吏以白帕裹印自門入授防。"

【帊】

同"帕"。此體南北朝時期已行用。見該文。

鮫綃

亦作"鮫鮹",亦稱"鮫帕"。精美絲織巾帕,多作手帕之美稱。傳說有鮫人自水中出,善織綃,輕薄柔軟,故稱其綃製成之巾帕爲"鮫綃"。《文選·左思〈三都賦〉》:"泉室潛織而爲綃。"劉逵注:"俗傳鮫人從水中出,曾寄寓人家,積日賣綃。"後世各代文獻均有記載。唐唐彦謙《無題》詩:"雲色鮫綃拭泪顏,一簾春雨杏花寒。"宋陸游《釵頭鳳》詞:"春依舊,人空瘦,泪痕紅浥鮫綃透。"明梁少白《月雲高·紀情》套曲:"黃花羞對,也衹爲君;金樽慵倒,也衹爲君;泪珠暗把鮫鮹揾。"清孔尚任《桃花扇·寄扇》:"恨在心苗,愁在眉梢,洗了胭脂,浣了鮫綃。"《紅樓夢》第三二回:"或金環玉佩,或鮫帕鸞絛,皆由小物而隨終身之原。"又第六二回:"湘雲又用鮫帕包了一包芍藥花瓣枕着。"直到近代,仍可在文學作品中看到"鮫帕"的出現。柳亞子《自題繪像一律》:"蓋篋龍文新寶劍,蠟丸鮫帕舊陰符。"

【鮫鮹】

同"鮫綃"。此體明代已行用。見該文。

【鮫帕】

即鮫綃。此稱清代已行用。見該文。

羅巾

隨身携帶的巾帕,絲製。亦作手巾之美稱,多出現於文學作品中。唐代已有此稱。唐白居易《後宫詞》:"泪濕羅巾夢不成,夜深前殿按歌聲。"唐聶夷中《雜怨》詩:"君泪濡羅巾,妾泪滴路塵。"宋張孝祥《浣溪沙》詞:"紛泪但能添楚竹,羅巾誰解繫吴船。"

羅帕

亦作"羅帊",亦稱"帕羅"。舊時女子隨身用品,亦作佩帶飾物。故亦作手巾、手帕之美稱。唐已見其名。唐杜甫《驄馬行》:"赤汗微生白雪毛,銀鞍却覆香羅帕。"宋吕渭老《念奴嬌》詞:"短短霞杯,温温羅帊。"宋周邦彦《解語花·元宵》詞:"鈿車羅帕,相逢處,自有暗塵隨馬。"宋史達祖《齊天樂》詞:"入手温存,帕羅香自滿。"《初刻拍案驚奇》卷二:"算計定了,侵晨未及梳洗,將一個羅帕兜頭扎了,一口氣跑到渡口來。"清俞正燮《癸巳存稿》卷四:"張倅家綉養娘遞羅帕子與館人劉啓之。"

【羅帊】

同"羅帕"。此體宋代已行用。見該文。

【帕羅】

即羅帕。此稱宋代已行用。見該文。

褻　器

褻器

亦稱"褻齎""便器"。古之便器,大小便有別,分虎子類(承小便)和清器類(承大便)。先秦已有之,後世沿用。《周禮·天官·玉府》："掌王之燕服、衽席、床第、凡褻器。"鄭玄注："褻器，清器，虎子之屬。"《說文・木部》："椷，椷箭，褻器也。"朱駿聲通訓定聲："受尿之器曰椷，受鹵之器曰箭。"《史記・萬石君張叔列傳》："取親中裙厠牏。"裴駰集解引晉呂靜曰："椷箭，褻器也，音威豆。"又引蘇林曰："牏音投。賈逵解《周官》：'椷，虎子也；箭，行清也。'"《西京雜記》卷四："漢朝以玉爲虎子，以爲便器。"南朝宋劉義慶《世說新語・簡傲》："謝萬在兄前，欲起索便器。"《清史稿・儒林傳二・江聲》："年二十九，遭父疾，晨夕侍床褥，不解衣帶，至自滌椷箭，視穢以驗疾進退。"

【椷箭】

即褻器。此稱漢代已行用。見該文。

【便器】

即褻器。此稱漢代已行用。見該文。

虎子

亦稱"獸子""伏虎""溲器""溺器"。褻器之一類，男子小便器也，即今之所謂尿壺。此稱漢代始有之，初多爲銅製張口伏虎形，故稱。三國時已有瓷製者，今猶存。其稱雖始於漢代，然盛小便之器當於先秦已有之。《周禮・天官・玉府》"凡褻器"，鄭玄注："褻器，清器、虎子之屬。"《漢書・張騫李廣利傳》："匈奴破月支王，以其頭爲飲器。"顏師古注引晉灼曰："飲器，虎子屬也。"師古注云："獸子，褻器所以溲便者也。"《西京雜記》卷五："李廣與兄弟

釉陶虎子

共獵於冥山之北，見臥虎焉，射之，一矢即斃……鑄銅象其形爲溲器，示厭辱也。"可見，虎子始於漢。

青瓷虎子

《後漢書・獻帝紀》："初令侍中、給事、黃門、侍郎員各六人。"李賢注引《漢官儀》云："侍中分掌乘輿服物，下至褻器、虎子之屬。"《三國志・魏書・蘇則傳》裴松之注引《魏略》曰："舊儀，侍中親省起居，故俗謂之執虎子。始則同郡吉茂者……茂見則，嘲之曰：'仕進不止執虎子。'"《新唐書・文藝傳・宋之問》："于時張易之等丞昵寵甚。之問與閻朝隱、沈佺期、劉允濟傾心媚附，易之所賦諸篇，盡之問、朝隱所爲，至爲易之奉溺器。"《新五代史・後蜀世家・孟知祥》："中國多故而據險一方，君臣務爲奢侈以自娛，至於溺器皆以七寶裝之。"明朱謀㙔《駢雅・釋器》："伏虎、椷箭，溺器也。"1955年南京光華門外吳墓中曾出土一青瓷虎子，據刻文知其製於孫權赤烏十四年（251）。

【溲器】

即虎子。此稱漢代已用之。見該文。

【獸子】

即虎子。唐時爲避唐高祖李淵之祖李虎諱，改稱"虎子"爲"獸子"。此稱唐代已行用。見該文。

【溺器】

即虎子。此稱宋代已行用，見該文。

【伏虎】

即虎子。因其形似伏虎張口，故稱。此稱明代已行用。見該文。

【溺壺】

亦稱“便壺”。即虎子。橢圓形平底，有前伸之流口，有提梁。供男子夜間或病中卧牀時使用，多爲瓷質，亦有銅製者，其陶製者今猶存。清孔尚任《桃花扇·却奩》：“今日早起，又要刷馬桶，倒溺壺，忙個不了。”《二十年目睹之怪現狀》第九五回：“妝奩器具，應有盡有。甚至便壺、馬桶也不遺一件。”

【便壺】

即溺壺。此稱清代已行用。見該文。

【夜潴】

即虎子。唐人文集中已見其名，陶瓷製品或金屬製品。蓋自明清以後，稱“夜壺”。宋陶穀《清異録·器具》：“溺器曰夜潴，見於唐人文集。”亦稱“夜壺”。《兒女英雄傳》第三九回：“新買的馬桶，新打的夜壺，都預備在牀底下。”

【夜壺】

即夜潴。尿壺之俗稱，因多用於夜間，故稱。此稱清代已行用，今仍沿用。見該文。

尿盆兒

亦作“溺盆兒”，亦稱“尿鱉子”“夜盆兒”。男女受小便之盆狀物。陶瓷或金屬製品。元佚名《劉弘嫁婢》第一折：“就把那尿鱉子放在鍋裏吧，一家兒好乾净人家。”元石君寶《紫雲亭》第二折：“我教人道尿盆兒刷煞腥臊氣，直這般顯相貌聘威勢。”元喬吉《折桂令·勸求妓者》曲：“溺盆兒刷煞終臊，待立草爲標，現世生苗。”元無名氏《盆兒鬼》第二折：“我把這盆兒送他，等他拿去做夜盆兒。”《兒女英雄傳》第四〇回：“到了第二年，他留了頭，連個溺盆子都不肯叫他拿。”

【溺盆兒】

同“尿盆兒”。此體元代已行用。見該文。

【尿鱉子】

即尿盆兒。此稱元代已行用。見該文。

【夜盆兒】

即尿盆兒。此稱元代已行用。見該文。

清器

褻器之受糞便者。木製或陶製。因需及時清洗，使之清潔，故稱。此稱蓋始於漢代。《周禮·天官·玉府》：“凡褻器”，漢鄭玄注：“褻器，清器、虎子之屬。”孫詒讓正義：“蓋漢時名厠爲清，故謂受糞之器爲清器。清器即行清，謂以木爲函，可移徙者。通謂之厠。”宋代文獻又見“溷器”“溷牀”之稱謂。宋趙彥衛《雲麓漫鈔》卷四：“漢人目溷器爲虎子……唐人諱虎，改爲馬，今人云厠馬子者是也。”按：“虎子”爲溷器之一種。宋江休復《江鄰幾雜志》：“蘇大舜爲浙憲，登杭州黃皮塔，索溷牀，溷於其顛，群僧惡之。”

【溷器】

即清器。此稱宋代已行用。見該文。

【溷牀】

即清器。此稱宋代已行用。見該文。

馬子

褻器受大便者，以木爲桶，其上有蓋。典出《西京雜記》，李廣兄弟斃虎，鑄其形以爲溲器，唐人諱虎，改稱馬。又説爲女子專用，坐之便溺，勢如騎馬，故稱。即今之馬桶。宋歐陽修《歸田録》卷二：“〔王允良〕好坐木馬子，坐則不下。”宋趙彥衛《雲麓漫鈔》卷四：《西京雜記》：李廣與兄弟共獵於冥山之北，見卧虎，射之即斃。斷其髑髏以爲枕，示服猛也；

鑄銅象其形爲溲器，示厭辱之也。故漢人目涵器爲虎子。鄭司農（鄭衆）注《周禮》有是言。唐人諱虎，改爲馬，今人云厠馬子者是也。"明湯顯祖《牡丹亭·鬧殤》："雞眼兒不用你做嘴兒挑，馬子兒不用你隨鼻兒倒。"亦作"楄子"。《金瓶梅詞話》第六一回："李瓶兒道：'我到屋裏坐楄子。'"《通雅·器用·雜用諸器》："陳水南曰：'獸子者，褻器也。或以銅爲馬形，便於騎以溲也。俗曰馬子，蓋沿於此。'"清俞樾《茶香室叢鈔·八大王之子》："木馬子者竟是便溺之器……在宋時已有馬子桶之稱，則允良（王允良）所坐木馬子必是此物。"《兒女英雄傳》第九回："請問，一個和尚廟，可那裏給你找馬子去。"

【楄子】

同"馬子"。因馬子多爲木製，故馬又作楄。此體明代已行用。見該文。

【馬桶】

即馬子。亦作"楄桶"，亦稱"馬子桶""觸桶"。褻器之受大便者，木製矮桶，便時坐於其上。褻器先秦已有，然馬桶之成始於唐宋之間。宋吳自牧《夢粱錄·諸色雜貨》："杭城戶口繁夥，街巷小民之家，多無坑厠，只用馬桶。每日自有出糞人瀽去，謂之傾腳頭。"《金瓶梅詞話》第三三回："那消半夜，吊下來了，在楄桶內，點燈撥看，原來是個男胎，已成形了。"《古今小說·閑雲庵阮三冤債》："尼姑坐在觸桶上道：'小姐，你到初八日同奶奶到我小庵覷一覷，若何？'"。清俞樾《茶香室叢鈔·八大王之子》："宋吳自牧《夢粱錄》有項桶，浴桶，馬子桶之名。此言馬子，即今所謂馬桶也。宋時已有馬子桶之稱。"周而復《上海的早晨》第

一部："〔她〕機靈地一口氣跑到女厠所，屁股坐在馬桶上。"

【楄桶】

同"馬桶"。因多以木製，故亦作楄。此體明代已行用。見該文。

【馬子桶】

即馬桶。此稱宋代已行用。見該文。

【觸桶】

即馬桶。此稱明代已行用。見該文。

【圊桶】

亦稱"净桶"。褻器之受糞者。圊即清，漢代稱厠爲圊，故稱受大便器爲圊桶。形制均似馬桶。明李實《蜀語》："便溺器曰圊桶。"《金瓶梅詞話》第三七回："西門慶又替他買了半幅嫁妝，描金箱籠……净桶、火架等。"概稱馬桶。

【净桶】

即圊桶。此稱明代已行用。見該文。

厠籌

亦稱"厠篦""厠簡"。大便後用以拭糞之小竹木片。本爲印度僧侶使用，漢代隨佛教傳入我國。晋法顯等譯《摩訶僧祇律·明威儀法》："〔厠〕屋中應隔，使兩不相見，邊安厠篦。"《北史·齊文宣帝紀》："楊愔爲宰輔，使進厠籌。"《南唐書·浮屠傳》：後主與周后"親削僧徒厠簡，試之以頰，少有芒刺，則再加修治"。元陶宗儀《輟耕錄·厠籌》："今寺觀削木爲籌，置厠圊中，名曰厠籌。"

【厠篦】

即厠籌。此稱晋代已行用。見該文。

【厠簡】

即厠籌。因多以竹片爲之，故稱。此稱五

代時期已行用。見該文。

【乾屎橛】

拭糞之小竹木片，類似厠籌。《景德傳燈録·義玄禪師》："時有僧問：'如何是無位真人？'師便打，云：'無位真人是什麼乾屎橛！'"佛家以之喻至穢至賤之物。《朱子語類》卷七："今之禪家多是'麻三斤''乾屎橛'之説，謂不落窠臼，不墮理路。"一説乾屎橛即糞之乾塊，佛家用以喻至穢至賤之物。

鎖　具

鍵

古指門閂，於門内閉門用。因多爲木製，故最初作"楗"。"鍵"是在金屬製鎖具出現後方行用的。"鍵"爲鎖之主要機關，故代指鎖。先秦典籍已有記載。《周禮·地官·司門》："司門掌授管鍵，以啟閉國門。"唐賈公彦疏："謂用管鑰以啟門，用鍵牡以閉門。"《禮記·月令》："〔孟冬之月〕脩鍵閉，慎管籥。"漢鄭玄注："鍵，牡；閉，牝也。"孔穎達疏："凡鎖器，入者謂之牡，受者謂之牝。"《淮南子·人間訓》："其家無筦籥之信，關楗之固。"自漢代始，"鍵"在某些文獻中又指鑰匙。《方言》第五："户鑰，自關而東，陳楚之間，謂之鍵。"晋郭璞《爾雅序》："誠九流之津涉，六藝之鈐鍵。"宋邢昺疏："《説文》云'鈐，鎖也。'《小爾雅》云：'鍵謂之鑰。'言此書爲六藝之鎖鑰，必開通之然後得其微旨也。"《資治通鑑·唐紀》高祖武德元年："諸門皆不下鍵。"胡三省注："陳楚謂户鑰爲鍵。"木製門閂今民間仍沿用，以"鍵"爲機關之鎖已被新式彈簧鎖代替。

【楗】

同"鍵"。此體先秦時期已行用。見該文。

鎖

用以封閉門户箱匣等用特製鑰匙方能打開的器具。相傳爲魯班發明，最初爲木製。漢代發明銅製簧片鎖：一外實而一端空的銅管中裝以簧片，將一銅釬插入銅管空端，即關閉。用一條形銅匙，插入鎖孔搏簧片，靠簧片之彈力將銅釬與銅管分離，鎖即開啟。《説文·金部》：

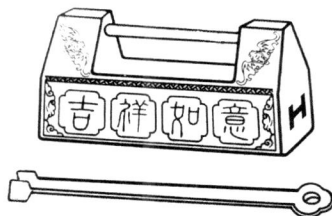

鎖
（齊源據清代傳世物繪製）

"鎖，鐵鎖，門鍵也。"唐韓愈《曹成王碑》："下令掊鎖擴門，悉弃倉實與民。"唐盧仝《憶金鵝山沈山人》詩之二："夜叉喜歡動關鎖，鎖聲攝地生風雷。"又作"鏁"字。《西廂記諸宮調》卷二："下了長關，徹了大鏁。"别名又稱"叉手鐵龍"。宋陶穀《清異録·器具》："石守信掌庫奴蕭雲常博奕，大北。夜開庫私取錢幣，愴惶失鎖所在。雲不敢明言，但言不見叉手鐵龍。"明初有洋鎖傳入，國人仿製，與今之鎖具相近。今之鎖具種類愈多，結構更臻精密，亦更安全。

【鏁】

同“鎖”。此體金元時期已行用。見該文。

【叉手鐵龍】

“鎖”之別名。此稱宋代已行用。見該文。

【鑰】[1]

“鎖”之別稱。亦作“籥”。先秦典籍已有記載。《書·金滕》：“啓籥見書，乃並是吉。”孔傳：“籥……馬云：‘藏卜兆書管。’”管即鎖。漢代又作“闟”。《説文·門部》：“闟，關下牡也。”《新唐書·元德秀傳》：“不爲墻垣扃鑰。”《資治通鑑·齊武帝永明十一年》：“別作鑰鈎，夜開西州後閣。”胡三省注：“鈎，所以啓鑰，今謂之鑰匙。”

【籥】[1]

同“鑰[1]”。此體先秦時期已行用。見該文。

【闟】

同“鑰[1]”。此體漢代已行用。見該文。

魚鑰

魚形門鎖，取魚不閉目以日夜守護之意。南朝梁簡文帝《秋閨夜思》詩：“夕門掩魚鑰，宵床悲畫屏。”唐丁用晦《芝田録》：“門鑰必以魚者，取其不瞑目守夜之義。”宋歐陽修《清明賜新火》詩：“魚鑰侵晨放九門，天街一騎走紅塵。”宋賀鑄《擬温飛卿》詩：“鮫綃乾玉箸，魚鑰限金蓮。”清錢泳《履園叢話·雜記下·琴心曲》：“高城夜静沉魚鑰，桂花凉影驚飛鵲。”清黄遵憲《夜渡蘇黎士河》詩：“云劍天高暑漸清，沈沈魚鑰夜三更。”亦稱“魚鎖”，見於唐人文獻。唐鮑溶《期盡》詩：“魚鎖生衣門不開，玉筐金月共塵埃。”又作“魚鏁”。唐張泌《碧户》詩：“碧户扃魚鏁，蘭窗掩鏡臺。”唐代文獻中，“魚鑰”有時指鑰匙。唐楊炯《崇文館

宴集詩序》：“魚鑰則環鎖展開，崔窗則銅樓旦闢。”唐李商隱《南潭上亭燕集以疾後至因而抒情》詩：“鸜州縈遠岸，魚鑰啓重關。”

【魚鎖】

即魚鑰。此稱唐代已行用。見該文。

【魚鏁】

即魚鑰。同“魚鎖”。此稱唐代已行用。見該文。

三簧鎖

亦作“三黄鎖”。鎖之一種。鎖通常兩簧，此鎖有三簧。至遲不晚於元代已有此鎖。元楊顯之《酷寒亭》第三折：“拽後門將三簧鎖納合，捕巡軍快拿捉。”明馮夢龍《古今小説·宋四公大鬧禁魂張》：“便走到土庫門前，見一具胳膊來大三簧鎖，鎖着土庫門。”《金瓶梅詞話》第六一回：“西門慶不聽便罷，聽了眉頭搭上三黄鎖，腹内包藏着萬斛愁。”清華廣生《白雪遺音·玉蜻蜓·認母》：“那玉貞又從房中擱板上取下一隻拜匣，開了三黄，取出一塊小小木牌。”

【三黄鎖】

同“三簧鎖”。此稱明代已行用。見該文。

蟹鎖

明代洪武年間傳入我國的一種洋鎖，見於清代文獻中。清乾隆年間《吴縣志》二三：“鎖以徽製者爲佳，然洪武時外國進蟹鎖，人莫能開。木瀆銅工王某應手而開，賜冠帶歸里。”

鑰[2]

開鎖之鑰匙，亦作“籥”。“籥”字先秦典籍已見。“籥”指鑰匙則見於漢代文獻。《史記·魯仲連傳》：“魯人投其籥。”張守節正義：“籥，鑰匙也。”《方言》第五：“户鑰，自關而

東，陳楚之間，謂之鍵；自關而西，謂之鑰。”戴震疏證：“鑰亦作籥。搏鍵器也。”搏鍵器即啓鎖器，即指鑰匙。唐鄭虔《閨情》詩：“銀鑰開香閣。”《新唐書·李抱真傳》：“乃遽以印鑰上監軍，始發喪。”《宋史·忠義傳·董元亨》：“我有死耳，鑰不可得也。”亦稱“鈎”“鑰匙”。《資治通鑑·齊武帝永明十一年》：“別作鑰鈎，夜開西州後閣。”胡三省注：“鈎，所以啓鑰，今謂之鑰匙。”

【籥】[2]

同“鑰[2]”。此體漢代已行用。見該文。

【鈎】[1]

即鑰[2]。此稱宋代已行用。見該文。

【鑰匙】

即鑰[2]。此稱元代已行用。見該文。

【管】[1]

即鑰[2]。先秦已有，以鐵爲之，形似樂器之管，故稱。《周禮·地官·司門》：“司門掌授管鍵，以啓閉國門。”鄭玄注引鄭司農曰：“管謂籥也，鍵謂牡。”賈公彥疏：“謂用管籥以啓門，用鍵牡以閉門，故雙言以啓閉。”《左傳·僖公三十二年》：“鄭人使我掌其北門之管。”杜預注：“管，籥也。”亦作“筦”，多與“鍵”連言。《管子·立政》：“一道路，博出入，審閭閈，慎筦鍵，筦藏于里尉。”《戰國策·趙策（三）》：“天子巡狩，諸侯辟舍，納於筦鍵。”清和邦額《夜譚隨録·尤大鼻》：“〔董韶〕就臥樹下，無復知覺，良久醒來，則在一紗帳中，衾枕悉具，驚起欲遁，忽一人振管闢扉，秉燭而入，則一十八九女郎也。”

【筦】[2]

即管[1]。多與“鍵”連用。稱“筦鍵”。此

體先秦時期已行用。見該文。

【匙】[1]

即鑰[2]。亦作“筵”，美稱“玉筵”。宋張君房《雲笈七籤》卷一二引《黄庭内景經》曰：“玉匙金鑰常完堅。”張萱注：“籥筵，或爲匙也。”唐李商隱《日高》詩：“鍍鐶故錦縻輕拖，玉筵不動便門鎖。”宋楊萬里《冬至後賀皇太子及平陽郡王》詩：“金鑰玉筵開北闕，銀鞍繫控謁東明。”又《春寒早朝》：“誰能馬上追前夢，坐待金門放玉。”（明王圻等《三才圖會》）宋佚名《燈下閑談·墜井得道》：“令侍者將匙開青州門。”清黄軒祖《游梁瑣記·易内奇案》：“惟衣櫥一架，重重鎖閉。戴益疑，以匙試之，應手而闢。”

匙

【筵】

同“匙[1]”。此體至遲唐代已行用。見該文。

【玉筵】

“匙[1]”的美稱。此體至遲唐代已行用。見該文。

【管鑰】

即鑰[2]。亦作“管籥”。《禮記·月令》：“〔孟冬之月〕脩鍵閉，慎管籥。”鄭玄注：“管籥，搏鍵器也。”孔穎達疏：“以鐵爲之，似樂器之管籥，搢於鑰内以搏取其鍵也。”漢代文獻又作“筦籥”。《淮南子·人間訓》：“其家無筦籥之信，闚楗之固。”《晋書·陶侃傳》：“軍資、器仗、牛馬、舟船、皆有定簿，封印倉庫，自加管鑰。”

《宋書・顏延之傳》："非鄙無因而生，侵侮何從而入，此亦持德之管籥，爾其謹哉。"一說鎖鑰合稱。

【管籥】

同"管鑰"。此體先秦時期已行用。見該文。

【筦鑰】

同"管鑰"。此體漢代已行用。見該文。

印匙

開印匣之鑰匙。《新唐書・李抱真傳》："以印鑰上監軍。"清黃六鴻《福惠全書・蒞位・受印》："開鎖啓匣，請印驗封。呈印，詳看背面篆文，四角及柄，如有嵌補缺損，記明幾處，照舊封固，同印匙親受訖，隨取。"

釘鉸

鎖閉門窗箱匣之器物，金屬製用以挂鎖。其一端固定於門窗箱匣上，另一端搭在屈戌上以上鎖。亦作"了鳥"。當爲聯綿字。唐李商隱《病中聞河東公樂營置酒口占寄上》詩："鎖門金了鳥，展障玉鴉叉。"《通雅・諺原》："門鍵曰釘鉸。"亦作"了吊"。明沈榜《宛署雜記・鄉試》："鐵曲碎了吊一百副。"亦稱"吊兒"。清蒲松齡《聊齋俚曲集・襄妒咒》第九回："把門敲，把門敲，欠身就把吊兒搖。"《龍圖耳錄》第五〇回：〔雷洪〕自己出來將門帶上，扣了釘鉸，同着小童去了。"近代仍沿用，文獻中時有可見。《大刀記》第一七章："他說罷回手掩上門，又從衣袋裏掏出一把鎖，挂上門釘鉸兒，

鎖上門。"

【了鳥】

同"釘鉸"。此體唐代已行用。本作"𠄏"，因書寫不便，以"鳥"代之。見該文。

【了吊】

同"釘鉸"。此體明代已行用。見該文。

【吊兒】

"釘鉸"之省稱。此稱清代已行用。見該文。

屈膝

亦稱"屈戌"。門窗箱櫥等用以挂鎖的環鈕、搭釦，金屬製半環狀，形如人之屈膝，故名。南朝文獻已有記載。南朝梁簡文帝《烏栖曲》之四："織成屏風金屈膝，朱脣玉面燈前出。"唐李賀《宮娃歌》："啼蛄吊月鈎闌下，屈膝銅鋪鎖阿甄。"唐李商隱《驕兒》詩："凝走弄香奩，拔脫金屈戌。"又《魏侯第東北樓堂》詩："鎖香金屈戌，帶酒玉昆侖。"《水滸傳》第二一回："出得房門去，門上却有屈戌，便把房門拽上，將屈戌搭了。"

【屈戌】

即屈膝。此稱唐代已行用。見該文。

【環鈕】

即屈膝。最早見於先秦典籍。《禮記・曲禮上》："入戶奉扃，視瞻毋回。"漢鄭玄注："何云：關也。一云門扇上環鈕。"明陶宗儀《輟耕錄・屈戌》："今人家窗戶設鉸具，或鐵或銅，名曰：'環鈕'……北方謂之'屈戌'，其稱甚古。"

第三節　什物考

　　什物又稱"什器"，指日常生活用具。《史記·五帝紀》："〔舜〕作什器於壽丘。"司馬貞索隱云："什，數也。蓋人家常用之器非一，故以十爲數，猶今云什物也。"起居類什器包括除起臥、坐臥、盛物、居處外的一切日常雜器，雖繁雜瑣碎，但各有獨特之功用，亦與日常生活息息相關。

　　雨具之發明，由來甚久。清王三聘輯《古今事物考》卷六引唐劉存《事始》曰："凡雨具，周已有之"，有蓑衣、傘、蓋等等。最初以蓑草或竹篾編成，秦漢以後又有絹或油布、油紙等材料製成的雨具出現，流傳至今，爲家庭生活必備之物。今天最常見的雨傘，傳爲周代呂望首製。發明之初，形制已與今天大同小异，初始稱"蓋"。明王圻父子《三才圖會·器用》："《六韜》曰：'天雨不張蓋幔。'周初事也。《通俗文》曰：'張帛避雨，謂之繖。'蓋即雨傘之用。三代已有。"有些雨具，兼有防雨或遮陽雙重功用，諸如宋元間的青傘或青涼傘之類，至今天仍如此。宋時傘又有別名曰"高密侯"（見宋宋敏求《春明退朝錄》下），明代吳地又諱稱"竪笠"（見明陸容《菽園雜記》卷一）。

　　杖之使用，先秦文獻已見。《山海經·海外北經》載有夸父追日，弃其杖化爲鄧林之事，當是最早記載。初多以竹、木或藤依其形製成。春秋戰國間，杖多爲君王賜臣下之專用品，持杖者多爲老人或社會地位較高的人，《禮記》《周禮》都有記載。漢以後，流入民間，人皆可持。以質地區分有竹杖，其中蜀地之竹爲之者，又稱筇（邛）竹杖，筇（邛）杖、筇（邛）枝，筇（邛）；有木杖曰柴篳，又名木上座；有玉杖；有藤杖；有藜杖；有鐵杖；有靈壽杖，又名靈節、扶老。形制之別有九節杖，以九節竹爲之者（見晋葛洪《神仙傳·王遙》）；有夜明杖，能夜間發光之杖（見五代王仁裕《開元天寶遺事》）；有明杖兒，爲盲人探路之杖；有游龍杖，杖身彎曲似游龍（見清吳振棫《養吉齋餘錄》）；有龍頭杖，杖端雕以龍頭，見於唐代文獻。杖今日仍沿用，多爲老人、病人所持。

　　據宋高承《事物紀原》卷八載，今日手搖生風取凉之扇，最早亦見於三代，傳爲周武王所作。《儀禮·既夕禮》列之於燕器，即常用器物，字作"箑"。漢揚雄《方言》第五又作"篷"。史書載有竹編，羽製，及絲織等扇，亦有借自然之形的蒲葵扇（今民間仍可常見）。湖北江陵馬山磚廠曾出土一戰國時竹扇，當爲扇之最早物證，製作精緻，雕飾完美。漢代文獻始有"羽扇"之稱出現，盛行於江東。值得注意的是漢代已有機動生風取凉工具出現,稱“七輪扇”。《西京雜記》卷一載，長安巧工丁緩“作七輪扇，連七輪，大皆徑丈，相連續，一人運之，滿堂寒顫”。五代至唐宋間，多有絹、綾、紈等製成之扇出現，乃漢以來絲織業發達之産物。今民間所用之蒲葵扇，魏晋已有，沿用至今。宋時始有摺叠扇出現，或説由日本傳入（見明文震亨《長物志·器具》)，或説自朝鮮傳來（見明陸琛《春雨堂隨筆》)，一説由南朝文人常佩於腰間之腰扇演化而來，未可確考。

日常生活所需其他什物，亦各有其功用。其中如意，兼有多種功能，約興用於戰國時。搔癢用的如意，常以竹、木削成手爪狀，便於爬搔，又稱“爪杖”“不求人”，民間俗稱“搔背爬”或“轂轆子”；用於玩賞的如意，多以玉爲之，亦有竹、骨、石、鐵或銅製成者，形狀不一，其木、竹製成者可用以指劃助談，其鐵製者可用以防身。自魏晋至清各代文獻多有記述。魏晋間清談成風，文士常手持麈尾以指劃助談，多以牲畜尾毛製成。漢代已有其物，稱“拂塵”或“拂”；用以驅蠅的又稱“蠅拂”或“蠅刷子”。後經唐宋一直至清，諸代文獻皆有記述。始於明，盛行於清雍正、乾隆間的鼻烟，是我國古代較獨特的消費品，盛鼻烟之壺，初無定制，後出現玻璃、瓷、玉等材料製者，玲瓏精巧，兼有玩賞和實用雙重功能，而套料（即多種材料）製成的鼻烟壺，成爲值得珍藏的藝術品。(見清王士禎《香祖筆記》卷七，清趙之謙《勇盧間詰·烟壺》)。吸烟之風始見於文獻是在清代，有旱烟、水烟之别。吸旱烟所用的烟袋鍋，今民間仍可見；吸水烟用的水烟袋今民間偶可見到，但很少有人再使用了。鴉片自西方傳入後，又有了一套吸食鴉片專用的工具，有烟槍、籤子等，中華人民共和國成立後，隨鴉片之杜絶而消失。今人所用之牙籤，我國晋代文獻已有記載，時稱“剔齒籤”，或“挑牙杖”，與牙籤大同小异。刷牙潔齒之風可追溯至宋代。宋嚴守和《嚴氏濟生方》云:“每日清晨以牙刷刷牙，皂角濃汁揩牙，旬日數更，無一切齒疾。”仍沿用至今。眼鏡在我國亦由來已久，宋代始，已有以細紗蒙眼防沙之俗，稱“眼衣”“眼紗”（見宋周煇《清波雜志》卷五）。明代中葉始由西方傳入保護眼睛或矯正視力的眼鏡，最初稱“靉靆”，即遮陽蔽日之意，又作“僾逮”“愛逮”等（見明田藝蘅《留青日劄摘抄·靉靆》)。家居衛生用具痰盂，在我國魏晋時已有，稱“唾壺”，多爲瓷製。宋代文獻又有“唾盂”“漱盂”之稱，亦指今日之痰盂。其他如脚婆（又稱錫奴，始見於宋代)、摇車（亦稱摇籃，元已有之)、撲滿（又稱慳囊，錢缿，即今日儲蓄罐，先秦已有）等等均爲家居所需之物，都充分體現了我國古代勞動人民的智慧和技巧，成爲我國傳統文化的一個重要的組成部分。

泛　稱

什物

亦稱"什器""什具"。日常用的各種生產和生活器具、雜物。《史記·五帝本紀》："舜耕歷山，漁雷澤，陶河濱，作什器於壽丘，就時於負夏。"司馬貞索隱："什器，什，數也。蓋人家常用之器非一，故以十爲數，猶今云'什物'也。"《資治通鑑·後唐莊宗同光三年》："衛兵所過，責其供餉，不得，則壞其什器，撤其室廬以爲薪，甚於寇盜。"《後漢書·祭彤傳》："又美彤清約，拜日，賜錢百萬，馬三匹，衣被刀劍下至居室什物，大小無不悉備。"北齊顏之推《顏氏家訓·風操》："若尋常墳典，爲生什物，安可悉廢之乎？"唐釋玄英《一切經音義》："今人謂家產器物猶云什物。"《新唐書·崔圓傳》："圓鋭功名，初聞難，刺國忠意，乃治城濬隍，列館宇，儲什具。"

【什器】

即什物。此稱漢代已行用。見該文。

【什具】

即什物。此稱唐代已行用。見該文。

【任器】

即什物。《周禮·秋官·司隸》："爲百官積任器。"賈公彦疏："云任猶用也者，用器除兵之外，所有家具之器皆是用器也。"《晏子春秋·諫上五》："晏子聞之，不説，遂分家粟於氓，致任器於陌。"吳則虞集釋引孫星衍云："任器，任用之器，可以負載。"清段玉裁《説文解字注·人部》："〔什〕按：後世曰什物，古曰任器，古今語也。任，急言之曰什，如唐人詩十可讀如諶也。"

雨　具

雨具

雨天用以遮雨的用具。據文獻記載，周朝已有雨衣等雨具。宋高承《事物紀原·衣裘帶服部·雨衣》引《事始》曰："凡雨具，周已有。"又引杜預注《左傳》云："製，雨衣也。"漢代始有"雨具"之稱。《史記·仲尼弟子傳》："昔夫子當行，使弟子持雨具，已而果雨。"元無名氏《張協狀元》五齣："查裹與琴書，雨具牢收記。"又二二齣："是事一齊瞥樣，挑取被衣雨具，度嶺涉長川。"舊時雨具，多以蓑草竹皮及油布等製成。傳承至今，雨具則以塑膠、橡膠等爲之。

傘

古作"繖"，又稱"蓋"。遮陽蔽雨用具，亦是帝王將相權勢身份之象徵。傳爲周代呂望創製。最初以絲羅綾緞做成，有直柄、曲柄之分，一方面遮陽防雨，主要還是身份的象徵。據漢代司馬遷記載，五帝

傘
（張述錚據《新刻繡像批評金瓶梅》插圖繪製）

時已有繖類用具。《史記・五帝本紀》："舜乃以兩笠自扜而下，去，不得死。"司馬貞索隱云："言以笠自扜己身，有似鳥張翅而輕下，得不損傷。皇甫謐云：'兩繖。繖，笠類。'"《晉書・王雅傳》："將拜（少傅），遇雨，請以繖入。"清王三聘《古今事物考》卷四云："《宋會要》曰：'繖，古張帛避雨之制。'今有方繖，大繖，則是繖之制始于古張帛也。國朝鹵簿有紫方繖四把，紅方繖四把，曲柄紅綉繖兩把，黃綉繖兩把，黃羅綉九龍繖一把。"先秦時多稱之爲"蓋"，張物頭上，似以物覆之，故稱。《太平御覽》卷七〇二引《釋名》曰："蓋，在上覆蓋人也。"《左傳・昭公二十年》："使華寅肉袒，執蓋以當其闕。"《孔子家語・致思篇》："孔子將行，雨而無蓋。"又"孔子之郯，遭程子於途，傾蓋而語。"唐代李延壽作《南史》始有"傘"稱出現。唐韓愈《游青龍寺贈崔大補闕》詩："光華閃壁見神鬼，赫赫炎官張火傘。"《集韵》上聲緩韵："繖，蓋也，亦作傘。"宋高承《事物紀原・舟車帷幄部・雨傘》："按晉代諸臣皆乘車，有蓋無傘。元魏自代北有中國，然北俗故便於騎，則傘蓋施於騎耳，疑是後魏時始有其制也。"可見，傘出現後，蓋多指施於車上之傘了。元無名氏《張協狀元》五三齣："末把傘出……丑：你是幹辦，不當抬傘。"清汪汲《事物原會》："王棠《知新錄》：'繖，通作傘。'《廣韵》：'織絲綾爲蓋也。'《金志》：'一品青繖用銀浮圖，二三品用紅浮圖，四五品用青浮圖。'注，浮圖，繖頂也。"清朱彝尊《夏日村居》詩："小溪新漲水泙泙，竹傘芒鞋自在行。"隨着生產生活之發展，傘之式樣日益繁多。今已有紙傘、布傘、塑膠傘、尼龍傘，以及摺叠傘、

自動傘，還有香傘、音樂傘，等等。

【繖】

同"傘"。此體唐代已行用。見該文。

【蓋】[1]

"傘"之古稱。此稱先秦時期已行用。見該文。

【竪笠】

"傘"之諱稱，吳地習俗。明陸容《菽園雜記》卷一："民間俗諱，各處有之，而吳中爲甚……諱離散，以梨爲圓果，傘爲竪笠。"因傘似撑起的斗笠，故稱。

雨傘

傘之一種。雨天用以擋雨。最初以油布、油紙或絹等製成。據明王圻等《三才圖會》引漢人服虔《通俗文》載，三代時已有之。《三才圖會・器用》："《六韜》曰：'天雨不張蓋幔'，周初事也。《通俗文》曰：'張帛避雨，謂之繖'，蓋即雨傘之用也。三代已有。繖、傘字通。"清代汪汲認爲雨傘之用始於魏代。汪汲《事物原會》卷二六："至元魏時，以竹碎分並油紙造成傘，便於步行，騎馬，雨傘自此始。"又云："魯班妻所造，謂其夫曰：'爲人造居室不能移，妾所造傘能移千里之外。'"張帛避雨當始於三代，已爲雨傘雛形，以碎竹、油紙製成與後世相似之雨傘，則是魏代之事。魯班妻造

雨傘
（明王圻等《三才圖會》）

雨傘之說大抵爲民間傳說，不足信。《水滸傳》第六二回：“董超、薛霸把衣包、雨傘都挂在盧員外枷頭上。”《四世同堂》三八：“他們也許只給你三匹布，而配上兩打雨傘。”雨傘今天仍有，較之古雨傘稍小，柄短，多以塑膠、尼龍等爲之，且可自動打開。

【高密侯】

“雨傘”之戲稱。高密侯本指山。《爾雅·釋山》：“山如堂者密。”傘張開如山，故戲稱之。宋宋敏求《春明退朝錄》卷下：“江南周則，少賤，以造雨傘爲業。後戚連椒闈，後主戲之曰：‘非我用卿而富貴，乃高密侯提携而起家也。’”

油傘

亦作“油繖”。以油布或油紙作傘面之傘，多在雨天用之。北周庾信《謝趙王賚馬並繖啓》：“奉教垂賚紫騮馬，並銀釘乘具，紫油傘一張。”《宋史·儀衛志六》：“王公以下皆有節，制同金節，韜以碧，油繖，古張帛辟雨之制。”宋沈括《夢溪筆談·官政一》：“以新赤油繖日中覆之，以水沃其尸，其迹必見。”《醒世恒言·賣油郎獨占花魁》：“〔秦重〕打個油傘，走到對門傾銀鋪裏，借天平兌銀。”亦稱“油蓋”。宋陳師道《馬上口占呈立之》詩：“轉就鄰家借油蓋，始知公是最閑人。”今民間仍有油傘使用。

【油繖】

同“油傘”。此體宋代已行用。見該文。

【油蓋】

即油傘。此稱宋代已行用。見該文。

青傘

青色之傘。初爲官宦等級差別之標志，後凡青色之傘均稱“青傘”。《隋書·禮儀志》：“王、庶姓王、儀同三司以上。親公主，雉尾扇，紫傘；皇宗及三品以上官，青傘朱裏；其青傘碧裏，達於士人，不禁。”宋孟元老《東京夢華錄·十六日》：“〔正月〕十六日，唯焦餶以竹架子出青傘上，裝綴梅紅縷金小燈籠子。”元陳孚《安南即事詩注》：“官品崇卑，視傘爲差，卿相則用三青傘，次二傘，一傘；若紫傘，唯親族用之。”

青涼傘

亦作“青涼繖”。以黑絹作傘面之遮陽傘，流行於宋金時期，宋宋敏求《春明退朝錄》卷下：“京城士人，舊通用青絹涼繖，大中祥符五年九月，惟許親王用之，餘並禁止。”可見，青絹涼繖曾爲士人通用，大中祥符五年定爲親王專用，後又流行於民間。宋孟元老《東京夢華錄·娶婦》：“其媒人有數等……中等戴冠子、黃包髻、背子，或只繫裙，手把青涼傘兒。”金無名氏《劉知遠諸宮調》卷二：“莫想青涼傘兒打，休指望坐騎着鞍馬，你不是凍殺須餓殺。”

【青涼繖】

同“青涼傘”。此體宋代已行用。見該文。

青羅傘

青羅製成傘蓋，明代官制標志。明制五品官傘蓋用青羅。《宋史·輿服志二》：“徽宗政和三年，以燕、越二王出入，百官不避，乃賜三接青羅傘一，紫羅大掌扇二，塗金花鞍韉，茶燎等物皆用塗金，遂爲故事。”《古今小說·滕大尹鬼斷家私》：“只見一對對執事兩班排立，後面青羅傘下坐着有才智的滕大尹。”

蓋²

亦稱“苫”。以白茅編成的覆蓋物，用以蔽體或覆屋頂以防雨。《說文·草部》：“蓋，苫也。”先秦時已有。《周禮·考工記·輪人》：“輪人爲蓋。"鄭玄注：
"蓋者，主爲雨設
也。"《左傳·襄公
十四年》："乃祖吾
離被苫蓋，蒙荆棘，
以來歸我先君。"杜
預注："蓋，苫之別
名。《爾雅》曰：'白
蓋謂之苫。'"孔穎
達疏："被苫蓋，言
無布帛可衣，唯衣草也。"《晉書·隱逸傳·郭
文》："洛陽陷，乃步擔，入吳興餘杭大辟山中
窮谷無人之地，倚木於樹，苫覆其上而居焉。"
今民間仍有以稻秸、蒲草等材料編成的苫子，
用以覆蓋屋頂或其他物體。

蓋
（宋林希逸《鬳齋考工記解》）

【苫】

即蓋[2]。此稱先秦時期已行用。見該文。

簦

有柄之笠，猶今之雨傘。戰國已有其物。

《史記·平原君虞卿列傳》："虞卿者，游說之士
也。躡蹻、擔簦。"裴駰集解："徐廣曰：'簦，
長柄笠，音登。笠有柄者，謂之簦。'"簦在漢
代已很普遍。《説文解字·竹部》："簦，笠蓋
也。"段玉裁注："笠而有柄如蓋也，即今之雨
繖。"《國語·吳語》："遵汶伐博，簦、笠相望
於艾陵。"韋昭注："簦、笠，備雨器。"顏師古
注《急就篇》云："簦、笠，皆所以禦雨也。大
而有把，手執以行謂之簦；小而無把，首戴而
行，謂之笠。"後世文獻中均有簦之記載。唐崔
塗《入蜀赴舉秋夜與先生話別》詩："雲門一萬
裏，應笑又擔簦。"明宋濂《故湛淵先生白公墓
銘》："遠近學徒擔簦相從者，殆無虛月。"

籉簦

簦之一種，用以遮陽蔽雨。先秦籉、笠連
文，籉即笠也。"籉簦"僅見於宋代。宋徐鉉
《賦得秋江晚照》："罾網魚梁静，籉簦稻穗收。"

杖　類

杖

手持助步行之拐棍，用於年老或登山履險。
古代又常爲身份的象徵。西學東漸後，亦持之
以示紳士風度，稱"文明棍"。質地多種，長
短不一。以竹、木製者多，亦有金屬製成者。
杖作爲手持助步行之具，先秦典籍已有記載。
最早見於《山海經·海外北經》："夸父與日逐
走……弃其杖，化爲鄧林。"後世多以此爲杖之
緣始。宋高承《事物紀原·舟車帷幄·杖》記述
此事時云："此已具杖矣，蓋起於此乎？"清汪

汲《事物原會》亦
有同樣記載。魏晉
以前，杖多爲帝王
賞賜臣下之物。《周
禮·秋官·伊耆氏》：
"軍旅授有爵者杖。"
又"共王之齒杖。"
鄭玄注："王之所以
賜老者之杖。"《禮
記·曲禮上》："大夫

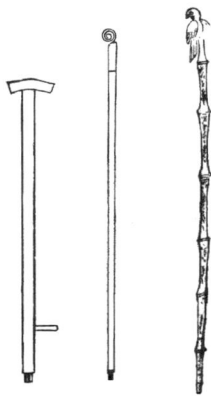

杖
（明王圻等《三才圖會》）

七十而致事，若不得謝，則必賜之几杖。"又《王制》："五十杖於家，六十杖於鄉，七十杖於國，八十杖於朝。"可見，先秦時，有軍功者授杖，年高者賜杖，此制一直沿襲至魏晋時期。《太平御覽》卷七一〇引《魏志》曰："全綜年高，賜以御杖。"又引《晋書》曰："魏帝嘗賜景帝春服，帝以賜山濤，又以其母老年並贈藜杖一枚。"又引《後魏書》云："甄琛拜侍中，以其衰老，詔賜御府朝，杖，直杖以出入。"先秦時杖已相當普及，并不一定是帝王所賜。《論語·鄉黨》："鄉人飲酒，杖者出斯出矣。"又《微子》："子路從而後，遇丈人，以杖荷蓧……植其杖而耘。"《太平御覽》卷七一〇引《吕氏春秋》云："孔子弟子從遠方來者。孔子荷杖而問曰：'子之父不有恙乎？'持杖而揖之，問曰：'子之母不有恙乎？'。杖步而倚之，問：'子之妻子不有恙乎？'故孔子以六尺之杖，諭貴賤之等，辨親疏之義。"魏晋後歷代文獻均有杖之記載。晋陸雲《逸民賦》："杖短策而往兮，乃枕石而漱流。"唐杜甫《茅屋爲秋風所破歌》："唇焦口燥呼不得，歸來倚杖自歎息。"俗又稱"拐""拐子。"宋惠洪《冷齋夜話》卷八："劉跛子，青州人，挂一拐，每歲必一至洛中看花。"腿部殘疾之人更需以杖助行，其所持之杖多稱"拐""拐杖"。《金瓶梅詞話》第九一回："向前一把采住他頭髮，拖踏在地下，掄起拐子雨點打將下來。"《西游記》第七四回："項挂一串數珠子，手持拐杖現龍頭。"清顧禄《桐橋倚棹録·工作》："杖，俗呼拐杖……大抵琢取山中楖、栗、楂樹老幹爲之。'亦有以方竹、剡藤爲之者，光潤可喜。"杖今仍沿用。材料、種類更多，製作更精。《吕梁英雄傳》第一四回："工

程師拿着黑油油的文明棍。"

【拐】

"杖"之俗稱。此稱宋代已行用。見該文。

【拐子】

"杖"之俗稱。此稱明代已行用。見該文。

【拐杖】

"杖"之俗稱。此稱明代已行用。見該文。

【文明棍】

"杖"之別稱。此稱多行用於近現代。見該文。

【直兄】

"杖"之擬人化稱謂。多見於宋代文獻。宋陶穀《清異録·木》："〔海光〕夜夢人長身清瘦而斑衣……光乃用爲拄杖，目曰直兄。"

【策】

即杖。先秦時已有此稱，常杖策連言。《莊子·齊物論》："師曠之杖策也。"郭璞注："策，杖也。"《淮南子·墜形訓》："夸父弃其策。"高誘注："策，杖也。"唐魏徵《述懷詩》："杖策謁天子，驅馬出關門。"清王韜《淞濱瑣話·李延庚》："生於讀書之暇，杖策出游，信足所至。"

杖咸

用以盛杖之匣。先秦時諸侯國行祭祀禮時，持杖者須弃杖以示恭敬。其杖放於杖咸內，由專人保管，禮畢還之。《周禮·秋官·伊耆氏》："伊耆氏，掌國之大祭祀，共其杖咸。"鄭玄注："咸讀爲函。老臣雖杖於朝，事鬼神尚敬，去之。有司以此函藏之，既事乃授之。"

玉杖

玉飾之杖，亦作杖之美稱，多見於詩文中。漢代以玉杖賜年老之人。《後漢書·禮儀志（上）》："明帝永平二年三月……〔三老〕皆

服都紵大袍單衣，皁緣領袖中衣，冠進賢，扶玉杖。"宋羅願《爾雅翼》一四亦載："漢仲秋之月，縣道皆披户比民，年始七十者，授之以玉杖。"《資治通鑑・漢明帝永平二年》："三老服都緯大袍，冠進賢，扶玉杖。"胡三省注："玉杖長七尺，端以鳩鳥爲飾。鳩者，不噎之鳥也，欲老人不噎。《爾雅翼》曰：'刻玉爲鳩，置之杖端，謂之鳩杖，亦曰玉杖。'"可見漢代確有賜老者玉杖之制，其端有玉鳩者又稱鳩杖。後代詩文中多見有關玉杖的記述。南朝梁元帝《相名》詩："仙人賣玉杖，乘鹿去山林。"唐張祐《公子行》："輕將玉杖敲花片，旋把金鞭約柳絲。"唐李白《夷則格上白鳩拂舞辭》："天子刻玉杖，鏤形賜耆人。"

緑玉杖

杖之美稱，多爲傳説中仙人所用。唐李白《廬山謡寄盧侍御虚舟》詩："我本楚狂人，鳳歌笑孔丘。手持緑玉杖，朝別黄鶴樓。"張昭漢《癸丑暮秋偕璧子漫游長江歌以紀事》："飄然倒持緑玉杖，白雲深處訪松阿。"亦稱"緑玉枝"。清厲荃《事物異名録・器用・杖》："釋德洪詩：'已辦登山緑玉枝。'按謂杖也。"

【緑玉枝】

即緑玉杖。此稱清代已行用。見該文。

金杖

金製之杖。多指僧人之禪杖。《太平御覽》卷七一〇引南北朝佚名《三石偈文》曰："佛澄死。以澄生所服金杖、銀鉢，内着棺中。"又引晋干寶《搜神記》曰："漢文帝微服過魯少千。少千柱（拄）金杖出應門。"

銀杖

銀製之杖。《太平御覽》卷七一〇引晋王

浮《神異記》曰："陳敏，孫皓之世爲江夏太守……當上銀杖一枚。"

銅杖

銅製之杖。《太平御覽》卷七一〇引《武當山記》曰："山有石室，有板床，銅杖長七尺三分。"

鐵杖

鐵製之杖。宋蘇軾《樂全先生生日以鐵拄杖爲壽》詩之一："每向銅人話疇昔，故教鐵杖鬥清堅。"亦稱"鐵君"。宋蘇軾《鐵拄杖》詩："歸來見公未華髮，問我鐵君無恙否。"元耶律楚材《謝西方器之贈阮杖》詩："睢陽三絶後來傳，坡仙鐵杖爲之先。"又"鐵君伴我游林泉，足疾頓減衝雲烟。"黄溥《閑中今古録》引明錢唐《獻明太海》詩："好風吹步上京師，鐵杖麻鞋見天子。"今仍有鐵製之手杖，形制更多，製作更精。

【鐵君】

即鐵杖。此稱宋代已行用。見該文。

梲杖

木杖稍短者。梲乃短木棒之意，故稱。漢代時已有此稱謂。《後漢書・禰衡傳》："手持三尺梲杖，坐大營門，以杖捶地大駡。"宋王安石《示安大師》詩："手扶梲杖雖老矣，走險尚可追麞麖。"

桃杖

桃木製成之杖。俗傳桃木可避邪，故以之爲杖。最早見於魏晋文獻。《後漢書・禮儀志》："葦戟、桃杖以賜公卿、將軍。"《太平御覽》卷七一〇引《魏武帝與楊彪書》："今贈足下銀角桃杖一枚。"後魏時爲避太武帝之諱，或稱之爲"巨源杖"。蓋因晋人山濤字巨源，故以巨源稱之。《太平御覽》卷七一〇引《談藪》曰：“後魏河間邢巒，字山賓。遷殿中侍御史。嘗有疾，策山桃杖。帝問此何杖。答曰：‘巨源杖。’太武諱燾，故言焉。”

【巨源杖】

即桃杖。此稱南北朝時期已行用。見該文。

榴木杖

石榴木製成之杖。《太平御覽》卷七一〇引晉劉欣期《交州記》曰：“合浦圍州有石室，其裏一石如鼓形，見榴木杖倚着石壁，采珠人常致祭焉。”

竹杖

竹製之杖。漢以前已有。《漢書·西域傳》：“瑇瑁布、璏瑁則建珠崖七郡；感枸醬、竹杖則開牂柯、越巂。”唐劉禹錫《游桃源一百韵》：“仙翁遺竹杖，王母留桃核。”清唐孫華《次和酬愷功院長見懷一百韵》：“頗戀桃笙穩，行煩竹杖持。”

笻竹杖

亦作“邛竹杖”。邛地所生竹製成之杖。古邛地所生之竹多奇節，或中實，宜爲杖。《史記·西南夷列傳》：“及元狩元年，博望侯張騫使大夏來，言居大夏時見蜀布、邛竹杖。”裴駰集解引臣瓚曰：“邛，山名。此竹節高實中，可作杖。”唐杜甫《送梓州李使君之任》詩：“老思笻竹杖，冬要錦衾眠。”仇兆鰲注：“顧凱之《竹譜》：‘笻竹，高節實中，狀若人，剖爲杖。出南廣邛都縣。’”宋陸游《老學庵筆記》卷三：“笻竹杖蜀中無之，乃出徼外蠻峒。蠻人持至瀘敍間賣之，一隻纔四五錢。”清鈕琇《觚賸·白耷山人詩》：“大夏遠求笻竹杖，長秋私典羽木兵。”

【邛竹杖】

同“笻竹杖”。此體漢代已行用。見該文。

【笻杖】

即笻竹杖。亦作“邛杖”。晉左思《蜀都賦》：“邛杖傳節於大夏之邑，蒟醬流味於番禺之鄉。”唐白居易《東城晚歸》詩：“一條邛杖縣龜榼，雙角吳童控馬銜。”唐許渾《王居士》詩：“笻杖倚紫關，都城賣蔔還。”宋陸游《破陣子》詞之二：“蠟屐登山真率飲，笻杖穿林自在行。”清蒲松齡《聊齋志異·宦娘》：“入則有布衲道人，趺坐廊間，笻仗倚壁，花布囊琴。”

【邛杖】

同“笻杖”。此體晉代已行用。見該文。

【笻竹】

即笻竹杖。多見於詩文中。宋陸游《出游》詩：“來往人間不知年，一枝笻竹雪垂肩。”元善住《次韵山村先生》詩之二：“待得笙歌城郭去，芋袍笻竹自閒行。”明高啓《偃松行》詩：“葛陂笻竹亦騰化，神物終去可久羈。”亦稱“笻枝”。唐張祜《贈僧雲栖》詩：“塵尾與笻枝，幾年離石壇。”宋陸游《游西村》詩：“藥笈可賒山店酒，笻枝時打野僧門。”亦作“邛枝”。宋蘇舜欽《關都官孤山四照閣》詩：“他年君挂朱轓後，蠟屐邛枝伴此行。”

【笻枝】

即笻竹。此稱唐代已行用。見該文。

【邛枝】

同“笻枝”。此體宋代已行用。見該文。

【笻】

“笻竹杖”之省稱。多見於詩文中。唐李咸用《苔》詩：“每憶東行徑，移笻獨自還。”宋黄庭堅《次韵德儒五丈新居並起》詩：“稍喜

過從近，扶筇不駕車。”宋張孝祥《菩薩蠻》
詞：“待得月華生，携筇獨自行。”《西游記》第
一四回：“那裏面有一老者，扶筇而出。”清紀
昀《閱微草堂筆記・灤陽續錄六》：“春風一笑手
扶筇，桃李花開潑眼濃。”康有爲《泛灘江到桂
林》：“支筇足雲霞，采薇栖岩穴。”亦作“邛”。
宋蘇舜欽《藍田悟真寺作》詩：“杖邛赤脚渡藍
水，細流激激心骨清。”

【邛】

同“筇”。此體宋代已行用。見該文。

青竹杖

杖之一種。傳爲青龍所化。多見於神話或
詩文中。唐孟浩然《送元公之鄂渚》詩：“贈君
青竹杖，送爾白蘋洲。”《太平御覽》卷七一○
引晋葛洪《神仙傳》曰：“費長房欲求道而顧
家，夏壺公乃斷一青竹杖，與長房身等，使懸
之舍後。家人見，以爲縊死……又曰壺公遣長
房歸，以一竹杖與之：‘騎此當到家，以杖投葛
陂中。’長房騎杖，忽然如睡，便到家。以杖投
葛陂中，視之乃青龍也。”又引晋鄧德明《南康
記》曰：“南野縣有漢監匠陳憐，其通靈，夜嘗
乘龍還家。其婦懷身。其母疑與外人通。密看
乃知是憐乘龍至家，輒化成青竹杖。”

積竹杖

杖之一種，纏竹合成。《漢書・昌邑王傳》：
“賀到濟陽，求長鳴鷄，道買積竹杖。”顏師古
注引文穎曰：“合竹作杖也。”

藤杖

以藤之老莖製成之杖。輕而堅韌。唐代詩
文已有記述。唐白居易《紅藤杖》詩：“南詔紅
藤杖，西江白首人。”又《草堂三謠序》：“予廬
山草堂中有朱藤杖一，蟠木几一，素屏風二。

多杖藤而行，隱几而坐，掩屏而卧。”唐杜甫
《呈楊綰》詩：“兼將老藤杖，扶汝醉初醒。”唐
元稹《春餘遣興》詩：“笑倚連枝花，恭扶瑞
藤杖。”唐張籍《題李山人幽居》詩：“畫堂藤
杖細，踏石筍鞋輕。”唐裴夷直《南詔朱藤杖》
詩：“六節南藤色似朱，拄行階砌勝人扶。”宋
黃庭堅《滕業寺》詩：“不見白頭禪，空倚紫藤
杖。”宋陸游《夏夜》詩：“龜息偘偘破五更，起
扶藤杖並南榮。”

【一枝藤】

“藤杖”之俗稱。見於唐代詩文。唐李商隱
《北青蘿》詩：“獨敲初夜磬，閑倚一枝藤。”唐
李洞《送人之天臺》詩：“行李一枝藤，雲邊曉
扣冰。”

【藤】

“藤杖”之省稱。唐白居易《草堂三謠序》：
“多杖藤而行，隱几而坐，掩屏而卧。”清黃景
仁《病癒作歌》：“我歌至此啞然笑，呼藤彊立
行蹣跚。”

藜杖

以藜之老莖製成之杖，輕而堅。至遲漢代
已有之。《漢書・劉向傳》：“有老人，黃衣植青
藜杖，叩閣而進。”漢劉向《新序・節士》：“杖
藜杖而應門，正冠則纓絕。”後世沿用，歷代詩
文多有記述。《晋書・山濤傳》：“魏帝嘗賜景帝
春服。帝以賜濤，又以母老，並賜藜杖一枚。”
唐王維《菩提手禁口號又示裴迪》詩：“悠然策
藜杖，歸向桃花源。”明徐復祚《投梭記・叙
飲》：“藜杖西山且挾書，蹉跎光景徂。”亦稱
“荆藜”。明孫仁《東郭記・人之所以求富貴利
達者》：“俺不免改換行裝、變易衣服，執荆藜
以前進。”陳毅《夏夜由王家坪歸楊家嶺》詩：

“延水波濤翻駭浪，一燈藜杖送人歸。”

【荊藜】

即藜杖。此稱明代已行用，見該文。

游龍杖

杖身扭曲似游龍之杖，多以樹根或老藤之莖爲之。清吳振棫《養吉齋餘録》卷十：“蕭山湯文端金釗，居官以清正名，在澄懷園以水荭花根爲杖，名游龍杖。”

龍頭杖

杖端刻成龍頭形之杖。唐代文獻已有所見。唐施肩吾《山居樂》詩：“手持十節龍頭杖，不指虛空即指雲。”《元史·石天麟傳》：“年七十餘，帝（憲宗）以所御金龍頭杖賜之。”亦稱“青玉虯”。虯，即龍。元楊維禎《五湖游》詩：“道人謫世三千秋，手把一枝青玉虯。”

【青玉虯】

即龍頭杖。虯，傳説中無角之龍。此稱元代已行用。見該文。

鳩杖

杖之一種，杖端作鳩鳥形，故名。先秦已有，多爲帝王賜與年老者，傳説鳩乃不噎之鳥，賜鳩杖與老人，欲老人不噎而長壽。《吕氏春秋·仲秋紀》：“授几杖。”漢高誘注引《周禮·夏官·羅氏》：“掌獻鳩杖以養老。”明文震亨《長物志》：“鳩杖最古，蓋老人多咽，鳩能治咽故也。有三代立鳩、飛鳩杖頭，周身金銀填嵌者，飾於方竹、筇竹、萬歲藤之上，最古。”漢代承襲此制，以玉飾鳩杖賜

鳩杖
（宋吕大臨等《續考古圖》）

七十以上老者，以示優遇。《後漢書·禮儀志》：“仲秋之月，縣道皆案户比民，年始七十者，授之以玉杖，餔之以糜粥。八十、九十禮有加，贈玉杖，長九尺，端以鳩鳥爲飾。鳩者，不噎之鳥也，欲老人不噎。”又傳始於漢高祖。《太平御覽》卷七一〇引《風俗通》云：“漢高祖與項籍戰京索間，遁叢薄中。時有鳩鳴其上，追者不疑，遂得脱。及即位，異此鳥，故作鳩杖賜老人也。”《後漢書·禮儀志》王先謙集解亦有同樣引述。魏晋時亦稱“延年杖”。《三國志·魏書·文帝紀》：“授楊彪光禄大夫”南朝宋裴松之注引《魏書》：“公故漢宰臣，乃祖以來，世著名節，年過七十，行不逾距，可謂老成人矣，所宜寵異，以章舊德。其賜公延年杖及馮几。謁請之日，便使杖入。”按：此圖爲“鳩杖”之首。參見本考“玉杖”文。

【延年杖】

即鳩杖。古帝王賜老人鳩杖，欲延其年更長壽，故名。此稱三國時期已行用。見該文。

烏杖

老人所用之杖。據唐代房玄齡、褚遂良等撰《晋書》載，晋元康年間已有之。《晋書·五行志上》：“元康中，天下始相傚爲烏杖以拄掖，其後稍施其鐏，住則植之。夫木，東方之行，金之臣也。杖者，扶體之器，烏其頭者，尤便用也。”其以藤製成者亦稱“烏藤”。宋蘇軾《磵石庵戲贈湛庵主》詩：“莫把山林笑朝市，老夫手裏有烏藤。”宋楊萬里《十月四日小集戲成長句》：“誠齋老子不耐静，偶拄烏藤出苔徑。”又《初夏病起曉步東園》詩之二：“病起烏藤强自扶，三三徑裏曉晴初。”宋陸游《東園晚興》詩：“老夫東行復西行，烏藤瘦勁青鞋

輕。”元謝應芳《寄賈教授相期祭掃》：“坐待秋涼行有日，老夫扶憊策烏藤。”

【烏藤】

即烏杖。以藤爲之。此稱宋代已行用。見該文。

靈壽杖

杖之一種，靈壽木爲之，故名。多爲老人所用。靈壽木，一名靈節，即椐，其枝可爲杖。漢已有之。唐以後多稱之爲“扶老杖”，或省稱“扶老”。《漢書·孔光傳》：“賜太師靈壽杖。”顏師古注：“孟康曰：‘扶老杖。’”又“木似竹，有枝節，長不過八九尺，圓三四寸，自然有合杖制，不須削治也。”《古文苑·揚雄〈答劉歆書〉》：“如是後一歲，作綉補、靈節、龍骨之銘詩三章。”章樵注：“靈節，靈壽杖也。”晋陶潛《歸去來兮辭》：“策扶老以流憩，時矯首而遐觀。”

【靈節】

即靈壽杖。此稱漢代已行用。見該文。

【扶老杖】

即靈壽杖。此稱唐代已行用。見該文。

齒杖

杖之一種。先秦時帝王以賜年高者之杖。始見於《周禮·秋官》，漢時亦稱“王杖”，蓋因王賜故也。《周禮·秋官·伊耆氏》：“共王之齒杖。”鄭玄注：“王之所以賜老者之杖。鄭司農云：‘謂年七十，當以王命受杖者。’今時亦命之爲王杖。”唐柳宗元《植靈壽木》詩：“敢期齒杖賜，聊且移孤莖。”

【王杖】

即齒杖。此稱漢代已行用。見該文。

九節杖

傳說中仙人所用之杖，以九節之竹爲之。始見於晋代文獻。晋葛洪《神仙傳·王遥》：“遥有竹篋……一夜大雨晦暝，遥以九節杖擔此篋。”唐杜甫《望岳》詩：“安得仙人九節杖，拄到玉女洗頭盆。”《太平御覽》卷七一〇引《劉根別傳》曰：“孝武皇帝登少室，見一女子以九節杖仰指曰：‘閉左目，開右目。’”宋陸游《老學庵筆記》卷三：“筇竹杖蜀中無之……蠻人持至瀘敍間賣之，一枝纔四五錢，以堅潤細瘦，九節而直者爲上品。”金元好問《游黃華山》詩：“手中仙人九節杖，每恨勝景不得窮。”明瞿佑《剪燈新話·天臺訪隱錄》：“喜君涉險來相訪，問舊頻扶九節杖。”以九節筇竹爲之者稱“九節筇”。明李東陽《寄姜用貞》詩：“此身隨處得從容，一葉扁舟九節筇。”清朱彝尊《清流關》詩：“舍我一輛車，拄此九節杖。”

【九節筇】

即九節杖。此稱明代已行用。見該文。

夜明杖

夜間可發光之杖，見於傳聞中，始見於五代。五代王仁裕《開元天寶遺事》卷上：“隱士郭休有一拄杖，色如朱梁，叩之則有聲，每出處過夜，則此杖有光，可照十步之內，登危陟險，未嘗失足，則杖之力焉。”

明杖兒

盲人用以探路之杖。元劉唐卿《降桑椹》第二折：“糊突蟲云：‘你敢拄着明杖兒走？’”《西游記》第二一回：“八戒笑道：‘先生，你的明杖兒呢？’”《兒女英雄傳》第六回：“又像明杖兒拉着個瞎子，兩雙脚就地而靸拉。”

柴篳

　　木製之杖，其形制未見記載。晋代已見其稱。《晋書·賀循傳》：“常願棄結駟之軒軌，策柴篳而造門。徒有其懷，而無從賢之實者何。”或又稱爲“木上座”。宋蘇軾《送竹几與謝秀才》詩：“留我同行木上座，贈君無語竹夫人。”《景德傳燈録》卷二〇：“佛日和尚：‘闍梨與什麼人爲同行？’師曰：‘木上座。’”

【木上座】

　　即柴篳。此稱宋代已行用。見該文。

扇　類

扇

　　在中國古代，扇并非僅是夏日手摇納涼之物，尚有明確的社交功用。據文獻記載，舜帝曾作“五明扇”。因其既受堯禪，爲廣開視聽，求賢人自輔而特作此扇。高舉此扇令五方明其五德（晋崔豹《古今注·輿服一》）。至漢代“天子夏則設羽扇，冬則設繒扇。”（《太平御覽》卷七〇二引《西京雜記》），又可證中國古代之扇又有遮風、防風寒之功用。做扇之材料多

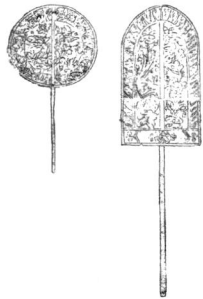

扇
（明王圻等《三才圖會》）

種多樣，有竹、羽爲之者，有絹綾爲之者，有蒲葵爲之者；形制亦很多，長短圓方各異，有手摇，有機動，有平展者，有可摺叠者。據漢揚雄《方言》及晋陸機《扇賦》載，扇最早乃夏禹爲之，納涼之扇乃周武王所作。《太平御覽》卷七〇二引揚雄《方言》曰：“《世本》曰：‘武王作箑。’”高誘注《淮南子》云：“箑，扇也。”又宋高承《事物紀原·什物器用·扇》引陸機《扇賦》曰：“昔武王玄覽造扇於前。然則今以招涼者，周武王所作云，故傳有武王扇暍之事。一曰夏禹也。”《太平御覽》卷七〇二引《六韜》云：“將冬不衣裘，將夏不操扇，名禮將之也。”又引《管子》曰：“夏行五政，三日禁扇去笠。”可見，先秦扇已是一種很普遍的多用途器物。後世從先秦之竹扇、羽扇發展到漢唐時的紈扇、明清時的象牙絲扇等。歷代文獻均有扇之記載。《太平御覽》卷七百〇二引漢董仲舒《春秋繁露》云：“以龍致雨，以扇逐暑。”漢代亦稱“箑”。《淮南子·俶真訓》：“冬日之不用箑者，非簡之也，清有餘於適也”高誘注：“箑，扇也。”漢孔臧《楊柳賦》：“暑不御箑，凄而涼清。”《晋書·安帝紀》：“五月癸未，禁絹扇及樗蒲。”南朝宋劉義慶《世說新語·輕詆》：“坐大風揚塵，王以扇拂塵曰：‘元規塵污人’。”唐李商隱《燕台詩》：“綾扇晚風闈闔天，輕帷翠幕波淵旋。”宋代文獻有作“箑”者。《集韵·去綫》：“箑，箑也。”又有稱“涼友”者。宋陶穀《清異録·器具》：“商山館中窗煩上有八句詩云：‘淨君掃浮塵，涼友招清風。……’是帚與扇明矣。”在民間，扇的用途尤爲多樣。如以漏紗爲扇面，可以隔扇人者，稱“瞧朗扇”；形色獨特，持爲暗號者，稱“幽會扇”；還有製成三面，左右可自由開合，中間藏有裸女圖或裸交圖者，稱“隱扇”或“三面扇”，等等。隨着製作工藝及材料的不斷發展進化，扇流傳至今日，

不獨有發光扇，噴香扇等工藝實用兼備之精品，更有以電能爲動力之各種電器。在中國古代另有一種，稱之爲"障扇"或"長扇"。此扇柄甚長，扇面闊大，主要用於遮面蔽身，狀類帝王之儀仗"雉尾扇"，常用以顯示身份之高貴。始興於漢代，明清之後漸廢。始興於漢代的尚有一種特以遮面的扇狀物，稱之爲"便面"，兩宋時猶見行用。

【箑】

即扇。此稱先秦時期已行用。見該文。

【涼友】

即扇。此稱宋代已行用，見該文。

【箑】

即扇。亦作"篓"。漢揚雄《方言》第五："扇，自關而東謂之箑，自關而西謂之扇。"戴震疏證："箑亦作篓。"《淮南子·精神訓》："知冬日之箑，夏日之裘，無用於己，則萬物之變爲塵埃矣。"高誘注："箑，扇也，楚人謂扇爲箑。"晋潘岳《秋興賦》："于是屏輕箑，釋纖絺，藉莞蒻，御袷衣。"唐韓愈、孟郊《納涼聯句》："單絺厭已褪，長箑倦還捉。"清蒲松齡《聊齋志異·續黃粱》："曾搖箑微笑，便問：'有蟠玉分否？'"

【篓】

同"箑"。此體漢代已行用。見該文。

五明扇

傳說舜帝受堯禪之後，爲廣開視聽，求賢自輔，作此大扇。以期共明其多方心志。五，猶言五德。魏晋時一度爲皇帝專用。仍强調其儀仗功用。南北朝之後已開禁，形制益趨華麗，兼有納涼功用。晋崔豹《古今注·輿服一》："五明扇，舜所作也。既受堯禪，廣開視聽，求

賢人以自輔，故作五明扇焉。秦漢公卿士大夫皆得用之。魏晋非乘輿不得用。"《西京雜記》卷一："趙飛燕爲皇后，其女弟在昭陽宮遺飛燕……九華扇、五明扇。"梁元帝《相名詩》："妻搖五明扇，妾弄一弦琴。"唐段成式《酉陽雜俎·玉格》："見邢（邢和璞）輿中，白帢垂綏，執五明扇，侍衛數十。"宋劉才邵《端午內中帖子詞》："風回五明扇，日麗萬年枝。"清毛奇齡《七夕曝衣篇》詩："明雲初起芙蓉殿，半月將開五明扇。"

羽扇

鳥之羽毛製成之扇。據傳最早始於周昭王時。漢末大盛。以羽十枚爲之，扇柄刻木若鳥骨。東晋後改長柄八羽。宋高承《事物紀原·什物器用部·羽扇》曰："王嘉《拾遺記》曰：'周昭王時，脩塗國獻丹鵲一雌一雄。孟夏取鵲翅以爲扇，一名條融，一名仄影。'此疑羽扇之始也。"清汪汲《事物原會》卷二八亦載此事且曰："此羽扇之始。"《太平御覽》卷七〇二引唐裴啓《語林》："諸葛武侯與宣王在渭濱將戰，武侯乘素輿，葛巾，白羽扇，指麾三軍。"又引《續搜神記》曰："吳猛好道術，嘗渡江，以白羽扇畫水，橫流直過，不用舟楫。"《晋書·顧榮傳》："榮麾以羽扇，其衆潰敗。"宋蘇軾《念奴嬌》詞："羽扇綸巾，談笑間，强虜灰飛烟滅。"因以羽毛爲之，亦有稱"毛扇"者。南朝宋劉義慶《世說新語·言語》："庾穉恭爲荆州，以毛扇上武帝。武帝疑是故物。"劉孝標注："庾懌以白羽扇獻武帝，帝嫌其非新，反之。"

【毛扇】

即羽扇。此稱南北朝時期已行用。見該文。

白羽扇

省稱"白羽"。白色羽毛扇。羽扇據傳始於周代，白羽亦當已有。唐宋詩文中多有記述。《太平御覽》卷七○二引唐裴啓《語林》載三國時諸葛亮手持白羽扇指麾三軍之事。唐李白《夏日山中》詩："嬾搖白羽扇，裸袒青林中。"唐孟郊《塘下行》詩："徒將白羽扇，調妾木蘭花。"唐駱賓王《宿温城望軍營》詩："白羽搖如月，青山斷若雲。"宋蘇軾《祭常山回小獵》詩："聖朝若用西凉簿，白羽猶能效一揮。"宋周輝《清波別志》卷上："史君開府未浹旬，欲戴綸巾揮白羽。"明沈采《千金記·游説》："鼓旗揚，白羽一揮同發矢，黄龍三轉倒拖鎗。"

【白羽】

"白羽扇"之省稱。此稱唐代已行用。見該文。

鶴扇

羽扇中以鶴羽爲之者。羽扇據傳始於周代，鶴扇當與之同時。晋陸機《羽扇賦》："昔楚襄王會於章臺之上……大夫宋玉、唐勒侍，皆操白鶴之羽以爲扇。"唐温庭筠《曉仙謡》："遥遥珠帳連湘烟，鶴扇如霜金骨仙。"宋錢惟演《致齋太乙宫》詩："鶴扇真規月，仙衣可縷冰。"宋陸游《老學庵筆記》卷九："西壁從東第一架六物：曰如意，曰玉斧，曰鶴扇二、曰旛、曰絲拂。"

蟬翼扇

一種薄如蟬翼之扇，屬於紈扇之類。宋葉廷珪《海録碎事·衣冠服用部》引晋崔豹《古今注》："漢成帝賜趙飛燕五明扇、九華扇、雲母扇、翟扇、蟬翼扇。"按："九華扇"，原書誤作"七華扇"。宋董嗣杲《午睡中懷約山游》詩："蘇州藤枕蘄州簟，更著洪州蟬翼扇。"

紈扇

白色細絹製成之扇。形狀不一。漢班婕妤《怨歌行》："新裂齊紈素，鮮潔如霜雪。裁作合歡扇，團團似明月。"《西京雜記》卷二："朱買臣爲會稽太守，懷章綬還至亭舍，而國人未知也。所知錢勃見其暴露，乃勞之曰：'得無罷乎？'遺與紈扇。買臣至郡，引爲上客。"《晋書·后妃傳序》："洎乎太祖，始親選良家，既而帝掩紈扇，躬行請托。"南朝梁江淹《班婕妤扇》詩："紈扇如團月，出自機中素。"唐劉禹錫《和牛相公雨後寓懷見示》詩："曉看紈扇恩情薄，夜覺紗燈刻數長。"

清紈扇

【絹扇】

即紈扇。《晋書·安帝紀》："〔義熙元年〕五月癸未，禁絹扇及樗蒲。"《宋史·魏王廷美傳》："閻懷忠嘗爲廷美詣淮海王錢俶求犀玉帶、金酒器。懷忠受俶私遺白金百兩、金器、絹扇等。"明楊基《絹扇》詩："紈扇娟娟白，篬篁個個青。如何月明裏，吹下鳳皇翎。"楊沫《青春之歌》第一部第二章："她是胖身子，八月裏還揮着小絹扇。"1973年新疆吐魯番縣阿斯塔那出土一木柄絹扇，係唐代製品。圓形，絹製扇面上繪有飛鳥一對及花卉等。扇柄長爲扇面直徑兩倍多。

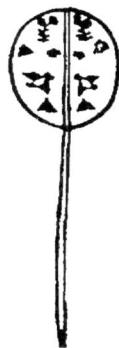

唐木柄絹扇

團扇

以絲絹精品製成之圓形或橢圓形扇。古時多用於宮中，故又常稱"宮扇"。唐以前多爲素面，故多稱團扇爲"白團"。漢徐幹《團扇賦》曰："惟合歡之奇扇，肇伊洛之纖素。"《宋書・樂志一》："晋中書令王珉與嫂婢有情……而珉好捉白團扇。"《太平御覽》卷七〇二引《宋書》云："范曄謀逆被繫，上有白團扇甚佳，送曄令書詩賦美句。"又引《梁書》曰："臨川王宏子正表，幼不慧，常執白團扇……王融見而嗟賞，因書齋壁及所執白團扇。"南朝梁簡文帝《怨詩》："秋風與白團，本是不相安。"南朝梁吳均《古意》詩："幕屋懸丹鳳，逶迤搖白團。"唐及後世詩文中亦多有記述。唐王昌齡《長信秋詞》："奉帚平明金殿開，且將團扇共徘徊。"唐王維《贈吳友詩》："空搖白團共諦苦，欲向縹囊還歸旅。"唐王建《調笑令》詞："團扇、團扇，美人病來遮面。"元梁溥《玉階怨》詩："團扇且弃置，夕氣凉轉添。"明代有稱箑爲團扇者。明劉元卿《賢奕編》："箑即團扇，又謂之便面。南方女婦皆用團扇。"

【白團】

即團扇。最初團扇多素面，故稱。此稱晋代已行用。見該文。

合歡扇

兩兩相交的合體扇。爲圓形，取意團圓。同圓則必同心。故後世又稱爲"同心扇"，因其成雙成對，故又稱"比翼扇""鴛鴦扇。"此扇用以表述心心相印圓滿的愛情。《文選・漢班婕妤〈怨歌行〉》："新裂齊紈素，皎潔如霜雪。裁爲合歡扇，團圓似明月。出入君懷袖，動搖微風發。常恐秋風至，凉氣奪炎熱。弃捐篋笥中，恩情中道絶。"李善注："古詩曰'文彩雙鴛鴦，裁爲合歡被。'"張述錚按：婕妤失寵於成帝，故作《怨歌行》以求帝知并自慰。唐李善注"合歡扇"，比之於成雙的鴛鴦合歡被，甚是。《樂府詩集・清商曲辭・晋宋齊辭〈夏歌二十首〉》又有"郎贈合歡扇，深感同心意"之句，又可證"合歡扇"即兩扇同心之意。唐楊巨源《獨不見》詩："競理同心鬟，手持合歡扇。"爲又一力證。南朝梁劉孝威《七夕穿針》詩中有"故穿雙眼針，持縫合歡扇"的描述。此謂七夕之日，少女手持雙眼針將兩扇面縫合起來，以求結同心郎，單扇則勿須縫合。明羅頎《擬古詩》："交交合歡扇，文彩鴛鴦羅。"此詩以"交交"狀其形，而非以"皎皎"寫其色，藉以凸現"合歡扇"的特點。而最耐人尋味的描述，乃是明王立道所作《搗衣篇》："玉關蕭索盡，音塵不可期……初縫合歡扇，中裝驃姚衣。"此詩描叙一深閨女子思念遠戍邊關的情郎，因相見無期，於是開始縫製合歡扇，用以裝載"驃姚衣"，期盼情郎建功而歸。"驃姚衣"，漢武帝以大將霍去病北擊匈奴建大功業，封爲"驃姚校尉"。《搗衣篇》藉以驃姚將衣爲喻。

【同心扇】

即合歡扇。因兩扇契合，扇面爲同一圓心，故稱。《初學記》卷二五引晋張敞《東宮舊事》："皇太子初拜，供漆要扇、青竹扇、黄竹扇。納妃，同心扇三十，單竹扇二十。"南朝梁沈約《送別友人》詩："方作異鄉人，贈子同心扇。"

団扇

明陳鶴《麗人篇》詩："傷心半依同心扇，留客雙飛並蒂鵁。"

【比翼扇】

即合歡扇。因兩扇相并，若比翼之鳥，故稱。晋楊方《合歡詩》五首之二："寝共織成被，絮共同功綿。暑摇比翼扇，寒坐並肩氎。子笑我必哂，子蹙我無歡。"晋嵇含《伉儷》詩："裁彼雙絲絹，著以同心綿。夏摇比翼扇，冬臥蛮蛮氎。……臨軒樹萱草，中庭植合歡。"《山堂肆考》卷二三四引此文，注曰："蛮蛮，合體獸也。"

【鴛鴦扇】

即合歡扇。因兩扇相并，形似鴛鴦，故稱。金元好問《鴛鴦扇頭》詩："雙宿雙飛百自由，人間無物比風流。"元楊維楨《學書》詩："新詞未上鴛鴦扇，醉墨先污蛺蝶裙。"清吳偉業《思陵長公主輓詩》："菡萏鴛鴦扇，茱萸鸚鵡鵁。"

宮扇

常指團扇。因多用於宮中，故稱。元吳萊《宋度宗御書福王慶壽宮扇》詩："歲周甲子壽筵開，賓客滿堂宮扇來。"清孔尚任《桃花扇·眠香》："小生帶有宮扇一柄，就題贈香君，永爲訂盟之物罷。"張述錚按：團扇僅是宮扇之一種，兩者不可等同。唐杜甫《秋興八首》之五："雲移雉尾開宮扇，日繞龍鱗識聖顔。"此宮扇指雉尾扇。本文所引《桃花扇》中之宮扇又指摺扇，因明代摺扇曾大行於宮中，故有此稱。今學者多認定《桃花扇》中之宮扇即團扇，實誤。參見"團扇"。

象牙扇

以象牙裝飾之扇。亦作扇之美稱。《太平御覽》卷七〇二引晋干寶《搜神記》云："魯少千，山陽人。漢文帝微服懷金欲問其道。少千執象牙扇出應門。"

象牙絲扇

象牙絲編織成之扇。清雍正至乾隆年間出品。通柄長49.5厘米，寬29.9厘米。以象牙絲編織成透空錦紋地，其上附染色象牙雕蘭花、菊花、蜻蜓。做工精細。廣東製。現藏故宮博物院。

白角扇

以白牛角作柄之扇。見於唐代文獻。唐康駢《劇談録》卷下："忽一日，有女子年可十七八，衣綉綠衣，乘馬，峨髻雙鬟……既下馬，以白角扇鄣面，直造化所異香芬馥，聞於數十步之外。"

竹扇

泛指以竹篾編成扇面之扇。先秦已有。湖北江陵馬山磚廠曾出土一戰國時期的竹扇，短柄，扇面略呈梯形，較長一邊固定於柄上。以紅黑兩色漆過的竹篾編織而成，周邊以厚竹片爲框架。此物實則是便面。見於文獻最早在漢末。《太平御覽》卷七〇二引《東宮舊事》曰："皇太子初拜，供漆要扇，青竹扇各一。太子納妃，同心扇三十，單竹扇二十。"又引魏陳王曹植《九華扇賦》曰："昔吾先君常侍，得幸漢桓帝。帝得賜尚方竹扇。"《晋書·王羲之傳》："又嘗在蕺山見一老姥，持六角竹扇賣之，羲之書其扇，各爲五字。"今仍有竹扇，形制、大小不一，但均與湖北出土竹扇相去不遠。參見"便面"。

蒲葵扇

以蒲葵葉製成之扇。蒲葵葉大，易爲扇。

始見於晉代文獻。《晋書・謝安傳》:"〔鄉人〕答曰:'有蒲葵扇五萬。'安乃取其中者捉之,京師士庶競市,價增數倍。"事又見南朝宋劉義慶《世說新語・輕詆》及《太平御覽》卷七〇二。唐雍裕之有《題蒲葵扇》詩。唐白居易《山池》詩:"坐把蒲葵扇,閑吟三兩聲。"亦省稱"葵扇"或"蒲扇"。唐柳宗元《行路難》詩:"盛時一去貴反賤,桃笙葵扇安可常。"宋林景熙《立秋日作》詩:"苦熱如焚想雪山,清商一夕破愁顏,炎光斷雨殘虹外,涼意平蕪遠樹間,忙踏槐花猶入夢,老催蒲扇共投閑,城頭遙望累累冢,遼海荒寒鶴未還。"元薩都剌《送約上人歸宜興》詩:"雲水上人歸興忙,稜鞋蒲扇葛衣涼。"今民間仍有蒲葵扇。

賣葵扇

【葵扇】

"蒲葵扇"之省稱。此稱唐代已行用。見該文。

【蒲扇】

"蒲葵扇"之省稱。此稱宋代已行用。見該文。

松扇

取松之柔條,細削成縷,槌壓成綫,而後織成,上有花紋,甚美。此扇唯王府遣使高麗(今朝鮮)所得者最精良。宋徐兢《宣和奉使高麗圖經・供帳二》:"松扇,松扇取松之柔條,細削成縷,槌壓成綫,而後織成。上有花紋,不減穿藤之巧,唯王府遣使者最工。"宋吳仁傑《離騷草木疏》卷三釋松亦引此文。宋郭椿《畫繼・雜說・論近》認爲"高麗松扇如板狀……乃水柳木之皮,故柔膩可愛,其紋酷似松柏,故謂之松扇",可備一說。

椶扇

亦作"棕扇"。以椶櫚皮纖維編而成之扇。宋黃庭堅《書椶扇》文:"余書十椶心扇,未敢謂毫髮無遺,恨不幾乎波瀾,獨老成者也。"椶,一作"棕"。金趙秉文《棕扇》詩:"犀甲龍鱗倚半空,扤歸掌握自清風。"《通雅・植物》:"《玉篇》'椶,一名蒲葵',智(方以智)笑甚誤……《王會篇》'白州比櫚',蓋棕櫚也。"

【棕扇】

同"椶扇"。此體宋代已行用。見該文。

杉扇

取杉木枝幹,劈削加工而成。以日本的白杉木最佳。徐兢《宣和奉使高麗圖經・供帳二》:"杉扇,杉扇不甚工,惟以日本白杉木劈削如紙,貫以彩組,相比如扇,亦可招風。"

素扇

謂未曾作字畫染飾的白底扇。《南史・王僧虔傳》:"僧虔弱冠,雅善隸書,宋文帝見其書素扇,歎曰:'非唯迹逾子敬,方當器雅過之。'"唐李益《賦得早燕送別》詩:"今至隨紅蕚,昔還悲素扇。"《宋史・趙概傳》:"〔趙概〕聘契丹,契丹主會獵,賦《信誓如山河》詩。詩成,親酌玉杯爲概勸,且授侍臣劉六符素扇。寫之納袖中,其禮重如此。"清蔣春霖《壽樓春・揚州之行》詞:"西風起,涼蟬鳴,早拋閑素扇,歌斷瑤箏。”可見，自六朝而後，歷代均有素扇使用，直至現在。

雪香扇

五代後蜀時以龍腦末塗之白扇。清吳任臣《十國春秋·後蜀慧妃徐氏傳》：“慧妃徐氏……常與後主（孟昶）登樓，以龍腦末塗白扇。扇墜地，爲人所得，蜀人爭效其制，名曰雪香扇。”

七輪扇

漢代文獻所記載的一種機動取涼用具。此物由翅狀風輪連綴於一條轉軸四周，軸加曲柄，祇需一人搖動，則滿堂寒洌。其首創者爲西漢巧工丁緩。其後多傳用於宮廷之內，後世豪門權貴亦漸效仿，直至清代乾嘉時期猶視爲珍器。西方科技傳入中國後，終被電風扇取代，其物宮廷無存，民間絶踪。《西京雜記》卷一：“〔巧工丁緩〕又作七輪扇，連七輪，相連續，一人運之，滿堂寒顫。”南朝梁劉孝威《行幸甘泉宮歌》：“漢家迎夏畢，避暑甘泉宮……輦回百子閣，扇動七輪風。”宋喻良能《次韵周希稷咏芭蕉》：“經年不接故人書，開户逢渠了不殊。誰運七輪風裏扇，時跳千斛雨中珠。”明胡應麟《與祝鳴皋文學書》：“憶爾時長安中伏天，偕足下過某勛戚貴人家……平頭奴運七輪扇，涼颷滿庭，令人心骨俱洌，酒酣興發，龍陽君振袂起歌高氏《小凉州詞》，妖姬年十五，吹紫王蕭相逐，清音泠泠，上屬雲漢。”清陸可求《小重山詞·夏懷》：“重坐方竹床，七輪丁緩扇，進風凉惠山，泉煮紫茸香。”

【風輪】

即七輪扇。宋周密《武林舊事·禁中納涼》：“又置茉莉、素馨……鼓以風輪，清芬滿殿。”清梁章鉅《歸田瑣記·北東園日記詩》附梁逢辰《和韵》有：“風輪四面轉中央”之句，自注云：“風輪之製，以圓木爲幹，周圍插木扇，各緣以素綢，中鎔鐵爲柄而彎其受手處。下承以架，以一人轉其柄，即四座風生矣。中伏日，適壽研二妹由福州寄來，新荔大人別有詩紀之。”因其形與農用風車相似，故亦有稱之“風車”者。《金瓶梅詞話》第三七回：“四面撬起風車來，那旁邊水盆裏浸着沉李浮瓜。”後世又有以布幅製幔或以布爲扇片，懸於室中，以繩牽挽生風。以扇板裝於機械裝置之上，使人搖動而數扇齊轉者，即由漢代“七輪扇”演進而成。

【風車】

即風輪。因與農用風車相似，故稱。此稱明代已行用。見該文。

風扇

蒲葵或紙綢扇之泛稱。南齊蕭子良《净住子》八：“季夏鬱蒸，熇赫炎烈，復須輕絺廣室，風扇牙簟。”唐白居易《立秋夕有懷夢德》詩：“露簟狄竹青，風扇蒲葵輕。”

摺叠扇

一種用時可展，閑時可收的扇子。扇面爲紙或綾絹所製，附於多根竹木扇骨上，扇骨下端貫以軸，可收可撒。撒開呈半圓形。另有一種摺叠扇下端無軸，將摺叠扇面直連於兩扇夾版之中。夾版下端長於扇面，兩夾版完全翻轉後，扇面即變成圓形，夾版下端即變成扇柄。素扇面可題字作畫，兼有取涼及佩飾多種功用。西漢已有其物，始稱“九華扇”，稍後又稱“要扇”“腰扇”。後歷代相傳，今仍有行用。自北宋以來，皆以爲“摺叠扇”乃日本或高麗的舶來品，實則大誤。宋趙彥衛《雲麓漫鈔》卷四："今人用摺疊扇，以蒸竹爲骨，夾以綾羅。貴家以象牙爲骨，飾以金銀，蓋出於高麗。《鷄林志》云：高麗疊紙爲扇……亦有畫人物者，中國轉加華侈。"亦省稱"摺扇"，亦稱"聚頭扇"。明陸深《春雨堂隨筆》："今世所用摺疊扇，亦名聚頭扇……東坡所謂高麗白松扇，展之廣尺餘，合之止兩指許，正今摺扇。"或云摺疊扇由日本而進。明文震亨《長物志·器具》："又今之摺疊扇，古稱聚頭扇，乃日本所進，彼國今尚有絕佳者。"其實摺疊扇即腰扇。西漢已見行用。見下文"腰扇"。

【摺扇】

"摺疊扇"之省稱。此稱明代已行用。見該文。

【聚頭扇】

即摺疊扇。此稱明代已行用。見該文。

【疊扇】

即摺疊扇。《樂府詩集·清商辭曲·晋宋辭〈夏歌二十首〉之五》："疊扇放床上，企想遠風來。"唐李賀《惱公》詩："玳瑁釘簾薄，琉璃疊扇烘。"明龔詡《王君澤以白疊扇求詩》："王朗手持白疊扇，過我草堂求作歌。"清董一寧《東坡引·川扇》："泥金疊扇子，別樣成都紙，盤來雙鳳雲如綺。"

【撒扇】

即摺疊扇。以其用時須撒開，故稱。明陸容《菽園雜記》卷五："摺疊扇一名撒扇，蓋收則摺疊，用則撒開……聞撒扇自宋時已有之，或云永樂中因朝鮮國進松扇，上喜其卷舒之便，命工如式爲之。南方女人皆用團扇，惟妓女用撒扇，近年良家女婦亦有用撒扇者。"明劉若愚《酌中志·內臣佩服紀略》："撒扇，其制用木柄，長尺餘，合竹作小骨二十餘根，用藍絹糊裱，兩面皆撒大塊金箔。放則遮日，收則入囊。"

【聚骨扇】

"摺疊扇"之別稱。清韓泰華《無事爲福齋隨筆》卷上："東南使者持聚骨扇，人皆譏笑之。我朝永樂初始有持者。乃倭寇充貢，遍賜群臣，內府又仿其制，天下遂通之。"按：聚骨扇一作"聚頭扇"。

腰扇

常佩於腰間之扇，其名始見於南朝文獻。《南齊書·劉祥傳》："司徒褚淵入朝，以腰扇障日。"清黃遵憲《拜曾祖母李太夫人墓》詩："隨兄擎腰扇，阿和亦十五。"張述錚按：釋腰扇爲"常佩於腰間之扇"，未得確解。《資治通鑑·齊高帝建元二年》引諸淵"以腰扇障日"事，宋人胡三省注曰："腰扇，佩之於腰，今謂之摺疊扇。"可證腰扇即摺疊扇，絕非團扇。《宮中圖卷》中宮女腰中所插當爲團扇，而非摺疊扇。腰扇，初作"要扇"。要，"腰"之本字。晋陸雲《與兄平原書》中已見"要扇"一詞，爲曹操丞相所用。《西京雜記》卷一載趙飛燕曾擁有"九華扇"，曹植《九華扇賦》載，其父曹操之"要扇"受賜於漢桓帝時即稱"九華扇"。其賦曰："昔吾先君常侍得幸漢桓帝。帝賜尚方竹扇，不方不圓，其中結成文，名曰'九華'。"其物"不方不圓"，由中間收結成文，

腰扇
（五代周文矩《宮中圖卷》局部）

即折叠起來書之"九華"二字。可參閲本卷末
之附録。

【要扇】

同"腰扇"。此體晉代已行用。見該文。

【九華扇】

即腰扇。此稱漢代已行用。見該文。

靴扇

亦作"鞾扇"。爲旅行方便，插入靴中以
備用之扇。多爲扁平的摺叠扇。《十國春秋·閩
三·景宗本紀》："永隆三年……又進重午節白金
一千兩、細葛二十匹、海葛、靴扇等物。"清王
士禎《香祖筆記》卷一："二十年來，京師士大
夫不復用金扇。初則尚金陵仰氏、伊氏素紙扇，
繼又尚青陽扇、武林各色夾扇，未幾廢而不行，
獨善曹氏靴扇、溧陽歌扇。"

【鞾扇】

同"靴扇"。此體約五代時期已行用。見
該文。

筠紙扇

以竹紙作扇面之扇，靴扇之一種。宋沈括
《夢溪筆談·雜志》："〔唐明皇〕忽一夕，夢二
鬼，一大一小。其小者衣絳犢鼻，履一足，跣
一足，懸一屨，搢一大筠紙扇，竊太真紫香囊
及上玉笛，繞殿而奔。"

油紙扇

以油紙作扇面之扇，摺叠扇之一種。宋沈
括《夢溪筆談·異事》："盧中甫家吳中，嘗未明
而起……有光焜然，就視之，似水而動，急以
油紙扇抱之。"《水滸傳》第一○二回："李助搖
着一把竹骨摺叠油紙扇兒。"其用柿漆浸染者原
產蜀府，故亦名"蜀府扇"。清朱彝尊《油紙扇
聯句》："本自錢塘製，猶存蜀府名。"參見下文

"蜀扇"。

【蜀府扇】

柿漆浸染之油紙扇。此稱清代已行用。見
該文。

蜀扇

亦稱"蜀箑"。蜀地所產之扇。摺叠扇之
一種。爲蜀之貢品。明謝肇淛《五雜俎·物部
四》："蜀扇每歲進御，饋遺不下百餘萬。上及
中宮所用，每柄率值黃金一兩，下者數銖而
已。"又"吳中泥金，最宜書畫，不脛而走四
方，差與蜀箑埒矣。"按：蜀扇及吳中泥金扇皆
爲摺叠扇。

【蜀箑】

即蜀扇。此稱明代已行用。見該文。

【川扇】

即蜀扇，多見於明代文獻。《水滸傳》第七
回："〔林冲〕穿一對磕瓜頭朝樣皂靴，手中執
一把摺叠紙西川扇子。"《金瓶梅詞話》第三回：
"〔西門慶〕手拿灑金川扇兒，搖搖擺擺徑往紫
石街來。"明文震亨《長物志·器具》："姑蘇最
重書畫扇……不如川扇適用耳。"

泥金扇

以金屑染成扇面的折叠扇。吳中所產者最
宜書畫，名重一時。元張小山《清江引》詞：
"緊閉秋千院，銀驄暖玉鞍，彩鳳泥金扇。"明
徐應秋《玉芝堂談薈·異寶雜識》："琉球員馬刀、
金銀酒海……泥金扇。"

隱扇

亦稱"三面扇"。摺叠扇之一種。此扇左
右可由開合，中間藏有裸女圖或裸交圖。唐陳
師道《初宵看婚》詩："隱扇羞應慣，含情愁已
多……更笑巫山雨，空傳暮雨過。"後世另有一

種隱扇，逐漸展開，可定位顯示裸女圖或裸交圖，全部展開則成爲木果或山水圖。

【三面扇】

即隱扇。此稱多行用於近現代。見該文。

便面 [1]

古代主要用以遮面之扇狀物。竹製，短柄，扇面略成梯形，周邊以厚竹片爲框架，較長一邊固定於手柄上。戰國墓中已有出土。史載其物常爲漢代儒雅之文官張敞所用。漢代文獻已有記載。《漢書・王莽傳中》："莽（王莽）誅滅待詔而封告者，后常以翳雲母屏面，非親近者莫得見也。"顏師古注："屏面即便面，蓋扇之類也。解在《張敞傳》。"又《張敞傳》："然敞無威儀，時罷朝會，過走馬章臺街，使御吏驅，自以便面拊馬，又爲婦畫眉。"顏師古注："便面，所以障面，蓋扇之類也。不欲見人，以此自障面，則得其便，故曰便面，亦曰屏面。今之沙門所持竹扇，上衺平而下圜，即古之便面也。"宋楊萬里《誠齋荊溪集序》："自此，每過午，吏散庭空，即携一便面，步後園，登古城。"又説"便面"形似惠文冠，背黑而穿，亦稱"温凉扇"。《文選・郭璞〈江賦〉》："蜦蠟鱶媚。"李善注引晋郭義恭《廣志》："鱶魚似便面，雌常負雄而行。"《爾雅翼・釋魚四・鱶》："鱶形如惠文，亦如便面。惠文者，秦漢以來武冠也。侍中中常侍則加金鐺貂蟬之飾，謂之趙惠文冠。便面，故扇也，背黑而穿，張敞所

便面

用以拊馬者，今號温凉扇。"或以李善注爲是。後泛指小巧的扇子。

【温凉扇】

即便面 [1]。此稱至遲宋代已行用。見該文。

【屏面】

即便面 [1]。此稱漢代已行用。見該文。

便面 [2]

泛指小巧的扇子。宋陳克《代王正平從揀掾乞畫憑肩美人扇子》二首之一："聞道近來都識破，丹青便面亦輕捐。"元劉永之《寄彭聲之》詩："素紈便面小行書，最愛風流半醉餘。"明夏正《爲陳景初題便面》詩："舊交盡結朱門伴，更有誰乘剡曲船。"清孔尚任《桃花扇・寄扇》："便面小，血心腸一萬條；手帕兒包，頭繩兒繞，抵過錦字書多少。"孔氏指稱的"便面"乃是折扇。

障扇

亦稱"長扇"。一種長柄大扇，多用於遮擋面目。西漢至南北朝時多用以顯示身份之高貴，至南朝宋孝文帝規定臣民不得用雉尾。晋崔豹《古今注・輿服》："障扇，長扇也。漢世多豪俠，象雉尾扇而制長扇也。"宋程大昌《演繁露・障扇》："今人呼乘輿所用扇爲掌扇，殊無義，蓋障扇之訛也。江夏王義恭爲宋孝武所忌，奏革諸侯制度，'障扇不得用雉尾'是也。凡扇言障，取遮蔽爲義，以扇自障，通上下無害。但用雉尾飾之，即乘輿制度耳。"南朝梁庾肩吾《奉和太子納凉梧下應令》："避日交長扇，迎風列短簫。"宋劉克莊《念奴嬌》詞："安樂值幾多錢？且幅巾條褐，准雲台像。長扇矮壺山南北，忘却曉隨天仗。"參見本卷《繩袋考》"包袱"文。

【長扇】

即障扇。此稱晋代已行用。見該文。

扇骨

用以支撐摺扇扇面的長條竹製品。上寬下窄，末端有小孔，以便插開合之扇軸。自有摺扇，則必有其物。約宋元之後，一些能工巧匠於其上雕製花鳥，之後一些文人雅士亦參與其間，小小扇骨形成了相對獨立的藝術品類。選材亦由普通的方竹發展爲湘妃竹、鳳眼竹、烏木、檀香，直至象牙、玳瑁。至明代成化（1465—1487）後即使扇頭、扇軸亦被藝術化，摺扇藝術發展到極致。宋樂史《太平寰宇記·劍南西道九·風俗》："婦人戴皂綾二尺如扇子，用竹作扇骨。衣青毛衫，單著青毛裙，不著袴。"明周嘉胄《香乘·香品》引宋王佐《格古論》："黃檀最香，俱可作帶骻、扇骨等物。"明顧清《南京摺扇名天下，成化間尤重李昭骨王孟仁畫兼之者，誇以爲奇，而今不可得矣……書此以爲志感》詩："李郎扇骨王郎畫，三十年前盛有名。老眼摩挲舊時物，却思騎馬鳳台行。"

【斑筠】

扇骨之一種。斑竹所製的扇骨。清孔尚任《桃花扇·逢舟》："摺宮紗，夾在斑筠，題詩定情，催妝分韻。"

扇墜

垂於扇柄之飾物，多以美玉、寶石等爲之。至宋代已成爲一種收藏玩賞之物。宋陳師道《清平樂》二道之一："秋聲隱地，葉葉無留意。冰簟流光團扇墜。"明謝肇淛《五雜俎·物部二》："扇之有墜，唐前未聞。宋高宗宴大臣，見張循王扇有玉孩兒墜子，則當時有之矣。"明瞿佑《剪燈新話·渭塘奇遇記》："女以紫金碧甸指環贈生，生解水晶雙魚扇墜酬之。"明文震亨《長物志·器具》："扇墜宜用伽楠、沉香爲之，或漢玉小块及琥珀眼掠皆可，香串、緬茄之屬，斷不可用。"《紅樓夢》第一回："這塊鮮瑩明潔的石頭，且又縮成扇墜一般、甚屬可愛。"又第二八回："向袖中取出扇子，將一個玉块扇墜取下來，遞與琪官。"魯迅《且介亭雜文末編·關於太炎先生二三事》："考其生平，以大勳章作扇墜，臨總統府之門，大詬袁世凱的包藏禍心者，並世無第二人。"

家居休閑具

爪杖

亦稱"不求人""轂轆子""搔背爬"。一種搔抓背癢用的生活器具。形如手指彎曲爲爪狀，有柄，多以竹、木、骨、角等爲之。其物南北朝時已甚盛行，初多用於上層社會。宋吳曾《能改齋漫錄·事始二》："齊高祖賜隱士明紹僧竹根如意，梁武帝賜昭明太子木犀如意，石季倫、王敦皆執鐵如意，三者以竹木鐵爲之，蓋爪杖也。故《音義指歸》云：'如意者，古之爪杖也，故骨角竹木削作人手指爪，柄可長三尺許。或脊有癢，手所不到，用以搔抓，如人之意。'"元陳櫟有《和不求人贊》："噫！雖不求人兮，未免求木奴之指。孰若反掌以自搔兮，君子求諸己。""木奴"即指爪杖。清褚人穫《堅瓠集》二集四《嘲禿指》："幼時曾聞俚句云：
十指磊嶟光鹿禿，有時爬背同轂轆。"注："搔
背爬名轂轆子。"

【不求人】

即爪杖。此稱元代已行用。見該文。

【轂轆子】

即爪杖。此稱清代已行用。見該文。

【搔背爬】

即爪杖。此稱清代已行用，見該文。

如意

一種用於搔爬背癢的器具，由瓜杖演化而
成。亦可用作指劃、防身或記錄經文以聽佛經。
因背癢手所不到而此物可用以搔抓，甚如人意，
故名。今稱之為"癢癢
撓""不求人"。梵語
為"阿那律"。多用骨、
角、竹、木、玉、石、
銅、鐵等製成，長三尺
許，前端為手指形。南
朝宋劉義慶《世說新
語·汰侈》："崇視訖，
以鐵如意擊之，應手而
碎。"《南史·韋叡傳》：

如意
（明王圻等《三才圖會》）

"雖臨陣交鋒，常緩服
乘輿，執竹如意以麾進止。"至近代，如意多長
一二尺，其端為芝形、雲形，因其名吉祥，故
多僅供玩賞。

【玉如意】

玉質如意。今存有故宮博物院藏清嘉慶年
間製實物，長40厘米，青白色，長條S形。其
首端為扁圓形，正面外圈顯雲紋。內淺浮雕加
飾陰綫作"卍"符號與一蝙蝠紋、一枝桃圖案。
末端面上亦浮雕一蝙蝠紋。腹面陰刻楷書御製
詩一首。宋高承《事物紀原·什物器用部·如
意》："吳時，秣陵有掘得銅匣，開之得白玉如
意，所執處皆刻螭彪蠅蟬等形。胡綜謂秦始皇
東游，埋寶以當王氣，則此也。蓋如意之始，
非周之舊，當戰國事爾。"

塵尾

省稱"塵"。古代一種驅蟲、揮塵的工具。
古人閑談時常執之。其制：在細長的木條兩邊
及上端插設獸毛，讓獸毛露於外面，類馬尾松。
塵，一種大鹿，俗稱"四不像"。因傳說鹿遷徙
時，以塵之尾為方向標志，故稱。晉陶潛《晉
故征西大將軍長史孟府君傳》："亮以塵尾掩口
而笑。"明王圻等《三才圖會·器用》："塵尾，
《釋藏指歸》云：鹿之大者曰塵，群鹿隨之。皆
看塵所往，隨塵尾所轉為准。今講僧執塵尾拂
子，蓋象彼有所指麾故耳。"唐白居易《齋居偶
作》詩："老翁持塵尾，坐拂半張床。"元張可
久《折桂令·游龍源寺》曲："借居士蒲團坐禪，
對幽人松塵談玄。"明李東陽《延昭文敬聯句見
寄叠前韻一首》："日長秋館罷抽毫，自在閑庭
落塵毛。"

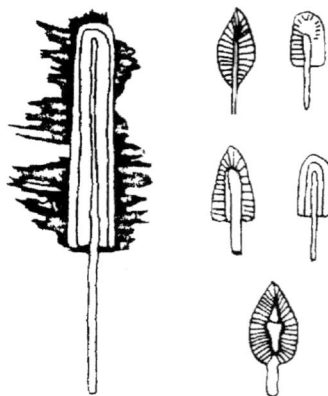

塵尾

【麈】

"麈尾"之省稱。此稱元代已行用。見該文。

玉麈

亦稱"玉麈尾"。玉柄麈尾。最早行用於晉代,爲東晉士大夫清談時所執之物。唐盧照鄰《行路難》詩:"金貂有時換美酒,玉麈但搖莫計錢。"唐李白《贈僧崖公》詩:"手秉玉麈尾,如登白樓亭。"宋梅堯臣《玉麈尾寄傅尉越石聯句》:"齋中獨何物,持之想見君。惟兹玉麈尾,信美而有文。"

【玉麈尾】

即玉麈。此稱唐代已行用。見該文。

筌蹄

日用器物中之筌蹄指的是南朝士大夫講經説法時手持的麈尾一類東西。《南史・賊臣傳・侯景》:"上索筌蹄,曰:'我爲公講。'"又:"自篡立後,時著白紗帽,而尚披青袍,頭插象牙梳,牀上常設胡牀及筌蹄。"清姚鼐《夜讀》詩:"顧思文載道,筌蹏徒寄耳。"

拂塵

單稱"拂",亦稱"拂子"。古代用以揮拭塵埃和驅趕蚊蠅的器具。長柄,上繫牛馬等長尾毛。《警世通言・王安石三難蘇學士》:"〔荊公〕探手於鵲尾瓶中,取拂塵將塵拂去,儼然如舊。"《紅樓夢》第三回:"旁邊丫鬟執着拂塵、漱盂、巾帕,李紈、鳳姐立於案邊布讓。"《北堂書

拂子圖
(清蔣廷錫等《古今圖書集成》)

鈔》卷一三六引漢秦嘉《與婦書》:"今奉髦牛尾拂一披,可拂塵垢。"唐杜甫《棕拂子》詩:"棕拂且薄陋,豈知身效能。不堪代白羽,有足除蒼蠅。"五代和凝《山花子》詞:"倖弄紅絲蠅拂子,打檀郎。"宋范鎮《東齋記事》卷一:"仁宗當暑月不揮扇,鎮侍邇英閣,嘗見左右以拂子祛蚊蠅而已。"

【拂】

"拂塵"之單稱。此稱漢代已行用。見該文。

【拂子】

即拂塵。此稱五代時期已行用。見該文。

麻繩拂

用麻繩製成的拂塵。《資治通鑑・宋紀》孝武帝大明七年:"牀頭有土障,壁上挂葛燈籠、麻繩拂,侍中袁顗因盛稱高祖儉素之德。上不答,獨曰:'田舍公得此,已爲過矣!'"

無塵子

以棕葉製成的拂塵的別名。唐馮贄《雲仙雜記・無塵子》引《高士春秋》:"方鎔隱天門山,以棕櫚葉拂書,號曰無塵子,月以酒脯祭之。"

龍鬚拂

拂塵的一種。據傳爲唐代元載所持。宋蘇軾《物類相感志》:"唐元載有龍鬚拂,紫色如爛,棋長二尺,水晶爲柄,紅玉爲環,或風雨晦冥,淋漓沾濕,則光彩動搖,奮然如怒;置之堂中,敗蚊蚋不敢近;拂之爲聲,則雞犬驚逸;垂之於地,則鱗介之屬悉俯而至,引水於空中,便成瀑布。云得之於洞庭道士張志和。"

蠅拂

亦稱"蠅拂子""蠅刷"。驅蠅除塵用的一種工具。多以馬尾製成,有柄。《南史・陳顯達

傳》：“凡奢侈者鮮有不敗，麈尾蠅拂是王謝家物，汝不須捉此自逐。”明高啓《送證上人住持道場》詩：“手橫蠅拂坐繩床，竹間風吹煮茗香。”唐李亢《獨異志·劉裕不忘貧賤》：“宋劉裕貧賤時，嘗蓋布被，用牛尾作蠅拂子。及登極，亦不弃之。”《紅樓夢》第三六回：“寶釵走近前來，悄悄地笑道：‘你也過於小心了。這個屋裏還有蒼蠅蚊子？還拿蠅刷子趕什麼？’”

【蠅拂子】

即蠅拂。此稱唐代已行用。見該文。

【蠅刷】

即蠅拂。此稱清代已行用。見該文。

鼻烟壺

省稱“烟壺”。裝鼻烟的瓶子。常配有挖取烟末之小勺。此物始見於明代，其初多爲小瓶、小盒，無甚特色。至清代康熙、雍正年間盛行，漸成闊腹斂口。其事清王士禎《香祖筆記》已有記載。多以玻璃、瓷、玉石等爲主，亦有竹、木類。其中以廣州的象牙雕鼻烟壺最爲著名，光緒年間則以廣州的玳瑁雕最爲昂貴，成爲歐美鑒賞家之藏品。壺壁多有雕刻、繪畫，畫足題有“古月軒”者爲最珍貴。清趙之謙《勇盧閒詁》一書中對鼻烟與鼻烟壺有詳述，謂鼻烟壺英語稱“士拿乎薄士”（snuff-box）。清平步青《霞外攟屑·掌故沈文恪公對語》：“高廟持套紅鼻烟壺，一面鐫蘭亭景，一面刻‘此地有崇山峻嶺茂林修竹’十一字。”《二十年目睹之怪現狀》第五回：“買了幾件鼻烟壺手鐲之類。”《鏡花緣》第七〇回：“他所以要烟壺絡子者，原是挂在身邊以圖便宜。”1968 年 11 月，在紐約亞洲協會支持下，美國著名中國鼻烟壺收藏家奧德爾（Edward choate O.Dell）創建了國際中國鼻烟壺協會。1988 年 3 月朱培初在國内出版了第一部專著《鼻烟壺史話》。

【烟壺】

“鼻烟壺”之省稱。此稱清代已行用。見該文。

辛家皮

鼻烟壺之一種，爲套料之精美者。因初爲辛氏所燒製，故名。清趙之謙《勇盧閒詁》：“凡所造作，或稱曰皮，最著者爲‘辛家皮’。”注：“辛家皮，最精潔，其色屑珍寶爲之，光彩奪目。”

罐底

一種極少見的鼻烟壺，套各種顏色燒製而成，有似五色瑪璃，極不易得。周繼煦《勇盧閒詁評語·說壺》：“罐底者，乃套各色餘料之沈底者，並爲一罐燒成，故色涅五彩斑斕，堅密沈艷。色雖雜而不混，似五色瑪瑙，極不易得。”

烟袋

亦稱“烟袋鍋”“烟窩”。吸水烟或旱烟用的工具。其制：以細竹管爲烟袋杆，一端安放銅製或鐵製的碗狀烟鍋以盛烟，另一端有玉石、銅鐵等製成的烟袋嘴。因其有窩且呈鍋形，故又稱“烟袋鍋”或“烟窩”。《兒女英雄傳》第二八回：“太太把烟袋遞給那丫鬟。”又第三五回：“原來凡是師老爺吃烟，不大懂得從烟袋荷包裏往外裝，都是從那個口袋裏捏出一撮子來塞在烟袋鍋兒裏。”《二十年目睹之怪現狀》第五六回：“偏偏那官帶來裝烟的小跟班，把烟窩掉在地下，低頭去拾。”

【烟袋鍋】

即烟袋。此稱清代已行用。見該文。

【烟窩】

即烟袋。此稱清代已行用。見該文。

【水烟袋】

亦稱"水烟筒"。用銅、竹等製成的吸烟用具。烟經水過濾而吸出，發出咕嚕嚕的響聲。此物多見於清代。《老殘游記》第三回："〔那人〕手裏捧了一支洋白銅二馬車水烟袋，面帶愁容。"《官場現形記》第二回："〔錢典史〕把壺放下，順手拎過一支紫銅水烟袋，坐在床沿上吃水烟。"《二十年目睹之怪現狀》第二回："七橫八竪的放着十七八杆鴉片烟槍，八九支銅水烟筒。"

【水烟筒】

即水烟袋。此稱清代已行用。見該文。

烟槍

吸食鴉片烟的用具，多以竹管製成，一端裝有烟斗。因形狀如長槍，故名。清林則徐《瀝陳民間烟土槍具仍宜收繳片》："並取其烟槍、膏土，悉繳於官。"《二十年目睹之怪現狀》第二回："我伯父把烟槍一丟，說道：'着，着！'"

籤子

本指尖鋭細長的竹杆。此處特指吸鴉片者將烟膏捲製成烟泡和通烟眼用的細長鐵拖。《兒女英雄傳》第三八回："又見一群女人蹲在一個賣鴉片烟籤子的攤子上講價兒。"《海上花列傳》第二回："王阿二將籤子打通烟眼，替他把火。"

牙刷

亦稱"刷牙"。日常潔齒用具。秦朝已見其物，形與今异。宋代之後成爲一種有柄小刷，一頭有毛。宋嚴守和《嚴氏濟生方》："每日清晨以牙刷刷牙，皂角濃汁揩牙，旬日數更，無一切齒疾。"宋吴自牧《夢粱録·鋪席》："凌家刷牙鋪。"元郭鈺《郭恒惠牙刷》詩："南州牙刷寄來日，去膩滌煩一金直。"

【刷牙】

即牙刷。此稱宋代已行用。見該文。

剔齒籤

亦作"剔齒櫼""剔齒纖"，亦稱"剔牙杖""挑牙"。用以剔除牙齒間積物的小棍，多以竹、木爲之。即今之"牙籤"。晋陸雲《與兄平原書》："取其剔齒籤一個，今以送兄。"元趙孟頫《老態》詩："扶衰每藉齊眉杖，食肉先尋剔齒櫼。"清俞樾《茶香室叢鈔·剔齒纖》："記曹公器物，有剔齒纖，此即今所用剔齒之牙纖。"元湯顯祖《牡丹亭》第四齣："硯水漱净口，去承官飯溲，剔牙杖敢黄虀臭。"《金瓶梅詞話》第一一回："便向袖中取出汗巾，連挑牙與香茶盒兒，遞與桂姐收了。"《醒世姻緣傳》第一九回："汗巾頭上還繫一副烏銀挑牙，一個香袋。"按清陳元龍《格致鏡原·燕賞器物二》引《稗史類編》："陸雲以剔齒籤寄兄。《酉陽雜俎》曰：'仙人鄭思遠常騎虎。故人許隱齒痛求治，鄭拔虎鬚及熱插於齒間即愈，更拔幾莖與之。'所謂籤者，常是此類。若以金絲類爲之，無足奇者。何必寄？"依陳説古代剔齒籤當有藥用功效。

【剔齒櫼】

同"剔齒籤"。此體元代已行用。見該文。

【剔牙杖】

即剔齒籤。此稱元代已行用。見該文。

【挑牙】

即剔齒籤。此稱明代已行用。見該文。

【剔齒纖】

同"剔齒籤"。此體清代已行用。見該文。

耳挖子

亦稱"剜耳匙子""鐵了事""耳挖""耳幹兒"。挖耳垢的用具。多用木、竹、牛角或金屬等製成，亦可作飾物，其末亦可用以剔牙。今見較早者爲新疆吐魯番阿斯塔那唐墓所出土。宋陶穀《清異録·器具·鐵了事》："杜岐公憽以剜耳匙子爲鐵了事。"《紅樓夢》第二八回："只見鳳姐兒在門前站着，蹬着門檻子，拿耳挖子剔牙。"《儒林外史》第一八回："三公子恐怕鴨子不肥，拔下耳挖來戳戳脯子上肉厚，方才叫景蘭江講價錢買了。"《金瓶梅詞話》第一二回："於是向頭上拔下一根鬧銀耳幹兒來，重一錢。"

【剜耳匙子】

即耳挖子。此稱宋代已行用。見該文。

【鐵了事】

即耳挖子。此稱宋代已行用。見該文。

【耳幹兒】

即耳挖子。此稱明代已行用。見該文。

【耳挖】

即耳挖子。此稱清代行用。見該文。

刮舌

用以刮除舌垢的器具，初爲佛教用具，後民間亦用。《法苑珠林》卷一一八引《大比丘三千威儀》："刮舌有五事：一不得過三反，二舌上血出當止，三不得大振手污僧伽梨若足，四弃楊枝莫當人道，五當著屏處。"清翟灝《通俗編·居處》："是刮舌之製，佛時已有，其刷牙則尚未有，故以楊枝代也。"

美人拳

一種爲老人捶腿或腰背用的小錘，多爲皮製小囊，内絮以棉，形如蓮房，綴以微彎之柄，因其錘頭小巧柔軟，故名。《紅樓夢》第五三回："又命琥珀坐在榻上，拿着美人拳捶腿。"清曹庭棟《養生隨筆》卷二："捶背以乎，輕重不能調，製小囊，絮實之，如蓮房。凡二，綴以柄，微彎，似蓮房帶柄者。今人執而捶之，輕軟如意，名美人拳，或自己手執，反肘可捶，亦便。"

剃刀 [1]

刮去毛髮之刀。剃，亦作"鬀"。唐慧琳《一切經音義》卷一〇〇："鬀，或從刀作剃。"清陳元龍《格致鏡原·燕賞器物二》引明羅頎《物原》："剃刀，軒轅制。"軒轅即黄帝，史乘多載蚩尤以金屬兵器與黄帝戰於涿鹿，不勝被殺，黄帝既勝，其製作金屬利器之技術當不弱，以此推斷，羅説或是。商周時青銅利器已較通行，剃刀當在其列。《素問·繆刺》中已有"鬀其左角之髮方一寸"之語，"方一寸"，即長寬一寸，秦漢時剃髮竟能如此準確，可知所用剃刀已甚鋒利。北齊顔之推《顔氏家訓·勉學》載："梁朝全盛之時，貴游子弟，多無學術……無不熏衣剃面，傅粉施朱。"可見其時剃刀使用之廣。"剃刀"一詞，唐宋時始見行用。《法苑珠林》卷一七引《佛本行經》："佛告阿難：'汝往菩提樹金剛座西塔，取我士寶剃刀並浴金剛盆，我欲剃髮。'"宋洪邁《夷堅支志庚·真如院藏神》載，寺廟中已有專司剃頭的"剃工"，足證其時已有理髮業。今之理髮業尤盛，剃髮改用電推。剃刀只作輔助器具。

眼罩

亦稱"眼衣""眼紗"。蒙在眼上起遮蔽或保護作用的用具。多用紗、布爲之。《金瓶梅詞話》第四回："一看街上無人，帶上眼罩，笑了去。"宋周煇《清波雜志》卷五："〔煇〕亦嘗用紗爲眼衣障塵，反致悶，亦除去。"明沈德符《野獲編·司道·布按二司官》："〔布政司、按察司〕俱坐轎開棍，今則導以尺箠策馬帶眼紗，與京師幕寮無異矣。"

【眼衣】

即眼罩。此稱宋代已行用。見該文。

【眼紗】

即眼罩。此稱明代已行用。見該文。

眼鏡

用以矯正視力或保護眼睛的透鏡，多以玻璃或水晶爲之，可分爲近視、遠視、散光及遮陽四類。《淮南子·泰族訓》："教之以金目則快射。"高誘注："金目，深目，所以望遠近射準也。"按：高注"快射"謂"所以望遠近射準也"，甚是。"快"有舒適便捷意，"射"有謀求探尋意。高注"金"爲"深"，"深"，謂深遠也。"金目"當是望遠鏡或眼鏡之類。20世紀80年代，江蘇揚州邗江縣甘泉山東漢廣陵王劉荊墓中出土了一枚可矯正遠視或老花眼的凸透鏡。此鏡直徑2厘米，鏡心厚0.5厘米，鏡片鑲嵌在用黃金精製而成的圓環內。視物可放大四至五倍。20世紀80年代前後，安徽亳州曹操宗族墓，南京北郊郭家山東晋墓皆有出土，前者共五枚，最大直徑爲2.4厘米，後者出土一枚，直徑2厘米，全部爲水晶體凸突鏡，距今已有兩千年歷史，這當是世界最早的眼鏡。但因古代統治者鄙視所謂"奇技奇器"，故此物如同《淮南子》所載"金目"一樣，民間無傳，宮庭中亦成絕品。後世學者遂誤以爲眼鏡完全是舶來品。明中葉各類眼鏡由海外傳入我國，至清代漸流行。初名靉靆，後方稱"眼鏡"。據考，所謂泰西眼鏡，初傳中國時以爲兩鏡片以繩相連，常置頸後以備用。其14世紀初創時，亦爲單片，鑲嵌于金屬小框內，與我國近兩千年前出土物暗合。明郎瑛《七修續稿·事物·眼鏡》："少嘗聞貴人有眼鏡，老年觀書，小字看大。"清趙翼《陔餘叢考·眼鏡》："古未有眼鏡，至有明始有之，本來自西域……此物在前明極爲貴重，或頒自內府，或購之賈胡，非有力者不能得，今則遍天下矣。蓋本來自外洋，皆玻璃所製，後廣東人仿其式，以水晶製成，乃更出其上也。"清趙翼《甌北詩鈔·初用眼鏡》詩："相傳宣德年，來自番舶駕。內府賜老臣，貴值兼金價。初本嵌玻璃，薄若紙新矧。中土遞仿造，水晶亦流亞。"又説"眼鏡"原產于"滿剌國"，即今馬來西亞的馬六甲州（見明張燮《東西洋考·馬六甲·物產》諸書）。實則作爲眼鏡其物，宋人著作中已有明確記載。《通雅·器用·雜用諸器》："靉靆，眼鏡也。"《洞天清録》："靉靆，老人不辨細書，以此掩目則明。"《洞天清録》作者趙希鵠乃宋宗室子，喜書畫，善鑒賞，其物爲其親見目睹。中國國家博物館藏有明仇英《南都繁會景物圖卷》，其中就有戴眼鏡的老人，這一眼鏡不是單體，而是形如今制的連體眼鏡。

【靉靆】

亦作"愛逮""優逮"。今所知眼鏡之初名。明田藝衡《留青日劄·靉靆》："提學副使潮陽林公有二物，如大錢形，質薄而透明，如硝子石，如琉璃，色如雲母，每看文章，目力昏倦，不辨細書，以此掩目，精神不散，筆劃倍明。中用綾絹聯之，縛於腦後。人皆不識，舉以問余。余曰：此靉靆也。"清陳康祺《郎潛紀聞》卷九：“相傳翁覃谿……六七十時猶能於燈下作細書，閱蠅頭字，不假靉靆。”清厲荃《事物異名錄·器用·眼鏡》：“靉逮，《庶物異名疏》：‘靉靆，今俗謂之眼鏡。’又《方洲雜言》作靉逮。”《事物原會·眼鏡》：“張靖之《方州雜錄》：‘向在京師得見宣廟賜物，加於昏目，能見細書。近又於孫景章處見一具。孫云：以良馬易於西域賈人。其名愛逮，一作靉靆，今謂之眼鏡。”是眼鏡之名，前明始有。明張寧《方洲雜言》：“如錢大者二，其形色絕似雲母石，類世之硝子，而質甚薄，以金相輪廓，而衍之爲柄紐，其末合則爲一，歧則爲二……名曰靉逮。”按：《方洲雜言》《方洲雜錄》爲同書異名。

【愛逮】

同“靉靆”，此體明代已行用。見該文。

【靉逮】

同“靉靆”。此體明代已行用。見該文。

漱盂

盛漱口水的器皿。宋嚴守和《嚴氏濟生方》中已有“皂角濃汁刷牙”之語，可知漱盂亦早已有之。此物至清代已用此名。《紅樓夢》第八五回：“小丫頭在後面捧着痰盒、漱盂進來。”《兒女英雄傳》第一六回：“鄧九公却不用漱盂，只使一個大錫漱口碗。”

唾盂

吐痰用的器具。今見較早者爲江蘇鎮江唐墓出土之唾盂。宋孟元老《東京夢華錄·十四日車駕幸五嶽觀》：“執

瓷唾壺

御從物，如金交椅、唾盂、水罐、菓壘、掌扇、纓紼之類。”明王圻等《三才圖會·儀制》：“元唾壺唾盂皆以銀爲之，有蓋，塗以金。今制，皆以黃金爲之。壺，小口巨腹。盂，圓形如缶，蓋僅掩口，下有盤，俱爲龍紋。”

唾壺

吐痰用的器具，類今之痰盂。王侯將相富貴家多以金銀玉石爲之，民間多爲瓷製。先秦已行用。今見較早實物爲浙江衢縣街路村西晉墓所出土。其製：口小腹大平底，有圈足。《西京雜記》卷六：“魏襄王冢……床上有玉唾壺一枚。”北魏酈道元《水經注·漾水》：“絕壁峭峙，孤險雲高，望之形若覆唾壺，高二十餘里。”

唾盂
（清蔣廷錫等《古今圖書集成》）

【玉壺】[1]

即唾壺。晉郭緣生《述征記》：“吳主以潘夫人爲神女，與游照宣之臺，即盡醋醉，吐於玉壺中。”唐李白《玉壺吟》：“烈士擊玉壺，壯心惜暮年。”

脚婆

亦稱“錫奴”“湯婆”“錫夫人”。一種扁圓形暖足用具，多爲銅錫製壺，亦有陶瓷壺。內盛熱水，可置被中取暖。宋黃庭堅《戲咏暖足瓶》詩之一：“千金買脚婆，夜夜睡天明。”元無名氏《東南紀聞》卷三：“錫夫人者，俚謂之湯婆，轉錫爲器，貯湯其間，霜天雪夜，置之衾席，用以暖足，因目爲湯婆。竹谷羅學溫文

之曰錫夫人。"《紅樓夢》第五一回："我又想起來，湯婆子還没拿來呢。"宋曾幾《竹奴》詩序："因讀山谷《竹奴脚婆詩》戲作。山谷既以竹夫人爲竹奴，余亦名脚婆爲錫奴焉。"又《竹奴》詩："秋來冷落同班扇，歲晚温柔是錫奴。"

【錫奴】

即脚婆。此稱宋代已行用。見該文。

【湯婆】

即脚婆。此稱元代已行用。見該文。

【錫夫人】

即脚婆。此稱元代已行用。見該文。

靴掖

亦作"靴頁"。用皮革、綢緞製成的可以摺叠的夾子，可用以裝名帖、文件、錢票等物，因可塞藏於靴筒内，故名。亦可放置於懷中。清代較爲流行。清李光庭《鄉言解頤》卷四："世有輕如袖納，重異腰纏，比帶胯而不方，視荷囊而甚扁者，靴掖是也。零星字紙，以靴掖盛之，便於取携也。"《紅樓夢》第一七回："賈璉見問，忙向靴筒内取出靴掖裏裝的一個紙折略節來，看了一看。"《兒女英雄傳》第二回："説着，從靴掖兒裏掏出一個名條，安老爺連忙的接過來。"《老殘游記》第一六回："那老兒便從懷裏摸出個皮靴頁兒來，取出五百一張的票子兩張。"

【靴頁】

同"靴掖"。此體清代已行用。見該文。

髮積

藏髮的紙袋。紙袋正面作鍾馗狀，可挂壁間以辟邪。清王夫之《雜物贊》："髮積，糊紙作鍾馗狀，髯而執簡，空其後，挂壁間，以納櫛餘之髮。"

撲滿

亦稱"慳囊"。蓄錢用的瓦器，其形制不一，或以黏土製成，或以瓷爲之。留小口入錢，難取。蓄滿後撲碎取錢，故名。《西京雜記》卷五："撲滿者，以土爲器，以蓄錢具，其有入竅而無出竅，滿則撲之。"前蜀貫休《桐江閑居》詩之十二："囊非撲滿器，門更絶人過。"宋范成大《催租行》："床頭慳囊大如拳，撲破正有三百錢。"元張仲深《答天民韵》之三："酒邊豪句多千首，客裏慳囊罄一錢。"

【慳囊】

即撲滿。此稱宋代已行用。見該文。

【錢䋆】

即撲滿。單稱"䋆"，亦稱"聚錢䋆""積受罐"。先秦時已行用，清代仍存。《説文·缶部》："䋆，受錢器也。"段玉裁注引唐顔師古曰："䋆，若今盛錢藏瓶。爲小孔，可入而不可出。"朱駿聲通訓定聲："受錢器也……如今之撲滿，蘇俗謂之積受罐。"睡虎地秦墓竹簡《秦律十八種·關市》："爲作務及官府市，受錢必輒入其錢䋆中。"清黄遵憲《番客篇》："百萬一紫標，多少聚錢䋆。"亦稱"錢筒""銀罐"。《韵府群玉·上平·一東》："錢筒，坡在黄日，以一百五十作一塊，用不盡者貯竹中。"清黄六鴻《福惠全書·錢俗·革官銀匠》："窺其鄉愚孤弱，故將銀罐傾翻，急難淘净，反賴他人。"

【䋆】

"錢䋆"之單稱。此稱漢代已行用。見該文。

【積受罐】

即錢䋆。此稱清代已行用。見該文。

【聚錢䋆】

即錢䋆。此稱清代已行用。見該文。

【錢筒】

即錢筘。此稱元代已行用。見該文。

【銀罐】

即錢筘。此稱清代已行用。見該文。

搖車

亦稱"搖籃"。嬰兒臥具。形狀略像籃子，多用竹或藤等編製而成，可左右搖，使嬰兒易入睡。《元朝秘史》卷一："帖木真九歲時……帖木侖方在搖車中也。"明李翊《戒庵老人漫筆·搖籃》引郭晟《家塾事親》："古人製小兒睡車，曰搖車，以兒搖即睡故也。"又"今人眠小兒竹籃名搖籃……搖車即搖籃。"清趙翼《舟行》詩之一："笑比搖籃引兒睡，老夫奇訣得還童。"

【搖籃】

即搖車。此稱明代已行用。見該文。

襁

背負嬰兒用的寬帶或用寬帶背負，多以繒布爲之。此稱上古亦有之，今仍存。《說文·衣部》："襁，負兒衣。"《論語·子路》："則四方之民，襁負其子而至矣，焉用稼。"劉寶楠正義："案顏師古《漢書·宣紀》注：'襁，即今小兒繃也。李奇曰："以繒布爲之。"'李賢《後漢書·清河孝王慶傳》注：'以繒帛爲之。'皇疏：'以竹爲之；或云以布爲之。今蠻夷猶以布帊裹兒負之背也。'皆各據所見言之。小兒繃，兼有絡繩，蓋統名襁，後起義也。"亦稱"襁褓""褓褓"。《列子·天瑞》："人生有不見日月，不免襁褓者，吾既已行年九十矣。"《漢書·宣帝紀》："曾孫雖在襁緥，猶坐收繫郡邸獄。"顏師古注引孟康曰："緥，小兒被也。"按：又說"襁"當爲褓之繩帶。《說文》段注也以爲"襁"當從"糸"。

【襁褓】

即襁。此稱先秦時期已行用。見該文。

【襁緥】

即襁。此稱漢代已行用。見該文。

【襁保】

即襁。亦作"襁抱"，亦稱"襁褓"。《後漢書·桓郁傳》："昔成王幼小，越在襁保，周公在前，史佚在後，太公在左，召公在右。"又《五行志三》："是時帝在襁抱，鄧太后專政。"又《章帝八王傳·清河孝王慶》："鄧太后以殤帝襁抱，遠慮不虞。"李賢注："襁以繒帛爲之，即今之小兒繃也。"唐段成式《酉陽雜俎續集·支諾皋中》："時天纔辨色，僧就視之，乃一初生兒，其襁褓甚新。"

【襁抱】

同"襁保"。此體漢代已行用。見該文。

【襁褓】

即襁保。此稱唐代已行用。見該文。

【荷襁】

即襁。亦稱"小兒繃"。《墨子·明鬼下》："鮑幼弱，在荷襁之中。"孫詒讓閒詁："畢云：荷，與何同。《漢書》注李奇云：襁，絡也。以繒布爲之，絡負小兒。師古曰即今之小兒繃也。襁，吳鈔本作繈。襁正字，繈借字。"

【小兒繃】

即荷襁。此稱唐代已行用。見該文。

梳

整理鬚髮之用具。新石器時代即已有之。現藏中國國家博物館中之象牙梳即由山東省泰安大汶口出土，其形偏而窄，密齒，背有孔，身有刻紋，與今通行之骨梳、木梳形制頗异。後世之梳，非僅閨閣之物，男子亦用以梳鬚髮。

新石器時代象牙梳

《北堂書鈔》卷一三六引漢崔寔《正論》云：
"無賞罰，是無君，苟欲治之，是猶不畜梳而欲
髮之理也。"可見漢時已爲常物。《南史·劉穆
之傳》："妻復截髮市肴饌，爲其兄弟以飼穆之，
自此不對穆之梳沐。"《新唐書·吴兢傳》："朝有
諷諫，猶髮之有梳。"五代李珣《南鄉子》詞：
"攏雲髻，背犀梳。"齒疏爲梳，齒密曰篦。梳
之語源爲疏，篦之語源爲比，類同而體異。後
世稱"梳子"。《金瓶梅詞話》二七回："衹見春
梅送了抿鏡、梳子來。"

【梳子】

即梳。此稱明代已行用。見該文。

熨斗

單稱"熨"，亦稱"火斗""金斗""麟
首""銅斗"。燙平衣物所用之金屬器具。舊時
熨斗多爲長柄，其形似斗斛之斗，故名。今所
見者，有漢墓出土之熨斗，柄稍短，柄端有孔
可懸挂，斗體爲一圓形淺盤，可以置炭火。又
有平山北齊崔昂墓出土之長柄熨斗。《太平御覽》
卷七一二引漢服虔《通俗文》："火斗曰熨。"宋
歐陽修《程文簡公墓志銘》："宦者治獄，得縫

熨斗
（明王圻等《三才圖會》）

人火斗。"《晋書·韓伯傳》："伯年數歲，至大寒，
母方爲作襦，令伯捉熨斗。"南朝梁簡文帝《和
徐録事見内人作卧具》詩："熨斗金塗色，簪管
白牙纏。"《警世通言·白娘子永鎮雷峰塔》："只
見一家樓上推開窗，將熨斗播灰下來，都傾在
許宣頭上。"唐白居易《繚綾》詩："廣裁衫袖
長製裙，金斗熨波刀剪紋。"宋賀鑄《菩薩蠻》
詞之六："舞裙金斗熨，絳襯鴛鴦密。"元龍輔
《女工餘志》："姚月華熨斗，名麟首，黄金爲
之。"明劉溥《美人熨帛圖》詩："中庭無風輪
未行，銅斗自燒還自熨。"

【熨】

"熨斗"之單稱。此稱漢代已行用。見該
文。

【火斗】

即熨斗。此稱漢代已行用。見該文。

【金斗】[1]

即熨斗。此稱唐代已行用。見該文。

【麟首】

即熨斗。此稱元代已行用。見該文。

【銅斗】

即熨斗。此稱明代已行用。見該文。

【鈷鉧】

即熨斗。亦作"鈷鏌""鈷鏴"。湖南永州
市西山南麓有鈷鉧潭，此潭因形似熨斗，故名。
唐柳宗元有《鈷鉧潭記》一文，可知此稱唐代
已行用。宋范成大《愚溪在零陵城對岸，渡江
即至。溪甚狹，一石潤耳，蓋衆山之水流出湘
中》詩："清溪東去客西征，鈷鉧潭邊聊駐節。"
自注："鈷鉧，熨斗也。"宋姚寬《西溪叢語》
卷下："《宜都山水記》：'佷山溪有金灘，其石
大者如釜，小者如鈷鏌。'"明李時珍《本草綱

目・金石八・諸銅器》:“銅鈷鉧,一作鈷鏃,熨斗也。”

【鈷鏌】

同“鈷鉧”。此體宋代已行用。見該文。

【鈷鏃】

同“鈷鉧”。此體明代已行用。見該文。

第四章　炊用説

第一節　炊具考

　　遠古人類茹毛飲血的時代，没有什麽炊具可言。火的利用帶來了炊具的興起。炊具因與人類最基本的需要密切相關而一直爲人類日常生活必備之物，且始終不斷演進，向着多樣化、精密化發展。從史前的陶製炊食器皿發展至今日所用的炊具（拋開現代化電器及燃氣設備不談），其變化不是太大。其間隨生産力的提高，製作材料的不同是最大的變化。由於它在人類生活中地位極其重要而格外受人類重視，形狀和功用的任何細小區別都被冠以不同名稱，故炊具的名稱，極其繁雜，要之可分以下幾類：

　　釜屬炊具是我國最早的炊食器皿，新石器時代已發明，初爲陶製，春秋間有青銅製者，兼有蒸、烹、煎多種功用，即今天鍋的前身。魏晋之前多稱釜，出土的有龍山文化遺址的陶釜、膠州出土的青銅釜等。約興用於春秋間的錡，亦釜屬炊具，與釜之别在於有足無足。《詩·召南·采蘋》："于以湘之，維錡及釜。"毛傳曰："錡，釜屬，有足曰錡，無足曰釜。"漢代方言中又稱有足之錡爲鉹鏤（見漢揚雄《方言》第五），漢代還有釜屬有足之温器曰鐪（見漢服虔《通俗文》），又有似釜而大口之鍑。今民間用以做煎餅的鏊子，古亦爲釜屬，亦首見於漢。唐以來，釜屬炊具始稱鍋。唐顏師古注《急就篇》卷三云："鏊似釜而反唇……即今所謂鍋。"今天所用的砂鍋，唐代已有，時又稱土銼。明代出現的鐵鍋，形制已與今天所用鐵鍋没有區别。至清代已有了鍋竈一體的火鍋，與今天的火鍋已完全相同。

鬲（又作"䰜""䰛"）類炊具主要用於煮食，新石器時代已普遍應用，沿用至周，漢後漸失。初爲陶製，後有青銅製者。今出土的有饕餮紋鬲（商代），伯炬鬲（西周），孟辛父鬲（西周），穆父鬲（西周）等，時代有先後，形制稍有别，但皆爲煮食器皿。

甗屬炊具多用於蒸炊，興用於商初，後世沿用。今出土的有戈甗（商代晚期），父辛方甗（西周前期），兩頭獸紋甗（西周後期）等，形制功用大同小异。興用於周代至春秋間的甑亦多用於蒸炊，同屬甗類。

在對食物進行蒸、烹、煎、煮之前的準備工作中所用的器物及盛放食物的器皿，亦屬炊具，其中大多數今天仍在使用，唯稱謂與製作材料不同而已。如俎（切肉用的案板，戰國時已有），後又有砧板（見於唐宋文獻）、墩子（見於明代文獻）等；互（挂肉之架，先秦已有，見《周禮·地官·牛人》）；弗（烤肉時穿肉之金屬條，五代文獻已有記載）；炙籗（竹製盛器、漢已有）；渣斗（盛放骨刺器具，宋元間用之）；水床（即今之籠屜，元代已有）；箅（今仍沿用、漢時已有）；麵杖（即擀麵杖，宋已有之）；䪌臼（又稱"受辛"，即搗蒜的罐子，宋已有之），等等。飲具中最常見的尚有鼎，多爲圓形，三足、兩耳，亦有四足方鼎及圓形、方形扁足鼎，初以陶，後以青銅製成。自商周始用作禮器，故本考不予立目。

釜鏊類

釜

煮食器物。新石器時期文化遺址中出土的陶釜多置於竈上，是爲炊具，甚至與竈連結一體。清咸豐七年（1857）山東膠州出土兩件青銅釜，與飲酒器鉌同時，故考古分類曾將其置於水器中。又爲量器，容積六斗四升，或二斛、三斛不等。釜無足。在早期新石器遺址中有小口、淺腹、圓底之陶釜。1998年在江蘇金壇新石器時代文化遺址中就有出土的陶釜。龍山文化中陶釜爲大口、深腹、圓底。河姆渡文化中可見歛口肩脊釜及敞口淺腹者。殷周時陶釜與銅釜并存。山東銀雀山西漢墓出土銅釜，折沿、鼓腹、圓底，器壁

釜
（明王圻等《三才圖會》）

極薄，爲西漢時仍普遍使用之佐證。西安曾出土唐代銀鍋，有提梁或耳，圓底。《詩·召南·采蘋》："于以湘之，維錡及釜。"毛傳："錡，釜屬。有足曰錡，無足曰釜。"《周易·説卦》："坤爲地，爲母，爲布，爲釜。"孔穎達疏："取其化生成熟也。"《論語·雍也》："子華使於齊，冉子爲其母請粟。子曰：'與之釜。'"何晏集解："六斗四升曰釜。"《孟子·滕文公上》："許子以釜甑爨。"《太平御覽》卷七五七引《三禮圖》："釜制度云三斛，或曰二斛。"亦作"䥯"。《説文·鬲部》："䥯，鍑屬也，从鬲甫聲。釜、䥯，或从金父聲。"段玉裁注："今經典多作釜，惟《周禮》作䥯。"

【䥯】

即釜。此稱先秦已行用。見該文。

微廏釜

西周早期青銅炊具。通高 25.4 厘米，口徑 39.2 厘米，腹深 25 厘米，底徑 17.8 厘米。大口，束腰，深腹下收，平底，兩耳禦環。腹部素面，肩飾陽弦紋一道。腹内有銘文二行四字："散（微）廏作寶"。1976 年 12 月 15 日陝西扶風縣莊白一號青銅器窖藏出土。現藏陝西周原岐山文物管理所。

子禾子釜

戰國時青銅炊具。通高 38.3 厘米。小口大腹，旁有兩耳。腹外壁有銘文九行 109 字，殘三十餘字。其文曰"左關釜節於廩釜，關鉰節於廩䉤"，意似以釜爲量具。或以爲該器乃田莊子爲其子田禾所作。據《史記·田敬仲完世家》，田莊子卒，其子田和爲齊宣公相。周安王十六年（前 386），田和立爲齊侯，列於周室。該釜製作於田莊未亡之時。清咸豐七年（1857）

山東膠州靈山衛出土，同時出土者尚有"陳純釜"。現藏上海博物館。

五熟釜

一種古炊具，釜内分格，可以同時烹調各味食物。《三國志·魏書·鍾繇傳》："魏國初建，爲大理，遷相國，文帝在東宮，賜繇五熟釜，爲之銘曰：'於赫有魏，作漢藩輔，厥相惟鍾，實幹心膂。'"裴松之注："《魏略》曰：繇爲相國，以五熟釜鼎範因太子鑄之。釜成，太子與繇書曰：'昔有黄三鼎，周之九寶，咸以一體，使調一味，豈若斯釜五味時芳？'"亦省稱"五釜"。明梅鼎祚《玉合記·卜居》："韓兄高掇魏科，遠參名鎮，功鑄五釜，價重千斤。"

瓦釜

陶製之釜。《墨子·號令》："墻之垣，守者皆累瓦釜墻上。"《楚辭·卜居》："黄鍾毁棄，瓦釜雷鳴。"《後漢書·禮儀志》："瓦竈二，瓦釜二。"宋戴復古《譚俊明雪中見訪從而乞米》詩："地爐燒榾柮，瓦釜煮犁祈。"

錪鏤

烹食之器，釜屬。清端方《陶齋吉金録》卷七載有漢陽信家錪鏤。重四斤八兩，高五寸一分，口徑七寸五分。短柄上有蓋，下有三足。《方言》第五："鍑，江、淮、陳、楚之間謂之錡，或謂之鏤，吳、揚之間謂之鬲。"《説文·金部》："鏤，釜也。"

錡

釜屬炊具。約使用於春秋時期，目前出土器物少見自名爲錡之器。據文獻記載，錡與釜區别在於有足無足，或爲方言之異。《詩·召南·采蘋》："于以湘之，維錡及釜。"毛傳："錡，釜屬。有足曰錡，無足曰釜。"《左傳·隱公三年》:"筐、筥、錡、釜之器。"杜預注:"錡音奇,釜音輔,同爲烹飪之器。有足者曰錡,無足者曰釜。"《方言》第五:"江、淮、陳、楚之間謂之錡。"郭璞注:"或曰三脚釜。"參見本考"釜"。

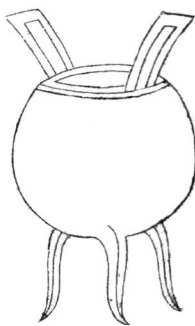
錡
（明王圻等《三才圖會》）

鍑

古代烹飪器。似釜而大口。《説文·金部》:"鍑,釜大口者。"周朝已有之,至遲在漢代已通行。《馬王堆漢墓帛書·五十二病方·去人馬疣》:"以鍑煮,安炊之,勿令疾沸。"《漢書·匈奴傳下》:"胡地秋冬甚寒,春夏甚風,多齎鬴鍑薪炭,重不可勝。"顏師古注:"鍑,釜之大口者也。"唐陸羽《茶經·器》:"鍑以生鐵爲之,今人有業冶者,所謂急鐵。"今所見者,

鍑
（明王圻等《三才圖會》）

有呼和浩特出土之北魏銅鍑,圓形,有足,有耳,侈口。又有斂口類小甕者。宋張世南《游宦記聞》卷五:"古器之名,則有……鍑。……《玉篇》云似釜而大,其實類小瓮而有環。"宋王黼《博古圖》卷一九載有周獸耳鍑與漢獸耳鍑,均爲大腹而斂口。

鍋鏅

亦作"烏鏅",亦稱"銼鑸"。小鍋。一説即金屬湯罐。《廣雅·釋器》:"鍋鏅謂之銼鑸。"王念孫疏證:"銼鑸,小釜也。"《玉篇·金部》:"鍋,鍋鏅,小釜也。"《太平御覽》卷七五七引

《魏略》:"徐晃曰:'我槌破汝鍋鏅耶?'"又引晋杜預《奏事》曰:"杜預奏事曰:'藥杵臼、澡槃、熨斗、釜瓮、銚槃、鍋鏅,皆亦民間之急用也。'"《北史·蠕蠕傳》:"詔賜……銅烏鏅四枚,柔鐵烏鏅二枚。"烏鏅,同"鍋鏅"。

【烏鏅】

同"鍋鏅"。此體南北朝時期已行用。見該文。

【銼鑸】

即鍋鏅。此稱三國時期已行用。見該文。

鬻

古代形狀類釜之炊具;或爲甑屬,上大下小。其行用不晚於周朝。今傳世器物中少見確定爲鬻者。《詩·檜風·匪風》:"誰能亨魚?溉之釜鬻。"毛傳:"鬻,釜屬。"漢揚雄《方言》第五:"甑,自關而東謂之甗,或謂之鬻。"《説文·鬲部》:

鬻
（明王圻等《三才圖會》）

"鬻,大鬴也。一曰鼎大上小下若甑曰鬻。從鬲兓聲。讀若岑。"《龍龕手鑒·鬲部》:"鬻,鼎鬻,上大下小釜也。"又"鬻,甑屬。"

鏊

亦作"鏉"。亦稱"餅鏊""烙鍋",今俗稱"鏊子"。一種烙餅用的平底鍋。漢代已通行。鐵製,面圓而淺,下有三短足。《玉篇·金部》:"鏊,

提紋鏊
（清梁詩正等《西清古鑑》）

餅鏊也。”一本作“鏉”。《正字通·金部》：“鏊，今烙餅平鍋曰餅鏊，亦曰烙鍋。”清王筠《説文句讀·金部》：“鏊面圓而平，三足，高二寸許，餅鏊也。”《金瓶梅詞話》第五五回：“日裏便似熬盤上蟻子一般跑進跑出。”熬，通“鏊”。

【鏉】
同“鏊”。此體南北朝時期已行用。見該文。

【餅鏊】
即鏊。此稱南北朝時期已行用。見該文。

【烙鍋】
即鏊。此稱明代已行用。見該文。

【鑪】
古代一種敞口的陶鍋。亦稱“鑪子”“爐盤”。《説文·虍部》：“鑪，土鏊也。”段玉裁注：“鏊，金爲之。鑪則土爲之。鄭注《周禮》所謂黄墡也，墡即鏊字。”桂馥義證：“鑪，鋪也。《内則》：敦、牟、卮、匜。《釋文》云：齊人呼土釜爲牟。馥謂鑪、鏊、牟三字聲相近。”《廣韵·上皓》：“鑪，土釜。”清厲荃《事物異名録·器用·銚》：“《升庵外集》：北方呼餅器曰鑪子。鑪，土鏊。胡到切。按今呼爲爐盤，即其類也。”《字彙·虍部》：“鑪，北方呼餅器爲鑪子。”

【鑪子】
即鑪。此稱明代已行用。見該文。

【爐盤】
即鑪。此稱清代已行用。見該文。

鐎

温器。似鍋，三足。漢代已有使用。如土鐎煎藥用，銅鐎烹調，銀鐎、鐵鐎皆可爲酒器，又有茶鐎。陝西曾出土唐代金銀鐎。《集韵·庚韵》：“鐎，釜屬，通作鐎。”《太平御覽》卷七五七引漢服虔《通俗文》：“鬴有足曰鐎。”又引梁吴均《續齊諧記》：“王敬伯夜見一女子，命婢取酒。須臾持一銀酒鐎。”南朝宋劉義慶《世説新語·德行》：“（陳遺）母好食鐎底焦飯。”《北史·孟信傳》：“乃自出酒，以鐵鐎温之。”宋高似孫《緯略·古鐎》：“古銅鐎者，龍首三足，抱注以口，翠蝕可玩，因考《晋舊事》有龍首鐎，即是此類……《述異記》有謂‘卿無温鐎，安得飲酒’，當是温酒器也。”宋陸游《閑居》詩：“土鐎茶七碗，瓦甑稷三升。”清吴嘉紀

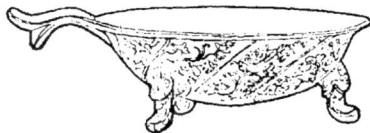
唐刻花金鐎

《哭王水心》：“榻下無兒孫。鐎中無藥餌。”又，烙餅或做菜用的平底淺鍋亦或謂之鐎。明馮夢龍《古今譚概·儇弄部·石動筩》：“答曰：‘是煎餅也。’高祖曰：‘我始作之，何因更作？’動筩曰：‘乘大家熟鐎子頭，更作一個。’”

鍋

烹煮食物的器具。如鐵鍋、鋁鍋、砂鍋、火鍋等。殷墟已出土青銅鍋，據今已三千餘年歷史。不過有其實而無其名而已。魏晋以前多稱“釜”，唐以來多稱“鍋”。《急就篇》卷三：“鐵鈇鑽錐釜鍑鏉。”唐顏師古注：“鏉似釜而反唇。一曰鏉者，小釜類，即今所謂鍋。”唐慧琳《一切經音義》卷一四：“鍋，燒器也。《字書》云：

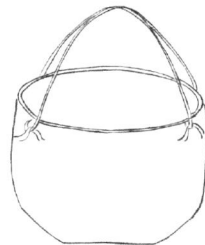
鍋

'小鑊也。'"《廣韻・戈韻》："鍋,温器。"唐陸龜蒙《奉和襲美茶具十咏・茶竈》："盈鍋玉泉沸,滿甌雲芽熟。"

一品鍋

一種火鍋。金屬製成,上面是鍋,下面小爐座可以燃火。亦指鍋中菜肴,以官高一品喻菜肴之美,故名。《老殘游記》第一二回："我那裏雖然也有人送了個一品鍋,幾個碟子,恐怕不中吃。"

火鍋

金屬或陶瓷製成的鍋、爐合一的食具。爐置炭火,使鍋湯常沸以熟菜肴,隨煮隨吃。亦指用火鍋煮的菜肴。明清以來頗盛行。明朱棣等編《普濟方・膏藥門》："先以猪羊脂等於火鍋内文火煎,取青汁去滓後入麻油。"清潘榮陛《帝京歲時紀勝・正月・元旦》："至於醑酢之具,則鏤花繪果爲茶,十錦火鍋供饌。"《老殘游記》第一九回："端上飯來,是一碗魚……四個碟子,一個火鍋,兩壺酒。"以其食用方便,亦稱"便爐"。《韵府・雜記》："冬至之日,或遇風寒,多具古董羹以待客,謂之便爐。"

砂鍋

以黏土爲原料燒製而成的鍋。價廉,爲民間常物,至今仍見。可煮菜,亦可煮藥。此物唐代即已有之。《太平御覽》卷八三三引唐劉恂《嶺表錄異》："廣州陶家皆作土鍋鑊,燒熟土以油之,其潔净則愈於鐵器。尤宜煮藥。一斗者纔直十錢。"此土鍋鑊猶今砂鍋。元吴昌齡《東坡夢》第四折："葛藤接斷老婆禪,打破砂鍋璺到底。"明陳沂《詢蒭錄》："打破砂鍋問到底……器破而未離者謂之璺。璺、問同音,砂鍋力薄,損則其璺到底。"《紅樓夢》第四二回:

"風爐兩個,沙鍋大小四個。"沙鍋,同"砂鍋"。

【土銼】

即砂鍋。唐杜甫《聞斛斯六官未歸》詩："荆扉深蔓草,土銼冷疏烟。"注："蜀人呼釜爲銼。"《宋史・隱逸傳下・蘇雲卿》："土銼竹几,地無纖塵。"清吴偉業《途中遇雪即事言懷》詩："山薪土銼續,村釀瓦罌提。"

提梁銀鍋

唐代窖藏器物。通高 17 厘米,口徑 19 厘米。圜底,提梁兩端折曲呈鳥頭狀。器内腹底墨書"一斤二兩半"五字。西安南郊何家村出土。

鐵鍋

中國傳統炊具。其普遍使用當在春秋晚期冶鐵業逐漸發達之後。明宋應星《天工開物・釜》："鑄用生鐵,可廢鑄鐵器爲

鐵鍋
(清麟慶《河工器具圖説》)

質。大小無定式,常用者口徑二尺爲率,厚約二分,小者口徑半之,厚薄不減。"據考察,明初冶鐵量多達 900 萬公斤,鐵製炊具遍布民間。

銚 [1]

一種大口、有柄、有流的烹煮器,用以燒水或煎藥。多以土或金屬燒鑄而成。漢代已見,後遂沿用。《急就篇》第一三章："銅鍾鼎鋞銚施銚。"《説文・金部》："銚,温器也。"段玉裁注："今煮物瓦器謂之銚子。"亦作"盄",又《皿部》："盄,器也。"朱駿聲通訓："今蘇俗煎茶器曰吊子,即此盄字。"南朝梁吴均《餅説》："然以銀屑,煎以金銚。"宋蘇軾《試院煎茶》詩:

"且學公家作茗飲，博爐石銚行相隨。"清龔自珍《驛鼓三首》詩之一："夜久羅幬梅弄影，春寒銀銚藥生香。"俗稱"銚子""吊子"。《正字通·金部》："銚，今釜之小而有柄有流者亦曰銚子。"《紅樓夢》第四五回："拿上等燕窩一兩，冰糖五錢，用銀吊子熬出粥來。"清汪汲等《事物原會》卷二七："《世本》：'倕作銚。'"

【盄】

同"銚[1]"。此體漢代已行用。見該文。

【銚子】[1]

即銚[1]。此稱明代已有行用。見該文。

【吊子】

同"銚子[1]"。此體清代已行用。見該文。

【銅銚】

"銚[1]"之一種，銅質。唐玄應《一切經音義》卷一四："江南有銅銚，形似鎗而無腳，上加踞龍爲襻也。"明宋應星《天工開物·甘嗜》："然後打入銅銚，下用自風慢火溫之。"

錠[1]

古代蒸煮食物的氣鍋。多以金屬製成，體圓有足，上有蓋，蓋上有出氣管。漢代已有之，後遂沿用。《廣韻·去徑》："豆有足曰錠，無足曰鐙。"《正字通·金部》："錠，薦熟物器，上環以通氣之管，中置以蒸飪之具，下致以水火之齊，用類甗。"宋王黼《博古圖·甗錠總説》："復有名錠者，用以薦熟物。"又《漢虹燭錠》："高五寸五分，深五寸五分，口徑三寸，容四升八合，重四斤八兩，三足……銘曰虹燭者，取其氣運如虹之義，殆薦熟食之器。"按：食物蒸熟後不必再移至它器中，故稱"薦熟食之器"。

鍪

古代炊器。青銅質。圜底，腹大頸小，斂口反唇。流行於秦漢。《説文·金部》："鍪，鍑屬。"《急就篇》第一二："鐵鈇鑽錐釜鍑鍪。"唐顏師古注："鍪，似釜而反唇。一曰：鍪者，小釜類，即今所謂鍋也。"《廣雅·釋器》："鍪，釜也。"清羅振玉《古器物識小録·鍪》："予藏十六年鍪，文曰：'鍪容五升，重三斤九兩。'其形制圓底碩腹而細頸，反唇。一旁有環，一旁有方銎，可安木柄。"

秦雙耳鍪

鐎

古代青銅炊器。多用於溫羹。器身作盆形，下有三足，附長柄，柄端常作獸頭形，或有流。後曾用於古代軍隊夜間警戒敲擊用。其容量約爲一人一餐之食。故亦稱"鐎斗""刁斗"。傳世者不多，爲戰國到漢代器物，據文獻記載，唐代仍使用。《周禮·春官·鬯人》："和鬱鬯以實彝而陳之。"鄭玄注引鄭司農云："以煮之鐎中，停於祭前。"《史記·李將軍列傳》："不擊刁斗以自衛。"裴駰集解引孟康曰："以銅作鐎器，受一斗。晝炊飲食，夜擊持行，名曰刁斗。"司馬貞索隱引《埤倉》云："鐎，溫器。有柄斗。似銚無緣。"《説文·金部》："鐎，鐎斗也。從金焦聲。"段玉裁注："即刁斗也。"唐

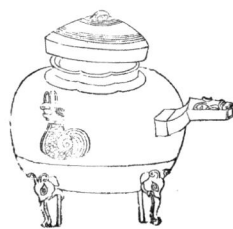

鐎斗
（明王圻等《三才圖會》）

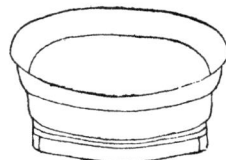

刁斗
（宋趙九成《續考古圖》）

李頎《古從軍行》詩："行人刁斗風沙暗，公主琵琶幽怨多。"唐高適《燕歌行》詩："殺氣三時作陣雲，寒聲一夜傳刁斗。"明馮時可《月賦》："秋入銅鐎，寒侵犀劄。"清毛奇齡《聖德神功頌》："乃轉車粟，亦載鐝鐎。"

【鐎斗】

即鐎。其容量爲一斗，故名。此稱漢代已行用。見該文。

【刁斗】

即鐎。此稱漢代已行用。見該文。

鑊

古時指無足的鼎，用以煮肉及魚臘等物。後又曾用爲刑具。文獻記載其多而傳世器物較少。河北滿城漢墓曾出土一件。口闊，束頸，圓腹，假圈足。口沿有銘文二十三字，中曰"中山内府銅鑊容十斗"。《周禮·天官·亨人》："掌供鼎鑊。"鄭玄注："所以煮肉及魚臘之器"。《儀禮·少牢饋食禮》："雍人陳鼎五，三鼎在羊鑊之西，二鼎在豕鑊之西。"清凌廷堪《禮經釋例·器服之例上》："凡亨牲體之器曰鑊。"《淮南子·說山訓》："嘗一臠肉，知一鑊之味。"高誘注："有足曰鼎，無足曰鑊。"《漢書·刑法志》："陵夷至於戰國……增加肉刑、大辟，有鑿顛、抽脅、鑊亨之刑。"顏師古注："鼎大而無足曰鑊。"《太平御覽》卷七五七引《文子》："養魚於沸鑊之中，栖鳥於炎爐之上，雖欲其生，養

理失矣。"《史記·廉頗藺相如列傳》："臣知欺大王之罪，臣請就湯鑊。"晋陸機《洛陽記》："宮墻外以大鐵鑊盛水以救火。鑊受百斛，百步一置。"《南史·賊臣傳·侯景》："魏相高澄悉命先剥景妻子面皮，以大鐵鑊盛油煎殺之。"清黃遵憲《番客篇》："誰肯跨海歸，走就烹人鑊？"

鑊
（明王圻等《三才圖會》）

鬶

古代一種有足、柄、嘴的陶製炊器，是我國新石器時代大汶口文化和龍山文化的代表器形之一。質地有紅陶、白陶、灰陶及黑陶。其造型，口沿一側有上仰之流，圓腹，頸腹之間有曲柄，常刻以繩紋，便於提拿。有三足。大汶口文化遺址中所出土者有實足鬶及袋足鬶。1973年山東臨沂漢墓出土有白陶鬶，説明此物在漢代仍沿用。《説文·鬲部》："鬶，三足釜也，有柄、喙。"段玉裁注："有柄可持，有喙可寫物，此其別於甑者也。"《廣雅·釋器》："鬶，䰝也。"

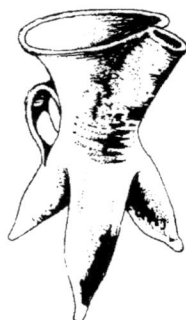

大汶口文化紅陶鬶

鬲　類

鬲

煮食器。古時盛饌用鼎，烹飪用鬲。新石器時期陶鬲使用普遍，至周仍沿用，漢代逐漸

消失。其形似鼎，三足，中空而曲，易容水加熱。商代始有青銅鬲，行用於商周時期。初與陶鬲形制略近，惟上有兩耳，如饕餮紋鬲，其

狀在鼎鬲之間。西周後期鬲又變爲無耳，口緣較寬。又有加蓋者，如北京房山出土之伯矩鬲。西周中期青銅鬲盛行，常成組出土，一組銅鬲的形制、大小、銘文基本相同。如長安張家坡出土的伯庸父鬲一組八件，周原一號窖藏出土的伯先父鬲一組十件。春秋戰國之際，鬲常以偶數與列鼎隨葬，作爲陪鼎。據文獻載，鬲之容量爲五觳，古制斗二升爲一觳。《爾雅·釋器》："〔鼎〕款足者謂之鬲。"郭璞注："鼎曲腳也。"郝懿行義疏："鼎款足，謂足中空也。足中實者必直，空者必曲，故郭云'鼎曲腳也'。"《周禮·考工記·陶人》："鬲實五觳，厚半寸，唇寸。"孫詒讓正義："《方言》云：'（鍑）吳揚之間謂之鬲。'郭注云：'鍑，金屬也。'……鬲形制與鼎同，但以空足爲異，故許君云：'鼎屬。'其用主於烹飪，與釜、鍑同，故《方言》又以爲鍑之別名。"《漢書·郊祀志》："禹收九牧之金，鑄九鼎，其空足曰鬲。"顏師古注引蘇林曰："足中空不實者，名曰鬲也。"宋沈括《夢溪筆談·補筆談》卷二："古鼎中有三足皆空，中可容物者，所謂鬲也。"

【䰛】

同"鬲"。亦作"甌"。《呂氏春秋·安死》："父之不孝子，兄之不悌弟，皆鄉里之所釜䰛者而逐之。"高誘注："以釜䰛食之人，皆欲討逐之。"《說文·鬲部》："鬲，鼎屬也。實五觳……象腹交文，三足。䰛，鬲或从瓦。"《史記·楚世家》："吞三䰛六翼。"司馬貞索隱："䰛，亦作

鬲

（明王圻等《三才圖會》）

甌……三䰛六翼亦謂九鼎也。空足曰鬲，六翼即六耳。"

【甌】

同"䰛"。此體漢代已行用。見該文。

饕餮紋鬲

商代青銅煮食器。三足兩耳。通耳高 15.6 厘米。腹部飾饕餮紋，衹具耳目，其他部分均省略，用單綫勾勒，紋樣與饕餮紋盃風格一致，爲商代早期器物特徵。一般鬲足多爲平底，此器足呈錐形，乃從陶鬲形狀演變而來。容庚《頌齋吉金圖録》著録。

伯矩鬲

西周前期青銅煮食器。圓形，口徑 23 厘米，通高 33 厘米。侈口束頸，立耳有蓋，分襠袋足。足根爲粗柱形。蓋頂有牛頭狀紐，蓋面飾雙面牛首，用浮雕手法，牛角翹起。腹部亦飾雙面牛首，牛角翹起。銘文記述燕侯賜伯矩貝事。1975 年出土於北京房山琉璃河黃土坡村二百五十一號墓。琉璃河出土青銅器銘文中多次提到燕侯，説明此地曾是周初燕侯貴族的墓地。

孟辛父鬲

西周時期青銅煮食器。三足，無耳，寬口，廣唇，頸凹曲。腹部飾帶狀紋，有三道棱。口內銘二十字，意爲孟辛父爲孟姞陪嫁作寶尊鬲。清光緒二十五年（1899）出土於陝西歧山，同時出土二件。容庚《頌齋吉金圖録》著録。

穆父鬲

青銅煮食器，約使用於西周前期。三足，兩直耳，大腹斂口。腹部飾饕餮紋。銘文八行六十四字。意爲因受賜玉五品、馬二匹而作。記時法采用月四分法（"唯六月既生霸乙卯"），

爲西周銘文特徵之一。著録於日本梅原末治 《冠斝樓吉金圖》。

甗甑類

甗

古代炊器。青銅製或陶製，上部爲透底的甑，下部爲鬲，中置一有孔的箅。亦有上下部可以分開者。多爲圓形，亦有方形者。商代初期已見，商晚期至春秋時行用普遍。春秋初期墓葬中，與鼎、簋、豆、壺、盤、匜、盉爲一系列隨葬物。商至西周時期，甑與鬲常鑄爲一體。1973年遼寧昭烏達盟（今屬内蒙古）出土弦紋甗，圓形侈口。春秋戰國時期，甑、鬲可分合。如兩頭獸紋甗等，器形趨於輕巧。又有方形甗，四足或六足，六足者出土於安陽殷墟婦好墓，由一件加熱器和三件大甑組成。據文獻記載，甗之容量爲二鬴，古制一鬴爲六斗四升。今傳世器物通高40～60厘米，徑30厘米左右，容量與之不相合。《周禮·考工記·陶人》："陶人爲甗，實二鬴，厚半寸，唇寸。"鄭玄注："鄭司農云：'甗，無底甑。'"《左傳·成公二年》："晋師從齊師入自丘輿，擊馬陘。齊侯使賓媚人賂以紀甗、玉磬與地。"孔穎達疏："鄭衆注《考工記》云：'甗，無底甑。'《方言》云：'甑，自關而東謂之甗。'知甗是甑也。"宋范成大《勞畬耕》詩："早秈與晚穤，濫炊甑甗間。"清湯右曾《穀賤行》詩："大瓮小甗粟滿儲，今年

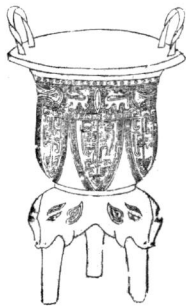

甗

（明王圻等《三才圖會》）

要備明年須。"

婦好三聯甗

殷商武丁時期青銅蒸炊器。一説爲殷商中期器物。由一件長方體六足甗架和三件大甑組成。甗架爲加熱器，上有三個高出架面之圓形口，可置甑。甑有獸紋雙耳，敞口，斜收腹，飾饕餮紋。甗架壁上飾有幾何圖紋。架與甑內壁、耳下分別鑄有"婦好"銘文。總重138.2千克。該器1976年出土於河南安陽小屯村西北婦好墓中。婦好爲武丁"諸婦"之一。墓中隨葬物十分豐富，僅青銅器就有四百餘件，有不少是前所未見的重器，該器即其一。據推測，該器當爲墓主生前宴饗或祭祀所用。它爲傳世青銅器增添了新的形制。

戈甗

商代晚期青銅蒸炊器。通高44厘米，口徑28厘米，腹深18厘米。侈口束腰，中有箅。頸飾爲僅有鼻梁與雙目的簡樸饕餮紋。下身鬲部飾紋與鬲足恰成象首形。腹內壁有銘文"戈"字，當爲作器者之族徽。1955年陝西岐山縣賀家村出土，現藏陝西歷史博物館。

弦紋甗

商代後期青銅蒸炊器。上體特大，雙立耳，內側直插到器內壁。鬲與甑結合處深凹。鬲三足與甑腹部均飾弦紋。紋飾與形體同於河南安陽殷墟前期青銅甗。1973年出土於遼寧昭烏達盟克什克騰旗（今屬内蒙古）。

父辛方甗

西周前期青銅蒸炊器。通高 40 厘米，上下部各高 20 厘米。上部口徑稍大。體長方橢圓，上下兩器可分合。上部侈口深腹，兩短邊各附一耳，底部有箅孔與榫圈。下部如方形鼎，四條柱形足短矮，直口附耳。上下口各飾饕餮紋一道。上下部內壁各銘"乃子作父辛寶尊彝先冊"兩行十字。出土於洛陽。著錄於日本梅原末治《支那古銅精華》。

兩頭獸紋甗

青銅蒸炊器，約在西周後期或春秋早期。通高 46.3 厘米，上部高 23.2 厘米，上下兩部可分合。器形不似殷商時的端莊嚴肅而趨於輕巧。甑侈口腹斜收，鬲有箅網狀穿孔，使蒸氣可上升透入。甑、鬲之上各飾粗大兩頭獸紋一道，乃戰國銅器紋樣先驅。上下兩部各有雙耳，均作圓圈狀，上部耳上各套一環。遍體綠銹斑駁而帶水銀色，乃罕見遺物。著錄於容庚《殷周青銅器通論》。

甑

蒸炊器。古代的甑，底部有許多透氣小孔，置於鬲或鍑上蒸物，有如現代的蒸籠。也有另外加箅的。新石器時代晚期已有陶甑，殷周時期有用青銅鑄成的。現代則多以竹木製成。傳世的甑，單件器物較少，多爲甗之一部分。殷墟婦好墓出土的三聯甗即由長方形六足甗和三隻大甑組成。甑的造型口侈底斂，有方形，有圓形。《周禮·考工記·陶人》："甑，實二鬴，厚

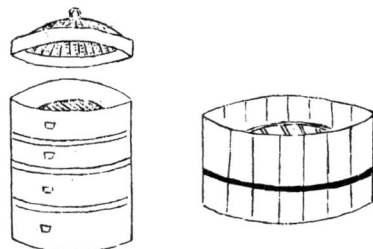

甑
（元王禎《農書》）

半寸，唇寸，七穿。"《後漢書·獨行列傳》："所止單陋，有時糧粒盡，窮居自若，言貌無改。閭里歌之曰：'甑中生塵范史雲，釜中生魚范萊蕪。'"《說文·瓦部》："甑，甗也。"段玉裁注："《考工記》陶人爲甑……按：甑所以炊烝米爲飯者，其底七穿，故必以箅蔽甑底而加米於上，而餴之，而餾之。"《太平御覽》卷七五七引譙周《古史考》："黃帝始作甑。"《通雅·器用》："宋太宗時，長安民得甗，其狀下爲鼎三足，上爲方甑，中設銅箅，可以開闔，有鉤在側。"

甑帶

亦稱"薁"。甑上束繩。《詩·小雅·大東》："薪是穫薪。"孔穎達疏引三國吳陸機《毛詩草木鳥獸蟲魚疏》："穫，今椰榆也。其葉如榆，其皮堅韌，剝之長數尺，可爲短索，又可爲甑帶。"穫，通"樺"，即樺樹。《淮南子·說山訓》："弊箄甑薁在袚茵之上，雖貪者不搏。"高誘注："薁，甑帶。"

【薁】

即甑帶。此稱先秦時期已行用。見該文。

雜器輔助具

銅格

亦稱"炮格""炮烙"。炙肉用具。《韓非子·喻老》："紂爲肉圃，設炮烙，登糟丘，臨酒池。"俞樾平議："蓋爲銅格，布火其下，欲食者於肉圃取肉，置格上炮而食之也。"《史記·殷本紀》："於是紂乃重刑辟，有炮格之法。"司馬貞引鄒誕生曰："於是爲銅格，炊炭其下，使罪人步其上。"此是將用牲之法作刑法而用於人。按：各地考古曾出土一種形似斗鏟、底有漏格的東周青銅器，有鋬，可安長柄。如湖北隨縣曾侯乙墓所出土者，與炙爐、炭盆及其他食用禮器同處中室南部，或即"銅格"。參閱詹鄞鑫《銅格辯證》。(《文物與考古》1989 年第三期)

【炮格】

即銅格。此稱先秦時期已行用。見該文。

【炮烙】

即銅格。此稱先秦時期已行用。見該文。

箄

亦作"箅"。蒸飯時置於蒸飯器中與水相隔的用具。編竹或柳條爲之。漢揚雄《方言》第一三："箄，也……小者南楚謂之篓，自關而西、秦、晋之間謂之箄。"郭璞注："今江南亦名籠爲箄。"戴震疏證："江東呼小籠爲箄。"《說文·竹部》："箅，蔽也，所以蔽甑底。"段玉裁注："甑，所以炊烝

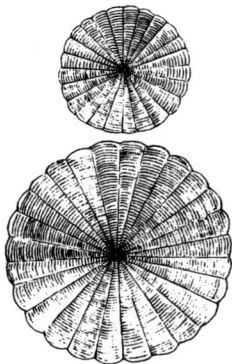

箄
（元王禎《農書》）

米爲飯者。其底七穿，故必以箅蔽甑底，而加米於上。"《淮南子·說山訓》："弊箅甑瓾在衻茵之上，雖貪者不搏。"南朝宋劉義慶《世說新語·夙惠》："客與太丘論議，二人進火，俱委而竊聽，炊忘箸箅，飯落釜中。"北周庾信《哀江南賦》："敝箅不能救鹽池之鹹，阿膠不能止黃河之濁。"

【箅】

同"箄"。此體漢代已行用。見該文。

互

古代用以挂肉的木架。《周禮·地官·牛人》："凡祭祀共其牛牲之互。"鄭玄注："鄭司農云：'互，謂楅衡之屬。'……玄謂互若今屠家縣肉格。"《文選·張衡〈西京賦〉》："置互擺牲，頒賜獲鹵。"薛綜注："互，所以挂肉。"

水牀

亦作"水床"。蒸籠架，籠屜。其器物出現甚早，其名稱多見於宋元以來。元張國賓《合汗衫》第三折："兀那水牀上熱熱的蒸餅，我要吃一個兒。"一本作"水床"。元無名氏《黃花峪》第一折："破蘆蓆搭在舊水床，將一張無尾的題頭放。"

【水床】

同"水牀"。此體元代已行用，見該文。

冰鑑

古器物名。置冰於其中以冷藏食物。先秦時已使用。1978 年湖北隨州曾侯乙墓葬中出土有戰國時青銅方鑑一對。高 56 厘米，每邊寬 76 厘米，口微斂。器分內外兩層，內層似方形尊，可盛酒，外層置冰塊以冰酒。唐以後，其

形制如斗，方口，四周鏤空，底有風窗，下承以大盤，食物置於鑑內，盤內置冰。鑑有四足立於冰上，使寒氣通徹以禦溫氣，與漢以前的置冰於鑑內已略有不同。《周禮·天官·凌人》："春始治鑑，凡外內饗之膳羞，鑑焉。凡酒漿之酒醴亦如之，祭祀共冰鑑，賓客共冰。"鄭玄注："鑑如甀，大口，以盛冰，置食物於中，以禦溫氣。"宋蘇軾《元祐三年端午帖子詞》之三："水殿開冰鑑，瓊漿凍玉壺。"《宋史·禮志三》："常祭地祇，配位各用冰鑑一。今親祀，盛暑，請增正配及從祀冰鑑四十一。"

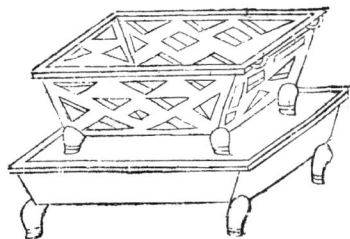

冰鑑
（明王圻等《三才圖會》）

弗

烤肉用的鐵籤。南北朝時期已有記載。唐玄應《一切經音義》卷一二："鐵弗，《字苑》謂'以籤貫肉炙之者也。'"《集韻·上產》："弗，燔肉器。"唐裴誠《南歌子》詩："不是廚中弗，爭知臠裏心。"唐韓愈《贈張籍》詩："試將詩義授，如以肉貫弗。"清俞樾《右台仙館筆記·狐近人情》："縱論今古經史百家，如肉貫弗。"參閱北魏賈思勰《齊民要術·炙法》。

炙籆

一種廚房用的竹製盛放熱食的容器。漢代已行用。漢劉向《説苑·雜言》："智伯，廚人亡炙籆而知之，韓魏反而不知。"按：王瑛等《説苑全譯》釋："炙籆"爲"供烤東西用的竹筐"，可備一説。

俎

古代祭祀時置肉之案几，亦用於宴饗、切食。1979年遼寧省義縣花兒樓窖藏坑出土之西周早期青銅器饕餮紋俎，長33.5厘米、寬18厘米、高14.5厘米，板壁厚0.2厘米，重2.5公斤。形如一有足長盤，上部淺盤長方平底，口沿斜折；下支以平行的兩個立板，挖襠分爲四足。盤底之下出兩個半環狀鼻，穿銨狀游環，懸二鈴，鈴空頂無舌，可來回晃動。俎足飾饕餮紋，以雷紋爲地。饕餮的一雙眉眼因挖襠而分置於兩足之上，至爲別致。鈴的外壁亦鑄有紋飾，但已磨蝕不辨。俎之出土甚少，故此物極爲珍貴。又今所見傳世者有青銅十字紋俎，出土於安徽壽縣，與戰國楚王墓之大批禮器同時。該俎高16.3厘米，長32.6厘米，寬16.3厘米。上面中部有四個十字形鏤空孔，可漉去肉汁。四足，無花紋。俎又是切肉砧板，沿用至今。其形如几，據文獻記載，俎有足，當爲木製。《儀禮·特牲饋食之禮》："設菹醢俎。"《儀禮·卿射禮》："俎與薦皆三祭。"《禮記·明堂位》："俎有虞氏以梡。"鄭玄注："梡斷木爲之，四足而已。"《史記·項羽本紀》："如今人方爲刀俎，我爲魚肉。"《説文·且部》："俎，禮俎也。

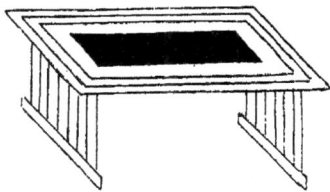

俎
（宋楊甲《六經圖》）

從半肉在且上。"南朝宋劉義慶《世說新語·方正》："今猶俎上腐肉，任人膾截耳。"

砧板

切魚肉用的墊板。或單稱"砧"，宋元以來多稱"砧板"。唐李商隱《雜纂·失本體》："不持刀砧，失厨子體。"宋孫光憲《北夢瑣言·盧詩三遇》："餓貓臨鼠穴，饞犬舔魚砧。"元關漢卿《望江亭》第三折："可將砧板、刀子來，我切膾哩。"其專用於剁肉者，又稱"肉案"。《水滸傳》第三回："鄭屠大怒……從肉案上搶了一把剔骨尖刀，忽地跳將下來。"

筅

亦作"箲"。筅帚，用竹絲等做成的洗刷鍋、碗、杯等物的用具。《廣雅·釋器》："箱謂之筅。"王念孫疏證："箱，即今之刷鍋帚也……《玉篇》：'筅，筅帚也。'《廣韻》作'箲'，云：'箲帚，飯具。或作筅。'是筅與箱異名而同實。"宋吳自牧《夢粱錄·諸色雜買》："其巷陌街市，常有使漆修舊人……並挑擔賣油、賣油苔、掃帚、竹帚、筅帚。"《兒女英雄傳》第二九回："當中放着連三抽屜桌，被格上面安着鏡臺、妝奩，以至茶筅、漱盂許多零星器具。"

【箲】

同"筅"。此體至遲宋代已行用。見該文。

酢器

亦作"醋器"，亦稱"瓠"。盛醋的器皿。《魏書·崔浩傳》："常置金銀銅鋌於酢器中，令青，夜有所見即以鋌畫紙作字以記其異。"唐段成式《酉陽雜俎·物異》："少時曾搗鳥巢，得一黑石如雀卵，圓滑可愛，後偶置醋器中，忽覺石動，徐視之有四足，如鋌舉之足，亦隨縮。"

《字彙·瓜部》："瓠，器，以盛醋。"

【醋器】

同"酢器"。此體唐代已行用。見該文。

【瓠】

即酢器。此稱明代已行用。見該文。

渣斗

一種盛放食品渣子的器具，筵席時盛放雞魚骨等渣滓所用。大口，寬沿。除銀漆、木質渣斗外，瓷渣斗也於南宋官窯、龍泉窯大量燒製。出土及傳世的瓷渣斗還有越窯青瓷和定窯白瓷的。銀渣斗出土亦較多。其名稱最早約見於宋元時代。元孔齊《靜齋至正直記》卷一："宋季大族設席，几案間必用箸瓶、渣斗，或銀或漆木爲之。"

墩子

橫截樹幹成片狀所製成的菜板。民間俗稱"菜墩子"。明清時已有此稱。《兒女英雄傳》第二九回："要這塊木頭墩子作甚麼？"

麵杖

擀麵用的圓木杆。宋代已有此稱。宋司馬光《涑水紀聞》卷一："京師間諠言：出軍之日，當立點檢爲天子……太祖（趙匡胤）懼，密以告家人，曰：'外間洶洶若此，將如之何？'太祖姊面如鐵色，方在厨，引麵杖逐太祖擊之，曰：'丈夫臨大事，可否當自決胸懷，乃來家間恐怖婦女何爲耶？'"《清平山堂話本·快嘴李翠蓮記》："摸着一條麵杖，將先生夾腰兩麵杖。"清顧張思《土風錄》卷三："做麵具曰麵杖，舊有此稱。"

醬豆

古代盛醬用的食器。《北史·于謹傳》："有司進饌，皇帝跪設醬豆，親自祖割。"《大唐開元禮·婚會》：“食者以醢醬豆授主人。”

麪牀

亦作“麪床”。木製長桌，供製作麪食時
用。宋代已有此稱。宋方勺《泊宅編》：“福州
近郊幽巖院資産甚盛，有大麪牀，號‘千人麪
牀’。”宋蔡襄《別紀補遺·述異》：“福州幽岩寺
千人麪床，君謨作帥。因聖節遣人异置使厨。”

【麪床】

同“麪牀”。此體宋代已行用。見該文。

薑臼

搗薑椒等辛辣食品用的器具。亦可用於搗
藥。漢代已有此物。《東觀漢記·逢萌傳》：“萌
素明陰陽，知莽將敗，乃首戴薑臼，哭於市曰：
‘辛乎！辛乎！’”宋林逋《孤山寺》詩：“破殿
静披薑臼古，齋房閑試酪奴春。”明徐宏祖《徐
霞客游記·滇游日記八》：“有窟當後壁之半，外
聳片石，中刓如薑臼，以手摸之，内圓而底平，
乃天成貯泉之器也。”

第二節　水器考

所謂水器，是指用以貯水之器具。《左傳·襄公九年》：“備水器。”晋杜預注：“盆、罌
之屬。”一般説來，古代的水器，包括罐、瓶、缶、盤、瓾、罍、洗、盆、匜、鑑、盎、
甄、缸、甌甌、鋗、罌、罋、坩、挈杆等。其中，罐出現較早，新石器時代即已有陶罐，
如1974年上海青浦崧澤遺址出土的黑陶編織紋蓋罐，即爲新石器時期陶製盛貯器。之後又
有瓷罐、金屬罐，形狀多種，形制各异，明清時代最爲豐富。新石器時代還出現了瓶。該
器初爲瓦器，後又有青銅、陶瓷等器。新石器時代已有陶製品，殷周時期有青銅瓶，宋代
至明清時期出現了更豐富的瓷瓶。陶瓶口小，頸長，腹鼓，底平；青銅瓶與壺形制頗近；
瓷瓶多爲長頸、廣肩、鼓腹（或垂腹）、平底。堯世已始用缶（見《吕氏春秋》），初多爲
瓦器，小口，大腹，大蓋。青銅缶則盛行於春秋戰國時期。至夏世已有盤（見《事物紀
原·什物器用部》），多爲陶瓷或青銅器。青銅盤盛行於商周時代。大約到了商中期至晚期
前段，水器瓾又出現了。該器與瓿屬同類器，爲大型容器，陶製或青銅製品，大口，廣肩，
大腹。或曰盛行於商至戰國時期。罍主要盛行於商和西周，此器與漢代青銅水器洗常常配
套使用，組成一套罍洗，罍内盛清水，潔手後之弃水承以洗，自唐至明，多有記載。周代
已行用盆。該器爲敞口器，有陶瓷及青銅製品。陶製者大口淺腹，底平而稍斂；銅製品則
斂口平底，有唇及雙耳。西周中期已有匜。其形狀似瓢而有流，爲圓形盛水具，質地各异。
陶製者多爲冥器；青銅匜最早出現於西周中期，流行於西周晚期及春秋時代，西周時流槽

寬直，春秋以後流裝飾性較强，戰國匜容體呈横向橢圓形，流狹而長；瓷器匜之傳世及出土物，最早見於漢代，唐至元代燒製甚多，以景德鎮品種最爲豐富。春秋晚期和戰國時代又盛行大型貯水器鑑。該器爲青銅製品，銅鏡盛行之前，鑑又常被古人用來盛水以照容貌。其形制爲大口、廣腹、無足或圈足。至戰國時代又出現了盎。該器形體爲斂口、大腹、平底，瓦質。其稱當始於戰國，延用至宋。戰國秦漢時期，水器甀問世。其形制爲小口、大腹，爲陶、瓦質容器。至漢代，瓴甋、缸、銷、罌等水器相繼出現。瓴甋在古代泛指質地粗劣之陶製容器，漢代已行用；缸初爲瓦器，後亦有用陶、瓷、玻璃或塑膠等製者，其形體大小不一，形制爲大口、斂底、大腹；銷或謂銚，爲小盆，有蓋，廣口，圓腹，平底；罌又作罃，爲陶製容器，小口，大腹，平底，長頸，多瓦製，亦有木製者。至晉代，又出現了罃，即大盆。此器爲陶製貯水器。至南北朝時代，坩又行用。該器係陶器，爲今缸之屬。至宋代，又見挈杅器名。此器似罌而有提梁，"便於將挈"，其稱爲宋人所定（見《博古圖・漢挈杅》）。

罐　類

罐

　　盛物、汲水或烹煮用的器物。新石器時代已有用黏土燒製的陶罐。後世的陶、瓷及金屬罐，有多種用途及不同的裝飾。其形制一般爲敞口，或配有蓋。深鼓腹，平底或圈足，有肩，肩上或有繫。腹部多繪有花紋圖案。明清時期製品最爲豐富，有瓜樓罐、摺方罐、月牙罐、鼓式罐、冰梅罐等。《説文新附・缶部》："罐，器也。"《玉篇・缶部》："罐，瓶罐。"《類篇・缶部》："罐，汲器。"南朝宋劉義慶《世説新語・尤悔》："帝預敕左右毀瓶罐，太

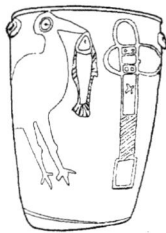
仰韶文化鳥魚石斧陶罐

后徒跣趨井，無以汲。"北魏楊衒之《洛陽伽藍記・景樂寺》："下有甘井一所，石槽鐵罐，供給行人飲水庇蔭。"亦作"鑵"。《集韵・去換》："鑵，汲器。或從金。"

【鑵】

　　同"罐"。此體宋代已行用。見該文。

黑陶編織紋蓋罐

　　新石器時期陶製盛貯器。通高 26.2 厘米，口徑 15.2 厘米。1974 年上海青浦崧澤遺址出土。此罐直頸，鼓腹，圈足。肩附一周直棱，上穿十三個小孔，以三孔爲一組對稱排列，腹上部壓劃一周編織紋，中部飾一周鋸齒形堆紋。上有一盤形蓋，蓋上有紐。器型美觀大方。現藏上海博物館。

印紋陶罐

商代陶製容器。高 29.5 厘米，1960 年上海馬橋遺址中層出土。器體爲橘紅色泥質陶，斂口，摺沿，鼓腹，圜凹底。器身上部滿飾蓆紋，極爲規整，下部拍印雷紋和回字紋。口沿上有一刻劃符號"尒"。幾何印紋陶乃南方商周文化主要陶系之一，因器表拍印幾何花紋而得名。出土時與小件青銅器共存，是太湖地區馬橋類型文化典型器，也是該地區最早的幾何印紋陶器。現藏上海博物館。

印紋乳釘足罐

戰國時期陶製容器。通高 11.6 厘米，口徑 8 厘米。1964 年上海金山戚家墩遺址出土。斂口，扇形鼓腹，平底。底有三個乳釘足。肩、腹之間有一寬頻狀把手，把手上端及其相對的肩部一側各飾一捲條形附加堆紋，造型精巧美觀。陶質堅硬，擊之鏗鏘有聲。戰國爲此地印紋陶之末期，常見的是弧腹平底，器形單一，此器造型別緻秀雅，爲罕見精品。現藏上海博物館。

青釉六繫罐

北齊時期陶瓷盛物器。高 28 厘米，口徑 18 厘米。1958 年河南濮陽區河寨李雲墓出土。直口，圓腹，平底。肩附六繫，繫間刻花卉圖案。繞腹有三組帶狀紋，帶間刻有三角形幾何圖案。胎質細白，上部施豆綠色釉，腹下未施釉，有凝脂狀淚痕。此器造型大方，施釉均勻典雅，是北朝瓷器中精品。現藏河南博物院。

綠彩黃釉罐

北齊時期之陶瓷盛物器。高 24 厘米，口徑 8.7 厘米。1958 年河南濮陽縣區河寨李雲墓出土。直口微斂，肩有四繫，繫下飾忍冬紋一周。腹部飾蓮花，瓣尖微捲。胎骨呈白色，腹部以上飾米黃色釉。由口沿至腹垂掛六條艷麗奪目的綠彩。此種釉彩之出現，實開唐三彩之先河。現藏河南博物院。

三彩雙繫罐

唐代三彩陶瓷容器。高 12 厘米，口徑 15 厘米。1976 年河南鞏縣（今鞏義市）黃冶唐三彩窯址出土。斂口，鼓腹，頸部兩側有對稱雙耳。白色高嶺土作胎，上部敷以黃、綠、白互相掩映的釉色，光澤晶瑩，色彩絢麗誘人。雖已埋藏千年之久，但顏色依然如新。下部未施釉，顯得更爲別緻。爲唐代貴族日常生活所用之器皿。現藏河南博物院。

白釉黑彩罐

宋代陶瓷盛物器。高 27.7 厘米，口徑 16.7 厘米。斂口，深腹。胎骨灰白，掛白色化妝土。腹部用黑彩繪人物、花卉，寥寥數筆，富有濃厚的民間藝術風格。斂底，底部爲細長筒形，似置於一座之上，形態別緻有趣。從造型和繪畫風格看，當是磁州窯系產品。現藏河南博物院。

水晶罐

水晶質罐。1983 年春，天津薊縣（今薊州區）獨樂寺塔上層塔室發現兩件，爲遼代遺物。皆高 20.7 厘米。蓋頂心有 10.25 厘米的圓孔，蓋與器身以子母口相合。一件腹部橢圓，最大直徑在肩部，20.8 厘米；一件最大直徑在腹部，20.6 厘米，小平底，内裝舍利代用品。

釉裏紅龍紋蓋罐

元代景德鎮燒製之瓷器製品。高 38.2 厘米，直口，圓腹，形體飽滿，有圈足。通身刻花，蓋面浮刻葵花一朵，周肩刻複綫捲紋，腹部飾兩龍。器身裏外先施青白釉，再於所刻紋飾上覆以濃艷的紅釉，最後通體施一層透明薄釉。景德鎮所燒之紅釉瓷始見於宋代。宋周煇《清波雜志》："饒州景德鎮，陶器所自出，於大觀間窯變，色紅如朱砂……物反常爲妖，窯戶亟碎之。"可知當時尚未完全掌握其燒製方法。元代以後，釉裏紅瓷器與青花瓷器同樣成爲景德鎮的主要產品。現藏江蘇吳縣文教局。

青花釉裏紅蓋罐

　　元代瓷器製品。器身潔白巨大，通高 42.3 厘米。肩部飾有四朵藍色如意雲紋，腹部爲四個近菱形的開光鏤空裝飾。開光外廓爲兩圈串珠紋，內鏤雕作折枝花卉與山石，其中山石與花朵呈紅色，莖葉呈藍色。下部周遭飾青花圖案。有蓋，蓋紐作蹲獸形。按：元代青花釉裏紅瓷器傳世及出土均少見。

青花釉裏紅蓋罐

曾有兩件近似此罐的品物，又均缺蓋流失海外，故該器誠爲難得之珍品。1964 年河北保定市元代窖藏出土。現藏故宮博物院。

瓶　類

瓶

　　亦作"缾"。古代容器。可用以汲水、盛酒或作炊器。後世亦用作陳設品。初爲瓦器，後有青銅及陶瓷等質地。新石器時代即已有陶瓶，殷商時有青銅瓶，宋以後至明清時各種瓷瓶更爲豐富。陶製瓶多爲小口長頸，平底，鼓腹，有肩，肩上或有耳，腹上或有繫。又有一種尖底瓶，小口，鼓腹，腹下部內收，底呈錐尖形，用於汲水，爲仰韶文化之典型器物。青銅瓶與壺形相似，傳世器中有銘爲瓶者，如孟城瓶、弘瓶等，皆爲短頸無足。古遺器中亦有瓶形而自銘爲壺者，如洹子孟姜壺。可

瓶
（明王圻等《三才圖會》）

見古時瓶與壺并無明顯差別。今將無足、短頸、鼓腹者歸入瓶類。瓷瓶之形制多種多樣，一般爲長頸，廣肩，鼓腹或垂腹。有的爲小口，細短頸，鼓腹，瓶身瘦長，腹下部微收，平底，亦有腹部渾圓者，一般無耳。器體之大小相差懸殊，宋元明清時期燒製甚多，瓶身多繪有各種精美圖案，可作爲陳設品。《儀禮·士喪禮》："新盆槃瓶廢敦重鬲皆濯造於西階下。"鄭玄注："瓶以汲水也。"

《禮記·禮器》："夫奧者，老婦之祭也。盛於盆，尊於瓶。"鄭玄注："盆、瓶，炊器也。"《文選·沈約〈三月三日率爾成篇〉》詩："象筵鳴寶瑟，金瓶

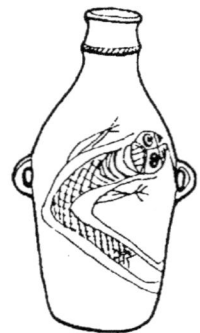
馬家窑文化鯢魚紋彩陶瓶

泛羽巵。"李善注：

"瓶，酒器也。"亦

作"缾"。《左傳·昭

公七年》："人有言

曰：雖有挈缾之知，

守不假器，禮也。"

唐段成式《酉陽雜

俎·寺塔記上》："工

畢，釀酒百石，列

缾甕於兩廡下。"清王士禎《祭孫無言文》："委

巷掘門，缾無儲粟。"

宋官窯膽瓶
（華夫《中國古代名物大典》）

【缾】

同"瓶"。此體先秦時期已行用。見該文。

雙耳旋渦紋彩陶瓶

1973 年甘肅蘭州出土之新石器時代晚期陶製容器。泥質紅陶，爲仰韶文化的典型器物。通高 25.4 厘米，口徑 7.3 厘米。高頸，侈口，有肩，平底，腹兩側有雙耳。通體飾以黑彩，口沿內繪弧綫紋。腹兩面各繪相同之旋渦紋。腹部正中一大旋渦，上部兩小旋渦。綫條優美流暢，給人以神秘之感。

陶尖底瓶

新石器時代之陶製汲水器。造型各异，多爲小口，長頸，鼓腹。腹以下內收，底呈錐尖形，腹部兩側有雙繫。瓶體上部多印有綫紋、籃紋、弦紋或附加堆紋。爲仰韶文化之典型器物，半坡、廟底溝遺址中最多見。半坡出土者多直口，廟底溝出土者爲雙唇口。

雙耳尖底紅陶瓶

1972 年陝西臨潼姜寨出土之新石器時代陶製汲水器。爲仰韶文化的典型器物。器高 40.1 厘米，口徑 5.8 厘米。泥質紅陶，重唇小口，鼓腹，腹以下內收，底呈錐尖形，腹兩側有雙繫，中腹以上有多道細繩紋。

葫蘆形彩陶瓶

1972 年陝西臨潼姜寨出土之新石器時代陶製汲水器。泥製紅陶。器高 25.8 厘米，口徑 4 厘米。口小，肩斜，肩部有雙耳。瓶身兩面繪有褐色人面紋，綫條粗獷，兩側繪對稱幾何圖案。紋飾規整。爲仰韶文化的典型器物。

饕餮紋方瓶

河南安陽出土之殷代青銅酒器。高 50.3 厘米。器體呈方形，有蓋，蓋上一柱形紐。肩上兩耳作獸首形。腹下部有鼻。通體飾有饕餮紋、夔紋、圓渦紋及垂葉饕餮紋。日本梅原末治《河南安陽遺寶》著錄。參閱容庚《殷周青銅器通論》。

孟城瓶

春秋時期之青銅製盛酒器皿。通高 26.5 厘米，口橫 11.2 厘米，口縱 9 厘米。器體爲侈口，斜肩，鼓腹，平底，肩飾一道竊曲紋，肩上飾兩環耳銜環，瓶口外有五行二十一字銘文，曰："都口孟城作爲竹瓶，其眉壽無疆，子子孫孫永寶用之。"故宮博物院編《故宮》第十七期著錄。

青瓷雙繫瓶

隋代瓷器。出土於山東曲阜。盤口，細頸，腹部呈橄欖狀。實足，底內凹，足邊有刀削痕；肩部附貼對稱雙繫；胎質細膩，足灰白色；器上部施青釉，微泛黃色，釉面光滑，有冰裂紋；口部積釉處色較深，腹下部有垂釉現象。高 35.3 厘米，口徑 8.9 厘米，腹徑 21.5 厘米。現藏山東博物館。

銀瓶

亦作"銀缾"。銀製瓶具，或爲"瓶"之美稱，或作酒器，唐杜甫《少年行》："不通姓字粗豪甚，指點銀瓶索酒嘗。"或作汲水器，唐張耀《井賦》："素綆高懸，弄銀瓶之出入。"唐白居易《井底引銀瓶》詩："井底引銀瓶，銀瓶欲上絲繩絶。"唐張籍《楚妃怨》詩："美人初起天未明，手拂銀缾秋水冷。"清代皇妃儀仗亦用銀瓶。

【銀缾】

同"銀瓶"。此體唐代已行用。見該文。

五位缾

五代時流行之銅製盛酒器皿。形如直筒，口有小流，其上有蓋，便於携帶。宋陶穀《清異録・器具》："五位缾，自同光至開運盛行。以銀銅爲之，高三尺，圍八九寸，上下直如筒樣，安嵌蓋。其口有微窪處，可以傾酒。春日郊行，

家家用之。"

湯瓶 [1]

飲茶用具。宋代點茶時所用之小瓶。瓷製或錫製。北宋蔡襄《茶録》曰："瓶要小者易候湯，又點茶注湯有准，黃金爲上，人間以銀鐵或瓷石爲之。"明文震亨《長物志・香茗》："湯瓶鉛者爲上，錫者次之，銅者亦可用，形如竹筒者，既不漏水，又易點注。甆瓶雖不奪湯氣，然不適用，亦不雅觀。"《金瓶梅詞話》第一一回："兩個做了一回針指，只見春梅抱着湯瓶，秋菊拿了兩盞茶來。"

橄欖瓶

創燒於宋代。瓶身上下徑度略同，口外撇，頸甚短，瓶身上下小而中部廣，整個器形猶如橄欖，故稱。此種瓶於宋代北方民間瓷窑中甚多。

鑑　類

鑑

亦作"鑒""濫"。古陶器名。用以盛水或冰。亦有青銅製品。形體多甚大。似盆，大口，廣腹，無足，或圈足，多有兩耳或四耳，圓口或方口。《説文・金部》："鑑，大盆也。"可用以沐浴。《莊子・則陽》："靈公有妻三人，同濫而浴。"亦可用以冷藏食品，《周禮・天官・凌人》："春始治鑑。"鄭玄注："鑑，如甄，大口，以盛冰，置食物於中，以禦溫氣。"在銅鏡尚未盛行時，"鑑"又常被古人用來盛水以照容貌，故後亦稱銅鏡爲"鑒"，盛行於春秋晚期和戰國時代。

【濫】

同"鑑"。此體先秦時期已行用。見該文。

【鑒】

同"鑑"。此體先秦時期已行用。見該文。

水陸攻戰紋鑑

亦稱"鬥紋鑑"。1935年出土於河南汲縣山彪鎮。戰國時代青銅水器，爲戰國時期嵌錯藝術之精品。河南輝縣出土一器形制與之相同。圓形、圈足，有四獸首銜環耳。鑑身外壁嵌有紅銅細綫陰紋，并構成四十餘組圖景。圖中人物達三百人，器物有旌、斾、鼓、錞、戈、戟、劍、車、船等，人物神氣，栩栩如生，極富時

代生活氣息。

【鬥紋鑑】

即水陸攻戰紋鑑。此稱近代已行用。見該文。

錯金幾何紋方鑑

1975 年出土於河南三門峽上村嶺五號墓。戰國時青銅水器。高 21.6 厘米，口邊長 30.1 厘米。作方斗狀。四壁各有一龍形耳，龍體捲曲，頭伸向器口作探水狀。口與頸部有錯金嵌綠松石複合菱形花紋。腹部以細密之帶狀勾連雷紋界成方欄，欄內施錯金嵌綠松石方形和菱形幾何圖案。花紋精細，構圖工整。錯金方法係將金絲填於刻紋內加以壓打，使其牢固不脱。金絲均勻整齊，器表平整光亮。堪稱戰國錯金銀銅器之代表作。出土時，鑑內置錯金蟠螭紋方罍，罍內附勺，與湖北隨縣曾侯乙墓冰（或温）酒器情況相同，知其用途當作冰酒或温酒之用。現藏於河南博物院。

吳王夫差鑑

清代同治年間出土於山西代州。爲春秋時期青銅水器。器形甚大：高 40 厘米，口徑 70.6 厘米。平底，窄口緣，直頸收束。有肩，兩獸耳銜環，腹飾蟠虺紋和葉形紋。腹內有三行

吳王夫差鑑

十三字銘文，云："攻吳王夫差擇厥吉金，自作御鑑。"故稱。據《史記》記載，夫差以周敬王二十五年即公元前 495 年立爲王，元王三年即公元前 473 年爲越所敗，自刎而死。

吳王光鑑

1955 年出土於安徽壽縣蔡侯墓。春秋晚期青銅水器。高 35 厘米。口沿滿布細緻羽翅紋，作回旋狀，實爲春秋晚期最典型之變形動物紋。獸身兩側有大獸耳，各套鑄一環，另兩側原應有龍形物象爲裝飾，今已脱失。鑑內底部有八行五十二字銘文，意爲吳王光取吉金（青銅）、玄鉳（鉛）和白鉳（錫），爲叔姬寺盱（嫁與蔡國）造此鑑，用享用孝，萬壽無疆。此行去蔡國，叔姬要虔敬，子孫後代勿忘兩國親好。中曰："吳王光（擇）其吉金玄鉳白鉳，台（以）乍（作）叔姬寺盱宗薦鑑，用享用孝。"故稱。吳王光即吳王闔閭。現藏於安徽博物院。

智君子鑑

1938 年出土於河南輝縣。春秋晚期青銅水器。高 22.2 厘米，口徑 51.5 厘米。圓形短圈足，窄口緣，束頸有肩，有獸首耳兩對，其中一對各銜一扁平環，未銜環一對屬裝飾物。通體飾獸帶紋，腹足間飾繆紋三道，唇之外側飾具紋。腹內有六字銘文："智君子之弄鑑。"現藏於美國。

盤 類

盤

亦作"槃"。一種敞口而扁淺的盛物器或盥器。宋高承《事物紀原·什物器用部》："《禮·大學》有湯之盤銘曰：'苟日新，日日

新，又日新。'"是夏世已有盤制，而湯始銘之也。或曰盤盂，黃帝臣孔甲造此，蓋二物之所起也。"盤多爲陶瓷或青銅製品。青銅盤爲貴族盥洗承水之器，大盤亦可用以沐浴，盛行於商

周時代。商代多爲圓腹，圈足，無耳，器內多飾以龜魚紋樣，或在口沿處鑄立鳥。西周至春秋時則多有附耳，圈足或三足，或有流。戰國時或作長方形，如傳世之虢季子白盤。亦有寬唇，無耳，圓底者。陶瓷盤多用以盛食物，亦用以托承酒杯、茶杯等，俗稱"托盤"。一般爲大口，器身淺而平坦。式樣甚多，有敞口、撇口、洗口；捲沿、摺沿、板沿；摺腰式、葵瓣式、菊瓣式、荷葉式等。六朝時已見青瓷刻蓮花紋盤，後又有斗彩、五彩、粉彩、紅彩等各色之盤，亦有在單色釉上飾以印花、刻花及劃花紋飾者。除用作盛食品外，後世之精美瓷盤亦用作陳設品，并有盤架與之相配。《博物要覽》卷一："盤洗二器，盤深而洗淺。盤用以承弃水，內有銘篆者，有招耳上衝者，有盤內種種海獸者。或用三螭爲足，或雷紋圓足。又名彝盤，俗指爲歃血盤，非也。今可用作香橼盤，其洗用盥手，故紋用雙魚，用菱花。有乳三足者，有員足者，有獸面翻環者。今用以注水爲筵主賓酬酢滌器，似得古人遺意。又有似洗而雙肥作掇手者，名杅，亦可作洗用。"《説文·木部》："槃，承槃也，从木般聲。古文从金，籀文从皿。"《禮記·內則》："進盥，少者奉槃，長者奉水。請沃盥，盥卒，授巾。"鄭玄注："槃，承盥水者。"《左傳·僖公二十三年》："乃饋盤飧。"《國語·吳語·吳越之盟》："一介嫡男，奉槃匜以隨諸御。"韋昭注："槃，承盥器。"明方以智《通雅·器用》："漢曰承盤，今曰托盤，宋謂之托子。程泰之謂始於崔寧，名之曰托，因《資暇錄》也。……黃伯思曰：'北齊畫圖已有之。'蓋初止謂酒臺盤爲托，而後緣以爲茶盤之名。"

【槃】

同"盤"。此體漢代已行用。見該文。

湯盤

商湯之浴盤。盤上刻有誥辭銘文。《禮記·大學》："湯之盤銘曰：'苟日新，日日新，又日新。'"唐李商隱《韓碑》詩："湯盤孔鼎有述作，今無其器存其辭。"

六鳥蟠龍紋盤

殷代青銅器。高 10 厘米，口徑 34.6 厘米。圈足，口飾魚鳥獸紋各四，口上蹲六鳥，腹內飾蟠龍紋，故稱。參閱容庚《殷周青銅器通論》。

舟盤

殷代青銅器。出土於安陽。高 11.2 厘米，口徑 28.9 厘米。圓口，窄唇，圈足。腹飾斜角紋，足飾饕餮紋，腹內飾蟠龍紋，繞以魚、鳥、獸紋各三。龍首左耳之左有銘文一字。參閱容庚《殷周青銅器通論》。

龜魚紋盤

殷代青銅水器。高 19.7 厘米，口徑 42.5 厘米。圓口，闊唇，圈足。腹飾斜角雷紋一道，足飾雷紋兩道，腹內飾一龜，外繞以三魚，故稱。參閱容庚《殷周青銅器通論》。

函皇父盤

西周時期青銅器。通高 11.5 厘米，口徑 38.2 厘米，腹圍 111 厘米。腹、足皆飾雲紋。腹內底部有銘文五行三十九字。1933 年陝西扶風康家村出土。1951 年始藏於陝西歷史博物館。

夔紋盤

西周時期青銅器。1954 年出土於陝西西安。通高 16 厘米，口徑 39 厘米。腹圍飾夔紋。

史墙盤

西周共王時青銅水器。1976 年陝西扶風莊白一號青銅器窖藏出土。高 16.2 厘米，口徑 47.3 厘米，重 12.5 千克。雙附耳，圓腹，圈足。腹飾四組垂冠分尾長鳥紋，圈足飾竊曲紋，均用雲雷紋填地。盤内底有銘文十八行二百八十四字，爲 1949 年以來發現的西周銅器銘文中最長者。銘文内容分爲前後兩段，追頌周初文、武、成、康、昭、穆與時王（共王）之功德（此在青銅器銘文中甚爲少見），記述史墙之家族史，稱頌其先祖父考，并有自贊與求福之辭。其中記載的昭王伐楚荆，可印證及補充歷史文獻。銘文書體工整秀麗，文字精練簡要，許多語句用韵，既爲學術價值較高的研究西周歷史之珍貴資料，又爲古典文學之佳作。藏陝西周原文物管理所。

矢人盤

亦稱"散氏盤"。西周晚期青銅水器。相傳清乾隆年間陝西鳳翔出土。口徑 54.6 厘米，高 21.5 厘米，重 21.1 千克。圓形，兩附耳，高圈足，淺腹飾有遒勁深峻之夔紋，圈足飾以饕餮紋。通體典雅古樸，優美自然。内底鑄有銘文十九行三百五十七字，爲記矢人將大片田地移付於散氏時所訂之約契。銘文詳細記載雙方核定土田經界地點及盟誓經過，列舉見證人，參與劃界與盟誓者，矢人方面十五人，散氏方面十人。蓋如《戰國策·趙策》所謂"三分趙國壤地，著之盤盂。"該盤銘文實爲研究西周後期以來土地制度之絶好材料。現藏於臺北"故宮"博物院。

【散氏盤】

即矢人盤。行用於西周晚期。見該文。

征作周公盤

西周青銅器。口徑 35 厘米，圈足附耳，腹足各飾蟬紋一道。腹内有銘文"征作周公尊彝"兩行六字。參閱容庚《殷周青銅器通論》。

素盤

西周時期青銅器。通高 7.5 厘米，口徑 17.5 厘米，腹圍 54 厘米。1953 年出土於陝西鄠縣，旋歸陝西歷史博物館收藏。

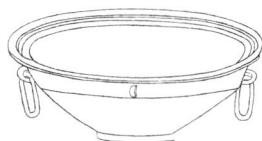

素盤
（清王傑等《西清續鑑》）

魚匜盤

一種三足盤。體高 11.6 厘米，口徑 39.3 厘米。有流有鋬，圈足旁三獸首下垂爲足。匜所以瀉水，盤所以承水，此一器而兼二者之用，故稱。口飾重環紋一道，腹飾瓦紋。銘十三個魚字，環列於腹内。參閱容庚《殷周青銅器通論》。

免盤

西周後期青銅器。附耳三足，腹足飾夔紋一道。腹内有銘文三行三十三字。參閱容庚《殷周青銅器通論》。

虢季子白盤

西周晚期（宣王時）青銅水器。清道光年間陝西寶鷄虢川司出土。時郿縣令徐燮鈞偶得於寶鷄某村落。同治時淮軍劉銘傳在常州太平

虢季子白盤

天國護王府内奪得此盤。安徽合肥解放後，劉氏後人將其捐獻國家。此器高 41.3 厘米，長 130.2 厘米，寬 82.7 厘米，重 215.3 千克。四角圓弧，腹下斂，平底，下承曲尺矩形四方足，外腹四壁各飾向外突出之兩獸首銜環耳。環耳呈紐索狀。通體花紋，上部口飾竊曲紋，腹飾粗獷帶紋，色澤斑斕，器形質樸而宏偉，爲現存最大之古代銅盤。盤内底部鑄有銘文八行一百一十一字，記述虢國季子子白在對獫狁的一次戰爭中，斬敵首五百，俘虜五十人，在周廟宣榭向周王獻馘，受周王宴享，并得到賞賜馬匹、武器等物。銘文字體精美，有石鼓文、小篆文之韵味，有較高史料價值，且通篇用韵，實乃一極妙之韵文。傳世之銅盤，多爲圓形，呈長方形者極爲少見，虢季子白盤當是作浴盤或盛水之用。藏於中國國家博物館。

魚龍紋盤

春秋早期青銅水器。高 13.9 厘米，口徑 21.8 厘米，底徑 23.3 厘米。圓形，圈足。底中央飾蟠龍紋，内壁四周飾魚紋十二尾。相傳龍能潛水，《考工記》有 "火以圜，山以章（獐），水以龍" 之記載，即以圜形之圖案表現火，以獐象徵山，以龍象徵水。故此盤所示之魚龍紋皆用以象徵水，爲紋飾與用途相對應的一種工藝設計。現藏上海博物館。

齊侯盤

春秋時期青銅器。通高 8.2 厘米，口徑 43.7 厘米。圈足，腹内有銘文六行三十四字。清光緒十九年（1893）

齊侯盤
（清王傑等《西清續鑑》）

出土於易州。參閲容庚《殷周青銅器通論》。

徐王義楚盥盤

春秋盥洗或盛水之盤器。1979 年出土於江西靖安李家村。青銅製。爲徐王義楚自作用盤。徐王義楚即《左傳·昭公六年》"徐義楚聘於楚" 之徐義楚。該器通高 14 厘米，口徑 37.6 厘米，底徑 15 厘米，重 4.5 千克。大口，廣腹，平底，頸部有兩扁平獸狀附耳。口沿内外飾纖細規整之雲雷紋，頸部飾星點狀蟠虺紋，頸腹外間有一周繩索狀堆紋與雲雷紋。盤内底中部有銘文兩行十二字。盥盤爲該器自名。

盧盤

春秋時期青銅水器。器高 19 厘米，口徑 55 厘米。1979 年江西靖安窖藏出土。圓形，淺腹，平底，腹部鑄兩個鏈環耳。圈形底座，座上置十個彎曲之獸首銜環狀支柱承托盤底。器腹飾蟠虺紋。盤内底有銘文十八字。造型別緻。現藏江西省博物館。

龜魚蟠螭紋方盤

戰國時青銅水器。通高 22.5 厘米，寬 45.2 厘米。呈長方形，淺腹，口沿向外平摺，四虎足。通體滿布精細華麗之紋飾，盤底用三角雲紋爲襯托，裝飾以浮雕龜、魚、蛙等形象，并以相互斜結之浮雕蟠螭，形成似水波流動狀態。底内四沿浮雕出十二隻由水中跳至岸上之青蛙及其他幾種動物。盤外腹飾多種幾何紋樣及浮雕獸，其中左右兩側各一側卧之羊，羊首伸向一獨角獸懷中，獨角獸前爪捧乳房作哺乳狀，此獨角獸或即傳説之 "獬豸"。此器鑄造精工，紋飾富麗，具有濃厚的寫實與幻想相結合之特點，乃青銅器之精品。爲研究戰國時代青銅鑄造與裝飾題材及古代神話傳説之珍貴資料。現藏故宮博物院。

竊曲紋盤

春秋時期青銅水器。通高 90.4 厘米，口徑 39 厘米。1978 年出土於河南淅川下寺一號楚墓。圓形，淺腹，下承獸面蹻足。口沿處飾獸面銜環耳四個。腹部飾竊曲紋，腹下部飾一道繩紋。紋飾精細，造型美觀。此種器形在河南南部出土銅器中常見，與中原地區直耳圈足者明顯不同。現藏河南博物院。

三輪盤

春秋戰國時期青銅製盛水器皿。1959 年出土於江蘇武進奄城內護城河。通高 15.8 厘米，盤徑 26 厘米，輪徑 7.8 厘米。盤爲圓形，淺腹，淺圈足，下面伸出摺身雙獸，兩獸形皆似豬，其間置軸，裝一輪，另於盤下裝兩輪，多輪六輻，三輪皆可轉動。盤身周圍編織紋，與印紋陶器上之編織紋相似。雙獸身飾環紋、圈點紋、鱗紋、三角竊曲紋等，回首向盤內，作欲飲水狀。此器造形花紋頗具吳越地區特點。現藏中國國家博物館。

楚王酓盂盤

戰國時期青銅。出土於安徽壽州。高 8.3 厘米，口徑 38.2 厘米。無足，唇上有銘文二十字，又腹外有銘文九字。爲楚幽王悍所鑄。參閱容庚《殷周青銅器通論》。

鑄客盤

戰國末年青銅器。出土於安徽壽縣朱家集。通練高 36.8 厘米，器高 14.8 厘米，口徑 33.5 厘米。兩旁有環練，無梁。三足作獸首形。腹飾斜方花紋。口上有七字銘文"鑄客爲罟醻爲之"。參閱容庚《殷周青銅器通論》。

齊大官銀盤

西漢初期王室器皿。出土於山東淄博市臨淄區大武鄉窩托村西漢齊王墓一號器物坑。同類器兩件，侈口，平沿外摺，摺腹，平底。口沿飾波摺紋和花葉紋。內、外腹飾幾何雲紋，內底飾三條雲龍紋和兩周弦帶紋，弦帶紋之間用平行綫連接。紋飾鎏金，華麗流暢。外底兩次刻文，外腹刻"左上一斤六兩"。高 5 厘米，口徑 23.5 厘米，實測 340 克，每斤合 247 克；水測容 900 毫升，每升合 180 毫升。另一件外底亦刻有字，外腹刻"左工一斤一兩"。實測重 271 克，每斤合 255 克；水測容 900 毫升，每升合 180 毫升。現藏山東省淄博市博物館。

高足盤

下承高足之盤。造型爲洗口，盤心平坦，盤下承以喇叭形高足。多數於盤心印圖案式朵花紋樣。最早見於隋代之青釉高足盤，明清兩代景德鎮製作之高足盤較多，通體飾以青花或釉上彩繪紋飾。

鎏金鸞鳥大銀盤

唐代金銀器。出土於西安市東郊韓森寨西。直徑 84 厘米，器底中央爲一雄偉之鸞鳥，立於一朵凌空雲彩上。周圍邊緣飾以富麗之蓮瓣紋。

匜洗類

匜

古代盛水盥洗之用具。造型爲圓形，似瓢，口部前側有較寬之出水流，平底下或有圈足。一側或有鋬。質地各異，陶製者多爲冥器，有銅者爲盥手時注水之器。古時祭祀、宴饗有沃盥之禮，以匜注水，下承之以盤，故"盤""匜"常并稱。亦或同時出土，如"史頌匜""齊侯匜"之類。西周中期之

匜
（明王圻等《三才圖會》）

匜有自銘爲"盉"者，盉乃酒水調和之器，則匜之前身或爲酒器。"魯大司徒元匜"即自稱飲盉。青銅匜最早出現於西周中期，流行於西周晚期及春秋時代。山東臨沂地區出土之銅匜、陶匜等衛生器具，説明新石器時代至西漢時期，山東已應用銅匜、陶匜，清潔人身，預防疾病。西周時之匜，流槽寬直，下承四足，或有蓋。春秋以後或成獸形，或爲管形，裝飾性較强，下承三足或無足，無足者甚似瓢。亦有平底或圈足者，鋬則多作龍探水狀。戰國匜之容體呈横向橢圓形，流狹而長，多平底，一般無足，亦或矮圈足。瓷器匜之傳世及出土物，最早見於漢代。唐代越窯、宋代鈞窯、元代龍泉窯以及景德鎮窯，均燒製有各色釉匜，尤以景德鎮品種最爲豐富，有藍釉白花、青花和藍釉描金匜。元代瓷匜，行銷國外，近年來在菲律賓及韓國等地均有出土。多平底，圓腹，短方

戰國盤、匜

流，或無鋬。《左傳·僖公二十三年》：懷嬴"奉匜沃盥"。孔穎達疏："盥謂洗手也。沃謂澆水也。"《儀禮·公食大夫禮》："小臣具盤匜，在東堂下。"《國語·吳語》："一介嫡男，奉盤匜以隨諸御。"宋佚名《續考古圖》謂之"兕觥"。

雲紋漆匜

西漢時期盛水器。1972 年出土於湖南長沙馬王堆一號墓。高 8.2 厘米，通長 34.1 厘米。匜爲木胎，器體爲圓角方形，平底，方形長槽流，無鋬。内底塗以紅漆，外底塗以黑漆，内外口沿處均飾雲紋，故稱。外底中部有朱書"軑侯家"三字。此器彩繪鮮艷，綫條流利，爲藝術精品。現藏於湖南博物院。

册匜

西周時期青銅水器。通高 17 厘米，器長 32 厘米。口飾雲紋，腹瓦紋，柄螭首，四足作蟲足狀。腹内底部有銘文"册兵櫝中彎戈形"七字。1952 年歸陝西歷史博物館藏。

儩匜

西周中期青銅盥洗用器。1975 年陝西岐山董家村一號青銅器窖藏出土。通高 20.5 厘米，腹寬 17.5 厘米，重 3.85 千克。寬流直口，虎頭平蓋，屈舌獸首鋬，有羊蹄形四足，口沿下飾竊曲紋與一道弦紋，造型奇特，自銘爲盉。（按：匜當由盉演變而來，故有此銘。）腹底與蓋内有銘文一百五十七字，大意爲一法律判決過程記錄，頗有研究價值。見陝西省考古研究所等編《陝西出土商周青銅器》。

齊侯匜

西周晚期青銅水器。四足匜。高 14.2 厘米，兩側作獸首銜環，鋬作獸首形，四足圓如車輪。腹内有銘文六行三十四字。文有"齊侯

乍（作）虢孟姬良女寶匜，其萬年無疆，子子孫孫永寶用"等字。清光緒十九年（1893）出土於易州。容庚《殷周青銅器通論》著録。現藏於上海博物館。

史頌匜

西周後期青銅水器。四足匜。高 21.3 厘米，腹飾瓦紋，口飾竊曲紋一道。鋬及四足作獸首形。腹内有銘文三行十四字。傳世之銅器，以頌所造者爲較多，加以官名，則稱"史頌"。參閲容庚《殷周青銅器通論》。

蔡子匜

春秋時期青銅水器。腹高 7.4 厘米，流至鋬長 25.2 厘米。無足，鋬作半環，口飾雷紋及蟠虺紋一道。腹内有銘文兩行七字。參閲容庚《殷周青銅器通論》。

鳬叔匜

四足匜，春秋時期青銅水器。通高 19.3 厘米。流作獸首形。蓋上有環，後有半環與鋬相連。下承四獸足，遍體飾獸帶紋，蓋、器内各有銘文"鳬叔作旅匜"五字。容庚《殷周青銅器通論》著録。

鳳蓋匜

春秋戰國時期青銅水器。三足匜。高 19.3 厘米，自流至鋬長 21.2 厘米。短流作獸首形，口飾獸帶紋，領有半環，鋬作獸形。器前二足，後一足。蓋作鳳形，蓋上即爲鳳翼紋。日本帝國工藝會編《支那工藝圖鑒金工編》著録。參閲容庚《殷周青銅器通論》。

重環紋匜

春秋戰國時期青銅水器。三足匜，高 19 厘米，自鋬至流長 38.3 厘米，鋬作獸首形，前二足，後一足。口飾重環紋及人字紋一道。參閲

容庚《殷周青銅器通論》。

蟠虺紋匜

春秋戰國時期青銅水器。三足匜，高 12.6 厘米，流作獸頭，平蓋上有半環，鋬作龍形，前一足，後二足。口飾蟠虺紋及三角雷紋一道。參閲容庚《殷周青銅器通論》。

象鼻紋獸首匜

春秋戰國時期青銅水器。圈足。高 17.5 厘米，流與鋬均作獸首形，口飾象鼻紋一道。參閲容庚《殷周青銅器通論》。

鑄客匜

戰國時期青銅水器。通高 7.5 厘米。流爲上方下圓形。鋬作環形，無足。流上及口緣均飾雲雷紋。腹外有銘"鑄客爲御㡭爲之"七字。商承祚《十二家吉金圖録》著録。

王子匜

戰國時期青銅水器。無足匜。高 13 厘米，流作獸首形。鋬爲短柄，亦作獸首形，上有孔，無足。口飾蟠虺紋兩道。器身有銘"王子追之會盟"兩行六字。出土於壽州。參閲容庚《殷周青銅器通論》。

洗

漢代盥洗用青銅器皿。類似後世之臉盆。圓形，寬口沿，平底或圈底，腹外常有穿環之二獸耳，器内底常飾雙魚紋。《儀禮·士冠禮》："夙興，設洗直於東榮。"鄭玄注："洗，承盥洗者弃水器也"，又注："周制自卿大夫以下……

洗
（明王圻等《三才圖會》）

尊卑皆用金罍及大小異"。宋王明清《揮麈後錄》卷一："章聖偶過閣中，欲盥手，后（李后）捧洗而前。"

罍洗

古代洗手器皿，多於進食或祭祀前用之。由罍與洗兩部分組成一套，配套使用。罍內盛清水，潔手後之弃水承以洗。類先秦之匜與盤。《晋書・潘尼傳》："設樽篚於兩楹之間，陳罍洗於阼之左。"唐白行簡《三夢記》："劉擲瓦擊之，中其罍洗，破迸散走，因忽不見。"《舊唐書・高麗傳》："俗喜奕、投壺、蹴鞠、食用籩豆、簠簋、罍洗，頗有箕子之遺風。"《宋史・禮志十一》："帝再詣罍洗，登歌樂作，降階，樂止。"明宋濂《水北山居記》："有能特立而不爲所移者，殆所謂盆盎中之古罍洗。"

罍洗
（宋楊甲《六經圖》）

缸盆瓮缶諸器

缸

亦作"鋼"。古代用以盛放食物或水酒之容器。形似罍而長頸大腹，可容十升。宋以後之罍，以其形體大小不同，被稱爲盆、瓶、瓮、缸等。"缸"初爲瓦器，形狀多爲大口、斂底、大腹。除用以盛食物外，亦用以盛水酒。亦稱"瓨"。《説文・缶部》："缸，瓨也。"段玉裁注："瓨，似罍，長頸，受十斗。缸與瓨，音義皆同也。"《史記・貨殖列傳》："酤一歲千釀，醯醬千瓨。"裴駰集解："瓨，長頸罌也。"後亦有用陶、瓷、玻璃或塑膠等製者。底小口大，較深於盆。就其作用而言，有水缸、魚缸、油缸、醬缸、酒缸、染缸等。就形體言，又有大小之別。唐李商隱《因書》詩："海石分棋子，郫筒當酒缸。"金佚名《劉知遠諸宮調・勝葫蘆》："瓦鉢磁缸列土床，嗞味勝高陽。"元輾然子《拊掌録・嗜燒煉》："吾死，以大缸一，妝坐之，復以大鋼覆之，周鐵綫上下管定，赤石脂固縫，置之穴中足矣。"

【鋼】

同"缸"。此體元代已行用。見該文。

【瓨】

即缸。此稱漢代已行用。見該文。

【堈】

同"缸"。此體南北朝時已行用。北魏賈思勰《齊民要術・作酢法》："作小麥苦酒法：小麥三斗，炊令熟，著堈中，以布密封其口。"元王禎《農書》卷二六："堈碓，以堈作碓臼也。"

【埕】

同"缸"。此體唐宋時已行用。《太平御覽》卷七四二引《靈鬼志》："婦獨守家，見屋中一大埕，試發，見一大蛇，便作沸湯，悉灌殺之。"

坩

亦稱"瓶"。盛物之陶器，瓦鍋。今缸之屬。南朝宋劉義慶《世説新語・賢媛》："陶公

（偲）少時作魚梁吏，嘗以瓩鱔餉母。"唐杜寶《大業拾遺》："吳郡太湖鯉魚鮮四十坩，計一坩鮓用鯉魚三百頭。"《集韵·平談》："坩，土器也。或從瓦。"

【瓩】

即坩。此稱南北朝時期已行用。見該文。

盆

亦作"瓮"。一種敞口盛物之器。1955年西安半坡仰韶文化遺址中曾出土一個魚紋彩陶盆，距今約有六千年。1973年青海大通上孫家寨又出土一個馬家窯文化舞蹈紋彩陶盆，距今亦有四五千年。以上兩件至爲精美，其他新石器時代遺址中亦有所見。其稱於

盆
（明王圻等《三才圖會》）

周代已行用。《禮記·禮器》有"夫奧者，老婦之祭也，盛於盆，尊於瓶"之句。《百喻經·二字分財喻》："教汝分物使得平等，現所有物破作二分……所有瓮、瓨亦破作二分。"盆初爲容器，或盛食，或盛水，祭祀時則以之承血，又可作炊具；後多作洗滌之器。有陶瓷及青銅製品。陶製者常爲大口淺腹，底平而稍斂。銅質而有自銘者，現僅見傳世之"曾大保盆"與湖北省博物館徵集到的"曾孟娙盆"。其形制爲斂口有唇，平底，有雙耳。又有自銘爲盨而器形似盆者，如傳世之"晉公盨"等。《急就篇》卷三："甄缶盆盎罃壺。"唐顏師古注云："缶、盆，盎一類耳。缶即盎也，大腹而斂口，盆則斂底而寬上。"《周禮·地官·牛人》："凡祭祀共其牛牲之互，與其盆簝以待事。"鄭玄注："盆所以

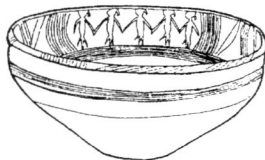
孔馬家窯文化舞蹈紋彩陶盆

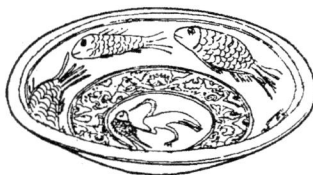
彩繪魚鶴紋陶盆

盛血。"《士儀禮·喪禮》："新盆、槃、瓶、廢敦、重鬲皆濯造于西階下。"鄭玄注："盆以盛水"，"盆、瓶，炊器也。"《周禮·考工記·陶人》："盆，實二鬴，厚半寸，唇一寸。"按：傳世之"曾大保盆"爲春秋時所鑄，高12.3厘米，口徑27厘米，唇廣2.1厘米。窄口，廣唇，大腹，兩獸耳，平底。腹飾兩道竊曲紋。腹旁有銘文三行二十二字，反書。參閱容庚《頌齋吉金圖録》。

【瓮】

同"盆"。此體南北朝時期已行用。見該文。

儀盆

古代盥盆。此物始於漢。漢代皇帝出行時，隨從捧之。《朱子語類》卷一一二："漢世禁中侍衛亦是士大夫，以孔安國大儒而執唾盂，雖儀盆亦是士人執之。"

蘭盆

古代"浴盆"之美稱。此稱元代已行用。元顧瑛《天寶宮詞》："後宮學做金錢會，香入蘭盆浴化生。"

面盆

亦稱"面盤"。古代盛水盥洗用具，即今之

"洗臉盆"。此稱元代已行用。元關漢卿《調風月》第一折："等不得水溫，一聲要面盤；恰遞與面盆，一聲要手巾。"

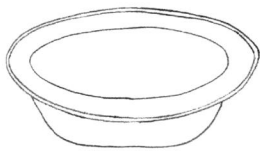

面盤

【面盤】

即面盆。此稱元代已行用。見該文。

盎

亦作"瓮"。一種大腹斂口平底之盛器。多用以盛水、酒，或亦可儲藏糧米。《方言》第五："甌謂之盎。自關而西，或謂之盆，或謂之盎。"《爾雅·釋器》："康瓠謂之甈。"又"盎謂之缶。"《呂氏春秋·古樂》曰："堯使質絡缶而擊之。"則缶已爲用於堯世矣。《說文·皿部》："盎，盆也。從皿央聲。瓮，盎或從瓦。"其稱當始於戰國時代。《莊子·德充符》："瓮瓮大癭說齊桓公，桓公說之。"至漢代，多稱爲"盎"，延用至宋。《樂府詩集·相和歌辭十二·東門行》："盎中無斗米儲，還視架上無縣衣。"宋梅堯臣《四月二十七日與王正仲飲》詩："時時舉酒共笑樂，莫問罍盎有與無。"

盎
（清刊《續考古圖》）

【瓮】

同"盎"。此體先秦時期已行用。見該文。

挈杅

古代汲水、盛水之器。體形似罍而有提梁。宋王黼等《博古圖·漢挈杅》："是器形如罍，純素無紋，連貫以提梁，便於將挈也。"按："挈杅"之名爲宋人所定。未見有自銘該器之物，或即古籍中所謂"挈瓶"。

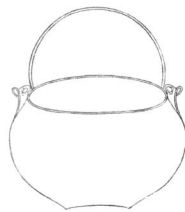

挈杅（漢挈杅圖）
（清蔣廷錫等《古今圖書集成》）

缶[1]

亦作"甇"。古代汲水盛酒之器皿，又作古樂器。《說文·缶部》："缶，瓦器，所以盛酒漿。"《周易·坎》："樽酒，簋貳，用缶。"宋高承《事物紀原·什物器用部》卷八："《風俗通》：'缶者，瓦器，所以盛酒漿。秦人鼓之以節歌。'"又云："《呂氏春秋·古樂》：'堯命質以麋鞈置缶而鼓之。'則缶已用於堯世矣。"初多爲瓦器，腹大而圓，有蓋，小口，肩上有環耳，亦有方腹者。青銅缶則盛行於春秋戰國時期。傳世遺器自銘爲"缶"者，有春秋中期之欒書缶與安徽壽縣、湖北宜城出土之春秋晚期蔡侯缶。《左傳·襄公九年》："具綆缶，備水器。"《史記·廉頗藺相如列傳》："於是相如前進甇，因跪請秦王，秦王不肯擊甇。"

缶
（明王圻等《三才圖會》）

【甇】

"缶[1]"之俗字。此體至遲漢代已行用。見該文。

欒書缶

戰國時期青銅器。通高 40.3 厘米。腹大，口小，有蓋。蓋與腹各有四環耳，腹外有銘文五行四十字，由左而右，字皆嵌金。蓋腹內有鑄銘兩行八字。欒書爲晉國執政者，於魯成公十八年（前573）死。據專家考定，鑄缶當於成公十二年（前578）。參閲容庚《殷周青銅器通論》。

曾侯乙墓大缶

湖北隨縣戰國曾侯乙墓出土之大銅缶。一對，兩器均重300餘千克，高皆130厘米，如此大之盛酒器乃過去從未見過者。與之同墓中出

戰國缶

土之壺、水酒器均堪稱重器。參閲杜道松《中國古代青銅器簡説》。

甄

戰國秦漢時期之容器。篆作"甀"。罍瓮類陶、瓦質容器，小口而大腹。《戰國策·東周》："夫鼎者，非效壺醶醬甄耳，可懷挾提挈以至齊者。"《列子·湯問》："當國之中有山，山名壺領，狀若甂甄。"《淮南子·氾論訓》："古者……木鈎而樵，抱甄而汲。"《周禮·天官·凌人》："春始治鑑。"鄭玄注："鑑，如甄。"孔穎達疏："漢時名爲甄，即今之甕是也。"《方言》第五："甄、瓮、瓿、甀、甒也，自關而西，晋之舊都河汾之間，其大者謂之甄，其中者謂之瓿、甄。"《佩文韵府》卷六三："甄，馳僞切，小口罌。"

瓿

亦稱"甌"。大型容器。與瓮屬同類器，似後世之廣口罐子，用以盛放食物、水及酒漿。陶製或青銅製品。皆爲大口、廣肩、大腹之器。所不同者，瓮大而瓿較小。其形制多爲圓腹、矮頸、廣肩、圈足。青銅瓿或有兩耳，或肩飾犧首，器體甚大。亦有個別方瓿，1976年

殷墟婦好墓即出土一件。因該類器上均無銘文，故稱謂較亂。傳世之器，多被稱爲罍。罍爲酒器，已有銘文可證，與文獻中對瓿之記載不同。故此類廣口大腹之容

瓿
（明王圻等《三才圖會》）

器，凡食器者似以稱瓿或瓮爲宜，酒器者宜稱爲罍。瓿、瓮存在時間，約於商中期至晚期前段，或曰瓿盛行於商至戰國時期，罍普遍使用後，則漸漸消失。《説文·瓦部》："瓿，甌也。從瓦音聲。"段玉裁注："《玉篇》：'瓿甊，小罌也。'"又曰："甌，似小瓿，大口而卑，用食。"《方言》第五："甄、瓮、瓿、甀、甒也，自關而西，晋之舊都河汾之間，其大者謂之甄，其中者謂之瓿、甄。自關而東，趙魏之郊謂之瓮，或謂之甊。"《漢書·揚雄傳贊》："吾恐後人覆醬瓿也。"明王圻《三才圖會·器用·瓿》："是器飾以蟠虯，凡飲食之器飾以虯者，皆是也。若乃瓿所以盛醯醢之物，固亦狀此耳。"

【甌】

即瓿。此稱漢代已行用。見該文。

饕餮紋瓿

商代晚期青銅容器。1976年出土於河南安陽市殷墟婦好墓，爲盛食品與水漿之器物。通高47.6厘米，口徑29.8厘米。大口，矮頸，圓肩，圓腹，下承圓足，器體雖大，但整體比例較低。有蓋，蓋上有一柱形鈕，上飾蟬紋。蓋面飾饕餮紋。肩部飾三獸首，獸首兩側鑄有對稱之夔紋。腹部亦飾有饕餮紋，邊側又各有倒夔。金器花紋用三條長棱分成三組。圈足飾以

對稱之夔紋，邊側又各飾一倒夔。現藏於河南博物院。

甌瓵

亦稱“瓵甌”。古代泛指質地粗劣之陶製盛器。此稱漢代已行用。《方言》第五：“甌瓵，陳魏宋楚之間謂之匜，自關而西謂之甌，其大者謂之甌。”漢東方朔《七諫・謬諫》：“甌瓵登於明堂兮，周鼎潛乎淵。”《淮南子・說林訓》：“狗彘不擇甌瓵而食。”《北齊書・文苑傳・顏之推》：“顧甌瓵之不算，濯波濤而無量。”《通雅・器用》：“甌之稱異于古，今謂茶鍾曰甌，古則曰甌瓵……《淮南》曰：‘狗彘不擇甌瓵。’此確指小甌盆，非今之茶鍾也。”

【瓵甌】

即甌瓵。此稱漢代已行用，見該文。

鋗

小盆。可作溫器。西周時已見行用。有帶紋飾與無紋飾兩類，後者金石學家常冠以“素”字。有蓋，蓋頂有半圓餅形環鈕。廣口，平摺唇，圓腹，腹壁飾弦紋，下部稍斂，平底。《說文・金部》：“鋗，小盆也。”《急就篇》卷三：“銅鐘鼎鋗鋗鉹銚。”顏師古注：“鋗，溫器也。”宋王黼《博古圖》著錄有漢梁山鋗，容二斗，重十斤，元康元年造，上有銘文。

鋗
（明王圻等《三才圖會》）

【銚】[2]

即鋗。有柄有流之小型燒器。此稱漢代已行用。宋高承《事物紀原・食物器用部第四十一》：“《廣雅》曰：‘鋗謂之銚。’《說文解字》云：‘溫器也。’曹操《上獻帝表》曰：‘臣祖騰有順帝賜純銀粉銚。’疑漢人始爲之也。”唐白居易《村居寄張殷衡》詩：“藥銚夜傾殘酒暖，竹床寒取舊氊鋪。”參閱宋高承《事物紀原》卷八。

罌 [1]

亦作“甖”。盛流質之陶製容器。亦可作溫水之器。小口大腹，長頸平底。多瓦製，亦有木製者。後泛指各類瓶罐。《方言》第五：“甖甀謂之盎，自關而西或謂之盆，或謂之盎，其小者謂之升。”《說文・缶部》：“罌，缶也。”段玉裁注：“缶器之大者。”《墨子・備城門》：“令陶者爲罌，容四十斗以上。”又曰：“用瓦木罌，容十升以上者，五十步而十，盛水且用之。”清孫詒讓閒詁：“《史記・韓信傳》以木罌甀渡軍，是罌或瓦或木，皆可以盛水者也。”漢王充《論衡・譴告》：“釀酒於罌，烹肉於鼎，皆欲其氣味調得也。”宋王讜《唐語林・補遺四》：“其後稍用注子，形若罌，而蓋嘴柄皆具。”宋王黼等《博古圖・漢挈杅》：“是器形如罌，純素無紋，連貫以提梁，便於將挈也。”又曰：“漢湯罌，蓋溫水器也，狀如匏，圓而純素，有一耳，若屈卮，舉而置之爐竈間，以烹水也。”明王圻等《三才圖會・器用一・罌》：“是器蓋溫水器也。狀如匏，圜而純素，有一耳作絢紐，若屈卮，舉而置之爐竈間，以烹水也。形制純雅，無紋，而氣韻自古宜，非近世所有，殆漢器也。”清汪汲《事物原會》卷二七：“《博古圖》湯作罌，有鏨無銘，溫水器也，狀如匏，今名湯罐。”章炳麟

罌
（明王圻等《三才圖會》）

《新方言·釋器》：“引申之，凡瓶，皆曰罃。惠潮嘉應之客籍謂酒瓶爲酒罃子。”

【罌】

同“罃[1]”。此體漢代已行用。見該文。

罋

亦作“甖”。陶製貯水之器，即大盆。《左傳·襄公九年》“備水器”晋杜預注：“盆罋之屬。”孔穎達疏：“盛水之器。”《玉篇·缶部》：

“罋，大盎。”又《瓦部》：“甖，大盆也。”《廣韵·去鑑》：“甖，大瓮，似盆。《續漢書》云：‘盗伏於甖下。’”清杜馥《劀朴·匡謬·甖》：“罋甖皆俗作也，當爲鑑……《說文解字》：‘鑑，大盆也。’”

【甖】

同“甖”。此體三國時期已行用。見該文。

第三節　飯器考

我國古代的飯器，質地不一，一般有陶製、竹木製、青銅製、金製、銀製、玉製、瓷製等；種類繁多，主要有碗、鉢、盂、盨、銂、盤、筥、簋、簠、簞、棬、皿、柯、盇盨、盇、牟、匚、筥、飯籮（飯帚）、欄、碟、捧盒、湯盅，等等，大小不同，形狀各异，用途也各有側重，出現時間或早或晚。碗出現較早，是一種比較深的圓形敞口器皿。碗初爲陶器，最早見於距今七千餘年前早期仰韶文化遺址中的紅陶碗，後又有灰陶、黑陶、白陶碗；至南朝時又出現青銅碗；瓷器出現後，此器種類益加多樣，最早見於六朝時期墓葬出土的青釉蓮瓣紋碗。東晋中期，一套碗不同尺寸者達十種之多；唐代時已通行撇口碗；宋代瓷碗釉色燦若晚霞；元代摺腰碗較典型；明代碗器式樣增多，鷄心、葵口、摺沿等樣式各异；清代則普遍使用青花瓷碗。沿用至今，尺寸、大小、質地、花色等品種更多。新石器時期，開始廣泛使用鉢。鉢爲古代日常用器，聳肩，斂口，斜腹身，平底。自漢以來，鉢又爲僧人之食器。該器初爲陶製，後間以銀、玉爲之。盂出現得也比較早。目前考古發現之傳世青銅盂主要爲殷商晚期至春秋時期食器，如1969年陝西藍田泄湖鎮出土的“永盂”即是西周中晚期的青銅食器。盂的形制爲侈口、深腹、圓腹、圈足。稍後出現的盨，是一種盛黍、稷、稻、粱、麥等的食器。據今傳世之青銅器判斷，此器通行於西周中晚期，春秋時便少見。該器多橢圓形，斂口，下有足，上有蓋。至春秋時期，銂、盤等已見行用。銂爲盛菜、羹之器皿，多瓦質，或有金屬製成者，兩耳，三足，有蓋；盤是淺而敞口之盛物器，盤類器具統稱爲盤。《左傳·僖公二十三年》：“乃饋盤殮，置璧焉。”春秋時期，筥也已經行用，該器是種竹製筐籠類盛器。至宋代時又有稍箕，以細竹絲製成，用以盛米盛飯。春秋戰國時期，已行用簋。其形圓而有柄，編竹爲之，似笥。質地相似的籩，亦以竹篾編製而成，其形制如豆。1955 年發掘壽縣蔡侯墓得青銅籩，説明春秋時竹籩與青銅籩同時行用，至明清時又有瓷籩。先秦時，簞也已普遍使用，此器爲竹編圓形之盛物器，有蓋。至戰國前後，棬、皿、柯等器也已相繼行用。棬爲彎曲柔木製成的盂類器具；皿作爲一種飲食用具，多圓腹，且口有斂廣之別，口闊而便於挹取者爲盛食器，戰國時有寧皿；柯是碗、盂之類的器物，《荀子》載有“衛人用柯”之句。至漢代，盌盞、盉、飯籮、牟、匚、笥等飯器已見行用。其中，盌盞爲陶土製作，係大盂；而盉爲碗類器具；飯籮（飯帚）類籮筐，用竹子或柳條編織而成；牟爲瓦製器具，可用以盛黍稷及湯漿；匚以柳條編製而成，爲方形筐類盛物器皿；笥爲圓形竹器，用以盛置米飯食物等。至南北朝時，則又出現了檽、碟等飯器。檽内有格，且多層，是種盛放食物的盒子；碟爲圓形敞口，底淺而平，初多以木或金屬製成，後以瓷質最爲常見。唐宋之器較大，至明代已似今之碟。另有捧盒，大口，高身，體較重，使用時須雙手捧起，爲盛放食品之盒，明代時瓷製品較多。至遲到明代時，湯盤亦已行用於世，該器爲盛湯之盤子。

飯器中最常見的尚有豆，形似高足盤，大多有蓋。常爲陶質，亦有用青銅、木、竹製成者。因自西周中後期多用作祭器，以之盛肉羹，故本考不予立目。

碗盞類

碗

亦作“椀”“盌”“盌”。金文中作“鋺”。一種深而敞口之圓形飲用器皿。初爲陶器，最早見於距今七千餘年前河南新鄭裴李崗、河北武安磁山早期仰韶文化遺存中之紅陶碗，此碗帶圈足。且仰韶文化中亦出現一種彩陶曲腹碗。此後又有灰陶、黑陶、白陶碗。西周時有青銅鋺，其形狀爲一小盂旁加一柄，如今之㓠，挹水用之。其泥質灰陶碗，形體大小適中，敞口平底，腹微鼓，與現代碗形相似。瓷器出現後，碗器種類豐富多樣，最早見於六朝時期墓葬出土之青釉蓮瓣紋碗。東晋中期，越窯青釉瓷器逐漸普及，并出現蓮瓣紋碗。一套碗不同尺寸者達十種之多。唐貞元年間已通行撇口碗，口

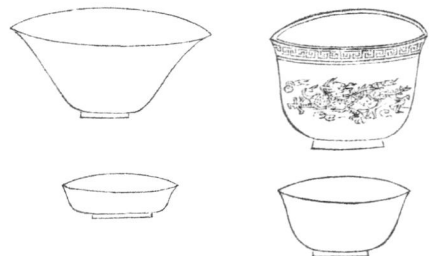

碗
（明王圻等《三才圖會》）

腹向外斜出，璧形底，製作工整，與敞口斜壁形底盤和撇口平底碟，風格相近，形成一套飲食用具。晚唐時越窯生産之碗造型愈繁，如荷葉形碗、海棠式碗和葵瓣口碗。唐代著名白瓷産於邢窯（在今河北臨城縣境内）。其胎質堅硬，釉色潔白，曾遠銷海外。唐代之越窯碗、邢窯碗常見於詩人贊美詩句中。宋代瓷碗釉色完美，如鈞瓷海棠紅、玫瑰紫，燦如晚霞之變色釉。景德鎮青白瓷色質如玉。元代較典型者爲摺腰碗，小足，平底，敞口，深腹。明代碗式樣增多。如雞心碗、墩式碗、葵口碗、摺沿碗、磬式碗等。清代碗青花瓷普遍。圖案以龍、鳳、松、竹、梅及花卉爲主。雍正年間景德鎮窯燒製之碗，胎薄如紙，尤爲精緻。凡碗，其造型有淺式、墩式、摺腰式、斗笠式、蓮瓣式等；釉有青、白、醬、黑、黄、綠、藍、紫、紅等色以及青花、釉裏紅、斗彩、五彩、琺瑯彩、粉彩等彩繪裝飾。盛食、飲茶、飲酒者形制各不同。《説文・瓦部》："甌，小盂也。"《方言》第五："盂，宋楚魏之間或謂之盌。"《集韵・上剞》："碗，或作甌、椀。"《關尹子・二柱》："若椀，若盂，若瓶，若壺，若甕，若盎，皆能建天地。"《三國志・吳書・甘寧傳》："寧先以銀碗酌酒，自飲兩碗。"晋葛洪《抱朴子・廣譬》："無當之玉碗，不如全用之埏埴。"唐韓愈《游青龍寺贈崔大補闕》詩：

唐刻花金碗

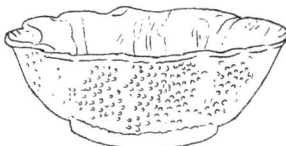
唐三彩碗

"二三道士席其間，靈液屢進頗黎碗。"

【椀】

　　同"碗"。此體漢代已行用。見該文。

【盌】

　　同"碗"。此體漢代已行用。見該文。

【甌】

　　同"碗"。此體漢代已行用。見該文。

漆碗

　　木胎外塗以漆之碗器。1977 年於浙江餘姚河姆渡遺址第三文化層中發現一件。此器呈圓瓜棱狀，斂口，圈足，通高 5.7 厘米，口徑寬處爲 10.6 厘米，狹處爲 9.2 厘米，底徑寬處爲 7.6 厘米，狹處爲 7.2 厘米。碗壁外皆塗以薄薄之紅色漆料，雖剝落較重，然仍微有光澤。據鑒定，此碗距今已有六七千年之久。實乃目前所知之最早漆器。

右里啓碗

　　挹水之青銅器。約屬戰國時期。碗高 6 厘米，口徑 8 厘米，深 5.7 厘米，通柄長 14.7 厘米。狀類今之水舀。腹外壁有銘文兩行四字曰："右里啓碗"。同銘文之碗共有二器，此爲較小者。陳介棋（簠齋）先生舊藏。

青瓷碗

　　東漢瓷製碗器。1955 年出土於廣西貴縣高中。此器爲食器。高 12 厘米，

青瓷弦紋碗

口徑 18.5 厘米。敞口，高圈足。其胎灰白，内外均施青釉，釉厚類泪痕，釉色光亮，質地純净，叩之則清越動聽。

渠碗

亦作"璖碗"，亦稱"車渠碗"。玉製碗器之一種。始見於魏晋，達於唐代。《藝文類聚》卷八一四引三國魏文帝（曹丕）《車渠碗賦序》："車渠，玉屬也，多織理縟文。生於西國，其俗寶之。"又卷七三引南朝梁陸倕《蠡杯銘》："用邁羽杯，珍逾渠碗。實同蠡測，形均撲滿。"南朝齊謝朓《金穀聚》："璖碗送佳人，玉栖要上客。"唐杜甫《茅堂檢校收稻》詩之二："無勞映渠碗，自有色如銀"。一說"車渠"爲大貝，產海中，背上壟紋如車輪之渠，其殼內白皙如玉。以其殼製成之碗稱爲"渠碗"。南朝齊謝朓《謝宣城集》卷二"渠"作"璖"，從玉，與"玉栖"相印證。南朝詩求對仗，每每有合掌之病，故如"渠碗"即"車渠碗。"

【璖碗】

同"渠碗"。此體南北朝時期已行用。見該文。

【車渠碗】

即渠碗。此稱南北朝時期已行用。見該文。

碧碗

上等琉璃淺棱碗。琉璃亦稱"碧琉璃"，最早以之爲碗，於晋代已見。南朝宋劉義慶《世說新語・紕漏》："婢擎金澡盤盛水，玻璃碗盛澡豆。"時爲豪門富家所用之珍品。此後漸多，而民間遂亦用之。然"碧碗"之名，則始於唐代，後遂沿用。唐唐彥謙《叙別》詩："翠盤擘脯臙脂香，碧碗敲冰分蔗漿。"唐杜甫《喜聞盜賊蕃寇總退口號》詩："勃律天西采玉河，堅昆碧碗最來多。"宋孟元老《東京夢華錄・食店》："吾輩入店，則用一等琉璃淺棱碗，謂之碧碗。"元王惲《題常仁卿運使西觀紀行》詩："碧碗堅昆異，黃金甲第高。"

玉碗

玉製之碗，故稱。晋葛洪《抱朴子・廣譬》："無當之玉碗，不如全用之埏埴。"《晋書・周訪傳》："王敦遺玉環、玉碗以申後意，訪投碗於地，曰：'吾豈賈豎！可以寶悦乎？'"南朝梁江淹《兔園賦》："碧玉作碗銀爲盤，一刻一鏤化雙鸞。"亦爲碗之美稱。唐李白《客中作》詩："蘭陵美酒鬱金香，玉碗盛來琥珀光。"宋范浚《張生夜載酒相過》詩："玉碗鵝兒酒，花瓶虎子鹽。"宋蘇軾《試院煎茶》詩："我今貧病長苦饑，分無玉碗捧蛾眉。"清方文《戲題趵突泉壁》詩："雪濤翻處真奇絶，玉碗盛來自灑然。"

蓮瓣碗

瓷碗之樣式之一。因器身由蓮瓣組成，整體如一朵盛開之蓮花，故稱。最早見於南朝時青釉刻花蓮瓣碗。蓮爲佛教藝術題材，故南朝青瓷中普遍以蓮爲飾，碗外壁劃重綫仰蓮，如盛開狀。宋代已多見，但已失宗教意。如器壁上環帶形纏枝蓮紋，兩朵蓮花相對開放，陪襯碗心一枝盛開蓮花，構圖簡練，表現出污泥而不染之高品。北宋末龍泉窑開始流行青瓷碗外飾浮雕蓮瓣紋，今傳世器物較多，乃另一形制之蓮瓣碗。宋代鈞窑燒製有天藍釉紅斑蓮瓣碗。五代越窑與宋代龍泉窑之製品皆傳世較多。

注碗

碗狀温酒之用具。瓷碗樣式之一。與注子配套使用。內放適量熱水，置注子於碗中以熱酒，故稱。唐代始有注子，五代顧閎中《韓熙載夜宴圖》、宋代白沙宋墓壁畫均展示出宴飲時注子與注碗配套使用之情況。注碗至遲始於五代，流行於宋代。宋代南北瓷窑均燒製，而以南方瓷窑製品居多。注子與注碗於一窑內燒成，注碗造型（包括大小、裝飾花紋）均依注子之尺寸與形式而定，多爲碗壁直而深，或通體呈蓮花形。宋張端義《貴耳集》卷中："高宗南渡，有將水晶注碗在摧場交易，高宗得之。"宋孟元老《東京夢華錄·會仙酒樓》："凡酒店中，不問何人，止兩人對座飲酒，亦須用注碗一副，盤盞兩副。"1963 年安徽宿松宋墓、1976 年江蘇句容先後出土青白釉注壺與注碗。江西浙江等地區宋墓中亦有成套注子與注碗出土。

刻花銀碗

唐代窖藏珍品。1970 年出土於陝西西安南郊何家村。碗高 4.2 厘米，口徑 12.9 厘米，足徑 7 厘米。器腹壁圈足內及器內腹底飾以珍珠地紋，腹部地紋上以陰綫刻有連續之捲枝葡萄圖案，其間雜置鸚鵡、奔獅等。器內

唐金花銀碗

腹底刻一展翅揚尾之鳳凰，四周飾有捲枝葡萄，圈足內刻一蟠龍。此器花紋吸收外來器皿紋飾風格，鋪陳絢麗，臻於完美成熟。何家村窖藏金銀器工藝複雜精細，有澆鑄、焊接、拋光、刻鑿等，通常綜合運用數道工藝而成。

蓋碗

初爲瓷碗樣式之一。後指凡屬有蓋并可蓋合於碗口者。此器具保熱、防塵、美觀、撇掠碗面浮茶等優點。唐代又有銀蓋碗。宋代有醬釉、白釉、青釉及青釉刻花、白釉刻花蓋碗。清代景德鎮窑燒製青花五彩、粉彩、斗彩、色地加彩等蓋碗，且乃民間普遍使用之常物。《紅樓夢》第四〇回："林黛玉親自用小茶盤捧了一蓋碗茶來，奉與賈母。"

葵瓣碗

瓷碗之一種樣式。因碗口呈葵花瓣形，故稱。此器唐代已有。宋代哥窑、官窑、龍泉窑、景德鎮窑等均盛燒此種碗，而以六葵瓣口者居多，腹部乃以不同弧度之曲綫構成，或斜削挺拔，或豐滿圓潤。

花瓣形圈足漆碗

北宋漆碗樣式之一。此器製作年代爲 1087 年。1959 年江蘇淮安楊廟鎮北宋紹聖元年楊公佐墓出土。通高 8.5 厘米，最大口徑 16.2 厘米，足徑 7.5 厘米。口沿外侈，呈六瓣葵花形。自下部內收，器底有直壁圈足。其骨架爲木胎夾紋，內部塗有醬紅漆，外邊挂黑色漆，造型設計工整勻稱。表面近圈足之處有一行朱漆題記："丁卯溫州開元寺東黃上牢。"

諸葛碗

瓷碗之樣式之一。其造型爲敞口，直身，圈足，底心有孔，碗內呈淺盤式，碗面至器底間中空。最早見於北宋龍泉窑。明代龍泉窑與景德鎮窑均有燒製。龍泉窑多刻花，景德鎮窑多青花。

高足碗

宋代荆南所産陶器碗種之一。因碗腹之下有較高之圈足，故稱。由文物考古可知，五代時已有於碗裏心印"高足碗"三字者，然其足甚低。"高足碗"乃始於宋朝荆南一帶。宋周羽翀《三楚新錄》卷三："荆南尚使磁器，皆高其足，而公私競用之，謂之高足碗。"至元代瓷器中方常見腹下有高足者，後并有"高足杯""高

足盤"等。明清時代景德鎮繼續燒製高足碗，有青花、釉裏紅、紅釉、素三彩等品種，但碗身較前加大。

定碗

宋代定窯所燒製之瓷碗，故稱。定窯建於宋代定州（今河北定縣），後元代彭窯亦有仿造。此種瓷器以裝飾多彩、花紋精美而著稱。宋韓駒《食煮菜簡呂居仁》："爭貪歠鉢暖，不覺定碗空。"碗，同"碗"。明文震亨《長物志・香茗》："先以滾湯候少溫，洗茶，去其塵垢，以定碗盛之。俟冷點茶，則香氣自發。"

金花定碗

宋代定窯描金花紋碗之專稱。據宋周密《志雅堂雜鈔》載："金花定碗用大蒜汁調金描畫，然後再入窯燒，永不復脫。"傳世有黑釉描金花卉紋碗，已流散至日本。又有白釉描金彩雲龍紋者，現藏於故宮博物院。惜金彩已大部脫落，雲龍紋飾痕迹尚依稀可辨。福建建窯所產之黑釉碗亦有金彩裝飾，傳世器物有三件。

瑪瑙碗

瑪瑙（玉體礦物）所作碗器。1985 年 7 月，內蒙古奈曼青龍山遼陳國公主駙馬合葬墓出土一件。此器爲紅色，半透明，有光澤。敞口，圓唇，弧腹，圈足。通高 3.6 厘米，口徑 7.4 厘米，底徑 4.4 厘米。琢磨精細光滑。《元史・鐵哥傳》："成帝即位，以鐵哥先朝舊臣，賜以瑪瑙碗。謂鐵哥曰：'此器先皇所用。朕今賜卿，以卿久侍先皇故也。'"

青花帶托碗

北京舊鼓樓大街豁口東元代窖藏出土。通高 9 厘米，碗徑 10 厘米，托底徑 4.5 厘米。碗外繪纏枝菊花，內繪纏枝石榴與海棠花，碗托外繪蓮瓣一圈，內繪纏枝石榴，足繪蕉葉紋。

青花碗

北京舊鼓樓大街豁口東元代窖藏出土。高 9 厘米，口徑 18 厘米，足徑 6 厘米。碗外下部繪蓮瓣一圈，上部繪纏枝蓮花，碗內繪三爪團龍。

壙碗

青花小碗，瓷碗之樣式之一。指明代墓葬中出土之青花小碗。盛行於明代嘉靖、萬曆年間。多爲民窯製做，工藝略粗，但花紋刻劃等裝飾題材異常豐富，有山水、嬰戲、放牧、花草、雙禽、游鴨、飛鳳、鴛鴦、梅竹雙栖、花蝶、游魚、虎、鹿、獅、折枝果、折枝花、蓮池、蘭草、月影梅、三友圖、寒江獨釣等。構圖簡潔，運筆瀟灑，奔放多姿，意趣無窮。

灑藍釉盉碗

明代瓷碗樣式之一。景德鎮窯燒製。通高 11.4 厘米，口徑 25.3 厘米，足徑 11.8 厘米，壁厚 0.5 厘米。器形如觳盉，淺圈足，未施釉彩，色呈淡紫，有褐色斑紋。內壁施有淺綠釉，底內青花雙圈楷書"大明宣德年製"款，爲國內僅存之"灑藍釉"成品。宣德"灑藍釉"乃於元代"藍釉"基礎上用吹釉法燒成之瓷器新品種。先於坯胎上施青花釉料，使呈斑點狀，後施以白色釉，高溫燒製。成器後藍白相間，斑紋不整齊亦不均勻，且凹凸不平，如自然灑上之狀。此器胎體厚重沉穩，胎質堅細緊密，釉色濃艷閃光，白中見青。惜宣德後此技法失傳，不見成品。清代僅有仿製品。

青花釉裏紅嬰戲碗

明代後期銅紅釉之典型製品。景德鎮窯製。通高 10 厘米，口徑 22.4 厘米，足徑 8.8 厘米。敞口，墩式，圈足。口沿裏外勾青花雙綫，內外壁皆飾青花釉裏紅紋，腹底與圈足中部各勾一圈青花單綫。腹外壁繪一門框，倚門坐有一對夫婦，其餘上下兩組描繪持不同玩具之兒童五十七個。衣飾與玩具皆以釉裏紅點綴，色澤鮮艷分明。内壁上部繪雲朵紋，中以釉裏紅繪七珍八寶，中心畫麒麟。裏外紋飾構成爲"麒麟送子"之吉祥圖案。碗底青花雙勾綫内楷書"大明萬曆年製"款。此器釉色鮮嫩柔和，圖案繁而有序，人物神態各異，頗具濃鬱之生活氣息。

釉裏紅三魚高足碗

明代高足碗樣式之一。通高 12.2 厘米，口徑 11.8 厘米。内腹白釉，外腹白釉之上均勻彩繪三條紅魚，紅白輝映，色彩艷麗，内底之青底雙框内楷書"大明宣德年製"款二行。釉裏紅起源於元代，至宣德年間燒製技藝發展到一個新階段。燒製時，先施銅紅釉（氧化銅）於坯胎上，繪成紋飾，後上透明釉罩住，經高溫還原焰燒製而成。

甜白釉印花八寶葵口碗

明代瓷碗樣式之一。景德鎮燒製。通高 6.6 厘米，口徑 22.7 厘米。器形呈葵口狀，内壁印暗花纏枝蓮紋，上部印八寶紋飾，底心署"永樂年製"款。"甜白釉"實爲"上白釉"，因永樂窯燒製之白釉瓷胎體薄，釉色肥潤如脂，視之鮮明柔和，給人以甜感，故稱"甜白釉"。燒製此器，需降低瓷土中鐵之含量，製胎體成半脱胎，使之光照見影，并施純净透明之白釉，最後經高溫燒製而成。

孔雀緑刻花碗

明代碗器。景德鎮窯燒製。通高 6.6 厘米，口徑 16.2 厘米，足徑 6.4 厘米。撇口，直圈足，外壁呈適中之弧度，造型優美。内壁施青白釉，外腹下部以細綫刻劃雙勾瓣紋，外飾鮮嫩嬌翠之緑釉，花紋與晶瑩之釉色協調自然，如孔雀羽毛之艷麗。"孔雀緑"亦稱"法翠"，元代已有成器，然色調深暗青緑，未至亮翠之程度。成化年間燒製之"孔雀緑釉"，可與孔雀羽毛之翠緑色調媲美，碧翠典雅，頗爲美觀。

摺碗

一種摺酒之大碗。將幾杯酒倒一隻碗裏謂之摺，故稱。《警世通言·蘇知縣羅衫再合》："許用心生一計，將大摺碗滿斟熱酒，碗内約有斤許。"

净水碗

瓷碗樣式之一。係善男信女定燒獻於廟宇之佛前供器。此器侈口，闊腹，瘦底，圈足，或碗身下承以高足。明代晚期至清代初期青花净水碗傳世較多。碗體上均題有信士弟子名稱、施捨時日、廟宇與供神之名稱及乞求内容（包括求壽、求子、買賣亨通、闔家平安等）。

海碗

碗之特大者。用以盛酒或盛飯等。因極言其大如海，故稱。清施鴻保《閩雜記》卷一一："閩俗盛宴，各饌必用大碗爲敬，稱爲大碗公……或謂海者，極言其大如海也。"

斗笠碗

俗稱"草帽式碗"。瓷碗之一種樣式。造型爲侈口、斜腹、小圈足。斜腹壁呈四十五度角。因倒置後形似斗笠，故稱。爲清康熙時景德鎮窯燒製碗形中之一種。官窯民窯流行此種碗，以青花、五彩釉者爲多。

【草帽式碗】

"斗笠碗"之俗稱。此稱多行用於近現代。

見該文。

宮碗

一種較大碗器。清王士禎《居易録・碧玉露漿方》："用男乳一酒杯，白蜂蜜一酒盞，人參湯一酒杯，多少同乳總入一宮碗内，將露水一飯碗攪入宮碗。"一説，"宮"當作"官"。官碗，指官窑所燒製之瓷碗。《紅樓夢》第四一回："賈母衆人都笑了起來。然後衆人都是一色官窑脱胎填白蓋碗。"按：官窑始建於宋代，所燒製之瓷器專貢宮廷使用，明清以來豪富之家亦用之。

盅

碗類器具。此稱始見於漢代。《方言》第一三："碗謂之盅。"《廣雅・釋器》："盅，盂也。"《紅樓夢》第四一回："那一隻形似鉢而小，也有三個垂珠篆字，鐫着'點犀盅'，妙玉斟了一盅與黛玉。"

小海甌

一種深腹平底小碗之特稱。即今俗稱之小大碗公。多爲瓷質。用以飲茶和飲酒等。起於宋代。北宋陶穀《清異録・器具・小海甌》："耀州陶匠創造一等平底深碗，狀簡古，號小海甌。"後亦有以玻璃製成者。清黄遵憲《番客篇》："頗黎小海甌，奉白屢十觴。"

建盞

宋代御用茶杯。因係福建建安（今建甌）或建陽兩窑所製，故稱。其窑所燒黑釉瓷器，釉面多條狀結晶紋，形若兔毫，稱"兔毫盞"。另種則爲黄褐色，甚薄，稱"銅葉湯甕"，省稱"銅葉"。盞口大撇，盞底多鐫"供御""進琖"字樣。參閱明曹昭《格古要論・古建窑》、清朱琰《陶説・古窑考》。

兔毫盞

宋代御用茶杯。因其瓷釉釉面多條狀結晶紋，形若兔毫，故稱。其物爲福建建安（今福建建甌）或建陽所産。參見本卷《炊用説・飲器考》"建盞"。

銅葉盞

省稱"銅葉"，亦稱"銅葉湯甕"。北宋御用茶具。口大而撇，瓷釉，釉面黄褐色。産於福建建安（今福建建甌）或建陽窑。銅葉，唐李肇《唐國史補》卷中："乃取銅葉製器，狀如蓮花。"可知"銅葉"本爲薄銅片，因此盞薄似銅葉，故而喻稱。宋蘇軾《次韵蔣穎叔錢穆父從駕景靈宮》詩之二："病貪賜茗浮銅葉，老怯香泉艷寶樽。"王文誥輯注引趙次公曰："銅葉，言茶盞也。"宋程大昌《演繁露・銅葉盞》："《東坡集》二《從駕景靈宮》詩云'病貪賜茗浮銅葉'。按今御前賜茶，皆不用建盞，用大湯甕，色正白，但其製樣似銅葉湯甕耳。銅葉，色黄褐色也。"

【銅葉】

"銅葉盞"之省稱。此稱宋代已行用。見該文。

【銅葉湯甕】

即銅葉盞。此稱宋代已行用。見該文。

甕

一種口大而撇之碗式茶具。後亦作酒具。見於宋。宋邵雍《小車吟》："大甕子中消白日，小車兒上看青天。"宋程大昌《演繁露・銅葉盞》："《東坡集》二《從駕景雲宮》詩云'病貪賜茗浮銅葉'。按今御前賜茶，皆不用建盞，用大湯甕，色正白，但其制樣似銅葉湯甕耳。銅葉，色黄褐色也。"宋周密《武林舊事・進茶》："禁中大慶賀，則用大鍍金甕。"清翟灝《通俗

編·器用》：“李如一《水南翰記》：韵書無甃字，今人呼盛茶酒器。”傳世品中有宋定窑白釉甃，

胎薄質細，形體端正，釉色白中閃黄，光潔瑩潤。

盤　類

盤器

盤類飲食具之統稱。《三國志·蜀書·關羽傳》：“時羽適請諸將飲食相對，臂血流離，盈於盤器，而羽割炙引酒，言笑自若。”

玉盤

亦作“玉柈”。琢玉爲盤，故稱。始於周而盛於漢。1976 年，河南安陽殷墟婦好墓出土之玉盤，通高 4.3 厘米，口長 14.6 厘米。盤口呈長方形，圓角、平沿，腹微内收，平底，圈足而較高，圈足兩側各有十字形孔三個，兩端亦各有一個十字形孔，腹内有弦紋一周。玉料呈白色。現藏中國社會科學院考古研究所。《樂府詩集·相和歌辭九·董逃行五解》：“奉上陛下一玉柈，服此藥可得神仙。”《漢武故事》：“承露盤，仙人掌擎玉盤，爲取雲表之露。”清端方《陶齋古玉圖》：“古盤恒以銅爲之，惟珠盤見於《周禮·玉府》。然《燕丹子》云：‘太子出美人能琴者，荆軻曰：好手。太子即斷手以玉盤奉之。’此周季有玉盤之確證。又應劭《漢官儀》曰：‘封禪壇南有玉盤。’王子年《拾遺録》云：‘董偃以玉精爲盤。’是玉盤之制，實始於周而盛於漢也。”清蒲松齡《聊齋志異·霍女》：“筵間味無多品，玉柈四枚，方几已滿。”

【玉柈】

同“玉盤”。此體至遲漢代已行用。見該文。

五碗盤

亦作“五椀盤”，亦稱“五盞盤”。一種小型成套餐具。因每套由五個小碗（盞）和一托盤組成，故稱。一般多見於魏晋南北朝時期。南朝宋劉義慶《世說新語·德行》：“殷仲堪即爲荆州，值水儉，食常五碗盤，外無餘肴。”《晋書·殷仲堪傳》作“五盌盤”。《宋書·武三王·江夏文獻王義恭傳》：“高祖爲性儉約，諸子

南朝五碗盤
（華夫《中國古代名物大典》）

食不過五醆盤。”“醆”字同“盞”。《南齊書·崔祖思傳》：“宋武節儉過人，張妃房唯碧綃蚊幬、三齊苴席、五盞盤、桃花米飯。”後出土之實物多名之爲“五盅盤”“五杯盤”。

【五盌盤】

同“五碗盤”。此體晋代已行用。見該文。

【五盞盤】

即五碗盤。此稱南北朝時期已行用。見該文。

蚌盤

以蚌殼爲飾，漆器之一種。此稱多見於南朝，唐代以後此類漆器統稱爲“螺鈿”。《南史·庾易傳》：“以文義自樂，安西長史袁承欽其風，贈以鹿角書格、蚌盤、蚌研、白象牙筆。”《陳書·高祖紀》下：“加以儉素自率，常膳不過

數品。私饗曲宴，皆瓦器蚌盤，肴核庶羞，裁令充足而已，不爲虛費。"《資治通鑑·陳武帝永定三年》："私宴用瓦器蚌盤。"胡三省注："蚌盤者，髹器以蚌爲飾，今謂之螺鈿。"

馬腦盤

用瑪腦所作之盤器。馬瑙，同"瑪瑙"。該器至遲唐代已出現。《舊唐書·裴行儉傳》："有馬瑙盤，廣二尺餘，文彩殊絶。軍吏王休烈捧盤，歷階趨進，誤躐衣，足跌便倒，盤亦隨碎。休烈驚惶，叩頭流血，行儉笑而謂曰：'爾非故也，何至於是。'更不形顏色。"唐杜甫《韋諷録事宅觀曹將軍畫馬圖》詩："内府殷紅馬腦盤，婕妤傳詔才人索。"

鎏金三足鹿紋銀盤

唐代盤器。1984 年出土於河北寬城。盤徑 50 厘米，通高 10 厘米。盤沿呈六瓣菱花形，沿寬 7 厘米，每瓣各鏨相同花卉一組。盤中心凸鏨一鹿，頭頂肉芝，昂首站立，身飾梅花斑點，短尾上翹。三足已脱落，但保存尚好，爲國内已發現之唯一保存完整的三足銀盤。

哥窰葵瓣口盤

南宋盤器。傳世品。因爲哥窰（宋代五大名窰之一）燒製、且盤口爲六瓣葵花形，故稱。通高 3.5 厘米，口徑 15.5 厘米。底有圈足，稍向内收。釉色米黄，通體布"百圾碎"開片紋，頗具傳世哥窰瓷器之特色。

定窰銅口雙魚紋盤

北宋盤器。傳世品。此器爲定窰（宋代五大名窰之一）燒製，口沿包鑲銅邊，且内壁正中爲雙魚紋，故稱。通體挂白釉，微帶牙黄色，廣口，底有圈足，稍内收，内壁周圍印蓮花、蓮葉、蓮實紋。器高 5.9 厘米，口徑 30.2 厘米。

菊瓣盤

盤具樣式之一。因通體由菊花瓣組成，故名。宋代之哥窰、鈞窰燒製有十四瓣及十瓣菊瓣盤。蓮瓣盤、菊瓣盤的燒成，標志着成型與燒窰工藝的成熟。

青花雙魚蓮池紋盤

元代瓷製器具。摺沿，沿面繪海水紋，内壁繪纏枝牡丹。盤底繪鯿魚、鱖魚各一尾，一上一下摇尾游於蓮花池中，頗具動感與立體感，極爲生動形象。器外壁繪有石榴花。整個畫面構圖嚴謹，綫條細密精緻，白底青花，色彩明亮而匀净，實爲元代青花瓷器中難得之精品，此器 1956 年出土於湖南常德，高 8.2 厘米，口徑 45 厘米。

攢盤

盤具樣式之一。盛放乾鮮果品之用具。指由一定數量、形狀各异之小盤拼攢成一個花形大盤，且各小盤之内盛放不同的果品，故稱。清康熙年間較盛行，而以景德鎮窰燒製的五彩與三彩攢盤最爲精巧。清毛奇齡《西河集·蒙内府席學士高軒見過隨于報謁時留飲感賦三十五韵》："御河流水烹滿壺，攢盤苑核兼山蔬。"

蓮瓣盤

盤具樣式之一。因盤口至器身由若干不同之蓮花瓣構成，故稱。或在盤内外壁刻、劃、印蓮瓣紋飾者，故稱"蓮瓣盤"。

盂盌諸類

盂

亦作"杅"，亦稱"盛"。古代盛水或飯之器皿。文獻中常"槃""盂"連稱，盂之用途亦類同槃。形制則記載較少。今考定盂之形制爲侈口，深腹，口闊腹圓，圈足，多有附耳。頗似有附耳之簋，但較簋大得多，故容量亦較大，可與簋配合使用。簋中之飯乃取自盂中。目前考古發現之傳世青銅盂數量甚少，主要爲殷商晚期至春秋時期器。出土器物中有鼎自銘爲"尊盂"者，亦有簋自銘爲盂、或匜自銘爲盂者，説明盂用途之廣。安陽殷墟婦好墓中曾出土一盂。盂常刻銘文以記功。銘文最長者爲 1969 年陝西藍田洩湖鎮出土之"永盂"。《禮記·喪大記》"食粥于盛"。鄭玄注："盛謂今時杅、盂也。"《儀禮·既夕禮》："兩敦、兩杅、槃匜，匜實於槃中南流。"鄭玄注："此皆常用之器也。杅，盛湯漿槃匜，盥器也。"《公羊傳·宣公十二年》："古者杅不穿，皮不蠹，則不出於四方。"何休注："杅，飲水器。"《史記·滑稽列傳》："操一豚蹄，酒一盂而祝。"《墨子·兼愛下》："琢於槃盂。"《吕氏春秋·慎勢》："功名著乎槃盂。"《説文·皿部》："盂，飯器也。"漢東方朔《答客難》："安於覆盂。"《急就篇》卷三："橢、杅、槃、案……"顏師古注："杅，盛飯之器也。"《漢書·東方朔傳》："置守宫盂下。"顏師古注："盂，食器也。"《後漢書·崔駰

周素盂
（清梁詩正等《西清古鑑》）

傳》："銘諸几杖，刻諸槃杅。"李賢注："杅亦盂也。"《後漢書·宦者傳·吕强》："君如杅，民如水，杅方則水方，杅圓則水圓。"李賢注："杅，碗屬也，音于，字亦作盂。"唐韓愈《送石處士序》："〔先生〕冬一裘，夏一葛，食朝夕飯一盂，蔬一盤。"明王圻等《三才圖會·器用》："是器形如罍，純素無紋，連貫以提梁，便於將挈也。然與商周之器制度不類，宜列於漢。"

【杅】[2]

同"盂"。此體漢代已行用。見該文。

【盛】

即盂。此稱漢代已行用。見該文。

好大型盂

商代青銅器。盛食器。通高 43.9 厘米，口徑 54.5 厘米，口壁厚 0.6 厘米，圈足徑 37.5 厘米，重 32.9 千克。呈侈口方唇。腹壁較直，兩耳爲牛頭半圓形，底近平，圈足較高，上端有四個長方形小孔，口下有兩條細棱。腹、足上各有四條細棱。口下飾饕餮紋和夔紋各四組，二者互相間隔排列，夔紋每一組由兩夔相對組成。腹、足上飾饕餮紋四組，以雲雷紋爲地。口下內壁有銘文"好"字。此器爲 1976 年河南安陽殷墟婦好墓出土。

獸面紋盂

商晚期青銅器。通高 36.6 厘米。廣唇，無耳。腹飾饕餮紋一道。器身飾圓渦目紋。圈足上分布四孔，孔下飾饕餮紋一道。著録於日本梅原末治《支那古銅精華》中。

饕餮圓渦紋盂

約西周前期青銅器。器高 36.6 厘米，廣

唇無耳。腹飾饕餮紋一道，上有圓渦目紋，足有四孔，孔下飾饕餮紋一道，故稱。參閱容庚《殷周青銅器通論》。

冰盂

約西周前期青銅器。通高 41.8 厘米，口徑 56.5 厘米，大口圈足，旁有兩附耳。腹飾饕餮紋及垂葉獸紋，頸、足均飾饕餮紋，間以八棱。腹內有銘文"冰作寶尊彝勾"兩行六字。參閱容庚《殷周青銅器通論》。

伯盂

西周晚期青銅器。爲盂之標準形制。器高 39.9 厘米，口徑 53.7 厘米，重 35.6 千克。器體巨大。闊口，附耳，圈足。頸部飾饕餮紋，居中處突起爲一獸首浮雕，腹部飾寬頻狀鳥紋。圈足飾龍紋，造型華麗。壁內底部有銘文十六字，意爲伯作寶尊盂，以享子孫後世。現藏於故宮博物院。

伯盂
（清王傑等《西清續鑑》）

匽侯盂

西周早期青銅器。1955 年出土於遼寧喀左。高 24 厘米，口徑 34 厘米，重 6.44 千克。敞口，兩附耳，圈足。器身遍飾帶有華冠之夔紋，夔作回首狀，以細雷紋襯地。器內壁有"匽侯作饋盂"銘文。現藏於中國國家博物館。

匽侯盂

永盂

西周中晚期青銅器。器高 46 厘米，口徑 58 厘米。深腹侈口，圈足較高。腹部有一對附耳。在與兩耳相對處，高雕兩個對稱捲鼻象首。腹飾垂葉紋。器內腹底鑄銘文十二行一百二十三字："隹十又二年初吉丁卯，益公內（入）即命於天子。公迺出氒（厥）命，易（賜）矢師永氒（厥）田滄（陰）易（陽）洛彊泉（暨）師俗父田，氒泉。公出氒命井白（伯）、榮白（伯）、尹氏、師俗父、遣中（仲）。公迺命酉（鄭）嗣（司）徒函父，周人嗣（司）工（宣）居、致史師氏、邑人奎父、畢人師同，付永氒田。氒率口，氒彊宋句。永拜頓首，對揚天子休命。永田乍（作）朕文考乙公障盂。永其萬年孫孫子子永其率寶用。"銘文格式與裘衛盂、五祀衛鼎銘文相同。此器 1969 年出土於陝西藍田洩湖鎮。藏陝西西安文物管理委員會。

青瓷帶蓋四耳盂

西晉瓷製器皿。口徑 5 厘米，腹徑 10 厘米，足徑 6 厘米，通高 7.6 厘米，灰白色胎，遍體施淡青釉。口部有四繫，扁圓形器身，腹部以上遍飾壓印斜方格紋，矮圈足，蓋鈕爲一對立體之雛鳥，相嚮撲翅交吻。1974 年出土於江蘇南京西崗。

青瓷水盂

唐代瓷製器具。通高 3.9 厘米，口徑 2.9 厘米，足距 7.2 厘米。斂口，扁圓腹，呈四棱瓜形，附四獸足。釉色青翠，色澤透明。1973 年出土於浙江寧波和義路。

盨

古代盛黍、稷、稻、粱、麥等的食器。其

形似帶兩耳的橢圓大碗，斂口，有蓋，圈足，或四足。該器出現較早，但"三禮"中未有記述。從今傳世青銅器物判斷，此器通行於西周中晚期，春秋時期便少見。器名乃據出土器物銘文而定，銘文自稱"須"或"盨"。宋以來將此類器物稱爲簠，稱"簠"爲"敦"，近代考古學始將盨別立一類。《説文·皿部》："盨，槦盨，負戴器也。从皿須聲。"其形制近似"簋"，從"簋"變化而來。傳世器物較多，器身銘文有長達百餘字者，如與克鼎同時出土之"克盨"，銘文多達一百〇七字。

嫠生盨

西周晚期青銅器。長方形。通高 21 厘米，口長 21.8 厘米，寬 16.6 厘米，重 4.04 千克。有蓋，兩附耳，腹微鼓。蓋上四角起矩形扉，將蓋倒置便爲四足盤器，圈足下另承四足。蓋、器均飾平行棱背紋。器蓋對銘，各五十字，記載作器者嫠生跟隨周王伐南淮夷之角、津與桐遹，戰鬥中斬首俘敵，繳獲兵器，奪得青銅等戰利品，嫠生做盨記功。藏於上海博物館。

克盨

周厲王時青銅食器。通高 19.4 厘米。蓋、器均飾瓦紋，蓋足飾夔紋，蓋足內飾兩頭獸紋，兩耳作獸首形。器體爲橢圓形，蓋與器腹內對銘，各十行一百〇七字，表達克對周王朝盡忠頌德，中曰："克拜稽首，敢對天子丕顯魯休揚。用作旅盨，唯用獻于師尹，朋友婚遘。克其用朝夕享于皇祖考……克其萬年子子孫孫永寶用。"大約於清光緒年間出土於陝西扶風法門寺任村，同出者有大克鼎一件，小克鼎七件，盨兩件，鐘六件，鎛一件。大小克鼎均有銘文，與"盨"之銘文共爲西周晚期重要史料。日本梅原末治《支那古銅精華》著錄。

伯鮮盨

西周後期青銅食器。通蓋高 18.2 厘米，其形爲橢圓，雙附耳。蓋與器均爲圈足。蓋器物飾瓦紋。口各飾重環紋一道，器足飾環帶紋。蓋器內銘文曰："伯鮮作旅簠，其永寶用。"計兩行九字。器之形制爲盨而銘爲簠。陝西岐山出土，爲雙器，另一器出現在美國。日本梅原末治《白鶴吉金集》著錄。

鉶

亦稱"鉶鼎"。盛菜羹之器皿。古常用於祭祀。多爲瓦質，或有金屬製成者。常與墦、豆同時使用。兩耳，三足，有蓋，容一升。兼爲禮器，以所飾金銀之不同區別用者之尊卑。《儀禮·公食大夫禮》："宰夫設鉶四於豆西東上。"鄭玄注："鉶，菜和羹之器。"《禮記·禮運》："實其簠簋籩豆鉶羹。"鄭玄注："鉶，音刑，盛菜和羹器，形如小鼎。"唐柳宗元《嶺南節度饗軍堂記》："鉶鼎體節，燔炮胾炙。"宋聶崇義《三禮圖·鉶鼎》："鉶受一斗，兩耳三足，高二寸，有蓋。士以鐵爲之，大夫已上以銅爲之，諸侯飾以白金，天子飾以黃金。"清毛奇齡《辨定祭禮通俗譜》卷三："鉶則鼎之小者……（今）鉶直以磁盂爲之，便盛羹，則曰鉶碗而已。"

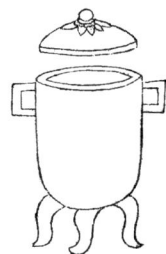

鉶
（明王圻等《三才圖會》）

【鉶鼎】

即鉶。形似鼎而小，故名。此稱至遲宋代已行用。見該文。

土鉶

亦作"土形""土型""土刑"。瓦製之鉶。《墨子·節用中》："飲於土塯，啜於土形。"《韓非子·喻老》："以爲象箸，必不加於土鉶，必將犀玉之杯。"《韓詩外傳》卷三："昔者舜甑盆無膻，而下不以餘獲罪。飯乎土簋，啜乎土型，而工不以巧獲罪。"《史記·太史公自序》："啜土刑糲粱之食。"張守節正義："刑，所以盛羹也。土，謂燒土爲之，即瓦器也。"又《秦始皇本紀》："飯土塯，啜土形。"《漢書·司馬遷傳》："飯土簋，歠土刑，糲粱之食，藜霍之羹。"唐李商隱《寄太原盧司空》詩："禹貢思金鼎，堯圖憶土鉶。"

【土形】

同"土鉶"。此體先秦時期已行用。見該文。

【土型】

同"土鉶"。此體先秦時期已行用。見該文。

【土刑】

同"土鉶"。此體至遲漢代已行用。見該文。

皿

飲食用器。亦可作覆器。多圓腹，其口有斂廣之別。凡口較闊，便於挹取者爲盛食器，其斂口者爲飲酒器。今傳世青銅器自銘爲皿者，僅有戰國時期之"寧皿"。爲盛酒器，高16厘米，口徑11厘米，窄口，圈足，兩耳作獸面銜環。肩上銘"廿七年寧爲鈲"六字。"鈲"，即"皿"。《孟子·滕文公下》："牲殺器皿、衣服不備，不敢以祭。"趙歧注："皿，所以覆器者也。"《説文·皿部》："皿，飲食用器也。象形，與豆同意。"參閱容庚《殷周青銅器通論》《寶蘊樓彝器圖録》。

牟

盛食瓦器。可置黍稷及湯漿。《禮記·內則》："敦、牟、巵、匜，非餕莫敢用。"鄭玄注："巵、匜，酒漿器，敦、牟，黍稷器也。"又曰："齊人呼土釜爲牟。"《後漢書·禮儀志下》："巵八，牟八。"李賢注引鄭玄注《既夕》曰："牟，盛湯漿。"

柯 [1]

碗、盂之類的器物。《荀子·正論》："故魯人以榶，衛人用柯，齊人用一革。土地刑制不同者，械用備飾不可不異也。"《方言》第五："碗謂之盂……盂謂之柯。"

窑盞

亦稱"安哉"。大盂。古代一種盛食之器具。陶土製作。《方言》第十三："盂謂之櫨，河濟之間謂之窑盞。"《玉篇·皿部》："窑，於幹切。窑盞，大盂也。盞，才丹切。窑盞。"《太平御覽》卷七六〇引李尤《安哉銘》："安哉令名，甘旨是盛。埏埴之巧，甄陶所成。食彼美珍，思此鹿鳴。"參閱蔣禮鴻《義府續貂·安哉》。

【安哉】

即窑盞。此稱至遲宋代已行用。見該文。

湯盞

盛湯的盤子。此稱至遲在明代已行用。《説文·皿部》："盞，器也。"明郎瑛《七修類稿·國事·劉朱貨財》："及籍家資，劉瑾計有金二十四萬錠……金銀湯盞五百。"

碟

亦作"叠""楪"。盛食品之小盤。圓形敞口，平底而淺。此稱南北朝時已見。該器初多以木或金屬製成，後以瓷質最爲常見。唐宋時期，碟尚較大，至明代則已類今用之碟。《北齊書·祖珽傳》："曾至膠州刺史司馬雲家飲酒，藏銅疊二面。"唐白居易《七年元日對酒》詩之三："三杯藍尾酒，一楪膠牙餳。"《宋史·吕蒙正傳》："吾面不過楪子大，安用照二百里哉？"宋曾慥《高齋漫録》："穆父（錢勰）摺簡召坡（蘇軾）食皛飲。及至，乃設飯一盂，蘿蔔一碟，白湯一盞而已。"宋吴自牧《夢粱録》卷一九"四司六局筵會假賃"："台盤司掌把盤、打送、賫擎、勸盤、出食、碗碟等。"《水滸傳》第一〇回："老軍收拾行李，臨了説道：'大盆、鍋子、碗、碟都借與你。'"又三七回："取三分飯食、羹湯、菜蔬，交他三個吃了。莊客收了碗碟，自入裹面去。"《紅樓夢》第六三回："那四十個碟子，皆是一色白粉定窑的，不過有小茶碟大。"

碟
（明王圻等《三才圖會》）

【疊】

同"碟"。此體南北朝時期已行用。見該文。

【楪】

同"碟"。此體唐代已行用。見該文。

圍碟

亦稱"圍簽"。一種小果盤。舊俗所設整桌之宴席，必有十二或十六個小碟，中盛水果、蜜餞等，圍桌而設，故名。《儒林外史》第二九回："找做太太的人，只該坐在房裹，替你裝圍碟、剥果子，當家料理。"《海上花列傳》第二〇回："洪善卿開了個菜殼子，另外加一湯一碗，堂倌鋪上檯單，擺上圍簽。"

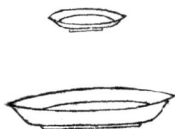

【圍簽】

即圍碟。此稱至遲清代已行用，見該文。

鉢

亦稱"盂""盋盂"。古代日常器皿，可盛食盛水。廣泛使用於新石器時期，仰韶文化大河村遺址曾出土"白衣彩陶鉢"，形制與大汶口文化"彩陶鉢"類似，聳肩，斂口，斜腹身，平底。河姆渡文化遺址中有早期之單把鉢及晚期之方口鉢，夾炭黑陶及紅陶燒成。自漢以來，鉢又爲僧人之食器。梵語"鉢多羅"之省稱。間以銀、玉爲之。其以石或銅爲之者，亦用以研磨藥末。又有漆器者，稱爲"髹鉢"。《玉篇·皿部》："盋，鉢也。"《漢書·東方朔傳》："置守宫盂下，射之皆不能中。"唐顔師古注："盂，食器也。若盋而大，今之所謂盋盂也。"《晋書·藝術傳·佛圖澄》："澄即取鉢盛水。"《南史·王僧孺傳》："蕭文琰……乃與（丘）令楷、江洪等共打銅鉢立韵，響滅則詩成，皆可觀覽。"《北齊書·元韶傳》："魏室奇寶，多隨後入韶家。有二玉鉢相盛，可轉而不可出。"《太平御覽》卷七五九引《二石僞事》："佛圖澄死，以生所服金杖銀鉢送終。後開棺視之，唯見杖鉢存焉。"《周書·盧光傳》："掘基一丈，得瓦鉢、錫仗各一。"唐道宣《續高僧傳·釋法上》："法衣瓶鉢以外，更無餘財。"宋陸游《十一月上七日蔬飯驟嶺小店》詩："冰蔬雪菌竟登盤，瓦鉢氈巾俱不俗。"元張養浩《中都道中》詩："露濕弊袍寒襯月，風餐行鉢暗凝塵。"元吴師道《和黄晋卿北山紀游詩》有"傳玩遺髹鉢"之句。元德輝《敕修百丈清規》五："鉢，梵云鉢多羅，此云應量器，今略云鉢，又呼云鉢盂，即華梵兼名。"《紅樓夢》第二八回："還要一塊三尺長上用的大紅紗，拿乳鉢研了面子呢。"《廣雅·器用》："盇盂，鉢也。"

【盇】

　　即鉢。此稱南北朝時期已行用。見該文。

【盇盂】

　　即鉢。此稱漢代已行用。見該文。

桊

　　古代用彎曲柔木而製成之盂類器具。《孟子·告子上》："告子曰：'性猶杞柳也，義猶桮桊也；以人性爲仁義，猶以杞柳爲桮桊。'孟子曰：'子能順杞柳之性而以爲桮桊乎？'"《舊唐書·中宗紀》："幸臨渭亭修楔飲，賜群官柳桊以辟惡。"唐陸龜蒙《寒泉子對秦惠王》："方城之金十九爲兵，一爲鑄銚；董澤之浦十九爲榦，一爲箕桊。"按：當同"桮"。《廣雅·釋器》："桮、碗，盂也。"王念孫疏證："桮之言捲曲也。"

竹木器

匚

　　一種方形筐類盛物之器。古時用作盛飯之具。以柳條編製而成。《説文·匚部》："匚，受物之器，象形……讀若方。"段玉裁注："此其器蓋正方，文如此作者，橫視之耳……《廣韻》曰：或曰受一斗曰匚……依字，匚有榘形，固可段作方也。"《六書故·工事三》："匚，器之爲方者也。"高鴻縉《中國字例》："匚爲竹器，其形長方，周淺……匚，古亦假爲方，又爲報祭之報。"

杯落

　　亦作"桮筓"，亦稱"筓""豆筥""豆籚""杯筓"。放置杯類器皿之竹籠。此稱始見於漢代。《説文·竹部》："筓，桮筓也。"《方言》第五："陳楚宋衛之間謂之桮落，又謂之豆筥。"《廣雅·釋器》："豆籚，杯落也。"按："豆籚"同"豆筥"。《篇海類編·花木類》："筓，杯筓也。"

【桮筓】

　　同"杯落"。此體漢代已行用。見該文。

【筓】

　　即杯落。此稱漢代已行用。見該文。

【豆筥】

　　即杯落。此稱至遲漢代已行用。見該文。

【豆籚】

　　即杯落。此稱南北朝時期已行用。見該文。

【杯筓】

　　即杯落。此稱至遲金代已行用。見該文。

筥[1]

　　亦稱"籚"。圓形盛物之竹器。多用以盛置米飯食物。《説文·竹部》："筥，䈱也。"《急就篇》卷三："笪、篅、篋、筥、簍、箅、籌。"顏師古注："竹器之盛飯者，大曰篋，小曰筥。筥，一名䈱，受五升。"王應麟補注引徐鍇曰："今言䈱箕。䈱，飯筥也，秦謂筥曰䈱。"《方言》第一三："籚，南楚謂之筥，趙魏之郊謂之筥籚。"《詩·召南·采蘋》："于以盛之，維筐及筥。"毛傳："方曰筐，圓曰筥。"又《周頌·良耜》："或來瞻女，載筐及筥，其饟伊黍。"鄭玄箋："筐筥，所以盛黍也。"《左傳·隱公三年》："筐筥錡釜之器，潢污行潦之水，可薦於鬼神，可羞於王公。"《淮南子·時則訓》："具撲曲筥筐。"高誘注："員底曰筥，方底曰筐。"唐玄應《一切經音義》卷一五：
"筥，又作簾……郭璞
曰：盛飯筥也。"元
趙孟頫《題耕織圖
二十四首奉懿旨撰》
詩："爛然滿筐筥，愛
此顏色新。"

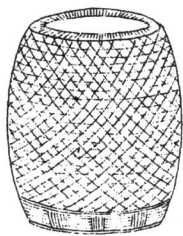

筥
（元王禎《農書》）

【簾】

即筥[1]。此稱至遲漢代已行用。見該文。

飯籮

亦稱"飯帚""食籮"。盛飯器具。以竹子
或柳條編織而成。《說文·竹部》："箁，陳留謂
飯帚曰箁，从竹捎聲。一曰飯器，容五升。"宋
蹟藏主《古尊宿語錄·舒州龍門佛眼和尚〈示
禪人心要〉》："譬如飯籮邊坐說食，終不能飽，
為不親下口也。"宋范成大《雪中聞墻外鬻魚菜
者求售之聲甚苦有感》詩之一："飯籮驅出敢偷
閑，雪脛冰鬚慣忍寒。"宋周密《癸辛雜識》：
"越人為之語曰：梅辛一生辛勤，只辦得食籮一
擔。"金元好問《學東坡移居》詩："兒啼飯籮
空，堅陣為屢却。"明李時珍有《本草綱目·服
器二·飯籮》。明王圻等《三才圖會·器用·飯
帚》："今之飯籮亦飯帚之類耳。"考《三才圖
會》有三圖：飯籮類籮筐，口大而圓，底小而
方，無耳無提；飯帚類簸箕，平底，三面有沿，
後沿底呈圓形，一面
開口而底為直形，開
口邊兩角及後沿中央
各有一提條，至頂合
為一股；梢箕為圓腹
提籃，有蓋。三物用
處相同而形制不同。

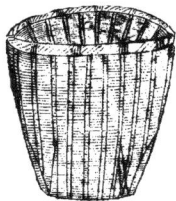

飯籮
（明王圻等《三才圖會》）

蓋食籮由籮而來，飯
帚由箕而來，梢箕由
籃而來。另有一種飯
籮似羅而無孔，今
家庭尚用。參見本
卷《用物說·諸雜考》
"籮"。

飯帚
（明王圻等《三才圖會》）

【飯帚】

即飯籮。此稱漢代已行用。見該文。

【食籮】

即飯籮。此稱至遲宋代已行用。見該文。

筥[1]

竹製筐籠類盛器。緣地域方言之別，"筥"
或指"箸筥"，或指"筥"。其為飯器，為邊陲
少數民族習慣，為筥，其容量五升。一說"筥"
容量斗二升，或一
斗。除竹器外，又有
用菅草編成者。《儀
禮·既夕禮》："苞二
筥三。"鄭玄注："筥，
畚種類。"《論語·子
路》："斗筥之人，何

筥
（明王圻等《三才圖會》）

足算也。"何晏集解引鄭玄曰："筥，竹器，容
斗二升。"《漢書·公孫賀等傳贊》顏師古注謂
一斗。晉呂忱《字林》謂五升。唐陸龜蒙《奉
和襲美新秋言懷三十韻次韻》："白菌盈枯枿，
黃精滿綠筥。"《方言》第一三："簾，南楚謂之
箕。"《說文·竹部》："箁，飯筥也，受五升。……
秦謂筥曰箁。"箁，同"筥"。又"筥，箁也。"
段玉裁注："箁當作箁。《方言》：'南楚謂之筥簾，
趙魏之郊謂之筥。'"《新唐書·南蠻傳下·松外
蠻》："松外蠻……飯用竹筥。"

筲箕

單稱"籯"，亦作"稍箕"。淘米或盛米、盛飯用的一種盛器，用細竹絲編製成。容一斗二升，或一斗，或五升，又說四斗。《論語·子路》："斗筲之人，何足算也。"何晏集解引注漢鄭玄曰："筲，竹器，容斗二升。"北魏賈思勰《齊民要術·笨麴餅酒》："明旦搗作……稍箕簁取細者。"《管子·山國軌》："桓籠纍箕，臍籯屑糠。"姜濤新注："籯，讀音yíng，一種能盛三四斗的大竹籠。"唐陸龜蒙《奉和襲美新秋言懷三十韵次韵》："白菌盈枯桥，黃精滿綠籯。"宋朱彧《萍洲可談》卷三："嘗觀其（紫姑神）下神，用兩手扶一筲箕，頭插一箸，畫灰盤作字。"明王圻等《三才圖會·器用》："今人呼飯箕爲稍箕。"清厲荃《事物異名錄·器用·箕》："《留青日劄》：俗名竹飯器曰筲箕。又筲箕或作稍箕。"《儒林外史》第二三回："管家走到門口，只見一個小兒開門出來，手裏拿了一個筲箕出去買米。"

【籯】[1]

即筲箕。此稱先秦時期已行用。見該文。

【稍箕】

同"筲箕"。此體南北朝時期已行用。見該文。

簺

亦作"匧"，亦稱"算器"。盛飯食或盛糧米之用具。編竹爲之，似筲，形圓而有柄。又爲籩類禮器。《禮記·喪大記》："食粥於盛不盥，食於簺者盥。"鄭玄注："簺，竹筥也。"唐陸德明釋文："簺，本又作匧。"又《明堂位》："薦用玉豆雕簺。"鄭玄注："簺，籩屬也。"孔穎達疏："以竹爲之，形似筥，亦薦時用也。雕鏤其柄，故曰雕簺也。"《史記·汲鄭列傳》："然其餽遺人，不過算器食。"司馬貞索隱："謂竹器，以言無銅漆也。"

【匧】

同"簺"。此體唐代已行用。見該文。

【算器】

即簺。此稱漢代已行用。見該文。

簞

古代盛放食物之器具。竹編，圓形，有蓋。先秦時已普遍使用。《左傳·宣公二年》："宣子……使盡之，而爲之簞食與肉，置諸橐而與之。"《公羊傳·昭公二十五年》："高子執簞食與四脡脯，國子執壺漿。"何休注："簞，葦器也。圓曰簞，方曰筥。"《禮記·曲禮上》："凡以弓劍苞苴簞笥問人者，操以受命，如使之容。"鄭玄注："簞笥，盛飯食者，圓曰簞，方曰笥。"又注："簞笥，竹器也。"孔穎達疏："簞圓笥方，俱是竹器，亦以葦爲之。"《論語·雍也》："子曰：賢哉回也！一簞食，一瓢飲，在陋巷，人不堪其憂，回也不改其樂。"《孟子·梁惠王下》："簞食壺漿，以迎王師。"漢班固《答賓戲》："顏潛樂於簞瓢，孔終篇於西狩。"《漢書·貨殖傳》："顏淵簞食瓢飲，在於巷陋。"顏師古注："一簞之飯，一瓢之飲，至貧也。"晉陶潛《五柳先生傳》："環堵蕭然，不蔽風日，短褐穿結，簞瓢屢空，晏如也。"《說文·竹部》："簞，笥也。漢律令：簞，小筐也。"《方言》第五："籝，陳楚宋魏之間或謂之簞。"《廣雅·釋器》："簞，筐也。"

籩

古代祭祀燕享時用以盛果品、肉乾等食品之竹編器具。其形制如豆，容量四升。常與豆同用，文獻中二者多連文。豆多木製或陶製，用以盛濕類食物，如菜肴、肉醬類食物；籩豆以偶數，鼎俎以奇數。1955 年安徽壽縣蔡侯墓出土青銅籩，爲春秋時竹籩與青銅籩同時行用之例證。籩豆流傳久遠，至明清時又有瓷籩。據文獻記載，柄經雕鏤用於祭神之籩爲"雕篹"，無足之籩稱爲"卑匜"，"卑"爲低矮之意。《詩·小雅·賓之初筵》："籩豆有楚，殽核維旅。"《周禮·天官·籩人》："籩人掌四籩之實。朝事之籩，其實麷、蕡、白、黑、形鹽、膴、鮑魚、鱐；饋食之籩，其實棗、栗、桃、乾䕩、榛實；加籩之實，菱、芡、栗、脯；羞籩之實，糗餌、粉餈。凡祭祀，共其籩薦羞之實；喪事及賓客之事，共其薦籩羞籩。"鄭玄注："籩，竹器如豆者，其容實皆四升。"《禮記·郊特牲》："鼎俎奇用籩豆偶，隂陽之義也。"《論語·泰伯》："籩豆之事，則有司存。"《漢書·劉歆傳》："重遭戰國弃籩豆之禮，理軍旅之陣。"顏師古注："籩豆，禮食之器也。以竹曰籩，以木曰豆。"《國語·周語中》："品其百籩。"《說文·竹部》："籩，竹豆也。"《爾雅·釋器》："竹豆謂之籩。"長沙馬王堆一號漢墓《遣策》四五："笥四合，卑匜五。"唐蘭考釋："卑匜……《說文解字》'籩，竹豆也'。籀文作匚。卑是卑下的意思，也可以作低、矮、扁等解釋。籩是豆一類食器，木製的稱豆，瓦製的稱登，竹製的稱籩。壽縣蔡侯墓所出青銅籩有些象豆而比較淺。

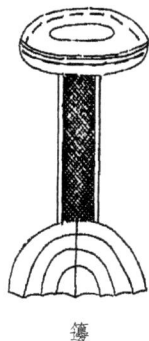

籩
（宋楊甲《六經圖》）

卑匜是指無足的籩，猶之廢敦廢爵，也都是指無足的。這份遣策裏，凡用卑籩的都稱爲器，與笥同用。笥是盛物器，而卑籩是食器。"按：馬王堆漢墓《遣策》中之"卑匜"，其楷書寫法不一，或作"卑匜"，或作"卑虍"，且於解釋上亦略有差异。

盒 [2]

盛食品之器物。多以竹木製成。由底蓋兩部分相合而成，故初作"合"。北魏賈思勰《齊民要術·種槐柳楸梓梧柞》："〔梓〕十年後……車、板、盤、合、樂器，所在任用。"唐王建《宮詞》之六十七："黃金合裏盛紅雪，重結香羅四出花。"唐白居易《長恨歌》："惟將舊物表深情，鈿盒金釵寄將去。"《紅樓夢》第四一回："〔丫頭〕又端了兩個小捧盒。揭開看時，每個盒內兩樣。"見下文"捧盒"。

【合】 [2]

"盒 [2]"的本字。此體南北朝時期已行用。見該文。

子孫果盒

專供擺設之果品模型。至遲行用於明代。明祝允明《猥談·俗儉》："江西俗儉，果棧作數格，唯中一味，或果或菜，可食；餘悉充以雕木，謂之子孫果合。"合，同"盒"。

捧盒

盛放食品之盒。口徑大，器身高，盒體較重，使用時須雙手捧起，故稱。陶瓷製品以明代嘉靖、萬曆時景德鎮窯燒製較多，以青花爲主，盒上繪有雲龍、人物、雲鶴、花鳥等紋飾。晚清時又有紅地金彩書"囍"字與黃地粉彩繪花卉、蝴蝶、龍鳳等紋飾。

欙

亦稱"食欙""食罍"，俗稱"累子"。盛放食物之盒子。多層，內有格。因便於提携，後多春游野餐時用之。《廣韵·上紙》："欙，似盤，中有隔也。"南朝宋劉義慶《世說新語·任誕》："〔羅友〕話兒云：'我有五百人食器。'家中大驚，其由來清，而忽有此物，定是二百五十沓烏欙。"宋蘇軾《與滕達道書》："某好携具野炊，欲問公求紅朱累子兩卓（桌），二十四隔者，極爲左右費。"明劉侗等《帝京景物略·嘉禧寺》："輿者三四，從騎數十，所携食欙三四臺。"明洪楩《清平山堂話本·風月瑞仙亭》："打點春盛食罍、燈籠，我今夜與你賞月散悶。"

【累子】

"欙"之俗稱。此稱宋代已行用。見該文。

【食罍】

即欙。此稱明代已行用。見該文。

【食欙】

同"食罍"。此體明代已行用。見該文。

桌盒

盛放席宴用餐具之盒子。《金瓶梅詞話》第七〇回："茶畢，就揭桌盒蓋兒，桌上許多湯飯餚品，拿盞箸兒來安下。"

攢盒

亦作"攢合"。一種盛放糕點果肴等食物之盤盒。內分許多格子，皆向中心攢聚，故稱。明徐渭《女狀元》第四齣："叫黃老爺那人進來，脫了圓領，衙內去取個攢盒，俺們坐一坐。"清平步青《霞外攟屑·釋諺·火齤錫鏇子攢合》："明制，宮中小祭獻及小燕亨，俱用槃榼。《李夢陽傳》所稱攢槃者也，俗稱攢合。以髹漆爲之，外盛以木匜，今亦用漆。"《醒世姻緣傳》第一四回："頓下極熱的酒，果子、按酒、攢盒擺得齊齊整整的。"《紅樓夢》四〇回："一個上頭放着一份壚瓶，一個攢盒。"

【攢合】

同"攢盒"。此體清代已行用。見該文。

第四節　挹取器考

所謂挹取具，是指舀取水、酒等液體所用的器具，也指從液體中撈取物品所用的器具，廣而言之，還包括其他一些進食用具。從古代文獻記載、後世發掘出土、今天沿用器具等途徑可知，古代常用的挹取具主要有匕、勺、留犁、匙、魁、箸、斗、瓢、笊籬、筷子等。它們大小不一，形制各异，顏色有別，用途各有所側重，出現時間也不盡相同，不同時期有不同的主要挹取具。

史前時期，就已經行用匕。出土之史前古匕一般爲骨質，長條形；商周時期又常見銅匕、木匕，主要用以取飯進食；秦漢後又多以漆木、金、銀等製成，呈勺狀，并用以舀酒及其他流質食物，漸變成後之杓與羹匙。史前時期亦已有箸。史載箸亦作梜等。雖然最初人們吃飯不用箸，而是用手把飯送入口裏面：《禮記·曲禮上》："毋摶飯。"（摶，把散碎的東西捏聚成一團。）但在一定條件下人們也使用箸。《史記·十二諸侯年表》："紂爲象箸，而箕子唏。"箸最初上下粗細均等，不分首足。大約到了漢代以後，方普遍使用。當時又稱箸爲梜提，足端變細，主要用於夾取羹湯中的肉菜等，所以比今之筷子稍細長。唐宋以後用途漸廣，至明代時，形狀已固定爲方首圓足，與今天之筷子相同。殷商時期，還出現了另一種挹注器——勺。其形如有曲柄之小斗，多青銅製，今傳世商周之際的勺，即以銅製者爲多。而殷墟婦好墓又曾出土骨勺。已出土之挹注器，其柄或與器口沿相連，或與器腰際連接。到了商代晚期至春秋戰國時期，則又普遍流行斗。斗爲古代挹水用器具，或謂可挹酒。青銅製品，前有圓形小杯，後有柄與之連接，與勺爲同類器。至春秋戰國時代出現了舀水器具瓢。此器由老匏瓜對剖製成，沿用至今（今鄉下常見用瓢舀水者）。至漢代，匙、魁以及留犁等進食用具相繼出現。其中，匙由古匕演變而成，似杓而小，其名始見於漢代；魁是種舀湯之大勺子，大頭，長柄，至宋代時仍沿用；留犁猶匙杓。南北朝時期，又見笊籬一名，此爲竹編勺形網狀濾器，相當於今之漏勺，主要用以淘米或撈取湯水中之物，後亦用柳條、金屬等物製成，沿用至今。而筷子的名稱，則始於明代。俗行舟諱住，而箸音同"住"，故稱爲"快"，後又加"竹"爲"筷"。"筷子"爲進食用具，主要用以夾取食物。至今"筷子"仍爲人們的主要進食用具。縱觀古代的挹取具可發現，其形制一般爲骨製、銅製、竹木製、金製、銀製、瓜製等，質地或同或异，尺寸、外形亦不無差別。

　　時至今日，除却勺、箸之類日常飲食器具外，民間已罕見有使瓢、斗之類大型挹取具，偶或見於民間作坊中。

匕勺類

匕

　　亦稱"柶"。飯具，猶匙。出土之史前古匕，多爲骨質，長條形狀，末端有較淺之邊口。至商周，則以銅匕、木匕爲常見。下端曲起略深，且呈尖葉狀，上部細扁爲柄。主要用於取飯、進食，大小長短因其所用而异。周之匕兼

作禮器，據禮書載，分爲飯匕、牲匕、疏匕、挑匕四種。秦漢之後又多以漆木、金銀等製成，末端已爲圓平口，呈杓狀，并用以舀酒及其他流質食物，漸演變成後之杓與羹匙。《詩·小雅·大東》："有饛簋飧，有捄棘匕。"《説文·木部》："禮有柶，柶，匕也。"《儀禮·公食大夫

禮》:"雍人以俎入陳于鼎南,旅人南面加匕于鼎,退。"南朝宋鮑照《代淮王曲》:"琉璃作碗牙作盤,金鼎玉匕合神丹。"唐韓愈《與鄂州柳中丞書》:"愚初聞時方食,不覺弃匕箸,起立。"明馮夢龍《智囊補·察智·歐陽曄》:"吾觀食者皆以右手持匕,而汝獨以左。"清陳夢雷《絕交書》:"見耿逆而來矣,不孝方食,駭懣,投匕而起。"

柶
（明王圻等《三才圖會》）

【柶】

即匕。此稱至遲漢代已行用。見該文。

匕箸

亦作"匕筯",亦稱"箸匕"。匕、箸皆爲食具,因以泛指食具。《三國志·蜀書·先主傳》:"先主方食,失匕箸。"《北史·崔瞻傳》:"有一河東人士,姓裴,亦爲御史,伺瞻食,便往造焉。瞻不與交言,又不命匕箸。"唐韓愈《苦寒》詩:"將持匕箸食,觸指如排籤。"唐劉禹錫《爲杜相公謝就宅賜食狀》:"舉其匕筯,若負丘山。"《金史·僕散端傳》:"楠方食,擲匕箸於案。"蘇曼殊《絳紗記》:"此人不勝匕箸,何能爲盜?"宋徐積《謝周裕之》:"人皆悅真厚,誰敢停箸匕。"

【匕筯】

同"匕箸"。此體至遲唐代已行用。見該文。

【箸匕】

即匕箸。此稱宋代已行用。見該文。

獸紋匕

殷周時代挹食器具。青銅製。1976年12月陝西省扶風縣法門公社莊白一號窖穴出土之西周微伯癃匕,通長32.5厘米,匕首端長15.2厘米,柄長17.3厘米。匕首橢圓而尖,曲柄呈索紋,末端平,上飾鏤孔雙頭獸紋。器首內鑄銘文一行五字:"散（微）白（伯）癃乍（作）匕"。現藏陝西周原岐山文物管理所。又有見於著錄之獸紋匕,長23.6厘米。曲柄,器身橢圓,尖頭,柄端飾鏤空獸形紋。出土於陝西寶鷄,同形者兩件。日本梅原末治《枊禁之考古學的考察》著錄。

西周微伯骨匕

變形獸紋匕

殷周間青銅挹食之具。曲柄,略長微凹。器長47厘米。一端面積較小,另一端較大,似兩端皆可挹取,柄飾以變形獸紋,故稱。容庚《頌齋吉金圖録》著録。

雙獸紋匕

春秋戰國時期青銅器。一種曲柄匕。長26.3厘米。飾雙獸紋,柄飾獸首及蟠虺紋,填以黑漆。通體呈橢圓形。出土於河北懷安。參閱容庚《殷周青銅器通論》。

象鼻紋匕

春秋戰國時期青銅挹食之器。一種曲柄匕。器長14厘米,體呈橢圓,短柄,柄上飾象鼻紋,故稱。該器出土於河南洛陽。參閱容庚《殷周青銅器通論》。

魚鼎匕

亦稱"角鼎匕"。戰國時期挹食器具。青

銅製，長 19 厘米，柄端殘缺。兩面有銘文十行四十字，内有"墜王魚鼎，曰欽哉出游"句，雖殘三字，但全文大部分可讀，語句整齊，四五字爲讀，音韵響亮，易於上口，銘文錯金。此乃戰國時期特徵之一。該器 1923 年出土於渾源（渾源在春秋戰國時期屬代國）。同時出土多件精美彝器、車馬具以及帶鈎。羅振玉《貞松堂吉金圖》著録。參閲臧克和《魚鼎七銘文有關器名性質新釋》。

【角鼎匕】

即魚鼎匕。此稱爲現代考古定名。見該文。

勺

古代舀酒之器具。多青銅製。形如有曲柄之小斗。宋高承《事物紀原·什物器用·勺》："〔《禮記·明堂位》〕又曰：'勺，夏后以龍勺，商以疏勺，周以蒲勺。'蓋龍、疏、蒲，勺飾也，後王加文耳。然則勺之興，當有虞氏始創之，故無飾也，至夏后加龍以飾之。"若據此而言，則勺乃遠古之有虞氏部落所創。又曰："《禮·明堂位》曰，'勺，夏后氏以龍勺。'推此以考，蓋前有制矣，有夏始加以龍飾。杓，即勺也。祭祀曰勺，民用曰杓，其實一也。或以勺之所容，不過升勺命之，而杓則加廣其所受，皆取酌焉，遂異其名制也。"已出土之挹注器物，或柄與器口沿相連接，或柄與器腰際連接。部分卣、觥出土時所附挹酒器，形制同後一種。因文獻中常將勺作爲挹酒器，遂將此種形制器具稱爲"勺"，將柄與器口沿相連接者稱

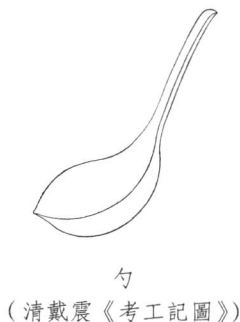

勺
（清戴震《考工記圖》）

爲"斗"。今傳世商周之際的勺以銅製爲多，故宫博物院收藏一對。腹壁外鑄一鳥飾，係戰國時器物。殷墟婦好墓曾出土骨勺。勺器體圓口空，旁有

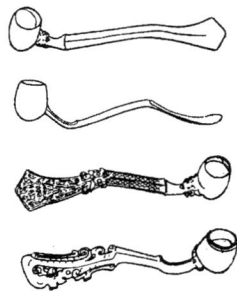

西周青銅勺

柄可以把持，柄或長或短。《周禮·考工記·梓人》："梓人爲飲器，勺一升。"鄭玄注："勺，尊斗也。"《儀禮·士冠禮》："實勺觶角柶。"鄭玄注："勺，尊升，所以斛酒也。"又《鄉射禮》："兩壺斯禁，左玄酒，皆如勺。"宋高承《事物紀原·什物器用部》："《事始》曰：'唐元和初，酌酒用尊勺，雖十數人，一尊一杓，挹酒了無遺滴。無幾，改用注子。'"

杓

本指挹注器之柄，後泛指挹注器，通"勺"。《説文·木部》："杓，枓柄也。"《集韵·入藥》："杓，挹酌器。通作勺。"宋高承《事物紀原·什物器用部》："杓，即勺也。祭祀曰勺，民用曰杓，其實一也。或以勺之所容，不過升勺命之，而杓則加廣其所受，皆取酌焉，遂異其名制也。"《韓詩外傳》卷八："譬猶渴操壺杓就江海而飲之，滿腹而去。"宋曾慥《類説》卷一三："以杓酌酒自錢孔入而錢不濕。"宋蘇軾《汲江煎茶》詩："大瓢貯月歸春甕，小杓分江入夜瓶。"

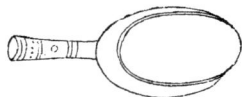

杓
（明王圻等《三才圖會》）

饕餮紋勺

殷代挹注酒器。曲柄，柄長 21.6 厘米。柄

後尾呈圭形。勺底平，口微斂。柄末端飾饕餮紋，中段飾斜方格紋，格中有小點。該器爲陝西寶鷄出土酒器之一，據傳出土時在鼎卣內。現藏美國大都會博物館。

大亞勺

殷代青銅挹注酒之器。柄長而曲。器圓底口微斂。器身飾直紋。柄長 30.3 厘米。據傳出土時在罍中。柄中段下端有銘"大亞"二字。現藏上海博物館。

羊首勺

商代晚期青銅挹注之器。器長 17.5 厘米，勺徑 9.5 厘米。柄端呈羊首形，大角圓目，作鳴叫狀。柄體正中有一長方形鏤孔，孔之前後立一犬一虎，犬豎雙耳，虎張大口，似在捕攫。該器設計巧妙獨特，製作亦頗精緻。《陝西出土商周青銅器》一書有著録。

兩頭龍紋勺

西周早期青銅挹注之器。器底平，口微斂。曲柄，尾端寬大。鏤鑄成龍鳥形。現爲上海博物館藏品。

象牙勺

象牙質勺，故名。西漢時器，已殘。勺長 8.2 厘米，器壁甚薄，表面磨光，并飾以流雲暗紋。1968 年，出土於河北滿城中山國王劉勝墓。河北省文物管理處藏。

象牙殘勺

雕龍紋漆勺

西漢挹食漆具。器長 56 厘米，表面爲黑紅兩色漆成，有光澤。勺柄頂端一段爲紅地，凸

雕出鳥龍，形似如意花紋，頗富裝飾意味。該器出土於長沙馬王堆一號墓。與之同時出土的還有五件亦呈黑、紅二色之小漆勺。

鵲尾杓

一種長柄取酒之器。宋朱勝非《紺珠集》："陳思王有鵲尾杓，直而長，置之酒樽，凡王欲勸者，呼之，尾則指其人。"

鸕鷀杓

刻鸕鷀形之白玉挹注酒器。此稱至遲唐代已行用。唐李白《襄陽歌》詩："鸕鷀杓、鸚鵡杯，百年三萬六千日，一日須傾三百杯。"《謝氏詩源》："金母召群仙宴於赤水……坐有碧金鸚鵡杯。白玉鸕鷀杓，杯乾則杓自挹，欲飲則杯自舉，故太白詩云鸕鷀杓、鸚鵡杯，非指廣南海螺杯杓。"

鱟杓

以鱟殼製成之杓。鱟，甲殼類。宋陳叔方《潁川語小》卷下："鱟，雌常先雄，其子如積珠，毀殼而產，殼甚銛利，南人捲之爲杓，戛釜無餘瀝。吏之能席捲者，故戲指爲鱟杓官人云。"《中國諺語資料》："做鱟杓還怕被湯淌。"

留犁

食具，猶匙杓。此稱漢代時已行用。《漢書·匈奴傳》："昌（韓昌）、猛（張猛）與單于及大臣俱登匈奴諾水東山，刑白馬，單于以徑路刀、金留犁撓酒。"唐顏師古注引應邵曰："留犁，飯匕也。"北周庾信《周上柱國齊王憲神道碑》："撓留犁之酒，經略不前；失燕支之山，下馬而去。"

匙[2]

亦作"鍉"，亦稱"搽匙""湯匙""調羹"。舀取食物（尤指流質、粉末狀物體等）的器具。

宋高承《事物紀原・什物器用部》:"《方言》曰:
'匕謂之匙。'《説文解字》曰:'匕,所以取飯。'
文王之贊《易》至《震》曰:'不喪匕鬯。'《大
東》之詩曰:'有捄棘匕。'注云:'匕,所以載
鼎實。'則匕三王之制也。"可見,匕始於夏禹、
商湯時代,"匙"乃由古匕演變而成,而"匙"
名始於漢代。《説文・匕部》:"匙,匕也,從匕
是聲。"段玉裁注:"蘇林注《漢書》曰:'北方
人名匕曰匙'……今江蘇所謂搽匙、湯匙也。
亦謂之調羹,實則古人取飯載牲之具。其首蓋
鋭而薄。"《後漢書・隗囂傳》:"牽馬操刀,奉盤
錯鍉,遂割牲而盟。"李賢注:"奉盤錯匙而歃
也。"晋王隱《晋書・瑞異記》:"一杯食,有兩
匙;石勒死,人不知。"《廣雅疏證》卷七:"《雜
記》:枇以桑,長三尺,或四五尺……枇,與匕
同。《太平御覽》引《三禮圖》云:'匕以載牲
體。長二尺四寸,葉博三寸,長八寸,漆丹柄
頭。疏匕形如飯操,以棘心爲之。'案:《三禮
圖》記匕之長,與《雜記》不合,失之。"

【鍉】

同"匙²"。此體漢代已行用。見該文。

【搽匙】

即匙²。此稱清代已行用。見該文。

【湯匙】

即匙²。用以挹取湯菜,故稱。此稱至遲清
代已行用。見該文。

【調羹】

即匙²。可用以調製羹湯,故名。此稱清代
已行用。見該文。

魁

亦稱"羹魁"。取食用具。舀湯之大勺子。
《説文・斗部》:"魁,羹斗也。"段玉裁注:"抒
羹之勺也……頭大而柄長。"北魏賈思勰《齊民
要術・種榆》:"十年之後,魁、碗、瓶、榼、器
皿,無所不任。"《太平御覽・器物部》載漢李
尤《羹魁銘》。晋郭璞《易洞林》:"太子洗馬荀
子驥家中以龍銅魁作食欻鳴。"宋劉弇《癸酉歳
暮壽春道中》詩之五:"有客有客垢髮鬚,羹魁
挂鞍無宿儲。"

【羹魁】

即魁。此稱漢代已行用。見該文。

箸 類

箸¹

亦作"櫡""筯",亦稱"梜""筴""梜提"。
即筷子。關於箸的起源,史無記載,今人亦少
關注。其物當始於先祖發明暸火烤、水煮,有
了熱食之後,用以替代手抓。最初上下粗細均
等,不分首足。漢代又稱爲"梜提",足端變
細。古箸與匕分工不同,主要用於夾取羹湯中
之肉菜,故較今之筷子略細長。唐宋後用途漸
廣。至明代已定型爲方首圓足,與今無异。《荀
子・解蔽篇》:"從山下望木者,十仞之木若箸,
而求箸者不上折也,高蔽其長也。"《韓非子・喻
老》:"昔者紂爲象箸而箕子怖。"《禮記・曲禮
上》:"飯黍毋以箸。"孔穎達疏:"飯黍毋以箸
者……當用匕故。"又"羹之有菜者用梜。"鄭
玄注:"梜,猶箸也。今人或謂箸爲梜提。"《史
記・絳侯世家》:"獨置大胾,無切肉,又不置

橢。”司馬貞索隱：“橢音筯，《漢書》作箸。”《漢書·周勃傳》：“上居禁中，召亞夫賜食。獨置大胾，無切肉，不置箸。”《廣雅·釋器》：“筴謂之箸也。”南朝宋劉義慶《世說新語·忿狷》：“王藍田性急，嘗食雞子，以筯刺之不得，便大怒，舉以擲地。”宋王安石《游土山示蔡天啓秘校》：“雖無膏污鼎，尚有羹濡筴。”清趙翼《陔餘叢考·呼箸爲快》：“俗呼箸爲快子。明陸容《菽園雜記》謂起於吳中。凡舟行，諱住、諱翻，故呼箸爲快子。”《紅樓夢》第四〇回：“劉姥姥便伸箸子要夾，那裏夾得起來。”郁達夫《北國的微音》：“舉起箸來趣菜，提起杯來喝酒。”

箸
（明王圻等《三才圖會》）

【橢】

同“箸[1]”。此體漢代已行用。見該文。

【筯】

同“箸[1]”。此體南北朝時期已行用。見該文。

【梜】

即箸[1]。此稱漢代已行用。見該文。

【筴】

即箸[1]。此稱三國時期已行用。見該文。

【梜提】

“箸[1]”之別稱。此稱漢代已行用。見該文。

【筷子】

即箸[1]。亦作“快子”，亦稱“快兒”，別稱“趙達”。進食用具，用以夾取食物。相傳“箸”吳音與“住”相近，俗行舟諱“住”，因稱爲

“快”。後又加“竹”爲“筷”。其名始於明代。明陸容《菽園雜記》卷一：“民間俗諱各處有之，而吳中爲甚，如舟行諱住、諱翻，以箸爲快兒，幡布爲抹布。”明李豫《推蓬寤語》亦載此說，曰：“今因流傳之久，至有士大夫間亦呼箸爲快子者，忘其始也。”又云：“箸謂之趙達。趙達，吳國人也，喜將一箸而算，無不徵應。”《紅樓夢》第四〇回：“原是鳳姐和鴛鴦商議定了，單拿一雙老年四楞象牙鑲金的筷子與劉姥姥。”約於原始社會末期，人們便用樹枝、竹子或動物骨角製成筷子來用。夏商有經琢磨之牙筷與玉筷問世；春秋戰國出現了莊重古樸之銅筷、鐵筷；漢魏六朝，各種規格之漆筷出現，稍後又有精製名貴之銀筷、金筷。各種筷子中，以象牙筷、犀角筷、烏木鑲金筷與各種玉筷爲貴。

【快子】

同“筷子”。此體至遲明代已行用。見該文。

【快兒】

即筷子。此稱至遲明代已行用。見該文。

【趙達】

“筷子”之別稱。趙達，本三國吳人，善射覆，嘗以隻箸射有無，事見《三國志·吳書·趙達傳》。後世人遂以其名稱箸。

玉箸

亦作“玉筯”。玉製之筷子，亦爲筷子之美稱。此稱唐代已行用。《南齊書·崔祖思傳》：“饍器則陶瓠充御，瓊簪玉筯，碎以爲塵。”唐杜甫《野人送朱櫻》詩：“金盤玉箸無消息，此日嘗新任轉蓬。”唐馬戴《離夜》詩：“戎衣挂寶劍，玉箸衛金杯。”唐皮日休《謝惠巨魚之半》詩：“冷鱗中斷榆錢破，寒骨平分玉箸光。”宋黃庭

堅《元明留別》詩："桄榔筍白映玉箸、椰子酒清宜具觴。"清汪懋麟《醉白以杭州韮見餉欣然命酌得詩》之一："厨娘細斫銀絲膾，老子歡齊玉箸頭。"

【玉筯】

　　同"玉箸"。此體至遲南北朝時期已行用。見該文。

竹箸

　　亦稱"竹梜"。竹製之筷子。此稱至遲於唐代已行用。唐白居易《過李生》詩："須臾進野飯，飯稻茹芹英，白甌青竹箸，儉潔無羶腥。"清朱彝尊《食鯉魚》詩："更令開瓶瀉羅酒，七雙竹梜拌中扠。"《三俠五義》第九一回："〔他〕放下一雙黃油四棱竹箸，一個白沙碟兒奄蘿蔔條兒。"箸，同"箸"。按：筷子本多竹木製成，然亦有玉製、牙製或金銀等製成者。

【竹梜】

　　即竹箸。此稱至遲於清代已行用。見該文。

止箸

　　餐具名，置筷之器，形如筆架而小，即今之筷枕。銅製或瓷製，使箸不墜於几而污。上有二半月彎，飲宴時用以擱置筷子。此稱至遲於元代已行用。元孔齊《靜齋至正直記》卷一："宋季大族設席……人人有止箸，狀類筆架而小，高廣寸許，上刻二半月彎以置箸，恐墜於几而有污也，以銅爲之。"

箸篰

　　亦稱"篸""筲""簏""桶椴""箶"。用於盛放筷子之竹器。俗謂"筷子筒"。本爲放置匕箸之筐籠，至漢代已漸變爲專用以置箸。《急就篇·器用》"匕箸篸"顏師古注："篸，盛匕箸之籠也。"《方言》第五："箸篰，陳楚宋魏之間謂之筲，或謂之簏。白關而西謂之桶椴。"《玉篇·竹部》："篸，竹器也……箸篰謂之簏。"《駢雅·釋器》："桶椴，箸篰也。"清王念孫《廣雅疏證·釋器》："《説文解字》：'宋魏謂箸篰爲箶。'箶與筲通，箸篰謂之筲，猶刀室謂之鞘也。《方言》注云：'今俗亦通呼小籠爲桶椴。'"

【篸】

　　即箸篰。此稱漢代已行用。見該文。

【筲】[2]

　　即箸篰。此稱漢代已行用。見該文。

【簏】[2]

　　即箸篰。此稱漢代已行用。見該文。

【桶椴】

　　即箸篰。此稱漢代已行用。見該文。

【箶】

　　即箸篰。此稱漢代已行用。見該文。

其　他

斗

　　亦作"枓"。古代挹水之器具，或可挹酒。青銅製品。前有一圓形小杯，腹較深，後有柄與之相連，柄端或有鋬，以按木把。與勺外形類似，爲同類器。傳世之斗數量甚少，約流行於商晚期至春秋戰國時期。《詩·大雅·行葦》："酌以大斗，以祈黃耇。"《墨子·節用中》："飯於土塯，啜於土形，斗以酌。"《史記·項羽本紀》："我持白璧一雙，欲獻項王，玉斗一雙，欲與亞父。"《周禮·春官·鬯人》："大喪之大洒設斗。”鄭玄注：“斗，所以沃尸也。”《儀禮·少牢饋食禮》：“司宫設罍水于洗東，有枓。”鄭玄注：“枓，𣂁水器也。凡設水用罍，沃盥用枓。”《穆天子傳》卷六：“佐者承斗而哭。”郭璞注：“斗，斟水杓也。”五代徐鍇《説文解字繫傳》：“枓，勺也，从木斗聲。臣鍇按：字書枓，斗有柄，所以斟水。”古代經籍中，斗、勺每挹酒和挹水兩用，不易分别。容庚《殷周青銅器通論》認爲《儀禮》中所記之挹酒器具皆稱爲“勺”，故應以挹酒之器名“勺”，以挹水之器名“斗”。王振鐸《司南指南針與羅經盤》則認爲“持‘斗’‘勺’二字書法結構觀之，斗之柄出自斗首腰際，勺之柄與勺首相連。”或以曲柄爲斗，直柄爲勺别。一般圖籍斗、勺之劃分多較混亂。

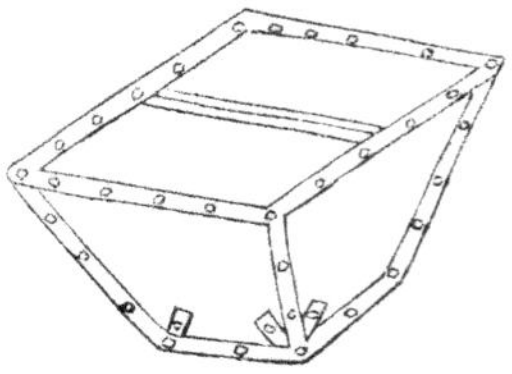

斗
（元王禎《農書》）

【枓】

同“斗”。此體先秦時期已行用。見該文。

但吏斗

戰國晚期青銅挹水器。通高25.7厘米，柄長17厘米，口廣12.3厘米。1932年出土於安徽壽縣朱家集。橢圓口，圜底，深腹。柄側有銘文七字云：“但吏秦苛爲㬵之。”《集韵·平唐》：“剛，古作但。”現藏故宫博物院。

金斗[2]

即金屬之斗。用以斟羹，亦用以酌酒。戰國時，趙王欲併代，令工人作金斗，長尾，反之可以擊人。趙王與代王飲，陰令厨人於酒酣之時進熱飲，即因反斗擊之，代王腦塗地而死。《戰國策·燕策一》：“昔趙王以其姊爲代王妻，欲併代，約與代王遇於句注之塞。乃令工人作爲金斗，長其尾，令之可以擊人。”《吕氏春秋·長攻》：“先令舞者置兵其羽中數百人，先具大金斗，代君至，酒酣，反斗而擊之，一成，腦塗地。”高誘注：“金斗，酒斗也。金重，大，作之可以殺人。”宋孔平仲《兄長寄五詩依韵和寄詩各有所懷》：“金斗例垂交歡飲，玉蟾分面各題詩。”曹禺《王昭君》第二幕：“把酒一氣喝完，放下金斗。”

笊籬

亦作“爪籬”。竹篾編成之蛛網狀勺形濾器。猶今之漏勺，用以淘米或撈取湯水中之物。後亦以柳條、金屬等製成。其名南北朝時已見用，沿用至今。北齊賈思勰《齊民要術·餅法》：“〔䴵麵〕須即湯煮，笊籬漉出。”《景德傳燈録·令尊禪師》：“問如何是有漏，師曰：笊籬。曰如何是無漏，師曰：木杓。”元戴侗《六書故》：“今人織竹如勺以漉米，謂之笊籬，俗有爪籬字。”元劉君錫《來生債》第三折：“我一日編十把笊籬，着靈兆孩兒貨賣。”明宋應星《天工開物·甘嗜》：“用火糖頭之上，則浮漚黑滓盡起水面，以笊籬撈去，其糖清白之甚。”《西游記》第四六回：“劊子手將一把鐵笊籬，在油鍋裏撈。”

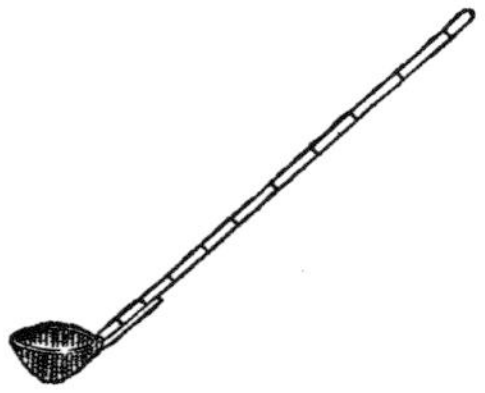

笊籬
（清麟慶《河工器具圖説》）

【爪籬】

同“笊籬”。此體元代已行用。見該文。

罩爻

用柳條或蘆葦編織而成之盛器，或取物用

具，可從其縫隙中漏出餘水。爻，象稀朗之交織物，因稱。章炳麟《新方言·釋器》：“《説文解字》：‘爻，二爻也，力几切。’爾字從，謂其孔。故直隸謂葦柳諸器爲罩爻。”

瓢

亦作“剽”，亦稱“匏蠡”。舀水之用具。由老匏瓜對剖製成。《論語·雍也》：“賢哉，回也！一簞食，一瓢飲，在陋巷，人不堪其憂，回也不改其樂。”《莊子·逍遥游》：“魏王貽我大瓠之種……剖之以爲瓢，則瓠落無所容。”《周禮·春官·鬯人》：“禜門用瓢齎。”鄭玄注：“故書瓢作剽。”《墨子·備城門》“盛水有奚蠡”，孫詒讓注：“杜子春注《周禮·春官·鬯人》曰：‘瓢，謂瓠蠡也。’匏蠡、奚蠡，一聲之轉。”《漢書·東方朔傳》：“以筦窺天，以蠡測海。”晋陶潛《五柳先生傳》：“短褐穿結，簞瓢屢空，晏如也。”唐韓愈《調張籍》詩：“刺手拔鯨牙，舉瓢酌天漿。”亦泛指用其他材料製成的“匙”“勺”之類器具。《水滸傳》第五六回：“李榮把出一個瓢來，先傾一瓢，來勸徐寧。”明楊慎《丹鉛總録·訂訛·以蠡測海》：“今閩廣之地，以鸚魚殼爲瓢，江淮之間或用螺之大者

爲瓢，是以蟲殼代瓜匏用也。”

【剽】

同“瓢”。此體先秦時期已行用。見該文。

【匏蠡】

即瓢。此稱漢代已行用。見該文。

【匏勺】

即瓢。亦稱“瓢勺”。《後漢書·禮儀志下》：“瓦鼎十二，容五升；匏勺一，容一升。”《南齊書·卞彬傳》：“彬性好飲酒，以匏壺瓢勺杭皮爲肴。”《南史·陳慶之傳》：“何水曹眼不識杯鐺，吾口不離瓢杓。”杓，通“勺”。

【瓢勺】[1]

即匏勺。此稱南北朝時期已行用。見該文。

蠡器

亦稱“瓠瓢”。馬杓，盛水之器。漢代已見稱“蠡”。《漢書·東方朔傳》：“以筦窺天，以蠡測海。”《南齊書·東昏侯紀》：“馳騁渴乏，輒下馬解取腰邊蠡器酌水飲之，復上馬馳去。”《資治通鑑·齊東昏侯永元元年》引此文，胡三省注：“蠡，瓠瓢也，今謂之馬杓。”

【瓠瓢】

即蠡器。此稱宋代已行用。見該文。

第五章　宴筵説

第一節　貯酒器考

　　古代的貯酒器，是指貯存、盛放酒液的各種器皿。根據古籍記載、出土文物、沿用器具考察，古代的貯酒器主要有壺、罍、瓮、卣、觚、彝、鴟鶷、罇、尊、鐏、瓦大、舩、榼、鈁、康瓠、鍾、壺榼、椑、鋞、壚、鉀、經程、服匿、欂、注子、小花蠻榼、郫筒、老瓦盆、鴟、酒瓶、瓷宮、混沌、匹裂、鐐盎、素子等。它們不僅種類繁多，名目不一，而且形制不同，質地各异。一般説來，有陶製、瓷製、金製、銀製、玉製、青銅製、木製、瓜製、獸角製、皮製等。

　　在衆多的貯酒器中，壺是一種非常普遍的盛酒器，出現時間較早，新石器時代就已出現了黑陶闊把蓋壺；商代出現了青銅壺；春秋戰國時尤其盛行；漢以後仍有，沿用至今。該器口小，肩廣，腹深，有蓋。各個時期又有不同的樣式、不同的名稱、不同的尺寸等，如春秋時期有金壺（銅壺之美稱），唐代有玉壺、酒壺、小口等，宋代有匾壺，清代有"自斟壺"等。商代時，出現了罍、舩等酒器。罍初爲瓦器，後又有以金、玉、銅等爲之者，主要盛行於商和西周，其形狀有二：方形罍多爲商代器；圓形罍則於商代、西周中期皆存。

至清代仍有罍稱。觥初用獸角製成，後亦用銅、玉、木、陶等製作，青銅觥出現於殷墟晚期，沿用至西周早期。大約至商中晚期，又流行瓮。此器口大，肩廣，腹巨。當罍普遍使用之時，瓮便逐漸消失。卣亦盛行於商代和西周，考古發現的數量頗多。此器橢圓口，深腹，圈足，并有蓋與提梁。一般説來，商代多橢圓形或方形卣，西周多圓形卣。商周時代還盛行觚。該器大致相當於後世之酒杯，長身，侈口，口和底部皆呈喇叭狀。周代又盛行瓮、百乳彝、罍等。瓮多爲瓦器，也有青銅、金銀製品。口小，肩廣，腹大。南朝梁簡文帝《南郊傾》載有銀瓮，即銀製之酒瓮；元吳弘道《金字經》又載有"醅瓮"。"百乳彝"周圍有二百一十六個乳釘，故稱。罍之名稱見於器身銘文，瓦製或青銅製，口微侈，肩寬，頸束，盛行於西周晚期至春秋前期，如西周晚期有青銅酒器"仲義父"。商代和西周初期盛行的尊，多爲青銅製品，口侈，腹鼓，形似觚而中部較粗，或圓或方，至春秋戰國已很少見。尊除指一切酒器之通稱外，又專指酒尊，在此意義上，尊又作樽。該器因時而异，如周代的"著尊"爲無足着地之酒器；十六國時載有"玉樽"；南朝時又載有"綠樽"（爲"酒樽"之雅稱）；唐代又出現了"金樽""清樽""訶陵樽"等器；宋代還有"匏樽""癭木樽"等。至春秋時期，罎、瓦大、鴟鵜等酒器又相繼出現。其中罎形似瓶或罍，口斂，腹大，陶製或青銅製品。傳世之青銅器中只有一件春秋時期之"國差罎"自稱"罎"。瓦大爲古代陶製酒器，《儀禮》等皆有所載。鴟鵜原係以皮革製成之盛物袋，後世以爲酒囊，用青銅等製成皮囊狀酒壺。先秦時出現的酒器還有榼、鈁等。榼始載於先秦典籍，爲壺屬，腹大而有蓋，多用金屬或陶瓷爲之。鈁雖於先秦已見，但盛行時間爲戰國末至漢初。該器是一種方形酒壺，青銅製或陶製，一般爲鼓腹、長頸。至秦漢之際，又出現了康瓠、壺榼等酒器。康瓠爲陶製之罍罐，其名稱始見於秦漢之際，延用至宋代。壺榼、始見於秦漢之際，延用至清代。漢代時，鍾、椑、鎗、壚、經程、鉀、服匿等酒器又先後出現。鍾是一種圓形壺，多銅質，亦有木胎漆器；椑亦壺屬，扁圓形，唐宋以後爲偏提所取代；鎗在《説文》中有記載，至清代時仍見此稱；壚爲陶瓦質，口小，似瓶；經程爲瓦器，似瓶，口圓，頸細，腹長；鉀是種銅質酒壺，形扁，西漢有自銘爲鉀者；服匿爲古代匈奴人之酒器，小口，大腹，方底，延用至清代。南北朝時，出現了罌，該器爲圓形陶器，口小，肚大。至唐代時，注子、小花蠻榼、郫筒、老瓦盆、酒瓶等酒器又相繼見用。唐元和中始用"注子"，直至明清時代，其形似長頸汲瓶，蓋、柄、嘴皆存；"小花蠻榼"又簡稱"小蠻"，唐代詩文中已常見，五代時仍有；"郫筒"爲蜀地郫邑人截大竹爲之，明代文獻中仍有所載；"老瓦盆"爲陶製盛酒器，唐宋詩文中有記載，元明時代仍見稱；"酒瓶"於唐宋詩文中常見，後延用至今。唐宋之際出現了"瓷宮"，此器以耀州青瓷製成，宋代尤以青釉瓷最精。宋代時，鴟、混沌、匹裂、鐐盎等酒器也隨之問世。"鴟"一般用於向人借書、還書時以之盛酒來作酬謝，直至清代尚有；"混沌"爲皮製盛酒囊袋，達於清代；"匹裂"形似小罐，以木製成，腹大，口小，始於宋朝，達於清代；"鐐盎"用白銀製成，歛口，巨腹。明清時，又有素子出現。"素子"爲一種方言稱呼，此器用錫或瓷製成，頸細而長，底大，其名稱始於明清，延用至今。

今世普通百姓罕見備有貯酒器者，購置酒類多爲密封之瓶裝，頗便保存。酒廠及商家通常備有貯酒設備。又因從養生的角度，人們已注意於戒烟限酒，飲酒量相應減少，貯酒器非常備之物，古今差异甚大。

飲器

亦稱"酒器"。盛酒、飲酒、沽酒所用器皿之總稱。如壺、罍爵、觶、觚之類皆是。此稱見於春秋時期。《周禮·考工記·梓人》："梓人爲飲器，勺一升，爵一升，觚三升。"《戰國策·趙策》："晋三分知氏，趙襄子最怨知伯，而將其頭以爲飲器。"《史記·刺客列傳》載此，張守節正義："劉云：'飲器……，酒器也，每賓會設之，示恨深也。'"《漢書·匈奴傳》："以老上單于所破月氏王頭爲飲器者共飲血盟。"

【酒器】

即飲器。此稱南北朝時期已行用。見該文。

【酒具】

即飲器。亦稱"酒董"。《事物原會》卷二七載：《格古要論》：'古人飲酒用盞，未嘗把盞，故無勸盤。今所見定器勸盤，乃古之洗。'《韓非子》：'禹作酒器，墨染其外而朱畫其內。'《事物原始》：宋時酒戶賣酒論角，今時注壺或論斤。《禮器》注：'凡觚一升曰爵，二升曰觚，三升曰觶，四升曰角，五升曰散，一石曰壺，五斗曰瓠。'"《宋書·隱逸傳·陶潛》："潛嘗往廬山，弘（王弘）令潛故人龐通之，齎酒具於半道栗里要之。"清蒲松齡《聊齋志異·狐嫁女》："已而，主人歛酒具，少一爵，冥搜不得。"清鄭燮《范縣署中寄舍弟墨第二書》："其內茅屋兩間，一間作客，一間作房，貯圖畫、史籍、筆、墨、硯瓦、酒董、茶具其中，爲良朋好友，後生小子論文賦詩之所。"

【酒董】

即酒具。此稱清代已行用。見該文。

壺　類

壺

　　盛液體之器皿。該器初爲陶製，形仿瓜瓠，故稱。新石器時代已見其物，商代已有，青銅壺，多作酒器。河北平山中山王墓出土之銅壺就保存有兩千三百年前的古酒。亦用於盛水、注水等，如春秋時有自銘爲"盥壺"者。1988 年江蘇金壇市西崗鎮三星村新石器時代文化遺址出土的陶製鳥形壺爲國內少有之珍品。青銅壺於春秋戰國時代尤其盛行。漢代以後仍有。其形狀多爲深腹、小口、廣肩、圈足，或有兩耳，圓形或方形，變化多樣。商代壺多扁圓，有蓋，長頸，貫耳，圈足，亦有圓形者。西周前略承其制，亦有腹前有鼻者。後期則少貫耳，多獸耳銜環，或雙耳作獸形，間有無耳者，下腹大而頸粗，亦有體呈長方形而圓其角者。春秋時，壺呈扁圓，長頸，肩上有二伏獸，有蓋，蓋上多作蓮瓣裝飾，亦有方壺，如蓮鶴方壺。戰國壺有圓形、方形、扇形、瓢形等，多無蓋，耳

壺
（明王圻等《三才圖會》）

多蹲獸或獸面銜環。戰國時有一種壺，扁平而圓，橢圓形口，方圈足。《博古圖》稱之爲"匾壺"，傳世器中自名爲"匾"，如"斜方雷紋匾"。至漢代，圓形壺稱爲"鍾"，而方形壺則稱"鈁"。晉代盛行瓷壺，多盤口，長頸，壺身飾羊首或雞頭爲流，有柄，肩部兩側有繫。至唐代，壺式又變，有"注子""偏提"等。參見本考該文。《詩·大雅·韓奕》："顯父餞之，清酒百壺。"《周禮·秋官·掌客》："壺十四。"鄭

白瓷童子誦經壺　　　　影青蓮瓣燙酒壺

玄注："壺，酒器也。"又《司寇》："壺涿氏下士一人，徒二人。"賈公彥疏："壺乃盛酒之器。"《左傳·僖公二十五年》："國子執壺漿。"又"趙衰以壺飧從，徑餒而弗食。"

黑陶闊把蓋壺

　　新石器時代飲器。1966 年上海馬橋遺址下層良渚文化墓葬出土。通高 15.4 厘米，口徑 7.6 厘米。此器發現時位於人骨架之頸旁，爲中國新石器時代使用的一種飲器。橢圓形口，一端上翹成流；腹作圓桶形，一側有一寬把手；矮圈足。把手上飾平行豎條紋。蓋與把手頂端各有兩個圓孔，便於穿繩，使蓋附於把上，不致脫落。整器似一隻佇立之水鳥，造型美觀大

戰國聯座壺　　　　舞馬銜杯銀壺

方。現藏上海博物館。

灰陶瓦棱紋壺

　　新石器時期陶製液體盛器。1979 年上海青浦福泉山遺址崧澤文化層出土。敞口，高頸，摺腹，高圈足。頸部飾數道弦紋，腹飾瓦棱紋，圈足飾弧綫三角形，圓形鏤空及壓劃紋。整體造型規整，紋飾樸素大方，尤其圈足之鏤空紋飾，精巧美觀。此爲崧澤文化之典型器物。現藏上海博物館。

獸面紋卵形壺

　　河南安陽侯家莊西北岡出土，爲商代青銅製酒器。高 63.3 厘米，器作上小下大之卵形，下承三個粗短柱足。有蓋，蓋上有小紐。器頸飾二環形獸耳。全身滿飾花紋，爲三角雷紋、饕餮紋及夔紋相間排列。該器形制奇異，花紋別緻。現藏日本京都市有鄰博物館。

虎紋壺

　　春秋時期青銅酒器。1978 年河南固始侯古堆村一號墓出土。小口，直頸，鼓腹，頸細而腹大。肩上立兩環形耳，下承蹄形之足。蓋頂有一小環爲提手，蓋與肩隱刻帶狀回紋，頸與腹則滿刻二虎相鬥圖像。古代青銅器之紋飾多係鑄出，此壺則周身隱刻，綫條細密流暢，形象生動活潑，擺脱了古樸厚重之傳統鑄造方法。現藏河南博物院。

禺邗王壺

　　春秋晚期青銅酒器。河南輝縣出土。通蓋高 48.3 厘米。壺呈圓形，頸寬，斜肩，中部收束，下腹龐大而足斂，下爲短圈足。頸部蹲兩獸耳，爲攀緣於頸的回顧式龍。蓋作外張之斜蓮瓣形。遍體飾獸帶及饕餮紋，紋飾之間飾繩紋五道。蓋外有銘文十九字：“禺邗王於黃池，

爲趙孟疥邗王之惕金，以爲祠器。”“禺”或讀作“遇”。《左傳・哀公九年》：“吳城邗，溝江淮。”《説文・邑部》：“邗，國也，今屬臨淮……一曰邗本屬吳。”此器乃吳王夫差與晉定公、魯哀公會於黃池後（前 482）所作之壺。

鳥獸龍紋壺

　　春秋晚期晉國青銅酒器。1923 年山西渾源縣李峪村出土。兩件。壺高 44.2 厘米，口徑 16.6 厘米，腹徑 25 厘米。頸較長，圓腹。通體滿飾平雕與浮雕花紋，自頸口至壺底共有帶狀飾紋五組，爲三種圖案裝飾而成。前三組爲一種人首鳥嘴、獸身、鳥尾之怪獸與蟠龍相交纏。第四組爲一獸面怪物，口銜兩蟠龍，對稱相背展開，蟠龍尾與另一組之龍尾相交纏，底部爲半浮雕之一周雁群，雁作昂首曲頸狀，刻畫入微。各組紋飾之間，半浮雕出牛、虎、豹等小動物。據《山海經》記載，紋飾中之此類怪物，大都是自然神和統治山川神靈，爲古人崇拜之物件。此器構圖華麗，爲春秋晚期青銅器中代表作之一。現藏上海博物館。

蓮鶴方壺

　　春秋晚期青銅酒器。1923 年出土於河南新鄭。一對。其一通蓋高 125.7 厘米，口縱 26 厘米，寬 31.7 厘米。器形壯麗。壺身飾蟠曲龍紋，四角攀緣着有翼之飛龍。兩旁爲鏤空有華冠之龍形大雙耳。圈足，下伏有咂舌之雙龍。有蓋，蓋周并列雙層蓮瓣，蓮瓣中立一鶴，作張翼欲飛、引吭長鳴狀。蓋周飾以竊曲紋，此壺所飾鳥獸具有動態和旋律感，與商周青銅器之裝飾花紋基本呈靜態的肅穆格調，形成鮮明的對照，體現了新時期之藝術構思。現藏河南博物院。

狩獵紋壺

戰國時期青銅盛酒之器。高 39 厘米。壺體呈圓形，鼓腹，短頸，圈足，兩環耳。器身滿飾突花圖案七層，上層飾以鳳紋，頸部及腹中部作鉤連紋寬頻，其餘各層均飾狩獵圖。紋飾細密精巧，極有層次。日本人梅原末治《戰國青銅器之研究》著錄。

宴樂水陸攻戰紋壺

戰國時代青銅酒器。1965 年出土於成都百花潭。高 40.6 厘米，口徑 13.4 厘米，腹徑 26.5 厘米。侈口，斜肩，鼓腹，圈足。肩上有銜環兩獸耳。壺身滿飾嵌錯圖案。以三角雲紋爲界帶，將圖案自上而下分爲四層：上層左爲習射圖，有十三人腰懸短劍，手持彎弓，其中一人正滿弓欲射，其旁坐一報靶人；右爲采桑圖，有十五人，或摘或運，另一人正歌舞助興。第二層亦分爲兩組，左一組正表演樂舞，或擊編鐘、編磬，或擊鼓，或執長矛演武；右爲狩獵與宴樂場面。兩層畫面爲權貴之家生活寫照。這些場面或見於《儀禮》及《禮記·月令》。第三層爲水陸攻戰場面，左爲步戰仰攻，攻方穿齊膝戰袍，舉戈持劍，手扶雲梯，向上衝殺。城上士兵正射殺攻城之士；右爲水戰，雙方各據戰船，船頭旌旗招展，艙內人拼命劃槳，甲板上武士持長矛格鬥，爲當時諸侯兼并戰爭在藝術上的反映。下層乃四位獵人持矛刺獸。自商周圖案裝飾發展至戰國畫像，創作題材及形式皆有

宴樂水陸攻戰紋壺

顯著進步，形象生動，嵌錯技術亦極爲精湛。現藏四川省博物館。另又有一形制、圖案與此大抵相同之傳世品。現藏故宮博物院。

獸面紋銅壺

戰國時青銅酒器。1935 年河南輝縣出土。通高 60.3 厘米，口徑 14.6 厘米。壺呈圓形。頸短，腹深，圈足甚矮。腹部均勻鼓出似立之蛋形，肩上飾獸首銜雙耳。蓋上作蓮瓣八個，爲鏤空形，上覆以圓板，板上立一鳥，作張翅欲飛之狀，造型生動。腹飾獸帶紋八道，以凹帶間之。此類壺戰國早期甚流行。

鑲嵌紅銅龍紋扁壺

戰國時期青銅酒器。1936 年河南輝縣琉璃閣村戰國墓出土。通高 52.8 厘米。橢圓形，平底，鼓腹，頸部以上漸斂至口，有蓋，蓋上有一小紐。頸有兩環耳，腹下部有四環耳，可穿索提携。頸飾二象連鼻及鳥紋，肩、腹則以紅銅鑲嵌三周龍紋。此器現藏於河南博物院。

鑲嵌蟠螭雲紋壺

戰國晚期青銅酒器。1966 年陝西寶鷄出土。高 19.3 厘米，腹徑 15.6 厘米，鼓腹、圈足。全器嵌有金銀片、綠松石和以米砂爲底的透明晶體，組合成雙形蟠螭紋和雲紋相間的圖案。此器形體雖小，但製作精緻，是戰國晚期金銀錯細工代表作。現藏陝西省寶鷄市博物館。

立鳥鑲嵌幾何紋壺

戰國晚期青銅酒器。1972 年出土於江蘇漣水。高 74 厘米，口徑 20 厘米。敞口，斂頸，鼓腹，圈足，以張翼的三鳥負之。斜肩，肩上有兩套環獸耳。有蓋，蓋周立三隻仰首張口翹尾小鳥，蓋心又套小蓋，小蓋上立一鷙鳥，造型生動。壺身以金銀絲、綠松石鑲嵌，頸飾菱

紋，腹飾方塊紋、三角幾何紋，精緻美觀。現藏南京博物館。

哨壺

口不正之壺。《禮記·投壺》："主人請曰：'某有枉矢哨壺，請以樂賓。'"鄭玄注："枉、哨，不正貌。爲謙辭。"孔穎達疏："枉謂曲而不直也；哨謂哨峻不正。是主人謙遜之辭。"王肅云："枉，不直。哨，不正也。"則至遲漢代時已行用此稱。

魚形扁壺

西漢早期青銅酒器。高 31.8 厘米，腹橫 23.9 厘米。壺作魚形，滿刻鱗紋。口與頸部爲魚首，圈足刻魚尾。細頸鼓腹，肩上飾兩環耳，造型十分別緻。魚象徵豐收富裕，爲漢器常見之裝飾題材。現藏上海博物館。

銅鏈子壺

西漢時期青銅酒器。1968 年河北滿城中山靖王劉勝墓出土。高 30.6 厘米，口徑 9.3 厘米，足徑 8.5 厘米。形似橄欖，無紋飾，短圈足，有蓋。頸部四個鋪首之上各繫一條長鏈。壺蓋之四個小紐上各繫一條短鏈，長鏈穿過短鏈末端的一個環，以繫牢壺蓋，相近兩條長鏈之末端又以一大環相連接，組成了兩組鏈子，便於手提或背在身上。或是爲出游時飲酒而特製。

錯金銀鳥篆文壺

西漢時代青銅酒器。1968 年河北滿城中山靖王劉勝墓出土。同時出土兩件，大小形狀大抵相同，應爲一對。其一高 44.2 厘米，口徑 15 厘米。另一件高 40 厘米。圓腹，圈足，二環耳。有 5 蓋，蓋上有似雲紋之三紐。此器綺麗精美，蓋及器身均用纖細之金銀絲錯出鳥篆和花紋。鳥篆流行於春秋戰國時期。西漢初期之

鳥篆銅器，此爲初見。鳥篆銘文四十二字，每三字或四字一句，句末有韵。內容反映了追求物質享受和祈求長生的思想。

西漢錯金銀鳥篆文壺

彩繪三角紋陶壺

西漢時陶製容器。1975 年河南三門峽市上村嶺七號漢墓出土。通高 32 厘米，口徑 12 厘米。敞口，細頸，鼓腹，有蓋，圈足。蓋及腹部，分層繪以密集等腰之三角形，各層之間分別用紅、白和紅、黃二色相間之彩帶作爲界綫。圈足上則繪紅色等對頂三角形，每對三角形作橫、豎交替排列，中間界以白色與土黃二色分隔號。在所有紅三角外之空地，均填以白色小圓點。圖案工整，色彩鮮艷，且圖案多達九層，更顯得斑駁陸離。現藏河南博物院。

彩繪仙人戲龍虎壺

西漢時期陶製容器。1958 年洛陽市洛陽專區糧庫二十一號漢墓出土。通高 49 厘米，口徑 18 厘米。空心假圈足，肩部有對稱之兩鋪首。器表面先塗以白粉爲地，然後自蓋至器身，用紅、綠、紫、黑等色分層繪出雲紋、三角紋、渦紋、菱形紋等圖案。各層圖案間以彩帶爲分界綫。腹上之體紋飾爲二仙人分別戲一龍一虎及人面獸、人面鳥各一，并間以流雲紋。漢代道家視龍虎爲神獸，可乘之以升天。關於人面獸和人面鳥，據《山海經·海外南經》："南方祝融，獸身人面，乘兩龍。"郭璞云："火神也。"然此人面獸乘一龍，又《西山經》載："又名曰

鴞傒。"故此畫中之人面獸與人面鳥，或即祝融和鴞傒。此器現藏河南博物院。

彩繪獸紋陶壺

西漢時期陶製容器。1959年洛陽市一百五十二號漢墓出土。通高47.6厘米，口徑18厘米。敞口，細頸，鼓腹，有蓋。器身表面先施以白粉作地，蓋上繪三朵捲雲紋，墨勾朱填。壺身紋飾分九層，腹上部第七層爲主體畫，繪一狼一虎，均處於流雲之中。其他各層以紅、黑等色繪出雲紋、三角紋、渦紋、鋸齒紋、菱形紋等圖案，層與層之間以彩帶爲分界綫。據《山海經・西山經》載，盂山上"其獸多白狼白虎"。但此虎狼却置身於流雲中，顯然已升天成了神。現藏河南博物院。

乳釘紋壺

西漢時期青銅酒器。1968年河北滿城中山靖王劉勝墓出土。斜肩，鼓腹，圈足，兩肩飾銜環獸耳。有蓋，蓋上立三紐。蓋及腹部飾有數道平行嵌金銀寬頻，其間又以嵌金銀斜帶交叉而形成菱紋與三角紋，交叉點上鑲以銀乳釘，菱紋與三角紋中嵌以綠琉璃。全壺彩色繽紛，綺麗异常。器底刻銘文，有"長樂卧宮"等字樣。"卧"爲古代"食"字之俗體，"長樂宮"爲皇太后居住之宮殿，故推測此壺曾一度是長樂宮中之器物，後賜予劉勝。

鷄頭壺

一種早期瓷壺。由鷄頭罐演變而成。因壺身飾有鷄首，故稱。西晋時江浙一帶瓷窑多燒製青釉或黑釉瓷壺，肩部兩側飾鷄頭與鷄尾。

晋釉鷄頭壺

至東晋，鷄頭兼作出水之流，鷄尾爲由肩至盤口的長柄取代，形體渾圓，南朝以來漸變瘦長。同類瓷壺亦有作羊頭流與龍首柄者，唐以後逐漸消失。

青瓷羊頭壺

當由鷄頭壺演變而來。江蘇南京幕府山東晋墓出土。器高35.7厘米。淺盤口，頸細長，呈喇叭形，上腹圓凸，下腹瘦長，平底背，有雙繫耳，兩耳左側爲羊頭形溜嘴，右側有與盤相聯之把柄。灰胎，施玻璃質青釉。現藏南京博物院。

南朝瓷器晋青瓷羊頭壺

黄釉瓷扁壺

北齊時瓷製水器或酒器。1971年河南安陽縣北齊范粹墓出土。器高20厘米，口徑寬5.2厘米，長6.3厘米。形體扁圓，上窄下寬，敞口短頸，假圈足，無蓋。肩頸連接處，飾聯珠一周，兩肩各有一孔，似游牧民族馬或駝背上所挂之皮囊。壺身兩面均飾有"胡騰舞"圖案：正中一人婆娑起舞於蓮臺之上，左右各二人配樂伴奏，左一人撥琵琶，一人拍鈸；右一人吹笛，一人作擊掌狀，均爲當時少數民族形象。畫面樸素大方，有韵律感。通體施橘黃色釉，底部有凝脂狀釉珠，其别緻之造型和用"胡人"樂舞作裝飾之圖案，在中原地區較罕見。現藏河南博物院。

鳳首龍柄壺

唐代前期青瓷製品。高41.2厘米，口徑9.4厘米，長頸鼓腹。腹部爲以堆貼工藝製成兩周紋飾，主要圖案爲力士與寶相花，并襯以連珠、花瓣、葡萄紋等。蓋作鳳頭形，柄爲一條長龍，龍口銜蓋，龍尾與底座相接。此器設計新穎，其造型當受到波斯薩珊王朝金銀器的影響。現藏故宮博物院。

鳳首龍柄壺

三彩鴛鴦壺

唐代陶瓷酒器或水器。1974年出土於河南新安縣十里村唐墓。器高13.5厘米。壺作鴛鴦形，背部有橢圓形口。鴛鴦扁嘴長頸，昂首捲尾，兩翼覆身。翼及尾部飾以紅、黃、綠、白色釉，頸及腹深均敷以棕紅色釉，頸部飾白釉，冠部施綠釉。形態逼真，裝飾華麗，乃珍貴藝術品。現藏河南博物院。

酒壺

盛酒之壺。其物新石器已見出土，爲陶製。商代已有青銅壺，形制多樣，名稱不一。但至唐元和初，只是用以盛酒，無出酒之嘴，取酒需用樽勺，自元和中始有嘴，稱"酒注子"。先秦時偶見帶嘴之壺，但并非專用以注酒。《三國志·吳書·吳主傳》："權使太中大夫鄭泉聘劉備于白帝。"裴松之注引三國吳韋昭《吳書》："泉臨卒，謂同類曰：'必葬我陶家之側，庶百歲之

西周青銅酒壺　　清竹雕帶鏈執壺

後化而成土，幸見取爲酒壺，實獲我心矣。"唐李商隱《西溪》詩："近郭西溪好，誰堪共酒壺。"宋歐陽修《和聖俞春雨》詩："莫嫌來往傳詩句，不爾須當泥酒壺。"清蒲松齡《聊齋志異·勞山道士》："乃於案上取酒壺，分賚諸徒，且囑盡醉。"

玉壺 [2]

玉製之酒壺。亦爲酒壺之美稱。《後漢書·楊震傳》："詔賜御府衣一襲，自所服冠幘綬，玉壺革帶，金錯鈎佩。"晉郭緣生《述徵記》："吳主以潘夫人爲神女，與游昭宣之台，既盡酣醉，吐於玉壺中。"唐馬戴《贈別北客詩》："飲盡玉壺酒，留贈金錯刀。"唐李白《玉壺吟》："烈士擊玉壺，壯心惜暮年。"唐曹唐《小游仙詩》："忘却教人鎖後宮，還丹失盡玉壺空。"宋辛弃疾《感皇恩·壽范》詞："樓雪初晴，庭闈嬉笑，一醉何妨玉壺倒。"清王士禎《上已辟疆招同邵潛夫陳其年修褉水繪園》詩："碧琉璃上雙玉壺，蘭橈宛轉沿春蕪。"

金壺

酒器。銅壺之美稱。晉陸機《漏刻賦》："挈金壺以南羅，藏幽水而北戢。"唐崔液《蹋歌詞》："金壺催夜盡，羅袖舞寒輕。"後蜀毛熙震《更漏子》詞："烟月寒，秋夜静。漏轉金壺初永。"或指黃金酒壺。《晏子春秋·雜上十九》："景公游於紀，得金壺。"亦爲酒壺之美稱。唐韓翃《田倉曹東亭夏夜飲得春字》詩："玉佩迎初夜，金壺醉老春。"宋曾鞏《降龍》詩："凝寒墮指熱侵骨，一宴百盞傾金壺。"

匾壺

亦作"扁壺"。形扁之壺，多以銅錫、陶瓷等製成。用以盛酒貯水。宋王黼等《博古圖》

十三："右高八寸六分，深八寸三分，口徑長三寸五分，闊三寸，容五升七合，重四斤一十兩，兩耳連環有提梁，無銘，周腹純素，不加蟲鏤，純緣之下作蟠虬糾結之狀，形模差區，已失上古壺制，然工鑄雖精巧，而竊近人

北齊瓷區壺
（華夫《中國古代名物大典》）

情，是必'漢'器也。"明袁宏道《瓶史》："銅器如花觚、銅觶……區壺。"元佚名《南宋館閣續録·儲藏》："古器四十……銅鐸一，花瓶五，罐一，扁壺二，爵一，香爐十五，壺瓶二，不知名者二十三。"後多作"扁壺"。按：形體扁圓之壺，歷代皆有，其名各异。如漢有"椑榼"、唐有"偏提"、宋有"酒鱉"。參見本考各條。

【扁壺】

同"區壺"。此體至遲元代已行用。見該文。

區壺
（清梁詩正等《西清古鑑》）

三彩扁壺

唐代壺器。1972 年出土於蘇州市郊。高 7.8 厘米，最大腹徑 5.2 厘米。白胎上施藍、褐、綠、黄、白釉，釉色明亮，具有玻璃質之感。高直口，平唇，短頸，扁圓腹，假圈足外撇。肩部有兩鴛鴦形繫，眼爲穿。正反兩面腹部浮

雕獸面，怒目竪眉，神態猙獰。頭上有兩縲旋式之犄角，頂部内捲，兩腮須毛連弧彎曲，正中長髯突出。整個圖案綫條清晰，頗具立體之感。

唐三彩寶相花扁壺

匏壺

一種用葫蘆做成的大腹酒壺或盛其他液體之大腹容器。匏，即葫蘆。宋趙彦衛《雲麓漫鈔》卷二："周又有匏壺，形長一尺二寸，闊五寸，口徑一寸，兩鼻有提梁，取便於用。"宋陸游《小病兩日而愈》詩："記書身大似椰子，忍事瘦生如匏壺。"亦有瓷製仿葫蘆形者。1972 年河北灤南出土一宋代刻花葫蘆形執壺，通高 23.6 厘米，口徑 2.7 厘米，爲耀州窑青瓷器皿。耀州窑在陝西銅川，爲 1949 年後發現的古代窑址。此壺小口，有蓋，壺身呈葫蘆形。滿飾雕刻纏枝牡丹，花紋精美。前有細長彎流，後有長彎柄，造型小巧精緻，釉色深青微泛黄色。

匏壺
（清梁詩正等《西清古鑑》）

自斟壺

隨手自斟用之小酒壺。形如酒注，去柄而安提梁，便於自斟，故稱。多行於清代。清翟灝《通俗篇·器用》："自斟壺……去柄安提梁，如茶壺式。"《紅樓夢》第三八回："黛玉放下釣

杆，走到座間，拿起那烏銀梅花自斟壺來。”

注子

酌酒用具。唐元和初尚無其物，所用者只是樽杓，用以舀取而已。至元和中始用“注子”，形若長頸汲瓶，蓋、嘴、柄齊備。太和九年（835）之後，朝中權貴厭其名同奸臣鄭注，去柄安系，呈長扁狀，稱爲“偏提”。唐李匡乂《資暇集》卷下：“元和初酌酒猶用樽杓……居無何，稍用注子，其形若罃，而蓋、嘴、柄皆具。太和年，中貴人惡其名同鄭注，乃去柄安系，若茗瓶而小異，目之曰偏提。”至宋代，其形扁長似鱉，稱爲“酒鱉”。宋林洪《山家清事·酒具》：“舊有偏提，猶今酒鱉。長可五尺而扁，容斗餘。上竅出入，猶小錢大，長可五分，用塞。設兩環，帶以革。唯漆爲之。”同時復稱“注子”，直至明清。唐韓偓《從獵》詩：“忽聞仙樂動，賜酒玉偏提。”宋林逋《寄太白李山人》詩：“身上隻衣簏直掇，馬前長帶古偏提。”宋曾慥《高齋漫錄》：“歐公作王文正公墓碑，其子仲義諫議送金酒盤盞十副，注子二把，作潤筆資，歐公辭不受。”《醒世恒言·張淑兒巧智脫楊生》：“他吩咐小和尚，另藏着一把注子，色味雖同，酒力各別。”清孔尚任《桃花扇·鬧榭》：“楸枰停門子，瓷注屢呼茶。”

注子
（明王圻等《三才圖會》）

【偏提】

即注子。唐太和九年後酌酒具。見該文。

【酒鱉】

即注子。宋元時酌酒具。見該文。

【酒注子】

即注子。此稱宋代已行用，達於明清。宋王銍《默記》卷上：“頃刻獄就，擒張及造酒注子人，凡數輩。”清陶煒《課業餘談·飲食》：“偏提，酒注子也。”

素子

方言。一種用錫或瓷製成之盛酒器具。瓶狀，底大，頸細長。此稱行用於明清時期。《金瓶梅詞話》第五〇回：“就向厨裏拿了一盤驢肉，一碟臘燒鷄，兩碗壽麵，一素子酒。”《醒世姻緣傳》第七〇回：“你叫人拿盤點心，四碗菜，再給他素子酒，叫他吃着，分付人們別要難爲他。”

康瓠

亦作“𤬛瓠”，亦稱“甈”“甈瓠”。陶製之罌罐，即瓦壺。康，謂空；瓠謂壺。此名始見於秦漢之際。《爾雅·釋器》：“康瓠謂之甈。”邢昺疏：“康瓠，一名甈瓠，即壺也。”《史記·屈原賈生列傳》：“斡弃周鼎兮寶康瓠。”唐柳宗元《井銘》：“始，州之人各以罌甈負江水。”宋辛弃疾《水調歌頭》詞：“歌秦缶，寶康瓠，世皆然。”《集韻·平唐》：“𤬛瓠，陶器。通作康。”另一說，爲破罌、破壺。《說文·瓦部》：“甈，康瓠，破罌也。”段玉裁注：“康之言空也，瓠之言壺也，空壺，謂破罌也。”

【𤬛瓠】

同“康瓠”。此體至遲宋代已行用。見該文。

【甈】

即康瓠。此稱至遲秦漢時期已行用。見該文。

【甂瓡】

即康瓠。此稱至遲宋代已行用。見該文。

榼

亦作"榼"，亦稱"酒榼"。古代盛酒或貯水之器具。壺屬，大腹，有蓋。便於提挈。多以金屬或陶瓷爲之。始載於先秦典籍，後遂沿用。《説文·木部》："榼，酒器也。"段玉裁注："顔師古注《急就篇》曰：'榼，盛酒之器。其形榼榼然也。'《孔叢子》曰：'……子路監榼，當飲十榼。'"《左傳·成公十六年》："使行人執榼承飲。"唐岑參《早秋與諸子登虢州西亭觀眺》詩："酒榼緣青壁，瓜田傍綠溪。"唐白居易《效陶潛體》詩："床頭殘酒榼，欲盡味彌厚。"宋周密《癸辛雜識續集·回回砂磧》："人則以麵作餅，各貯一榼於腰間。"《正字通·木部》："榼，酒器。亦作榼。"

【榼】

同"榼"。此體先秦時期已行用。見該文。

【酒榼】

即榼。此稱至遲唐代已行用。見該文。

【壺榼】

盛酒器。即榼。此稱始見於秦漢之際，後遂沿用。《淮南子·氾論訓》："雷水足以溢壺榼，而江河不能實漏卮。"三國魏嵇康《家誡》："有壺榼之意，束脩之好，此人道所通，不須逆也。"明無名氏《四賢記·分岐》："叫左右，與我帶取壺榼快趕上。"清蒲松齡《聊齋志異·閻王》："李久常，臨朐人。壺榼於野，見旋風蓬蓬而來，敬酹奠之。"

小花蠻榼

省稱"小蠻""蠻榼"，盛酒器名。此稱至遲行用於唐代。唐白居易《夜招晦叔》詩："高調秦

箏一兩弄，小花蠻榼二三升。"又，白居易《春晚酒醒尋夢得》詩："還携小蠻去，試覓老劉看。"自注："小蠻，酒榼名也。"五代王定保《唐摭言》卷三："人享蠻榼一小盎，亦不啻數升。"

【小蠻】

"小花蠻榼"之省稱。此稱至遲唐代已行用。見該文。

【蠻榼】

"小花蠻榼"之省稱。此稱至遲五代時期已行用。見該文。

鈁

古代容器，即方形壺。用於盛酒漿或糧食。青銅或陶製，多長頸鼓腹，有蓋與鈕，橫截面呈方形，可容六斗。先秦已見，盛行於戰國末

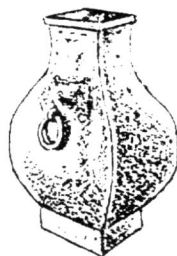

商嵌松石斜方格雲紋鈁　　西漢金錯虺紋銅鈁

至漢初。其陶製者多爲冥器。1978 年河南淅川楚墓曾出土一春秋晚期青銅龍耳方壺，通高 79 厘米，口縱約 23 厘米，橫約 19 厘米。頸兩側飾有套環龍形大雙耳。方形圈足，下以兩獸承之。腹以突起之十字界欄分割爲四塊。上部兩塊內及頸部飾蟠虺紋與雷紋，蓋鑄成鏤空夔龍紋。現藏河南博物院。《説文·金部》："鈁，方鐘也。"朱駿聲通訓定聲："鐘當爲鍾，酒器之方者。"清吳大澂《愙齋集古録》引漢《元延銘》："銅鈁容六斗。"

椑

亦稱"椑榼""偏榼""匾榼"。古代一種橢圓形盛酒器。壺屬，始見於漢代。唐宋以後爲偏提所取代。《急就篇》卷三："榑榼椑橢匕箸簪。"顏師古注："椑，圓榼也。"《説文・木部》："椑，圓榼也。"《太平御覽》卷七六一引謝承《後漢書》："〔陳茂〕與刺史周敞行部到潁川陽翟，傳車有美酒一椑，敞敕載酒以行。茂取椑擊注，破之。"《漢書・張騫傳》"以其頭爲飲器"顏師古注："〔三國〕韋昭曰：'飲器，椑榼也。'〔晉〕晉灼曰：'飲器，虎子屬也，或曰飲酒之器也。'……韋云椑榼，晉云虎子，皆非也。椑榼，即今之偏榼，所以盛酒耳，非用飲者也。"《廣雅・釋器》："匾榼謂之椑。""匾榼"同"偏榼"。清袁枚《隨園隨筆・名數字義》："名酒爲椑者，見段成式'送人酒一椑'。"

【椑榼】

即椑。此稱三國時期已行用。見該文。

【偏榼】

即椑。此稱晉代已行用。見該文。

【匾榼】

即椑。同"偏榼"。此稱三國時期已行用。見該文。

鉼

盛酒之銅扁壺，即銅椑。1956年江西省博物館曾徵集到一西漢扁壺，自銘爲"鉼"。《于蘭家銅鉼銘文》："于蘭家銅鉼一，容四十五升，重廿斤八兩。"

小口

壺名。瓷質。因壺嘴較小，故稱。小口之名多書於器身。朝鮮出土之兩件中國瓷器，其一柄下書有"鄭家小口天下第一"八字；其二柄下書"卞家小口天下有名"八字。兩件瓷器均爲唐宋之際長沙銅官窯所燒製。

罍瓻類

罍

一作"櫑"。古代一種盛酒或盛水的壺形器。容積較大，原爲瓦器，後多以金、玉、銅等爲之。青銅罍爲酒器，銘文中有自銘，如"作父乙寶巾尊罍"。形制分爲兩類，一類爲大口、短頸、廣肩、鼓腹，體甚寬大，下承高圈足；另一類爲小敞口，短頸，廣肩，肩上有兩耳，體形甚高，有蓋，下腹一面常有鼻，其狀有方形和圓形兩種。青銅罍出現於商代晚期，沿用至西周中期。方形罍多爲商代之器，圓形罍則在商代、西周均有。《説文・木部》："櫑，龜目酒尊，刻木作雲雷象，象施不窮也。从木从畾……罍，櫑，或从缶。"《詩・小雅・蓼莪》："瓶之罄矣，維罍之恥。"毛傳："瓶小而罍大。"又《周南・卷耳》："我姑酌彼金罍，維以不永懷。"朱熹集傳："罍，酒器，刻爲雲雷之象，以黃金飾之。"《儀禮・少牢饋食禮》："司宮設罍水於洗東，有枓。"《爾雅・釋器》郭璞注："罍，形似壺，大者受一斛。"《五經異義》引《韓詩》云："金罍，酒器也。天子以玉，諸侯大夫以金，士以梓。"《隋書・音樂志中》："山罍舉，沈齊傾。"唐獨孤及《李卿東池夜宴》詩：

"去燭延高月，傾罍就小池。"《舊唐書·陽惠元傳》："既發，有司供饌於道路，他軍無孑遺，唯惠元一軍瓶罍不發。"《明史·陸完傳》："寧王宸濠雅重之，時召預曲宴，以金罍爲贈。"

罍

（明王圻等《三才圖會》）

【櫑】

同"罍"。此體秦漢時期已行用。見該文。

【罍罃】

泛指酒器。此稱唐朝已行用。唐柳宗元《瓶賦》："鴟夷蒙鴻，罍罃相追。"明何景明《七述》："投贈詩賦，顛倒罍罌。"罌，同"罃"。

金罍

酒器名。尊形，飾以黃金，刻爲雲雷之象，或云爲銅罍。《詩·周南·卷耳》："我姑酌彼金罍，維以不永懷。"毛傳："人君黃金罍。"孔穎達疏："《韓詩》説：金罍，大夫器也。天子以玉，諸侯大夫皆以金，士以梓。《毛詩》説：金罍，酒器也。諸臣之所酢，人君以黃金飾尊。大一碩，金飾龜目，蓋刻爲雲雷之象。"後來泛指酒盞。唐劉禹錫《和兵部鄭侍郎省中四松》詩："凝音助瑤瑟，飄葉泛金罍。"宋蘇舜欽《和彥猷晚宴明月樓二篇》："香穗縈斜凝畫棟，酒鱗環合起金罍。"

三羊罍

商代青銅盛酒器。高 52 厘米，口徑 40.3 厘米。此爲傳世商代青銅罍之巨製，宗廟祭祀之重器。大口，厚唇，廣肩，高圈足，足上有三大孔，肩飾捲角大羊首耳三個，氣勢雄健。羊首爲高浮雕，巨目，肩、器身、圈足上所飾獸面紋均以平整而茂密之雷紋及羽狀紋構成。此罍爲二次鑄造，即先鑄成罍體，并於肩上相應部位留以孔道，然後在孔道上再搭范鑄成羊首。器上顯示出羊首邊緣不規則地掩蓋着肩上的紋飾，器内更可看到從孔道中溢出的連結羊首之銅塊。該器具有安陽殷墟早中期之特點。現藏故宫博物院。

四羊首罍

商殷墟中期青銅容器。高 38.8 厘米，口徑 31.6 厘米。大口，翻唇，短頸，廣肩，腹深厚。高圈足上有大方孔三個。該器係二次鑄造，即造罍之主體時，在肩上相應部位留下孔道，然後再搭陶范鑄成羊首，故肩上某些紋飾被羊首所掩蓋。羊首兩旁均飾龍紋，中間以起棱之鳥形間隔。腹上沿飾以同紋，此種獨特之構圖出現於殷墟中期。腹上之乳釘雷紋乃商代最古老的紋飾之一。在鄭州出土的二里崗時期兩件大方鼎上，每一壁左右及下緣首次出現了密集的乳釘紋，此種裝飾後來成爲方鼎的固定格式，直至殷墟晚期。但二里崗時期的罍上并未發現有乳釘紋裝飾，故可推知此器腹上之紋飾當從方鼎移植而來。需注意的是，乳釘雷紋在殷墟早期僅飾於方鼎及簋上，而酒器上絕無此類裝飾。密集之乳頭似含有孳生繁殖或豐收之意，則傳統稱之爲罍的此器，可能爲一食器。而罍爲酒器或水器，故此器改稱瓵似乎更合適。現藏上海博物館。

饕餮紋罍

商代中期青銅酒器。通高 24.5 厘米，口徑 13 厘米。1955 年鄭州市白家莊二號墓出土。此器小口，鼓腹，圓底，圈足，足上有十字形鏤空二個。肩部飾雲紋一周，腹部飾饕餮紋三組。長頸上飾圖畫象形字三個，釋作"黽"，黽是一種蛙，當爲某氏族之族徽。羅振玉《三代吉金文存》載有"黽父丁鼎""黽且乙觚""父辛黽卣"等器。此爲我國目前所見的最早的青銅銘文。此器現藏於河南博物院。

周饕餮罍圖
（清蔣廷錫等《古今圖書集成》）

獸面紋罍

商晚期青銅盛酒器。高 43.5 厘米，口徑 18.6 厘米，腹徑 34 厘米，底徑 18.8 厘米。小口，廣肩，圈足，腹下部飾繫紐，肩飾囘紋和夔紋，腹上段爲獸面紋，下段爲雙鳥組成之垂葉紋，足飾目紋，兩耳及繫紐上飾牛頭紋。此器紋飾組合複雜，全部以細綫構成，主紋平整精麗，爲商代後期典型的裝飾手法之一。現藏上海博物館。

獸面紋方罍

商代晚期青銅盛酒器。高 62 厘米，口徑 15.4 厘米，口橫 16.9 厘米。高體，小口，圓肩，方圈足，有蓋作屋頂形，上有鈕。肩兩側飾獸耳銜環，腹下部有一獸頭繫紐。蓋及器腹均飾以捲角獸面紋，肩飾曲摺角獸面紋。器頸及圈足飾夔鳳紋。全部紋飾均是以細雷紋爲地的浮雕。器及蓋各有銘文兩行九字，說明是醜亞族爲歷代先王及太子所作之祭器。醜亞族之青銅器尚有方尊、方簋、方爵、兕觥、鐃、矛等。1966 年山東益都蘇埠屯一號商代大墓還出

土了刻有"醜亞"銘文之鉞，可知其爲商代甚有地位之氏族。現藏故宮博物院。

夔紋罍

西周早期青銅酒器。高 33 厘米，口徑 17 厘米。雙獸耳呈鈎狀，獸首鋬。頸飾弦紋兩道，肩飾夔龍，體捲屈，足在頭下，巨目獠牙，兩兩相應。腹飾饕餮紋，圈足有細雲填地長夔龍。捲體夔龍爲周初青銅器飾之特點。此器現藏陝西歷史博物館。

蟠龍獸面紋罍

西周前期青銅酒器。高 44.5 厘米，口徑 15.3 厘米，底徑 16.5 厘米。1973 年遼寧喀左縣北洞山麓二號窖藏銅器坑出土。小口，細頸，廣肩，鼓腹，圈足，蓋飾立體之昂首蟠龍，有一對獸首銜環耳，肩上飾有捲體獸紋，腹飾獸紋，圈足之紋飾與器蓋一致，不過蓋上爲立體，圈足爲平面而已。形制、花紋與四川鼓縣竹瓦街窖藏中的一件相同。其中捲體怪獸與周武王時代大豐簋的主紋相似，器體型偏低，是周初造型特點。現藏於遼寧省博物館。

嵌赤銅獸紋罍

春秋時期青銅盛酒器。高 42.5 厘米，腹徑 57 厘米。1979 年河南固始縣侯古堆二號墓陪葬坑出土。斂口，廣肩，圓腹，平底。肩上鑄二獸耳，耳銜雙鏈環。蓋上有圓形提手。全器嵌飾紅銅花紋。腹部飾兩層獸紋，肩部飾大圓渦紋八個，器頸飾雲紋。提手頸爲鏤空之糾結蟠螭。造型華麗，紋飾精美。現藏河南省文物研究所。

絢索紋罍

戰國時期青銅水器。高 30.5 厘米，口徑 20.3 厘米。1936 年河南省輝縣琉璃閣村戰國墓

出土。此器直頸，圓腹，圈足，廣肩，肩上飾有帶環龍形雙耳，正面、背面均有獸形飾件，今已殘。通體飾絢素紐結紋，并有泡形圓窩。原應有鑲嵌物，今已脱落。罍、壺等水器，或有耳可提，或以繩索結網相攜。從此種絢索紋的形狀可知其原來的用途和用法。現藏河南博物院。

鑲嵌蟠螭紋方罍

戰國時期青銅酒器。口縱 25.6 厘米，口橫 15.6 厘米，腹每邊長 26.3 厘米，底每邊長 12.6 厘米，勺長 43.7 厘米。1975 年河南三門峽上村嶺五號戰國墓出土。小口，矮頸，廣肩，鼓腹，底微收，有蓋，其上四角作無花果葉狀。頸部有圓形鑲嵌物，已脱落。肩、腹部均以錯金幾何紋隔成方欄，方欄内施以微小之蟠螭紋。附勺，可挹酒。戰國時期青銅器紋飾日趨精細繁縟。此罍之方欄内的蟠螭紋，均由衆多圖案單位構成，其中飾有兩條交錯之蟠螭，且花紋有三個層次，每層均有細如毛髮但極清晰之綫條，鑄造工藝逹到了异常精密之程度。此種範鑄之裝飾，本身已難於發展，故在戰國時代相應地出現了絢麗之金銀錯及其他玉石等鑲嵌技術。該器現藏於河南博物院。

觥

亦作"觵"。盛酒或飲酒器。古代用獸角製成，後亦用木、陶、玉、青銅等製作。上古常作各種獸形。先秦文獻中屢見，皆稱其爲飲器，容量則有五升、七升之謂，乃飲器中之大者。唐以後詩文中則多藉以指

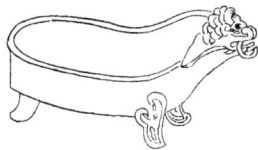

觥
（宋趙九成《續考古圖》）

飲酒杯。獸角觥形狀爲似牛角之彎形飲器。青銅觥則多橢圓形器腹，有流及鋬，底爲圈足或四足，有獸首形器蓋，蓋作成帶角之獸頭形或長鼻上捲之象頭形。亦有整器爲獸形者。有的觥内附有酌酒用之勺。出現於殷墟晚期，盛行於商代和西周前期。《説文·角部》："觵，兕牛角可以飲者也。从角，黄聲。其狀觵觵，故謂之觵。"又："觥，俗觵，从光。"《詩·周

觵
（明王圻等《三才圖會》）

南·卷耳》："我姑酌彼兕觥，維以不永傷。"毛傳："兕觥，角爵也。"鄭玄注："觥，罰爵也。"《二刻拍案驚奇》卷二七："汪秀才納頭便拜道：'若得知一個下落，百觥也不敢辭。'"清方文《雨後訪吳平露汪西京不值》詩："如此春光偷背我，來朝須罰酒盈觥。"清鈕琇《觚賸·物觚》："坐於沙上，列置熟鷄五隻，濁酒十瓶，舉觥獨酌。"青銅觥在《考古圖》及《博古圖》中均無載，亦未見有自銘爲"觥"之實物。《續博古圖》中著録之"兕觥"，在《博古圖》中稱"匜"。王國維《觀堂集林·説觥》認爲：器淺而大且無蓋者爲"匜"；小而深，蓋作獸首形者應爲"觥"。此説待考。因有的觥附有勺，説明其爲盛酒器，與罰爵之説不合。1959 年山西石樓桃花莊出土一牛羊形横置青銅器，前部尖端作龍頭狀，龍齒間隙可注酒。背爲蓋，下承低淺方圈足，後端無鋬，與古稱"兕觥"者頗相似。或認爲，初期之青銅觥仍似自然形態之牛角，後來獸頭昂起之觥或似匜形之觥是其發展

變形，其體變大而成爲酒器。

【觵】

同"觥"。此體漢代已行用。見該文。

鳥獸紋四足觥

商代青銅酒器。通高 31.4 厘米。器體作獸形，有蓋，蓋前後作牛頭形，前端飾兩向下彎曲之巨角，爲其特徵。通體飾夔龍鴟鴞魚鳥之紋。下承四足，前二足作鳥爪，後二足作人首。腹後有鋬，作獸形，兩足下垂，造型飾紋極爲奇異獨特。容庚《商周彝器通考》著錄。

象兔饕餮紋觥

商代青銅酒器。通高 22.4 厘米，器身橢圓，圈足，蓋作牛首形。器體之紋飾以饕餮龍爲主，其間配以象、兔、鳥等動物紋樣。腹後有鋬，作獸形。意匠奇巧，文鏤精妙，充分體現了中國古銅器之特殊風格。

象蓋觥

商代青銅酒器。通高 18 厘米，器身橢圓，圈足，有蓋。蓋前端作象首形，象鼻上捲；蓋後端爲獸面，遍體飾成組之饕餮夔兔諸紋，腹後有獸形鋬。

龍紋觥

商代青銅容酒器。高 19 厘米，長 44 厘米。山西石樓桃花莊出土。器形似牛角，口作龍頭狀。背爲蓋，其上飾以龍之蜷曲體軀，後端爲蛇紋。器之邊緣飾蜥蜴紋及龍紋，下承低淺方圈足。此觥在相當程度上保留了早期觥之特徵，與傳世之其他觥形制有別，頗值得注意。現藏山西博物院。

虎鴞合體觥

商代晚期青銅酒器。通高 23.5 厘米，器體爲鴞形，鴞頸即爲鋬，兩翼居中，後尾延至於

前流。有蓋，蓋前部爲虎頭形，後端爲豎耳之鷙鳥頭。遍體飾以雲雷及鱗紋。下爲圈足，其上飾鳥足。整器看似一臥鴞與一張口立目之虎前後疊合而成，一靜一動，頗爲傳神，造形奇特，構思奇巧。現藏美國佛利爾美術博物館。

婦好圈足觥

商代晚期青銅容酒器。通高 22 厘米，通長 28.4 厘米。1976 年河南安陽市殷墟婦好墓出土。整體作獸形。蓋前爲一虎頭，圓目豎耳，闊口巨齒。蓋後端係一鴞首，豎耳尖喙，雙目圓睜。蓋中部飾一排扉棱，將虎頭與鴞首相聯。扉棱兩側飾有夔紋，已銹蝕不清。器身前部爲虎軀，後部爲鳥體大翼。後器之前面，看去猶如一蹲坐猛虎，前肢抱頸，後肢蹲伏，長尾上捲。後面望去，似一站立之鴟鴞，兩爪立地，雙翅收攏，造型飾紋，非常奇巧。器承矮圈足，後有一牛首鋬。器底有銘文"婦好"兩字。整體造型，極爲生動，獨具匠心。現藏河南博物院。

折觥

西周青銅容酒器。通高約 29 厘米，長 38 厘米。1976 年出土於陝西扶風。方形器腹，有蓋，圈足。蓋前端爲獸首形狀，有兩下垂彎曲之長角，兩角間飾一獸首。腹後有鋬，鋬上部爲一獸首，中爲一鳥，下爲一象鼻。器腹飾大

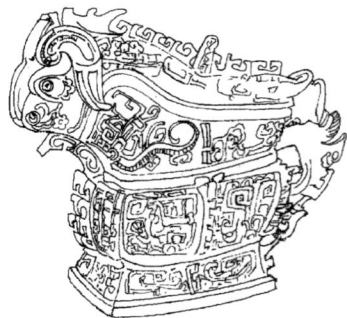

折觥

獸面紋。器體四角至圈足四角之上均鑄透雕扉稜，裝飾華麗精巧。蓋、器同銘，各四十字，大意爲：因周天子命作册折去給相侯貺賞賜望土有功，故折得到周天子賞賜之青銅及奴隸，折因受榮寵作父乙之祭器。現藏陝西周原文物管理所。

嬰父乙觥

商代晚期青銅盛酒器。高29.5厘米，長31.5厘米。橢圓形，圈足、後飾扁形大鋬。蓋前端爲一刺角之獸頭，獸耳後面各有一捲尾小蛇，蓋後端作牛頭形，牛角角尖内捲。周體飾鳳紋，流下之鳳特大，其餘各鳳均爲長捲尾，因部位不同而各具姿態，裝飾手法純熟靈巧。器、蓋有銘文"嬰父乙"三字，意爲嬰氏爲父乙所作之祭器。現藏上海博物館。

司母辛四足觥

商代晚期青銅酒器。通高36.5厘米，通長47.4厘米。1976年出土於河南安陽殷墟婦好墓。整體作牛形，下承四足，前兩足獸形奇蹄，上面滿飾夔紋，後兩足四爪鳥足，其上滿飾羽紋。牛腹及胸部飾夔紋，後部飾雙翼與短尾，與鳥足成一體，蓋上從前至後飾一龍紋，兩側鑄夔紋與怪獸，龍背作成一排扉稜，龍尾在蓋後部呈捲曲狀。蓋前端之牛首上有兩隻彎捲之牛角。花紋以細密之雷紋作地，主次分明。器底及蓋内均鑄有銘文"司母辛"三字。"辛"乃婦好死後之廟號，"婦好"爲生前名，"司"即"祠"，作祭祀解。"司母辛"即武丁之子輩爲祭祀亡母婦好所作的祭器。

守宮作父辛觥

西周前期青銅盛酒器。高18厘米，器作牛首形，前有小孔，背上有蓋，腹及蓋飾饕餮紋。腹後有鋬，上部爲獸首形，下承圈足。腹内横隔爲兩室，中藏一勺，柄露於外，可知其爲盛酒器。蓋器各銘"守宮作父辛尊彝，其永寶"兩行十字，在腹内，蓋爲刻字，器爲鑄字。與守宮鳥尊同出土。

尊彝類

尊

亦作"樽""罇"。古酒器，亦用爲祭祀或宴饗之禮器。早期用陶製或青瓷製，後多以青銅澆鑄。鼓腹侈口，高圈足，形制較多，常見者有圓形，偶或亦有方形。盛行於商及西周。1998年江蘇金壇市西崗鎮三星村新石器時代文化遺址出土之陶製圈足鏤孔尊及抛光多彩尊，皆爲國内少有之珍品，反映出我國原始文化高度發達的製陶水準。青銅銘文常將"尊""彝"二字聯用，二者渾稱則通，散解則异，尊多圓，彝多方，尊盛酒廣用常見，彝重在禮祭。尚有一類特殊之尊，模擬鳥獸形狀，統稱鳥獸尊，主要有鳥尊、象尊、牛尊、犧尊、虎尊等。青銅尊春秋戰國時已少見，而陶瓷尊却久用不衰，直至明清，清人習慣於將器形高大、口底相若的瓷瓶統稱尊，近現代古玩市場至今沿襲未改。《説文·酉部》："尊，酒器也。"段玉裁注："凡酒必實於尊，以待酌者。"朱駿聲通訓："尊爲大名，彝爲上，卣爲中，罍爲下，皆以待祀賓客之禮器也。"《詩·魯頌·閟宮》："白牡騂剛，犧尊將將。"《莊子・逍遙游》："何不慮以爲大樽，而浮乎江湖。"《禮記・明堂位》："泰，有虞氏之尊也；山罍，夏后氏之尊也；著，殷之尊也；犧象，周尊也。"（明王圻等《三才圖會》）

尊

按《禮記》此處指一時代之特用之形，非專用之定制。後泛指一切盛酒器。《晏子春秋・雜上十六》又作"罇"。唐元稹《有酒》詩："有酒有酒香滿尊，君寧不飲開君顔。"《老殘游記》第一回："城中人士往往於下午携尊挈酒在閣中住宿，準備次日天未明時，看海中日出。"

【樽】

同"尊"。此體先秦時期已行用。見該文。

樽

【罇】

同"尊"。此體先秦時期已行用。見該文。

綠樽

亦作"綠尊"。酒樽之雅稱。此稱於南朝梁時已行用。南朝梁沈約《酬謝宣城朓》詩："賓至下塵榻，憂來命綠樽。"唐王勃《郊興》詩："山人不惜醉，唯畏綠尊虛。"唐李白《江夏贈韋南陵冰》詩："昨日綉衣傾綠樽，病如桃李竟何言。"明陳所聞《懶畫眉・秋酌嘯風亭》曲：

"天風遮莫吹雙鬢，山色江光滿綠尊。"

【綠尊】

同"綠樽"。此體至遲唐代已行用。見該文。

【清樽】

尊之雅稱。亦作"清尊""清罇"。《古詩類苑》卷四五引《古歌》："清樽發朱顔，四坐樂且康。"唐王勃《寒夜思》詩："復此遥相思，清尊湛芳渌。"唐皇甫冉《曾山送別》詩："凄凄游子若飄蓬，明月清罇祇暫同。"唐柳宗元《飲酒》詩："今夕少偷樂，起坐開清尊。"宋歐陽修《思白兔雜言戲答公儀憶鶴之作》詩："清罇美酒不輕飲，千金爭買紅顔詔。"宋陸游《花時遍游諸家園》詩："花陰掃地置清尊，爛醉歸時夜已分。"明吳琪《喜汪振生歸白雲南》詩："無窮故交心，相與盡清尊。"清黃遵憲《七月十五日夜暑甚》詩："滿酌清尊聊以醉，漫愁秋盡落花黃。"

【清尊】

同"清樽"。此體至遲唐代已行用。見該文。

【清罇】

同"清樽"。此體至遲唐代已行用。見該文。

金樽

亦作"金尊""金罇"。酒器名。金質或銅質。亦酒尊之美稱。其物商代已盛行。此稱南朝時已行用。南朝宋謝靈運《石門新營所住》詩："芳塵凝瑤席，酒醑滿金樽。"唐司空圖《詩品》："金尊酒滿，共客彈琴。"唐陳子昂《春夜別友人》詩："銀燭吐青烟，金尊對綺筵。"唐李白《將進酒》詩："人生得意須盡歡，莫使金尊空對月。"宋歐陽修《和較藝書事》有"金罇美酒惜餘春"之句。宋孔武仲《瓜步阻風》詩："黃金壺樽沃香醪，神喜藉以南風高。"

聞一多《紅燭·深夜底淚》:"啊！宇宙底生命之酒，都將酌進上帝底金樽。"

【金尊】

同"金樽"。此體至遲唐代已行用。見該文。

【金罇】

同"金樽"。此體至遲宋代已行用。見該文。

玉樽

亦作"玉尊""玉罇"。酒器中之玉製者，亦泛指精美貴重之酒尊。《神異經·西北荒經》:"西北荒中有玉饋之酒，酒泉注焉……上有玉尊、玉籩。取一尊，一尊復生焉，與天同休，無乾時。"三國魏曹植《仙人篇》:"玉樽盈桂酒，河伯獻神魚。"北涼段龜龍《涼州記》:"盜發張駿陵，得玉樽、玉簫、玉笛。"唐李白《獻從叔當塗宰陽冰》詩:"顧慚青雲器，謬奉玉樽傾。"宋張泌《河傳》詞:"魂銷千片玉罇前，神仙，瑤池醉暮天。"元關漢卿《裴度還帶》第四折:"他道招狀元爲婿君，不邀媒，不問肯，擎絲鞭捧玉樽。"故宮博物院珍藏一漢代夔鳳紋玉樽，通高 12.3 厘米，口徑 6.9 厘米。玉料爲新疆和田青玉，局部有褐色與紫紅色浸蝕。形似今通用之杯，蓋頂有連圈漩渦紋紐，紐邊沿琢成凸出三花瓣形，每瓣上有對穿小孔，蓋面上有三個立雕羊首，示"三羊開泰"之意。樽自飾以勾連雲紋爲錦地，隱起變形夔鳳紋。把柄爲環狀雲形，平底，有個獸蹄狀足。此器設計新穎，紋飾華美，是漢代玉雕器皿中之珍品。所知國內僅此一件。原係清宮舊藏。

【玉尊】

同"玉樽"。此體漢代已行用。見該文。

【玉罇】

同"玉樽"。此體至遲宋代已行用。見該文。

牛首尊

商代中期青銅盛酒器，1982 年鄭州向陽回民食品廠商窖出土。通高 30.5 厘米、口徑 28 厘米、重 7.1 千克。大敞口，歛頸，寬肩，鼓腹，圜底，圈足。頸飾弦紋二周，肩部飾三個突出之牛首，牛首之間飾帶狀夔紋與聯珠紋；腹部飾三組饕餮紋，上下界以聯珠紋；圈足有十字形鏤孔三個，并飾弦紋二周。爲高體大口式。現藏鄭州市博物館。

商牛首尊

婦好鴞尊

商代武丁時期青銅盛酒器。1976 年河南安陽殷墟婦好墓出土。通高 45.9 厘米，重 16.7 千克。此尊作鴟鴞形，寬嘴突眼，高冠小耳，兩足粗壯有力，四爪着地，扁尾下垂，作站立狀。頭後有半圓形孔，上有蓋。背後有獸首鋬，胸前有突棱。嘴飾獸面紋，冠飾羽紋，胸中部飾蟬紋，蟬紋兩側飾夔龍紋。翅膀前端飾長蛇一條，蛇頭呈三角形，蛇身緊蟠，上飾對角雷紋，

婦好鴞尊

蛇尾與翅并行，鋬上飾蟬紋，鋬内側飾獸面紋。鋬下爲鴞首，尖喙大眼，短翅，尾飾雲紋。蓋作四分之一球體，蓋頂復有尖嘴大耳寬尾鳥，鳥後一龍。器口内下側有銘文"婦好"二字。"婦好"爲商第二十三代王武丁夫人名。現藏中國國家博物館。

盠駒尊

西周中期青銅盛酒器。1956 年陝西眉縣東李村西周窖出土。駒呈矮足，短尾，小身軀，兩耳直立，駒背上有一獸鈕蓋，用以灌

盠駒尊

注或取酒。腹兩側各飾一旋渦紋。胸前銘文九行九十四字。蓋有銘文三行十一字。記述周懿王舉行執駒禮時賜盠兩駒，盠作此尊，以紀榮寵。此尊爲中國最早之馬駒形青銅器。現藏中國國家博物館。

盠方尊

西周中期青銅盛酒器。1955 年陝西眉縣李家村西周窖出土。通高 17.2厘米，口徑 17 厘米，重 2.75 千克。

盠方尊

口圓體方，四角有扉棱凸起，腹兩側有向上捲曲的象鼻形提手，長垂珥。腹正中飾渦紋，兩側填以夔龍，圈足施竊曲紋，通體以纖細雲雷紋填地，造型獨具一格，花紋別緻。器底銘文一百○八字，大意爲穆公陪同盠在周廟接受册命，盠作此器，以紀榮寵。現藏陝西歷史博物館。

作寶尊彝尊

西周中期青銅盛酒器。1978 年陝西扶風齊家村十九號周墓出土。通高 18.5 厘米，口徑17.9 厘米，腹深 15.7 厘米，重 1.8 千克。大口，低體，下腹向外傾垂，圈足較矮。頸部飾ㄣ形垂冠回首兩夔龍，細雲雷紋填地，兩夔間附飾浮雕羊首。内底鑄"作寶尊彝"四字。此爲昭穆時期新興尊形。現藏陝西周原岐山文化管理所。

日己尊

西周中期青銅盛酒器。1963 年陝西扶風齊家村西周窖出土。通高 29 厘米，口徑 24.8 厘米，腹深22.4 厘米，重 8.9 千克。方體圓口，腹微鼓。自口沿以下飾蕉

日己方尊

葉對夔紋與鳥紋，腹部爲捲角咧口饕餮形，圈足亦飾鳥紋。四角并有透雕棱脊，上端伸出口沿。器底銘文十八字，記天氏爲亡父日己鑄此器。現藏陝西歷史博物館。

錯金銀犧尊

西漢後期青銅盛酒器。1965 年江蘇漣水三里墩西漢墓出土。通高27.4 厘米，長 41.8 厘米。犧昂首、豎耳、瞪目、口微張。

錯金銀犧尊

周身錯金銀雲紋圖案，頭、尾與蓋面嵌綠松石，眉嵌金片，以口爲流，頸部鑄出項圈，背上有蓋，蓋有機鈕，可以開合。現藏南京博物院。

原始青瓷尊

商代早期青瓷盛酒器。1965年河南鄭州出土。通高28.2厘米，口徑27厘米。侈口，尖唇，高頸，丰肩，寬腹，平底，頸、肩、腹界限分明，棱綫清楚。

原始青瓷尊

胎體爲淺灰色，肩部與腹部有密集的拍印紋。器壁施青綠色玻璃質釉，釉色綠中帶褐。現藏河南博物院。

神獸尊

西晋青瓷盛酒器。1976年江蘇宜興西晋永寧二年（302）墓出土。通高27.9厘米、口徑13.2厘米，底徑16厘米。此尊盤口，短頸，腹部塑成獸身，肩與腹

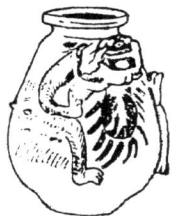

神獸瓷尊

安六個粗壯的繫。神獸雙目圓睁，張嘴露齒，口含寶珠，四肢緊貼前胸與腹下。兩側有翼狀刻劃紋。背後有脊狀突起五枚。施青釉未至底，形色別緻。現藏南京博物院。

獅子座尊

元代豆青釉盛酒器。1974年山西大同市煤峪口出土。通高17.1厘米。喇叭形侈口，圓唇，鼓腹。此尊置於昂首翹尾之獅子背上，近獅頸處爲一首戴襆頭、身着圓領長衫、拱手而立的人。獅子與人均站立雙層榻几之上。施豆青色釉。現藏大同市博物館。

匏樽

亦稱"匏尊"，俗稱"酒葫蘆"。以乾匏瓜去蒂挖製而成之酒樽。亦泛指飲具。《周禮》漢鄭玄注云："取乾匏割去柢爲樽而酌之。"可見至遲漢代已有此器。宋蘇軾《前赤壁賦》"駕一葉之扁舟，舉匏尊以相屬。"又《病中游祖塔院》詩："道人不惜階前水，借與匏樽自在嘗。"又《哭刁景純》詩："我欲江東去，瓠尊配行漿。"宋王禹偁《青猿》詩："歸田如有計，留負酒胡蘆。"元王楨《農書》卷一七："匏樽，匏瓠也。開以盛酒，故曰匏樽。"清曹寅《東署飲竹下喜上若自維揚來》詩："芒鞋天如約，匏尊世不尋。"蘇曼殊《斷鴻零雁記》第二六章："惜吾兩人不能痛飲；否則將此蟹煮之，復入村沽黃醅無量，爾我舉匏樽以消幽恨。"

周瓠尊圖
（清蔣廷錫等《古今圖書集成》）

【匏尊】

同"匏樽"。此體至遲宋代已行用。見該文。

【瓠尊】

即匏樽。此稱至遲宋代已行用。見該文。

【酒胡蘆】

"匏樽"之俗稱。此稱至遲宋代已行用。見該文。

著尊

省稱"著"，亦作"箸"。古代一種無足之着地酒器。《周禮·春官·司尊彝》："其朝獻用兩著尊。"《禮記·明堂位》："泰，有虞氏之尊也；山罍，夏后氏之尊也；著，殷尊也；犧象，周尊也。"鄭玄注："著，著地，無足。"孔穎達疏："著，殷尊也者，無足而底著地，故謂爲著

也。"《史記·龜策傳》："象箸而羹。"司馬貞索隱："箸，尊也。"《新唐書·禮樂志二》："以太尊實汎齊，著尊實醴齊。"《宋史·禮志四》："請以大尊實泛齊，山尊實醴齊，著尊實盎齊，犧尊實緹齊，象尊實沉齊，壺尊實三酒，皆爲弗酌之尊。"清王念孫《廣雅疏證·釋器》："尊有蓋有足，其面有鼻，無足者謂之著尊。"

著尊
（明王圻等《三才圖會》）

著
（明王圻等《三才圖會》）

【著】

"著尊"之省稱。此稱至遲漢代已行用。見該文。

【箸】[2]

即著尊。此稱漢代已行用。見該文。

訶陵樽

亦稱"鱟樽"。以鱟魚殼製成的酒杯。唐代已見行用。唐皮日休《五貺詩序》："有南海鱟魚殼樽一，澀鋒鱟角，内玄外黃，謂之'訶陵樽'。"鱟魚，介類，多產於南海。其地古有訶陵國，故名。宋陸游《近村暮歸》詩："鱟樽恰受三升醴，龜屋新裁二寸冠。"自注："鱟樽即皮襲美（日休）所云訶陵樽也。"

【鱟樽】

即訶陵樽。以鱟殼製成，故名。此稱宋代已行用。見該文。

象尊

酒器名。此稱見於春秋時期。《周禮·春官·司尊彝》："其再獻用兩象尊。"鄭玄注："象尊以象鳳皇，或曰：以象骨飾尊。"王肅注稱全刻象形，鑿背爲尊。阮諶《禮圖》謂畫象以爲飾，參閱《詩·魯頌·閟宮》"犧尊將將"孔穎達疏。後世出土古祭器多如王肅説。清太廟祭器從之，象尊，範銅爲象形，尊加其上。

象尊
（明王圻等《三才圖會》）

鳧尊

青銅鑄成鳧形之酒尊。清王傑等《西清續鑑·紹興古器評》："鳧之爲物，出入於水而不溺……飲酒者苟能以禮自防，豈有沈湎敗德之患乎？鳧尊之設，其意如此。"其物陝西寶雞戰國墓葬已有出土，背部有蓋，蓋與背有鏈繫，首、頸、腹繪有捲雲紋狀、花瓣狀紋飾，足下復有帶四足之圓盤，造型逼真生動。

鳧尊
（清王傑等《西清續鑑》）

癭木樽

省稱"癭樽"。盛酒具，以樹木之癭瘤製成。多用於唐宋。唐李白《咏山樽二首》之一題作《咏柳少府山癭木樽》。唐李益、廣宣《與宣供奉携癭樽歸杏溪園聯句》："千畦抱瓮園，一酌癭樽酒。"宋陸游《夏日》詩："竹根斷作眠雲枕，木瘿刳成貯酒樽。”按：楠木根節甚大，多用以製爲酒器，亦有製成瓢形者，稱“瘿木瓢”。明高啓《醉仙圖》：“酒滿長生瘿木瓢，花開仙舘宴春宵。”

【瘿樽】

“瘿木樽”之省稱。此稱唐代已行用。見該文。

瓦大

亦稱“瓦甒”。上古陶製之酒具，夏代已行用。可容五斗。《儀禮·燕禮》：“公尊瓦大。”鄭玄注：“瓦大，有虞氏之尊也。《禮器》曰：‘君尊瓦甒。’”胡培翬正義：“《明堂位》云：‘泰，有虞氏之尊也。’有虞氏上陶，故用瓦大。引《禮器》者，證‘瓦大’即‘瓦甒’也。”《禮記·禮器》：“君尊瓦甒。”鄭玄注：“瓦甒五斗。”孔穎達疏：“瓦甒五斗者，漢禮器制度文也。此瓦甒即《燕禮》‘公尊瓦大’也。”孫希旦集解：“瓦甒即《燕禮》之瓦大也。《士冠禮》‘側尊一甒醴’，《聘禮》‘醴尊於東箱，瓦大一’，是甒與大皆可以盛醴，又皆瓦爲之，此爲一器無疑。”清王念孫《廣雅疏證·釋器》：“大與泰同，瓦大即《禮器》之瓦甒。”

瓦甒
（明王圻等《三才圖會》）

【瓦甒】

即瓦大。此稱至遲漢代已行用。見該文。

【甒】

即瓦大。亦作“廡”“甄”。《玉篇·瓦部》：“甒，盛五升小罌也。”《集韵·上噳》：“甒，《方言》：‘甒，周、魏之間謂之。’或從廡。”按：《方言》第五今本作“甄”。《儀禮·士冠禮》：“側尊一甒醴。”孔穎達疏：“甒爲酒器。”《荀子·禮論》：“甕廡虚而不實。”

【廡】

同“甒”。此體約漢代已行用。見該文。

【甄】

同“甒”。此體約漢代已行用。見該文。

匹裂

亦稱“匹製”。酒具。小口，大腹，形似小罐，以木製成。宋沈括《夢溪筆談·雜志二》：“刁約使契丹，戲爲四句詩曰：‘押燕移離畢，看房賀跋支。餞行三匹裂，密賜十貔狸。……匹裂，似小木罌，以色綾木爲之，加黄漆。”宋葛立方《韵語陽秋》卷二：“匹製，小木罌。”一説即套杯。清阮葵生《茶餘客話》卷一○：“匹製，即今之沓杯，俗名套杯。外大内小，古人不過五六。《古今詩話》：‘刁約使契丹詩曰：餞行三匹製。’”參見本章《飲酒器考》“套杯”。

【匹製】

即匹裂。此稱宋代已行用。見該文。

老瓦盆

陶製之盛酒器。此稱唐代已見行用。唐杜甫《少年行二首》之一：“莫笑田家老瓦盆，自從盛酒長兒孫。”宋楊萬里《中途小歇》：“寄下君家老瓦盆，他日重游却來取。”元王禎《農書》卷一七：“老瓦盆，田家盛酒器也。”明張思鼎《瑯琊代醉編·瓦盆》：“瓦盆盛酒與傾銀壺注玉

老瓦盆
（元王禎《農書》）

杯者同一醉也。”

彝

盛酒器。亦爲禮器。其形其用皆似尊，但彝多爲方形，且多帶蓋，尊則以圓爲主，少見帶蓋者。商代已行用，周代甚盛，兩漢後通常以爲禮器，少作酒器。

彝
（明王圻等《三才圖會》）

今所見名品，多商周時物。《爾雅·釋器》：“彝、卣、罍，器也。”郭璞注：“皆盛酒尊，彝其總名。”《周禮·春官·序官》：“司尊彝下士二人，府四人。”鄭玄注：“彝，亦尊也。”賈公彥疏：“彝亦尊者，以其同是酒器。”孫詒讓正義：“尊與彝對文則異，散文則通。”

婦好偶方彝

商武丁時代青銅盛酒器。1976 年河南安陽殷墟婦好墓出土。通高 60 厘米，長 88.2 厘米，寬 17.5 厘米，重 71 千克。長方形，自頂至足起突棱一道，將此器分爲兩部，器頂各有與之相應之方柱形紐，因使全器似兩件方彝相聯，故名。蓋爲四阿式屋頂狀，有正脊、垂脊。器口前後各出梁頭七枚，器身兩側有附耳。器體各部以鴟鴞、怪鳥、夔龍、象首、大獸面爲主體花紋，紋飾雄渾繁盛。腹部兩面均有粗織物痕迹。器底中部內壁有“婦好”二字。字體古樸，結構精巧，金文中罕見。此器爲婦好生前盛酒器。現藏中國國家博物館。

王姒方彝

西周早期青銅盛酒器。1947 年河南洛陽東北邙山南麓小李村西周墓出土。通高 32.6 厘米，口縱 23.5 厘米，橫 19 厘米。蓋作屋頂狀，中出蘑菇狀四阿蓋鈕。器身長方鼓腹，底作長方形圈足座。通體紋飾三層，最下層以細雷紋鋪地，上蓋及器身均以饕餮紋爲主題。蓋頂、口沿、足部飾以鳳鳥紋帶。器形穩重，刻畫華麗，蓋與器腹內部鑄有相同銘文三行十二字。此器當爲周武王或成王時製作。現藏河南洛陽博物館。

盠方彝

西周中期青銅盛酒器。1955 年陝西眉縣李村西周窖出土。通高 22.8 厘米，口縱 11 厘米，橫 14.4 厘米，腹深 9.5 厘米，重 3.6 千克。整

盠方彝

體造型仿宮殿式樣，蓋作廡殿屋頂形，蓋和器四角皆有扉棱，腹兩側有向上捲曲的象鼻形鋬，方垂耳。器腹與蓋正中飾圓渦紋，兩側飾變體夔龍，口沿下及圈足均飾竊曲紋，通體以雲雷紋填地，繁縟縝密。蓋、器同銘，共一百〇八字。大意爲穆公陪同盠在周廟接受冊命，盠作此器，以紀榮寵。現藏中國國家博物館。

日己方彝

西周中期青銅盛酒器。1963 年陝西扶風縣齊家村西周窖出土。通高 38.5 厘米，口縱 17 厘米，橫 20 厘米，腹深 16.5 厘米，重 12.8 千

克。長方體，口正
方，蓋呈廡殿式屋
頂。器身與蓋之四角
有棱脊，圈足略向外
敞。主體花紋爲形猙
獰的大饕餮，額角上
捲。蓋頂飾變形夔
紋，蓋沿與圈足上配

日己方彝

飾鳥紋。蓋内與器底同銘，各十八字，記天氏
爲亡父日己鑄祭器。現藏陝西周原岐山文物管
理所。

百乳彝

亦稱"百彝乳"。周代之酒器名。器周圍有
乳釘二百一十六，故名。《宣和博古圖》卷八：
"周有百乳彝，周身皆乳，凡二百一十有六。"

明高濂《遵生八箋·燕閒清賞箋上》："彝爐式，
如周甒彝……父辛彝、商虎首彝……百折彝，
方者如己酉彝，奇者如百乳彝，皆堪爲堂上焚
具。"

周百乳彝
（清梁詩正等《西清古鑑》）

【百彝乳】

即百乳彝。此稱至遲明代已行用。見該文。

卣罍類

卣

古代酒具。青銅製，橢圓口，深腹，圈
足，有蓋與提梁。又有作圓筒形者，器形變化
較多。盛行於商代與西周初期。《爾雅·釋器》：
"彝、卣、罍，器也。"郭璞注："皆盛酒尊。"
又："卣，中尊也。"
郭璞注："不大不小
者。"《詩·大雅·江
漢》："釐爾圭瓚，秬
鬯一卣。"鄭玄箋：
"卣，音酉，又音由，
中尊也。"《左傳·僖
公二十八年》："弓矢
千，秬鬯一卣。"

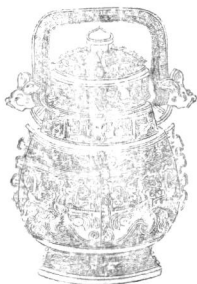
卣
（明王圻等《三才圖會》）

饕餮紋卣

商代中期青銅盛酒器。1982年河南鄭州
向陽回民食品廠商窖出土。通高50厘米，口
徑12厘米，重10.4千克。蓋頂隆起，有菌狀
鈕。肩部有提梁，一端有環鏈與蓋上鈕柱相套
連。卣爲小口，深鼓
腹，下收爲圜底，圈
足。蓋頂飾夔紋，蓋
鈕頂端飾渦紋；提梁
兩端作蛇頭狀，提梁
表面飾多組菱形紋。
卣頸部飾夔紋組成之
饕餮紋，上下界以雲
雷紋；腹部飾豎向夔
紋

商饕餮紋卣

紋組成的兩組饕餮紋；圈足飾兩周聯珠紋，間有一周雲雷紋，并有四個鏤孔。現藏鄭州市博物館。

虎食人卣

商代後期青銅盛酒器。傳爲湖南安化縣出土。通高 35.7 厘米，重 5.09 千克。表面大部呈黑色，局部略有薄綠銹。卣作踞虎形，以後足與尾支撐，前爪擒一人，張口欲食人首。人體與虎相對，手抓虎肩，脚踏虎後爪，轉面左視。虎肩端附提梁，梁兩端復有獸首，梁上飾長形夔紋，以雲雷紋襯地。

虎食人卣

虎背上部爲橢圓形器口，有蓋，蓋上立一鹿，蓋面飾捲尾夔紋，亦以雷紋襯地，與器體一致。虎兩耳竪起，内飾鱗紋，面上及頸側亦有鱗紋與雲紋。虎背飾牛首紋，自蓋後端，沿虎脊設一扉棱，棱中部有鈎狀突起。人形頭髮後披，大腿至臀部飾一對蛇紋。器外底有陰綫紋飾，中爲游龍，兩側各爲一魚。此器複雜多變，異常精美。現藏日本泉屋博物館。

天父乙卣

商代晚期青銅盛酒器。1976 年廣西壯族自治區興安縣土產公司收購站選送。通高 22.8 厘米，腹徑縱 11.8 厘米，橫 15.3 厘米，足高 2.5

天父乙卣

厘米，重 1.6 千克。鼓腹，圈足較高，失蓋。提梁作陶索形。頸飾夔龍，腹飾獸面紋。器内底有銘文"天父乙"三字。現藏該區興安縣文化館。

獸面紋卣

西周早期青銅盛酒器。1974 年廣西壯族自治區武鳴縣勉嶺山出土。通高 40 厘米，口縱 12.8 厘米，橫 17 厘米，蓋高 14.5 厘米，腹縱 19.4 厘米，橫 24 厘米，腹深 22 厘米，足縱 15.5 厘米，橫 19 厘米，足高 7.2 厘米，重 10 千克。呈灰黑色，扁圓體，斜肩，垂腹，縱向提梁，蓋與器身有高聳之扉棱，提梁兩端

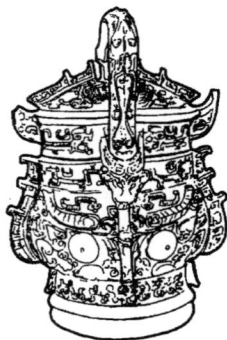
獸面紋卣

有牛首。通體以雲雷紋爲地，飾三重花紋。蓋面與腹部爲浮雕式獸面紋。蓋緣、頸部、足部，各飾夔龍紋一圈，夔龍面上又填飾勾雲紋。蓋内有陰刻銘文"大"字。全器造型端莊厚重，紋飾嚴整。現藏廣西壯族自治區博物館。

作寶尊彝卣

西周中期青銅盛酒器。1978 年陝西扶風齊家村十九號周墓出土。通梁高 24 厘米，口縱 13.5 厘米，橫 10.5 厘米，腹深 12.7 厘米，重 3 千克。低體垂腹，蓋冠作圈狀，提梁兩端呈羊首形。口下與蓋沿飾乀形重冠回首夔龍，以雲雷紋填地，口下增飾浮雕羊頭，提梁飾蟬紋，圈足施弦紋兩道。蓋内與器底對銘，各鑄"作寶尊彝"四字。此器爲西周穆王時期典型卣體。現藏陝西周原文物管理所。

動物紋提梁卣

春秋早期青銅盛酒器。1986 年湖南湘潭荆州鄉金棋村出土。通高 50 厘米，口徑 28 厘米，器蓋較平，中央有四坡方形提手，提手四周飾雲紋，周邊布滿各種水生動物，計有鯊鰍八條，青蛙二隻，鱷魚三條，水蟲一隻。紋飾布局不對稱，卣身兩側主紋爲大型雙肩鉞，上飾鯊鰍兩條，周圍尚有鯊鰍、青蛙、小蛇及菱形等圖案。提梁爲二龍組成，龍身有凸起鱗紋。全器共有動物三十六隻，巧妙地組合成和諧的統一體。現藏湖南博物院。

罍

亦作“瓾”。貯水或盛酒之器。西周已見，沿用至春秋時期。大腹，寬肩束頸，口微侈，有蓋及兩耳。瓦製或青銅製。“罍”字始見於金文，青銅罍有自銘爲“尊罍”或“旅罍”者，肩上雙耳多作獸形。《淮南子·脩務訓》：“今夫救火者，汲水而趨之，或以甕瓾，或以盆盂。”《説文·缶部》：“罍，瓦器也。”王筠句讀：“字與《瓦部》瓾同。”《廣韻·平青》：“瓾……似罌有耳。”又：“罍……或從令。”按：“罍”與罍器形相似，古音亦相近，且罍名漸消時，正是罍行用之際，故當是罍之流變。

【瓾】

同“罍”。此體漢代已行用。見該文。

仲義父罍

西周晚期青銅酒器。通高 44 厘米，口徑 15.4 厘米。1980 年陝西扶風縣法門寺任村出土。此器小口、廣肩、平底、假圈足，蓋深合於器頸内。器形似西周早期不設雙耳之罍。肩有兩條裝飾性捲龍耳，頸下有四小繫，可結帶。蓋沿、肩、假圈足上各飾方向相反之帶狀鱗紋，頸部飾竊曲紋，腹部滿飾鱗紋，此種紋飾流行於西周中晚期。銘文五行十四字，鑄於肩與蓋外沿，記載仲義父造此器以供外出使用。銘文鑄於器表。仲義父之器傳世者尚有列鼎兩組與中義父編鐘八件（中義父與仲義父當係一人），均爲 1960 年陝西扶風齊家村出土。現藏上海博物館。

<h2 style="text-align:center">觚瓷諸類</h2>

觚

古代酒器。盛行於商代和西周初期。由青銅製成，長身侈口，口部與底部呈喇叭狀，細腰，高足。腹部和足部各有四條棱角，容量爲二升，一説三升。《周禮·考工記·梓人》：“爵一升，觚三升。”《論語·雍也》：“子曰：觚不觚，觚哉！觚哉！”朱熹集注：“觚，禮器，一升曰爵，二升曰觚。”《説文·角部》：“觚，鄉飲酒之爵也。一曰：觴受三升者謂之觚。”孔穎達《禮記疏》引《五經異義》：“古《周禮》説：‘爵一升，觚二升，獻以爵而酬以觚。’”

象觚

以象骨爲飾，或飾以象形花紋之觚。始見於商朝。《儀禮·燕禮》：“主人盥

商四象觚圖
（清蔣廷錫等《古今圖書集成》）

洗，象觚。”鄭玄注：“象觚，觚有象骨飾也。”
宋王黼《博古圖·商四象觚》：“無銘，是器觚
也。飾以山雷饕餮蟠虬之狀，而腹之下部作四
象形。《儀禮》所謂象觚者，亦及見是製而有傳
也。”

角

　　用以盛酒或温酒。多青銅製，容四升，形
似爵而無柱無流，前後兩端皆爲尾，常帶蓋。
使用者爲下級官員及普通民衆。出現於商代與
周初。清朱駿聲《說
文通訓定聲·南部》：
“疑古酒器之始以角
爲之，故觚、觶、
觴、觥等字多從角。”
《儀禮·特性饋食禮》：
“南順，實二爵，二
觚，四觶，一角，一
散。”《禮記·禮器》：
“宗廟之祭……尊者舉觶，卑者舉角。”鄭玄注：
“凡觴，一升曰爵，二升曰觚，三升曰觶，四升
曰角，五升曰散。”今河南安陽曾出土一件商代
晚期前段青銅角。通高 20.3 厘米，口有兩翼，
作 V 形分離，腹呈深分檔形飾饕餮紋，下有三
椎足。中國國家博物館所藏商代青銅宰㭱角，
頗爲精美。

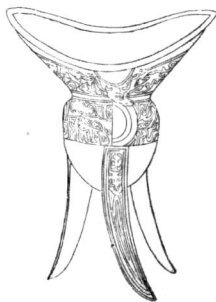
角
（明王圻等《三才圖會》）

散

　　用以盛酒。多
木製。外塗以漆，無
飾，容五升。《周
禮·春官·鬯人》：
“廟用脩，凡山川四
方用蜃，凡祼事用

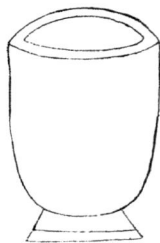
散
（明王圻等《三才圖會》）

概，凡疈事用散。”鄭玄注：“概尊以朱帶者，
無飾曰散。”《詩·邶風·簡兮》“公言賜爵”漢
毛亨傳：“見惠，不過一散。”《新唐書·韋綬傳》：
“有司所承，一升爵，五升散。”

概

　　用以盛酒。多木製，外塗以漆。《周禮·春
官·鬯人》：“凡祼事用概，凡疈事用散。”鄭玄
注：“概、散皆漆尊也。”

瓮

　　亦稱“甖”“罌”。商朝已見。初多陶製，
後亦有金屬製。用以儲水酒或米粟。其容量約
與罍同。形狀多爲大口，廣肩，大腹，器體甚
大，類後世罐子。約流行於商中晚期，當罍普
遍使用時，便逐漸消失。殷墟婦好墓中罋（或
鎊）尚與罍并存。因此類器上并無自銘，故傳
世之器多被稱爲“罍”。罍爲酒器，而瓮亦可盛
米粟，則又爲食器，二者似不盡相同。漢揚雄
《方言》第五：“甀、瓮、瓿，甖也，甖其通語
也。自關而西，晋之舊都河汾之間，其大者謂
之甀，其中者謂之瓿。自關而東，趙魏之郊謂
之瓮，或謂之甖。”戴震疏證：“罌，即甖。”《說
文·瓦部》：“瓮，罌也。”段玉裁注：“罌之大口
者也。”《儀禮·既夕禮》：“甕三。”鄭玄注：“甕，
瓦器。其容亦蓋一斛。”晋劉伶《酒德頌》：“先
生於是方捧罌承糟，銜杯漱醪。”宋梅堯臣《與
王正仲飲酒》詩：“時時舉酒共笑樂，莫問罌盎
有與無。”

【甖】

　　即瓮。此稱秦漢時期已行用。見該文。

【罌】[2]

　　即瓮。此稱秦漢時期已行用。見該文。

甕

初爲陶製容器。後亦有青銅及金銀製品。西周已見。用以放置食物及盛水酒。形狀爲小口，大腹，廣肩，似瓶而容積甚大。《周易·井》："井穀射鮒，甕敝漏。"《禮記·檀弓上》："醯醢百甕。"《莊子·天地》："〔子貢〕過漢陰，見一丈人，方將爲圃畦，鑿隧而入井，抱甕而出灌。"《左傳·昭公七年》："燕人歸燕姬，賂以瑤甕、玉櫝、斝耳。"晋葛洪《抱朴子》："而銅鐵之利鈍，甕罌之邪正，適遇所遭，非復爐韛之事也。"宋梅堯臣《依韵和丁學士陪諸公城東飲》："薦肴已去紗籠幕，賜醴新從蟻甕來。"蟻甕即酒甕，蟻指酒之浮沫。

甕
（明王圻等《三才圖會》）

【銀甕】

銀製之酒甕，爲吉祥之物。見稱於南朝。南朝梁簡文帝《南郊頌》："珠樹素禽，越火枝之地；銀甕邛杖，逾沉羽之涘。"《初學記》卷二七引南朝梁孫柔之《瑞應圖》："王者宴不及醉，刑罰中，人不爲非，則銀甕出。"元張昱《湖山堂觀牡丹》詩："濃香偏惹宦游人，銀甕連車載酒頻。"清馮雲鵬等《金石索·碑碣之屬·銀甕》："《符瑞志》有玉甕無銀甕。"

缶 [2]

用以盛酒、貯水之器皿。春秋時盛行。圓腹小口有蓋，肩上有環耳，類後世之罐。多爲瓦器，亦有銅製。《周易·坎》："樽酒，簋貳，用缶。"器身銘文稱爲"缶"者，有春秋中期傳世之欒書缶，及安徽壽縣蔡侯墓出土之大孟姬盥缶，湖北隨縣擂鼓墩戰國墓出土之方尊缶。

大孟姬盥缶

春秋後期盛酒或貯水器。1955年安徽壽縣蔡侯墓出土。通高46厘米，口徑26厘米。斂口，鼓腹，圈足。蓋有六足圈頂。獸首形耳有提環。周身紋飾并嵌赤銅。蓋周有突起六渦紋，器身突起八渦紋。口内沿有銘文一行十字："蔡侯縛作大孟姬媵盥缶。"證明此器係蔡侯爲其長女孟姬出嫁而作。爲春秋後期銅器斷代之標準器。現藏中國國家博物館。

鴟鵜

亦作"鴟夷"。以皮革製成之盛物袋。春秋時已見。後世以爲酒囊。《國語·吳語》："〔吳王〕乃取申胥之尸，盛以鴟鵜，而投之於江。"《戰國策·燕策二》："昔者伍子胥說聽乎闔閭，故吳王遠迹至於郢。夫差弗是也，賜之鴟夷而浮之江。"《史記·魯仲連鄒陽列傳》："〔鄒陽〕乃從獄中上書曰：'……臣聞比干剖心，子胥鴟夷，臣始不信，乃今知之。'"司馬貞索隱引韋昭云："以皮作鴟鳥形，名曰'鴟夷'。鴟夷，皮榼也。"《漢書·游俠傳·陳遵》："鴟夷滑稽，腹如大壺，盡日盛酒，人復借酤。"顏師古注："鴟夷，韋囊，以盛酒。"又秦漢以來以青銅等金屬製成皮囊狀酒壺，如1983年陝西西安出土的秦陵二號銅車馬車輿内有一銅壺，外觀似囊袋。壺蓋頂端鑄有束口的繩狀紐帶。漢揚雄《酒賦》："鴟夷滑稽，腹如大壺。盡日盛酒，人復借酤。"唐柳宗元《瓶賦》："鴟夷蒙鴻，罍罌相追。"著名的唐代鎏金舞馬銜杯銀壺亦屬此類仿皮囊狀盛酒器。蘇軾《竹鷓》詩："野人獻竹鷓，腰腹大如盎……鴟夷讓圓滑，混沌漸瘦爽。"宋竇苹《酒譜》："漢世多以鴟夷盛酒。"清黎士巨集《仁恕堂筆記》卷一："秦鞏聞人，割牛羊去其首，剜肉空中，以爲皮袋，大者受一石，小者受二三斗，俗曰混沌，即古之鴟夷。"

【鴟夷】

同"鴟鵜"。此體先秦時期已行用。見該文。

【混沌】

即鴟鵜。此稱宋代已行用。宋蘇軾《竹䪥》詩："野人獻竹䪥，腰腹大如盎……鴟夷讓圓滑，混沌漸瘦爽。"清黎士巨集《仁恕堂筆記》："秦鞏聞人，割牛羊去其首，剜肉空中，以爲皮袋。大者受一石，小者受二三斗，俗曰混沌，即古之鴟夷。"參見本考"鴟鵜"。

鎗

亦作"甌""儋"。瓶形或罍形之大型容器，春秋時已見。瓶則歛口，罍則大腹，故鎗爲歛口之大腹器。用以貯存醬液或食物，有陶製及青銅製品。傳世之青銅遺器中僅一件自稱鎗，即國差鎗。銘文云："工師偖鑄西郭寶鎗四秉，用寶旨酒。"知其爲容酒器。青銅鎗的形制爲歛口，廣肩，短頭，大腹，平底，出現於春秋時期，疑是罎的演變。《史記·貨殖列傳》："通邑大都，酤一歲千釀，醯醬千甌，醬（一本作"漿"）千瓨。"裴駰集解引徐廣云："〔甌，〕大罌缶。"司馬貞索隱："〔甌，〕《漢書》作儋。孟康曰：'儋，石罌，石罌受一石，故云儋石。'"《三才圖會·器用》："儋，貯米器也。"宋

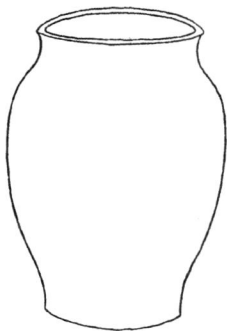

儋
（元王禎《農書》）

陸游《上巳》詩："名花紅滿舫，美醖綠盈甌。"

【甌】

同"鎗"。此體漢代已行用。見該文。

【儋】

同"鎗"。此體漢代已行用。見該文。

國差鎗

青銅盛酒器。見於春秋中期。高 33 厘米。窄短頭，口沿有一周平邊，廣斜肩。腹部膨大，平底，腹上沿有四耳作獸首銜環。肩上銘文十行五十二字。又一"徵"字在口沿上。國差即春秋之齊國佐，一稱寶媚人，以魯宣公十年（前 599）聘魯，魯成公二年（前 589）齊頃公爲晉所脅，使佐以紀甗玉磬賂晉講

國差鎗

和。魯成公十七年（前 574）國佐殺慶克據穀邑反齊，第二年爲齊靈公所殺。此爲工師所鑄之酒器，鑄於周簡王十二年（前 574）。現藏故宮博物院。

洞天瓶

一種注酒的器具。行用於唐代。唐馮贄《雲仙雜記》卷六："虢國夫人就屋梁上懸鹿腸於半空，筵宴則使人從屋上注酒於腸中，結其端，欲飲則解開，注於杯中，號洞天聖酒將軍，又曰'洞天瓶'。"

鍾

亦稱"酒鍾"。貯酒用之器具。大腹而細頸。侈口，有蓋，圈底。形似春秋前之壺。多行用於戰國至漢代。《列子·楊朱》："朝之室也，聚酒千鍾，積麴成封，望門百步，糟漿之氣逆於人鼻。"《孔叢子·儒服》："堯舜千鍾。"《說

文·金部》："鍾，酒器也。"《後漢書·班固傳》："旨酒萬鍾。"南朝梁任昉《述異記》卷上："上別立春宵宮，爲長夜之飲，造千石酒鍾。"《北史·周法尚傳》："上幸洛陽，召之，賜金鈿鍾一雙。"宋陸游《錦亭》詩："夜宴新亭海棠底，紅雲倒吸玻璃鍾。"後亦稱酒杯、茶杯爲鍾，與"盅"通。1973 年長沙馬王堆漢墓出土一雲紋漆鍾，通高 57 厘米，口徑 17 厘米，鼓腹，圈足無耳。鍾内壁塗紅漆，外表塗黑漆。口沿及足繪紅色波摺紋、點紋，頸部繪朱綠雲紋。肩部、腹部繪一周朱色和兩周綠雲紋。有蓋，蓋上有三立鈕。

【酒鍾】

即鍾。此稱南北朝時期已行用。見該文。

【瑪瑙鍾】

"鍾"之一種。以瑪瑙製成。晋代已行用。北凉段龜龍《凉州記》載："咸寧二年，盗發張駿陵，得瑪瑙鍾榼。"《南史·河南王傳》："天監十三年，遣使獻金裝馬腦鍾二口。"宋朱勝非《紺珠集》："湘東王云：幄中清酒瑪瑙鍾，裙邊雜佩琥珀龍。"

鋀

亦作"鈄"。古代盛酒器。形似壺之下半，無蓋。《說文·金部》："鋀，酒器也。從金，象器形，鋀或省金。"王筠句讀："𣂁象形，必古文，其形似壺之下半。壺有蓋有頭有腹，𣂁則無蓋矣。"《集韻·上厚韻》："鋀……《說文解字》：'酒器也。'或從鈄。"《字彙·一部》："石經《毛詩》：'酌以大鈄，以祈黄耉。'今文作星斗之斗，非。"可備一説。

【鈄】

同"鋀"。此體漢代已行用。見該文。

壚

亦作"廬""盧"。盛酒器。陶瓦質，小口似瓶。漢代已行用。《說文·甾部》：中有"壚"之籀文，又有"廬"。《玉篇·缶部》："壚，罍也。"《漢書·趙廣漢傳》："廋索私屠酤，椎破盧罌。"又《漢書·食貨志下》："請法古令，官作酒以二千五百石爲一均，率開一盧以賣。"顏師古注："臣瓚曰：盧，酒甕也。言開一甕酒也。趙廣漢入丞相府破盧甕。"明袁宏道《戊戌除夕》詩："石小聚香多，壚焦聽酒沸。"

【廬】

同"壚"。此體漢代已行用。見該文。

【盧】

同"壚"。此體漢代已行用。見該文。

壜

亦作"罎"。一種小口大腹的圓形陶器，多用於盛酒漿等。其名所出較晚，漢代以前或稱"甖"。《玉篇·土部》："壜，壺屬。"唐許渾《夜歸驛樓》詩："窗下覆棋殘局在，橘邊沽酒半壜空。"《金瓶梅詞話》第一五回："差小廝玳安送了四盤羹菜，兩盤壽桃，一壜酒。"《紅樓夢》第六三回："已經抬了一罎好紹興酒，藏在那邊了。"《儒林外史》第三一回："是老爺上任那年，做了一罎酒埋在那邊第七間房子後一間小屋裏。"

【罎】

同"壜"。此體清代已行用。見該文。

服匿

亦稱"服席"。古代匈奴人盛酒酪之器。小口方底，大腹似罌，漢代已見。《漢書·蘇武傳》："三歲餘，王病，賜武馬畜、服匿、穹廬。"顏師古注引孟康曰："服匿如甖，小口大腹方底，用受酒酪。"宋程大昌《演繁露・服匿、刁斗、斯羅》："《齊雜記》云竟陵王子良得古器，小口方腹，底平，可著六七升，以示秘書丞陸澄之。澄之曰：'此名服匿，單于以賜蘇武。'……夫蓋東夷之謂'服席'，即北狄之謂'服匿'者也。"清趙翼《岳祠銅爵》詩："服匿兩宮終飲酪，背嵬千騎忍提壺。"一説指小旃帳，當誤。

【服席】

即服匿。此稱行用於先秦時期東夷一帶。見該文。

青瓷瓿

青瓷盛酒或盛水器。最早見於東漢。1972年江西清江出土。高 9.8 厘米，腹徑 15.9 厘米。敞口，短頸，扁圓腹，平底。口沿有一周凹弦紋，肩有對稱橫繫，繫下有一周凹弦紋，腹壁施以 3 厘米寬的拍印方塊紋一周。胎質堅白，器表施淡青黃色釉，釉色清亮，呈水裂紋。造型穩重樸素。

瓢勺 [2]

亦作"瓢杓"，亦稱"瓢壺"。剖葫蘆而成的酒器，此稱南北朝時期已行用。《南齊書・卞彬傳》："彬性飲酒，以瓠壺瓢杓棬皮爲肴。"《南史・陳慶之傳》附陳暄與何秀書："何水曹（遜）眼不識杯鐺，吾口不離瓢杓，汝寧與何同日而醒，與吾同日而醉乎？"唐李白《春日陪楊江寧及諸官宴北湖感古》詩："感此勸一觴，願君覆瓢壺。"

【瓢杓】

同"瓢勺 [2]"。此體南北朝時期已行用。見該文。

【瓢壺】

即瓢勺 [2]。此稱唐代已行用。見該文。

郫筒

盛酒釀酒器具。唐代已見。蜀地郫邑人截大竹長二尺以上，留其一節爲底，刻其外爲花紋，或漆之以朱色、黑色，或不漆，用以盛酒，是爲"郫筒"。相傳晉人山濤爲郫令，用竹管釀酒，兼旬方開，香聞百步。唐張周封《華陽風俗録》載："郫縣有'郫筒池'，池旁有大竹，郫人刳其節，傾春釀於筒，苞以藕絲，蔽以蕉葉，信宿馨達於竹外，然後斷之以獻，俗號郫筒酒。"唐杜甫《將赴成都草堂途中有作先寄嚴鄭公》詩："魚知丙穴由來美，酒憶郫筒不用沽。"宋穆修《獨游》詩："水曲林幽獨杖藜，郫筒香入亂花攜。"參閱宋范成大《吳船録》卷上，明曹學佺《蜀中廣記・方物七・酒譜》。

酒瓶

盛酒器。唐代已見。唐劉禹錫《白侍郎大尹自河南寄示池北新葺水齊即事招賓十四韵兼命同作》詩："酒瓶常不罄，書案任成堆。"宋鄭俠《瑞像閣同楊驥雪夜飲酒》詩："書隨更漏盡，春逐酒瓶開。"

【㟧】

即酒瓶。古燕北方言。宋代已見。宋趙彥衛《雲麓漫鈔》卷七："韓世忠、岳飛軍中，別置親隨軍，謂之背㟧，勇健無比。燕北人呼酒瓶爲㟧，大將酒瓶必令親信人負之，故用以軍名。"

清沽美酒瓶

宋代磁州窑盛酒瓷瓶。高 43.8 厘米，口徑 3.8 厘米。小口，摺沿，溜肩，長身頸，瓶體修長。器身滿繪紋飾，頸、腹、底各有平行的粗細弧紋，上腹與下腹兩弧之間書有"清沽美酒"

四字，下腹與器底兩弧間繪有碩大密集的蓮瓣。綫條流暢，圖案活潑。粗與細，黑與白，對比強烈，工藝別緻精細，係在敷了化妝土之胎上，用毛筆描畫，再罩以透明釉製成。由此可見其時對釀酒、售酒乃至飲用之精心，宋代酒業之盛，由此可見一斑。

經程

亦稱"酒經""酒京"，省稱"經"。盛酒瓦器，此稱先秦時已見用，流行於宋代。長腹類瓶，圓口細頸，容量約一斗。《韓詩外傳》卷一〇："齊桓公置酒，令諸侯大夫曰：'後者飲一經程。'"宋趙令畤《侯鯖録》卷三："陶人之爲器，有酒經焉。晋安人盛酒以瓦壺之製，小頸環口，修腹，受一斗，可以盛酒。凡饋人牲，兼云以酒器。書云：酒一經或二經至五經焉。他境人有游于是邦，不達其義，聞五經至，束帶迎於門，乃知是酒五瓶爲五經焉。"宋趙彦衛《雲麓漫鈔》卷三："今人呼勸酒瓶爲酒京。"《駢雅》卷四："經程，飲器也。"

【酒京】

即經程。此稱宋代已行用。見該文。

【酒經】

即經程。此稱宋代已行用。見該文。

【經】

"經程"之省稱。此稱宋代已行用。見該文。

鐐盞

亦稱"銀盞"。盛酒器。大腹斂口，以白銀製成。唐代已見。《新唐書·回鶻傳上》："殿前設高坫，置朱提瓶其上，潛泉浮酒，自左閣通坫趾，注之瓶，轉受百斛鐐盞。回鶻數千人，飲畢尚不能半。"宋蘇轍《飲酒過量肺疾復作》詩："雕盤貯霜實，銀盞薦秋糯。"按：《爾雅·釋器》："白金謂之銀，其美者謂之鐐。"

【銀盞】

即鐐盞。此稱宋代已行用。見該文。

甌

亦作"瓵"。盛酒器，古時向人借書與還書時，均用其盛酒作酬謝。宋代已見。《廣韻·平脂》："瓵，酒器，大者一石，小者五斗，古之借書、盛酒瓶。"宋蘇軾《和陶贈羊長史》詩："不特兩甌酒，肯借一車書。"宋邵伯温《聞見後録》卷二七："俗語：借書與人爲一癡，還書爲一癡。嘗疑借書還書理也，何癡之云？後見王樂道與錢穆四書云：《出師頌》最絶妙，古語借書一瓵，還書一瓵。'乃知今人訛以瓵爲痴也。黄晋詩：'送我一瓵當借渠。'"盛酒瓶，通作"甌"。清王士禎《石甋行爲内叔長白山人賦》："長白山人何經奇，等身萬卷酒百甌。"一説即"甌甊"之省稱。參見本考"甌甊"。

【瓵】

同"甌"。此體宋代已行用。見該文。

瓷宫

酒器名。以耀州青瓷製成之盛酒器具。耀州窰所產之瓷器盛行於唐宋時期。宋代尤以青釉瓷最精。宋陶穀《清異録·酒醬》："雍都，酒海也……光禄大夫致仕韋炳，取三家酒攪和澄窨飲之，遂爲雍都第一，名瓷宫集大成。瓷宫，謂耀州青樿。"

瓷

酒器之一種。晋代已見。《文選·晋潘岳〈笙賦〉》："傾縹瓷以酌酃。"李善注："鄒陽《酒賦》曰：'醪醴既成，緑瓷既啓。'"

醅瓮

或稱"酒臼"。酒壜。元代已見。元吴弘道

《金字經》曲："這家村醪盡，那家醅瓮開。賣
了肩頭一擔柴，哈，酒錢懷內揣。"明袁宏道
《曹以新》詩："近花安酒臼，避雨約書床。"

【酒臼】

即醅瓮。此稱明代已行用。見該文。

第二節　飲酒器考

總　稱

　　飲酒器大致可包擴杯、卮、觶、觴、船、盞、爵、盅、鍾等諸大類。每一大類下面又
各設名目，枝葉繁綴，我們須理清脈絡，耐心剖析，方可明確其要旨，深入瞭解其特性。

　　"杯"之名稱先秦已見。1988年江蘇金壇市西崗鎮三星村新石器時代遺址中出土陶杯，
表明原始時代已有此器。南北朝以來多作飲酒具，唐宋後亦爲茶具，杯腹逐漸加深，類似
今之水杯。現凡出土之直筒圓底飲器，通名爲杯。據其質地，可分爲陶杯、象牙杯、玉杯、
瑪瑙杯、銀杯、水晶杯、金杯、犀杯等，有些是以動植物的殼或根製成，如螺杯、椰杯、
木杯、藤杯、蝦杯、蟹杯等。杯之形狀千變萬化，亦呈大觀：有橢圓形耳杯，因其兩側各
有一耳得名；有呈蓮葉形之荷葉杯；有如蟠桃核狀之蟠桃杯；有製成鷄心狀之酒杯；亦有
形制相同、大小不一之酒杯組成的套杯，反映了我國古代勞動人民高超的製杯技術。杯之
名稱因其功能特色各有雅號：帝王宮中所用之酒杯稱"天杯"；自暖杯是一種可自動溫酒之
杯；勸杯顧名思義是用以勸酒之杯；夜光杯是夜間可發光之杯。有些酒杯的名稱頗具神話
色彩：如浮月杯相傳注滿酒後可見月浮酒面；照世杯乃傳説中出自西域的神杯，更是魔力
無比，據《明史・西域傳四・撒馬兒罕》載："照世杯者，其國舊傳有杯，光明洞徹，照之
可知世事，故云。"古代士大夫用纏足女子之弓鞋載杯以行酒，稱作"金蓮杯"，此亦反映
出古代飲酒之陋習。

　　卮爲圓腹斂口之酒器。春秋時期青銅卮橢圓無足，腹部飾以蟠虺紋樣或象鼻紋。漢代
有玉卮，又有漆卮，湖北江陵漢墓及長沙馬王堆漢墓均有出土。晉代有文螺卮。鸂鶒卮乃
皇宮中物，最早見於唐代。唐宋時期亦有鏤金爲飾之金屈卮。一説卮、觶互通。《文選・左
思〈三都賦序〉》："且夫玉卮無常，雖寶非用。"劉淵林注："卮一名觶，酒器也。"其實二

者略有差异。觶僅指古代青銅飲酒器，其容量或曰三升、或曰四升，有圓體、橢扁體兩種。圓體觶形似尊而容量較小，初見於商晚期，沿用至東周；橢扁體觶初見於商晚期，西周初期亦甚流行。觶出土物較多，如殷代之光觶、鴟鴞紋觶、饕餮紋觶，西周前期的齊史疑觶等。

《説文・角部》載："觶，實曰觴，虛曰觶。"由此意義而言，觶、觴相對。蓋至東漢觴特指斟滿酒的飲器，後則泛指酒器。觴亦有多種：起於戰國時期、盛行於漢晋之際的羽觴呈橢圓形，兩側有耳似翼，狀如鳥雀，與耳杯相似；玉觴、九霞觴均爲酒器之美稱，又説九霞觴指仙人所用之酒杯；宋陶穀在《清異録・器具》中所記載的"燕羽觴"乃是一種黑漆酒杯，相傳多爲宰相用；竹枝觴是以竹筒作酒杯，當爲南方山區之習俗。

船即"酒船""舡船"之省稱，本是一種平底無足的飲酒具，後亦泛指大酒杯。據其製作材料，有金船（或稱金舠）、銀船、玉船（或稱玉舟）的劃分。有一種特殊者稱"藥玉船"，乃是以藥煮石，其石光澤如玉，以之製成酒杯，多見於宋代。

盞又作醆、棧、錢，是一種較小的飲酒具，唐宋以後多用作茶具。盞有玉琖、螺醆、荷盞，分別以玉、螺殼或荷葉製成，其中，玉琖又特指夏代之酒爵，荷盞類同前面提及的"荷葉杯"，螺盞中亦有紅色螺殼製成的"紅螺盞"。有一種帶底托或底盤的杯子，唐時稱爲"台盞"，宋時稱爲"盤盞"，至今仍然沿用。

此外，還有一些名稱罕見、雅俗皆宜之飲酒具。如把以枝條編成其形，再以漆加工而成的木製飲器稱作"杯圈"；"叵羅"是據西域語音譯而來的一種敞口淺杯；唐代稱以鏤鑴金銀裝飾之酒盞爲"鑿落"或"錯落"；宋元間方言語稱酒杯爲"玉東西"或"西東"；"大白"是一種起於漢代作罰酒之用的酒器，亦泛指大酒杯。三國時期曾以"三雅"爲酒器之代稱，又以盛酒之多少分爲"伯雅""仲雅""季雅"，見曹丕《典論》。

總之，隨着時代的變遷、風俗的流轉，飲酒器的名稱、特點、功能也有變异。我們須注意分析與鑒別，才能更好地瞭解。

盅杯類

象牙小盅

象牙製小杯。始見於新石器時代早期。高

2.4 厘米。平面呈橢圓形，中空作長方形，圓底。口沿處有對稱的二小圓孔。孔壁有清晰可見之羅紋。外壁雕編織紋與蠶紋一周。雕刻精細，顯示了當時的精湛技藝。1977 年，浙江省餘姚河姆渡遺址出土。現藏於浙江省博物館。

杯

亦作"桮""盃""杯"。飲食器皿，盤盞之屬。用以盛菜羹、粥食及酒等。此稱始見於先秦。南北朝以來多作飲酒具，唐宋後亦爲茶具，杯腹加深，漸似今之水杯。現凡出土之直筒圓底飲器亦通名爲"杯"。宋高承《事物紀原·器用》載："《十洲記》曰：'周穆王時，西胡獻常滿杯。'"《莊子·逍遙游》："覆杯水於坳堂之上，則芥爲之舟；置杯焉則膠，水淺而舟大也。"《孟子·告子上》："今之爲仁者，猶以一杯水救一車薪之火也。"《大戴禮記·曾子事父母》："力事不讓，辱事不齒，執觚杯豆而不醉，和歌而不哀。"盧辯注："杯，盤盂盆盞之總名也。"《史記·項羽本紀》："必欲烹乃翁，則幸分我一桮羹。"《漢書·朱博傳》："自微賤至富貴，食不重味，案上不過三桮。"又《項籍傳》："必欲亨乃翁，幸分我一盃羹。"《古文苑·王褒〈僮約〉》："汲水作餔，滌杯整案。"章樵注："杯，食器也。"南朝宋劉義慶《世說新語·任誕》："一手持蟹螯，一手持酒桮。"唐白居易《黑龍潭》詩："神之去兮風亦靜，香火滅兮杯盤冷。"《山海經·海內北經》："犬封國曰犬戎國，狀如犬，有一女子方跪進桮食。"明藏本作"杯"，亦作"桮""盃"。

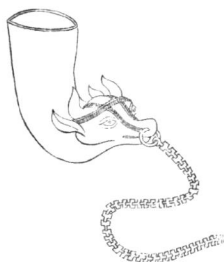

杯
（明王圻等《三才圖會》）

【桮】

同"杯"。此體漢代已行用。見該文。

【盃】

同"杯"。此體漢代已行用。見該文。

【杯】

同"杯"。此體漢代已行用。見該文。

耳杯

古代飲酒器。多侈口，形如小盤。有雙耳與單耳兩類。新石器時代已行用，爲陶製，商代之後始有青銅製者。出土與傳世之耳杯甚多，如山東膠縣三里河出土的新石器時代雙耳黑陶杯，甘肅永昌鴛鴦池出土的新石器時代的單耳彩陶杯，戰國至魏晉時木胎漆器尤多，如長沙馬王堆漢墓出土的雙耳杯，陝西歷史博物館、故宮博物院所藏雙耳杯皆是。按："耳杯"之稱不見於古籍，文博界所稱耳杯，係指盛行於戰國、兩漢至魏晉特定時期之用具。類同"羽觴"。橢圓形。兩側各有耳，多爲木胎塗漆，亦有兩耳上鎏金銅飾，或全部銅製。今長沙馬王堆出土之漢墓中有耳杯，上寫有"君幸食""君幸酒"之字樣。1985 年青海西寧出土了鑲金蚌耳杯，北朝杯，杯身由一整塊蚌殼稍事加工而成，口沿鑲有金片，雙耳由金片製成。長 13.7 厘米，寬 7.6 厘米；耳長 6.80 厘米，耳寬 0.7 厘米；腹深 3.6 厘米。獨出新裁。亦有漆耳杯、案及耳杯、銀耳杯。

耳杯
（長沙馬王堆一號漢墓出土）

漆耳杯

漆製耳杯。飲酒具。最早見於西漢。1957年貴州清鎮出土。十一件，其中六件保存較好，四件有銘文。據銘文可知原產於廣漢郡（治所在今四川金堂東）和蜀郡（治所在今四川成都）。廣漢郡製造的一件高4.3厘米，口徑長16.5厘米，寬10.6厘米。杯內底髹黑漆，內壁髹朱漆，雙耳作月牙形，耳緣鑲鎏金銅扣。耳背繪几何形，杯外口沿下繪旋渦紋、鳳紋、四道弦紋。弦紋之間黑漆地上針刻隸書銘文："元始三年，廣漢郡工官造乘輿髹羽畫木黃耳桮。容一升十六籥。"説明此耳杯是廣漢郡工官經八道工序和五道工官官吏的監管於元始三年（公元3）製成，出土時已殘破。蜀郡製造之耳杯，其大小、花紋和形制均與廣漢郡所製相同，銘文體例、書寫亦一致，僅製造地點、工匠名稱不同。

案及耳杯

耳杯之一種。最早見於東漢。案即矮桌。1960年廣東廣州沙河出土。共三件，一件長方形，二件圓形。其中一件圓形案直徑40厘米，高806厘米。邊緣平折，緣面上刻S形紋帶，下有三蹄足。案上置有銅耳杯六個，高3至4.5厘米，長10.3至14.2厘米。排成半環形。耳杯模鑄，兩耳或相等或一大一小，均素面無紋飾。

銀耳杯

銀製耳杯。北魏始見。1981年山西大同封和突墓出土。長12.9厘米，寬7.2厘米，兩端高4.3厘米，中部高3.6厘米。形制近似漢代耳杯，兩端上翹，底有橢圓形圈足，足邊有聯珠紋，左右耳各長5.8厘米，寬1.1厘米，耳邊有雙排聯珠紋。參閱中國國家博物館編《簡明中國文物辭典》。

陶杯

用黏土爲原料燒製成的杯。出土文物多見。有雙口陶杯、三里河黑陶高柄杯、雙耳黑陶杯、單耳彩陶杯、印紋硬陶杯等。

雙口陶杯

新石器時代飲器。1982年遼寧喀左東山嘴遺址石圓圈祭壇附近出土，屬紅山文化。高3.5厘米，寬4.5厘米。直口、摺腹，腹內中部有格，將杯分割成彼此不通的兩部分，俯視則見兩口。參閱中國國家博物館編《簡明中國文物辭典》。

三里河黑陶高柄杯

最早見於新石器時代。1976年山東膠縣三里河墓地第兩千一百一十六號出土，龍山文化的典型器之一。細泥黑陶，胎薄如蛋殼，敞口高柄，寬口沿外敞如盤形，杯身深深陷入杯柄之內，形成內外兩層。杯柄上刻有窄長方形鏤孔和纖細劃紋。代表了典型龍山文化時期製陶工藝的最高水準。參閱中國國家博物館編《簡明中國文物辭典》。

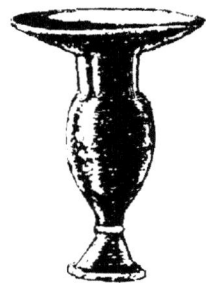
龍山文化黑陶高柄杯

雙耳黑陶杯

新石器時代飲器。1976年山東膠縣三里河墓地第兩千一百二十四號墓出土。泥質黑陶，胎較薄，表面黝黑而有光

雙耳黑陶杯

澤。口微侈，頸腹間呈弧形內凹，腹有對稱雙耳，其下一周斜方格劃紋。參閱中國國家博物館編《簡明中國文物辭典》。

單耳彩陶杯

新石器時代飲器。1973 年甘肅永昌鴛鴦池墓地第十五號墓出土。泥質紅陶，高 13.5 厘米，口徑 6.5 厘米。器表打磨光滑，施紅色陶衣，器身用黑彩繪平行綫和三角折紋綫。參閱中國國家博物館編《簡明中國文物辭典》。

印紋硬陶杯

商晚期陶製飲器。高 10.5 厘米，口徑 11.2 厘米。1977 年福建閩侯黃土侖遺址出土。廣口，箭式腹，杯底作出沿托盤式，一側飾有夔龍形柄。器表刻劃不規則的勾連回紋，造形古樸別緻。現藏福建博物院。

黑陶闊把杯

新石器時代飲器。1960 年上海馬橋遺址良渚文化層出土。此杯器形奇特，敞口，箭腹，扁矮的器身呈竹節狀，一側有寬闊的把手，上飾直條紋，有兩個小圓孔。矮圈足。器底有兩個刻劃文字“木”“中”，雖已殘缺，但據其文字結構來看，已相當成熟，應是研究中國文字發展史的重要資料。現藏上海博物館。

象牙夔鋬杯

象牙製杯，鋬形似夔，故名。始見於商代。1976 年河南安陽殷墟婦好墓出土。杯身高 30.5 厘米，口徑 10.5 至 11.3 厘米，壁厚 0.9 厘米，切地徑 8.8 至 9 厘米。杯呈米黃色，杯形似觚，侈口薄唇，中部微束。身一側近口底處有上下對稱的小圓孔，由此插入鋬榫。通體雕刻精細繁縟的花紋，由上至下分爲四段。第一段雕刻三組饕餮紋，眉、眼、鼻鑲以綠松石；第二段雕刻饕餮紋三組，口、鼻、眼嵌以綠松石，在獸口下有三角形紋、倒夔紋、細帶紋；第三段刻三個變形夔紋，眼嵌綠松石；第四段雕饕餮紋三組。鋬作夔形，頭向上，鋬上雕鳥形紋。此器綜合了綫刻、浮雕、鑲嵌等多種工藝，端莊碩大，裝飾雍容華貴，堪稱目前所知商代最精美的牙骨器。現藏中國國家博物館。另有商代帶流虎鋬象牙杯，與此杯爲同類。參閱中國國家博物館編《簡明中國文物辭典》。

夜光杯

夜間發光之玉製酒杯，當見於西周。相傳出自西域。舊題漢東方朔《海內十洲記·鳳麟洲》：“周穆王時，西胡獻昆吾割玉刀及夜光常滿杯。刀長一尺，杯受三升，刀切玉如切泥，杯是白玉之精，光明夜照，暝夕出杯於中庭以向天，比明而水汁已滿於杯中也，汁甘而香美，斯實靈人之器。”後亦爲精緻貴重酒杯的代稱。唐王翰《涼州詞》：“葡萄美酒夜光杯，欲飲琵琶馬上催。”

玉杯

亦作“玉梧”，亦稱“瓊杯”。玉製之杯。其名始載於先秦典籍，南北朝以來又多作酒杯之美稱。《韓非子·喻老》：“象箸玉杯，必不羹菽藿，則必旄象豹胎。”《史記·孝文本紀》：“十七年得玉杯，刻曰：‘人主延壽’。”漢王充《論衡·驗符》：“文帝之時，玉梧見。”南朝齊謝朓《金穀聚》詩：“璇碗送佳人，玉杯邀上客。”梁昭明太子《七契》：“金盤薦美籍之珍，玉杯沉縹清之酒。”北周庾信《擬連珠》：“顏回瓢飲，賢慶封之玉杯。”李白《古風》五十九之四十一首：“呼我游太素，玉杯賜瓊漿。”《新唐書·文藝傳上·駱賓王》：“王翰如瓊杯玉斝，雖爛然可珍，而多玷缺。"清吳偉業《元夕》詩：
"長信玉杯簪戴勝，昭陽銀燭擎空侯。"1976年
廣西貴縣羅泊灣出土一件西漢早期玉杯，高
11.2厘米，口徑4.5厘米，底徑3.1厘米。玉料
呈淺藍色。體圓，平口，深腹，盤足，底中空，
腹外飾勾連雲紋與乳釘紋。此器造形規整，紋
飾精美，尚屬罕見。現藏廣西壯族自治區博物
館。另有鑲金邊白玉杯，最早見於隋代。1957
年陝西西安李靜訓墓出土。高4.1厘米，口徑
5.6厘米。直口，深腹，上闊下微斂，平底實
足，鑲金口。白玉微有瑕，製作精美，形制略
似當時的瓷杯。亦有唐代刻花白玉杯。1970年
陝西西安南郊何家村唐代窖藏出土。高3.5厘
米，口長10厘米。杯作八瓣，每瓣刻捲草或花
卉，無耳，底附圈足。玉色晶瑩潔白，玲瓏精
緻。

【玉桮】

同"玉杯"。此體漢代已行用。見該文。

【瓊杯】

即玉杯。此稱唐代已行用。見該文。

【玉芙蓉】

即玉杯。唐代已見此稱。唐王建《宮詞》：
"金殿當頭紫閣重，仙人掌上玉芙蓉。"

合玉杯

玉杯之一種。明代傳世品。高7.5厘米，
橫寬13厘米。玉料青色。杯造型奇特，取材於
結婚時夫妻喝合卺酒這一傳統習俗。器由兩個
內徑爲直筒式圓形體并聯而成。口部相隔，下
部有孔相通。杯腰部上下各飾一圈形紋，一面
鏤雕一鳳作杯把，一面凸雕雙螭盤繞爬行狀，
兩螭之間的繩紋扎口有一方形圖章，章上刻
"萬壽"二字，隸書。杯身兩側有剔地陽紋隸

書、銘文，即杯名、題詩和工匠的落款。一側
的詩文是："九陌祥烟合，千香瑞月明。願君萬
年壽，長醉鳳凰城。"在詩上部有"子剛製"字
樣。另一側的詩文爲："濕濕楚璞，既雕既琢，
玉液瓊漿，鈞其廣樂。"詩末落款有"祝允明"
三字。詩上部有"合卺杯"三字。此器現藏故
宮博物館。

漢犧首杯

青銅酒杯。杯
身爲牛之頸頷，鏨
爲牛首，角間絡以
絢紐，以細巧索鏈
貫其鼻。熔冶之工，
宋人已稱難及。宋
王黼《博古圖》卷

漢犧首杯
（宋王黼《宣和博古圖録》）

一六："右（指位左之原圖）高二寸七分，深二
寸六分，口徑二寸三分，闊三寸二分，容三合，
共重八兩。鼻連環索，無銘。是器作牛首頸頷
狀，可爲飲器。角間又絡以絢紐，以魚骨小索
貫其鼻。而鎔冶之工非今人可到。《詩》所謂
'酌彼兕觥'者，其近似之。"

螺杯

亦作"蠃杯""螺盃"。用螺殼雕製之酒杯。
魏晉時始見。《藝文類聚》卷七三引《陶侃故
事》："侃上成帝蠃杯一枚。"《宋書·張暢傳》：
"孝武又致螺盃雜物，南土所珍。"盃同"杯"。
明李昌祺《剪燈餘話·至正妓人行》："螺杯漫想
紅樓飲，雁柱徒懷錦瑟弦。"唐張籍《流杯渠》
詩："美酒白蠃杯，隨流去復回"。按："螺杯"
有多種，其中包括"鸚鵡杯""紅螺杯"等。

【蠃杯】

同"螺杯"。此體晉代已行用。見該文。

【螺盃】

同"螺杯"。此體南北朝時期已行用。見該文。

九曲螺杯

螺杯之大者。宋代已見。宋陶穀《清異錄·器具》："以螺爲杯，亦無甚奇，惟藪穴極彎曲，則可以藏酒，有一螺能貯三盞許者，號爲九曲杯。"

鸚鵡杯

以鸚鵡螺之殼製成形似鸚鵡之杯。螺杯之一種。唐代已見。三國吳萬震《南州異物志》載："鸚鵡螺，狀如覆杯，頭如鳥頭，向其腹視，似鸚鵡，故名。"明顧岕《海槎餘錄》載："鸚鵡杯，即海螺，產於文昌海面，頭淡青色，身白色，周遭間赤色，數稜，好事者用金厢飾，凡頭脛足翅俱備，置之几案，亦異常耳。"唐李白《襄陽歌》："鸕鷀杓，鸚鵡杯，百年三萬六千日，一日須傾三百杯。"唐盧照鄰《長安古意》詩："漢代金吾千騎來，翡翠屠蘇鸚鵡杯。"亦稱"海螺盞"。明曹昭《格古要論》："鸚鵡杯即海螺盞，出廣南，土人琢摩。或用銀或用金鑲足，作酒杯。"一說，爲傳說中酒杯。因其能解人意，故名。《説孚》卷八一引《謝氏詩源》："金母召群仙宴於赤水……坐有碧金鸚鵡杯，白玉鸕鷀杓，杯乾則杓自抱，欲飲則杯自舉，故太白詩云鸕鷀杓、鸚鵡杯，非指廣南海螺杯杓也。"參閱唐劉恂《嶺表錄異》卷下。

【海螺盞】

特指鸚鵡杯。此稱明代已行用。見該文。

水晶杯

亦作"水精杯"。水晶質酒杯。唐代已見。《新唐書·西域傳》："開元初，〔康者〕貢鎖子鎧、水精栖，碼磝瓶、駝鳥卵。"水精，即水晶。1985年內蒙古哲里木盟奈曼旗青龍山鎮遼陳國公主駙馬合葬墓出土三件。形制相同，一件缺蓋與金鏈。通高3.5厘米，口徑2.8厘米，底徑1.8厘米。無色透明，圓唇，筒形腹，平底。口沿下有兩個對稱小孔，繫金鏈，鎏金銀蓋。

【水精杯】

同"水晶杯"。此體唐代已行用。見該文。

熊耳杯

杯名。杯體兩側刻畫熊耳，古禮器爵上有兩柱，似立熊之耳，用以戒飲美酒過量。南北朝時已見。《藝文類聚》卷三引北齊邢邵《冬日傷志》詩："朝馳馬腦勒，夕銜熊耳杯。"北周庾信《三月三日華林園馬射賦》："熊耳刻杯，飛雲畫罍。"倪璠注："熊耳，按禮器爵上有兩柱，取飲不盡之義，戒其過也。言其競舉象兩熊耳也。"

瑪瑙杯

瑪瑙所作之杯。唐代已見。《隋書·西域傳序》："煬帝時，遣侍御史韋節、司隸從事杜行滿，使於西蕃諸國，至罽賓得碼瑙杯。"唐錢起有《瑪瑙杯歌》。明陳仁錫《潛確居類書》卷九四："宋周公謹云：'見瑪瑙杯兩隻，其一純白，中有金鯽魚一條；其一純紅，中有白鱗魚一條。'"1970年陝西西安南郊何家村唐代窖藏出土有獸首瑪瑙杯，高6.5厘米，長15.6厘米。紅色透明瑪瑙雕鑿成獸首狀，嘴鑲金。晶瑩艷麗，製作精美。清朝的瑪瑙葵花式帶托杯通高8.4厘米，杯口徑11.2厘米。托盤爲葵花式，有圈足，盤上有托，呈瑪瑙紅色。碗口沿爲六瓣花式，通體呈瑪瑙紅色，上有天然深紅色和白色斑紋。參閱中國國家博物館編《簡明中國文物辭典》。

金杯

金質之杯，或泛指華美之杯。隋代已見行用。《隋書·樊子蓋傳》："後與蘇威、宇文述陪宴積翠亭，帝親以金杯屬子蓋酒曰：'良算嘉謀。'"唐盧照鄰《秋霖賦》："繡轂銀鞍，金杯玉盤，坐臥珠璧，左右羅紈。"其物西安南郊何家村唐代窖藏已有出土，口略敞，圈足，杯體與口沿皆有刻花，圈柄，柄上端探出一短翅，形似臥"6"，甚精美。

唐金杯

銀杯

亦作"銀盃""銀桮"。銀製之酒杯。南北朝時期已見。傳世及出土實物較多見。南朝梁簡文帝《七勵》文："等千日之芳醴酌，玉斗之英麗，照銀杯之輕蟻，此亦天下之美味，子能從我而享之乎？"《新唐書·藝文志》："常以金銀盃斟酒飲之。"唐韓愈《雪》詩："隨車翻縞帶，逐馬散銀盃。"唐白居易《春池閑泛》詩："華助銀盃氣，松添玉軫聲。"唐劉禹錫《竹枝詞》："兩岸山花似雪開，家家春酒滿銀桮。"湖南衡南1985年出土之銀杯，通高5厘米，足高1.6厘米，口徑9厘米，足徑4厘米。敞口，圓底，喇叭形高圈足。口沿、足沿、腹均呈六瓣花形。口沿下飾一周寬0.8厘米的桂花紋帶，內底中心飾一枝桂花；其中一朵怒放，三朵含苞待放。圈足下部飾一周寬

唐金華八棱銀杯

0.5厘米盛開的桂花紋帶，上刻楷書"嵩柏實陳甫造"銘文。另有西安南郊何家村唐代窖藏出土之之金華八棱銀杯、金華八曲銀杯、刻華高足銀杯等。中國國家博物館編《簡明中國文物辭典》載"鏨花鳥蓮瓣紋高足銀杯"始見於唐代。1963年陝西西安東南郊沙坡村出土。通高5厘米，口徑7.2厘米，底徑3.8厘米，腹深3.1厘米。蓮瓣式高足，通體布滿流雲、花鳥、樹木、山水花紋，其中僅鳥之形狀姿態便有十八種。刻畫栩栩如生。

【銀盃】

同"銀杯"。此體唐代已行用。見該文。

【銀桮】

同"銀杯"。此體唐代已行用。見該文。

藤杯

亦稱"藤尊"。藤製之杯。唐代已見行用。唐王勃《贈李十四》詩："風筵調桂軫，月徑引藤杯。"宋楊萬里《壓波堂賦》："篔床茶竈，瓦盆藤尊。"一說是用酒杯藤之花作杯。唐駱賓王《夏日游德州贈高四》詩："野衣裁薜葉，山酒酌藤花。"五代李石《續博物志》卷五："酒杯藤出西域。藤大如臂，葉似葛，花實如梧桐，花堅可以酌酒，有文章，映徹可愛。實大如指，豆寇，香美銷酒，來至藤下，摘花酌酒，仍以其實醒酒，國人寶之。"

【藤尊】

即藤杯。此稱宋代已行用。見該文。

荷葉杯

亦作"荷葉盃"，省稱"荷杯"。唐代已見。把荷葉中心凹處戳穿通至蓮莖作杯，故名。唐白居易《酒熟憶皇甫十》詩："疏索柳花碗，寂寥荷葉盃。"唐戴叔倫《南野》："茶烹松火紅，

酒吸荷葉緑。"宋曾慥《類説》卷一四："荷杯，李少師與賓僚飲宴，暑月臨水以荷爲杯滿酌，使僕持近人口，以筯刺之，不盡則重飲。"亦稱"碧筩杯""象鼻杯""碧筩"。唐段成式《酉陽雜俎·酒食》："歷城北有使君林，魏正始中，鄭公愨，三伏之際，每率賓僚避暑於此，取大蓮葉置硯格上，盛酒二升，以簪刺葉，令與柄通，屈莖上輪菌如象鼻，傳噏之，名爲碧筩杯。"宋李洪《聽雨軒四首》詩之二："祇應荷氣熏人醉，不用輪囷象鼻杯。"宋蘇軾《泛舟城南》詩："碧筩時作象鼻彎，白酒微帶荷心苦。"明田藝蘅《留青日劄摘抄》："荷葉杯，一名象鼻杯……刺（荷）葉心而飲其莖也。"

【荷葉盃】

同"荷葉杯"。此體唐代已行用。見該文。

【荷杯】

"荷葉杯"之省稱。此稱宋代已行用。見該文。

【碧筩杯】

即荷葉杯。此稱唐代已行用。見該文。

【象鼻杯】

即荷葉杯。此稱唐代已行用。見該文。

【碧筩】

即荷葉杯。此稱宋代已行用。見該文。

椰杯

以椰子殼製成之杯。始見於唐代。唐陸龜蒙《和襲美寄瓊州楊舍人》詩："酒滿椰杯消毒霧，風隨蕉扇下瀧船。"明曹昭《格古論要》："椰杯出兩廣安南，類瓢且厚，實黃黑色，鋸開中有酒，微酸。謂之椰子酒。或漆或銀鑲作酒杯。小者最貴而難得，大者作酒壺、勸盤、酒柱、水杓之類。或云酒傾入，有毒則爆，故出

路人多帶之。"

蝦杯

以海蝦蝦頭與前兩脚殼製成的杯子。行用於唐宋之際。海蝦皮殼嫩紅色，就中腦殼與前脚雙脚有鉗者，其色如朱，土人多取以烘透，彎成環狀，製成杯子。見唐劉恂《嶺表錄異》卷下。《太平御覽·鱗介部·蝦》："（沈懷遠）《南越志》：'南海以蝦頭爲杯，鬚長數尺，金銀鏤之，晋簡文以盛酒，未及飲，酒躍於外。'"參閱唐段公路《北戶錄》。

癭木杯

省稱"癭杯"，亦稱"癭柟杯"。楠木根製成的杯子。唐代已見。因楠木根贅疣甚大，可借其天然形狀，雕製爲各種酒杯。《新唐書·武攸緒傳》："盤桓龍門、少室間，冬蔽茅椒，夏居石室，所賜金銀鑑鬲野服，王公所遺鹿裘、素障、癭杯，塵皆流積，不御也。"唐皮日休《夏景無事因懷章來二上人》詩："澹景微陰正送梅，幽人逃暑癭柟杯。"《格致鏡原》卷五一引《酒譜》："松陵唱和有癭木杯詩，蓋用木節爲之。"

【癭盃】

"癭木杯"之省稱。此稱唐代已行用。見該文。

【癭柟杯】

即癭木杯。此稱唐代已行用。見該文。

渌杯

亦作"綠杯"。酒器。渌，同醁，酒名。唐代已見。唐白居易《醉中戲贈鄭使君》詩："密座移紅毯，酡顔照渌杯。"宋梅堯臣《李密學遺苔醬脯云是自采爲之》詩："持作吳鄉味，能令案渌杯。"宋朱熹《叔通老友探梅得句不鄙垂示

且有領客携壺之約次韵爲謝聯發一笑》詩：“繁英未怕隨清角，疏影誰憐醮綠杯。”

【綠杯】

同“淥杯”。此體宋代已行用。見該文。

浮月杯

一種陶質酒杯。浮月即浮在水面的月影。傳説此杯注滿酒後可見月浮酒面，故名。清朝見載於書。清劉體仁《七頌堂識小録》：“浮月杯，陶杯也。口微缺，以金錮之，酒滿則一月晶晶浮酒面。先朝中州王使節物，後不知所歸。”

自暖杯

一種青瓷酒杯。最早見於唐代。傳説取酒注之，自然生温，故名。五代王仁裕《開元天寶遺事》：“唐開元時内府有一酒杯，青玉色，而有紋如亂絲，其薄如葉，杯足上有鏤金字‘自暖杯’，上命取酒注之，温温然有氣相吹如沸湯。”

金荷葉杯

省稱“金荷”。蓮葉形金杯。宋代已見。宋楊萬里《中秋前兩日別劉彦純彭仲莊于白馬山下》詩：“長亭更放金荷淺，後夜誰同璧月圓。”宋辛弃疾《鷓鴣天·鵝湖歸病起作》詞之四：“明畫燭，洗金荷，主人起舞客高歌。”《剪燈餘話·賈雲華還魂記》：“生大喜就坐，娉呼福出佳餚薦酒，親持金荷葉杯。”

【金荷】

“金荷葉杯”之省稱。此稱宋代已行用。見該文。

七寶波梨杯

酒器名。宋代已見。用多種寶物裝飾，故名“七寶”。波梨，同“玻璃”，指天然水晶石一類，有各類顔色，非後世人工所造的玻璃。宋朱勝非《紺珠集》：“帝與妃賞牡丹，命李龜年持金華箋賜李白，令進清平調詞三篇。白援筆立書以進。帝命李龜年歌，太真以七寶玻梨杯酌西涼州葡萄酒飲，笑領歌意，姿態尤妙。”

蟹杯

以蟹殼製成之酒杯。宋代已見。宋傅肱《蟹譜·蟹杯》：“其斗之大者，漁人或用以酌酒，謂之蟹杯。亦阿陵雲螺之流也。杯形如蟹也。”一説，用金銀製成的蟹形酒杯。宋鄭獬《觥記注》：“蟹杯以金銀爲之，飲不得其法，則雙螯鉗其唇，必盡乃脱，其製甚巧。”參閲清褚人穫《續蟹譜》。

解語杯

杯名。將小酒杯置於荷花中，用之飲酒，以示風雅。此稱始見於明代。明陶宗儀《輟耕録·解語杯》：“至正庚子秋七月九日，飲松江泗濱夏氏清樾堂上。酒半，折正開荷花，置小金卮於其中，命歌姬捧以行酒。客就姬取花，左手執枝，右手分開花瓣，以口就飲，其風致又過碧筩遠甚，余因名爲解語杯。”按：五代後周王仁裕《開元天寶遺事》：“明皇秋八月，太液池有千葉白蓮數枝盛開，帝與貴戚宴賞焉。左右皆嘆羨久之，帝指貴妃示於左右曰：爭如我解語花？”後因以比喻美人。此以美女捧荷花行酒，故稱。

金蓮杯

亦名“鞋杯”。宋代已見。用纏足女子弓鞋載杯以行酒，爲古代士大夫荒唐生活之陋習。金蓮源於《南史·廢帝東昏侯紀》：“又鑿金爲蓮華以帖地，令潘妃行其上，曰：‘此步步生蓮華也。’”後人因東昏侯故事，專以金蓮指女子纖足。明陶宗儀《輟耕録·金蓮杯》："楊鐵崖耽好聲色，每於筵間見歌兒舞女有纏足纖小者，則脱其鞋載盞以行酒，謂之金蓮杯。"《金瓶梅詞話》第六回："少頃，西門慶又脱下他一雙鳧花鞋兒，擎在手中，放一小杯酒在内，吃鞋杯耍子。"亦名"雙鳧杯"，參閲宋鄭獬《觥記注》（重校《説郛》九十四卷本）。

【雙鳧杯】

即金蓮杯。此稱宋代已行用。見該文。

【鞋杯】

即金蓮杯。此稱明代已行用。見該文。

鷄缸杯

明代飲酒彩杯。造型爲敞口、淺腹、卧足。因杯身以十彩描繪母鷄啄蟲哺雛，姿態栩栩如生，輔以牡丹、蘭花、柱石紋，故名。爲成窯酒杯，一説爲宣窯酒杯。明程喆《窯器説》："鷄缸上畫牡丹，下有子母鷄，躍躍欲動。"清朱彝尊《感舊集序》："瓷杯，多宣德成化款識，近亦嘉靖年物，酒杯則畫芳草鬥鷄其上，謂之鷄缸。"《海上花列傳》第三〇回："楊家姆去間壁房裏取過三隻鷄缸杯，列在荔甫面前。"

鸚鵡啄金杯

明代高足彩杯。因杯畫鸚鵡紋，故名。明陳貞慧《秋園雜佩》載："余友問卿家藏鸚鵡啄金杯，高足磐口，亭亭玉立，一名'四妃十六子'，又名'太平雙喜'……每過雲起樓，促膝飛觥，出成勸杯酒。"現有傳世品，藏故宫博物院。杯一面畫雙鸚鵡栖於枝頭，稱鸚鵡啄金杯。另一面畫雙鵲栖於枝頭，枝上結有枇杷果，稱"太平雙喜"。《秋園雜佩》中謂一名"四妃十六子"，此説有誤。四妃十六子者畫四仕女及十六孩童，此紋飾從未見與鸚鵡雙鵲紋畫於

同一器上。

犀杯

用犀牛角雕成的名貴杯子。《太平廣記》卷六九："階前有三美女俱語而至，揖讓升于花茵，以犀杯酌酒而進之。"宋代已見。犀角爲名貴藥材，色澤呈黑黄而滋潤者爲上乘，明人多用以雕製酒器。越南阮攸《金雲翹》第一八回："我這裏有黄金三千，白銀五萬，彩緞千端，玉帶二條，寶珠一斗，犀杯四十對……你去誘以歸降。"故宫博物院藏明清時期的犀角杯若干，有雕山水人物杯、雲龍杯，玉蘭花式杯，松蔭高士杯等。其中明代犀角雕玉蘭花式杯高 7.8 厘米，口徑 8.5 至 13.5 厘米，足徑 3.8 至 4.3 厘米，浮雕玉蘭花朵，枝葉蒂萼俱備。造型優美，莊重典雅。明代尤侃製透雕荷葉螳螂犀角杯亦爲犀角杯中難得之佳作，此杯高 9.5 厘米，口徑 14.9 厘米。雕成折枝荷葉狀，荷葉舒展成侈口，荷梗與荷葉口彎曲向下，直至杯底，鏤成杯把。

鷄心杯

明代瓷製酒杯。敞口，口以下内收，瘦底圈足。因杯心下凹呈深圓渦狀，底心凸起如鷄心形，故名。明永樂時景德鎮窯燒製有青花鷄心杯及白釉鷄心杯兩種，均有傳世品。

照世杯

亦作"炤世杯"。傳説中出自西域之神杯。傳稱此杯光明洞徹，照之可知世事，故稱。此稱始見於元代。明徐應秋《玉芝堂談薈·魚英盞》："元時進一杯名炤世杯，光明洞徹，炤之可知世事。"《明史·西域傳四·撒馬兒罕》："二十七年八月，帖木兒貢馬二百，其表曰：'……欽仰聖心，如照世之杯，使臣心中豁然光

明……'照世杯者，其國舊傳有杯，光明洞徹，照之可知世事，故云。"清乾隆帝《題和闐玉台鏡》詩："明倚辟邪鏡，祥同照世杯。"參閲明張思鼎《琅琊代醉編》卷四〇。

【炤世杯】

同"照世杯"。此體元代已行用。見該文。

套杯

杯之一種樣式。由若干口徑大小不一、器身深淺不同之杯，從大至小漸次套放成爲一整體，每套可多達十隻乃至二十餘隻。後亦泛指組合成套的杯子。當起於明代。既可作飲具，亦爲一種精美工藝品。清顧張思《土風録》卷五："酒杯大小十枚一副白套杯。"《紅樓夢》第四一回："鳳姐乃命豐兒：'南面裏間屋書架子上，有十個竹根套杯，取來。'……鴛鴦笑道：'我知道你這十個杯還小，況且你才説是木頭的，這會子又拿了竹根子的來，倒不好看。不如把我們那裏的黃楊根摳的十個大套杯拿來，灌他十下子。'……劉姥姥一看，又驚又喜：驚的是一連十個挨次大小分下來，那大的足足似個小盆子，第十個極小的還有手裏的杯子兩個大；喜的是雕鏤奇絶，一色山水樹木人物，並有草字以及圖印。"黃楊根整摳的套杯，即用黃楊木根完整雕出由大到小的一整套酒杯。《清朝野史大觀》卷一"大内異物"條："其一酒杯，二十有四，由大至小，如窆堵波，高二寸許，旋木爲之，質黃色有木理。薄如紙，噓氣輒可飛動，然能注酒。"此爲内府所藏之黃楊木套杯。故《紅樓夢》寫賈府有黃楊木套杯，亦爲極希罕之物。清代景德鎮窯燒製之瓷套杯，以彩繪者居多。許之衡《飲流齋説瓷》："套杯之製一至十，小至大，歷朝均有之。"

天杯

天子宴飲所用之杯。唐代已見。唐杜審言《歲夜安樂公主滿月侍宴應制》詩："戚里生昌胤，天杯宴重臣。"唐沈佺期《三日梨園侍宴》詩："野花飄御座，河柳拂天杯。"宋孔武仲《宮詞》："欲知湛露零蕭處，盡在天杯側勸時。"宋楊萬里《正月五日以送伴借官侍宴集英殿十口號》詩："君王欲勸群臣酒，宣示天杯一滴無。"或稱"萬歲杯"。唐李白《上雲樂》詩："天子九九八十一，萬歲長傾萬歲杯。"亦稱"御杯"。宋錢惟演《家王故事》："先臣太平興國三年入朝，太宗詔，赴苑中宴。因泛舟於官池，太宗手與御杯以賜，先臣跪而飲之。"

勸杯

專作勸酒用之酒杯。唐代已見。唐杜甫《泛江送客》詩："淚逐勸杯下，愁連吹笙生。"《金瓶梅詞話》第二回："酒至數巡，武松問迎兒討副勸杯，叫士兵篩一杯酒，拿在手裏。"《京本通俗小説·碾玉觀音》："可惜，恁般一塊玉，如何將來只做得一副勸杯。"《水滸傳》第三〇回："這玉蘭應了，便拿了一副勸杯，丫環斟酒，先遞了相公，次勸了夫人。"元陳元靚《事林廣記》續集卷八"綺談市語"："器用門：勸杯：外杯，孔杯。"

門杯

酒席上各人面前的一杯酒，稱"門杯"。清代已見。《紅樓夢》第二八回："説完了，飲門杯，酒面要唱一個新鮮時樣曲子。"

杯圈

亦作"桮棬""桮圈"。一種木質飲器。以枝條編成其形，再以漆加工而成。春秋時期已見。《孟子·告子上》："性，猶杞柳也；義，猶桮棬也。以人性爲仁義，猶以杞柳爲桮棬。”焦循正義引《大戴禮記・曾子事父母》盧辯注：“杯，盤盎盆盞之總名也。蓋桮爲總名，其未雕未飾時，名其質爲棬，因而桮器之不雕不飾者，即通名爲棬也。”漢桓寬《鹽鐵論・散不足》：“故一杯棬用百人之力，一屏風就萬人之功，其爲害亦多矣。”唐元稹《獻滎陽公詩》序：“持杯棬而承澍，雨自滿而止，又安能測其霢霂之所至哉。”唐劉禹錫《述病》：“視既分，則響時之僕已皖然執桮圈侍予於前矣。”《禮記・玉藻》：“母没而杯圈不能飲焉，口澤之氣存焉爾。”鄭玄注：“圈，屈木所爲，謂卮匜之屬。”孔穎達疏：“杯圈，是婦人所用，故母言杯圈也。”後因用作思念先母之詞。北齊顏之推《顏氏家訓・風操》：“父之遺書，母之杯圈，感其手口之澤，不忍讀用。”元丁鶴年《題九曲山房圖》詩：“瀧崗墓表情何極，手把桮圈淚滿袍。”清顧炎武《先妣忌曰》詩：“無窮明發千年慨，豈獨桮棬忌日思。”

【桮棬】

　　同“杯圈”。此體先秦時期已行用。見該文。

【桮圈】

　　同“杯圈”。此體唐代已行用。見該文。

叵羅 [2]

　　亦作“頗羅”。酒器。西域語之音譯。一種敞口淺杯，以金銀製成或飾以金銀。南北朝時已見。《北齊書・祖珽傳》：“神武宴寮屬，於坐失金叵羅。竇泰令飲酒者皆脱帽，於珽髻上得之。”《舊唐書・高宗紀下》：“庚午，龜兹王白素稽獻銀頗羅。”後亦泛指酒杯。唐李白《對酒》詩：“蒲萄酒，金叵羅，吳姬十五細馬駄。”瞿蜕園朱金城校注：“叵羅，胡語酒杯也。”清黃

遵憲《櫻花歌》：“鶹金寶鞍金盤陀，螺鈿漆盒携叵羅。”

【頗羅】

　　同“叵羅 [2]”。此體南北朝時期已行用。見該文。

金叵羅

　　金製或金飾之淺底酒杯，亦爲酒杯之美稱。南北朝時期已見。《北齊書・祖珽傳》：“神武宴寮屬，於坐失金叵羅。竇泰令飲酒者皆脱帽，於珽髻上得之。”唐李白《對酒》詩：“蒲萄酒，金叵羅，吳姬十五細馬駄。”宋吳曾《能改齋漫録・事實一》：“東坡詩：‘歸來笛聲滿山谷，明月正照金叵羅。’”宋王楙《野客叢書》載：“《漫録》曰……案《北史》，祖珽盜神武金筐羅，蓋酒器也。韓子蒼詩亦曰：‘勸我春風金叵羅。’僕謂金叵羅入詩中用，已見李太白矣，不但蘇韓二公也。”明唐寅《進酒歌》：“吾生莫放金叵羅，請君聽我進酒歌。”清黃遵憲《元武湖歌》：“酒波光溢金叵羅，銀鱸錦鴨甘芳多。”

玉東西

　　亦稱“玉西東”，省稱“西東”“東西”。玉製之酒杯，亦爲酒杯之美稱。“東西”，借指愛憎之物類。此稱始見於宋代。宋周紫校《南柯子》詞：“殷勤猶勸玉東西，不道使君，腸斷已多時。”宋范成大《丙午新正書懷》詩：“祝我臘舟花甲子，謝人深勸玉東西。”宋王炎《和堯章九日送菊》詩：“對花懶舉玉東西，孤負金錢滿綠枝。”宋秦觀《次韵宋履中近謁大慶退食館中》詩：“病來怕飲東西玉，老大漸陪大小山。”宋辛弃疾《臨江仙》詞：“畫樓人把玉西東，舞低花外月，唱徹柳邊風。”宋趙長卿《朝中措》詞：“此去定膺先寵，且須滿醉西東。”宋周密

《武林舊事·高宗幸張府節次略》："紹興二十一年十月，高宗幸清河郡王第，供進禦筵，節次如後。進奉盤合寶器，玉東西杯一。"金佚名《劉知遠諸宮調》第一："掇坐善能飲醉酒……纏繳刹你不肯放東西。"一説指酒。清李調元《雨村詞話·玉東西》："玉東西，酒也。本黄山谷：'佳人斗南北，美酒玉東西。'今人謂物件曰東西，玉狀酒色也。"

【玉西東】

即玉東西。此稱宋代已行用。見該文。

【西東】

玉東西之省稱。此稱宋代已行用。見該文。

【東西】

玉東西之省稱。此稱金代已行用。見該文。

金蕉

亦稱"蕉葉"。一種淺底酒杯。以形似蕉葉而得名。亦泛指酒杯。多見於宋代。宋晏幾道《鳳孤飛》詞："綺席飛塵座滿，更小待金蕉暖。"宋周邦彦《蓦山溪》詞："翠袖捧金蕉。"宋姜夔《石湖山·壽石湖居士》詞："玉友金蕉，玉人金縷，緩移筝柱。"宋辛弃疾《謁金門·和廓之五月雪樓小集韵》詞之二："一曲瑶琴纔聽徹，金蕉兩三葉。"金高憲《樊香詩》："正要金蕉引睡，不妨玉瓏知音。"宋楊無咎《望海潮·上梁帥生辰》詞："聽緩敲牙板，引滿金蕉。"宋晏幾道《玉樓春》詞："百分蕉葉醉如泥，却向斷腸聲裏醒。"宋黄庭堅《好事近》詞："自恨老來憎酒，負十分蕉葉。"宋陳造《雪夜與師是棋次前韵》："掀髯得一笑，爲汝倒蕉葉。"

【蕉葉】

即金蕉。此稱宋代已行用。見該文。

觴觶類

觴

酒杯，亦特指盛滿酒之杯。原爲角器，滿酒者稱"觴"，空者稱"觶"。其後用料漸廣，除青銅器外，亦有以金玉爲之者。《説文·角部》："觴，觶實曰觴，虛曰觶。"《大戴禮記·曾子事父母》："執觴觚杯豆而不醉，和歌而不哀。"《韓非子·十過》："平公提觴而起，爲師曠壽。"晋王羲之《蘭亭集序》："一觴一咏，亦足以暢叙幽情。"晋陶潛《歸去來兮辭》："引壺觴以自酌，眄庭柯以怡顔。"唐李白《金陵酒肆留别》詩："金陵弟子來相送，欲行不行各盡觴。"宋陸游《凌雲醉歸作》詩："飲如長鯨渴赴海，詩成放筆千觴空。"

羽觴

亦稱"羽爵""羽卮""羽杯""羽觥"。飲酒具。作鳥雀狀，左右形如兩翼。類同耳杯。起於戰國時期，盛行於漢晋之際。《漢書·外戚傳·班倢伃》："顧左右兮和顔，酌羽觴兮銷憂。"顔師古注引孟康曰："羽觴，爵也，作生爵形，有頭尾羽翼。"《楚辭·招魂》："瑶漿蜜勺，實羽觴些。"宋洪興祖補注："杯上綴羽，以速飲也。"漢張衡《西京賦》："促中堂之陿坐，羽觴行而無算。"三國魏曹丕《孟津》詩："羽爵浮象樽，珍膳盈豆區。"《文選·左思〈蜀都賦〉》："羽爵執競，絲竹乃發。"李周翰注："羽爵，羽觴，作鳥形也。"南朝梁沈約《三月三日率爾成章》詩:"象筵鳴寶瑟,金瓶泛羽巵。"《藝文類聚》卷八二引南朝梁元帝《采蓮賦》:"鷁首徐回,兼傳羽杯。"南朝梁江總《侍宴臨芳殿》詩:"鍾箭自徘徊,皇堂薦羽杯。"唐宋之問《桂州三月三日》詩:"西夏黃河冰心劍,東周清洛羽觴杯。"後多借爲酒器之代稱。唐李白《春夜宴從弟桃花園序》:"開瓊宴以坐花,飛羽觴而醉月。"唐徐夤《長安即事三首》詩之三:"綺席促時皆國器,羽觥飛處皆王孫。"宋毛滂《剔銀鐙》詞:"瑤瓮酥融,羽觴蟻鬧。"五代徐寅《勸酒》詩:"休向尊前恝羽觥,百壺清酌與君傾。"一説插鳥羽於觴,促人速飲。

羽觴
（清王傑等《西清續鑑》）

【羽爵】

即羽觴。此稱三國時期已行用。見該文。

【羽巵】

即羽觴。此稱南北朝時期已行用。見該文。

【羽杯】

即羽觴。此稱南北朝已行用。見該文。

【羽觥】

即羽觴。此稱唐代已行用。見該文。

犀皮黃口羽觴

酒器。最早見於三國時期吳國。1984年安徽馬鞍山朱然墓出土,共二件。每件長9.6厘米,寬5.6厘米,高2.4厘米。橢圓口,平底,月牙形耳,耳及口沿鑲鎏金銅扣。正面髹黑漆,花紋不顯著。背面髹黑、紅、黃漆,三色相間,表面光滑,雲斑紋自由流暢,如行雲流水。製作工藝已相當成熟,爲三國時蜀郡產品。按:"犀皮"或稱"西皮""犀毗",是一種特殊形態

的漆器髹飾品種。

金觴

金製酒杯。亦爲精緻珍貴酒杯之美稱。三國時期已見行用。三國魏曹植《侍太子坐》詩:"清醴盈金觴,餚饌縱橫陳。"晋張華《游獵篇》:"燔炙播遺芳,金觴浮素蟻。"《文選·江淹〈別賦〉》:"掩金觴而誰御,橫玉柱而霑軾。"呂延濟注:"觴,酒杯也,以金爲之。"

【金巵】

即金觴。南北朝時期已見。南朝齊陸厥《京兆歌》:"壽陵之街走狐兔,金巵玉杯會銷鑠。"《敦煌曲子詞·長相思》:"頻頻滿酌醉如泥,輕輕更換金巵。"宋孔武仲《苦寒》詩:"金巵滿引顏雖解,石火深籠焰不長。"宋洪邁《夷堅乙志·九華天仙》:"異景無窮,好閑吟滿酌金巵。"宋陸游《秋郊有懷》詩:"饁火燎狐兔,倒瀉黃金巵。"清黃景仁《感舊雜事》詩之三:"輕移錦被添晨臥,細酌金巵遣旅情。"

玉觴

玉製之酒器,亦爲酒器之美稱。此稱唐朝已見。唐李白《寄上吳王》詩:"坐嘯盧江靜,閑聞進玉觴。"唐韓偓《秋雨內宴》詩:"更看檻外霏霏雨,似勸須教醉玉觴。"或代指飲酒。唐白居易《令狐相公拜尚書後有喜從鎮歸朝之作劉郎中先和因以繼之》詩:"金勒最宜乘雪出,玉觴何必待花開。"亦稱"玉爵"。《禮記·曲禮上》:"飲玉爵者弗揮。"唐白居易《吳秘監每有

玉爵
（宋楊甲《六經圖》）

美酒獨酌獨醉但蒙詩報不以飲招輒此戲酬兼呈夢得》詩：“不怕道狂揮玉爵，亦曾乘輿換金貂。”

【玉爵】

即玉觶。此稱先秦時期已行用。見該文。

九霞觴

亦稱“九霞卮”“霞杯”，省稱“霞觴”。華麗的酒杯。唐代已見行用。唐許碏《醉吟》詩：“閬苑花前是醉鄉，踏翻王母九霞觴。”此處指仙人所用之酒杯。唐曹唐《送劉尊師祇詔闕庭詩》：“霞觴共飲身雖在，風馭難陪迹未閑。”宋楊萬里《宿廬山栖賢寺示如清長老》詩：“方丈祝融抹輕黛，群仙遥勸九霞觴。”常借指美酒。宋文天祥《端午初度》詩：“楚囚一杯水，勝似九霞卮。”明李昌祺《剪燈餘話·田洙遇薛濤聯句記》：“濃香酒泛霞杯滿，淡影梅橫紙張清。”明李東陽《周少卿雙壽堂》詩：“御璽重封五花誥，大官屢出九霞觴。”

【霞觴】

“九霞觴”之省稱。此稱唐代已行用。見該文。

【九霞卮】

即九霞觴。此稱唐代已行用。見該文。

【霞杯】

即九霞觴。此稱唐代已行用。見該文。

觶

亦稱“鍴”。古代飲酒器。青銅製器。商朝已見。圓腹，侈口，圈足，形似尊而小，似小瓶。大多有蓋。此種形狀多爲商代器。西周時有作方柱形而四角圓的。春秋時演化成長身，侈口、圈足，形狀象瓠，器上銘文稱爲“鍴”。鍴、觶爲同義之聲轉字，均指小而圓的飲酒器，實爲一物。邾王義楚鍴銘文：“〔邾王義楚〕自酢祭鍴。”郭沫若《兩周金文辭大系圖錄考釋·義楚鍴》：“〔鍴〕形與觶同，而銘爲鍴若耑，知鍴即是觶也。”《儀禮·士冠禮》：“有篚實、勺觶、角柶。”《禮記·禮器》：“宗廟之祭……尊者舉觶，卑者舉角。”鄭玄注：“凡觴一升曰爵……三升曰觶。”《荀子·樂論》：“二人揚觶，乃立司正焉。”《説文·角部》：“鄉飲酒觶。”

觶
（明王圻等《三才圖會》）

【鍴】

即觶。此稱先秦時期已行用。見該文。

饕餮紋觶

青銅製飲酒器。最早見於商代。饕餮爲惡獸名，鐘鼎彝器多琢其形以爲飾。殷饕餮紋觶，通蓋高 19 厘米，口徑 9 厘米。形爲圓體，深鼓腹，寬徑，侈口。有蓋，蓋上有紐，下承高圈足。通體滿飾饕餮紋及夔紋。兩面有棱。周饕餮觶高 11.2 厘米，深 7 厘米，口徑長 9 厘米，闊 7 厘米。重 625 克。無銘。觶在飲器中所取最寡，猶以饕餮示其訓，昔人於此防其沉緬淫佚。參閱宋王黼《博古圖》。

光觶

商代一種橢圓飲酒器。青銅製。通蓋高 19.3 厘米，束頸，侈口，鼓腹下垂，下承圈足，蓋呈拱形，蓋紐作柱形。蓋及腹飾饕餮紋及蕉葉雷紋，足飾雷紋。蓋内有銘文一“光”字。河南安陽出土。參閱容庚《殷周青銅器通論》。

大理石帶蓋觶

始見於商朝，1976 年河南安陽殷墟婦好墓出土，大理石質。通高約 15.7 厘米，口高約 11.2 厘米，口徑長 10.5 厘米，口壁厚 0.5 厘米。白色。器口呈橢圓形。底近平。口下飾三角形紋，頸飾雲紋，腹雕飾饕餮紋，圈足飾雲紋。蓋爲橢圓形，突起，中間有菌狀紐，蓋下周沿有子母口，與器相合。蓋面飾饕餮紋，鈕飾圓渦紋，刻紋精細，極有價值。

小臣單觶

始見於西周早期，青銅製。橢圓形，高 13.8 厘米，口縱 9.3 厘米，口橫 11.6 厘米。無蓋，侈口，下腹鼓，圈足。頸部飾鳳鳥紋一周，餘素面。內底銘文四行二十二字，記載周成王時平定武庚叛亂之事。小臣單隨從周公東征，在成𠂤之地受到周公賞賜貝十朋。該器現藏於上海博物館。

邾王義楚耑

青銅飲酒器，見於春秋晚期。高 19 厘米。

侈口，身細長，形似喇叭。口徑明顯大於腹徑，器腹下垂，圈足。腹外銘文云："唯正月吉日丁酉，邾（徐）王義楚擇余吉金，自酢（作）祭耑（崇），用享於皇天，及我父考，永保台身，子孫寶。"共四行三十五字。羅振玉《貞松堂吉金圖》著錄。光緒十四年（1888），江西高安農民在城西漢建成侯墓山下田中，掘得古鍾及句鑃大小九件，耑三件。除此器外，另有義楚耑（容庚《善齋彝器圖錄》著錄）、徐王崇（《貞松堂吉金圖》著錄）。義楚即《左傳》中昭公六年（前536）聘楚的徐國儀楚。在楚被執，逃歸後稱王。按：邾一作"徐"；耑一作"崇"。"徐"爲借字，"崇"未聞其解，或爲借字。

小臣單觶

厄 類

厄

古代圓形飲酒器，形似尊而略小。據明谷應泰《博物要覽》卷四載："厄者，酒器也。義取上窮而危，知節則無危矣，寓戒之之意。其製如盂，雙耳外垂，又如腰腹翼耳，俗云人面杯者是也。"今傳世器物中多大腹斂口。春秋時期青銅厄橢圓無足，腹部飾以蟠虺紋樣或象鼻紋，漢代有玉厄，又有漆厄，湖北江陵漢墓及長沙馬王堆漢墓均有出土。《莊子·寓言》："厄言日出，和以天倪。"郭象注："夫厄，滿則傾，空則仰，非持故也。"成玄英疏："厄，酒器也。"《禮記·內則》："敦牟厄匜。"鄭玄注："厄

匜，酒漿器。"《文選·左思〈三都賦序〉》："且夫玉厄無當，雖寶非用。"劉良注："厄一名觶，酒器也。"按：觶與厄量同而形異，非一物。《說文·厄部》："厄，圜器也。一名觛，所以節飲食，象人，卪在其下也。《易》曰：君子節飲食。"按：觛與厄渾言則同，散言則異。亦作"巵"。《漢書·高帝記下》："奉玉巵爲太上皇壽。"顏師古注："應劭曰：'飲酒禮器也。古以角作，

厄

（明王圻等《三才圖會》）

受四升，古卮字作觗。'晋灼曰：'音支。'師古曰：'卮，飲酒圓器也，今尚有之。'"亦作"梔"。江陵鳳凰山八號漢墓竹簡："醬梔一。"

【卮】

同"卮"。此體漢代已行用。見該文。

【梔】

同"卮"。此體漢代已行用。見該文。

【觛】

即卮。古代作禮器，多行用於漢代。後亦爲日常用器。《説文·卮部》："卮，圓器也。一名觛。"段玉裁《説文·角部》"觛"字注："觛，卮也……古者簠簋爵觶，禮器也，敦牟卮匜，常用器也。"漢賈誼《新書·諭誠》："楚昭王當房而立，愀然有寒色，曰：'寡人朝饑饉，時酒二觛，重裘而立，猶然有寒氣。'"《急就篇》卷二："蠡升參升半卮觛。"顔師古注："觛，謂觶之小者，行禮飲酒角也。"清查慎行《喜雨對榻有懷西厓聯句二十六韵》："抆饞魚登梓，户小杯舉觛。"清王國維《觀堂集林·釋觶觛卮鱄耑》："余謂《説文解字》，觶觛卮鱄耑五字，實一字也。"參見"卮"。

蟠虺紋卮

約春秋時期青銅飲器。口長徑14.9厘米。橢圓無足，平口，兩獸首環耳。腹飾蟠虺紋，下部三角雷紋，虺爲蛇類動物而較小，其蟠繞構成幾何紋樣，蜿蜒屈曲如帶狀。動物紋與幾何紋樣綜合紋飾，乃通行於西周後期及春秋戰國時期。該器著録於英國《獻氏中國高麗銅器集》。

象鼻紋卮

約春秋時期青銅飲器。高10.6厘米，口徑縱10厘米，橫14厘米。橢圓無足，旁有兩小半環爲耳，前有一環爲鼻。腹飾垂葉象鼻紋。參閱容庚《殷周青銅器通論》。

玉卮

玉造之酒器。戰國時已見。《韓非子·外儲説右上》："堂谿公謂昭侯曰：'今有千金之玉卮，通而無當，可以盛水乎？'"《漢書·高帝紀下》："九年冬十月，淮南王、梁王、趙王、楚王朝未央宫，置酒前殿。上奉玉卮爲太上皇壽。"顔師古注引應劭曰："〔玉卮〕，飲酒禮器也。古以角作，受四升。"漢崔駰《漢明帝頌》："運斗杓以酬酢，酌酒旗以玉卮。"唐張籍《短歌行》："玉卮盛酒置君前，再拜願君千萬年。"宋蘇軾《讀孟郊詩》："不如且置之，飲我玉卮醪。"明陸采《懷香記·聞香致疑》："脩竹長松映玉卮。"

文螺卮

酒器名。以螺殼雕製而成。此稱見於晋代。晋王嘉《拾遺記·前漢上》："漢武帝思懷往者李夫人……親侍者覺帝容色愁怨，乃進洪梁之酒，酌以文螺之卮，卮出波祇之國。"參見本考"螺杯"。

屈卮

有彎曲把手之飲酒器。此稱見於唐朝。宋陶穀《清異録·器具》："不落，酒器也，乃屈卮鑿落之類。"宋孟元老《東京夢華録·宰執親王宗室百官入内上壽》："御筵酒盞皆屈卮，如菜杯樣，而有手把子。"明陳子龍《邊風行》："金鐃十部盡胡樂，屈卮舞女酬新功。"

金屈卮

亦作"金屈卮"。鏤金爲飾之酒器。此稱見於唐時。唐岑參《冬肖家會餞李郎司兵赴同州》詩："急管雜青絲，玉瓶金屈卮。"唐孟郊《勸酒詩》："勸君金屈卮，勿謂醉顔酡。"唐李賀

《浩歌行》："筝人勸我金屈卮，神血未凝身問誰。"王琦匯解："金屈卮，酒器也。據《東京夢華録》云：'御筵酒盞，皆屈卮如茶碗樣而有把手。'此宋時之式，唐代式樣當亦如此。"唐于鄴《勸酒詩》："勸君金屈卮，滿酌不須辭。"金元好問《芳華怨》詩："勸君滿酌金屈卮，明日無花空折枝。"

【金屈巵】

同"金屈卮"。此體唐代已行用。見該文。

鸂鶒卮

酒器名。唐代已見。鸂鶒乃一種水鳥，形大於鴛鴦，色多紫，水上偶游，故又謂之紫鴛鴦。該器乃皇宮中物。《新五代史・後唐莊宗紀下》："〔李〕存勗年十一，從克用破王行瑜，遣獻捷於京師，昭宗異其狀貌，賜以鸂鶒卮，翡翠盤。"1955 年陝西西安韓森寨唐墓出土了三彩鸂鶒酒卮。高 6.7 厘米。鸂鶒形，翅膀從器形上作出，體態安詳生動。似仿波斯薩珊王朝金銀器作成。小巧絢麗，惹人喜愛。

盞鍾類

盞

飲酒或飲茶器皿。漢代前已見。其形似碗而小，敞口，深腹，斜腹壁，圓足。其爲玉器曰琖，以角爲之曰𧣘，亦稱角盞。《方言》第五載："盞，桮也。自關而東，趙魏之間曰椷，或曰盞。"郭璞注："最小桮也。"《廣雅・釋器》："盞，杯也。"唐張泌《尸眉傳》："庚逐之，奪得一盞，以衣裹之；及明視之，乃一白角盞，奇不可名。"今盞之傳世者多爲宋元以來瓷器。宋代有黑、醬、青、白釉茶盞、以色深者貴，黑釉盞爲最，其中"兔毫盞""玳瑁盞"乃器茗上等器具。明代又以白茶盞、流霞盞爲上。宋蘇軾《歧亭》詩："洗盞酌鵝黃，磨刀削熊白。"酒盞亦稱"蟻盞"，以酒之浮沫如蟻，故名。清姚鼐《十一月十五日雪翁用東坡清虛堂韵作詩垂示輒依奉和並呈諸公》詩："月階凍面行蟻盞，雪地立奴垂馬撾"。

【琖】

同"盞"。亦作"𧣘""醆"。一種較小的飲酒、飲茶具。此器似碗而略小，敞口，深腹，斜腹壁，圓足。先秦時期已見。《禮記・禮運》："醆斝及尸君，非禮也，是謂僭君。"鄭玄注："醆斝，先王之爵也。"唐韓愈《祭河南張員外文》："君止於縣，我又南逾。把醆相飲，後期有無？"宋蘇軾《次韵送徐大正》詩："別時酒醆照燈衣，知我舊期漸有涯。"宋晏幾道《小山詞・生查子》："榴花滿醆香，金縷多情曲。"宋朱淑真《春霽》詩："消破舊愁憑酒醆，去除新恨賴詩篇。"《集韵・上産》："琖……或從皿，亦作醆。"清朱彝《邁陂塘》詞："三弄臨風，送得當筵玉醆空。"唐宋以後亦作茶具。宋王明清《揮麈録餘話》卷一："上命近侍取茶具，親手注湯擊拂，少頃，白乳浮醆面。"清王闓運《羅季子誄》："茗無盡醆，酒不傾卮。"

【餕】

同"醼"。此體唐代已行用。見該文。

【醆】

同"醼"。此體宋代已行用，見該文。

金盞

一種金質盛器。始見於戰國時期。1978 年湖北隨縣擂鼓墩一號墓出土。通高 10.7 厘米，口徑 15.1 厘米，重 2.15 千克。凸弧形蓋，中心設一平臥圓環形鈕，周圍飾蟠蛇紋、條紋、雲雷紋帶。邊沿有三個邊卡。器身有對稱環耳，三鳳首形足外撇。近口處飾一周蟠螭紋帶。是出土先秦金器最重、最大者。盞內置寬柄鏤空金勺一把。

玉琖

亦作"玉盞""玉醆"，單稱"琖"。玉製或玉飾之酒杯。亦特指夏代之酒爵。先秦時期已見。《禮記·明堂位》："爵用玉琖仍雕。"孔穎達疏："琖，夏后氏之爵名也。以玉飾之，故曰玉琖。"《説文新附·玉部》："琖，玉爵也。夏曰琖，殷曰斝，周曰爵。"唐元稹《飲致用神曲酒三十韵》："雕鎪荆玉盞，烘透内丘瓶。"宋王安石《送春》詩："小鬢折花叩船舷，玉琖瀉酒醻金錢。"宋晏殊《玉樓春》詞："畫堂元是降生辰，玉盞更斟長命酒。"宋晏幾道《采桑子》詞："三弄臨風，送得當筵玉醆空。"宋王逢《宮中行樂詞》："玉琖瓊花露，金盤紫蔗霜。"《醒世恒言·蘇小妹三難新郎》："三個盞兒，一個是玉盞，一個是銀盞，一個是瓦盞。"清姚燮《雙鳩篇》："妾飲琉璃杯，郎飲白玉琖。"《聊齋志異·三生》："覷冥王玉琖中茶色清澈，己琖中濁如醪。"

【琖】

"玉琖"之單稱。此稱先秦時期已行用。見該文。

【玉盞】

同"玉琖"。此體唐代已行用。見該文。

【玉醆】

同"玉琖"。此體宋代已行用。見該文。

紅螺盞

省稱"紅螺"，亦稱"紅蠃""紅螺碗"。以紅螺之殼製成之飲酒具。唐代已見。唐王建《送從侄擬江陵少尹》詩："沙頭欲買紅螺盞，渡口多呈白角盤。"唐劉恂《嶺表録異》卷下："紅螺，大小亦類鸚鵡螺，殼薄而紅，亦堪爲酒器。剜小螺爲足，綴以膠漆，尤可佳尚。"因用作酒杯之代稱。唐陸龜蒙《襲美醉中寄一壺並一絶走筆次韵奉酬》詩："酒痕衣上雜莓苔，猶憶紅螺一兩杯。"唐白居易《代書詩一百韵寄微之》詩："籌插紅螺碗，觥飛白玉卮。"後蜀李珣《南鄉子》詞："傾綠蟻，泛紅蠃，閑邀女伴簇笙歌。"宋陸游《醉後作小草因成長句》詩："酒翻銀浪紅螺盞，墨湧玄雲紫玉池。"宋曾鞏《南湖行》詩之一："山回水轉不知遠，手中紅螺豈須勸。"宋陸游《對酒》詩："素月度銀漢，紅螺斟玉醪。"清王文治《在西湖寄都中同年》詩："每嚮東華散玉珂，相於花下酌紅螺。"

【紅螺碗】

即紅螺盞。此稱唐代已行用。見該文。

【紅螺】

"紅螺盞"之省稱。此稱唐代已行用。見該文。

【紅蠃】

即紅螺盞。此稱五代時期已行用。見該文。

玳瑁盞

宋代飲茶器具。造型同兔毫盞。爲江西吉州窯代表產品。宋人多用黑色茶盞，故仿建窯燒製黑釉及深色茶盞。盞內外呈棕褐色與黃色相間之釉色，如玳瑁般，故名。此種茶盞釉色變化豐富，色調柔和滋潤，係品茗佳具。南宋有黑釉剪紙文字紋玳瑁盞，高 5.7 厘米，口徑 11.2 厘米。敞口，捲沿，淺身，腹壁斜收，平底。盞外施玳瑁釉，釉色色斑有如貝殼狀。盞裏用剪紙紋樣，沿下飾闊花邊一周，花邊出"長命富貴""福如東海"等民間剪紙字樣。爲吉州窯生產的精品瓷器。此盞造型簡潔明快，釉色富於變化，色調諧調滋潤，剪紙文字裝飾賦於黑釉瓷器以藝術美感，集樸實秀美於一體。現藏江西省博物館。

鎏乳釘獅紋銀盞

始見於宋代。1981 年 10 月出土於江蘇溧陽小平橋村花塘宋窖藏。口徑 8 至 9.6 厘米，高 4.6 厘米。盞爲直口，弧腹，假圈足，整體呈海棠形。盞壁爲夾層，內壁口沿向外翻捲與外壁壓口。口沿內飾一周捲草紋，底部鏨刻獅戲繡球圖案。外壁四曲間分別以旋紋爲地并飾五顆乳釘，類似青銅彝器。靠近底部飾一周覆蓮紋。圈足上飾一周四瓣花組成的二方連續圖案。外底心有"李四郎區"款識。花紋皆鎏金。此器在工藝上巧妙連用夾層技法，給人以渾厚凝重之感。現藏江蘇省鎮江市博物館。

金花盞

一種彩繪金花之飲酒器。宋歐陽修《玉樓春》詞："金花盞面紅烟透，舞急香茵隨步皺。"

白壇盞

明代飲用的瓷盞之一。其用途一爲飲茶用具，見於明高濂《遵生八箋·飲饌服食箋上·煎茶四要》："茶盞惟宣窯壇盞爲最，質厚白瑩，樣式古雅。"一爲飲酒用具，見於清朱琰《陶說》："經錄醮事皆曰壇，此琖當是壇中供器。"是類以宣德（1426—1435）時景德鎮窯白壇盞最精妙，嘉靖時製品則不及。

銚盞

亦稱"銚子"。一種有蓋的瓷製小容器。可置於火上燒煮。清代已見。清方以智《物理小識·人身類·生物貴真陽》："納汞一兩於銚盞，蓋之，劄劄有聲，以松脂投紫焰，而藥成。"《金瓶梅詞話》第二三回："累你替我拿大碗，盪兩個合計來我吃，把湯盛在銚子裏罷。"《紅樓夢》第四五回："每日早起拿上等燕窩一兩，冰糖五錢，用銀銚子熬出粥來。"

【銚子】[2]

即銚盞。此稱明代已行用。見該文。

鉌

飲酒器。多以青銅製成，橢圓形，深腹平底，有耳可執，或有蓋、足。盛行於春秋戰國時期。有出土及傳世品。如洛陽市玻璃廠曾出土一件，自銘爲"哀成叔之鉌"。湖北文物商店收藏一蔡太史鉌，銘有"作其鉌"字樣。

爵 類

爵

古代青銅酒器。用於盛酒、飲酒或温酒。亦作禮器。其形似蹲踞之雀，或以爲名。爵，通"雀"。略小於尊，受一升。器物自身銘文，多自標尊彝、方彝、宗彝等字樣，未見自名爲爵者。其物商初已行用，盛於商至西周，尤以商代爲多，春秋戰國已少見，後世則名存實亡。自宋代始，金石學家始將上述自銘"尊彝"之類飲酒器，一律定名爲爵。常見形制爲圓腹，前有傾酒所設之流（槽溝），後有尾，旁有鋬（把手），口沿上有兩柱，下有三個高腿，尖足。少數爵爲單柱，或無柱，亦出土過罕見的方腹爵。商代前期多平底爵，二柱頗短，且緊近流折，商後期及西周多凸底爵，柱離流折較遠。其稱先秦典籍已見記載。《詩·大牙·行葦》："或獻或酢，洗爵尊斝。"《禮記·禮器》："宗廟之器，貴者獻以爵。"鄭玄注："凡觴，一升曰爵。"按：後世之竹製舀酒器亦稱"爵"。《玉篇·舀部》："爵，竹器，所以酌酒也。"

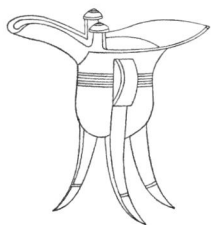

爵
（清戴震《考工記圖》）

偃師二里頭銅爵

商代初期青銅酒器。1973—1975年河南省偃師縣二里頭出土并采集共三件。其一，高11.7厘米，流至尾長14.1厘米。

偃師二里頭銅爵

形體單薄，素面，狹流，束腰平底，細三足。流與尾部較長，頸腹間有一闊鋬（把手）。流和口沿連接處没有通常所見的柱狀物。是我國最早的青銅飲酒器之一。現藏上海博物館。

乳釘紋狹流爵

商代初期青銅酒器。1975年河南省偃師縣二里頭遺址出土，通高22.5厘米，流尾全長31.5厘米。流狹長，流折處有兩小柱，束腰平底，三足細長。腹一面有兩道弦紋，其間束以乳釘五枚。鋬上有鏤孔。它同其後發現的爵不同之處是器物的流、尾部和足都特别尖長。以合范鑄成，經檢測，其合金成份銅占92%，錫占7%。此器反映了商代初期青銅器製作水準。現藏偃師縣文化館。

乳釘紋爵

商代早期青銅酒器，爲傳世品。通高14.2厘米，流尾長14厘米，柱高1.4厘米。器壁薄而輕。窄流，尖尾，雙柱位於流口相接處，柱矮小，呈蘑菇狀。腹部横斷面爲橄欖形，扁平弧形鋬，平底，三棱形錐狀實足略外撇。腹部飾三道細凸弦紋。鋬内側腹外壁有陰刻銘文二字，字形風格不似商器銘文，當爲後人僞刻。現藏於吉林大學考古學系文物陳列室。

獸面紋爵

商代早期青銅酒器。1974年春湖北省黄陂盤龍城李家嘴出土。器身橢圓，細頸，長流，有尾，單柱分叉立於流口，柱高2.6厘米。平底，三棱尖錐實足，其中一足較長而外撇，身旁一鋬正對較長的一足。現藏湖北省博物館。

夔龍紋爵

商代晚期青銅飲酒器。1965 年春陝西綏德義合公社墕頭村出土。通高 21.6 厘米，口長 19.5 厘米，口寬 8 厘米。圓身，深腹，三尖足，帶流，有鋬，口

夔龍紋爵

沿上有雙菌狀柱，口沿下飾蕉葉紋，腹部飾夔龍紋，皆以雲雷紋爲地。鋬上還繫有麻質細繩。鋬內原有銘文，已爲銅疱蓋住一部分。二尖足下半部有補鑄的痕迹。現藏陝西歷史博物館。

守爵

商代晚期青銅酒器。爲傳世珍品。通高 24.6 厘米，尾至流長 20.7 厘米，口徑 8.8 厘米，腹深 11.1 厘米，重 1.05 千克。長流短尾，兩扁方形長柱，柱頂呈覆瓠狀，細身深腹，三棱形尖三足外侈。柱頂飾一周三角形雲雷紋，口沿下飾四組蟬紋，流、尾飾夔紋，鋬飾牛首，腹飾一周三叠饕餮紋，中有三突出扉棱。在鋬內側鑄有銘文"守"字。此爵紋飾精細，工藝極高。現藏首都博物館。

康侯銅爵

西周初期青銅酒器。傳世品。通高 21.5 厘米。圜底，扁尖足。柱頂飾圓渦紋。腹飾獸面紋。獸首鋬內有銘文"康侯"二字。康侯即周武王弟豐，或稱康叔，成王二年攻滅殷武庚禄父，四年以其地改封康叔，國號衛。此爵爲康侯用器。現藏中國國家博物館。

子父乙爵

西周早期青銅酒器。1975 年 3 月陝西省扶風莊白家村西周墓葬出土。通高 22 厘米，流至

尾長 16.5 厘米，腹深 10 厘米，重 0.68 千克。圜底寬流，蕉葉形尾。菌狀柱接近流折，足作三棱錐形，尖向外撇。鋬在爵的內側，上飾獸首。腹部施兩道弦紋。柱側有銘文"子父乙"三字，乃子氏爲父乙所鑄之器。現藏於扶風縣博物館。

作彝爵

西周早期青銅酒器。1974 年夏陝西省岐山賀家村出土。通高 21 厘米，流至尾長 17 厘米，口寬 7.8 厘米，腹深 10.3 厘米，重 0.75 千克。造型爲西周早期常見的形式。圜底，寬流，菌狀柱。但尾較短，鋬較細，腹部飾以雙身共首龍紋，呈浮雕狀，上具仰葉，下有垂葉；流下飾垂冠回首鳥紋。柱上鑄"作彝"二字。現藏於陝西省文物管理委員會。

目爵

西周早期青銅酒器。1976 年陝西省扶風雲塘村二十號墓出土。通高 22.2 厘米，流至尾長 17.8 厘米，口寬 7.9 厘米，腹深 9 厘米，重 0.8 千克。圜底，寬流，柱近流折，柱頂較高，三棱錐足瘦長，且向外撇。腹部有短扉，飾饕餮紋。鋬下鑄"目"字。當爲人名或氏族名。現藏陝西周原岐山文物管理所。

嚚祖壬爵

西周早期青銅酒器。1973 年陝西省隴縣黃花峪周墓出土。通高 19.7 厘米，流至尾長 17.8 厘米，口寬 8.3 厘米，腹深 9.8 厘米，重 0.65 千克。圜底，傘狀柱靠近流折，鋬無獸首飾，腹飾三道弦紋，甚簡樸。鋬下銘文三字，記嚚氏族爲祖壬鑄祭器。現藏陝西隴縣文化館。

戈父辛爵

西周早期青銅酒器。1980 年 10 月湖北省

隨縣安居公社西周墓出土。通高 20 厘米，流至尾長 18.5 厘米，腹深 8.5 厘米，柱高 3.5 厘米，重 0.75 千克。頸和腹飾饕餮紋，腹部鋬間有銘文 "戈父辛" 三字。現藏於湖北省隨州市博物館。

父辛爵

西周穆王時期青銅飲酒器。1976 年 12 月 15 日陝西省扶風莊白一號窖藏出土。通高 21 厘米，流至尾長 17 厘米，腹深 9.8 厘米，重 1.05 千克。圜底，柱在流和鋬之間的口沿上。腹飾直棱紋，上下配飾長尾鳥紋，流飾垂冠對鳥，尾飾蕉葉紋。柱下銘文五字，記樣册氏族爲父辛鑄器。現藏陝西周原岐山文物管理所。

網爵

西周中期青銅酒器。1976 年 12 月 15 日陝西省扶風縣莊白一號青銅器窖藏出土。通高 21.5 厘米，流至尾長 16.3 厘米，腹深 9.5 厘米，重 0.6 千克。柱在流和鋬之間的口沿上。腹飾饕餮紋，因長期使用，外側已被磨光，僅鋬的附近花紋可見。鋬下有銘文 "網" 字。由爵側紋飾磨損印痕推測，古人就食，可能是右手操匕，左手執爵。現藏陝西周原岐山文物管理所。

伯公父爵

西周晚期青銅酒器。1976 年 1 月陝西省扶風縣黃維公社雲塘西周窖藏出土。二件，形制、大小、紋飾均相同。通柄長 19.1 厘米，口徑 9.1 厘米。勺身橢圓，頸飾變形呈弧形，後端飾夔龍紋，前端連接勺部處下折呈弧形，背面鏤孔，正面有銘文，兩器銘文連續。每件器物銘文三行，各十四字，共二十八字，説明伯公父鑄器。現藏陝西周原岐山文物管理所。

金爵

商周之爵，秦漢之後已廢止。金爵實爲珍貴飲酒器或飲酒器之美稱。此稱見於三國時期。三國吳韋昭《博弈論》："設程試之科，垂金爵之賞。" 唐羅鄴《冬日寄獻庾員外》詩："爭歡酒蟻浮金爵，從聽歌塵撲翠蟬。" 亦借指酒。《新唐書·后妃傳上·上官昭容》："數賜宴賦詩，君臣賡和。婉兒常代帝及后、長寧安樂二主，衆篇並作而采麗益新，又差第群臣所賦，賜金爵。故朝廷靡然成風。"

三雅

酒爵名。此稱始見於三國時期。雅即酒爵。以盛酒之多少分伯雅、仲雅、季雅，爲三爵。《太平御覽》卷八四五引三國魏曹丕《典論》："劉表有酒爵三，大曰伯雅，次曰仲雅，小曰季雅。伯雅容七升，仲雅六升，季雅五升。" 後以 "三雅" 泛指酒器。晉張華《輕薄篇》："三雅來何遲，耳熱眼中花。" 唐于志寧《冬日宴群公於宅》詩："俱裁七步咏，同傾三雅杯。" 明袁宗道《顧仲方畫山水歌》："朝朝暮暮停車馬，嬌歌急管催三雅。" 清周亮工《寄閩南江雲客》詩："難從酒伴浮三雅，自解詩囊咏《七哀》。" 按："雅" 通 "匜"。《方言》第五："匜……桮也。秦晉之郊謂之匜。"

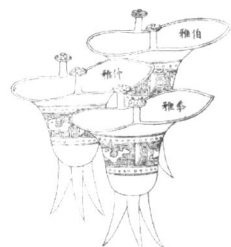

三雅
（明方于魯《方氏墨譜》）

伯雅

亦作 "伯匜" "博雅"。古酒爵名。"三雅" 之一。漢代已見。《方言》第五："匜……桮也，秦晉之郊謂之匜。" 郭璞注："所謂伯匜者也。"

《集韵・上馬》："盃，博雅，杯也。"後多泛指
大酒杯。宋劉克莊《賀新郎》詞："誰與此翁相
暖熱？賴有平生伯雅。"金元好問《九日讀書山
用陶詩爲韵賦》之六："鄭重伯雅生，籍汝聯吐
氣。"參閱宋趙令時《侯鯖録》卷一。

【伯盃】

同"伯雅"。此體晋代已行用。見該文。

【博雅】

同"伯雅"。此體宋代已行用。見該文。

仲雅

古酒爵名。"三雅"之一。漢代已見。三國
魏曹丕《典論・酒海》："荆州牧劉表跨有南土。
子弟驕貴，並好酒，爲三爵：大曰伯雅，次曰
中雅，小曰季雅。伯雅受七勝（升），中雅受六
勝，小雅受五勝。"宋趙令時《侯鯖録》卷一：
"閬州有三雅池……昔有人修此池，得三銅器，
狀如杯盞，上各有二篆字，一云伯雅，二云仲
雅，三云季雅。"

季雅

古酒爵名。見於漢代。"三雅"之最小者。
詳本考"三雅"。

大白

省稱"白"。古罰酒用之酒器，通指罰酒之
爵。此稱始見於漢代。漢劉向《説苑・善説》：
"魏文侯與大夫飲酒，使公乘不仁爲觴政，曰：
'飲不釂者，浮以大白。"《文選・左思・〈吳都
賦〉》："里讌巷飲，飛觴舉白。"李善注："白，
罰爵名也。"亦泛指大酒杯。宋司馬光《昔別
贈宋復古張景淳》詩："須窮今日懽，快意浮大
白。"宋張元幹《賀新郎・送胡邦衡侍制赴新
州》詞："與大白，聽《金縷》。"元陸友《研北
雜志・下》："子美讀《漢書・張良傳》至'良與
客俱擊秦始皇誤中副車'，遽撫掌曰：'惜乎擊
之不中'，遂滿飲一大白。"明張岱《湖心亭看
雪》："拉余同飲，余强飲三大白而別。"

【白】

"大白"之省稱。此稱漢代已行用。見該文。

其　他

金船

一種較大的酒器。當由古禮器舟演變而
來。南北朝時期已見行用。北周庾信《北園新
齋成應趙王教》詩："玉節調笙管，金船代酒
卮。"清倪璠注："《八王故事》曰：'陳思有神
思，爲鴨頭杓，浮於九曲酒池。王意有所勸，
鴨頭則回向之。又爲鵲尾杓，柄長而直。王意
有所到處，於罇上鑞之，鵲則指之。'……按：
金船即鴨頭杓之遺，陳思王所製也。後李白詩
云：'却把酒船回。'李商隱詩云：'雨送酒船
香。'皆云酒卮，蓋本此也。"宋舒坦《送韋太
守》詩："曾是野亭同問柳，綺裘紗帽金船酒。"
亦稱"金舠"，省稱"舠"。唐李德裕《述夢詩
四十韵》："無聊燃蜜炬，誰復勸金舠。"自注：
"酒器中大者呼爲舠。賓僚顧形迹，未曾以此相
勸。"《敦煌曲子詞・浣溪沙》："長命杯中傾緑醑，
滿金船。"亦作"金舡"。宋葉廷珪《海録碎
事・飲食器用部》："金舡，酒器中之大者。"元
王伯成《天寶遺事諸宮調・十美人賞月》："若不
當筵，親捧金船，又道是吾當厭倦，意不專。"

【金舡】

　　同“金船”。此體宋代已行用。見該文。

【金舠】

　　即金船。此稱唐代已行用。見該文。

【舠】

　　即金船。“金舠”之省稱。此稱唐代已行用。見該文。

觥船

　　兕角或銅製之酒器。唐代已見。本爲一種平底無足之飲酒具，後亦泛指大酒杯。唐李賀《河陽歌》：“觥船飲口紅，蜜炬千枝爛。”唐杜牧《醉後題禪院》詩：“觥船一棹百分空，十歲

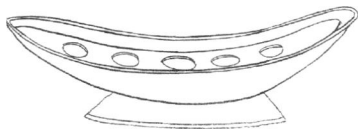

殿酒船

青春不負公。”亦稱“酒船”。宋蘇軾《坐上戴花得天字》詩：“醉飲不耐欹紗帽，起舞從教落酒船。”省稱“船”。宋晏幾道《清平樂》詞：“雙紋彩袖，笑捧金船酒。”亦特指工藝精緻的船形酒器。宋周密《武林舊事·乾淳奉親》：“上親奉玉酒船，上壽酒。酒滿玉船，船中人物多能舉動如活，太上喜見顏色。”亦作“觥舡。”清錢謙益《次韻徐叟文虹七十自壽》詩之一：“皁帽呼盧三百轉，觥舡醉客百分空。”一說又爲托盤。酒具載於其上，如在舟中，故名。

【酒船】

　　即觥船。此稱宋代已行用。見該文。

【船】

　　觥船之省稱。此稱宋代已行用。見該文。

【觥舡】

　　同“觥船”。此體至遲清代已行用。見該文。

銀船

　　銀製酒器。多指一種容量較大的銀製船形酒杯。唐代已見行用。唐白居易《早春西湖閑游悵然興懷》詩：“畫舫牽徐轉，銀船酌慢巡。”唐曹唐《長安客舍叙邵陵舊宴寄水州蕭使君》詩：“百分散打銀船溢，十指寬催玉筋輕。”宋王讜《唐語林·豪爽》：“壬乃連飲三銀船，盡一巨餤，乘馬而去。”明楊慎《正月六日温泉晚歸》詩：“月似銀船勸酒，星如玉彈圍棋。”自注：“昔人咏月，‘金波’自司馬相如始，‘玉塔’自東坡始，‘銀船’自予始也。”

玉舟

　　亦稱“瓊舟”“玉船”“玉酒船”。玉製酒器，亦爲酒器之美稱。宋代已見。宋司馬光《和王少卿十日與留台國子監崇福宮諸官赴王尹賞菊之會》詩：“紅牙板急絃聲咽，白玉舟橫酒量寬。”宋蘇軾《次韵趙景貺督兩歐陽詩破除酒戒》：“明當罰二子，已洗兩玉舟。”宋蘇軾《玉盤盂》詩：“但持白酒勸佳客，直待瓊舟覆玉蕘。”宋陳造《九日登樓》詩：“湖山入座映珠箔，黄菊挼香薦玉船。”宋辛弃疾《鵲橋仙·壽余伯熙察院》詞：“東君未老，花明柳媚，且引玉船沉醉。”宋陸游《即席》詩：“要知吾輩不凡處，一吸已乾雙玉船。”或特指一種工藝精美的船形飲酒具。宋周密《武林舊事·乾淳奉親》：“上親奉玉酒船上壽酒，酒滿玉船，船中人物，多能舉動如活，太上喜歡顏色。”元吴弘道《金字經》曲：“誰爲壽，綠鬢雙玉舟。”《金元散曲·雁兒落過河勝會》：“暖閣紅爐坐，金杯捧玉船。”

【瓊舟】

　　即玉舟。此稱宋代已行用。見該文。

【玉船】

即玉舟。此稱宋代已行用。見該文。

【玉酒船】

即玉舟。此稱宋代已行用。見該文。

藥玉船

以藥玉製成之酒杯。多見於宋代。藥玉爲製造酒杯之原料，由藥煮石而成，色澤似玉。以之製成酒杯，稱"藥玉船"。因以藥煮石而成，有益於身體。宋蘇軾《十二月三日點燈會客》詩："試開雲夢羔兒酒，快瀉錢塘藥玉船。"宋楊萬里《梅露堂燕客夜歸》詩："藥玉船中酒似空，水沈烟上雪都融。"宋鄭獬《觥記注》："蘇東坡有藥玉盞，又有荷葉杯。"宋虞儔《冬至後五日夜雪復作》詩："歌兒解吒銷金帳，酒子能添藥玉船。"或稱"藥王杯"。宋陳造《贈傅商卿》詩："下簾小熾其爐火，煨芋聊持藥王杯。"

盒

亦作"海""榼""醓"。一種大容量酒器，後亦用作茶具。木製或銀製。此稱始見於南北朝時期。《玉篇・皿部》："盒，器，盛酒。"唐温庭筠《乾㢏子・裴弘泰》："有銀海，受一斗以上，〔弘泰〕以手捧而飲，盡踏其海，捲抱之索馬而去。"《集韵・海韵》："榼，酒器，或作盒。"明李實《蜀語》："酒器曰酒醓。醓音海。"《紅樓夢》第二八回："寶玉笑道：'聽我説來：如此濫飲，易醉而無味。我先喝一大海，發一新令，有不遵者，連罰十大海，逐出席外與人斟酒。'"

【海】

同"盒"。此體唐代已行用。見該文。

【榼】

同"盒"。此體宋代已行用。見該文。

【醓】

同"盒"。此體明代已行用。見該文。

酒海

一種大型酒器。因其盛酒量大，故名。多銀製，或作盛酒用，或作飲酒用。唐代已見此稱。唐白居易《就花枝》詩："就花枝，移酒海，今朝不醉明朝悔。"《水滸傳》第七五回："再將九瓶都打開，傾在海內，却是一般的淡薄村醪。"《冷眼觀》第二四回："就叫人往上房裏去取了一棹十個白玉雕成的酒海來，每隻當中都雕鏤一個小玉和尚坐着。"

銀酒海

省稱"銀海"。一種銀製的大酒器。唐代已見行用。唐温庭筠《乾㢏子・裴弘泰》："有銀海，受一斗以上。"明高明《琵琶記・春宴杏園》："瓊舟銀海，翻動酒鱗紅，一飲盡教空。"《水滸傳》第七五回："令裴宣取一瓶御酒，傾在銀酒海內，看時，却是村醪白酒。"

【銀海】

"銀酒海"之省稱。此稱明代已行用。見該文。

蓬萊盞

唐代左相李適之家所有九種品位高雅、造型優美的酒具之一。唐馮贄《雲仙雜記・酒器九品》："李適之有酒器九品：蓬萊盞、海川螺、舞仙盞、瓠子卮、幔捲荷、金蕉葉、玉蟾兒、醉劉伶、東溟樣。"

海川螺

唐代左相李適之家所有九種品位高雅、造型優美的酒具之一。詳"蓬萊盞"文。

舞仙盞

唐代左相李適之家所有九種品位高雅、造

型優美的酒具之一。詳"蓬萊盞"文。

瓠子卮

唐代左相李適之家所有九種品位高雅、造型優美的酒具之一。詳"蓬萊盞"文。

幔捲荷

九種品位高雅、造型優美的酒具之一，唐代左相李適之家所有。詳"蓬萊盞"文。

金蕉葉

唐代左相李適之家所有九種品位高雅、造型優美的酒具之一。詳"蓬萊盞"文及本卷《飲酒器考》"金蕉"文。

玉蟾兒

唐代李適之家所有的九種品位高雅的酒具之一。詳"蓬萊盞"文。

醉劉伶

唐代左相李適之家所有九種品位高雅、造型優美的酒器之一。詳"蓬萊盞"文。

束溟樣

唐代左相李適之家所有九種品位高雅、造型優美的酒具之一。詳"蓬萊盞"文。

鑿落

亦稱"錯落""不落"。鐫有紋飾之酒器。此稱始見於唐代。本爲唐代俗語，有雕造精美之意。《通雅·古器門·杯斝》："鑿落，言其工巧文光錯落耳。"後爲酒杯之代稱。唐韓愈《晚秋郾城夜會聯句》："澤髮解兜鍪，酡顏傾鑿落。"唐白居易《寄獻北都留守裴令公詩》："銀含鑿落醆，金屑琵琶槽。"唐韋莊《病中聞相府夜宴戲贈集賢盧學士》詩："花裏亂飛金錯落，月中争認綉連乾。"宋陶穀《清異録·器具》："白樂天《送春》詩云：'銀花不落從君勸'，不落，

酒器也，馮玉家有滑樣水晶不落一隻。"明朱謀瑋《駢雅》："鑿落，飲器也。"

【錯落】

即鑿落。此稱唐代已行用。見該文。

【不落】

即鑿落。此稱宋代已行用。見該文。

金鑿落

亦作"金鑿絡"，亦稱"金錯落"。金飾之飲酒具，鑿落之一種。亦爲酒杯之代稱。此稱始見於唐代。唐韋莊《病中聞相府夜宴戲贈集賢盧學士》："花裏亂飛金錯落，月中争認綉連乾。"宋毛滂《山花子》詞："瀲艷滿傾金鑿落，淋漓從濕綉芙蓉。"宋葉廷珪《海録碎事·飲食器用》："湘楚人以盞斝中鐫鏤金鍍者爲金鑿絡。"宋張表臣《菩薩蠻·過吴江賦》詞："勸傾金鑿落，莫作思家君。"宋葛勝仲《臨江仙·章圃賞瑞香》詞："更攜金鑿落，來賞錦熏籠。"參見本考"鑿落"。

【金錯落】

即金鑿落。此稱唐代已行用，見該文。

【金鑿絡】

同"金鑿落"。此體宋代已行用。見該文。

酌

古代酒器，大型受酒器，即鑿落之類。一説即爵。春秋時期已行用。《儀禮·有司徹》："宰夫洗觶以升，主人受酌降。"鄭玄注："古文'酌'爲'爵'。"《韓非子·十過》："觴酌有采，而樽俎有飾，此彌侈矣。"《楚辭·招魂》："華酌既陳，有瓊漿些。"玉逸注："酌，酒斗也。"三國魏曹丕《與吴質書》："每至觴酌流行，絲竹並奏，酒酣耳熱，仰而賦詩。"

第三節　酒什考

　　宴飲之際，人們除了用到飲酒具，還需用一些濾酒、注酒、温酒之雜具。所有飲酒用器具統稱爲 "酒具"，唐代左相李適之家便有九種品位高雅、造型優美的酒具，其名字也富有詩意：蓬萊盞、海川螺、舞仙盞、瓠子巵、幔捲荷、金蕉葉、玉蟾兒、醉劉伶、東溟樣。這些酒具在閑置時常放入酒具盒中，酒具盒無固定形制，1987 年湖北荊門市戰國時期的包山二號墓所出漆木酒具盒製作極爲精良，爲年代久遠者之一。

　　古人飲酒，多以酒籌（或稱酒枚、拗攏）來記數争杯。它以竹枝、樹枝做成，講究者亦可用象牙。酒斝子、過山龍、倒流兒指同一種汲酒用具，雅俗之名相得益彰。司馬遷在《史記》中專爲東方朔等滑稽之人列傳，此處滑稽實爲引申義。滑稽亦稱 "陽燧樽"，乃爲古代注酒器。司馬貞《史記》索隱："酒器，可轉注吐酒不已。以言俳優之人出口成章，詞不窮竭，如滑稽之吐酒不已也。"

　　古人造酒，初以自然沉澱而去糟，後或以布巾過濾，晋代陶潛即曾以頭上葛巾代爲漉酒。隋唐之際多以竹製酒篘來濾酒，宋代始以蒸餾法取酒，漸少用篘。

　　古人用盉來調節酒之厚薄。傳世之盉有上百件，安陽婦好墓、洛陽金村均有出土，流行於商到戰國時期。良渚文化遺址中出土之陶盉，質地爲黑陶和夾砂灰陶，流在頂部，無蓋。商、周以來，陶盉與青銅盉并行，陶盉漸少，青銅盉多大腹窄口，前有流後有鋬，上有蓋，下有三足或四足。春秋戰國時期，有圈足盉，异形盉則流在頂上而款足。盉中較著名者有殷代之左盉、獸角人面盉，商前期的弦紋盉，西周中期的獸紋盉，戰國末期的劻宮盉，秦代的秦銅盉等。

　　斝與盉一樣，是容量較大的飲酒器，且斝兼可温酒。斝之名屢見於 "三禮"，但傳世遺器中并無自銘爲斝者。禮書中言及酒器，往往以 "散" 與其他酒器連文。羅振玉在《殷墟書契考釋》一書中認爲 "散" 即 "斝"。斝因質地不同可分爲陶製斝和青銅斝。陶製斝最早見於龍山文化。青銅斝流行於商代至西周早期，出土的青銅斝有商前期的獸面冏紋斝、商後期的獸面紋斝及商晚期的徙斝、婦好方斝、夔紋方斝等。

　　除斝外，温酒器亦有始見於魏晋之際的酒鎗，多爲鐵或銀製，似鍋三足，至元代爲 "鏇鍋" 所取代。龍頭鐺亦爲温酒器，似甂三足，飾有龍頭。"急須" 之名始見於宋代，用於煎茶或温酒，明都卬《三餘贅筆・急須僕憎》："吴人呼暖酒器爲急須……急須者，以其應急而用。"

　　豐是古時用以放置酒觶的豆類容器。坫亦稱"站",是一種承酒爵或酒尊用的托子。禁與棜均爲承放酒尊的案形器座,都是長方形,所不同者禁有足,棜無足而有雕飾。二者亦作禮器,大夫用棜,士用禁。

　　故瞭解宴飲中除飲酒具之外的旁門別類,注意其中的細微差別,能提高我們的文化層次和鑑別能力。

盉　類

盉

　　古代酒器。一説爲温酒或調和酒水以節制濃淡之器。早在新石器時代晚期就有了陶盉,1988 年江蘇金壇市西崗村新石器時代文化遺址中就有陶盉出土。商代出現銅盉。早期之盉爲小口半封頂,流斜置於頂前,寬徑,下有三款足,後有鋬。殷朝時期盛行小口圓壺形盉,短流靠進口部,下有三柱足。這種款足盉到了商末周初時爲分檔式,蓋與鋬有繫相連。西周時款足盉較少,多流行方盉。西周中期以後出現圈足和短足盉。春秋戰國時出現圓腹、有提梁的盉,器形有三足、四足、异形、圈足等。《説文·皿部》:"盉,調味也。"王國維《觀堂集林·説盉》:"盉乃和水於酒之器,所以節酒之厚薄者也。"郭沫若《長安縣張家坡銅器群銘文彙釋》:"金文'盉'從禾者,乃象意兼諧聲。故如'季良父盉',字象以手持麥杆以吸酒。"

盉
（宋趙九成《續考古圖》）

獸角人面盉

　　商代酒器。通蓋高 18.1 厘米,大口寬腹,肩前有一較短流,下承圈足。蓋爲人面形而有兩獸角,人面形兩耳有孔,器身兩側各一貫耳,圈足上有三孔,其二與

商代獸面紋盉

貫耳相對,可用繩練將孔、貫耳、蓋器耳連爲提梁。圈足另一孔正在流之下。器身飾龍紋,足飾雷紋。人面紋飾是商代中晚期器物紋飾特徵之一,表現一種半人半獸神怪狀。現爲美國佛利爾美術博物館藏品。

饕餮紋盉

　　商代前期青銅温酒器。1976 年出土於河南省中牟縣黃店。高 25 厘米。封頂,器頂前部有一斜出的管狀流,流兩側飾有兩枚乳釘。頂後部有一鷄心形孔。俯視其頂可見其像一長鼻獸面。鷄心形孔後有一鋬,盉體爲三袋足。在盉頸上飾有凸起的饕餮紋帶,綫條流暢。其形制可能源於河南偃師二里頭早商時代的封頂陶盉。

現藏河南博物院。

弦紋盉

商前期青銅酒器。腹部下爲深袋足，似鬲之形狀，頂前部有一斜出管狀流，頂後部有一雞心形孔，以便注酒。有手柄可執。腹部飾弦紋。在河南偃師二里頭商代早期文化遺址中，曾出土此種頂流式陶盉。湖北黄陂盤龍城商代墓葬中亦曾出土頂流式青銅盉。

左盉

商代後期青銅酒器。出土於河南省安陽市侯家莊西北一千〇一號大墓。通蓋高 73 厘米，體呈方形，四款足。封頂，前頂部有一管形斜流，側有圓孔，可以注酒。腹旁有鋬，飾獸首紋。器遍體飾饕餮紋及鳥紋。此器的鋬内花紋上銘“左”字。與此器同出，形制、紋飾相同的另外兩盉上分別是“中”“右”字。一千〇一號大墓是商王室之墓，故此盉應爲商王室所有。盉之紋飾極其華美，其通體以紋爲地，花紋上亦有綫狀紋飾，構成所謂三層花，使青銅刻紋裝飾達到較高水準。此器是青銅器中難得珍品，現藏日本國津美術館。

刻銘陶盉

西周陶質酒器。高 15 厘米，腹徑 13 厘米。灰陶、手製。形制仿銅盉。蓋側有環形把手。腹部前有流，後有環形把手，與蓋側把手上下相對。四足。在蓋、頸、流及腹部，有刻紋，或以爲東夷族文字。西周以來，陶酒器漸少，此器上陶文較多，形制上有雙把手，豐富了商周陶器類型。該器出土於山東萊陽市中荆鄉河前村，現藏萊陽市文物管理所。

邵宫盉

戰國末期青銅酒器。高 35.3 厘米。器形斂口鼓腹，前有流，後有一扭頭回顧立獸爲鋬（即把手）。圈足，器身純素，説明此時期青銅器不僅用於祭器，亦爲實用容器。與此相應，銘文内容以記工匠名、作器年月及器之度量衡爲主。此盉圈足外壁有銘文二十字：“邵宫和，官四斗少半斗”，“和工工感”，“廿三斤一十五兩”。“感”爲工匠名。黄濬《尊古齋所見吉金圖》著録。

銅盉

青銅製盛酒或温酒器。最早見於商代。今有秦代銅盉，通高 12.9 厘米，口徑 8.3 厘米。扁腹圜底，下有三個細短蹄足（其一殘斷），提梁已失，腹上部有獸頭管流。蓋微隆，上飾以兩道弦紋，中有橋形紐。器身銘文作“穆大”“四斤”“大宫四豆”三處共八字。據此及其形制考之，當爲秦王朝宫庭用具，現藏陝西咸陽市博物館。亦有東漢銅盉，1970 年江蘇徐州出土。高 14 厘米，口徑 7.3 厘米，腹徑 12.7 厘米，底徑 7.7 厘米。侈口，鼓腹，腹飾兩道寬凹弦紋。圈足。鋬作虎形，前爪搭在盉口沿上，後足踩在盉腹部。高徑流，流口呈管狀，上飾一立鳥。

斝　類

斝

古代青銅製酒器。似爵而較大，有三足、兩柱、一鋬，圓口平底，用以盛酒或温酒。盛行於殷商時代至西周初期。後借指酒杯或茶杯。

《詩·大雅·行葦》："或獻或酢，洗爵奠斝"。毛傳："斝，爵也。夏曰醆，殷曰斝，周曰爵。"《周禮·春官·司尊彝》："秋嘗，冬烝，裸用斝彝黄彝。"《禮記·禮運》："醆斝及尸君，非禮也。是謂僭君。"南朝梁江淹《饗神歌辭》："瓊斝既飾，綉簋以陳。"前蜀杜光庭《晋公后土醮詞》："奉斝陳詞，言與涕賫。"《紅樓夢》第四一回："〔寶玉〕見妙玉另拿出兩隻杯來，一個傍邊有一耳，杯上鎸着'㼗㸌斝'三個隸字。"

斝
（明王圻等《三才圖會》）

玉斝

玉製酒器。其稱南北朝時已見。南朝梁劉孝標《廣絶交論》："分雁鶩之稻粱，沾玉斝之餘瀝。"唐杜甫《朝享太廟賦》："福穰穰於絳闕，芳菲菲於玉斝。"錢謙益注："舜祠宗廟以玉斝也。"《宋史·禮志一》："太廟初獻，依開寶例，以玉斝、玉瓚，亞獻以金斝，終獻以瓢斝。"亦爲酒杯之美稱。南朝齊王融《游仙》詩："金巵浮水翠，玉斝挹泉珠。"唐韓愈《憶昨行和張十一》詩："青天白日花草麗，玉斝屢舉傾金罍。"元李好古《張生煮海》第一折："那其間錦陣花叢，玉斝金鍾，對對雙雙。"清方文《正月十九日龔孝升都憲社集觀燈》詩："酒斟玉斝葡萄色，燭晃銀屏翡翠文。"

【翠斝】

以翠玉雕鑿成之酒器。其稱唐代已見行用。唐張説《岳州宴姚紹之》詩："翠斝吹黄菊，瑂盤鱠紫鱗。"唐錢起《瑪瑙杯歌》："含華炳麗金尊側，翠斝瓊觴忽無色。"宋梅堯臣《李端明宅花燭席上賦》詩："已接冰壺潤，寧辭翠斝醇。"

饕餮圓渦紋斝

始見於商代前期，1974年出土於湖北省黄陂盤龍城。高30.1厘米，腹徑16厘米，重2.25千克。爲寬體分段空錐足式。其菌形柱較低。口沿有加厚之唇邊，頸口侈大，頸腹分段，腹呈圓弧狀鼓出，平底，下承三空錐足。器頸正面飾有一組饕餮紋，兩側各飾一夔紋。腹部飾有六個圓渦紋。該器不甚發達的菌形柱、空

渦紋斝

錐足和平底代表了商代前期斝的特徵。據考證，器腹圓渦紋之紋飾結構與金文中明字結構完全相同，故圓渦紋即火紋之類。《周禮·考工記·畫繢》記載畫繢之事有"火以圜"，即用圜來表示火之圖案，亦指此類紋飾。現藏湖北省博物館。

獸面紋斝 [1]

商前期溫酒器。二里崗遺址出土。高27.3厘米，口徑15.8厘米。此斝頭腹分段，平底，有三角形錐足，腹足分界明顯，口沿前端有菌形柱。器體較大，但器壁很簿，口沿上有一周加厚的邊，具有加固作用。頸部和腹部的獸面紋用對比强烈的綫條構成，頸部的綫條細，腹部的粗，此類粗細對比手法，多是早期青銅器圖案的特徵。器鋬上範綫痕很粗，表明是鑄造時灌注銅液的澆口。現藏上海博物館。

獸面紋斝 [2]

商前期溫酒器。高 31.1 厘米，口徑最寬 8.5 厘米，侈口，寬頸，柱較高，口沿有一條寬的加厚唇邊。腹下部作成如鬲的袋足狀，下段錐足亦爲中空，可在較大的面積上承受火力，用以溫酒。此斝頸及袋足上均飾以獸面紋，爲當時紋飾中較繁雜的一種，是動物的變形圖案。在這種紋飾產生之前，必有較遠的形成和發展的歷程。此器紋飾華麗，造型別緻，爲商前期青銅器中較成熟者。現藏上海博物館。

獸面紋斝 [3]

商後期青銅溫酒器。高 33.8 厘米，口徑 23 厘米，侈口，寬頸，下承寬大的袋足，與陶鬲相似，有兩菌形柱、頸及袋足上飾有不同類型的獸面紋，都以精細而平整的雷紋構成。自商前期始，斝基本分兩類，一類爲直足斝，另一類是袋足斝。此斝屬於後一類，但無前期加厚的唇邊，紋飾比較複雜，造型穩重而古樸。現藏故宮博物院。

獸面紋斝 [4]

商後期青銅溫酒器。高 48.2 厘米，口徑 22.6 厘米。器體較寬而高，兩柱高聳，上有雷紋及獸面紋，比盤龍城商代前期斝柱更富於裝飾化。頸及腹部飾勻稱的雷紋和平行羽狀紋所構成的緩條，這些紋飾和形制的特點說明酒器的鑄作時代，腹部所飾獸面紋的體形不很明顯。器壁厚實，底微向下鼓出，足的斷面呈寬大的丁字形。現藏上海博物館。

鳳柱斝

商代後期青銅酒器。1973 年出土於陝西省岐山縣賀家村一號墓。高 41 厘米，口徑 19.5 厘米，重 2.9 千克。侈口，獸首鋬，三棱錐足，底微凸，口沿上雙柱端爲高冠鳳鳥昂然前視，形象栩栩如生。腹部下部略膨，可分爲上下兩段，均飾以雲雷紋組成的饕餮紋。商代後期的斝一般爲T字形足（足的橫斷面），底部多向下膨出，下底已較少，三足逐漸加高，有的斝亦爲橢方體，柱帽十分發達。此斝之鳳形柱帽設計頗具匠心。柱帽雖大，但因錐足粗健，斝腹下膨，絲毫無重心偏上之感，使柱與器身和諧統一，鳳柱亦很醒目，表現了設計者高超的藝術構思。此斝現藏陝西歷史博物館。

徙斝

商代晚期青銅製酒器。1968 年河南溫縣小南張出土。通高 37.3 厘米，口徑 20 厘米。呈圓形，敞口，圜底，獸面紋鋬，口沿上立菌狀雙柱，柱頂飾蕉葉紋，足爲三角形錐狀。器腹鑄有三條扉棱，飾有鴞紋三組，淺浮雕而成，下以雲雷紋爲地。足飾蕉葉紋，由雲雷紋和夔紋組成。腹內鑄"徙"字銘文。"徙"與甲骨文"徏"本爲一字。陳夢家《殷墟卜辭綜述》中載有"犬徏"卜辭數條，犬爲商代管理狩獵的官職，徏乃氏族之名。溫縣時爲商王田獵地，此"徏（徙）"應爲該地狩獵官。徙字始見於武丁時期，故此墓當屬商代晚期。現藏河南博物院。

婦好大方斝

商代晚期青銅製酒器。1976 年河南安陽殷墟婦好墓出土。通高 68.8 厘米，口長 25.1 厘米，寬 24 厘米，足高 25 厘米，重 18.3 千克。口略呈長方形，外侈，口上短邊中部有對稱方塔形立柱，柱頂上有細棱。深腹平底，四足呈四棱錐形，獸首鋬。器身四角及三面中部和足外側均有扉棱。器口下飾有蕉葉紋、夔紋，腹部飾饕餮紋，足飾對夔蕉葉紋，柱頂下部飾雲雷紋。底裏中部有"婦好"銘文。此斝形體較大，製作精美。現藏河南博物院。

夔紋方斝

　　商代晚期青銅酒器。通高 21 厘米，口長 14.4 厘米，口寬 12.3 厘米。1976 年河南安陽市殷墟婦好墓出土。此斝口略呈長方形，口沿處設兩個四阿屋頂式矮柱。束頸，鼓腹，頸腹分段。腹一側置獸首半環形大鋬。四足粗短，呈四棱錐狀。平蓋，蓋紐由相背雙鳥構成拱形，鳥冠相連。蓋上飾對稱陰綫饕餮紋，腹飾對稱之倒夔紋，兩夔之間飾兩個獸面。頸部飾蕉葉紋。此斝形體雖較小，但却別具一格。內底有銘文"婦好"二字。現藏河南博物院。

佐　具

酒具盒

　　盛放酒具的盒子。無固定形制，出土實物中年代較早、製作精良者有戰國時期的包山二號楚墓所出漆木酒具盒。長方形，抹角，長 71 厘米，寬 25 厘米，高 19 厘米。蓋與器身形制略同，子母口扣合。內由槅板分爲四段：兩端與蓋相對應，一端則置耳杯八件，每四件相叠爲一組，兩組杯口相對。另一端并排放漆木小酒壺兩個。中間大槅內爲一方漆盤（食案），小槅內無物。該器整木雕成，外髹黑漆，雕有變形螭紋及方格雲紋帶，內髹紅漆，并配有皮囊袋，可置盒袋中，便於携帶。1987 年湖北荆門市出土。1972 年湖南長沙馬王堆一號墓出土的杯具盒亦置放耳杯的容器。斫木胎。通高 12.2 厘米。橢圓形，由上蓋和器身兩部分以子母扣合而成。器內及蓋內髹紅漆，器身和器蓋外均髹黑褐色漆。底部光素無紋飾。上下口沿有"軑侯家"三字，係物主標記。該器結構嚴謹，做工精緻。參閱中國國家博物館編《簡明中國文物辭典》。

禁

　　舉行禮儀時盛放酒樽之案形器座。長方形，通局足，士專用。傳世青銅禁器不多，屬殷商到春秋中期器物。器之上面可清楚地看到置放酒器孔座或痕迹。《儀禮·士冠禮》："尊于房户之間，兩甒，有禁，玄酒在西，加勺，南枋。"鄭玄注："禁，承尊之器也。名之爲禁者，因爲酒戒也。"《禮記·禮器》："大夫士棜禁，此以下爲貴

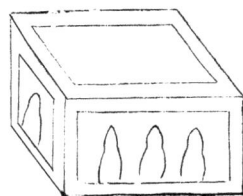

禁
（明王圻等《三才圖會》）

也。"鄭玄注："棜，斯禁也。謂之棜者，無足，有似於棜，或因名云耳。大夫用斯禁，士用棜禁。"孔穎達疏："禁長四尺，廣二尺四寸，通局足，高三寸。漆赤中青雲氣，菱苕華爲飾，刻其足爲塞帷之形也。"今有 1978 年河南淅川下寺二號墓出土的透雕雲紋銅禁，爲春秋時期文物。長 107 厘米，寬 47 厘米，高 28 厘米。呈長方形，由內、中、外三層銅梗組成鏤空花紋，禁側攀附十二個吐舌怪獸，下有十二隻昂首前進狀的怪獸承托器身。

棜

　　古時承放酒樽的案形器座。與"禁"相

似，均爲長方形，但無足。春秋時期已見，大夫專用。《儀禮·既夕禮》："設梡於東堂下，南順，齊於坫，饌於其上。"又《特牲饋食禮》："梡在其南，南順，實獸於其上。"鄭玄注："梡之制，如今大木轝矣。上有四周，下無足。"又《鄉飲酒禮》："尊兩壺于房户間，斯禁，有玄酒在西。"鄭玄注："禁，切地無足者。"《禮記·禮器》："天子諸侯之尊廢禁，大夫士棜禁，此以下爲貴也。"鄭玄注："棜，斯禁也。謂之棜者，無足，有似於棜，或因名云耳。大夫用斯禁，士用棜禁。"孔穎達疏："大夫士棜禁者，謂大夫用棜，士用禁……棜長四尺，廣二尺四寸，深五寸，無足，赤中，畫青雲氣菱苔華爲飾。"《集韻·去御》："棜，承樽器，如案無足。"

豐

　　古時盛放爵、觶的豆類容器。似豆而大且低。《儀禮·鄉射禮》："司射適堂西，命弟子設豐。"鄭玄注："設豐，所以承其爵也。豐形蓋似豆而卑。"《説文·豐部》："豐，豆之豐滿者也。"段玉裁注："謂豆之大者也。"宋王黼《博古圖·周劉公鋪》："考禮圖有所謂'豐'者，亦與豆不異。鄭玄謂'豐'似豆而卑者是也。是器形全若豐，然銘曰'鋪'者，意其名鋪鷹之義。'鋪'雖無所經見，要之不過豆類。"元姚燧《千户所廳壁記》："奠觶有豐，糾過有撲。"

滑稽

　　亦稱"陽燧樽"。古代注酒器。類似後代的酒過龍。漢代之前已見。《史記·樗里子甘茂列傳》："樗里子滑稽多智，秦人號曰'智囊'。"司馬貞索隱："一云滑稽，酒器，可轉注吐酒不已。以言俳優之人出口成章，詞不窮竭，如滑稽之吐酒不已也。"漢揚雄《酒箴》："鴟夷滑

稽，腹大如壺。盡日盛酒，人復借酤。"《太平御覽》卷六七一引北魏崔浩《漢記音義》："滑稽，酒器也。轉注吐酒，終日不已，若今日陽燧樽。"又引晉孫綽《陽燧樽銘》："詳見茲器，妙巧奇絶。酌焉則注，受滿則閉。吐寫適會，未見其竭。"清曹寅《和静夫謝送惠山酒》詩："滑稽腹大原無論，畫梡仍留待晚春。"《兒女英雄傳》第三〇回："這'滑稽'是件東西……因這件東西從那頭兒把酒掣出來，繞個灣兒，注到這頭兒去。"

【陽燧樽】

　　即滑稽。此稱南北朝時期已行用。見該文。

酒鎗

　　亦作"酒鐺"，省稱"鎗"。暖酒之器。多爲鐵或銀製，似鍋三足。此稱始見於魏晉之際，至元代爲"鏇鍋"所取代。《南齊書·蕭穎冑傳》："上慕儉約，欲鑄壞太官元日上壽銀酒鎗，尚書令王晏等咸稱盛德。"《梁書·處士傳·何點》："〔蕭子良〕欣悦無已，遺點（何點）嵇叔夜酒杯、徐景山酒鎗，以通意。"唐劉禹錫《樂天少傅五月長齋廣延緇徒謝絶文友坐成暌閴因以戲之》詩："暗網籠歌扇，流塵晦酒鎗。"《資治通鑑·齊紀》武帝永明元年："聞喜公子良持酒鎗，南郡王長懋行酒。"胡三省注："鎗，楚庚翻。盛酒之器。按《太平御覽》：鎗即鐺字，但鐺非可持者。"《説郛》卷九四引宋竇苹《酒譜·飲器》："自晉以來，酒器又多云鎗……鎗者，本温酒器也。"清錢謙益《謝於潤甫送酒》詩："一朝歸黄壤，酒鎗閉空笥。"

【酒鐺】

　　同"酒鎗"。此體南北朝時期已行用。見該文。

【鎗】

"酒鎗"之省稱。此稱宋代已行用。見該文。

龍頭鎗

省稱"龍頭"，亦稱"龍首鎗"。酒鎗名。一種似鬴三足，飾有龍頭形狀的温酒器。漢代已見。《樂府詩集·清商曲辭五·三洲歌》："湘東酃醁酒，廣州龍頭鎗。"宋高似孫《緯略·古鎗》："古銅鎗者，龍首三足，挹注以口，翠蝕可玩。因考《晋舊事》有龍首鎗，即是此類。"一説爲柄端刻成龍頭形的酒器。唐李賀《秦王飲酒歌》："龍頭瀉酒邀酒星，金槽琵琶夜棖棖。"宋梅堯臣《和江臨幾景德寺避暑詩》："龍頭費挹酌，犢鼻疆遮蒙。"元顧瑛《三疊前韵》："剪雪作花雲作絮，浪浪酒瀉龍頭注。"

【龍首鎗】

即龍頭鎗。此稱晋代已行用，見該文。

【龍頭】

"龍頭鎗"之省稱。此稱唐代已行用。見該文。

酒籌

亦稱"觥籌"。飲酒記數之具。多用竹枝、樹枝做成，亦有講究者用象牙等物做成。晋代已見。晋嵇含《南方草木狀·越王竹》："越王竹，根生石上，若細荻，高尺餘，南海有之。南人愛其青色，用爲酒籌云。"唐白居易《同李十一醉憶元九》詩："花時同醉破春愁，醉折花枝當酒籌。"唐皇甫松《醉鄉日月·觥録事》："觥籌盡有，犯者不問。"宋楊萬里《次日醉歸》詩："我非不能飲，老病怯觥籌。"《金瓶梅詞話》第一一回："當下桂卿姐兒兩個喝了一套，席上觥籌交錯飲酒。"元劉因《村居雜詩》："削樹題詩句，畫沙知酒籌。"《紅樓夢》第七六回："湘

雲只得又聯道：'觥籌亂綺園。'"《二十年目睹之怪現狀》第一二回："我那裏有一個觥籌，是朋友新製，送給我的。"酒籌亦有出土文物。1982年江蘇丹徒丁卯橋出土了唐代鎏金銀酒令籌。長20.4厘米，寬1.4厘米，厚0.05厘米。切角邊，下端收攏爲細柄狀。共五十枚，每枚正面刻行書體文字，文字内塗金。其内容上半段采自《論語》，下半段爲酒令的具體内容，包括"自飲""勸飲""處罰""放"四種。該器反映了唐代的生活風俗。按：一説觥籌指酒器和酒籌，恐非是。

【觥籌】

即酒籌。此稱唐代已行用。見該文。

【酒枚】

即酒籌。清蒲松齡《聊齋志異·齊天大聖》："叟命童出白石一樣，狀類雀卵，瑩澈如冰，使盛自取之。盛念携歸可作酒枚，遂取其六。"

【拗攏】

"酒籌"之异名。飲酒時用以計數之酒籤。明陳懋仁《庶物異名疏·器用上·拗攏》："拗攏，《三蒼》云：籌也。案：酒律，即今酒籤。"

筠

亦稱"酒筠""篘籔"。用篾編成之濾酒用具。古人製酒，初以自然沉澱而去糟，後以筠或布巾過濾。晋代陶潛曾以頭上葛巾代爲濾酒，事見《宋書·陶潛傳》。宋代始以蒸餾法取酒，漸少用筠。《玉篇·竹部》："笓，酒籠。"《唐詩紀事·杜荀鶴》："舊衣灰絮絮，新酒竹筠筠。"唐白居易《咏家醖》詩："釀糯豈勞炊范黍，撇筠何假漉陶巾。"唐皮日休《奉和魯望新夏東郊閒泛》詩："碧莎裳下携詩草，黄篾樓中挂酒

篛。"宋朱敦儒《浣溪紗》詞："銀海清泉洗玉杯，恰篛白酒冷偏宜，木林檎嫩折青枝。"宋陸游《與兒輩小集》詩："吳杭新搗酒新篛。"《集韻·平江》："筹，筹篓，酒篛也。"

【酒篛】

即篛。此稱唐代已行用。見該文。

【筹篓】

即篛。此稱唐代已行用。見該文。

坫

亦稱"站"。一種承酒爵或酒尊用的托子。宋代已見。宋程大昌《演繁露》："古者彝有舟，爵有坫，即今俗稱台盞之類也。"明王圻等《三才圖會·器用·坫》："坫以致爵，亦以承尊。形似豆而卑。口圓微侈，徑尺二寸，其周高厚俱八分；中央直與周通，高八寸，橫徑八寸；足高二寸，下徑尺四寸，徑赤中畫赤雲氣。"秦以前築在室內的土台亦稱爲坫。諸侯相會，宴飲禮畢，將空酒杯放回坫上，稱作"反坫"。《論語·八佾》："邦君爲兩君之好，有反坫。"

站 （明王圻等《三才圖會》）

【站】

即坫。此稱明代已行用。見該文。

急須

用於煎茶或暖酒之器。因多應急而用，故稱。此稱始見於宋代。宋黃裳《龍鳳茶寄照覺禪師》詩："寄向仙廬引飛瀑，一簇蠅聲急須腹。"自注："急須，東南之茶器。"明都卬《三餘贅筆·急須僕憎》："吳人呼暖酒器爲急須……急須者，以其應急而用。"一說爲便溺器。説見明郎瑛《七修類稿·辯證六·飲器》。

鏇

亦稱"酒鏇""鏇子"。温酒器具。多用銅錫製成，今或爲瓷製。底大頸細，口呈喇叭狀。温酒時將盛酒之鏇置於熱水中温熱。元戴侗《六書故》："鏇，温器也，旋之湯中以温酒。"《篇海類編·珍寶類》："鏇，酒鏇。"元高文秀《黑旋風》第一折："上馬處就與他執鞭墜鐙，吃酒處就與他綽鏇提觥。"《元史·輿服志一》："酒器許用銀壺、臺盞、盂、鏇，餘並禁止。"明徐元《八義記·酒家索錢》："兩鏇三壺，自覺歡暢，不醉不歸來，行樂天街上。"《紅樓夢》第六〇回："母女倆忙說：'快拿鏇子盪滾了水，你且坐下。'"

【酒鏇】

即鏇。此稱元明已行用。見該文。

【鏇子】

即鏇。此稱清代已行用。見該文。

鏇鍋

用以燒水温酒之鍋。其物金代已見行用，其稱元代始見。温酒時將盛酒的鏇子置於鍋內熱水中，故名。元高文秀《黑旋風》楔子："今日開開板搭，燒的酒鏇兒熱着，是有什麼人來。"亦可用燒茶水或作他用。元秦簡夫《東堂老》第一折："小可是賣茶的，今日燒的這鏇鍋兒熱了，看看有甚麼人來。"參見下文"銅燒酒鍋"。

銅燒酒鍋

用以製酒之銅鍋。金代文物，1975 年河北青龍井丈子村金代窖藏出土。通高 41.6 厘米。分爲上下兩部。下部爲銅鍋，近似球形，高 26 厘米。鍋腹周圈有環狀醛寬 2 厘米。上有直口，口徑 28 厘米。口沿爲雙唇凹槽，寬 1.2 厘米，深 1 厘米，是爲匯酒槽；從匯酒槽通出一管狀酒流。上部乃一圓桶形冷却器，高 16 厘米，口徑 31 厘米。底徑稍向内凹進，直徑 26 厘米，恰好扣在鍋口上。桶底附近又置一排水短流。蒸酒時，在銅鍋内注水，中間安箅，上放酒料，銅桶内亦注水，并不時以冷换熱，加温後，酒蒸汽上升遇桶底則冷却，順匯酒槽自酒流流出。參閱中國國家博物館編《簡明中國文物辭典》。

酒掣子

亦稱“過山龍”“倒流兒”。一種汲酒用具。明代已見。《鏡花緣》第八一回：廉錦楓道：‘我

因玉英姐姐酒鬼二字，也想了一謎，却是吃酒器具，叫做過山龍，打《爾雅》一句。’”《兒女英雄傳》第三回：“這‘滑稽’是件東西，就是掣酒的那個酒掣子，俗名叫作‘過山龍’，又叫‘倒流兒’……不一時，葉通拿了酒掣子進來。”

【過山龍】

“酒掣子”之俗稱。此稱清代已行用。見該文。

【倒流兒】

“酒掣子”之俗稱。此稱清代已行用。見該文。

第四節　茶具考

中國飲茶之歷史久遠，至唐代風氣始盛，故茶具之大興亦當起於隋唐之際。茶具即烹茶飲茶所用器具之總稱，書面語稱飲茶爲“品茗”，故茶具又名“茗具”，主要包括茶鼎、茶壺、茶杯、茶盤、茶匙、茶筅等。唐封演《封氏聞見記·飲茶》載：“楚人陸鴻漸（羽）爲《茶經》，説茶之功效並煎茶、炙茶之法，造茶具二十四事，以都統籠貯之。遠近傾慕，好事者家藏一副。”都統籠乃放置茶具的籃子，又名都籃，見於唐陸羽《茶經》卷中：“都籃以悉設諸具而名之。”

現在人們往往把茶葉放置於玻璃瓶或密封較好的塑膠袋中，以保其香味和色澤。在唐代，古人則把茶葉陳置於竹編器具，稱“莒莉”。後代遂沿用。據唐陸羽《茶經·具》載：“莒莉，一曰籝子，一曰篣筤。以二小竹長三尺，軀二尺五寸，柄五寸，以篾織方眼，如圃人土羅，闊二尺，以列茶也。”

唐宋人飲茶須先將團茶、餅茶用净紙密裹捶破，再經茶碾碾碎過羅，然後或投於沸水烹煮，或置於碗中點茶。

唐宋人用以焙茶、研茶、碾茶、煎茶、炙茶之器具有茶焙、茶僧、茶碾、茶磨、茶鼎、茶鈐等。關於茶焙，宋代蔡襄在其《茶録·器》中記載道：“茶焙，編竹爲之，裏以蒻葉，蓋其上，以收火也；隔其中，以有容也；納火其下，去茶尺許，常温温然，所以養茶色、

香味也。"茶僧即研茶用之茶瓢。僧人無髮，以喻瓢之光亮，故有此謔稱。茶碾、茶磨即碾磨茶葉之用具。茶碾呈槽形，以槽承輪軸反復運行，便可碾茶爲末。唐陸羽《茶經》云茶碾："以橘木爲之，次以梨桑桐柘爲之。"宋徽宗《大觀茶論》曰："（茶）碾以銀爲上，熟鐵次之，生鐵者非掏揀追磨所成，間有黑屑藏於隙穴，害茶之色尤甚。"1987 年陝西扶風縣法門寺唐代地宫中出土一銀製茶碾，製作精美。茶鼎亦稱湯鼎，乃煎茶用之鼎類器具。炙乾陳年茶葉用的鐵製器具名曰"茶鈐"。宋蔡襄《茶錄·炙茶》載："茶或經年，則香色味皆陳，於净器中，以沸湯漬之，刮去膏油一兩重乃止，以鈐箝之，微火炙乾，然後碎碾。若當年新茶，則不用此説。"

　　唐代已有一種煮茶水用的瓶狀器具，稱"茗瓶"或"湯瓶"，多以銅錫等金屬製成，有蓋及提繫，宋明以來多燒製瓷質品，後漸爲茶壺所取代。明文震亨《長物志·香茗》載："湯瓶鉛者爲上，錫者次之，銅者亦可用。形如竹筒者，既不漏火，又易點注。磁瓶雖不奪湯氣，然不適用，亦不雅觀。"

　　現代家居雖無煎茶、烹茶之器具，但泡茶、飲茶之用茶壺、茶碗必不可少。茶壺自明代以來，便以江蘇宜興産紫砂壺最著名。壺以丁山紫砂泥燒製而成，其色紅紫而有潤澤，質重。至清代，式樣繁多，或又肖形作瓜瓣、竹節、葫蘆諸式。

　　唐宋人用以點茶、調茶之用具有茶匙（或稱茶成）、茶筅等。唐宋人用點茶法，即以茶瓶煮湯，下茶末於碗，持瓶湯，以茶匙、茶筅擊拂，使茶末融於湯。注滿後，則雲脚漸開，乳花浮面。茶匙亦有出土，如 1987 年陝西法門寺出土一鎏金流雲紋長柄茶匙。茶筅舊多爲竹製，今日本茶道仍用之，然已非竹製。

　　茶船即放茶盞的小碟，又名"茶托子"，至唐五代時始用。其形淺盤狀，小圈足，中央下凹處置茶盞，可免茶盞傾移。它的誕生，亦有趣聞。唐李匡乂《資暇集》載："始建中蜀相崔寧之女，以茶杯無襯，病其熨指，取楪子承之。既啜而杯傾，乃以蠟環楪子之央，其杯遂定。既命匠以漆環代蠟，進於蜀相。蜀相奇之，名爲茶托子。"茶盤較茶船大且無凹環，内可置茶壺、茶盞及糕點等。五代顧閎中《韓熙載夜宴圖》中繪一侍女，手擎大盤，内置小盞及注子、注碗，或爲飲酒之用。茶盤之制，與其頗類，宋代當已有之。

　　總之，我們在熟悉茶具名稱的過程中，也學到一些有關製茶、飲茶的知識，這對於我們瞭解中國古代悠久的茶文化具有重要意義。

　　有關茶名、茶史、茶品，非本文考釋範圍，本書《飲食卷》有翔實論述，可資參閱。

茶具

亦稱"茶器""茗具"。烹茶、飲茶時所用器具之總稱。盛行於唐代。唐封演《封氏聞見記·飲茶》："楚人陸鴻漸（羽）爲《茶經》，説茶之功效並煎茶、炙茶之法，造茶具二十四事，以都統籠貯之。遠近傾慕，好事者家藏一副。"唐皮日休《褚家林亭》詩："蕭疏桂影移茶具，狼籍蘋花上釣筒。"唐白居易《睡後茶興憶楊同州》詩："此處置繩床，傍邊洗茶器。"宋梅堯臣《與正仲屯田游廣教寺》詩："酒杯參茗具，山蕨問盤蔬。"宋林逋《復賡前韵且以陋居幽勝詫而誘之》詩："畫共藥材懸屋壁，琴兼茶具入船扉。"元王冕《吹簫出峽圖》詩："酒壺茶具船上頭，江山滿眼隨處游。"元王逢《排難行贈王子中》詩："我時載茶具，蕩漾五湖船。"

【茶器】

即茶具。此稱唐代已行用。見該文。

【茗具】

即茶具。此稱宋代已行用。見該文。

茶船

亦稱"茶托子"。放茶盞之承盤。先秦尊彝酒器下已有船形托，謂之"舟"。《周禮·春官·司尊彝》："春祠夏禴祼用雞彝烏彝，皆有舟。"鄭玄注："舟，尊下臺，若今時承槃。"後稱茶托爲茶舟，本此。至唐五代時始用茶船。其形淺盤狀，小圈足，中央下凹處置茶盞，可

茶船

免茶盞傾斜，用以捧茶，以防盞熱燙指或茶水外溢。宋代南北瓷窑均有燒製，明清景德鎮亦有仿官釉、青花及粉彩製品。唐李匡乂《資暇集·茶托子》："始建中蜀相崔寧之女，以茶杯無襯，病其熨指，取楪子承之。既啜而杯傾，仍以蠟環楪子之央，其杯遂定。即命匠以漆環代蠟，進於蜀相。蜀相奇之，爲製名。"宋張邦基《墨莊漫録》："〔木犀〕樹之幹大者，可以旋爲盂合、茶托種種器用，以淡金漆飾之，殊可佳也。"《金瓶梅詞話》第七六回："他纔放下茶托兒，與我磕了四個頭，我與了他兩枝金花兒。"清顧張思《土風録·茶盤》："富貴家茶杯用托子，曰茶船。"

【茶托子】

即茶船。此稱唐代已行用。見該文。

【盞托】

即茶船。考古資料證明：盞托於東晉時期即已出現，是由耳杯、托盤發展而來。晉托盤早時可盛四至六隻耳杯，以後逐漸縮小，至東晉時又放一至二隻耳杯，盤壁由斜直變成内弧，或内底下凹，或有一個凸起的圓形托圈，使盞無所傾倒，同時亦出現了直口、深腹、假圈足盞。從此盞托興起，耳杯和托盤被淘汰。南朝時，盞托已普遍生產，其中以越窑產量最大，成爲當時風行的喝酒、飲茶用具，後沿襲使用。《水滸傳》第四回："只見行童托出茶來，茶罷，收了盞托。"今有南朝青釉蓮花盞托。1973 年出土於江蘇省江寧縣東善橋祖堂山南朝墓。高 3.7 厘米，

遼白瓷茶托

口徑 15.7 厘米，足徑 6.8 厘米。圓瓶形實足。盞托内刻蓮子形小圓圈，盤心浮雕重疊蓮瓣紋，酷似一朵盛開的蓮花。黄色白胎，施茶綠色釉，釉色淡雅，釉面開細紋片。該盞托器形輕巧大方，現藏南京博物院。

茶焙

用以焙茶的竹製器具。唐代已見。唐皮日休《茶中雜咏》中有《茶焙》詩。宋蔡襄《茶録・器》：“茶焙，編竹爲之，裹以蒻葉，蓋其上，以收火也；隔其中，以有容也；納火其下，去茶尺許，常温温然，所以養茶色、香味也。”

芘莉

亦稱“籝子”“篣筤”“茶籯”。陳置茶葉的竹編器具。始於唐代，後遂沿用。唐陸羽《茶經》：“芘莉，一曰籝子，一曰篣筤。以二小竹長三尺，軀二尺五寸，柄五寸，以篾織方眼，如圃人土羅，闊二尺，以列茶也。”唐皮日休《茶中雜咏・茶籯》詩：“篣筤曉携去，蒙箇山桑塢。”

【籝子】

即芘莉。此稱唐代已行用。見該文。

【篣筤】

即芘莉。此稱唐代已行用。見該文。

【茶籯】

即芘莉。此稱唐代已行用。見該文。

【茶籠】

即芘莉。《新五代史・王鎔傳》：“匿昭誨於茶籠中，載之湖南。”宋龐元英《文昌雜録》卷四：“〔魏國公〕不甚喜茶，無精粗共置一籠。”明馮時可《茶籠》：“筦籅一曰篣筤，茶籠也。”

茶碾

亦稱“茶槽”。碾茶用具。唐代已見。槽形，以槽承輪軸反復運行，即可碾茶爲末，猶今之藥碾。唐宋人飲茶須先將團茶、餅茶用净紙密裹捶破，再經茶碾碾碎過羅，然後或投於沸水烹煮，或置碗中點茶。唐陸羽《茶經》云茶碾“以橘木爲之，次以梨桑桐柘爲之”。1987年陝西扶風縣法門寺唐代地宫中出土一銀製者，高 7 厘米、寬 5.6 厘米，長 27.7 厘米。兩側飾麒麟流雲紋，頭端各飾三朵如意雲紋，上有可抽動開合的轄板以密閉槽身。碾底鏨文云：

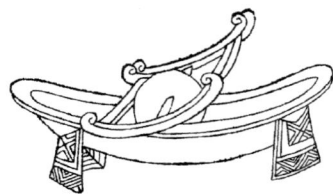

茶碾
（宋審安老人《茶具圖贊》）

“咸通十年文思院造銀金花茶碾子一枚共重廿九兩”。宋徽宗《大觀茶論》：“〔茶〕碾以銀爲上，熟鐵次之，生鐵者非掏揀槌磨所成，間有黑屑藏於隙穴，害茶之色尤甚。”宋范成大《立春》詩：“彩勝金幡夢裏，茶槽藥杵聲中。”明朱權《臞仙神隱》卷一：“茶碾……愈小愈佳。”

【茶槽】

即茶碾。此稱宋代已行用。見該文。

都籃

亦稱“都統籃”。木竹籃。用於盛茶具。行用於唐宋時期。唐陸羽《茶經・都籃》：“都籃以悉設諸器而名之。以竹篾内作三角方眼，外以雙篾闊者經之，以單篾纖者縛之。”唐封演《封氏見聞記・飲茶》：“〔陸羽〕造茶具二十四事，以都統籠貯之。”宋梅堯臣《嘗茶和公儀》詩：“都籃携具向都堂，碾破雲團北焙香。”清朱彝尊《沈上舍季友南還詩以送之凡三十四韻》：
"都籃茶具列，月波酒槽壓。"清富察敦崇《燕
京歲時記·拖床》："明時積水潭，常有好事者聯
十餘床，携都籃酒具，鋪氍毹其上，轟飲冰凌
中以爲樂。"

【都統籠】

即都籃。此稱唐代已行用。見該文。

茶竈

亦稱"茶爐"。烹茶用的小爐竈。唐代已見
行用。唐白居易《新亭病後獨坐招李侍郎公垂》
詩："趁暖泥茶竈，防寒夾竹籬。"唐許渾《送
張尊師歸洞庭》詩："杉松近晚移茶竈，岩谷初
寒蓋藥畦。"《新唐書·隱逸傳·陸龜蒙》："不
乘馬，升舟設蓬席，齎束書、茶竈、筆床、釣
具往來。"宋樓鑰《題陸放翁詩卷》："茶竈筆床
懷甫里，青鞋布襪想雲門。"宋陸游《山行過
僧庵不入》詩："茶爐烟起知高興，棋子聲疏識
苦心。"元薩都剌《白雲答》詩："石田紫芝老，
茶竈碧蘚斑。"清納蘭性德《浣溪沙·寄嚴蓀
友》詞："藕蕩橋邊理釣筒，苧蘿西去五湖東。
筆床茶竈太從容。"

【茶爐】

即茶竈。"爐"同"爐"。此稱宋代已行用。
見該文。

燃火茶竈圖局部

茗瓶

亦稱"湯瓶""茶瓶"。一種煮茶水用的瓶
狀器具。唐代已見，初多以銅錫等金屬製成，
有蓋及提繫；宋明以來多燒製瓷質品，後漸爲
茶壺所取代。唐李匡乂《資暇録》卷下："居無
何，稍用注子……乃去柄安系，若茗瓶而小。"
元關漢卿《四園春》第三折："今日清早晨起
來，燒的湯瓶兒熱，開開這茶鋪兒，看有甚麼
人來。"明文震亨《長物志·香茗》："茶瓶、茶
盞不潔，皆損茶味。"又"湯瓶鉛者爲上，錫者
次之，銅者亦可用。形如竹筒者，既不漏火，
又易點注。磁瓶雖不奪湯氣，然不適用，亦不
雅觀。"明朱有燉《柳搖金誠風情》套曲："想
湯瓶是紙，如何煮茶？"《金瓶梅詞話》第二〇
回："迎春抱着銀湯瓶，綉春拿着茶盒，走來上
房，與月娘衆人遞茶。"

【湯瓶】 [2]

即茗瓶。此稱元代已行用。見該文。

【茶瓶】

即茗瓶。此稱明代已行用。見該文。

婦孺手提茶竈茗瓶圖
（張述錚據清汪承霈《群仙集祝圖》摹繪）

茶鐺

亦稱"茗鐺"。煎茶用的釜。唐代已見行
用。唐吳融《和睦州盧中丞題茅堂十韻》："烟

冷茶鎗静，波香蘭舸飛。"《新唐書·韋堅傳》：
"豫章力士甆飲器、茗鎗、釜。"宋陸游《西齋
雨後》詩："香碗灰深微炷火，茶鎗聲細緩煎
湯。"清陳維崧《浣溪沙·春日同史雲臣遠公買
舟山游水泊祝陵紀事》詞："春水平如簟一般，
茶鎗棋局委潺湲。"

【茗鎗】

即茶鎗。此稱唐代已行用。見該文。

茶鼎

亦稱"湯鼎"。煮茶用的鼎類器具。唐代已
見。唐杜荀鶴《春日山中對雪有作》詩："牢繫
鹿兒防獵客，滿添茶鼎候吟僧。"宋王禹偁《題
張處士溪居》詩：
"閑把道書尋晚逕，
静携茶鼎洗春潮。"
宋范成大《刺濆淖》
詩："突如湯鼎沸，
翁作茶磨旋。"宋陸
游《雨中睡起》詩：
"松鳴湯鼎茶初熟，

僕人與茶鼎茗瓶圖

雪積爐灰火漸低。"清紀昀《閱微草堂筆記·灤
陽消夏録六》："惟此四種惡業至多，是以清我
泥犁，供其湯鼎，以白皙者、柔脆者、膏腴者
充魔王食。"

【湯鼎】

即茶鼎。此稱宋代已行用。見該文。

茶盤

上茶用盤。内可置茶壺、茶盞及糕點等，
較茶船大且無凹環。五代顧閎中《韓熙載夜宴
圖》中繪一侍女，手擎大盤，内置小盞及注子、
注碗，或爲飲酒之用。茶盤之制，與其頗類，
故宋代當已有之。《儒林外史》第四回："工房

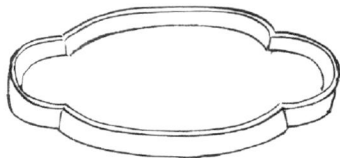
茶盤

聽見縣主相與到了，慌忙迎到裏面客位内坐着，
擺上九個茶盤來。"《紅樓夢》第五三回："又有
小羊漆茶盤，内放着舊窑茶杯並十錦小茶吊，
裏面泡着上等名茶。"

茶匙

亦稱"茶戍"。點茶、調茶用具。唐代已見
行用。唐宋人用點茶法，即以茶瓶煮湯，下茶
末於碗，持瓶湯，以茶匙擊拂，使茶末融於湯。
因靠湯近火，故其柄較長。宋蔡襄《茶録·茶
匙》："茶匙要重，擊拂有力，黃金爲上，人間
以銀鐵爲之。竹者輕，建茶不取。"宋孫穆《鷄
林類事》："茶匙曰茶戍。"元陶宗儀《南浦詞》：
"孤簫拓篷窗幽情，遠都在酒瓢茶具。"《金瓶梅
詞話》第二四回："又等玉簫取茶果、茶匙兒出
來……纔起身去了。"1987年陝西法門寺出土
一鎏金流雲紋長柄銀茶匙，長35.7厘米，匙面
呈卵圓形，微凹。匙柄扁長，上寬下窄。參閱
《文物》1988年第十期。

【茶戍】

即茶匙。此稱宋代已行用。見該文。

茶鈐

用以炙乾茶葉的器具。宋代已見。宋蔡
襄《茶録·茶鈐》："茶鈐，屈金鐵爲之，用以炙
茶。"又《炙茶》："茶或經年，則香色味皆陳，
於净器中，以沸湯漬之，刮去膏油一兩重乃止，
以鈐箝之，微火炙乾，然後碎碾。若當年新茶，
則不用此説。"

茶磨

碾磨茶葉之器具。宋代已見。宋趙令時《侯鯖録》卷三："山谷（黄庭堅）茶磨銘云：'楚雲散盡，燕山雪飛，江湖歸夢，從此袪機。'"宋范成大《刺濆淖》詩："突如湯鼎沸，翁作茶磨旋。"

茶筅

烹茶時用以調茶之具。多見於宋代。筅，即帚。宋人點茶，先將茶末投於碗中，注沸水少許，以茶筅攪作膏狀，繼以湯緩緩注入，同時以筅擊拂，即注滿，則雲脚漸開，乳花浮面。今日本茶道仍用之，然已非竹製。宋徽宗（趙佶）《大觀察論·筅》："茶筅，以觔竹老者爲之，身欲厚重，筅欲疎勁，本欲壯而末必眇，當如劍脊，之狀則擊拂雖過而浮沫不生。"宋魏慶之《詩人玉屑》卷一八有《茶筅子》詞。後漸爲洗涮茶具之物。《紅樓夢》第二二回："每人一個宮製詩筒，一柄茶筅。"《兒女英雄傳》第二九回："被格上面安着鏡臺妝奩，以至茶筅、漱盂許多零星器具。"

茶僧

研茶月之茶瓢。僧人無髮，以喻瓢之光亮，因有此謔稱。宋方岳《唐律》詩："秋蔓茶僧老，春泓酒母淳。"又《茶僧賦序》："林子仁名茶瓢曰茶僧。"

砂壺

一種陶質茶壺。盛行於明代，以江蘇宜興産紫砂壺最著名。明許次紓《茶疏·甌注》："往時龔春茶壺，近日時彬所製，大爲時人寶惜，蓋皆以粗砂製之，正取砂無土氣耳。"清李漁《閑情偶寄·器玩·制度》："茗注莫妙于砂壺，砂壺之精者，又莫過于陽羨，是人而知之矣。"

清人陳鴻壽也以製砂壺而著稱，其製品仿陳曼生之式，故稱爲"曼生壺"。今有明代大彬款紫砂壺，1984 年出土於江蘇省無錫縣華師伊夫婦墓。高 11.3 厘米，口徑 8.4 厘米，腹徑 10.7 厘米。形狀爲鼓圓，蓋頂設球形紐，紐中有小氣孔，蓋面堆塑四瓣柿蒂紋，對稱分布。壺直口，圓唇，束頸，球腹，彎流，圓弧形，團底，三乳狀足。蓋及壺口内均有旋轉紋。壺砂質溫潤，呈猪肝色。器表平整光潔，有微凸淺黄色小顆粒。壺柄下陰刻"大彬"楷書款，字迹工整道勁。此壺爲明代宜興紫砂壺名家時大彬之佳作。時大彬乃宜興紫砂壺四大製作名家之一時朋之子，是宜興紫砂器創始人龔春以後最著名的巧匠。其早期作品多仿龔春作大壺，後改製小壺。此器現藏江蘇省無錫市博物館。今亦有清代粉彩山水紫砂壺，1975 年出土於山西省襄汾縣南賈公社，現藏上海博物館。

宜興壺

一種陶製茶壺。因産於江蘇宜興丁蜀鎮，故名。據傳，紫砂陶壺盛茶，酷暑仍不變味。此類壺以丁山紫砂泥燒製而成，其色紅紫而有潤澤，質重。傳爲明代正德、萬曆年間金沙寺一僧人創製，初以龔春、時大彬所燒製者最著名。明代宜興壺有四大家（董翰、趙梁、元暢、時朋）與三大妙手（李茂林、李仲芳、徐友泉）之說，至清嘉慶年間陳曼生等又重題款識、刻詩畫等。清代名家漸多、式樣亦繁，或又肖形作瓜瓣、竹節、

宜興壺
（華夫《中國古代名物大典》）

葫蘆諸式。《老殘游記》第三回："茶壺都是宜興壺的樣子，都是本地仿照燒的。"參閱清吳騫《陽羨名陶録》卷上。

粉彩烹茶紋壺

清代烹茶用具。高 12.6 厘米，口徑 5 厘米，足徑 6.3 厘米。圓熟弧綫形造型，腹部一側有彎曲的流，另一側是便於持拿的曲柄，蓋與壺口吻合。壺身有以"雨中烹茶"爲主題的粉彩裝飾畫，取材於乾隆年御製《雨中烹茶泛臥游書室有作》詩。一童子在庭廊中燒水，一長几上放着金色茶壺、茶盞，遠處有溪水和身披蓑衣、頭戴斗笠的漁翁。在設色上，以草綠、淡綠、翠藍、赭等淡雅的色彩烘托出恬静、幽雅、清逸的意境。

第六章　爐燈説

第一節　竈具考

在漫長的進化過程中，人類逐漸懂得了"物競天擇、適者生存"的道理。他們運用日益發達的大腦，進行各種發明創造，增强自己抵禦自然灾害、保護自我生存的能力，其中火的發現具有劃時代的意義，它可烤熟食物、驅走猛獸，使世界充滿光明與温暖。

從原始社會至今，取火用具已有了很大變化。古時常用木燧、陽燧來取火。木燧是我國最早的取火具，相傳爲燧人氏發明。其使用方法是：選擇易燃的乾燥木棒和刻出凹穴的木塊，將木棒一端放入凹穴，來回搓轉木棒，使兩木接觸處生熱起火。用映日聚焦取火方法的凹面銅鏡稱"陽燧"，始見於西周，至五代亦有。晴天多用陽燧取火，陰天則以木燧鑽火。北周時期，始用發燭。它有幾個趣名，如"焠兒""引光奴""火寸""取燈兒"等。其使用方法是：削竹木成薄片或細條，頂端塗硫磺少許，用以引火。唐代已出現了火石。唐李白《留别廣陵諸公》詩曰："鍊丹費火石，採藥窮山川。"火石即用以取火之燧石，以兩兩互相擊打，或用火鐮敲擊燧石，迸出火星，引燃艾絨以取火。燧石主要由隱晶質石英組成，敲擊易發火星；火鐮形似鐮刀而略小，以金屬製成。元代常用紙撚來引火，即以紙撚作條狀，或塗以硝，平時點燃後似一炷綫香，需用明火時，一吹即燃。自清代起用自來火引火，自來火即"火柴"之俗稱。現代普及的打火機，可謂方便的引火用具。

古人云：民以食爲天。在人類生存的最基本的物質條件中又有一個關鍵要素——竈具，它是人們日常生活中所必不可少的。竈是古人舉炊之所。《釋名·釋宮室》載："竈，造也，創造食物也。"北方農村多以竈與炕相連，以竈道將炕燒熱取暖。仰韶文化與河姆渡文化中均有陶竈出土。古人砌爐竈時，竈後砌烟道，因其突出於竈上，稱"竈突"或"火突"。人們在用竈與炊時，須用一系列工具，如：橐籥、鋏、火梂、火箸、炭㧁、火鍬、火叉、火筒等。橐籥是古代用以鼓風助燃之裝置，類似風箱，分作兩部分：鼓風用牛皮製作的箱袋，稱"橐"；向爐火送風的管子稱"籥"。鋏乃夾取火中物之工具，多爲鐵製，即今之火鉗，秦漢之際已見。火梂始用於漢代。《説文·木部》："梏，炊竈木。"段玉裁注："今俗語竈梂是也。"火箸、炭㧁與火梂質地不同：火梂多爲木製；火箸多爲鐵製，用以撥夾火炭及灰燼，俗稱"火筷子"，其名始見於唐代；炭㧁即鐵製撥火棍。火鍬、火叉分別用來運置火炭和挑火，火筒乃吹火用具，呈杆狀而中空，一端伸入竈膛，從另一端吹風，可令竈火旺盛，現多已被鼓風機所取代。

衆所周知，舉炊、取暖離不開爐。此具先秦已見。春秋晚期有自銘爲"盧"之器，侈口淺腹，其形制與戰國、秦代出土之爐相近，如1923年出土於河南新鄭南門的王子嬰次爐。爐有泥製或鐵製，燃料以柴草與煤爲主。專用以取暖、烹飪之爐稱爲"火爐"，似盆而深，內貯火，上有蓋，下有風口，或有足。水火爐、烓竈、歆鉢均屬此類：水火爐是一種可供暖酒熱水、便於移動的金屬小爐；烓竈亦爲一種可搬移的小火爐，初亦用以燃火照明，後漸爲舉爨所專用；歆鉢體圓似鉢，擁之則和悦温暖，故名（'歆'通'翕'，謂和悦）。又有取暖火盆，可稱"燎爐"，燃料爲木炭。取暖用的火坑，稱作"地爐"。暖爐亦有小巧者如手爐、脚爐、被爐。手爐多爲銅製，有提梁，蓋上有孔，內燒木炭，冬日捧於手內取暖；脚爐可置於座前，脚踏其上以取暖；被爐始於宋代，可置於床褥間取暖。有一種形制獨特、有多個風門、足間及底部各開有窗門以進風漏炭的小爐稱作"風爐"，多用於烹茶。行竈（或稱"三隅竈"）與風爐當爲一類。郝懿行《爾雅》義疏："郭云三隅竈者，蓋如今之風爐。形如筆筒，缺其上口爲三角以受風，謂之風竈。形制大小隨人所爲，舟車皆可携帶。"茶爐則專用於煎煮茶水。爐亦有焚香、熏香之用。香爐多雙附耳敞口，有鏤空花紋，沿用久遠；熏香用爐則小巧精緻，銀銅爲之。

由此可見，爐、竈、火具這些日常生活中普普通通的事物，却包含了極其豐富的知識。

爐

亦作"鑪"。舉炊、取暖、冶煉所用之盛火器或裝置。有泥製小爐，外形近圓筒狀。或鐵製。燃料以柴草與煤爲主。又有取暖火盆，可稱"燎爐"。小巧者爲手爐、脚爐。燃料爲木炭。今有春秋晚期自銘爲"盧"之器出土，侈口淺腹；與其形制相近之戰國、秦代之爐，亦有出土。爐亦可用作焚香、熏香。香爐多雙耳敞口，有鏤空花紋，沿用久遠，熏爐多以銀銅爲之，小巧精緻。《莊子·大宗師》："今一以天地爲大鑪，以造化爲大冶，惡乎往而不可哉？"《韓非子·內儲説下》："奉熾爐，炭火盡赤紅。"晉干寶《搜神記》佚文："道人呼童子，而童子跪於爐前。"南梁劉孝威《怨詩》："燭避窗中影，香回爐上烟。"唐慧琳《一切經音義·大般涅槃經·燈爐》："盛火器也。"唐宋之問《冬夜寓直麟閣》詩："廣庭憐雪净，深爐喜一温。"宋歐陽炯《浣溪沙》詞之一："落絮殘鶯半日天，玉柔花醉只思眠。惹窗映竹滿爐烟。"明歸有光《錢一齋七十壽序》："道士園有竹千竿，截其尤巨者爲爐，旦夕焚香禱祝。"

【鑪】

同"爐"。此體先秦時期已行用。見該文。

【爐子】

即爐。供燒煮、取暖用的盛火器具。多用於口語。《儒林外史》第二二回："四個長隨都到後船來辦盤子，爐子上頓酒。"《二十年目睹之怪現狀》第二三回："〔他〕買上一個爐子，幾斤炭，再買幾斤山芋……賣起煨山芋來。"

火爐

專用以取暖烹飪之爐。先秦時已有此物，多以泥或鐵製成。似盆而深，内貯火，上有蓋，下有風口，或有足。《詩·小雅·白華》："樵彼桑薪，卬烘于煁"，唐孔穎達疏："〔煁〕郭璞曰：'今之三隅竈也。'……亦燃火照物，若今之火爐也。"唐元稹《晨起送使病不行因過王十一館居》詩："密宇深房小火爐，飯香魚熟近中厨。"五代佚名《玉溪編事·仲庭豫》："時方凝寒，王以舊火爐送學院。"《格致鏡原》卷四九引《物原》："唐堯作火爐。"明王圻等《三才圖會·器用》："周禮天官冢宰之屬，宫人，凡寢中共爐炭，則爐亦三代之制，今火爐是也。"故火爐當有四千多年歷史。古人多以柴草、木炭或石炭爲燃料，其燒炭者，亦謂之"炭爐"。《儒林外史》第二二回："叫渾家生起炭爐子，煨出一壺茶來。"

火爐
（明王圻等《三才圖會》）

火盆

"爐"之一種，取暖用器。多以金屬製成，形似盆，内燃炭火，故名。1977年，河北平山三汲出土了戰國鐵火盆。形狀爲長方形，長89厘米，寬45.2厘米，高17.8厘米，重66.7千克。口沿外摺，平底，二長邊各有兩個鋪首銜環，四蹄足。器壁平整光滑，棱角規整，鑄造技術高超。1981年陝西興平茂陵出土了西漢陽信家爐，亦爲火盆之一種。爐高 37.14 厘米，口徑 23.1 厘米。敞口、直壁、淺腹、平底。腹上有長方鏤空九處，兩側有鈕套鏈與提梁相連，下有三細長蹄足。腹壁外刻有銘文二行九字曰："陽信家鎔爐，容升五斗。"陽信係指漢武帝姊陽信長公主。此器造型奇特，爐足尤長，現藏陝西茂陵博物館。宋梅堯臣《青龍海上觀潮》詩："何時更看弄潮兒，頭戴火盆來就濕。"《金瓶梅詞話》第七一回："須臾，左右火池火叉，拿上一包暖水磨細炭，向中間四方黃銅火盆内祇一倒。"《紅樓夢》第六三回："兩個老婆子蹲在外面火盆上篩酒。"

戰國炭盆

地爐

供取暖用的火坑。唐代已見。唐岑參《玉門關蓋將軍歌》："軍中無事但歡娛，暖屋綉簾紅地爐。"唐司空圖《修史亭》詩："漸覺一家看冷落，地爐生火自温存。"宋陸游《初到榮州》詩："地爐堆獸熾石炭，瓦鼎號蚓秋煎茶。"宋周密《齊東野語·李泌錢若水事相類》："若水如期往，見一老僧與希夷擁地爐坐。"《水滸傳》第一〇回："〔林冲〕就坐下生些焰火起來。屋邊有一堆柴炭，拿幾塊來生在地爐裏。"明馮夢龍《智囊補·兵智·威寧伯》："王越撫大同，一日大雪，方坐地爐，使諸伎抱琵琶捧觴侍，而一千户詗虜還，即召入與談虜事。"清黃景仁《初四復雪》詩："知君渾舍有同賞，榾柮熅火圍地爐。"

紅爐

燃燒之火爐。火旺之時，爐火通紅，故名，唐代已見。唐杜甫《湖城東遇孟雲卿復歸劉顥宅宿宴飲散因爲醉歌》："照室紅爐促曙光，縈窗素月垂文練。"唐鮑君徽《惜花吟》詩："鶯歌蝶舞韶光長，紅爐煮茗松花香。"唐吕巖《七言》詩之三六："紅爐进濺煉金英，一點靈珠透室明。"

紅獸 [1]

本指製成獸形之木炭，後借指燃燒的火爐。飾以獸形的燃燒火爐稱"紅獸"。唐皮日休《夜會問答》詩之五："金火障，紅獸飛來射羅幌。"五代和凝《宮詞》之八："紅獸慢然天色暖，鳳爐時復爇沈香。"清陳維崧《簇水·春雪》詞："春陰積，怪此際，曉寒何重，圍紅獸，偎窗隙。"

竹爐

一種外殼爲竹編、内安小鉢、用以盛炭火取暖之用具。唐代已見。唐杜甫《觀李固山水圖》詩："易簡高人意，匡牀竹火爐。"其稱宋代已行用。宋韓駒《夜與疏山清公對語因設果供戲成長句》："竹爐篝火曲木床，烏桕爲燭楓脂香。"清潘榮陛《帝京歲時紀勝·熏炕》："江南柴灶，閩楚竹爐，所需不啻什百也。"清梁章鉅《樞垣記略》卷二八："侍臣合有丹青筆，好向山房寫竹爐。"亦美稱作"筠爐"。清趙翼《石女歌爲翁悟倩作兼東佩香》詩："畫船同載過江來，茗碗筠爐共環堵。"

【筠爐】

即竹爐。此稱清代已行用。見該文。

暖爐

冬日禦寒之火爐。手爐、脚（足）爐亦屬

此類。南北朝時期已見。《佩文韻府》卷六八引南朝梁宗懍《荊楚歲時記》："每冬寒釀金市烏薪爲禦冬備，號黑金社。十月旦日命酒爲暖爐會。"亦作"煖爐"。唐白居易《晚起》詩："煖爐生火早，寒鏡裹頭遲。"亦指冬日圍坐宴飲之爐。宋孟元老《東京夢華録·十月一日》："三日……有司進暖爐炭，民間皆置酒作暖爐會也。"宋吕原明《歲時雜記》："京人十月朔，沃酒及炙臠肉於爐中，圍坐飲啗，謂之暖爐。"

【煖爐】

同"暖爐"。此體唐代已行用。見該文。

風爐

亦作"風壚。"一種形制獨特，有多個風門之小爐，足間及底部各開有窗門以進風漏炭，故稱。由烓竈演變而成。多用以煮茶。唐代已見行用。唐陸羽《茶經·器》："風爐，以銅鐵鑄之，如古鼎形……或鍊鐵爲之，或運泥爲之。其炭承作足鐵柈抬之。"爐，一本作壚。唐岑參《晚過磐石寺禮鄭和尚》詩："岸花藏水碓，溪竹映風爐。"宋陸游《同何

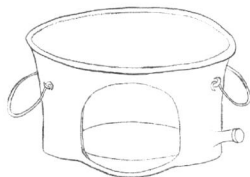
風爐

元立蔡肩吾至東丁院汲泉煮茶》詩之二："旋置風爐清樾下，它年奇事記三人。"宋周文璞《賞春》詩："半酣更乞跳珠水，獨對風爐自煮茶。"後亦用以燙酒。《紅樓夢》第三八回："那邊有幾個丫頭煽風爐煮茶，這邊另有幾個丫頭也煽風爐燙酒呢。"該類器物亦有出土。1978年陝西扶風縣法門寺唐代地宮中出土一批茶具，中有"壺門鏧足座銀風爐"，通高56厘米。釿斤成形，由爐蓋與爐身組成六級圖台，上小下大，

便於炭火上行。腹下部鏤空作六個壺門以通風。

【風壚】

同"風爐"。此體唐代已行用。見該文。

被爐

古時一種可置於床褥間的小取暖爐。宋代始見行用。宋范成大《丙午新正書懷》詩之五："穩作被爐如卧炕，厚裁綿旋勝披氈。"自注："被爐、綿旋皆新得法，老人御冬之具，二物尤爲要切。"

歚鉢

火爐一類器具。體圓似鉢，擁之則和悦溫暖，歚，謂和悦。多行用於宋代。宋韓駒《食煮菜簡吕居仁》詩："爭貪歚鉢暖，不覺定碗空。"宋陸游《晨起偶題》詩："風爐歚鉢生涯在，且試新寒芋糁羹。"

足爐

亦稱"腳爐"，俗稱"火踏子"。冷天暖腳用之小火爐。多用銅製，亦有瓦製。有提梁，爐中燃燒炭塹、鋸末或礱糠。可置座前，腳踏其上以取暖。南北朝已見。宋王明清《揮塵後録》卷一一："天尚未辨明，康國初不知爲叔夏也，貌慢之，偃然坐胡

唐三彩龍紋三足爐

床，雙展兩足於火踏子之上，目視雲霄久之。"元伊世珍《瑯嬛記》卷中引宋佚名《采蘭雜志》："馮小憐有足爐曰僻邪，手爐曰鳧藻，冬天頃刻不離，皆以其飾得名。"按：馮小憐爲北齊後主高緯之左皇后。《紅樓夢》第一九回："寶玉坐了，用自己的腳爐墊了腳。"

【火踏子】

"足爐"之俗稱。此稱宋代已行用。見該文。

【脚爐】

即足爐。此稱至遲清代已行用。見該文。

僻邪

"足爐"之一種。因爐體飾有僻邪圖形，故稱。僻邪，神獸名，可僻邪惡。元伊世珍《瑯嬛記》卷中引宋佚名《采蘭雜志》："馮小憐有足爐曰僻邪，手爐曰鳬藻，冬天頃刻不離，皆以其飾得名。"按：馮小憐爲北齊後主高緯文穆后從婢，小憐慧黠工歌舞，後主立爲左皇后。後爲周師擄得，武帝以賜代王達。達甚嬖愛。

手爐 [1]

暖爐之一種，專供暖手用。銅製，有提梁，蓋上有孔，内燒木炭。冬日捧於手内取暖。南北朝已見行用。元伊世珍《瑯嬛記》引宋佚名《采蘭雜志》："馮小憐有足爐曰僻邪，手爐曰鳬藻，冬天頃刻不離，皆以其飾得名。"明文震亨《長物志·器具》："手爐以古銅青緑大盆及簠簋之屬爲之。"清采蘅子《蟲鳴漫録》卷一："一歲嚴寒，有門檻裏裝束頗華，提白銅手爐過市。"《紅樓夢》第五〇回："湘雲聽了，便拿着一支銅火箸擊着手爐。"參見本考"足爐"。

鳬藻

"手爐"之一種。因爐體飾有鳬藻圖形，故稱。鳬藻，謂野鴨戲於水藻，以喻吉祥愉悦。參見本考"僻邪"。

水火爐

一種便於移動的金屬小火爐。旁有一小門，上有兩孔，以置茶壺、小鑊，可供暖酒熱水。明代已見行用。《喻世明言·蔣興哥重會珍珠衫》："晴雲便去取杯箸，暖雪便吹起水火爐

來。"清周亮工《書影》卷四："冷庵留余嘗酒，樽雅潔，殽核精好，几前置一銀水火爐，列小銀壺十。"

修武府温酒爐

秦代温酒爐。1966 年陝西咸陽市塔兒坡出土。該器由兩部分組成。器上部爲耳杯，長 15 厘米，寬 12.9 厘米。器下部爲爐，形如方盤，有四小蹄足，爐長 15 厘米，寬 11.5 厘米。器通體素面，杯爐均有刻銘三字："修武府"。"修武"係戰國時魏地。此器形制奇特，耳杯與温酒爐合爲一體者，此爲最早。現藏陝西省咸陽博物館。

竈

亦稱"爨"。用磚、坯、金屬等製成的生火做飯之設備，産生於原始社會時期。《事物原會》卷二二載："李尤《竈銘》：'燧人造火竈'。《淮南子》：'黄帝作竈，死爲竈神。'"竈爲舉炊之所，古人亦在此祭火神祝融。北方農村多以竈與炕相連，以竈

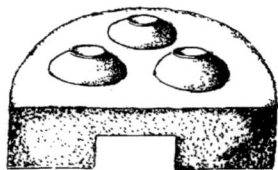

陶竈

道將炕燒熱取暖。仰韶文化遺址中出土陶質連釜竈，大致直筒形，方形火口，飾以弦紋。河姆渡文化中亦有陶竈出土。《詩·小雅·楚茨》："執爨踏踏，爲俎孔碩。"毛傳："爨竈一字。"《論語·八佾》："與其媚於奧，寧媚於竈。"邢昺疏："竈者，飲食之所由。"《釋名·釋宫室》："竈，造也。創造食物也。爨，銓也，銓度甘辛調和之處也。"兩晋時出現青瓷竈，船形，上置釜或甑，釜旁一女俑，雙手抱釜，作烹飪狀。

【爨】

即竈。此稱先秦時期已行用。見該文。

烓竈

單稱"煁""烓"，亦稱"三隅竈"。古代的一種火爐，較小，可搬移。初用以燃火照明，後漸爲炊爨所專用。先秦時已見。《爾雅·釋言》："煁，烓也。"郭璞注："今之三隅竈。"《詩·小雅·白華》："樵彼桑薪，卬烘于煁。"毛傳："煁，烓竈也。"孔穎達疏："然則烓者無釜之竈，其上燃火謂之烘，本爲此竈，上亦燃火照物，若今之火爐也。"唐李紓《唐德明興聖廟樂章·迎俎》："鼎煁陽燧，玉盌陰精。"唐白居易《履道西門》詩之一："烓竈朝香炊早飯，小園春暖掇新蔬。"宋歐陽修《鎮安軍節度使同中書門下平章事贈中書令謚文簡程公墓志銘》："而後宮人多，所居隘，其烓竈近板壁，歲久躁而焚。"元馬祖常《舟從浙入閩》詩："烓竈茶甌至，筠籠橘顆來。"《天雨花》第二回："窗前一隻小小烓竈，家中別無一些米麥。"

【煁】

"烓竈"之單稱。此稱先秦時期已行用。見該文。

【烓】

"烓竈"之單稱。此稱先秦時期已行用。見該文。

【三隅竈】

即烓竈。此稱晋代已行用。見該文。

【行竈】

即烓竈。因可隨人移行，故稱。《爾雅·釋言》："煁，烓也。"郭璞注："今之三隅竈。"郝懿行義疏："郭云三隅竈者，蓋如今之風爐。形如筆筒，缺其上口爲三角以受風，謂之風爐。

形制大小隨人所爲，舟車皆可携帶。"《説文·火部》："烓，行竈也。"段玉裁注："按鄭箋云：桑薪，薪之善者，不以炊爨養人，反以燎於烓竈，用炤事物而已。然則行竈非爲飲食之竈，若今火鑪，僅可炤物，自古名之曰烓，亦名之曰煁。"唐白居易《舟行》詩："船頭有行竈，炊稻烹紅鯉。"參見本考"烓竈"。

【壟竈】

即行竈。先秦時期已行用。《墨子·備城門》："城上三十步一壟竈。"畢沅校注："壟，疑壟字。"孫詒讓閒詁："《史記·滑稽傳》云：'以壟竈爲椁。'此壟竈在城上爲之以具火，蓋即行竈也。"

竈突

竈上烟囪。因其突出於竈上，故名。形曲者稱"曲突"，形直者稱"直突"。先秦時已見。《吕氏春秋·諭大》："竈突墁則火上焚棟，燕雀顏色不變，是何也？乃不知禍之將及己也。"《後漢書·方術傳上·李南》："疾風卒起，先吹竈突及井，此禍爲婦女主爨者。"宋陸游《長歌行》："竈突無烟今又慣，龜蟬與我成三友。"《醒世姻緣傳》第二〇回："那些婆娘曉得要去拿他，扯着家人媳婦叫嫂子的，拉着丫頭叫好姐姐的，鑽竈突的。"亦稱"火突"，單稱"突"。《墨子·號令》："諸竈必爲屏，火突高出屋四尺。慎無敢失火。"岑仲勉注："火突，烟囪也，今人亦或稱烟突。竈有屏及烟突高，則失火較難。"《淮南子·人間訓》："百尋之屋，以突隙之烟焚。"高誘注："突，竈突也。"《漢書·霍光傳》："臣聞客有過主人者，見其竈直突，傍有積薪，客謂主人更爲曲突，遠徙其薪，不者且有火患。"《文選·班固〈答賓戲〉》："孔席不暖，墨突不黔。"呂延濟注:"突,竈孔也。"晉葛洪《抱朴子·辨問》:"突無凝烟,席不暇暖。"宋陸游《雨夜》詩:"麥熟家家喜墮涎,龜堂依舊突無烟。"亦稱"竈額"。唐姚合《酬任疇協律夏中苦雨見寄》詩:"濕烟凝竈額,荒草覆墻頭。"清方以智《通雅·宮室》:"竈額,竈突也。"

【火突】

即竈突。此稱先秦時期已行用。見該文。

【突】

"竈突"之單稱。此稱漢代已行用。見該文。

【竈額】

即竈突。此稱唐代已行用。見該文。

橐籥

古代冶煉時用的鼓風助燃之裝置,猶今之風箱。先秦時已見。分作兩部分:鼓風用牛皮製作的箱袋,稱"橐",向爐火送風的管子稱"籥"。《老子·五章》:"天地之間,其猶橐籥乎!虛而不屈,動而愈出。"吳澄注:"橐籥,冶鑄所以吹風熾火之器也。爲函以周罩於外者,橐也;爲轄以鼓扇於內者,籥也。"《墨子·備穴》:"具爐橐,橐以牛皮。"唐黃滔《丈六金身碑》:"其日圓空鏡然,江山四爽,橐籥之上,騰爲烟雲,盤旋氤氳,五色成文。"清王夫之《張子正蒙注·太和》:"老氏以天地如橐籥,動而生風,是虛能於無生有,變幻無窮,而氣不鼓動則無,是有限矣。然則孰鼓其橐籥令生氣乎?"

燧

古時取火具。分爲兩種,其一是沿用燧人氏發明的鑽木取火方法的木製具,稱"木燧"。《論語·陽貨》:"舊穀既没,新穀既升,鑽燧改火,期可已矣。"劉寶楠正義:"周氏炳中《典故辨正》:'鑽燧之法,書傳不載。'揭子宣《璇

璣遺述》云:'如榆剛取心一段爲鑽,柳剛取心方尺爲盤,中鑿眼,鑽頭大,旁開寸許,用繩力牽如車,鑽則火星飛爆出竇,薄煤成火矣。此即《莊子》所謂木與木相摩則燃者,古人鑽燧之法,意亦如此。'今案揭説頗近理。若然,則春取榆柳者,正用兩木,一爲鑽,一爲燧也。其棗杏、桑拓,意亦然矣。"《淮南子·本經訓》:"鑽燧取火,構木爲台。"唐張説《奉和聖製寒食作應制》詩:"改木迎新燧,封田表舊燒。"《資治通鑑·隋文帝開皇二十年》:"時衛士皆佩火燧。"胡三省注:"燧,取火之木也。"另一種即用映日聚焦取火方法的凹面銅鏡,稱"陽燧"。《周禮·考工記·輈人》:"金有六齊……金錫半,謂之鑒燧之齊。"鄭玄注:"鑒燧,取水火於日月之器也。"晉干寶《搜神記》卷一三:"夫金錫之性一也,以五月丙午日中,鑄爲陽燧;以十一月壬子夜半鑄爲陰燧。"

木燧

我國最早的取火具,相傳爲燧人氏發明。其使用方法是:選擇易燃的乾燥木棒和刻出凹穴的木塊,將木棒一端放入凹穴,來回搓轉木棒,使兩木接觸處生熱起火。《禮記·內則》:"右佩玦、捍、管、遰、大觽、木燧。"鄭玄注:"木燧,鑽火也。"孔穎達疏引皇侃曰:"晴則以金燧取火於日,陰則以木燧鑽火也。"漢班固《白虎通》:"鑽木燧,取火教民。"宋黃庭堅《對酒次前韻寄懷元翁》詩:"花光漸寒食,木燧催國火。"《淵鑒類函》引《拾遺記》曰:"燧明國有火樹名燧木,屈盤萬丈,雲霧出於中間。折枝相鑽,則火出矣……聖人因取小枝以鑽火,號爲燧人氏,在庖犧之前。則火食起乎兹也。"

陽燧

古代以日光取火之凹面銅鏡。以銅錫各半之青銅製成。古禮左佩金燧，右佩木燧，晴以金燧取火，陰以木燧。始見於西周，至五代亦有。後製得發燭、火柴等引火物，至明清之際漸取代陽燧。亦作"陽遂"。亦稱"夫遂""金燧""火鑑""火鏡"。《周禮·秋官·司烜氏》："司烜氏掌以夫遂取明火於日。"鄭玄注："夫遂，陽遂也。鑒鏡屬。"賈公彥疏："云夫遂陽遂也者，以其日者太陽之精，取火於日，故名陽遂，取火於木爲木遂者也。鑒鏡屬者，詩云'我心匪鑒，不可以茹'。彼鑒是鏡，可以照物，此鑒形制與彼鑒同。"孫詒讓正義："故陽遂蓋用窊鏡，故《鳧氏》注云：'隧在鼓中，窊而生光，有似夫遂。'"《禮記·內則》："左佩紛帨、刀、礪、小觿、金燧，右佩玦、捍、管、遰、大觿、木燧。"鄭玄注："金燧可取火於日……木燧，鑽火也。"孫希旦集解："成伯璵謂'冬至日子時鑄銅爲鑒，謂之陽燧；夏至日午時鑄銅爲鑒，謂之陰鑒。'是金燧亦鑒類，其狀相似，欲取火則嚮日照之，以引取其火也。"漢王充《論衡·率性篇》："陽遂取火於天，五月丙午日中之時，消鍊五石，鑄以爲器，磨礪生光，仰以嚮日，則火來至。"南朝陳徐陵《司空河東康簡王墓志》："淑貌與金燧相宜，清顔與玉壺同照。"唐蘇鶚《蘇氏演義》卷下："陽遂以銅爲之，形如鏡，照物則影倒，嚮日則火生，以艾承之，則得火也。"《新唐書·李靖傳》："靖破蕭銑時，所錫于闐玉帶十三胯……又有火鑑，大觿、算囊等物。"宋洪邁《夷堅乙志·九華天仙》："吾歸矣！仙宮久離，洞户無人管之，專俟王歸。欲要開金遂，千萬頻修己。"清胡思敬《政變月紀》："相傳蕭開泰火鏡，熱力大至二萬頓，可代煤。"嚴復《救亡決論》："方諸陽遂，格物所宗。"一說，爲青銅製成之尖底杯，使日光聚於底尖。《淮南子·天文訓》："故陽燧見日，則燃而爲火。"高誘注："陽燧，金也。取金杯無緣者，熟摩令熱；日中時，以當日下，以艾承之，則燃得火也。"參閱宋沈括《夢溪筆談·辯證一》。該類器物偶有出土：1956年河南陝縣上村嶺虢國墓地一千〇五十二號墓出土了虎鳥纏虺紋陽燧，1982年浙江紹興獅子山三百〇六號墓出土了四龍紋陽燧，二者均爲青銅製取火用具。

【陽遂】

同"陽燧"。此稱先秦時期已行用。見該文。

【夫遂】

即陽燧。此稱先秦時期已行用。見該文。

【金燧】

即陽燧。此稱先秦時期已行用。見該文。

【火鑑】

即陽燧。此稱唐代已行用。見該文。

【火鏡】

即陽燧。此稱清代已行用。見該文。

發燭

亦稱"引光奴""火寸""焠兒""取燈兒"。引火物。削竹木成薄片或細條，頂端塗硫磺少許，用以引火或代替燈燭，類似今之火柴，但不能磨擦自燃。始於北周，後遂沿用。宋李光《論火災狀》："各察防火之家，則是硫磺發燭，千里而隨身矣。"宋陶穀《清異錄·火寸》："夜中有急，苦於作燈之緩，有智者批杉條，染硫磺，置之待用。一與火遇，得焰穗然，既神之，呼引光奴。今遂有貨者，易名火寸。"明陶宗儀《輟耕録・發燭》："杭人削松木爲小片，其薄如紙，鎔硫磺塗木片頂分許，名曰發燭，又曰焠兒。蓋以發火及代燈燭用也。史載周建德六年，齊后妃貧者，以發燭爲業，豈即杭人之所製與？宋翰林學士陶公穀《清異録》：'……今遂有貨者，易名火寸。'按此則'焠''寸'聲相近，字之譌也。然'引光奴'之名爲新。"《平妖傳》第三一回："那婦人去籃兒内取出一片硫磺發燭，就在火上焠着，去泥蠟燭上從頭點着。"《古今小説・蔣興哥重會珍珠衫》："婆子道：'忘帶個取燈兒去了。'又走轉來。"《兒女英雄傳》二八回："只見方盤裏擺的是一份火石火鏈片兒，一把取燈兒，一塊磨刀石。"

【引光奴】

　　即發燭。此稱宋代已行用。見該文。

【火寸】

　　即發燭。此稱宋代已行用。見該文。

【焠兒】

　　即發燭。此稱明代已行用。見該文。

【取燈兒】

　　即發燭。此稱明代已行用。見該文。

紙拈

　　引火物。以紙撚作條狀，或塗以硝。元代已見，至清代，常用以點水烟。平時點燃後似一炷綫香，需用明火時，一吹即燃。元佚名《争報恩》第一折："擺下這窗户紙來，做個紙拈兒點着。"亦作"紙撚"。宋王質《紹陶録》卷上《燈燭》："無燈草，用紙撚布纏亦可。""紙撚"。元劉君錫《來生債》第一折："這等大風，不要點燈弄火的！我説着不聽，你點那紙撚往哪裏去？還不吹滅了呢！"《二刻拍案驚奇》卷一："老者打個紙撚兒，蘸蘸油點着了，遞與辨

悟。"亦稱"火紙筒"。《儒林外史》第五五回："他無以爲生，每日到虎距關一帶賣火紙筒過活。"亦稱"紙吹""火媒子""紙媒子"。《官場現形記》第八回："陶子堯閉着眼睛吃水烟，不去理他。看看一根紙吹吃完，新嫂嫂趕忙又點好一根送上。"又第四一回："取一根火媒子，就燈上點着了火，兩手捧着水烟袋，坐在那裏呼嚕呼嚕吃個不了。"《老殘游記》第六回："〔店家〕把燈放下，手指縫裏夾了個紙媒子，吹了好幾吹，才吹着。"

【紙捻】

　　同"紙拈"。此稱宋代已行用。見該文。

【紙撚】

　　同"紙拈"。此稱元代已行用。見該文。

【火紙筒】

　　即紙拈。此稱清代已行用。見該文。

【紙吹】

　　即紙拈。此稱清代已行用。見該文。

【火媒子】

　　即紙拈。此稱清代已行用。見該文。

【紙媒子】

　　即紙拈。此稱清代已行用。見該文。

自來火 [1]

　　亦稱"洋火"。原泛指引火物，後多指火柴。清代已見行用。《蕩寇志》第七八回："陶震霆趕呼延灼不上，便挂了雙鎚，背上卸了那桿溜金火鎗，火藥鉛子，已是裝好，當時扳起火機，上面自有瑪瑙石、自來火。"此説恐不足據，因宋代尚無如此先進武器。爲明清之際的舶來品。清薛福成《庸庵筆記・述異・輪船失火》："寶清輪船，又在長江被焚，因其攬載自來火若干箱，貨艙失慎，延及艙面。"《清實

録·光緒朝實録》卷三一九：“四川總督劉秉璋奏，重慶開設自來火厰，專用黔土磺製造，不用洋磺。”《歇浦潮》第一一回：“金寶的乾娘七忙八亂，劃洋火點燈。”

【洋火】

即自來火[1]。此稱近現代已行用。見該文。

鋏

火鉗。夾取火中物之工具，多爲鐵製。秦漢之際已見，有出土之西漢實物。《説文·金部》：“鋏，可以持冶器鑄鎔者也。”段玉裁注：“冶器者，鑄於鎔中，則以此物夾而出之。”南朝梁簡文帝《對燭賦》：“宵深色麗，焰動風過。夜久唯煩鋏，天寒不畏蛾。”北周庾信《對燭賦》：“銅荷承淚蠟，鐵鋏染浮烟。”明李翀《蓮社十八賢圖》：“童子跪而司火，持鋏向爐而吹。”

火杴

單稱“栝”“杴”，亦稱“炊竈木”“火杖”“爨杖”“竈杴”。撥火棍。多以木爲之。其名始見於漢代。《説文·木部》：“栝，炊竈木。”段玉裁注：“今俗語竈杴是也……栝、杴，古今字也。”北魏賈思勰《齊民要術·種李》：“以煮寒食醴酪火杴着樹間，亦良。”《廣韵·去杴》：“杴，火杖。”元尹廷高《車中作古樂府》：“停車少憩日又出，束栝營炊道旁屋。”明李賢《明一統志》：“黄梅縣西東禪寺有老楓數株，傳是六祖大鑒禪師插爨杖所生，今止存其一。”

【栝】

即火杴。此稱漢代已行用。見該文。

【炊竈木】

即火杴。此稱漢代已行用。見該文。

【杴】[1]

“火杴”之單稱。此稱宋代已行用。見該文。

【火杖】

即火杴。此稱宋代已行用。見該文。

【爨杖】

即火杴。此稱明代已行用。見該文。

【竈杴】

即火。此稱清代已行用。見該文。

炭撾

鐵製撥火棍。唐代已見行用。唐陸羽《茶經·器》：“炭撾，以鐵六棱製之，長一尺……若今之河隴軍人木吾也。”木吾即棍棒。

火石

亦稱“敲石”。燧石，用以取火。古時用火鐮敲擊燧石，或以兩塊燧石互相擊打，迸出火星，燃艾絨以取火。燧石主要由隱晶質石英組成，敲擊易發火星，故名。唐李白《留别廣陵諸公》詩：“鍊丹費火石，采藥窮山川。”《舊唐書·輿服志》：“武官五品已上佩韘韘七事，七謂佩刀、刀子、礪石、契苾真、噦厥、針筒、火石袋等也。”唐韋應物《送孫徵赴云中》詩：“敲石軍中傳夜火，斧冰河畔及朝漿。”唐柳宗元《零陵贈李卿元侍禦簡吳武陵》詩：“陽光競四溟，敲石安所施。”明高啓《渡浙江宿西興民家》詩：“望林投人家，炊黍旋敲石。”

【敲石】

即火石。此稱唐代已行用。見該文。

火箸

亦稱“火筯”。燒火用具。上端常以鏈索相聯綴的兩長棍，多爲鐵製，用以撥夾火炭及灰爐。其名始見於唐代。唐馮贄《雲仙雜記》卷二：“朱符謂火箸如兩儀成變化，不可缺一。”《新唐書·地理志一》：“邠州新平郡……土貢：剪刀、火筯、韋豆……”五代佚名《玉溪編事·仲庭預》：“庭預方獨坐太息，以箸撥灰，俄灰中得一雙金火箸。”《初刻拍案驚奇》卷七：“原來公遠起初一到爐邊，便把火箸插在灰中。見他們疑心了，才笑嘻嘻地把火箸提了起來。”《說岳全傳》第六一回：“王氏將傳單略看了看，即將火箸在爐中炭灰上，寫着七個字道：‘縛虎容易縱虎難。’”《紅樓夢》第五〇回：“湘雲聽了，便拿着一支銅火箸，擊着手爐。”

【火筯】

同“火箸”。此稱唐代已行用。見該文。

火筴

亦作“火夾”。可以夾取炭火的金屬器具。前有夾頭，後有把手，中間有軸。火筴與火箸之別，其要在有軸無軸。唐陸羽《茶經·器》：“火筴，一名箸，若常用者，圓直一尺三寸，頂半截，無葱臺勾鏁之屬，以鐵或熟銅製之。”宋吳自牧《夢粱錄·諸色雜買》：“〔常有使漆修舊人〕並挑擔賣油，賣油苕……火鍬、火箸、火夾。”按：夾通筴。《水滸傳》第二六回：“使轉了這婦人和那婆子，把火筴去揀兩塊骨頭，拿去潑骨池內只一浸，看那骨頭酥黑。”

【火夾】

同“火筴”。此稱宋代已行用。見該文。

火叉

用來挑火的鐵叉。宋代已見行用。宋孟元老《東京夢華錄·防火》：“及有救火家事，謂如大小桶……火叉，大索，鐵貓兒之類。”《西游記》第七七回：“這一會，燒火的換了班了……

只有一個拿火叉的，睡不穩，揉頭搓臉。”《儒林外史》第一一回：“楊執中急了，拿火叉趕着，一直打了出來。”

火鍬

運置火炭之器具。似鏟而大，用以掘取。宋代已見行用。宋吳自牧《夢粱錄·諸色雜貨》：“熨斗、火鍬、火箸、火夾、鐵物漏杓。”章炳麟《新方言·釋器》：“今鍬之名不專用於田器，如炊時運置火炭者，爲火鍬。”

火鐮

亦作“火鏈”。舊時打火用之火刀。金屬製成，形似鐮刀而略小，後背用以敲擊火石，使迸出火星，引燃艾絨。唐代已用火石，則火鐮必與之相配。元李好古《張生煮海》第三折：“家僮將火鐮火石引起火來，用三角石頭把鍋兒放上。”明宋應星《天工開物·火器》：“囊中懸吊火石、火鐮，索機一動，其中自發。”《兒女英雄傳》二八回：“只見方盤裏擺的是一份火石火鏈片兒。”

【火鏈】

同“火鐮”。此體清代已行用。見該文。

火筒

吹火用具。杆狀而中空，一端伸入竈膛，從另一端吹風，可令竈火旺盛。至遲宋代以前已見行用。清顧張思《土風錄》卷三：“竈下炊火具曰火筒。”《說岳全傳》第七〇回：“既是火筒，就該放在廚下，拿在手中作甚？”

第二節　炭火考

所謂炭火，本指炭這種燃料及其燃燒時產生之光和焰。本考所謂炭火指"炭"與"火"兩大類，炭多指"木炭"與"煤炭"。

火最早是一種自然現象，與人無關。燧人氏鑽燧取火的傳説，表明遠古人類懂得利用火來提高生活水準，是社會進步的反映。時至今日，火仍然是日常生活中不可缺少的部分。在古代，火又有"燬""烪""丁女""女丁""丹爓""丙丁""丙"等名稱。《爾雅·釋言》云："燬，火也。"《説文·火部》云："烪，火也。"足見"火"之稱謂較其他稱謂尤爲普遍。《書·盤庚上》就有"若火之燎于原，不可嚮邇，其猶可撲滅"的記載。至於"丁女""女丁""丙丁""丙"之説法則是源於舊時之"五行説"。此説以天干配五行，丙丁配火。道家謂丁卯、丁巳、丁未、丁酉、丁亥、丁丑爲陰神，名"六丁玉女"，省稱"丁女"，由此又稱"女丁"。丙丁配火，是以丙爲陽火，以丁爲陰火，因而稱作"丙丁"，又簡稱作"丙"。宋代文學家蘇軾在《真一酒歌》中寫道："壬公飛空丁女藏，三伏遇井了不嘗。"王文誥輯注曰："壬公言水也，丁女言火也。"《吕氏春秋·孟夏》載："其日丙丁，其帝炎帝，其神祝融。"高誘注："丙丁，火日也。"清代李嶟瑞《仲春漫興》詩："年饑未敢呼庚癸，命賤何煩問丙丁。"《負曝閑談》第二五回："公速求陸軍機以解此圍，否則恐有不測。十二月初八日名叩。閱後付丙。"此二處引文中的"丙丁""丙"皆爲"火"之代稱。至於"丹爓"之稱，在《文選·潘岳〈西征賦〉》中可見："〔平后〕激義誠而引決，赴丹爓以明節。"李善注："孝平王皇后，莽（王莽）女也，及漢兵誅莽，燔燒未央宮，后曰：'何面目以見漢家！'自投火中而死。"可見"丹爓"即火。產生火，需要燃燒物體。在人類學會鑽木取火之後，就出現了因燃燒木材而產生的炭化的餘燼，此即"木炭"。作爲燃料的木炭即爲其中常見之一種。炭之種類繁多，木炭（又稱烏薪、柴炭）之外，還有尚石炭、竹炭、金炭、金剛炭、炬炭、炭鑼、香炭（又稱香薪）、紅麒麟、炱煤、埃墨、浮炭（又稱桴炭）、煉炭、星子炭（又稱麩炭）、暴炭、熹炭、鶴炭等等。此外，可燃的還有：竹笈、柴、柴禾（即柴火）、柴草、柴頭、黑太陽、榾柮、溪柴、蒸、膏薪、蔴骨、樵、蕘、薪、薪蒸、樵薪等等。這些稱呼，表面看來名目繁雜，實質不出炭與木柴之範圍。木炭乃木材經密閉加熱後製成。色黑質硬，多細孔，利於燃燒，因稱"木炭"。亦用以製造黑色火藥等。《韓非子·内儲説下》："奉熾爐，炭火盡赤紅，而〔肉〕炙熟而髮不燒，臣之罪三也。"《尚古金解》卷二二引漢劉向《烈女傳》："紂膏銅柱，加炭火其下，今有罪者行焉，輒墮炭中。"《朱子語類》卷八："學者爲學譬如煉丹，須是將百十�炭火煅一餉方可。""木炭"一詞，南北朝已行用。《北史·王慧龍傳》："今温酒及炙肉用石炭、木炭……"《舊唐書·杜佑傳》："佑始奏營繕歸之將作。木炭歸之司農。"宋范成大《雪中送炭與龔養正》詩云："誰與幽人暖直身，筠籠衝雪送烏薪。"二處皆提到木炭。因其燒製及出窯時熄火方法之不同，可分爲黑炭和白炭。石炭是古代使用較早的燃料之一。即煤，亦可稱炭。瀋陽附近新石器遺址中有煤雕飾品，寶鷄附近西周墓葬中煤雕飾品二百餘件，係煤玉所製。煤之開采可上溯到商周。漢代已用於煉鐵，鞏縣西漢冶鐵遺址中有煤屑、煤餅殘存。宋代采煤技術設備初具規模，鶴壁古煤礦遺址有圓形竪井和巷道。《宋史·陳堯佐傳》記載石炭云："以地寒民貧，仰石炭爲生，奏除其稅。"竹炭是以大竹子燒製成的固體燃料。宋代詩人陸游在《老學庵筆記》卷一寫道："北方多石炭，南方多木炭，而蜀又有竹炭。燒巨竹爲之，易燃耐久，亦奇物。"明文震亨《長物志·香茗》則又記載着金炭："湯最惡烟，非炭不可，炭以長興茶山出者，名'金炭'，大小最適用，以麩火引之，可稱　'湯友'"。金剛炭，則是唐宋宮庭所用炭名。因多製爲力士之形，故名。此外，又有專作焚香之炭，名香炭，又名香薪，多以木炭屑摻入其他耐燃物如草灰等製成，或以香木爲薪。南朝梁吳均《行路難》詩云："玉階行路生細草，金爐香炭變成灰。"唐孟浩然《寒夜張明府宅宴》詩云："香炭金爐暖，嬌弦玉指清。"古籍中香炭的記載很多。各種炭燃燒總要產生烟灰，黑色的烟灰被稱爲埃墨。久燒之處，火烟凝積成的黑灰又稱爲炱煤。漢代服虔《通俗文》(《一切經音義》卷十五引)云："積烟以爲炱煤。"《孔子家語·在厄》："得米一石焉，顔回、仲由炊之於壞屋之下，有埃墨墮飯中。"

可見炭在歷代使用極普遍。各種柴、薪作爲燃料使用更常見諸古籍記載中。物體燃燒後剩下的部分，亦別有用途，稱爲"燼"，亦作"蓋"。《左傳·成公二年》"請收合餘燼，背城借一"中之"燼"即是。按：各種燃料的名稱、引文出處參見"柴火""柴頭"諸文。

時至今日，一些炭火仍在繼續使用中，包括一些製炭工藝品的燒製及食品的燒烤，這是一般電器之類無法取代的。

炭

指煤炭與木炭等可燃物體。如"煤炭"，《正字通·火部》："炭，石炭。今西北所燒之煤，即石炭。"《史記·外戚世家》："〔少君〕爲其主人入山作炭，暮卧岸下百餘人，岸崩，盡壓殺卧者，少君獨得脱，不死。”宋蘇軾《石炭》詩：“豈料山中有遺寶，磊落如䃜萬車炭。”再如“木炭”，《説文·火部》：“炭，燒木餘也。”徐鍇繫傳：“炭，燒木未炭也。”按：指將木材與空氣隔絶而燒成的一种黑色燃料。《禮記·月令》：“〔季秋之月〕草木黃落，乃伐薪爲炭。”晋葛洪《抱扑子·至理》：“柞楢，速朽者也，而燔之爲炭，則可億載而不敗焉。”唐白居易《賣炭翁》詩：“可憐身上衣正单，心憂炭賤願天寒。”《封神演義》第六回：“紂王命把炮烙銅柱推來，將三層火門用炭架起，又用巨扇搧那炭火，把一根銅柱燒的通紅。”

火

物體燃燒時産生之光焰。火之出現甚早，當在人類形成之前，相傳燧人氏“鑽木取火”，而“取火”必先發現火。清汪汲《事物原會》卷二七載：“《通鑑》：‘燧人氏作，觀星辰而察五行，知空有火，麗木則明，于是鑽木取火，教民以烹飪，而民利之，故號燧人氏。由是火之功用洽矣。’《拾遺記》：‘燧明國不識四時、晝夜。有火樹名燧木，屈盤萬頃；有鳥名鴞，啄樹則燦然火出，聖人感之，因取小枝以鑽火焉。’”一般取《通鑑》之説。《書·盤庚上》：“若火之燎于原，不可嚮邇，其猶可撲滅？”亦稱“焜”“燬”“燥”。《説文·火部》：“焜，火也……《詩》曰‘王室如焜’。”段玉裁注：“今《詩》作燬。毛傳：‘燬，火也。’按《爾雅》亦作燬。”《詩·周南·汝墳》：“魴魚赬尾，王室如燬。”毛傳：“燬，火也。”陸德明釋文：“齊人謂火曰燬……或云：楚人名曰燥，齊人曰燬，吴人曰焜，此方俗訛語也。”《周禮·夏官·司爟》：

“司爟，掌行火之政令。”鄭玄注：“春取榆柳之火，夏取棗杏之火，季夏取桑柘之火，秋取柞楢之火，冬取槐檀之火。”《韓非子·五蠹》：“有聖人作，鑽燧取火，以化腥臊，而民悦之，使王天下，號之曰‘燧人氏’。”《淮南子·天文訓》：“積陽之熱氣生火。”《史記·項羽本紀》：“燒秦宫室，火三月不滅。”漢王充《論衡·言毒》：“夫毒，陽氣也，故其中人，若火灼人。”《水滸傳》第四六回：“便去竈前尋了把火，竈裏點個火。”

【焜】

即火。此體多行用於先秦時期吴地。見該文。

【燬】

即火。同“焜”。此稱多行用於先秦時期齊地。見該文。

【燥】

即火。此稱多行用於先秦楚地。見該文。

丁女

指火。舊時五行説，丙丁配火。道家謂丁卯、丁巳、丁未、丁酉、丁亥、丁丑爲陰神，名“六丁玉女”，省作“丁女”。宋蘇軾《雲龍山觀燒得雲字》詩：“丁女真水妃，寒山便火耘。”又《真一酒歌》：“壬公飛空丁女藏，三伏遇井了不嘗。”王文誥輯注：“壬公言水也，丁女言火也，既出華池之水，則壬水飛而在上，丁火伏而在下矣。”亦稱“女丁”。唐韓愈《陸渾山火和皇甫湜用其韵》：“女丁婦士傳世婚，一朝結仇奈後昆。”清朱彝尊《杭州水利不治者纍百年矣巡撫趙公考城河故道悉濬汾久鄉人來述喜而作詩》：“女丁配夫壬，相顧但愴悽。”

【女丁】

即丁女。爲道家術語。此稱唐代已行用。

見該文。

丙丁

亦稱“丙”。火之代稱。舊時以天干配五行，丙丁配火，丙爲陽火，丁爲陰火，因用以稱。《呂氏春秋·孟夏》：“其日丙丁，其帝炎帝，其神祝融。”高誘注：“丙丁，火日也。”《素問·藏氣法時論》：“心主夏，其日丙丁。”王冰注：“丙丁爲火。”宋蘇軾《思無邪丹贊》：“化以丙丁，滋以河車。”《兒女英雄傳》第四〇回：“餘不多及，閱後乞付丙丁。”清平步清《霞外攟屑·玉雨淙釋諺》：“今人於密劄要事，末一行書閱後付丙，知宋時已然。”

【丙】

即丙丁。此稱宋代已行用。見該文。

丹爓

烈火。魏晉時期已見此稱。《文選·潘岳〈西征賦〉》：“〔平后〕激義誠而引決，赴丹爓以明節。”李善注：“孝平王皇后，莽（王莽）女也。及漢兵誅莽，燔燒未央宫，后曰：‘何面目以見漢家！’自投火中而死。”《梁書·張纘傳》：“此浮履以明節，赴丹爓其何疑。”

煤炭

亦稱“涅石”“石墨”“石炭”“焦石”“煤”。一種固體燃料，初常用作黑色染料，後漢以後多用以燃燒。其名隨時而异，先秦稱“涅石”，

錘煤炭

魏晉唐宋時稱“石墨”“石炭”，明始稱“煤炭”。《山海經·北山經》：“賁聞之山，其上多蒼玉，其下多黄堊，多涅石。”晉陸雲《與兄平原書》：“一曰上三臺，曹公藏石墨數十萬斤，云燒此消復可用，然烟中人不知，兄頗見之不？今送二螺。”晉陸翽《鄴中記》：“石墨可書，又燕之難盡，又謂之石炭。”北魏酈道元《水經注·漳水》：“石墨可書，又燃之難盡，亦謂之石炭。”唐貫休《寄懷楚和尚》詩：“鐵盂湯雪早，石炭煮茶遲。”宋歐陽修《歸田録》卷二：“香餅，石炭也。用以焚香，一餅之火，可終日不滅。”《宋史·陳堯佐傳》：“以地寒民貧，仰石炭爲生，奏除其稅。”明宋應星《天工開物·煤炭》：“凡煤炭，普天皆生，以供鍛煉金石之用。”清徐以昇《炙硯》詩：“炙餘資石炭，化處受玄霜。”清顧炎武《日知録·石炭》：“今人謂石炭爲石墨。按《水經注》：‘冰井、臺井深十五丈尺，藏冰及石墨焉……’是石炭、石墨一物也，有精粗耳。”參閱明李時珍《本草綱目·石炭》。

【涅石】

即煤炭。此稱先秦時期已行用。見該文。

【石墨】

即煤炭。此稱晉代已行用。見該文。

【石炭】

即煤炭。此稱晉代已行用。見該文。

【焦石】

即煤炭。此稱元代已行用。見該文。

【煤】

“煤炭”之省稱。此稱元代已行用。見該文。

獸炭

亦稱“炭蚪”。炭之一種。將炭屑和水，製爲各種獸形，故名。用以温酒或取暖等。始見

於晋代。《晋書·外戚傳·羊琇》：“琇性豪侈，費用無復齊限，而屑炭和作獸形，以温酒，洛下豪貴咸競效之。”南朝梁蕭統《錦帶書·十二月啓》：“酌醇酒而據切骨之寒，温獸炭而祛透心之冷。”唐張南史《雪》詩：“千門萬户皆静，獸炭皮裘自熱。”宋葉廷珪《海録碎事·飲食》：“獸炭曰炭虯。”《醒世恒言·劉小官雌雄兄弟》：“王孫綺席倒金尊，美女紅爐添獸炭。”

【炭虯】

即獸炭。此稱宋代已行用。見該文。

紅獸 2

指燃紅的獸炭。晋羊琇性豪侈，用炭屑和作獸形，用以温酒，當時權貴競相效仿。事見《晋書·外戚傳·羊琇》。後世時見效仿，如“紅麒麟”即爲獸炭之一種。因製爲麒麟之形，故名。此稱見於宋朝。宋蘇軾《贈月長老》詩：“白灰如積雪，中有紅麒麟。勿觸紅麒麟，作灰維那瞋。”

香炭

具有香味之木炭。多以木炭屑摻入其他耐燃物并加香料製成。南北朝時已見行用。南朝梁吴均《行路難》詩：“玉階行路生細草，金爐香炭變成灰。”唐孟浩然《寒夜張明府宅宴》詩：“香炭金爐暖，嬌弦玉指清。”

香獸 1

製成獸形之香炭。多用於舊時宫廷中。南唐李煜《浣溪沙》詞：“紅日已高三丈透，金爐次第添香獸。”

香薪

以香木爲薪。南北朝時已見行用。南朝梁費昶《行路難》詩之一：“丹梁翠柱飛屑蘇，香薪桂火炊雕胡。”南朝陳徐陵《東陽雙林寺傅大士碑》：“寧焚軟疊，弗燎香薪。”

熺炭

已無火焰但尚未全熄滅的炭。南北朝時已見此稱。《文選·木華〈海賦〉》：“陽冰不冶，陰火潜然。熺炭重燔，吹焀九泉。”李善注：“熺，熾也。”李周翰注：“熺炭，謂炭之有光者。”按：熺同“熹”。

麩炭

亦稱“星子炭”。木炭屑，或以木炭屑製成之燃料。此稱唐代已見。唐白居易《和〈自勸〉》詩：“日暮半爐麩炭火，夜深一盞紗籠燭。”宋陶穀《清異録·器具》：“唐宣宗命方士作丹，餌之，病中熱，不敢衣綿擁爐，冬月冷坐殿中，宫人以金盆置麩炭火少許進御，止煖手而已，禁闈因呼麩火爲星子炭。”明張昇《瀛涯勝覽》：“三佛齊國出火鷄，好食麩炭。”清顧張思《土風録》卷四：“樹柴炭曰麩炭。”一説即“浮炭”。宋陸游《老學庵筆記》卷六：“浮炭者……今人謂之麩炭，恐亦以投之水中則浮故也。白樂天詩云：‘日暮半爐麩炭火’，則其語亦已久矣。”麩炭可製成各種動物、果實形狀。其爲桃形者，稱“麩桃”。宋謝翱《子静寄端午藥煎》詩：“麩桃弄朝烟，含蟲鍊百杵。”

【星子炭】

即麩炭。此稱宋代已行用。見該文。

木炭

木材經密閉加熱後，色黑質硬，多細孔，利於燃燒，因稱“木炭”。亦用以製造黑色火藥、過濾液體與氣體等。南北朝已見此稱。《北史·王慧龍傳》：“今温酒及炙肉用石炭、木炭……”《舊唐書·杜佑傳》：“佑始奏營繕歸之將作。木炭歸之司農，染練歸之少府。”《元史·百官志六》："養種園,提領二員。掌山西淘煤,羊山燒造黑白木炭,以供修建之用。"按:因其燒製及出窰時熄火方法之不同,可分爲黑炭和白炭。亦稱"火炭""柴炭""烏薪""黑金"。南朝梁宗懍《荆楚歲時記》:"《經》云:'目連見其亡母在餓鬼中,即鉢盛飯,往餉其母,食未入口,化成火炭,遂不得食'。"《隋書·后妃傳序》:"司饎掌廩饎柴炭。"《宋史·食貨志下八》:"二年,詔在京諸門,凡民衣屨……柴炭,瓷瓦器之類,並蠲其稅。"宋范成大《雪中送炭與龔養正》詩:"誰與幽人煖直身,筠籠衝雪送烏薪。"宋陶穀《清異録·器具》:"廬山白鹿洞游士輻輳。每冬寒,醵金市烏薪爲禦冬備,號黑金社。"元鄭廷玉《忍字記》楔子:"孩兒每……討些火炭來蕩些熱酒與他吃。"《水滸傳》第一○回:"林冲就床上放了包裹被卧,就坐下生些焰火起來。屋邊有一堆柴炭,拿幾塊來生在地爐裏。"《兒女英雄傳》第七回:"那女子便走到當院裏,順着那聲音聽去……竟是在堆柴炭的那一間房裏。"

【火炭】

即木炭。此稱南北朝時期已行用。見該文。

【柴炭】

即木炭。此稱隋代已行用。見該文。

【烏薪】

即木炭。此稱宋代已行用。見該文。

【黑金】

即木炭。此稱宋代已行用。見該文。

煉炭

先經燒製,除去烟氣之炭。猶今之焦炭。唐代已見此稱。唐康駢《劇談録·洛中豪士》:"洛中豪貴子弟有僧聖剛者,常饌必以炭炊,往

往不愜其意。僧問之,乃曰:'凡以炭炊飯,先燒令熟,謂之煉炭,方可入爨,不然猶有烟氣。'"

浮炭

亦作"桴炭"。一種鬆軟易燃的木炭。其質較輕,謂能浮於水,故稱。一説即麩炭。唐代已見此稱。宋陸游《老學庵筆記》卷六:"謝景魚家有陳無己手簡一編,有十餘帖,皆與酒務官託買浮炭,其貧可知。浮炭者,謂投之水中而浮。今人謂之麩炭,恐亦以投之水中則浮故也。白樂天詩云:'日暮半爐麩炭火。'則其語亦已久矣。"《紅樓夢》第四二回:"風爐兩個,沙鍋大小四個……浮炭二十觔(斤),柳木炭一二觔。"

【桴炭】

同"浮炭"。此稱唐代已行用。見該文。

炬炭

尚燃的木炭。五代時期已見此稱。五代范資《玉堂閑話·宜春郡民》:"生大驚,命燭照之,乃是銀人,兩頭,重可千百斤。一家驚喜,乃恐其變化,即以炬炭燃之,乃真白金也。"

炭墼

以炭屑等壓製而成的塊狀燃料。因其製法似土墼,故名。其小者亦用以焚香。宋代已見此稱。宋周遵道《豹隱紀談》:"九九八十一,家家打炭墼。"明徐光啓《農政全書·種植》:"〔楂餅〕燒熟者可以宿火,勝用炭墼。"

竹炭

以大竹子燒製成的固體燃料。宋代已見此稱。宋陸游《老學庵筆記》卷一:"北方多石炭,南方多木炭,而蜀又有竹炭。燒巨竹爲之,易燃無煙耐久,亦奇物。"清褚人穫《堅瓠八

集》卷四："南方多用木炭，而蜀又有竹炭。燒巨竹爲之，易燃無烟，且耐久。"

金剛炭

唐宋宫廷所用炭名。因多製爲力士之形，故名。宋陶穀《清異録·器具》："金剛炭，有司以進御爐，圍徑欲及盆口，自唐宋五代皆然。方燒造時，置式以受柴，稍劣者必退之。小熾一爐，可以終日。"

金炭

炭之一種。宋楊時《張安時墓志銘》："其在信陽，朝廷下京西，市金炭。"後多指産於浙江長興縣，今錢塘一帶。無烟質好。明代已見此稱。明文震亨《長物志·香茗》："湯最惡烟，非炭不可……炭以長興茶山出者，名'金炭'，大小最適用，以麩火引之，可稱'湯友'。"

暴炭

亦稱"庖炭"。劣炭。燒木成炭，未成熟者，燃燒時，常爆烈而出烟，故名。唐陸羽《茶經》卷下："膏薪庖炭非火也，飛湍壅潦非水也。"明代已見此稱。明文震亨《長物志·香茗》："湯最惡烟，非炭不可……又如'暴炭''膏薪'，濃烟蔽室，更爲茶魔。"

【庖炭】

即暴炭。此稱唐代已行用。見該文。

膏薪

薪之未乾者。燃燒時，常流液而出烟，故名，唐代已見此稱。明文震亨《長物志·香茗》："湯最惡烟，非炭不可……又如'暴炭''膏薪'，濃烟蔽室，更爲茶魔。"

黑太陽

以炭屑等製成的球狀燃料，猶今之煤球。因其色黑，燃時紅亮，故名。清汪汲《事物原會》卷二七載："唐王讜《語林》：'晋羊琇，景獻皇后之從弟，性豪侈。搗小炭爲屑，以物和之，作獸形，用以温酒。火熱，猛獸皆開口，向人赫赫然。諸豪效之。'《清異録》：'"黑太陽"出自韋郇公家。'晋人獸炭亦此類也。"故晋代已有此物，宋代見載此稱。宋陶穀《清異録·器具》："黑太陽法出自韋郇公家。用精炭搗治作末，研米煎粥，搜和得所。預辦圓鐵範。滿内炭末，運鐵面槌實擊五七十下，出範陰乾。範巨細若盞口，厚如兩餅餤。盛寒，爐中熾十數枚，烘燃徹夜。"

鵓鴿青

木炭名。其色黑青如鵓鴿，故稱。多爲宋代宫中取暖所用。宋陸游《老學庵筆記》卷五："故都時，御爐炭率斫作琴樣，胡桃紋，鵓鴿青。"省稱"鴿青"。宋陸游《暖閣》詩："裘頓勝狐白，爐温等鴿青。"清趙翼《孫介眉太守招同霖岩丈暨立庵樸齋食鰱魚頭羹戲爲作歌》："火攻炭選鵓鴿青，武煨文煎百沸到湯老。"亦稱"鴿炭"。元袁桷《翰林故事莫盛於唐宋聊述舊聞擬宫詞》："盤鵰暈錦是冬衣，鴿炭初生酒力微。"清黄景仁《摸魚兒·雪夜和少雲時同寓法源寺》詞："擁爐鴿炭頻番换，膚粟漸平還起。"

【鴿青】

"鵓鴿青"之省稱。此稱宋代已行用。見該文。

【鴿炭】

即鵓鴿青。此稱元代已行用。見該文。

熅

亦稱"熅炭"。指炭火。此稱見於先秦時期。《戰國策·秦策一》："聞戰頓足徒裼，犯白刃，蹈煨炭，斷死於前者比是也。"《說文·火部》："煨，盆中火。"唐李白《上崔相百憂章》："仰希霖雨，灑寶炎煨。"宋黃庭堅《再和寄子瞻聞得湖州》："空文不傳心，千古付煨炭。"

【煨炭】

即煨。此稱先秦時期已行用。見該文。

炭箕

燎爐附屬用具，用於轉移火種與添加木炭。其青銅製品可見於商代晚期墓葬出土物。春秋戰國時期常見炭箕出土，多爲簸箕狀，左右及底部有方孔或三角形孔，以便漏灰，後有鋬筒，可裝木柄。冶鐵業興，炭箕漸爲鐵製，形制仍舊，但無漏灰之孔。湖北曾侯乙墓出土戰國炭箕最爲典型，有曲柄，有鏟體，鏟體底面有密集的漏孔。

炱煤

亦稱"煤炱"。久燒之處，火烟凝積成的黑灰。先秦時期已見此稱。《呂氏春秋·任數》："顏回對曰：'不可。嚮者煤炱入甑中，棄食不祥。'回攫而飯之。"高誘注："煤炱，烟塵也。"漢服虔《通俗文》上："積烟以爲炱煤。"唐盧仝《月蝕》詩："摧環破璧眼看盡，當天一搭如煤炱。"唐皮日休《太湖詩·投龍潭》："氣湧撲炱煤，波澄掃純漆。"唐蘇鶚《蘇氏演義》卷上："火之兆，長者爲光明炳煥，短者爲煨燼炱煤。"宋王安石《寄王逢原》詩："儒衣紛紛欲滿地，無復氣焰空煤炱。"明茅維《鬧門神》："再請個司竈神先輩，他身坐處炱煤，管三餐茶飯，防火燭寒灰。"

【煤炱】

即炱煤。此稱先秦時期已行用。見該文。

【埃墨】

即炱煤。此稱見於晉代。《孔子家語·在厄》："得米一石焉，顏回、仲由炊之於壞屋之下，有埃墨墮飯中。"又："向有埃墨墮飯中，欲置之則不潔，棄之則可惜。"宋沈括《夢溪筆談·人事一》："家人欲試其量，以少埃墨投羹中，公唯啖飯而已。"其積於竈額、烟道處者，又稱"竈額墨"；所燃之草木灰質輕色微白，又稱"百草霜"。明李時珍《本草綱目·土一·百草霜》："此乃竈額及烟爐中墨烟也，其質輕細，故謂之霜。"

薪

用作燃料之木材。大者稱"薪"，小者稱"蒸"。初直接用以燃燒，後亦經密閉加熱製成木炭用。春秋時期已見此稱。《詩·周南·漢廣》："翹翹錯薪，言刈其楚。"《禮記·月令》："〔季冬之月〕收秩薪柴"鄭玄注："大者可析謂之薪，小者合束謂之柴。"《韓非子·有度》："是負薪而救火也。"晉陶潛《自祭文》："含歡谷汲，行歌負薪，翳翳柴門，事我宵晨。"唐白居易《賣炭翁》："伐薪燒炭南山中，滿面塵灰烟火色。"清惲敬《讀〈孟子〉一》："《孟子》七篇未嘗一言及之者，蓋不敢導其波之瀾，而投其焰之薪也。"

【樵】

即薪。先秦時期已見此稱。《左傳·桓公十二年》："絞小而輕，輕則寡謀，請無扞采樵者以誘之。"杜預注："樵，薪也。"《說文·木部》："樵，散木也。"《梁書·處士傳·阮孝緒》："家貧無以爨，僮妾竊鄰人樵以繼火。"《舊唐書·尹知章傳》："其子嘗請併市樵米，以備歲時之費。"宋林光朝《再次前韻》詩："南國更逢陶令菊，西江莫扞楚人樵。"

薪蒸

用作燃料的大小木條。先秦時期已見此稱。《詩·小雅·無羊》：“爾牧來思，以薪以蒸，以雌以雄。”漢鄭玄箋：“此言牧人有餘力，則取薪蒸搏禽獸以來歸也。”《周禮·天官·甸師》：“帥其徒以薪蒸，役外内饔之事。”孫詒讓正義：“薪蒸即薪柴也。”《左傳·昭公二十年》：“藪之薪蒸，虞侯守之；海之鹽蜃，祈望守之。”陸德明釋文：“粗曰薪，細曰蒸。”唐薛能《懷汾上舊居》詩：“山頭鼓笛陰沉廟，陌上薪蒸突兀車。”清顧炎武《將去關中別中尉存杠於慈恩寺塔下》詩：“薄田遺豆麨，童阜剩薪蒸。”

薪樵

亦稱“樵薪”。積聚之木柴。先秦時期已見此稱。《詩·大雅·棫樸》：“芃芃棫樸，薪之樵之。”毛傳：“樵，積也。山木茂盛，萬民得而薪之；賢人衆多，國家得用蕃興。”唐柳宗元《南嶽彌陀和尚碑》：“或值之崖谷羸形垢面，躬負薪樵。”宋蘇轍《題鄉舍木山》詩：“西歸婦老拍手笑，笑憶翁子躬薪樵。”元姚燧《湖廣行省左丞相神道碑》：“下令軍中，舟置燈籌，岸積薪樵。”明劉基《郁離子·魯般》：“桂樟枏櫨，煎爲樵薪，雖有魯般、王爾，不能輒施其巧。”

【樵薪】

即薪樵。此稱明代已行用。見該文。

柴

作燃料用的散材小木。較薪小，初多燃以照明，後亦將炊用者稱“柴”，今多稱“柴火”“劈材”。宋代以來將其列入日常生活必不可缺的“開門七件事”之首。《左傳·僖公二十八年》：“欒枝使輿曳柴而僞遁。”《禮記·月令》：“〔季冬之月〕乃命四監，收秩薪柴。”鄭玄注：“大者可析謂之薪，小者合束謂之柴。薪施炊爨，柴以給燎。”《説文·木部》：“柴，小木散材。”徐鍇繫傳：“散材，謂不入屋及器用也。”唐韓愈《順宗實録二》：“嘗有農夫以驢負柴至城賣，遇宦者稱宮市取之，纔與絹數尺。”宋蔡絛《鐵圍山叢談》卷六：“柁工之婦怒，舉火柴擊其手。”宋吳自牧《夢粱録·鮝鋪》：“蓋人家每日不可闕者，柴米油鹽醬醋茶。”

【蒸】[1]

即柴。細小木柴。西周時期已見此稱。《詩·小雅·無羊》：“爾牧來思，以薪以蒸，以雌以雄。”鄭玄箋：“粗曰薪，細曰蒸。”《周禮·天官·甸師》：“帥其徒以薪蒸，役外内瓮之事。”鄭玄注：“木大曰薪，小曰蒸。”《淮南子·主術訓》：“冬伐薪蒸。”《新唐書·藩鎮鎮翼·王廷湊》：“既薄賊鄙，饟道梗棘，樵蘇不繼，兵番休取芻蒸。”

柴火

亦稱“柴禾”。多指小木硬草。其物原始社會已被用爲燃料。先秦單稱“柴”，指合束者，主要用於照明。《禮記·月令》：“〔季冬之月〕乃命四監，收秩薪柴。”鄭玄注：“大者可析謂之薪，小者合束謂之柴。薪施炊爨，柴以給燎。”《北史·齊本紀中·文宣帝》：“太后嘗在北宮，坐一小榻，帝時已醉，手自舉牀，后便墜落，頗有傷損。醒悟之後，大懷慚恨，遂令多聚柴火，將入其中。太后驚懼，親自持挽。”《金瓶梅詞話》第二四回：“把那豬首蹄子，剃刷乾净，只用的一根長柴禾，安在竈内，那消一個時辰，把個豬頭燒的皮脱肉化，香噴噴五味俱全。”《紅樓夢》第三九回：“必定是過路的客人們冷了，見現成的柴火，抽些烤火，也是有的。”

【柴禾】

即柴火。此稱明代已行用。見該文。

【蕘】

即柴火。燒火用的乾草或小樹枝。先秦已見此稱。《管子·輕重甲》:"千乘之國,不能無薪而炊。今北澤燒莫之續,則是農夫得居裝而賣其薪蕘。"尹知章注:"大曰薪,小曰蕘。"銀雀山漢墓竹簡《孫臏兵法·十陣》:"薪蕘既積,營窟未謹。如此者,可火也。"

【柴草】

即柴火。亦稱"柴頭"。用作燃料的枝柴、乾草之類。《宋史·食貨志下八》:"惟日用物非販易,若蘆箔、柴草、竹木之類勿禁。"宋蘇軾《豬肉頌》:"净洗鐺,少着水,柴頭罨烟焰不起。待他自熟莫催他,火候足時他自美。"《水滸傳》第二一回:"閻婆下樓來,先去竈前點起個燈,竈裏見成燒着一鍋脚湯,再蓁上些柴頭。"又第一一八回:"見兩堆柴草,時遷便摸在裏面,取出火刀火石,發出火種。"《紅樓夢》第三九回:"只聽外頭柴草響,我想着必定有人偷柴草來了。"

【柴頭】

即柴草。此稱宋代已行用。見該文。

溪柴

若耶溪所出的小束柴火。若耶溪,在今浙江紹興縣南二十里若耶山下。宋陸游《晨起》詩:"溪柴旋簣火,野蕨鬥登槃。"又《家居》詩之三:"溪柴勝熾炭,黎布敵純綿。"自注:"小束柴。自若耶溪出,名溪柴。"

榾柮

斲木頭,樹疙瘩。較耐燃,故多用作燃料。唐末已見此稱。前蜀貫休《深山逢老僧》詩之

一:"衲衣綫粗心似月,自把短鋤鋤榾柮。"前蜀韋莊《宜君縣北卜居不遂留題王秀才別墅》詩:"本期同此臥林丘,榾柮爐前擁布裘。"《太平廣記》卷一七五引路德延《孩兒》詩:"夜分圍榾柮,朝聚打鞦韆。"宋陸游《霜夜》詩之二:"榾柮燒殘地爐冷,喔咿聲斷天窗明。"清曹寅《和静拙翁圍爐原韵》:"絶塞穷盧火,山堂榾柮爐。"

蔴骨

亦作"麻骨"。蔴秸,易於點燃,多用於照明。此稱見於宋朝。宋楊簡《慈湖詩傳》:"樓尚書云:凡點火而明者如蔴骨、樺皮、松明之類皆謂燭蔴、燭束、蔴骨。"《醒世恒言·施潤澤灘闕遇友》:"衆人道:'那個上涯去取,討個火種便好。'施復却如此神差鬼使一般,便答應道:'待我去。'取了一把蔴骨,跳上岸來。"

【麻骨】

同"蔴骨"。此體宋代已行用。見該文。

賣蔴骨

燼

物體燃燒後剩下的部分。先秦時已見此稱。《詩·大雅·桑柔》:"民靡有黎,具禍以燼。"朱熹集傳:"燼,灰燼也。"《左傳·成公二年》:"請收合餘燼,背城借一。"杜預注:"燼,火餘木。"晉葛洪《抱朴子·金丹》:"凡草燒之即燼,

而丹砂燒之成水銀。”宋陸游《夜宴》詩：“酒浪搖春不受寒，燭花垂燼忽堆盤。”亦作“蓋”。漢揚雄《太玄經·文》：“雉之不禄，而鷄蓋縠。”《文選·馬融〈長笛賦〉》：“蓋滯抗絶，中息更

裝。”李善注：“《方言》曰：‘燼，餘也。蓋與燼同。’”

【蓋】

同“燼”。此體漢代已行用。見該文。

第三節　香爐考

所謂香爐，是指焚香器具。多以金屬或陶瓷製成，形制大小不一。歷代皆有不同式樣。如祭神供佛所用多大鼎式樣，今寺廟建築内仍可見到。室内居家作陳設、熏香所用者，體積多不大。從實用和美觀的角度出發，多製成便於放置、携帶的形狀，或仿製成各種動物形象。

香爐亦稱爲“熏爐”“薰爐”，漢代已見記載。《藝文類聚》卷七〇引漢劉向《熏爐銘》曰：“嘉此正器，嶄巖若山。上貫太華，承以銅盤。中有蘭綺，朱火青烟。”南朝梁簡文帝《擬沈隱侯夜夜曲》：“蘭膏斷更益，薰爐滅復香。”晋代蔡質《漢官典職儀式選用》云：“尚書郎、女侍史二人潔衣服，執香爐燒薰。”香爐之功用可見一斑。更詳細的記載，可見於宋趙希鵠《洞天清禄集·古鐘鼎彝器》：“古以蕭艾達神明而不焚香，故無香爐。今所謂香爐，皆以古人宗廟祭器爲之。爵爐則古之爵，狻猊爐則古之踽足豆。香球則古之鬵，其等不一，或有新鑄而象古爲之者。惟博山爐乃漢太子宮所用，香爐之制始於此。”（參閲明文震亨《長物志·器具·香爐》）此處之稱“博山爐”，亦作“博山鑪”“博山壚”。多用作室内焚香。青銅製成，或鎏金。由爐身、爐蓋及底座組成。蓋高而尖，呈山巒形；上雕鏤有羽人、走獸等，象徵海上仙山，即博山。盛行於漢代。關於“博山”之名，清代朱亦棟《群書劄記》卷一一另立一説，可參考，詳本考“博山爐”文。漢代另有“卧褥香爐”“香球”。前者亦稱“被中香爐”，是一種爐體平穩、可置於被褥中的香爐，據傳爲漢武帝時巧匠丁緩所製作。後者亦稱“金錘”。是焚香小爐，由“卧褥香褥”演變而來。圓形，外殼玲瓏有疏孔，内設機環，以使其中熏香用的碗狀器保持平衡，任意放置，香料皆不致撒落外漏，故可置被褥間熏香除穢，其小者亦可藏於袖中。漢以後，歷代較著名之香爐頗多。如唐代有“飛鳥紋銀熏球”；元代有“琉璃釉龍鳳熏爐”；明有“宣德爐”（省稱“宣爐”）、“錯金波斯文三足銅爐”；清代僅雍正十年就造得“象牙香筒”十餘件（據雍正十年宮廷造辦處清檔載），

皆爲價值很高之文物（詳見條目諸文）。香爐中相當多的是仿各種動物形狀而成，此特點在名稱上充分顯示出來。如"象口爐"，因爐式狀象，焚香時，烟自象口噴出而得名。"睡鴉爐"因外形爲鳧鴨入睡狀而得名。中空可以焚香，烟從口出，以爲玩好，隋以後多見。唐李賀《宮娃歌》："象口吹香毻毻暖，七星挂城聞漏板。"唐代李商隱《促漏》詩："舞鸞鏡匣收殘黛，睡鴨香爐換夕熏。"詩中"象口""睡鴨"即指此兩種香爐。仿動物形狀的還有"銅猊""螃盫""鵲尾爐""獸爐""寶鴨"，等等，不勝枚舉（詳諸條文）。此外，可用於提在手中之"提爐"，可用於帳中之"銀囊"，所焚香烟繚繞宛轉似篆字之"大篆""小篆"，頸口橫面或有小孔用以插放火煇之"箸瓶"，均爲香爐中的精品。香爐中用以蓋火之具稱爲"隔火"，盛香之具稱爲"香盤"，亦美稱作"篆盤"。隔火多以雲母、砂片或石棉等製成。香盤多以金屬、陶瓷等爲之，其大小并無定制。至於所燃之香，更是種類繁多。香亦稱"寶香""熏香"，以含有芳香氣味的草木爲原料製成，焚之以祛除惡氣。先秦時有佩香草之習，尤以楚地最盛，至秦漢時已有香料製成品，多於博山爐內焚燒，其後品種漸多。亦或用以禮神敬佛等。如《詩·大雅·生民》："其香始生，上帝居歆。"此香當即初民禮神時焚燒的香草木所産生的氣味。《三國志·吳書·士燮傳》："燮每遣使詣權，致雜香細葛，輒以數千。"唐白居易《秋雨夜眠》詩："灰宿温瓶火，香添暖被籠。"宋辛弃疾《滿江紅》詞："料想寶香黃閣夢，依然畫舫清溪笛。"清代龔自珍《導引曲》："銀蠟心多才有淚，寶香字斷更無痕。"此皆香之記載。各種古籍記載之香很多。如千和香、玉蕤香、印香、甲煎、霍納、百和香、百濯香、百蘊香、多伽羅香、伽南香（又稱伽俑、伽藍香）、返魂香（又稱警精香、返生香、震靈圓、却死香）、沈香、沉速香、亞悉、佩香、條香、海南香、瑞腦、詹唐、窮四和、綫香、篤耨、龍涎、雞舌、寶串等。焚香時五十根爲一股，稱一炷香。多炷香攢聚捆成塔形，稱"斗香"。點燃頂上一股，即層層下燃，一夜方盡。點燃的香，稱"香炷"；中途熄滅之香，稱"斷頭香"。南朝陳何楫《班婕好》："獨卧銷香炷，長啼費手巾。"《紅樓夢》第七五回："嘉陰堂前月臺上，焚着斗香。"香在香爐中燃燒，稱作爐香。如唐盧倫詩《題金吾郭將軍石伏茅堂》："爐香諸洞暖，殿影衆山陰。"

今世的繁燥、喧囂、粗疏、緊張生活，致使人們的感官不敏，心靈沉寂，亟需安寧、清新之美，於是人們特喜養花賞魚，喜愛淡雅的草木香氣，美而巧的新式香爐應運而生，舊式香爐也仍在廣泛使用中。

香爐類

香爐

　　焚香器具。多以金屬或陶瓷製成，形制大小不一，多爲圓形有足有蓋式樣，且飾有雕塑刻鏤之花紋。其用途亦有多種，或熏衣，或陳設。敬神供佛者多大鼎式樣。此物歷史可推溯至漢代太子宮中雕飾精美之"博山爐"，爲室內陳設、熏香所用者。漢衛宏《漢舊儀》："給尚書郎伯二人，女侍史二人，皆選端正者從直。伯送至止車門還，女侍史執香爐燒熏，從入臺護衣。"晋蔡質《漢官典職儀式選用》："尚書郎、女侍史二人潔衣服，執香爐燒熏。"《南史·梁本紀下·元帝》："初，武帝夢眇目僧執香爐，稱托生王宮。"按："爐"，一本作"鑪"。唐韋應物《郡齋臥疾》詩："香爐宿火滅，蘭燈宵影微。"宋趙希鵠《洞天清録·古鐘鼎彝器辨》："古以蕭艾達神明而不焚香，故無香爐。今所謂香爐，皆以古人宗廟祭器爲之。爵爐則古之爵，狻猊爐則古之踽足豆，香球則古之鬵，其等不一，或有新鑄而象古爲之者。惟博山爐乃漢太子宮所用，香爐之制始於此。"清汪汲《事物原會》卷二七引《格古要論》亦云："尚古無香，焚蕭艾尚氣臭而已，故無香爐……惟博山爐乃漢太子宮中所用香爐也。香爐之制，始于此。《西京雜記》：'長安巧工丁緩者，作臥齋香爐，又作被下香爐，爲機環，運之四

香爐
（清蔣廷錫等《古今圖書集成》）

周。"參閱明文震亨《長物志·器具·香爐》。

【金鑪】

　　"香爐"之美稱。亦作"金爐"。多以銅鐵等金屬製成，故名。漢桓寬《鹽鐵論·貧富》："歐冶能因國君銅鐵以爲金鑪大鍾，而不能自爲一鼎盤，材無其用也。"南朝梁江淹《別賦》："同瓊珮之晨照，共金鑪之夕香。"南朝梁陶弘景《許長史舊館碑銘》："蘭缸列耀，金鑪颺熏。"宋王安石《夜直》詩："金爐香燼漏聲殘，翦翦輕風陣陣寒。"

【金爐】

　　同"金鑪"。此體漢代已行用。見該文。

熏爐

　　亦作"薰爐"。用以熏香或取暖的爐子，爐蓋多鏤空。有陶、瓷、銅等多種質地。《藝文類聚》卷七〇引漢劉向《薰爐銘》："嘉此正器，嶄巖若山。上貫太華，承以銅盤。中有蘭綺，朱火青烟。"南朝宋謝惠連《雪賦》："燎熏爐兮炳明燭，酌佳酒兮揚清曲。"南朝梁簡文帝《擬沈隱侯夜夜曲》："蘭膏斷更益，薰爐滅復香。"《新唐書·儀衛志上》："朝日，殿上設黼扆、躡席、熏爐、香案。"宋李清照《浣溪沙》詞："玉鴨熏爐閑瑞腦，朱櫻斗帳掩流蘇，遺犀還解辟寒無？"清汪汲《事物原會》卷二七："屠隆《香箋》：'熏爐，書齋中炙手，對客長談之具。倭人所製。'《事物紺珠》：'熏籠，秦製，名秦籌。'《説文解字》：'熏衣，竹籠也。'《方言》謂之'焙籠'。"按："熏爐"與"焙籠"當非指一物。山東淄博市臨淄區西漢齊王墓曾出土實物一件，青銅製成，通高14.4厘米，口徑9.3

厘米，形如蓋豆，頂有環紐，周圍透雕盤龍兩條，捲曲盤繞，首尾銜接。河南鞏縣（今鞏義）亦有漢代熏爐出土，頂蓋有鳥獸雕飾，鏤空，爐體下有高脚，有承盤。可見

薰爐
（清蔣廷錫等《古今圖書集成》）

"熏爐"在秦漢時期就已出現，後來還傳至東瀛。"熏籠"當指一種覆蓋於爐上供熏香、烘物和取暖用的器物。唐王昌齡《長信秋詞》之一："熏籠玉枕無顏色，臥聽南宮清漏長。"《紅樓夢》第五一回："晴雯只在熏籠上圍坐。"

【薰爐】

同"熏爐"。此體漢代已行用。見該文。

博山爐

古香爐名。多以青銅製成，或鎏金。盛行於漢代。由爐身、爐蓋及底座組成。蓋高而尖，呈山巒形，上雕飾有羽人、走獸等，象徵海上仙山，一說即海中名山博山；一說即華山，因秦昭王與天神博於是，故名。後作爲名貴香爐之代稱。傳世及出土實物甚多。1968年河北滿城西漢中山靖王劉勝墓中曾出土錯金博山爐一件。《西京雜記》卷一："長安巧工丁緩者……又作九層博山香爐，鏤爲奇禽怪獸，窮諸靈異，皆自然運動。"是說又見南朝梁《殷芸小說》。南朝梁吳均《行路難》："博山爐中百合香，鬱金蘇合與都梁。"唐李白《楊叛兒》詩："博山爐中沉香火，雙咽一氣凌紫霞。"宋高承《事物紀原・舟車帷幄》："《黃帝內傳》：'有博山爐，蓋王母遺帝者。其名起於此耳。漢晋以來，盛用於此'。"清朱亦棟《群書劄記》卷一一："博山爐，上廣下狹削成而四方，形象華山，故以

得名。不曰華山而曰博山者，考《韓非子》：'秦昭王令工施鈎梯上華山，以節柏之心爲博箭，長八尺，棋長八寸，而勒之曰："昭王嘗與天神博於是。故曰博山。"

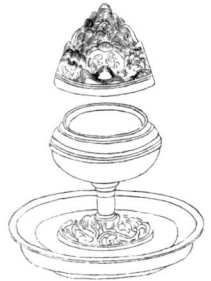

漢博山鑪
（清王傑等《西清續鑑》）

【博山】

"博山爐"之省稱。此物漢代即已盛用。南朝宋鮑照《擬行路難》詩："洛陽名工鑄爲金博山，千斫復萬鏤，上刻秦女攜手仙。"唐韋莊《歸國謠》："閑倚博山長嘆，淚流沾皓腕。"宋張元幹《更漏子》詞："春殘錦屏寒，麝煤金博山。"清趙翼《七十自述》詩："半篝殘火聽譙鼓，一縷名香嫋博山。"

銀爐

亦作"銀鑪"。白銀香爐。隋唐時已爲盛用之器。唐李乂《高安公主挽歌》之一："銀爐稱貴幸，玉輦盛過逢。"《舊五代史・周書・太祖紀》："其所奠酒器、銀鑪并留於祠所。"宋徐兢《高麗圖經・器皿》："銀鑪湯鼎皆竊效中國制度。"

【銀鑪】

同"銀爐"。此體五代時已行用。見該文。

獸爐

亦稱"香獸""金獸"。獸形香爐。古人多將香爐製成各種動物式樣。唐宋時常見者有麒麟、鳥、鴨、兔、龜等。其後，元明清各代亦均有流傳。唐杜牧《春思》詩："獸爐凝冷焰，羅幕蔽晴烟。"宋洪芻《香譜・水浮香》："香獸，以塗金爲狻猊、麒麟、鳧鴨之狀，空中以然香，使烟自口出，以爲玩好。"宋李清照《醉花陰》

詞：“薄霧濃雲愁永晝，瑞腦銷金獸。”金董解
元《西廂記諸宮調》卷三：“燒盡獸爐百和香。”

【香獸】[2]

即獸爐。此稱宋代已行用。見該文。

【金獸】

即獸爐。此稱宋代已行用。見該文。

提爐

有提梁的香爐，出行時可提於手中，故名。
唐宋時已普遍行用。《水滸傳》第一回：〔洪太尉〕
再拿了銀提爐，整頓身上
詔敕並衣服巾幘，却待要
上山去。”又“太尉拿着
提爐，再尋舊路，奔下山
來。”

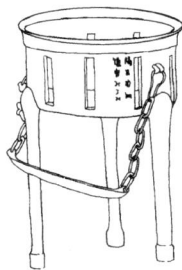
提鏈銅爐
（華夫《中國古代名物
大典》）

鵲尾香鑪

亦稱“鵲尾爐”“鵲
尾鑪”。長柄香爐。語本南朝齊王琰《冥祥記》：
“費崇先少信佛法，每聽經，常以鵲尾香鑪置
膝前。”宋蘇軾《寒食未明至湖上太守未來兩縣
令先在》詩：“映山黃帽螭頭舫，夾道青烟鵲尾
爐。”清吳翌鳳《憶王孫》詞：“桂香小院嫩涼
天，鵲尾鑪熏嫋篆烟。”

【鵲尾爐】

即鵲尾香鑪。此稱宋代已行用。見該文。

【鵲尾鑪】

即鵲尾香鑪。此稱清代已行用。見該文。

【鵲尾】

“鵲尾香爐”之省稱。長柄香爐。亦泛指香
爐。宋姚述堯《念奴嬌·瑞香》詞：“醉面匀紅，
香囊暗惹，鵲尾烟頻炷。”元王逢《雨坐梧溪精
舍》詩：“別巷鶯聲歇，香烟鵲尾橫。”

琉璃釉龍鳳熏爐

元朝香爐。1964 年在北京北郊遼代枯井中
出土的一些琉璃碎片收集復原而成。分爐蓋、
爐身兩部分。爐蓋上重巒叠嶂，一條金龍蟠曲
其上，昂首張牙，氣勢軒然。龍口中空，與爐
腔相通。爐中燃香，烟即由龍口冉冉而出，宛
若噴雲吐霧。爐身附有雙耳，圓腹，三足。爐
口與爐頸間均環雕花卉，飾以雲紋。爐腹前有
翔鳳，後有游龍；龍鳳相逐，神態如生。

錯金波斯文三足銅爐

明朝熏爐。鑄於景泰年間。通高 14 厘米，
口徑約 18 厘米。爐口微敞，頸部內束，分襠空
足，爐口沿上附有縧索狀對稱直耳，爐口唇邊
有連續雷紋，細如盤絲，束頸內有八朵團花，
落落大方。爐肩部環周錯波斯文字。腹足部飾
單綫番蓮花紋和纏枝靈芝紋，紋飾同銅爐三足
相應，分爲三組，構成完整畫面。銅爐小巧，
典雅莊重，爲傳世珍品。

宣德爐

亦稱“宣爐”。明宣德年間鑄的一種專供宮
廷及寺觀使用的仿古銅香爐。宣宗因郊廟所用
彝器不合古制，遂命工部尚書采《博古圖》與
內府所藏秦漢以來古爐鼎彝器及柴、汝、定、
哥、官各窑之式樣，會同司禮監太監更鑄千餘
件。款識由一至十六字不等，以陰印陽文“大
明宣德年製”者最爲常見。有傳世及仿製品。
明劉侗等《帝京景物略·城隍廟市》：“後人評宣
爐色五等：栗色、茄皮色、棠梨色、褐色，而
藏經紙色爲最。”清谷應泰《博物要覽》卷一有
專門分析“宣銅爐鼎款式顏色”的段落：“宣德
之銅器以爐鼎爲首。爐之製有辨焉，色有辨焉，
款有辨焉。取其製式之美者，宜書室、登几案、

入賞鑒者，開列如左……宣爐之色不一。仿宋燒班色者，初年色；蠟茶本年（疑爲"色"字之誤），中年色；藏經色比本色愈淡，末年色也。鎏金色者次本色，爲其掩銅質也。雞皮紋者覆首色，火氣久而成也……宣爐真而好者有無款識者，乃進呈樣爐也。"參閱明呂震等《宣德鼎彝譜》及清佚名《硯山齋雜記》卷四。

【宣爐】

"宣德爐"之省稱。此稱明代已行用。見該文。

卧褥香爐

亦稱"被中香爐""被鑪"。漢武帝時巧匠丁緩製作的一種香爐，可使爐體經常保持平衡，便於置之褥中，故名。其式樣代有變化。南朝梁殷芸《小說》卷一："武帝時，長安巧手丁緩者，爲恒滿燈，七龍五鳳，雜以芙蓉、蓮藕之奇。又作卧褥香爐，一名被中香爐，本出房風，其法後絕，至緩始更爲之。機環運轉四周，而爐體常平，可置之被褥，故以爲名。"事亦見《西京雜記》，惟"丁緩"作"丁緩"。明文震亨《長物志·器具》亦言及此物，云："被鑪有香球等式，俱俗，竟廢不用。"

【被中香爐】

即卧褥香爐。此稱南北朝時期已行用。見該文。

【被鑪】

即卧褥香爐。此稱明代已行用。見該文。

袖爐

小型香爐。小巧玲瓏，可籠於袖中，故名。明高濂《起居安樂箋》卷下："袖爐：焚香携爐，當置有蓋，透香。如倭人所製漏空罩蓋漆鼓薰爐，以便清齋焚香，炙手薰衣，作烹茶

對客長談之具。今有新鑄紫銅有罩蓋方圓爐式，甚佳。以之爲袖爐，雅稱清賞。"明文震亨《長物志·器具》："熏衣炙手，袖爐最不可少。以倭製漏空罩蓋漆鼓爲上。新製輕重方圓二式俱俗製也。"

手爐

亦作"手鑪""手爐"。冬日暖手用之銅火爐。明文震亨《長物志·器具》："手爐以古銅青綠大盆及簠簋之屬爲之，宣銅獸頭三脚鼓爐亦可用，惟不可用黄白銅及紫檀、花梨等架。"一本作"手鑪"。清采蘅子《蟲鳴漫錄》卷一："一歲嚴寒，有門檻裏裝束頗華，提白銅手爐過市。"吳組緗《山洪》五："提着個手爐藏在背後，把棉襖的後擺托的高高挺起。"

【手鑪】

同"手爐"。此稱明代已行用。見該文。

【手爐】 [2]

同"手爐"。此體至遲清代已行用。見該文。

香毬

亦稱"金鉬"。焚香小爐，由漢代"卧褥香爐"演變而來。圓形，外殼玲瓏有疏孔，内設機環，以使其中熏香用的碗狀器保持平衡，任意放置，香料皆不致撒落外漏，故可置被褥間熏香除穢，其小者亦可藏於袖中。《古文苑·司馬相如〈美人賦〉》："於是寢具既設，服玩珍奇，金鉬薰香。"章樵注："鉬，香球。袵席間可旋轉者。"唐元稹《香毬》詩："順俗唯團轉，居中莫動搖。愛君心不惻，猶訝火長燒。"宋陸游《老學庵筆記》卷一："京師承平時，宗室戚里歲時入禁中，婦女上犢車，皆用二小鬟持香毬在旁，而袖中又自持兩小香毬。車馳過，香烟如雲，數里不絕，塵土皆香。"明田藝蘅《留

青日劄・香球彩裘》：
"今鍍金香毬如渾天
儀然，其中三層關
捩，輕重適均，團轉
不已，置之被中而火
不覆滅。

香球
（宋趙九成《續考古圖》）

【金毬】

即香毬。此稱漢代已行用。見該文。

睡鴨

外形似鳧鴨入睡狀之香爐。隋以後多見此
物。中空可以焚香，烟從口出，以爲玩好。唐
李商隱《促漏》詩："舞鸞鏡匣收殘黛，睡鴨香
爐換夕熏。"宋黃庭堅《有惠江南帳中香者戲
答六言》詩："欲雨鳴鳩日永，下帷睡鴨春閑。"
明張鳳翼《灌園記・君后製衣》："睡鴨香消，鞾
燭頻頻換，疏鐘遠寺傳。"

象口

象形香爐的出烟口，亦香器之名。唐宋時
已普遍行用。唐李賀《宮娃歌》："象口吹香毻
毻暖，七星挂城聞漏板。"王琦彙解："《香譜》：
'香獸，以塗金爲狻猊、麒麟、鳧鴨之狀，空中
以燃香，使烟自口出，以爲玩好。復有雕木埏
土爲之者。'此云'象口吹香'，蓋爲象形而香
噴於口者也。"

飛鳥紋銀熏球

唐朝熏香用具。1970年西安何家村出土。
通高4.5厘米，由上下兩半球扣合而成。通體
鏤空，以團花爲中心，外飾荷葉、花草等。共
結團花四簇，上半環有瑞鳥四隻，飛翔花團之
間。兩半球結合處裝有小卡軸，其餘部分磨成
扣合嚴謹的子母扣，結合牢固，啓合方便。下
半球內裝置兩同心機環與一焚香盂，各部件以

活軸關連於器壁，利用同心機環和活軸造成的
機械平衡，確保焚香盂在球體轉動時不致倒覆。
熏球製作精美，小巧玲瓏，可放置被中或繫於
袖內。

銅狻猊

亦稱"狻爐""香狻"。銅製狻猊形香爐。
盛行於兩宋。傳説狻猊獸喜烟火，世人以金鼎
鑄其形狀，燃香於腹中，香烟自口出，故名。
宋陸游《春日睡起》詩："睡起悠然弄衲琴，銅
狻半爐海南沉。"宋趙希鵠《洞天清録・古鐘
鼎彝器辨》："今所謂香爐，皆古人宗廟祭器爲
之……狻猊爐則古之踽足豆。"宋張先《醉桃
源》詞："雙花連袂近香狻，歌隨鏤版齊。"

【狻爐】

即銅狻。此稱宋代已行用。見該文。

【香狻】

即銅狻。此稱宋代已行用。見該文。

銀囊

可以懸於帳中的銀質香爐。唐白居易《青
氈帳二十韵》："鐵檠移燈背，銀囊帶火懸。"清
厲荃《事物異名録・器用・香爐》："銀囊，帳中
爐也。"

銀鴨

鍍銀的鴨形香爐，一般爲銅製。唐李白
《襄陽歌》："誰能憂彼身後事？金鳧銀鴨葬死
灰。"唐秦韜玉《咏手》詩："金杯有喜輕輕點，
銀鴨無香旋旋添。"清陳維崧《散餘霞・十六夜
即景》詞："一隻銀鴨床頭鎮，懨懨春困。"

螭盦

一種頂蓋飾有螭形雕塑的熏香銅匣。唐宋
時期即已盛行。宋陸游《雨中至西林寺》詩：
"珍重山僧迎客意，螭盦一縷起微熏。"又《浣

沙溪·南鄭席上》詞："鳳尺裁成猩血色，螭奩熏透麝臍香，水亭幽處捧霞觴。"

寶鴨

亦稱"香鴨"。古人常用之鴨形熏香爐。多見於隋唐以後。其質地多爲銅、銀等金屬，故又有"金鴨"（即銅鴨）、"銀鴨"諸稱。唐孫魴《夜坐》詩："劃多灰雜蒼虬迹，坐久烟消寶鴨香。"唐秦韜玉《咏手》詩："金杯有喜輕輕點，銀鴨無香旋旋添。"宋蘇軾《寒食夜》詩："沉麝不燒金鴨冷，淡雲籠月照梨花。"宋陸游《不睡》詩："水冷硯蟾初薄凍，火殘香鴨尚微烟。"《金瓶梅詞話》第六九回："蘭房几曲深悄悄，香勝寶鴨晴烟嫋。"

【香鴨】

即寶鴨。此稱宋代已行用。見該文。

小篆

指小熏爐或熏香。因其烟形繚繞宛轉若秦代書體小篆，故以借稱。宋佚名《九張機》詞："爐添小篆，日長一綫，相對綉工遲。"《金瓶梅詞話》第六九回："西門慶就歪在床炕上眠着了，王經在桌上小篆内炷了香，悄悄出來。"

箸瓶

焚香用具。多爲瓷質，頸口橫面或有小孔，用以插放火㸑，故稱。宋洪芻《香箋·㸑瓶》："吳中近製短頸細孔者，插㸑不重不仆。"明文震亨《長物志·器具》："箸瓶，官、哥、定窯者雖佳，不宜日用。吳中近製短頸細孔者……銅者不入品。"

香盤

焚香用具。盤形。可手執，亦可頂於首。《宋史·儀衛志二》："鷄冠二人，紫衣，分執金灌器、唾壺，女冠二人，紫衣，執香爐、香盤，分左右以次奉引。"明無名氏《精忠記·班師》："向者將軍來時，我等頂香盤，運糧草，簞食壺漿，以迎王師。"

隔火

香爐中用以蓋火之具。多以雲母、砂片或石棉等製成。明屠隆《考盤餘事·香箋·隔火》："銀錢雲母片、玉片、砂片俱可，以火浣布如錢大者，銀鑲周圍作隔火，尤難得。凡蓋隔火，則炭易滅，須於爐四圍用箸直搠數十眼，以通火氣。"明文震亨《長物志·器具》："隔火，砂片第一，定片次之，玉片又次之，金銀不可用。"按：定片，定窯所製之瓷片。

大篆

大香爐。因爐中所焚香宛轉似周代書體大篆，故以借稱。《金瓶梅詞話》第七〇回："芬芬馥馥，獺髓新調百和香；隱隱層層，龍紋大篆千金鼎。"《古今小説·閑雲庵阮三償冤債》："塵飛不到人長静，一篆爐烟兩卷經。"

象牙香筒

象牙製筒形焚香器。今故宫博物院有清代雍正至乾隆年間内務府造辦處督造之精品。通高 23.9 厘米，底座徑 4.6 厘米。形似華表，上鏤雕夔紋。覆亭式蓋，鏤雕蓮瓣式細鱗紋。下連六足托泥圈，座雕仰覆蓮。内有銅筒，可焚香亦可置鮮花。此器造型別具一格，刀法亦甚精妙。

香　類

香

亦稱“寶香”。以含有芳香氣味的草木爲原料製成，焚之以祛除惡氣。先秦時即有佩香草之習，尤以楚地爲盛。《楚辭·離騷》：“扈江離與辟芷兮，紉秋蘭以爲佩。”至秦漢時已有香料製成品，多置於博山爐内焚燒。其後品種漸多，亦或用於禮神敬佛等。《詩·大雅·生民》：“其香始升，上帝居歆。”鄭玄箋：“其馨香始上行，上帝則安而歆享之。”孔穎達疏：“燒此香蒿以合其馨香之氣，使神歆饗之。”可見初民禮神即燃燒芳香草木以産生馨香氣味而使神靈享之。漢代熏香大行於世。曹操曾下《内誡令》：“昔天下初定，吾便禁家内不得香熏。”《三國志·吳書·士燮傳》：“燮每遣使詣權，致雜香、細葛輒以數千。”唐白居易《秋雨夜眠》詩：“灰宿温瓶火，香添暖被籠。”宋辛弃疾《滿江紅》詞：“料想寶香黃閣夢，依然畫舫清溪笛。”清龔自珍《導引曲》：“銀蠟心多才有泪，寶香字斷更無痕。”清汪汲《事物原會》卷二七：“《名義考》：‘周人焫蕭，漢人始爲博山爐，而所焚惟蘭蕙。自武帝通南越，中國始有龍腦（出婆律國）、鷄舌等香。通西域，始有安息（出波斯國）薔薇水（大食國花露也）等香，而蘭蕙與蕭不復用矣。’”

【寶香】

“香”之美稱。此稱清代已行用。見該文。

百和香

亦稱“百雜香”。以各種香料雜和而成的香。漢代即已盛行。《太平御覽》卷八一六引《漢武帝内傳》：“至七月七日……焫百和之香，張雲錦之帳。”晋王嘉《拾遺記·晋時事》：“〔石虎〕爲四時浴室……夏則引渠水爲池，池中皆以紗縠爲囊，盛百雜香，漬於水中。”南朝梁吳均《行路難》詩之四：“博山爐中百和香，郁金蘇合與都梁。”唐權德輿《古樂府》：“緑窗珠箔綉鴛鴦，侍婢先焚百和香。”唐羅虬《比紅兒》詩：“紅縷濃薰百和香，臉紅眉黛入時妝。”宋蘇軾《次韵滕大夫》之三：“早知百和俱灰燼，未信人言弱勝强。”金元好問《魏城馬南瑞以異香見貽且索詩爲賦》之一：“梅心蘭甲類元同，氣壓荀家百和功。”《金瓶梅詞話》第六二回：“月娘一面看着，教丫頭收拾房中乾净，伺候净茶净水，焚下百和真香。”清厲荃《事物異名録》卷一九：“《神仙傳》：‘淮南王爲八公爝百和之香。’謂合諸香以成者。”

【百雜香】

即百和香。此稱晋代已行用。見該文。

百濯香

香料名。其香氣沾衣，雖百濯而猶存，故名。相傳三國時始由异域傳入此物。晋王嘉《拾遺記·吳》：“〔孫亮〕爲四人合四氣香，殊方异國所出。凡經踐躡宴息之處，香氣沾衣，歷年彌盛，百浣不歇，因名曰‘百濯香’。”

沈香

亦作“沉香”。産於亞熱帶之沉香木，質堅而重，其心材爲著名熏香料。以含有黑色樹脂之根、幹加工後可入藥。晋嵇含《南方草木狀·蜜香沉香》：“交趾有蜜香，樹幹似柜柳，其花白而繁，其葉如橘。欲取香，伐之，經年，其根幹枝節各有别色也。木心與節堅黑沉水者，爲沉香。"《南史·海南諸國·林邑國》:"沉木香者，土人斫斷，積以歲年，朽爛而心節獨在，置水中則沉，故名曰沉香。"以製香料，甚貴重。南朝宋劉義慶《世說新語·汰侈》:"石崇厠常有十餘婢侍列，皆麗服藻飾，置甲煎粉、沈香汁之屬，無不畢備。"唐李白《楊叛兒》詩:"博山爐中沈香火，雙烟一氣凌紫霞。"明文震亨《長物志·器具》:"沈香質重，劈開如墨色者佳。"

【沉香】

同"沈香"。此體晉代已行用。見該文。

千和香

用多種原料混合製成的香。南北朝時期即已行用。《藝文類聚》卷三七引南朝梁簡文帝《華陽陶先生墓志銘》:"九節麗於空中，千和焚於地下。"宋洪芻《香譜·香品》:"峨嵋山孫真人然千和之香。"然，古今字。宋張綱《燒香三絕句》之三:"香添細炷焚千和，茶碾新芽試一旗。"自注:"千和香，出《三洞珠囊》。"

印香

用多種香料搗末和匀製成之香。此物唐宋時較爲常見。唐王建《香印》詩:"閑坐燒印香，滿户松柏氣。"前蜀貫休《題簡禪師院》詩:"思山海月上，出定印香終。"宋蘇軾有《子由生日以檀香觀音像及新合印香銀篆盤爲壽》詩。一說，在香上以金屬印格鈐成連貫文字，香燃盡後，其灰仍存字迹，故稱"印香"。參閱宋洪芻《香譜》。

爐香

香爐中所燃之香。唐白居易《北窗閑坐》詩:"虚窗兩叢竹，静室一爐香。"唐韋應物《觀早朝》詩:"禁旅下成列，爐香起中天。"唐盧倫《題金吾郭將軍石伏茅堂》詩:"爐香諸洞暖，殿影衆山陰。"

玉蕤香

一種熏香名。唐馮贄《雲仙雜記》卷六:"柳宗元得韓愈所寄詩，先以薔薇露盥手，薰玉蕤香後發讀，曰:'大雅之文，正當如是。'"

海南香

亦名"海南沈"。沉香的一種。出自海南諸國及交、廣、崖州，故名。宋范成大《桂海虞衡志·志香》:"海南香，氣皆清淑，如蓮花、梅英、鵝梨、蜜脾之類，焚一博，投少許，氛翳彌室，翻之四面悉香，至煤爐，氣不焦，此海南香之辨也。"宋陸游《雪夜》詩:"書卷紛紛雜藥囊，擁衾時炷海南香。"宋陳亮《彩鳳飛》詞:"海南沈燒着，欲寒猶暖。"明余懷《板橋雜記·雅游》:"夢裏春紅十丈長，隔簾偷襲海南香。"明李時珍《本草綱目·木一·沈香》〔集解〕引蔡絛曰:"黎峒又以萬安黎母山東峒者，冠絕天下，謂之海南沈，一片萬錢。"

【海南沈】

即海南香。此稱宋代已行用。見該文。

佩香

佩於身上的香塊，以金玉鑲孔製成。其稱名始於宋宣和年間。宋趙令畤《侯鯖録》卷六:"宣和五六年間……漆冠子，作二桃樣，謂之'並桃'。天下效之。香謂之'佩香'。"宋蔡絛《鐵圍山叢談》卷五言其制式云:"〔龍涎香〕其模製甚大而質古……金玉穴，而以青絲貫之，佩於頸，時於衣領間摩挲以相示，坐此遂作佩香焉。"

線香

亦作"綫香"。用香料末製成的細長如綫

的香。可供藥用的綫香多用白芷、芎藭、兜婁香末之類爲末，以榆皮面作糊和劑，以唧筒笮成。明李雲卿《得悟昇真》第二折："去東華門外邊，一個銅錢置一把取燈兒，點着綫香。"明葉盛《水東日記·于節庵遺事》："手帕蘑菇與線香，本資民用反爲殃。"《老殘游記》第六回："於是站起來，桌上摸了個半截綫香，把燈撥了撥。"參閱明李時珍《本草綱目·草三·綫香》。

【綫香】

同"線香"。此體明清時期已行用。見該文。

多伽羅香

亦稱"馬尾香""天澤香""摩勒香"。香料名。梵語。明李時珍《本草綱目·木一·薰陸香乳香》："〔釋名〕馬尾香（《海藥》）、天澤香（《内典》）、摩勒香（《綱目》）、多伽羅香……時珍曰：佛書謂之天澤香，言其潤澤也，又謂之多伽羅香。"李時珍認爲即乳香。

【馬尾香】

即多伽羅香。此稱明代已行用。見該文。

【天澤香】

即多伽羅香。此稱明代已行用。見該文。

【摩勒香】

即多伽羅香。此稱明代已行用。見該文。

伽南香

亦稱"伽楠""伽㑊""伽藍香"。香名。多產於南洋，以東南亞古國占城所產爲最著。我國海南島亦有出產。明王世貞《觚不觚録》："世廟晚年不視朝，以故群臣服飾不甚依分……四品則皆用金鑲玳瑁鶴頂銀母明角伽楠沉速帶。"明郎瑛《七修類稿·辨證四》："偶爾檢閱，不無滄海遺珠之歎……異木欠伽藍香。"清趙翼《題嶺南物產圖》詩："伽㑊夜有光，陀利曉逾馥。"清吳其濬《植物名實圖考·木五·榕》："榕樹，兩廣極多，不材之木……歲久則成伽南香。"參閱清屈大均《廣東新語·香語伽㑊》。

【伽楠】

即伽南香。多產於南洋。此稱明代已行用。見該文。

【伽㑊】

即伽南香。此稱清代已行用。見該文。

【伽藍香】

即伽南香。此稱明代已行用。見該文。

沉速香

以沉速、檀香等爲原料配製而成之名貴熏香。明高濂《養生八箋·燕閑清賞箋》卷中："沉速香方：沉速五斤、檀香一斤、黃烟四兩、乳香二兩、唵叭香三兩、麝香五錢、合油六兩、白芨面一斤八兩、蜜一斤八兩，和成滾棍。"是此香配方明代尚得其詳也。《金瓶梅》第六八回："他便一手拿着銅絲火籠兒，内燒着沉速香餅兒，將袖口籠着薰爇身上。"

百蘊香

香名。舊題漢伶玄《飛燕外傳》："趙后浴五蘊七香湯，踞通香沈水坐，燎降神百蘊香。"

條香

用木屑攙香料做成細條形的香。清唐甄《潛書·性才》："人有性，性有才，如火有明，明有光……亦有無光之明，如燭滅而著在條香，滿堂賓客無不見其明者，然而明不及衆。"

棒兒香

用細竹棍或細木棍做芯子的香。《金瓶梅》第三七回："錫器家活堆滿，地下插着棒兒香。"

斗香

焚香五十根爲一炷，多炷香攢聚捆成塔形，

似覆斗狀，稱爲"斗香"。點燃最上一炷，即層層下燃，一夜方盡。《紅樓夢》第七五回："嘉陰堂前月臺上，焚着斗香。"

鷄舌香

省稱"鷄舌"。丁香果實（即母丁香）經乾燥後製成的香料。形如鷄舌，故名。始於漢朝，後遂沿用。傳云古代尚書上殿奏事時口含此香。漢應劭《漢官儀》卷上："尚書郎含鷄舌香伏奏事，黃門郎對揖跪受。故稱尚書郎懷香握蘭，趨走丹墀。"三國魏曹植《妾薄命》詩："御巾裹粉君旁，中有霍納都梁，鷄舌五味雜香。"唐權德輿《太原鄭尚書遠寄新詩走筆酬贈》詩："芬芳鷄舌向南宮，伏奏丹墀迹又同。"唐劉禹錫《郎州竇員外見示與澧州元郎中郡齋贈答長句二篇因而繼和》詩："新恩共理犬牙地，昨日同含鷄舌香。"唐李商隱《行次昭應縣道上送户部李郎中充昭義攻討》詩："暫逐虎牙臨故絳，遠含鷄舌過新豐。"

【鷄舌】

"鷄舌香"之省稱。此稱三國時期已行用。見該文。

寶串

一種熏香。焚燒時所冒香烟成串，歷久不散，因而得名。明王子章《春怨》詞："醉墨寫烏絲，寶串焚金獸。"

艾蒳

亦稱"霍納"。香名。三國魏曹植《妾薄命》詩："御巾裹粉君旁，中有霍納都梁，鷄舌五味雜香。"晋郭義恭《廣志》卷下："艾蒳香出西國，似細艾。又有松樹皮上綠衣，亦名艾蒳，可以和合諸香，燒之能聚，其烟青白不散，與此不同。"由此可知，艾蒳有由西國傳入與本土采松梅等樹幹上莓苔同諸香料合成的兩種。唐陸龜蒙《苔賦》："質被綠錢之美，香聞艾蒳之奇。"宋蘇軾《再和楊公濟梅花十絶》詩："馮仗幽人收艾蒳，國香和雨入青苔。"宋周密《浩然齋雅談》卷中引宋蘇軾《梅》詩句并說明云："艾蒳，梅枝上苔也。"明李時珍《本草綱目·草三·艾蒳香》〔集解〕引馬志語，亦云"松樹皮上綠衣"，可見漢魏以來常用者大約多產於本土，而罕見西國之物。

【霍納】

即艾蒳。此稱三國時期已行用。見該文。

香炷

點燃着的香。南朝陳何楫《班婕妤怨》詩："獨卧銷香炷，長啼費錦巾。"唐陸龜蒙《華陽巾》詩："須是古壇秋霽後，静焚香炷禮寒星。"以蕙草作香炷稱"蕙炷"。唐陸龜蒙《鄴宫詞》："魏武平生不好香，楓膠蕙炷潔宫房。"宋歐陽修《漁家傲》詞："畏日亭亭殘蕙炷，傍簾乳燕雙飛去。"

甲煎

亦作"夾煎"。香料名。以甲香同沉麝諸藥花物製成。南北朝時期即已盛行。南朝宋劉義慶《世說新語·汰侈》："石崇厠常有十餘婢侍列，皆麗服藻飾，置甲煎粉、沉香汁之屬，無不畢備。"唐李商隱《隋宫守歲》詩："沉香夾煎爲庭燎，玉液瓊酥作壽杯。"明李時珍《本草綱目·介二·甲煎》："甲煎，以甲香同沈麝諸藥花物治成，可作口脂及焚爇也。"

【夾煎】

同"甲煎"。此體唐代已行用。見該文。

詹唐

亦作"詹糖"。香名。以詹糖樹枝葉而爲

之，似沙糖而黑，故名。詹糖樹生交、廣以南，其和香之方，南朝宋、齊、梁間仍見之。《宋書·范曄傳》：“〔范曄〕撰《和香方》，其序之曰：‘麝本多忌，過分必害。沈實易和，盈斤無傷。零藿虛燥，詹唐黏濕……’此序所言，悉以比類朝士……‘詹唐黏濕’，比沈演之。”《梁書·諸夷傳·盤盤》：“六年八月，復使送菩提國真舍利及畫塔，並獻菩提樹葉、詹糖等香。”明李時珍《本草綱目·木一·詹糖香》〔集解〕引蘇恭曰：“詹糖樹似橘。煎枝葉爲香，似沙糖而黑。出交、廣以南，生晋安。近方多用之。”

【詹糖】

同“詹唐”。此稱南北朝時期已行用。見該文。

瑞腦

香名。即龍腦香。始見於唐代，後遂沿用。其法以龍腦香樹幹中膏製成結晶體，瑩白如冰，俗稱冰片。宋李清照《醉花陰》詞：“薄霧濃雲愁永晝，瑞腦消金獸。”宋周密《武林舊事·大禮》：“弁陽老人有詩云：‘黃道宮羅瑞腦香，袞龍陞降佩鏘鏘。’”明費元禄《賀新郎》詞：“瑞腦燒金鼎，捲重簾。”清陳維崧《菩薩蠻·題青溪遺事畫册》詞：“回廊碧甃芭蕉葉，鴨爐瑞腦薰猶熱。”參閱唐段成式《酉陽雜俎·木篇》，宋洪芻《香譜·香品》。

篤耨

亦作“篤傉”“篤禄”“篤耨”。香料名。其名始見於宋代文獻，至今沿用。宋陸游《書枕屏》詩：“西域兜羅被，南番篤耨香。”宋佚名《百寶總珍集》卷八：“篤傉，泉廣路客販到，如自膠香相類，如黑篤傉，多是合香使用，此香氤氳不散。”宋方勺《泊宅編》卷上：“近歲

除直秘閣者尤多，兩浙市舶張苑進篤禄香得之，時號篤禄學士。”明方以智《通雅·植物》：“篤耨，一作篤傉、篤禄。”參閱明李時珍《本草綱目·木一·篤耨香》。

【篤傉】

同“篤耨”。此體宋代已行用。見該文。

【篤禄】

同“篤耨”。此體宋代已行用。見該文。

【篤耨】

同“篤耨”。此體明代已行用。見該文。

香餅

以炭屑摻入蜀葵葉等和以糯米湯捶製而成的焚香用炭餅。流行於宋代。當時的官辦香藥局及民營香肆均有製售，如黑香餅、黃香餅等。明清之際尚存。宋歐陽修《歸田録》卷二：“香餅，石炭也，用以焚香，一餅之火，可終日不滅。”宋孟元老《東京夢華録·諸色雜買》：“荷大斧斫柴，換扇子柄，供香餅子、炭團。”明文震亨《長物志·香茗》：“黃、黑香餅……大如錢者妙甚。香肆所製小者及印各色花巧者，皆可用。”《醒世恒言·賣油郎獨占花魁》：“香几上博山古銅爐燒着龍涎香餅。”《紅樓夢》第五一回：“上一橘都是些筆墨、扇子、香餅、各色荷包、汗巾等類的東西。”參閱宋洪芻《香譜·造香餅子法》。

香篆

香名。形盤曲似篆文，故稱。宋洪芻《香譜·香篆》：“〔香篆〕鏤木以爲之，以範香塵爲篆文，然於飲席或佛像前，往往有至二三尺徑者。”又《百刻香》：“〔百刻香〕近世尚奇者作香篆，其文準十二辰，分一百刻，凡然（燃）一晝夜已。”宋李清照《滿庭芳》詞：“篆香燒

盡，日影下簾鉤。"宋張孝祥《驀山溪》詞：
"繡工慵，圍棋倦，香篆頻銷印。"清納蘭性
德《清平樂》詞："寂寂繡屏香篆滅，暗朱顏消
歇。"

龍涎

名貴香料。是抹香鯨病胃之分泌物，類似
結石，從鯨體內排出，漂浮海面或冲上海岸，
爲黃、灰或黑色蠟狀物質，香氣持久，爲世之
珍。宋元時宮中用爲熏香。唐段成式《酉陽雜
俎》卷四稱之爲"阿末香"。唐蘇鶚《杜陽雜
編》卷下："暑氣將盛，公主命取澄水帛……似
布而細，明薄可鑒，云其中有龍涎，故能消暑
毒也。"宋葉紹翁《四朝聞見錄》乙集《宣政宮
燭》："宣、政盛時，宮中以河陽花蠟燭無香爲
恨，遂用龍涎、沈腦屑灌蠟燭，列兩行，數百
枝，焰明而香溢，鈞天之所無也。"《宋史·禮
志》："紹興七年，三佛齊國……進貢南珠、象
齒、龍涎、珊瑚、琉璃、香藥。"

窮四和

香名。古時民間以荔枝殼、甘蔗滓、乾柏
葉、黃連混和焚燒，因多爲窮苦者所爲，故稱。
其法宋元時代尚有流傳。宋陸游《閑中頗自適
戲書示客》詩："烹野八珍邀父老，燒窮四和伴
兒童。"自注："世又有窮四和香法。"元袁桷

《澄懷錄》："山林窮四和香以荔枝殼、甘蔗滓、
乾柏葉、黃連和焚。又加松球、棗核、梨核，
皆妙。"

亞悉

亦稱"唵叭香""膽八香""烏香"。由古
代中南半島唵叭國傳入之名貴香料。明謝肇淛
《五雜俎·物部二》："宋宣和間，宮中所焚異香，
有篤耨、龍涎、亞悉……之類。"又云："唵叭
香出唵叭國，色黑，爇之不甚香，而可和諸香，
亦能辟邪魅。"明方以智《通雅·植物》："篤耨、
亞悉、龍涎、迷迭、艾納，西國香也……亞悉，
或曰烏香，蓋今之唵叭也。《本草》作'膽八
香'。"《兒女英雄傳》第三七回："丫頭們又拿
了個手爐，燒了塊炭，抓了一把唵叭香燒着。"
參閱明文震亨《長物志·器具·唵叭香》及明李
時珍《本草綱目·木一·篤耨香》。

【唵叭香】

即亞悉。此稱宋代已行用。見該文。

【膽八香】

即亞悉。以由膽八樹果實榨油製成，故名。
此稱明代已行用。見該文。

【烏香】

即亞悉。以其色黑，故名。此稱明代已行
用。見該文。

附　錄

返魂香

亦稱"返生香""警精香""回生香""振
靈香""馬精香""却死香"。傳說中一種能令
死人復活之香。《太平御覽》卷九五二引《十洲

記》："聚窟洲中，申未地上，有大樹，與楓木
相似，而華葉香聞數百里，名爲返魂樹。於玉
釜中煮取汁，如黑粘，名之爲返生香。香氣聞
數百里，死尸在地，聞氣乃活。"宋蘇軾《岐亭

道上見梅花戲贈季常》詩：“返魂香入嶺頭梅。”
王文誥輯注引程縯曰：“李夫人死，漢武帝念之
不已，乃令方士作返魂香燒之，夫人乃降。”明
周嘉冑《香乘》引宋洪芻《香譜》：“司天主簿
徐肇，遇蘇氏子德哥者，自言善爲返魂香。手
持香爐，懷中以一貼如白檀香末撮於爐中，烟
氣裊裊直上，甚於龍腦。德哥微吟曰：‘東海徐
肇欲見先靈，願此香烟，用爲引導，盡見其父
母、曾、高。’德哥云，死經八十年以上者，則
不可返。”明李時珍《本草綱目·木一·返魂香》
〔集解〕引晋張華《博物志》曰：“疫死未三日
者，熏之皆活，乃返生神藥也。”又引《漢武帝
內傳》曰：“其名有六：曰返魂、警精、回生、
振靈、馬精、却死。凡有疫死者，燒豆許熏之

再活，故曰返魂。”

【返生香】

　　即返魂香。此稱晋代已行用。見該文。

【警精香】

　　即返魂香。此稱漢代已行用。見該文。

【回生香】

　　即返魂香。此稱漢代已行用。見該文。

【振靈香】

　　即返魂香。此稱漢代已行用。見該文。

【馬精香】

　　即返魂香。此稱漢代已行用。見該文。

【却死香】

　　即返魂香。此稱漢代已行用。見該文。

第四節　燈燭考

　　所謂燈燭是指照明或利用光綫達到某種目的的器具。燈亦作“鐙”。多用青銅、陶、玉
或瓷等製成。始於戰國，沿用至今。形制頗多，常見的有上爲盤，用以盛油或插燭，中有
柱，下有底；或盤下爲三足，旁有柄可執；或上爲盛油用的燈碗，中間承以支柱，下有底
盤，盤下有足，外觀常配有各種造形，或作人物手托狀，或作動物衘、馱狀，還有另一種
籠狀燈具，即燈籠，可以避風而持行。

　　兩漢以前點燈多用膏油，魏晋以後以植物油替代。如《楚辭·招魂》：“蘭膏明燭，華
鐙錯些。”《西京雜記》卷三：“高祖初入咸陽宮，周行庫府，金玉珍寶，不可稱言。其尤驚
異者，有青玉五枝燈，高七尺五寸，作蟠螭，以口銜鐙，鐙燃，鱗甲皆動，焕炳若列星而
盈室焉。”燈中用以點火的芯子，稱燈炷。多以布、麻或燈心草撚作繩，置於燈盞中或蠟
燭裏心，一端露出供點燃。此處“炷”字，“主”爲本字，《説文·一部》：“主，鐙中火主
也。”《三國志·魏書·董卓傳》：“凡所殺三人。”裴松之注引《英雄記》曰：“卓素肥，膏流
浸地……守尸吏暝以爲大炷，置卓臍中以爲燈，光明達旦。”以草爲燈芯，即燈心草。《儒

林外史》第六回："你是爲那燈盞裏點的兩莖燈草，不放心，恐費了油，我如今挑掉一莖就是了。"燈之盛油器，稱燈碗，亦稱"燈盞"。形如碗盤以盛油膏，中置燈芯，燃之以照明。唐代杜光庭《錄異記·洞》："意歡，每夕持燈碗度繩橋，山側居人視之以爲常矣。"燈碗須用燈檠來放置，這種安置燈之臺架，多以金屬製成，上可插燭，下有底座或有足。又稱作"燈檠""燈樹""鐵躋"等。其中有一種象形燈檠，以木或金屬等製成手捧燈燭侍立的人形，稱作"鐙婢"，又稱"燭奴""金奴"（詳"燈婢"文）。遼代上京漢城曾出土一銅燭臺，底部三足，上承空心球及海水擋板，擋板上托仰蓮，蓮上爲一少女執燭筒。整體造形穩重美觀，玲瓏剔透，是遼代造型藝術的一件佳作。還有一種荷葉形的燈檠稱"玉荷"。其形制多樣，各代不一。宋石延年《燈詩》："爐垂金藕細，影透玉荷清。"《紅樓夢》第五三回："每席前竪着倒垂荷葉一柄，柄上有彩燭插着。這荷葉乃是洋鏨琺瑯活信，可以扭轉向外，將燈影逼住，照着看戲，分外真切。"燈若無足，則稱作"錠"。《説文·金部》："錠，鐙也。"《急就篇》卷三："鍛鑄銅錫鐙錠鐎。"顏師古注："鐙，所以盛膏夜然燎者也⋯⋯有柎者曰鐙，無柎者曰錠。柎，謂下施足也。"《廣雅·釋器》亦云："錠謂之鐙。"1974 年甘肅平涼縣出土戰國晚期秦國銅鐙，稱鼎形燈。通高 30.5 厘米，身爲鼎形，鼎高 60.7 厘米，口徑 12 厘米。鼎下有三蹄足，雙附實耳，耳側有鍵槽，兩側穿孔，中貫鐵柱。出土時鼎內殘存油脂。此器設計精巧，造型敦厚規整，在我國古代燈具中實屬罕見。至漢，有著名的"人形銅吊燈""九光燈""九微燈"等。"人形銅吊燈"長 28 厘米，通高 29 厘米。由燈盤、儲液箱和懸鏈三部分組成。造型奇特，構思巧妙，爲我國傳世和出土文物中所未見。"九光燈"是漢武帝七月七日供奉上神的燈名。此外，朱雀燈、羊尊燈、芳苡燈、長信宮燈皆爲漢之著名燈具。漢後，各代燈具更是五彩紛呈。唐、宋、元、明、清之燈具製造工藝較前代更先進。燈具中許多是仿動物、植物或物體形狀而製。如魚燈，即魚形之燈。雁燈即雁形之燈。南朝梁元帝《對燭賦》："本知龍燭應無偶，復訝魚燈有舊名。"宋代陸游《擁爐》詩："梟鼎煎茶非俗物，雁燈開卷愜幽情。"他如：羊燈（金羊燈）、羊角燈、雁魚燈、無骨燈、蓮燈、魷燈（魚魷燈）、鴛鴦燈、蓮炬、缸（釭）、萠釭、百枝燈、栀子燈等，皆屬此類。另有一些專門用途的燈，如用於閨閣或宮闈中的香燈，有罩能防風的風燈，書齋所用的書燈，手提的提燈，夜行更方便的諸葛燈等等。諸葛燈一面透光，前置凸鏡，後置凹鏡，光綫遠照所向處，而他人不能見持燈之人，以其設計巧妙得名。製燈的材料各種各樣，如竹絲燈、玻璃燈、珠燈（珠子燈）、紗燈等等（詳諸條文）。

　　隨着科學技術的發展，電燈的發明使沿用了幾千年的古代燈具在今天使用愈來愈少。除却深山僻壤，極度偏遠之人家之外，在一些古典的祭祀儀式及一些喜愛傳統婚禮的人們中，仍有沿用古式燈燭者。

燈

　　亦作"鐙"。照明用具。最遲始於戰國時期，沿用至今。兩漢以前點燈多用膏脂，魏晋以後爲植物油替代。燈體多用青銅、陶、玉或瓷等製成。形狀頗多，常見者上爲盤，用以盛油或插燭，中有柱，下有底。或盤下爲三足，柱旁有柄可執。或上有燈碗以盛油，中承支柱，下有盤，盤下有足，以區別於無足之錠（參見下文"錠"），泛言無別，統稱"燈"。《楚辭·招魂》："蘭膏明燭，華鐙錯些。"《西京雜記》卷三："高祖初入咸陽宫，周行庫府，金玉珍寶，不可稱言。其尤驚異者，有青玉五枝鐙，高七尺五寸，作蟠螭，以口銜鐙，鐙燃，鱗甲皆動，焕炳若列星而盈室焉。"三國魏嵇康《雜詩》："光燈吐輝，華幔長舒。"明王圻等《三才圖會·器用》："鐙，高六寸有半，面徑五寸，深四分……《爾雅》'瓦豆謂之登。'則金豆不嫌同名。漢制多有行鐙，形制類此。其中有、（音主）以爲燈炷，而加膏油。《説文》'主'字作'生'，亦象燈形。古之燎燭皆以薪蒸，未有膏蜜，厥後知膏油可以供照，爲'、'於鐙而用之，因名。"清汪汲《事物原會》卷二七：

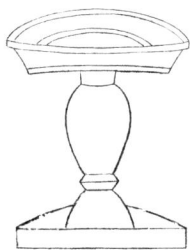

鐙
（明王圻等《三才圖會》）

　　"《學齋佔畢》：九經中無燈字。至漢武帝祠太一，自昏至曉然燈，故有七枝燈、百枝燈之類。然《上林》鐙字却從金旁，是以五金鑄之也。《拾遺記》：'周穆王設長明之燈。'《黄帝内傳》有'九華燈'。是燈不始于漢，並不始于周也。"是知燈的出現甚早。1971年北京豐臺遼墓出土一白瓷燈，通高13.2厘米，口徑8.4厘米，足徑10厘米，通身白釉，高圈足。據考古資料載：古代青銅燈式樣很多，盛行於戰國至漢晋。古代陶瓷燈傳世及出土的有青瓷、白瓷及三彩燈，燈柱有筒形、螺旋形、獸形（熊、獅、羊）等。

【鐙】

　　同"燈"。此體先秦時期已行用。見該文。

【缸】

　　即燈。亦作"釭"。燈盞盛油脂，如缸之容水，故名。此稱始於漢，多見於魏晋之後。《唐類函》卷一六三："漢賦金釭，唐詩銀釭及月釭、星釭、紅釭等，皆燈名。"南朝梁元帝《草名》詩："金

清牙雕宫燈

清走馬燈

錢買含笑，銀缸影梳頭。”宋陸游《中夜投宿修覺寺》詩：“五更風雨妨歸夢，臥看殘燈吐半缸。”一說，“釭”本指車轂口穿軸處之金屬圈，因常注入油膏以利轉，遂爲油燈之名。參閱清徐灝《說文解字注箋》。

【釭】

同“缸”。此體漢代已行用。見該文。

【蘭缸】

即缸。亦作“蘭釭”。油燈之美稱。蘭，蘭膏，指燈油。其芳如蘭，故名。南朝梁陶弘景《許長史舊館壇碑頌》：“蘭釭迥燿，金爐揚薰。”南朝齊王融《咏幔》詩：“但願置樽酒，蘭缸當夜明。”唐盧照鄰《觀燈》詩：“錦里開芳宴，蘭缸艷早年。”唐溫庭筠《酒泉子》詞：“故鄉春，烟靄隔，背蘭缸。”

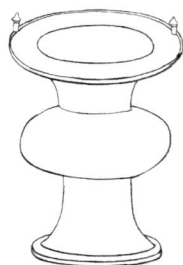
釭

【蘭釭】

同“蘭缸”。此體南北朝時期已行用。見該文。

【紫明供奉】

“燈”之擬人化稱謂。宋陶穀《清異録・君道》：“獨映琉璃燈籠觀書……與紫明供奉燈相守，熟讀《尚書・無逸篇》數遍。”

錠[2]

特指無足之燈。《說文・金部》：“錠，鐙也。”《急就篇》卷三：“鍛鑄鉛錫鐙錠鐎。”顏師古注：“鐙，所以盛膏夜然燎者也。其形若杆而中施釭。有柎者曰鐙。無柎者曰錠。柎，謂下施足也。”《廣雅・釋器》：“錠謂之鐙。”王念孫疏證：“鐙之形狀，略如禮器之登，故《爾雅》‘瓦

豆謂之登’郭注云即膏登也。”另說有足曰錠。《廣韵・去徑》：“豆有足曰錠，無足曰鐙。”

鼎形燈

戰國晚期秦國銅燈。1974年甘肅平凉縣出土。通高30.5厘米，身爲鼎形，鼎高16.7厘米，口徑12厘米。鼎下有三蹄足，雙附實耳，耳側有鍵槽，兩側穿孔，中貫鐵柱。雙鍵一端鎖於耳上，鍵中部彎曲成半圓，合之爲圓環，扣住頂托，其兩端上翹各爲半圓，可合爲上小下大的圓柱體。蓋頂中心有一托，兩側兩鴨頭，可旋轉。蓋頂中心錐尖爲盛燈芯處。上蓋後，放下雙鍵，旋動雙鴨頭部，即扣緊鎖住，將鼎蓋封閉，合縫極嚴。打蓋時，先旋蓋，使鴨頭離開雙鍵，然後開鍵啓蓋，將雙鍵頂端合攏後，蓋孔插入鍵頂，即成一燈。出土時燈內殘存油脂。此器設計精巧，造型敦厚規整，在我國古代燈具中實屬罕見。

華燈

亦作“華鐙”。彩燈或雕飾精美的燈。《楚辭・招魂》：“蘭膏明燭，華鐙錯些。”朱熹集注引徐鉉曰：“錠中置燭，故謂之鐙。華，謂其刻飾華好，或爲禽獸之形也。”按：《楚辭》時代，尚無蠟燭，《招魂》“蘭膏明燭”謂以膏脂燃照，其“燭”字爲動詞。《樂府詩集・相和歌辭九・相逢行》：“中庭生桂樹，華燈何煌煌。”南朝陳張正見《賦題得蘭生野逕》詩：“華燈共影落，芳杜雜花深。”宋柳永《迎新春》詞：“慶佳節，當三五，列華燈，千門萬户。”

【華鐙】

同“華燈”。此體先秦時期已行用。見該文。

長信宫燈

西漢銅燈。1968年河北滿城西漢竇綰墓出

土。通高 48 厘米，通體鎏金。作侍女跪執燈狀。侍女頭上梳髻戴佩巾，身穿長衣，左手持燈盤，右臂上舉，袖口下垂成燈罩。燈盤中心有一插燭釺杆。燈盤有短柄，可轉動，其上弧形屏板可推動開合，以調節燈光强弱及方向。侍女體中空，蠟燭燃燒時烟灰可通過右臂到達體内，以保持室内清潔。燈座、燈盤、屏板、燈罩及

長信宫燈

侍女頭部皆可拆卸，以便清洗烟灰。燈體有銘文九處，共六十五字，載有燈的容量、重量和器主名稱。其中有“陽信家”“長信尚浴”“今日者臥”等。據考此器係陽信侯劉揭所作，後陽信侯廢除，燈没入竇太后長信宫内。竇太后轉賜竇綰。

朱雀燈

西漢銅燈。1968年河北滿城西漢竇綰墓出土。通高 30 厘米，盤徑 19 厘米。朱雀踏蟠龍，展翅欲飛，嘴銜環形燈盤，

銅朱雀燈

内分三格，每格有一根釺，可同時點燃三枝蠟燭。朱雀與青龍、白虎、玄武并稱四神。朱雀爲南方火神，職司火燭，故以其形製作燈具。

百枝燈

亦稱“百華燈”。燈之大而多枝者。漢代已有此物。漢焦延壽《易林·隨之大有》：“華燈百枝，消衰暗微。”《晋書·禮志下》：“魏武帝都鄴，正會文昌殿，用漢儀，設百華燈。”北周庾信《燈賦》：“乃有百枝同樹，四照連盤。”南朝梁簡文帝《列燈賦》：“九微間吐，百枝交布。”南朝陳張正見《艷歌行》：“蓮舒千葉氣，燈吐百枝光。”明湯顯祖《望報恩寺塔燈》詩：“轉眼百枝燈，飛光九層翼。”

【百華燈】

即百枝燈。此稱晋代已行用。見該文。

當户燈

西漢銅燈。1968 年河北滿城西漢劉勝墓出土。通高 12 厘米，盤徑 8.4 厘米。下爲半跪銅人，右手高舉燈盤。燈盤中心有一根長釺，用以置燭。燈盤上刻有“當户錠”銘文。古代錠、燈音近相通。“當户”爲匈奴官名。《漢書·宣帝紀》“其左右當户之羣皆列觀”，顔師古注引孟康曰：“左右當户，匈奴官名。”

閶翁主釭燈

西漢銅燈。出土於湖南長沙東門外。1941年爲商承祚采訪所得。通高 32.5 厘米，呈淡綠色。由釭、鍵、罩、蓋四部分組成。釭形如鼎，直領圓腹，圜底，三足作蹄狀。肩部左右伸出一對向上彎曲的烟管，與頂兩個下垂的烟管相銜接。釭内可盛水。鍵即燈盤，底部有圓足嵌入釭口。盤外側有一扁平把柄，呈屈曲狀，盤中無錐體，當係用蠟餅加燈芯點燃。罩由兩片同樣大小的弧形鋼板組成。蓋是一個倒懸的平底鉢形器，恰好套在罩板的上端，蓋的四周飾以平突花紋四瓣。有銘文三處，共十八字，其一曰：“閶翁主銅釭一具”。“閶”字字書所無，應爲“閔”之异體。“翁主”，《漢書·高帝紀》顔師古注引如淳曰：“諸王女曰翁主。”可知該器當是某王嫁女的媵器。

銅牛燈

西漢銅燈。湖南長沙馬王堆一號漢墓出土。其形甚壯偉，下承銅牛，圓目肥體，其尾粗大上翹，與伸長交叉之兩角共同連接牛背上之燈體，成爲可提可擎、二體渾然相成之形。令人嘆爲觀止。

雁魚燈

西漢銅燈。山西朔縣一號西漢墓出土。長約 35 厘米，通高 53 厘米。通體銅鑄，作鴻雁回首銜魚立狀。由雁首頸（連魚）、雁體、燈盤、燈罩四部分套合而成。頸與體以子母口相接。魚身及雁頸、體腔均中空相通。燈盤圓形，直壁淺腹，內有兩道直壁圈沿。一側附燈柄，可使燈盤轉動。盤下有圈足，與雁背上直壁圈沿以子母口套接。

銅牛燈

燈罩爲兩片弧形屏板，其上部插入魚腹下的開口，下部插入燈盤內的直壁圈沿中，可左右轉動開合，既能擋風，又可調節燈光的照度。燈點燃時，烟霧經魚和雁頸導入體內，防止室內空氣污染。各部分可自由拆裝，便於擦洗。

雁燈

即漢代宮燈“雁足燈”。燈座刻有雁足形狀，故名。至宋代頗流行。宋蔡絛《鐵圍山叢談》卷五：“牛鼎象樽之規模，龍瓿雁燈之典雅。”宋歐陽修《前漢雁足燈銘》：“煜守丹陽日，蘇氏者出古物，有銅雁足鐙，製作精巧。”宋陸游《擁爐》詩：“梟鼎煎茶非俗物，雁燈開卷愜幽情。”又《秋思》詩之八：“眼明尚見蠅頭字，暑退初親雁足燈。”

【雁足燈】

“雁燈”之本名。此稱漢代已行用。見該文。

羊尊燈

西漢銅燈。1968 年河北滿城西漢劉勝墓出土。通高 18.6 厘米，長 23 厘米。跪羊狀，空腹以盛燈油。羊背可掀開而成橢圓形燈盤，平放於羊頭上，開合處有鉸鏈相連。燈盤有一流嘴，用於放置燈撚。熄燈時將燈盤放下，殘油即可流入羊腹中。

芳苡燈

傳説中漢武帝時張挂於招仙閣之紫光燈。漢郭憲《洞冥記》卷二：“武帝求海肺之膏以爲燈焉……又燃芳苡燈於閣上，光色紫。”按：“苡”亦作“莒”，即茱苡，草名。參閲明董斯張《廣博物志》卷三九。

人形銅吊燈

漢代照明用具。長 28 厘米，通高 29 厘米。由燈盤、儲液箱和懸鏈三部分組成。燈盤作扁圓形，盤心有尖燈柱，可插燭。柱旁有小方形輸液口通入儲液箱。儲液箱由一裸體銅人製成。捲髮、深目、高鼻。作類似游泳的匍匐狀。昂頭，手前伸，雙掌托燈盤。人體中空，燈盤膏液即流入人體胸腹四肢。懸鏈由一乳狀蓋面組成，蓋頂立一朱雀狀鳳鳥，高冠開屏，展翅欲飛。蓋下三條銅鏈，使懸燈牢固地處於平衡狀態。造型奇特，構思巧妙，爲我國傳世及出土文物中所罕見。參閲《文物》1978 年第六期。

九光燈

亦稱“九華燈”“九微燈”“九微火”，省稱“九微”。漢武帝七月七日供神用燈。宋陳元靚《歲時廣記·食仙桃》引《漢武帝內傳》：“‘七月七日，王母當暫至也’……灑掃宮掖，燔百和之香，然九光之燈，躬監香果，爲天宫之饌。”
《格致鏡原》卷五〇引《漢武帝内傳》：“王美
人七月七日生武帝於猗蘭殿。王母謂帝曰：‘七
月七日我當來！’帝至日，然九華燈。又，武
帝七月七日掃除，宫掖之内張雲錦之帷，然九
光九微燈。”晋張華《博物志》卷三：“漢武帝
好仙道，祭祀名山大澤以求神仙之道……七月
七日夜漏七刻，王母乘紫雲車而至於殿西，南
面東向，頭上戴七勝，青氣鬱鬱如雲。有三青
鳥……時設九微燈，帝東面西向。”南朝梁元
帝《咏池中燭影》詩：“映水疑三燭，飜池類九
微。”唐王維《洛陽女兒行》詩：“春窗曙滅九
微火，九微片片飛花鎖。”

【九華燈】

即九光燈。此稱漢代已行用。見該文。

【九微燈】

即九光燈。此稱漢代已行用。見該文。

【九微】

“九微燈”之省稱。此稱南北朝時期已行
用。見該文。

【九微火】

即九微燈。此稱唐代已行用。見該文。

長明燈

亦稱“晏燈”。晝夜不熄的油燈。舊多用
於供佛或敬神。魏晋至隋唐時已盛行。唐劉餗
《隋唐嘉話》卷下：“江寧縣寺有晋長明燈，歲
久，火色變青而不熱。隋文帝平陳，已訝其古，
至今猶存。”唐黄滔《大唐福州報恩定光多寶塔
碑記》：“長明燈之臺，圓籠孤光，杳輝漆壤。”
唐孟棨《本事詩·徵異》：“有老僧點長明燈，坐
大禪床。”《清平山堂話本·快嘴李翠蓮》：“關了
門，下幔子，添些油在這晏燈裏。”

【晏燈】

即長明燈。此稱明代已行用。見該文。

羊燈

亦稱“金羊燈”，省稱“金羊”。燈名。“羊”
字古與“祥”字聲義相通。《漢元嘉刀銘》：“宜
侯王，大吉羊。”“吉羊”即“吉祥”。漢董仲舒
《春秋繁露·執贄》：“羔食於其母，必跪而受之，
類知禮者，故羊之爲言猶祥與！”是以古之燈
多取羊形以求吉祥。漢代多以金屬鑄成，後世
亦有紙糊羊形花燈。民間多在燈節懸挂。《藝
文類聚》卷八〇引有漢李尤《金羊燈銘》：“金
羊載曜，作明以續。”宋張掄《紹興内府古器
評·漢羊燈》：“漢人之燈，往往取象於物。是器
爲羊形，腦後作轉軸，反背於首以承燈。腹虚，
可以貯水。”明文震亨《長物志·器具》：“書燈，
有古駝燈、羊燈、龜燈、諸葛燈。”

【金羊燈】

即羊燈。此稱漢代已行用，銅製。

【金羊】

即羊燈。此稱漢代已行用。見該文。

九枝燈

亦稱“九枝燭”，省稱“九枝”。一個燈
檠而有九個分枝的燈燭。亦泛指一臺多枝的
燈。南朝時即有此物。南朝梁沈約《傷美人
賦》：“拂螭雲之高帳，陳九枝之華燭。”唐盧照
鄰《十五夜觀燈》詩：“別有千金笑，來映九枝
前。”唐李商隱《楚宫》詩：“如何一柱觀，不
礙九枝燈？”宋柳永《玉樓春》詞：“九枝擎燭
燦繁星，百和焚香抽翠縷。”

【九枝燭】

即九枝燈。此稱南北朝時期已行用。見該文。

【九枝】

"九枝燈"或"九枝燭"之省稱。此稱南北朝时期已行用。見該文。

香燈

亦作"香鐙"。祭堂、帝王儀衛導從及婦女閨閣中所用之燈。《南史·顧憲之傳》："臨終，爲制敕其子曰：'……不須常施靈筵，可止設香燈，使致哀者有憑耳。'"前蜀杜光庭《黃齊爲二亡男助黃籙齋詞》："伏思遷拔，唯仗焚修，捨其服用之資，助此香燈之會。"是皆爲以琉璃缸盛香油點燃置於佛像或死者靈前。《宋史·儀衛志四》："政和大駕鹵簿……排列宮二人，中雉尾扇十二，華蓋二，香鐙一。"宋高承《事物紀原·輿駕羽衛·香鐙》："《宋朝會要》：香鐙，唐制也。"按：香鐙即香燈，是帝王儀衛導從所用也。前蜀韋莊《菩薩蠻》詞："紅樓別夜堪惆悵，香燈半捲流蘇帳。"是閨中所用之香燈也。

【香鐙】

同"香燈"。此體宋代已行用。見該文。

魚燈[1]

魚形燈。六朝以前已有此物，多於除夕懸挂。南朝梁元帝《對燭賦》："本知龍燭應無偶，復訝魚燈有舊名。"唐尚顏《除夜》詩："魚燈延臘火，獸炭化春灰。"《遼史·聖宗紀》："統和元年十二月甲辰夕，燃魚燈於雙黲。"明張居正《重修海會寺碑文》："都人瞻仰，徒眾幽求；魚燈螺梵，

魚燈

無缺春秋。"《格致鏡原》卷五〇引范至能詩注云："吳俗元夕，坊巷以連枝竹縛門洞，多處數十重，每里門作長燈，題好句其上……又魚燈，琉璃壺瓶貯水養魚，以燈映之。"是又一形制也。

寒燈

秋冬之時清冷暗淡之燈燭。多用以形容孤寂、淒涼的環境。南朝齊謝朓《冬緒羈懷示蕭諮議虞田曹劉江二常侍》詩："寒燈耿宵夢，清鏡悲曉髮。"宋柳永《浪淘沙》詞："夢覺透窗風一綫，寒燈吹息。"亦有"寒檠""寒釭""寒缸""寒燭"諸稱。北周庾信《對燭賦》："蓮帳寒檠窗拂曙，筠籠薰火香盈絮。"唐劉長卿有《寒釭》詩。唐白居易《不睡》詩："焰短寒釭盡，聲長曉漏遲。"唐李咸用《和友人喜相遇》詩之二："愁成旅鬢千絲亂，吟得寒缸短焰終。"宋陸游《有懷梁益舊游》詩："土堠纍纍隻復雙，悠然殘夢對寒缸。"宋劉克莊《得曾景建書》詩："何日斷原荒澗畔，一間茅屋對寒檠。"唐劉長卿《秋夜雨中諸公過靈光寺所居》詩："向人寒燭靜，帶雨夜鐘沉。"

【寒檠】

即寒燈。此稱南北朝時期已行用。見該文。

【寒釭】

即寒燈。此稱唐代已行用。見該文。

【寒缸】

即寒燈。此稱唐代已行用。見該文。

【寒燭】

即寒燈。此稱唐代已行用。見該文。

饞魚燈

用魚脂煉成膏油所點的燈。通常藉以照人飲食。始於唐朝。五代王仁裕《開元天寶遺事·饞魚燈》："南中有魚，肉少而脂多，彼中人

取魚脂煉爲油，或將照紡緝機杼，則暗而不明；或使照筵宴，造飲食，則分外光明，時人號爲饞魚燈。”

蠟燈

蠟燭燈。唐李商隱《無題》詩之一：“隔座送鈎春酒暖，分曹射覆蠟燈紅。”宋蘇轍《次韵毛君山房即事》詩之九：“灰冷銅爐香欲滅，床頭一點蠟燈微。”

漆燈

亦稱“漆炬”。燈名。一般指塗漆燈盞。唐李商隱《十字水期韋潘侍御同年不至時韋寓居水次故郭汾寧宅》詩：“漆燈夜照真無數，蠟炬晨炊竟未休。”又指冥界所用之燈。唐李賀《感諷》詩：“漆炬迎新人，幽壙螢擾擾。”宋龍袞《江南野史》卷六：“唐沈彬居有一大樹。嘗曰：‘吾死可葬於是。’既葬穴之，乃一古冢。其間一古燈檠，上有漆燈一盞。銅牌篆文曰：‘佳城今已開，雖開不葬埋。漆燈猶未藝，留待沈彬來。’”

【漆炬】

即漆燈。此稱唐代已見行用。見該文。

燈籠

亦稱“篝”“燭籠”“籠燭”“籠燈”。一種籠狀燈具，以竹篾、木條扎成籠架，蒙以紙或紗絹爲罩，燃燭其中，可防風，故名。多用於室外。據《格致鏡原》卷五四引《事物原始》云：“徐廣曰：燈籠一名篝。燭燃於内，光映於外，以引人步，始於夏時。”是説未可確考，然燃蠟燭之燈籠，必待秦漢時蠟燭出現之後方可盛行。秦漢時稱竹籠爲篝（見《史記·滑稽列傳》），可爲燈籠也。《宋書·武帝紀下》：“牀頭有土鄣，壁上挂葛燈籠。”唐張籍《楚宫行》：

“千門萬户開相當，燭籠左右列成行。”唐張喬《游南越》詩：“澗松閑易老，籠燭晚生明。”唐殷堯藩《宫詞》：“夜深怕有羊車過，自起籠燈看雪紋。”宋曾鞏《早起赴行香》詩：“井轆聲急推寒玉，籠燭光繁秉絳紗。”

葛燈籠
（元王禎《農書》）

宋周邦彦《意難忘·美咏》詞：“夜漸深，籠燈就月，子細端詳。”清蒲松齡《聊齋志異·劉夫人》：“有雙鬟籠燈，導一婦人出，年出十餘，舉止大家。”

【篝】[1]

即燈籠。此稱秦漢時期已行用。見該文。

【燭籠】

即燈籠。此稱唐代已行用。見該文。

【籠燭】

即燈籠。此稱唐代已行用。見該文。

【籠燈】

即燈籠。此稱唐代已行用。見該文。

【燈毬】

即燈籠。亦稱“毬燈”。古時燈籠多作圓形，故名。宋楊萬里《郡中上元燈减舊例三之二而又迎送使客》詩：“市上人家重時節，典釵賣釧買燈毬。”宋吴自牧《夢粱録·夜市》：“〔杭城大街〕春冬撲賣玉栅小毬燈、奇巧玉栅屏風棒燈毬。”明王世貞《宫詞》：“半夜毬燈出未央，俄傳鞬鐸向平陽。”

【毬燈】

即燈毬。此稱宋代已行用。見該文。

紗籠

紗製燈籠。燃燭之燈籠，當始自漢代蠟燭行用之後，至唐宋以下遂盛行。唐白居易《宿東亭曉興》詩：“温温土爐火，耿耿紗籠燭。”宋蘇軾《行香子》詞：“暫留紅袖，少却紗籠。”宋高觀國《御街行・賦轎》詞：“歸來時晚，紗籠引道，扶下人微醉。”元張子堅《得勝令》曲：“錦衣搭白馬，紗籠照道行。”清納蘭性德《生查子》詞：“獨夜背紗籠，影著纖腰畫。”

【籠紗】

即紗籠。宋姜夔《鷓鴣天・正月十一日觀燈》詞：“巷陌風光縱賞時，籠紗未出馬先嘶。”清蒲松齡《聊齋志異・狐嫁女》：“少間，籠紗一簇，導新郎入，年可十七八，豐彩韶秀。”

【紗燈】

即紗籠。多用於室外。形制多樣，有墨紗燈、夾紗燈、戳紗燈等。隋唐時期民間即已通行。唐韋應物《寄璨師》詩：“林院生夜色，西廊上紗燈。”唐劉禹錫《和牛相公雨後》詩：“曉看紈扇恩情薄，夜覺紗燈刻數長。”宋賀鑄《羅敷歌》詞：“半掩蘭堂，惟有紗燈伴繡床。”元張可久《清江引・秋思》曲：“孤眠夜寒魂夢怯，月暗紗燈滅。”明文震亨《長物志・器具》：“燈……百鳥百獸、墨紗、夾紗等制，俱不入品。”

燈彩

民間傳統工藝燈。始於漢朝，沿用至今。其製作，以竹、木、藤、麥秸、獸角、金屬等爲各式燈架，圖畫紙、絹、玻璃等爲燈罩。清富察敦崇《燕京歲時記・燈節》：“各色燈彩多

紗燈

以紗絹、玻璃及明角等爲之，並繪畫古今故事，以資玩賞。”上海龍燈之類則用布製成加以彩繪或刺繡裝飾；浙江之燈彩，以針刺花紋出名；廣東之走馬燈，結構特別精巧；北京則盛古雅的宮燈等。

影燈

一種彩燈。唐代已行用。明代之前常作立式，清代又多見懸挂者。燈身常繪人物、花鳥等。後世之走馬燈當由立式影燈發展而來。唐馮贄《雲仙雜記・上元影燈》：“洛陽人家，上元以影燈多者爲上，其相勝之辭曰‘千影萬影’。”《淵鑑類函》卷三六〇引《廣記》：“開元初，元夜結彩樓三十餘間。葉法善曰：‘西涼府燈亦亞於此。’令玄宗閉目，已在霄漢。降而及地，睹影燈亘數十里。”宋范成大《吳郡志・風俗》：“上元影燈巧麗，他郡莫及，有‘萬眼羅’及‘琉璃球’者，尤妙天下。”明王圻等《三才圖會・器用》：“影燈、燭臺、書燈：不知其制所始，殆後人以意創爲之者。三物雖皆借光於燭，然或以障日，或以障風，其用則同歸耳。”

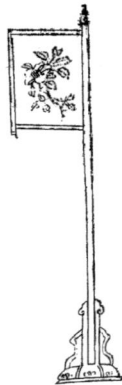

影燈
（明王圻等《三才圖會》）

書燈

書齋所用之燈。形制不一，有獸形燈、諸葛燈等。唐宋時期已盛行。宋蘇軾《食檳榔》詩："書燈看膏盡，鉦漏歷歷數。"明文震亨《長物志·器具》："書燈，有古銅駝燈、羊燈、龜燈、諸葛燈，俱可供玩，而不適用。有青綠銅荷一片檠，架花朵於上，古人取金蓮之意，今用以爲燈，最雅。"

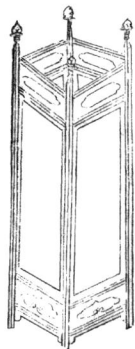

書燈
（明王圻等《三才圖會》）

油燈

燃油燈具。初時以膏脂爲燃料，後用植物油替代。古所謂油燈，多有用菜油者，其光青瑩，不甚明亮，清貧儉樸之家常用之。唐韓愈《月蝕詩效玉川子作》："油燈不照席，是夕吐焰如長虹。"宋歐陽修《歸田録》："寇萊公（準）……自少年富貴，不點油燈。尤好夜宴劇飲，雖寢室，亦燃燭達旦。"

省油燈

燈名。盛行於五代至兩宋時期。其外形如碗，中空，外部上側有短流用以注入冷水，燈油注入淺燈碗内，點燃後，由於燈内冷水降溫作用，可節省燈油，故名。宋陸游《老學庵筆記》卷一〇："《宋文安公集》中有《省油燈盞》詩。今漢嘉有之，蓋夾燈盞也。一端作小竅，注清冷水於其中，每夕一易之。尋常盞爲火所灼而燥，故速乾；此獨不然，其省油幾半。"參閱尚秉和《歷代社會風俗事物考》卷一一。

風燈

有罩能防風的燈。隋唐以後漸趨通行。唐杜甫《漫成》詩："江月去人祇數尺，風燈照夜欲三更。"宋陸游《雨夜》詩："虛堂閃風燈，獨處誰與娛。"清陳維崧《桂殿秋·淮河夜泊》詞："船頭水笛吹晴碧，檣尾風燈颭夜紅。"

酥油燈

省稱"酥燈"。以酥油爲燃料的燈。釋家多用之。《法苑珠林·然燈·引證》："檀越日日入城，乞求酥油燈炷之。"元薩都刺《上京雜咏》之五："院院翻經有咒僧，垂簾白晝點酥燈。"明高啓《月支王頭飲器歌》："琵琶聲中鬼語雜，酥燈照夜風淒淒。"

【酥燈】

"酥油燈"之省稱。此稱元代已行用。見該文。

萬眼燈

亦稱"萬眼圓""萬眼羅"。江浙一帶過節時所張的一種紗燈。自宋代已盛行。宋范成大《上元紀吳中節物俳諧體三十二韵》："萬窗花眼密，千隙玉虹明。"自注："萬眼燈，以碎羅紅白相間砌成，工夫妙天下，多至萬眼。"宋姜夔《觀燈口號》詩："游人總戴孟家蟬，爭託星毬萬眼圓。"清顧鐵卿《清嘉録·燈市》："臘後春前，莫趨坊、申衙里、皋橋中市一帶，貨郎出售各色花燈，精奇百出……其奇巧，則有琉璃球、萬眼羅、走馬燈、梅裹燈、夾紗燈，畫舫龍舟品目，殊難枚舉。"

【萬眼圓】

即萬眼燈。此稱宋代已行用。見該文。

【萬眼羅】

即萬眼燈。此稱清代已行用。見該文。

鴛鴦燈

一組兩盞并懸的燈籠。宋元以來民間盛行。宋羅燁《醉翁談録·紅綃密約張生負李氏娘》："而欲與妾一面者，請來年正月十五夜，於相藍後門，車前有雙鴛鴦燈者是也。"《水滸傳》第七二回："轉入中門，見挂着一碗鴛鴦燈，下面犀皮香桌兒上，放着一個博山古銅香爐。"

魷燈

亦稱"魚魷燈"。燈名。魷，魚腦骨，可以飾燈。宋明時頗盛行。宋周密《武林舊事·燈品》："此外有魷燈，則刻鏤金珀玳瑁以飾之。"明文震亨《長物志·器具》："閩中珠燈第一，玳瑁、琥珀、魚魷次之。"《明史·儀衛志》："親王儀仗……魷燈二，大小銅角四。"《蘇州府志·物産》："以明角染五色作花者爲魚魷燈。"

【魚魷燈】

即魷燈。此稱明代已行用。見該文。

蓮燈

蓮形燈。多爲古代除夕時所用。宋孟元老《東京夢華録·酒樓》："元夜則每一瓦隴中皆置蓮燈一盞。"

無骨燈

一種沒有骨架的燈籠。其製法宋元人尚得其詳。宋周密《武林舊事·燈品》："所謂無骨燈者，其法用絹囊貯粟爲胎，因之燒綴，及成，去粟，則混然琉璃毬也。景物奇巧，前無其比。"

珠燈

亦稱"珠子燈"。珠飾的燈籠。宋張孝祥《醜奴兒》詞："珠燈璧月年時節，纖手同携。"宋周密《武林舊事·燈品》："珠子燈，則以五色珠爲網，下垂流蘇，或爲龍船鳳輦樓臺故事。"明王叔承《宮詞》："珠燈別遲珊瑚架，引得君主帶醉來。"明文震亨《長物志·器具》："燈，閩中珠燈第一。"清錢泳《履園叢話·舊聞·鬥富》："康熙初，有陽山朱鳴虞者，富甲三吳……曾於元宵挂珠燈數十盞於門。"《鏡花緣》第三四回："不多時有幾個宮人手執珠燈走來。"

【珠子燈】

即珠燈。此稱宋代已行用。見該文。

栀子燈

形如栀實的長橢圓燈籠。多懸挂於茶樓酒肆門前，五代至宋代以後流行。宋吳自牧《夢粱録·酒肆》："如酒肆門首，排設杈子及栀子燈等。蓋因五代時郭高祖游幸汴京，茶樓酒肆俱如此裝飾，故至今店家仿效成俗也。"宋耐得翁《都城紀勝·酒肆》："門首紅栀子燈上，不以晴雨，必用箬籠蓋之，以爲記認。"

簑燈

謂置燈於籠中。《宋史·陳彭年傳》："彭年幼好學，母惟一子，愛之，禁其夜讀書，彭年簑燈密室，不令母知。"宋王安石《書定林院窗》詩："竹鷄呼我出華胥，起滅簑燈擁燎爐。"清江藩《國朝漢學師承記·洪亮吉》："晚自塾歸，母氏簑燈課讀。"清姚鼐《夜讀》詩："簑燈每夜讀，古人皆死矣。"

滾燈

一種可以滾動的紙燈籠。明田汝成《西湖游覽志餘·偏安佚豫》："以紙燈內置關捩，放地下，以足沿街蹙轉之；謂之滾燈。"

提燈

手提的燈籠。此稱宋代已見。宋周密《武林舊事·御教》："公主戴九翬四鳳冠服，褕翟繡袖升輦其前，天文官，本位從物從人，燭籠二十，本位使臣，插釵童子八人，方扇四，圓扇四，引障花十，提燈二十，行障坐障。"《三才圖會·器物》中繪有"提燈"圖。《紅樓夢》第九六回："趕着挑個娶親日子，一概鼓樂不用，倒按宮裏的樣子，用十二對提燈，一乘八人轎子抬了來，照南邊規矩拜了堂，一樣坐床撒帳，可不是算娶了親了麼？"

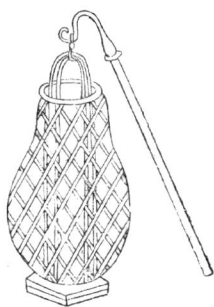

提燈
（明王圻等《三才圖會》）

擎燈

亦稱"戳燈""綽燈"。一種長柄燈。可手提肩扛，亦可插於底座之上，置於椅邊、床頭或室外。《紅樓夢》第一四回："大門首門燈朗挂，兩邊一色戳燈，照如白晝。"又第二五回："連忙將地下的綽燈移過來一照。"明王圻等《三才圖會·器用》所載之"擎燈"即此物，見圖。

擎燈
（明王圻等《三才圖會》）

【戳燈】

即擎燈。此稱清代已行用。見該文。

【綽燈】

即擎燈。此稱清代已行用。見該文。

料絲燈

省稱"絲燈"。以瑪瑙、紫石英等煉爲玻璃絲製的燈。外形晶瑩綺麗，尤以雲南所產者最爲名貴。明徐𤊹《徐氏筆精》卷八："料絲燈，出滇金齒者勝。詢之土人云：以瑪瑙、紫石英諸藥品搗爲屑，煮腐如粉，然必市北方天花菜點之方凝。即纑爲絲，織如絹狀，上繪山水人物諸色，極晶瑩可愛。以煮料爲絲，故名料絲。"後江蘇丹陽亦產。明姜紹書《韻石齋筆談》卷下："絲燈之制，始於雲南。弘治間，邑人潘鳳……見料絲燈，悅之。歸而煉石成絲，如式仿製，於是丹陽絲燈達於海内。"明薛蕙有《丹陽料絲燈》詩。《紅樓夢》第五三回："廊檐内外及兩邊游廊罩棚，將羊角、玻璃、戳紗、料絲，或繡、或畫、或絹、或紙諸燈挂滿。"參閱清王夫之《薑齋文集》卷九，清趙翼《陔餘叢考·料絲》。

【絲燈】

"料絲燈"之省稱。此稱明代已行用。見該文。

羊角燈

省稱"角燈"，亦稱"明角燈"。燈罩以羊角膠製成的一種燈。此種燈既防風雨，又半透明，其上可繪圖畫，優於紙糊或紗絹製成的燈罩。在玻璃製品尚未普遍使用的歷史條件下，這是一種比較華貴的照明燈具。明張岱《陶庵夢憶·世美堂燈》："兒時跨蒼頭頸，猶及見王新建燈。燈皆貴重華美，珠燈料絲無論，即羊角燈亦描金細畫，纓絡罩之。"《紅樓夢》第一四回："鳳姐出至廳前上了車，前面一對明角燈，上寫'榮國府'三個大字。"清查慎行《人海記》："〔十二月〕二十八日，宮中及甬道東西兩廊，設五色羊角燈。"清黄宗羲《懷金陵舊游寄兒正誼·秦淮河》："渡煩桃葉淚，舟賽角燈紅。"

明角燈

【明角燈】

即羊角燈。此稱明代已行用。見該文。

【角燈】

即羊角燈。此稱清代已行用。見該文。

竹絲燈

以竹篾編織成的燈。明田汝成《西湖游覽志餘・帝王都會》："正月十四夜，蔣安禮進竹絲燈，其明過於栅子燈，上大喜。"

浪蕩燈

挂在空中能隨風搖蕩的燈籠。《警世通言・萬秀娘仇報山亭兒》："那廝指道：'安在挂着底浪蕩燈鐵片兒上'。"

常滿燈

亦稱"常蒲燈"。漢代燈名。《西京雜記》卷一："長安巧工丁緩者，爲常滿燈，七龍五鳳，雜以芙蓉蓮藕之奇。"宋葉廷珪《海錄碎事・燈燭門》引作"長安巧工丁僕，爲常蒲燈，七龍五鳳，雜以芙蕖、蓮葉攍承之狀。"按：後文文義稍勝。

【常蒲燈】

即常滿燈。此稱漢代已行用。見該文。

鳳腦燈

傳説中周穆王之燈名。《山堂肆考》卷三九引《拾遺記》："周穆王有鳳腦之燈，爲水荷以蓋其上。又設常生燈。"

穄鐙

亦稱"蝦棚"。一種簡易照明用具。其製法明清時尚得其詳。清楊賓《柳邊紀略》卷四："穄鐙，俗名蝦棚。以米穄和水，順手粘麻稭，曬乾，長三尺餘，插架上或木牌，燃之，光與燭等，而省費。"鐙，即燈。

【蝦棚】

即穄鐙。此稱清代已行用。見該文。

諸葛燈

一名"孔明燈"，即馬燈。相傳爲諸葛亮發明之夜行用燈。一面透光，前置凸鏡，後置凹鏡，光照較遠，而他人難見持燈之人。以其設計巧妙，故名。明文震亨《長物志・器具》："有古銅駝燈、羊燈、龜燈、諸葛燈，俱可供玩，而不適用。"清薛福成《振百工説》："諸葛亮在伊尹伯仲之間，所製有木牛流馬，有諸葛燈。"《古今圖書集成》卷二二九引《洞天清録》："有古銅駝燈、羊燈、龜燈、諸葛軍中行燈、鳳龜燈。"《閩都別記》第三七二回："床上被叠三四床，枕頭四五個，桌上有鴉片盤、烟盒、孔明燈等件。"

【孔明燈】

即諸葛燈。此稱至遲清代已行用。見該文。

滿堂紅

一種彩燈。多爲四角、六角或八角形狀，蒙以紅色絹紗，喜慶節日之時懸挂於廳堂之上。明清時頗盛行。《清平山堂話本・快嘴李翠蓮記》："紅紙牌兒在當中，點着幾對滿堂紅，我家公婆又未死，如何點盞隨身燈？"清翟灝《通俗編・器用》："《暖姝由筆》：'滿堂紅，彩絹方燈也。'按：今所謂滿堂紅，其製又別，蓋屬近時起矣。"

金鈴吊挂

飾以金鈴、琉璃、珠寶之類的宮殿吊燈，成對懸挂。《水滸傳》第五九回："就香帛袋中取出那御賜金鈴吊挂來，叫推官看，便打條竹竿叉起……這一對金鈴吊挂乃是東京内府高手匠人做成的，渾是七寶珍珠嵌造，中間點着碗紅紗燈籠，乃是聖帝殿上正中挂的。"《金瓶梅詞話》第六五回："東京黄真人在廟裏住，朝廷差他來泰安州進金鈴吊挂御香。"

手罩

手持的風燈。《紅樓夢》第七五回："賈蓉媳婦帶了丫鬟媳婦，也都秉着羊角手罩，接出來了。"

玻璃燈

用玻璃作罩的燈。其通行當在玻璃由西方傳入之時，其製作方法大盛於後世。清周生《揚州夢》卷三："燈以玻璃爲上，琉璃次之。玻璃有方、有六角，琉璃有圓、有長。皆有華蓋，有綏（穗）。"《紅樓夢》第五三回："兩邊大梁上挂着聯三聚五玻璃彩穗燈……廊檐内外及兩邊游廊罩棚，將羊角、玻璃、戳紗、料絲，或繡、或畫、或絹、或紙諸燈挂滿。"

自來火 ²

煤氣燈。清代已見其物。《負曝閑談》第六回："自來火半明不滅，江裴度把它撚亮了。"

聚螢囊

亦稱"螢囊""絳紗籠"。《晉書·車胤傳》記載：車胤"家貧不常得油，夏月則練囊盛數十螢火以照書，以夜繼日焉。"後常以此喻指刻苦力學。然據宋程大昌《演繁露·螢囊》引沈存中《清夜録》："丁朱崖敗，有司籍其家，有絳紗籠數十，大率如燭籠而無跋無炮，不知何用。其家曰：聚螢囊也。詳其此製，有火之用，無火之熱，亦已巧矣。"是知後世果有以紗籠貯螢以照明者，唯名稱不盡相同，故清汪汲《事物原會》卷二七稱之爲"絳紗籠"耳。

【螢囊】

即聚螢囊。此稱至遲宋代已行用。見該文。

【絳紗籠】

即聚螢囊。此稱清代已行用。見該文。

燈樹

燈盞較多而形體比較高大的燈架。因分枝盡立，其狀如樹，故名。先秦時期已有此物。河北平山中山王墓出土有戰國時期的十五連盞銅燈樹。五代王仁裕《開元天寶遺事·百枝燈樹》："韓國夫人置百枝燈樹，高八十尺，竪之高山之上，元夜點之，百里皆見。"《舊唐書·楊綰傳》："嘗夜宴親賓，各舉座中物以四聲

十五連盞銅燈樹

呼之，諸賓未言，綰應聲指鐵燈樹曰：'燈盞柄曲'。"其大者有"百華燈樹"。《格致鏡原》卷五〇引漢王郎《秦故事》："百華燈樹，正月朔朝賀殿下，設於三階之間端門外。設五尺三尺燈，月照星明，雖夜猶晝。"

【火樹】

即燈樹。晉傅玄《朝會賦》："華燈若乎火樹，燧百枝之煌煌。"唐蘇味道《正月十五日夜》詩："火樹銀花合，星橋鐵鎖開。"《紅樓夢》第一八回："〔元妃〕於是進入行宮，只見庭燎燒空，香屑布地，火樹琪花，金窗玉檻。"

西漆

燈名。産於西方的漆，漆實可采蠟，燃以照明，故名。南朝梁簡文帝《看燈賦》："南油俱滿，西漆争燃。蘇徵安息，蠟出龍川。"明夏完淳《寒燈賦》："酌南油而輝滿，然西漆而光懸。"

燈炷

燈燭中用以點火的芯子。多以布、麻或燈心草撚作繩，置於燈盞中或蠟燭裏心，一端露出供點燃。《説文・丶部》："主，鐙中火主也。從呈，象形。從丶，丶亦聲。"主即炷之本字。《三國志・魏書・董卓傳》："凡所殺三人。"裴松之注引《英雄記》曰："卓素肥，膏流浸地……守屍吏暝以爲大炷，置卓臍中以爲燈，光明達旦。"《南史・夷貊傳・扶南國》："至自然大洲，其上有樹生火中。洲左近人剥取其皮，紡績作布……或作燈炷。"《舊唐書・皇甫無逸傳》："夜宿人家，遇燈炷盡……無逸抽佩刀斷衣帶以爲炷。"明李時珍《本草綱目・草四・燈心草》："吳人栽蒔之，取瓤爲燈炷。"

燈婢

亦稱"燭奴""金奴"。一種象形燈檠，以木或金屬製成手捧燈燭侍立的人形，故名。五代王仁裕《開元天寶遺事》卷下："寧王宫中，每夜於帳前羅列木雕矮婢，飾以彩繪，各執華燈，自昏達旦，故目之爲燈婢。"又卷上："〔申王〕以龍檀木雕成獨鬌童子……目爲燭奴。諸宫貴戚之家皆效之。"其以金屬製成者，稱"金奴"。宋陶穀《清異録・器具》："江南烈祖（李昇）素儉……案上捧燭鐵人高五尺，云是楊氏時馬廄中物。一日黄昏急須燭，唤小黄門：'掇過我金奴來。'"宋胡繼忠《書言故事・燈火類》："燭臺曰燭奴。"

【燭奴】

即燈婢。此稱五代時期已行用。見該文。

【金奴】

即燈婢。此稱宋代已行用。見該文。

燈碗

亦稱"燈盞"。燈之盛油器。形如碗盤，以盛油膏，中置燈芯，燃之以照明。

燈盞

《舊唐書・楊綰傳》："綰生聰惠，年四歲，處群從之中，敏識過人。嘗夜宴親賓，各舉座中物以四聲呼之。諸賓未言，綰應聲指鐵燈樹曰：'燈盞柄曲'，衆咸異之。"前蜀杜光庭《録異記・洞》："〔道士毛意歡〕每夕持燈碗度繩橋，山側居人視之，以爲常矣。"宋岳珂《桯史・點鬼醖夢》："以夜倉猝覆燈碗，吏不敢以告也。"

【燈盞】

即燈碗。此稱唐代已行用。見該文。

燈檠

安置燈燭之臺架。多以金屬製成，上可插燭，下有底座或有足。五代王定保《唐摭言》卷四："嘗於都市遇鐵燈檠，市之，而命洗涮，却銀也，〔孫〕泰亟往還之。"宋歐陽修《歸田録》卷二："俚諺云：'趙老送燈檠，一去更不來。'"《水滸傳》第二一回："一張金漆桌子上，放個錫燈檠，邊厢兩個杌子。正面壁上，挂一幅仕女。"按：遼代上京漢城曾出土一銅燭臺，底部三足，上承空心球及海水檔板，檔板上托仰蓮，蓮上爲一少女執燭筒，整體造型穩重美觀，玲瓏剔透，是一件佳作。

鐵躋

鐵製燈檯。五代王定保《唐摭言》卷三：“犯令者一鐵躋。”《格致鏡原》卷五〇引《庶物異名疏》：“鐵躋，燈檯也。”參閲《新唐書·胡證傳》。

玉荷

荷葉形燈檯之美稱。宋石延年《燈》詩：“爐垂金藕細，影透玉荷清。”清陳元龍《格致鏡原》卷五〇引《事物紺珠》：“玉荷……荷葉形燈檯也。”

燈檠

燈架。多以金屬製成。宋高承《事物紀原》卷八：“《黄帝内傳》曰：‘王母授帝洞霄盤雲九華燈檠二。’此燈有檠之始也。”北周庾信《對燭賦》：“刺取燈花持桂燭，還却燈檠下燭盤。”唐李商隱《行至金牛驛寄與元渤海尚書》詩：“六曲屏風江雨急，九枝燈檠夜珠圓。”唐韓愈《短燈檠歌》：“長檠八尺空自長，短檠二尺便自光。”宋陸游《冬夜讀書》詩：“莫笑燈檠二尺餘，老來舊學要耘鋤。”亦有瓦製者，稱“瓦檠”。宋陸游《雨夕》詩：“瓦檠墮燈燼，銅碗起香縷。”

【瓦檠】

即燈檠。瓦製。此稱宋代已行用。見該文。

燈草

剥去外皮的燈心草的莖。白色多孔，質輕，可供點燈。宋王質《紹陶録·燈燭》：“宜用松膏樺皮燈，宜用烏桕油、紵子油、菜子油、梧桐油，無燈草，用紙撚布縷亦可。”《金瓶梅詞話》第二六回：“你乾净是個球子心腸，滾上滾下；燈草拐棒兒，原挂不定。”《儒林外史》第六回：“你是爲那燈盞裏點的是兩莖燈草，不放心，恐費了油。”

第五節　燭炬考

本考所謂“燭炬”，乃“燭”與“炬”之連稱。本指火炬。古以葦薪或麻蒸等灌以膏油，燃之以照明，不同於今日之蠟燭。“燭”與“炬”渾言之無別，析言之則有异，“炬”多指用於室外的大型火把。

何謂燭？《儀禮·燕禮》：“司宫執燭於西階上。”《禮記·曲禮上》：“燭不見跋。”孔穎達疏云：“古者未有蠟燭，唯呼火炬爲燭也。”今日使用之蠟燭，指用綫繩或葦子做中心，周圍包上蠟油，點着取亮的東西。早期用蜜蠟，宋代後爲蟲蠟、石蠟等所替代。這些蠟乃動物、植物或礦物所産生的油質，具有可塑性，易熔化，不溶於水。燭有别名曰“光濟叟”。其名始於五代。宋代陶榖《清异録·器具》：“〔後唐〕同光年（923～926），高麗行人至。副使春部少卿上柱國朴嵓叟，文雅如中朝賢士。既行，吏埽除其館舍，得餘燭半梃，其末紅印篆文曰'光濟叟'，叟蓋以命燭也。"人類早期之燭，即火炬，始於何時，已不可考。秦朝始用魚膏製成蠟燭，稱爲"魚燭"。《史記・秦始皇本紀》云："葬始皇酈山……以水銀爲百川江河大海，機相灌輸，上具天文，下具地理。以人魚膏爲燭，度不滅者久之。"始於漢朝的"法燭"，乃依定規所造之燈燭。後世沿用。唐代溫庭筠《乾巽子》云："西市買油靛數石，雇庖人執爨，廣召日傭人，令剉其破麻鞋，粉其碎瓦，以疎布篩之，合槐子油靛，令役人日夜加功，爛擣，候相乳尺悉看堪爲挺，從臼中熟出，命工人併手團握，例長三尺已下，圓徑三寸，垛之得萬餘條，號爲法燭。"宋代高承《事物紀原・布帛雜事・法燭》亦云："然則法燭之起，自漢劉安始也。"各代燭具，或用蠟油，或不用蠟油。用者如膏燭、蜜燭、墳燭、柏燭、牛蠟等；不用者如竹燭、葐燭、樺燭等，實乃火炬也。（詳"膏燭""蜜燭""竹燭"等諸文。）燭之專用於喜慶時，要使用紅色，稱紅燭，亦稱丹燭、朱燭、絳燭、絳蠟、紅蠟（或作紅臘）。明代王世貞《贈郭舜舉祠部新婚》詩之二："紅蠟初鎔雙鳳皇，新詩句好自催妝。"唐代朱慶餘《閨意獻張水部》詩："洞房昨夜停紅燭，待曉堂前拜舅姑。"專用於婚嫁場合的尚有"同心燭"。《格致鏡原》卷五〇引《東宮舊事》："皇太子納妃，挂同心燭。"爲美觀，蠟燭常雕以彩飾，稱"花燭"；雕飾以金花者稱"金花燭"，刻以畫飾的稱"畫燭"，飾有鳳形者稱"鳳燭"，飾有龍形者稱"龍燭"。有的還要配上香料，作爲祀神用品，表達恭敬之情，稱"香燭"。更有一種點燃時能引動機關，發出樂音的燭燈，稱爲"仙音燭"。南朝梁何遜《看伏郎新婚》詩："何如花燭夜，輕扇掩紅妝。"唐代溫庭筠《池塘七夕》詩："香燭有花妨宿燕，畫屏無睡待牽牛。"古之燭具，豐富多彩。燭燃燒，燭頭餘燼稱作"聖"。《禮記・檀弓上》："夏后氏聖周"。鄭玄注引《弟子職》曰："右手折聖"。陸德明釋文引《管子》云："'左手執燭，右手折聖'，即燭頭燼也。"燈燭燃燒時芯上所結成的花狀餘燼，稱作"燭花"，亦稱"燈花""蠟花"。俗以爲吉祥之兆。燃後所餘的灰燼，稱作"炧"。《說文・火部》云："炧，燭麦也。"盛燭芯餘燼的用具，稱"剪筒"。《紅樓夢》第二九回："可巧有個十二三歲的小道士兒，拿着個剪筒，照管各處剪蠟花兒。"剪燭花之剪刀，稱"燭刀"，亦稱"燭剪"。撥弄燭花的小木棍，稱作"橇"，亦作"栝"。插置蠟燭之器具，稱燭臺，由燭跋、燭盤及座架等組成。所謂燭跋，本指火炬之柄或豎立炬燭的底座，後亦指燭臺中心插蠟燭用的針狀物。燭盤指盛燭的盤子（詳"橇""栝""燭臺""燭跋"諸文）。蠟燃燒時熔液滴下凝結成的珠稱作"蠟珠"，滴下的熔液稱"蠟淚"，亦稱"蠟液""燭淚""炧淚"。（詳"蠟珠""蠟淚"文。）

"炬"字始見於西漢，指室外的大型火把。如《史記·田單列傳》中田單使用"火牛陣"時，即有"牛尾炬火光明炫燿"之語。後世除沿稱爲"炬"之外，亦稱"火炬""燎炬""火燎""火把"等，其語義無大改變。亦多指室外照明物。

燭

亦稱"炬燭"。指火炬、火把。與今之"燭"有別。《儀禮·士昏禮》："從車二乘，執燭前馬。"鄭玄注："使徒役持炬火居前照道。"《禮記·曲禮上》："燭不見跋。"孔穎達疏："古者未有蠟燭，唯呼火炬爲燭也。"北魏賈思勰《齊民要術·種麻子》："崔寔曰：'苴麻子黑，又實而重，擣治作燭，不作麻。'"古代的"燭"或"庭燎"，是在易燃的一束枝條（如乾蘆葦、艾蒿或漚麻剩下的麻莖）等材料中灌入耐燃而光焰明亮的油類，點着後，竪起來照明的。漢牟融《理惑論》："闚炬燭之明，未睹天庭之日也。"這就是現在的"火把"或"火炬"。《説文·火部》："燭，庭燎，大燭也。"段玉裁注："古燭蓋以薪蒸爲之，麻蒸亦其一端。"程樹德《説文稽古篇》云："《西京雜記》：'南越王獻高帝……蜜燭二百枚。'此爲蠟燭之權輿。《潛夫論》：'知脂蠟之可明鐙也，而不知甚多則冥之。'章（太炎）氏《檢論》：'漢初炷燭不過麻蒸，後漢之季，始有蠟燭。'是以蠟燭始於東漢。《晋書》：'周顗弟嵩，以所持蠟燭投之。'此蠟燭始見於史者。《世説》：'王君夫以粘糒澳釜，石季倫用蠟燭作炊。'蓋至西晋後始盛行。"宋高承《事物紀原·布帛雜事·法燭》："漢淮南王招致方術之士，延八公等撰《鴻寶萬畢方》，法燭是其一也。餘非民所急，故不行於世。然

則法燭之起，自劉安始也。"據唐溫庭筠《乾鐉子·寶義》記載，"法燭"之製，乃以破麻鞋、碎瓦銼爲粉，以疏布篩之，合槐子油靛，擣爛後團握而成，亦與後世之蠟燭不同。參見本考"法燭"文。

【炬燭】

最初之燭。此稱漢代已行用。見該文。

【光濟叟】

"燭"之別名。始於五代。宋陶穀《清異錄·器具》："〔後唐〕同光年（923～926），高麗行人至。副使春部少卿上柱國朴嵒叟，文雅如中朝賢士。既行，吏埽除其館舍，得餘燭半梃，其末紅印篆文曰：'光濟叟'，叟蓋以命燭也。"

炬

室外照明用具。多以竹、葦、麻莖或松枝等易燃物束成。常灌以油膏以助燃或耐燃。《史記·田單列傳》："田單乃收城中，得千餘牛，爲絳繒衣，畫以五彩龍文，束兵刃於其角，而灌脂束葦於尾，燒其端……牛尾熱，怒而奔燕軍，燕軍夜大驚。牛尾炬火光明炫燿，燕軍視之皆龍文，所觸盡死傷。"《徐霞客游記·滇游日記四》："始恨不携炬，竟西從洞中出也。"亦稱"苣"。《墨子·備城門》："人擅苣長五節，寇在城下，聞鼓音，燔苣。"孫詒讓閒詁："《六韜·敵強篇》云：'人操炬火。'炬即苣之俗。"清納蘭性德《虞美人》詞："銀箋別記當時句，

密縮同心茞。"

【茞】

"炬"之本字。此體先秦時期已行用。見該文。

【火炬】

即炬。亦稱"燎炬""火燎"。《禮記·曲禮上》："燭不見跋。"孔穎達疏："古者未有蠟燭，唯呼火炬爲燭也。"《晋書·王濬傳》："又作火炬，長十餘丈，大數十圍，灌以麻油，在船前遇鑕，燃炬燒之。"《隋書·柳彧傳》："竊見京邑，爰及外州，每以正月望夜，充街塞陌，聚戲朋游，鳴鼓聒天，燎炬照地。"元薩都剌《題陳所翁墨龍》詩："滿堂火燎動鱗甲，倒挾海水空中飛。"清陳康祺《郎潛記聞》卷八："炮聲大震，火炬盡爇。"

火把（清麟慶《河工器具圖説》）

【燎炬】

即火炬。此稱隋代已行用。見該文。

【火燎】

即火炬。此稱元代已行用。見該文。

【火把】

火炬的俗稱。束狀的照明物。頂部燃火，下部爲握柄。此物出現甚早。其稱之爲"火把"，宋代已見，沿用至今。宋葉適《送吕子陽自永康携所解老子訪余留未久其家報以細民艱食急歸發廪賑之》詩："火把起夜色，丁颏明齒痕。"《水滸傳》第四二回："〔宋江〕只聽的外面拿着火把，照將入來。"

炬火

亦稱"爝火""焦火"。點燃的火把。《儀禮·士昏禮》："執燭前馬。"漢鄭玄注："使徒役持炬火居前照道。"《六韜·敵强》："出我勇鋭冒將之士，人操炬火，二人同鼓。"《莊子·逍遥游》："日月出矣，而爝火不息。其於光也，不亦難乎？"成玄英疏："爝火，猶炬火也。"《吕氏春秋·求人》："十日出，而焦火不息，不亦勞乎？"漢王充《論衡·説日篇》："試使一人把大炬火夜行於道，平易無險，去人不一里，火光滅矣。非滅也，遠也。"宋陸游《小江》詩："小市人聲散，長橋炬火過。"清唐甄《潜書·善任》："大明不同於炬火，崇岡不等於土垣。"

【爝火】

即炬火。此稱先秦時期已行用。見該文。

【焦火】

即炬火。此稱先秦時期已行用。見該文。

蒸[2]

古時以麻稭、竹、木等製成的火炬。《廣雅·釋器》："蒸，炬也。"王念孫疏證："凡析麻幹及竹木爲炬，皆謂之蒸。"先秦時已有之。《詩·小雅·巷伯》："哆兮侈兮，成是南箕。"毛傳："使執燭放乎旦，而蒸盡。"《文選·潘岳〈西征賦〉》："感市閭之菆井。"李善注："《説文解字》：'菆，麻蒸也。'然菆井即渭城賣蒸之市也。"

【蒸燭】

即蒸。漢魏六朝時期尚通行。《三國志·魏書·荀彧荀攸等傳論》："荀攸、賈詡，庶乎算無遺策，經達權變，其〔張〕良、〔陳〕平之亞歟？"裴松之注："攸、詡之爲人，其猶夜光之與蒸燭乎！其照雖均，質則異焉。"南朝梁沈約《謝封建昌侯表》："徒荷日月之光，竟無蒸燭之用。"

庭燎

庭中用以照明的火炬。周朝已有之。《詩·小雅·庭燎》：“夜如何其？夜未央，庭燎之光。”毛傳：“庭燎，大燭。”孔穎達疏：“樹之於庭，燎之爲明，是燭之大者……古制未得而聞，要以物百枚並而纏束之，今則用松、葦、竹，灌以脂膏也。”《周禮·秋官·司烜氏》：“凡邦之大事，共墳燭、庭燎。”鄭玄注：“墳，大也。樹於門外曰大燭，於門內曰庭燎，皆所以照衆爲明。”

麡燭

亦稱“麻炬”。以麻秸作成的火把。古時民間用以照明。麡，粗麻。《淮南子·說林訓》：“麡燭捔，膏燭澤也。”《梁書·劉峻傳》：“峻好學，家貧，寄人廡下，自課讀書，常燎麻炬，從夕達旦。”

【麻炬】

即麡燭。此稱南北朝時期已行用。見該文。

墳燭

亦稱“猛燭”“猛炬”“蕡燭”。大燭，大火把。《爾雅·釋詁》：“墳，大也。”周秦時期即已有之。《周禮·秋官·司烜氏》：“凡邦之大事，共墳燭、庭燎。”鄭玄注：“墳，大也。樹於門外曰大燭，於門內曰庭燎。”賈公彥疏：“以葦爲中心，以布纏之，飴蜜灌之，若今蠟燭。”三國魏明帝《樂府》：“晝作不停手，猛燭繼望舒。”晋庾闡《藏鈎賦》：“督猛炬而增明，後因朗而心隔。”宋周密《武林舊事·歲晚節物》：“至夜蕡燭糝盆，紅映霄漢。”明楊慎《譚苑醍醐·猛燭猛炬》：“猛炬、猛燭，蓋大燭、大炬也。《周禮》所謂墳燭……其猛燭乎？”

【猛燭】

即墳燭。此稱三國時期已行用。見該文。

【猛炬】

即墳燭。此稱晋代已行用。見該文。

【蕡燭】

即墳燭。此稱宋代已行用。見該文。

松明

亦稱“松火”。松枝火把。山松多油脂，劈成細條，可以照明。宋梅堯臣《宣城雜詩》之一八：“野糧收橡子，山屋點松明。”明陸深《燕閑録》：“深山老松，心有油者如蠟，山西人多以代燭，謂之松明，頗不畏風。”唐皮日休《奉和魯望寒夜訪寂人次韵》詩：“數葉貝書松火暗，一聲金磬檜烟深。”清吴偉業《贈家園次湖州守五十韵》詩：“鹿皮朝擁卷，松火夜挑燈。”

【松火】

即松明。此稱唐代已行用。見該文。

龍燭

傳說中燭龍神所銜之燭。《山海經·大荒北經》：“西北海之外，赤水之北，有章尾山。有神，人面蛇身而赤，直目正乘，其瞑乃晦，其視乃明。不食不寢不息，風雨是謁。是燭九陰，是謂燭龍。”後世遂將明燭稱爲“龍燭”，或製燭而以龍爲飾。三國魏曹植《芙蓉賦》：“焜焜韡韡，爛若龍燭。”《文選·左思〈吴都賦〉》：“西蜀之於東吴，小大之相絕也，亦猶棘林螢燿而與夫橽木龍燭也。”劉逵注：“《山海經》曰：‘鍾山之神，名曰燭龍，視爲晝，瞑爲夜。’”唐劉禹錫《觀舞柘枝》詩之一：“神飈獵紅蕖，龍燭燃金枝。”南唐李煜逸句：“烏照始潜龍，龍燭便争秉。”

膏燭

亦稱"脂燭""鳳膏"。以油脂製成之燈燭。秦漢時已行用。《淮南子·繆稱訓》："鐸以聲自毀，膏燭以明自鑠。"漢王充《論衡·幸偶》："或爍脂燭，或燔枯草。"《三國志·魏書·方伎傳》："〔管輅〕明年二月卒，年四十八。"裴松之注引《輅別傳》："可謂枯龜之餘智，膏燭之末景，豈不哀哉！"傳說漢武帝曾以鳳膏爲燭，故又有"鳳膏"之美稱。宋葉廷珪《海錄碎事》卷五："漢武帝燒鳳膏爲燭以照神壇。〔唐〕吳融詩云：'鳳膏還向日中焚'。"

【脂燭】

即膏燭。此稱漢代已行用。見該文。

【鳳膏】

即膏燭。此稱唐代已行用。見該文。

魚燭

亦稱"魚燈"。以魚膏製成的燭。始於秦朝，後遂沿用。《史記·秦始皇本紀》："葬始皇酈山……以人魚膏爲燭，度不滅者久之。"《文苑英華》卷二引唐王捧珪《日賦》："熒火聚燃，魚燭並蓺，明月高映，繁星遠列。"唐曹鄴《始皇陵下作》詩："千金買魚燈，泉下照狐兔。"明高啓《穆陵行》詩："魚燈夜滅隧戶開，弓劍已出空幽台。"

【魚燈】[2]

即魚燭。此稱唐代已行用。見該文。

官燭

官府辦公用燭。《初學記》卷二五引三國吳謝承《後漢書》："巴祇爲楊州刺使，與客坐暗中，不然官燭。"唐杜甫《臺上》詩："何須把官燭，似惱鬢毛蒼。"

蠟燭

亦作"爉燭"，亦稱"蠟炬"。以蠟製成圓柱形，中有芯，燃之以照明。章太炎《檢論》云："漢初炷燭不過麻蒸，後漢之季，始有蠟燭。"早期用蜜蠟，宋代以後，爲蟲蠟、石蠟所替代。南朝宋劉義慶《世說新語·雅量》："周仲智飲酒醉……舉蠟燭火擲伯仁。伯仁笑曰：'阿奴火攻，固出下策耳！'"又《汰侈》："王君夫以粘糒澳釜，石季倫用蠟燭作炊。"唐杜甫《宿府》詩："清秋幕府井梧寒，獨宿江城蠟炬殘。"唐韓翃《寒食》詩："日暮漢宮傳蠟燭，輕烟散入五侯家。"唐曹唐《長安春舍叙邵陵舊宴懷永門蕭使君》詩之一："香薰舞席雲鬟綠，光射頭盤蠟燭紅。"《太平廣記》卷二八一引唐薛漁思《河東記》："有頃，又持牀席、牙盤、爉炬之類及酒具、樂器，闐咽而至。"

【爉燭】

同"蠟燭"。此體唐代已行用。見該文。

【蠟炬】

即蠟燭。此稱唐代已行用。見該文。

燭臺 [1]

特指燭臺上的蠟燭。《花月痕》第一二回："剔起燈亮，點着燭臺。"《老殘游記》第一〇回："瑞姑到得洞裏，將燭臺吹息。"

燭臺
（明王圻等《三才圖會》）

金花燭

雕飾以金花的蠟燭。《梁書·羊侃傳》："魏使陽斐與侃在北嘗同學，有詔令侃延斐同宴。賓客三百餘人，器皆金玉雜寶……侍婢百餘人，俱執金花燭。"又有雕飾作蓮花式樣者，稱"金蓮花炬"，多爲宮中所用。《新唐書·令狐綯傳》："還爲翰林承旨。夜對禁中，燭盡，帝以乘輿、金蓮華炬送還，院吏望見，以爲天子來。"

花燭

彩飾的蠟燭。六朝、唐、宋時多用於婚禮中。南朝梁何遜《看伏郎新婚》詩："何如花燭夜，輕扇掩紅妝。"北周庾信《和咏舞》詩："洞房花燭明，燕餘雙舞輕。"宋吳自牧《夢粱錄·嫁娶》："新人下車……以數妓（伎）女執蓮炬花燭，導前迎引。"參閱唐封演《封氏聞見記·花燭》。

【花蠟】

即花燭。亦作"花蠟燭"。彩色蠟製成的燭。唐宋時頗通行。《舊唐書·文宗紀上》："應從行處張陳，不得用花蠟結彩華飾。"宋歐陽修《歸田錄》卷一："鄧州花蠟燭，名著天下，雖京師不能造。相傳云：是寇萊公燭法。"宋葉紹翁《四朝聞見錄·宣政宮漏》："其宣政盛時，宮中以河陽花蠟燭無香爲恨。"

【花蠟燭】

即花蠟。此稱宋代已行用。見該文。

丹燭

亦稱"朱燭""紅燭""絳蠟"。紅色之蠟燭。多於喜慶時用之。自魏晉而至於明清，此物世代有之。晉傅玄《燭銘》："煌煌丹燭，焰焰飛光。"南朝梁簡文帝《對燭賦》："綠炬懷翠，朱燭含丹。"唐朱慶餘《閨意獻張水部》詩："洞房昨夜停紅燭，待曉堂前拜舅姑。"宋蘇軾《次韻代留別》詩："絳蠟燒殘玉斝飛，離歌唱徹萬行啼。"明汪廷訥《種玉記·尚主》："望絳蠟輝煌如晝，耳畔裏恍惚笙歌揭天奏。"清冒襄《影

梅庵憶語》："燒二尺許絳蠟二三枝。"

【朱燭】

即丹燭。此稱南北朝時期已行用。見該文。

【紅燭】

即丹燭。此稱唐代已行用。見該文。

【絳蠟】

即丹燭。此稱宋代已行用。見該文。

【紅蠟】

即丹燭。亦作"紅臘"。唐皮日休《春夕酒醒》詩："夜半醒來紅蠟短，一枝寒淚作珊瑚。"前蜀韋莊《病中聞相府夜宴戲贈集賢盧學士》詩："滿筵紅蠟照香鈿，一夜歌鐘欲沸天。"明王世貞《贈郭舜舉祠部新婚》詩之二："紅臘初鎔雙鳳皇，新詩句好自催妝。"

【紅臘】

同"紅蠟"。即丹燭。此稱明代已行用。見該文。

蜜燭

亦稱"蜜炬"。因係以蜂蠟製成，故名。《西京雜記》卷四："閩越王獻高帝石蜜五斛，蜜燭二百枚。"唐李賀《河陽歌》："觥船飫口紅，蜜燭千枝爛。"宋翁元龍《絳都春·秋晚海棠與黃菊盛開》詞："花嬌半面，記蜜燭夜闌，同醉深院。"宋祝穆《古今事文類聚·人倫部》："觀察使李耕之女奴名却要，美容止善辭令。李有四子皆欲烝之而不得，遇清明中堂玩月，四子各在一處待之，長子遇於櫻桃花影中，却要詒之曰：可於東南隅相待少頃。却要燃蜜矩豁扉照之曰，阿堵貧兒爭敢向這裏宿！四子掩面各走。"清曹寅《暢春苑張燈賜宴歸舍恭記》詩之四："放仗幾家籠蜜炬，緩歸騎馬月中村。"

【蜜炬】

即蜜燭。此稱宋代已行用。見該文。

樺燭

以樺樹皮卷製成的燭。唐宋時尚流行。唐沈佺期《和常州崔使君寒食夜》詩：“無勞秉樺燭，晴月在南端。”唐白居易《行簡初授拾遺同早期入閣因示》詩：“宿雨沙堤潤，秋風樺燭香。”宋蘇軾《至真州再和》詩：“小院檀槽鬧，空庭樺燭烟。”宋陸游《雪夜感舊》詩：“江月亭前樺燭香，龍門閣上駄聲長。”清吳偉業《贈吳永調》詩之一：“相逢萬事從頭問，樺燭三條照淚痕。”吳翌鳳注：《玉篇》：‘樺木皮可以爲燭。’程大昌《演繁露》：‘古燭未知用蠟，直以薪蒸，即是燒柴取明耳。或亦剝樺皮爇之。’”

畫燭

有圖畫裝飾的蠟燭。唐李嶠《燭》詩：“兔月清光隱，龍盤畫燭新。”唐白居易《題周皓新亭子》詩：“侍兒催畫燭，醉客吐文茵。”宋周邦彥《紅羅襖·秋悲》詞：“畫燭尋歡去，贏爲載愁歸。”清蒲松齡《聊齋志異·巧娘》：“一麗人坐石上，雙鬟挑畫燭，分侍左右。”

【畫蠟】

即畫燭。唐羅鄴《舊侯家》詩：“金鈿座上歌春酒，畫蠟尊前滴曉風。”又《長安惜春》詩：“殘紅似怨皇州雨，細綠猶藏畫蠟灰。”

香燭

指精美的蠟燭。唐溫庭筠《菩薩蠻》詞：“畫羅金翡翠，香燭銷成淚。”又《池塘七夕》詩：“香燭有光妨宿燕，畫屏無睡待牽牛。”

法燭

漢代劉安始製的燈燭。唐溫庭筠《乾𦠆子·寶义》：“西市買油靛數石，雇庸人執爨，廣召日傭人，令鑢其破麻鞋，粉其碎瓦，以踈布篩之，合槐子油靛，令役人日夜加功，爛擣，候相乳尺悉看堪爲挺，從臼中熟出，命工人並手團握，例長三尺已下，圓徑三寸，垛之得萬餘條，號爲法燭。”宋高承《事物紀原·布帛雜事·法燭》：“漢淮南王招致方術之士，延八公等撰《鴻寶萬畢方》，法燭是其一也，餘非民所急，故不行於世。然則法燭之起，自劉安始也。”

鳳燭

雕飾有鳳凰形狀的蠟燭。宋俞文豹《清夜錄》：“宣和七年，預借元宵，時有謔詞云：太平無事，四邊寧静狼烟眇；國泰民安，謾說堯舜禹湯好。萬民翹望彩，都門龍燈鳳燭相照，只聽得教坊雜劇歡笑。”一説爲鳳形之燈，內燃蠟燭，故名“鳳燭”。

椽燭

如椽之大燭。多見於宋元以來。宋蘇軾《武昌西山》詩：“豈知白首同夜直，臥看椽燭高花摧。”宋孟元老《東京夢華錄·元宵》：“兩朵樓各挂燈毬一枚，約方圓丈餘，內燃椽燭。”宋佚名《鬼董·金燭》：“秦檜專權柄時，雅州守奉生日物甚富。爲椽燭百餘，范精金爲之心，而外灌花蠟。”清余懷《板橋雜記·軼事》：“飯非四糙冬春米，不可入口；夜非孫春陽家通宵椽燭，不可開眼。”

柏燭

用柏脂做成的蠟燭。宋代以來盛行。宋吳自牧《夢粱錄·鋪席》有“五間樓前周五郎蜜煎〔餞〕，童家柏燭鋪，張家生藥鋪”的記載。宋慕容百才《大劍山》詩：“階走楓林葉，窗催柏燭花。”《元詩紀事·方回》引元方回逸句：“糟薑三盞酒，柏燭一甌茶。”明宋應星《天工開物·膏液》：“造燭則柏皮油爲上，蓖麻子次之。”

仙音燭

一種點燃時能引動機關，發出樂音的燭燈。宋代始見記載。宋陶穀《清異録·器具》：“同昌公主薨，帝傷悼不已，以仙音燭賜安國寺，冀追冥福。其狀如高層露臺，雜寶爲之，花鳥皆玲瓏，臺上安燭。燭既燃點，則玲瓏者皆動，丁當清妙，燭盡絶響，莫測其理。”

紙燭

蘸油的紙撚兒，可點燃以照明。《隋書·食貨志》：“諸王諸主出閤就第婚冠所須及衣裳服飾，並酒米、魚鮭、香油、紙燭等並官給之；王及主婿外禄者不給。”明李贄《贊劉諧》：“怪得羲皇以上聖人盡日燃紙燭而行也。”

竹燭

竹質之燭。竹片浸泡後晾乾，可點燃以代燭。清王士禎《香祖筆記》卷八：“永安産竹燭，文信公駐軍時，燃此竹以代炬。”清屈大均《廣東新語·草語·竹燭》：“竹燭多産永安天子嶂，土人采以代燭。昔宋丞相天祥屯軍南嶺，每生燃此竹，火光照人，今名丞相竹。”

同心燭

燭名。兩芯相聯之燭。多用於婚嫁場合。《格致鏡原》卷五〇引《東宫舊事》：“皇太子納妃，挂同心燭。”

牛蠟

牛油製成的蠟燭。質較次，火光不明亮而略有臭氣。天潮易變質，點燃後蠟泪不止，燃燒迅速。北方使用較多。明宋應星《天工開物·膏液》：“造燭……北方廣用牛油。”

燭火

蠟燭的火焰。三國魏劉邵《人物志·八觀》：“夫智出於明。明之於人，猶晝之待白日，夜之待燭火。”《南史·陸雲公傳》：“雲公善奕棋，嘗夜侍武帝，冠觸燭火。帝笑謂曰：‘燭燒卿貂。’帝將用爲侍中，故以此戲之。”

燈花

亦稱“蠟花”“燭花”。燈燭燃燒時芯上所結成的花狀餘燼。俗以爲吉祥之兆。北周庾信《對燭賦》：“刺取燈花持桂燭，還却燈檠下燭盤。”又“本知雪光能映紙，復訝燈花今得錢。”唐杜甫《獨酌成詩》：“燈花何太喜，酒緑正相親。”唐李商隱《獨居有懷》詩：“蠟花長遞泪，箏柱鎮移心。”杜甫《官庭夕坐戲簡顔十少府》詩：“南國調寒杵，西江浸日車。客愁連蟋蟀，亭古帶蒹葭，不遣青絲鞚，虚燒夜燭花。老翁須地主，細細酌流霞。”《紅樓夢》第二九回：“一個小道士兒剪燭花的，没躲出去。”又“可巧有個十二三歲的小道士兒，拿着個剪筒，照管各處剪蠟花兒。”

【蠟花】

即燈花。此稱唐代已行用。見該文。

【燭花】

即燈花。此稱唐代已行用。見該文。

【火花】

即燈花。亦稱“缸花”。唐李商隱《爲東川崔從事謝辟並聘錢啓》：“陸賈方驗於火花。”馮浩注引《西京雜記》：“陸賈曰：目瞤得酒食，燈火華得錢財。故目瞤則咒之，火華則拜之。”火華，同“火花”。唐李賀《河南府試十二月樂詞·十月》：“玉壺銀箭稍難傾，缸花夜笑凝幽明。”王琦彙解：“缸花，燈花也。”

【缸花】

即火花。此稱唐代已行用。見該文。

【金穗】

"燈花"之美稱。亦稱"金粟"。唐韓偓《生查子》詞："時復見殘燈，和烟墜金穗。"唐韓愈《咏燈花同侯十一》詩："黃裏排金粟，釵頭綴玉蟲。"

【金粟】

即金穗。此稱唐代已行用。見該文。

燭刀

亦稱"燭剪"。剪燭花的剪刀。《宋史・輿服志六》："有香爐、寶子、香匙、灰匙、火箸、燭臺、燭刀，皆以金爲之。"《紅樓夢》第二九回：〔小道士〕照管各處剪蠟花兒，正欲得便藏出去，不想一頭撞在鳳姐兒懷裏……那小道士不顧拾燭剪，爬起來往外還要跑。"

【燭剪】

即燭刀。此稱清代已行用。見該文。

燭跋

本指火炬之柄或豎立炬燭的底座，後亦指燭臺中心插蠟燭用的針狀物。《禮記・曲禮上》："侍坐於所尊，敬毋餘席。見同等不起。燭至起。食至起。上客起。燭不見跋。"鄭玄注："跋，本也。燭盡則去之，嫌若燼多有厭倦。"孔穎達疏："本，把處也。古者未有蠟燭，唯呼火炬爲燭也。"五代王仁裕《開元天寶遺事》卷下：〔申王〕以龍檀木雕成燭跋童子……使執畫燭。"按：一本作"獨騞童子"，亦通。清蒲松齡《聊齋志異・邵女》："燭盡見跋，遂止宿焉。"後亦代指燭將燃盡所餘之末梢。宋陸游《十月一日浮橋成以故事宴客凌雲》詩："衆賓共醉忘燭跋，一徑却下緣雲根。"清黃景仁《秋夜》詩："燭跋燒殘擁薄衾，繞廬策策響疏林。"

燭臺 [2]

插蠟燭之器具。由燭跋、燭盤及座架等部分組成。宋佚名《道山清話》："温公在永興，一日行國忌香，幕次中客將有事欲白公，誤觸燭臺，倒在公身上，公不動，亦不問。"《老殘游記》第八回："裏面出來一個老者，鬚髮蒼然，手中持了一枝燭臺，燃了一枝白蠟燭。"

燭盤

帶底盤的燭臺，可兼盛燭淚。《宋書・庾炳之傳》：〔炳之〕聞劉遵考有材，便乞材，見好燭盤，便復乞之。"北周庾信《對燭賦》："剪取燈花持桂燭，還却燈檠下燭盤。"唐岑參《武威送劉單判官赴安西行營便呈高開府》詩："紅淚金燭盤，嬌歌艷新妝。"宋范成大《曉起》詩："簾額綉波蕩漾，燭盤紅淚闌幹。"

剪筒

筒狀剪除燭芯餘燼的用具。明張以寧《濟南寓公程鵬翼耀彩亭》詩："剪筒瀉酒留人醉，採茗分茶與客談。"《紅樓夢》第二九回："可巧有個十二三歲的小道士兒，拿着個剪筒，照管各處剪蠟花兒。"

桥 [2]

撥油燈的小木棍。宋趙叔向《肯綮錄・俚俗字義》："挑燈杖曰桥。"宋洪邁《容齋五筆・俗語有出》："挑剔燈火之杖曰桥。"

豹髓

製燭用之名貴原料。以丹豹之骨髓製成。用以祭神。傳說爲漢武帝時所用。清厲荃《事物異名錄・器用》引漢郭憲《洞冥記》："漢武帝以丹豹髓、白鳳膏，磨青銅錫爲屑，以純蘇油和之，照於神壇。"

蚖膏

亦稱"蚖脂"。蚖即蠑螈，其脂膏可用來點燈。北周庾信《燈賦》："秀華掩映，蚖膏照灼。"明王彦泓《戊寅仲秋雲客招賞菊花》詩："燭龍夭矯霞彩騰，蚖膏分綴千明燈。"《初學記》卷二五引《淮南萬畢術》："取蚖脂爲燈，置水中，即見諸物。"

【蚖脂】

即蚖膏。此稱漢代已行用。見該文。

蠟

亦作"蠟"。指蜂蠟、蟲蠟等油質物。以其具有可塑性，不溶於水，可燃燒，故可以爲燭。分白蠟、黃蠟兩種。《藝文類聚》卷四引西晋月氏三藏竺法護譯《佛説盂蘭盆經》"故後代人因此廣爲華飾，乃至刻木割竹；飴蠟翦綵，模花果之形，極工妙之巧。"又引梁元帝《藥名詩》曰："蠟燭凝花影，重臺閉綺扉。"《晋書·石崇傳》："與貴戚王愷、羊琇之徒，以奢靡相尚。愷以粅澳釜，崇以蠟代薪。"又蠟燭之省稱。唐李商隱《無題》詩："蠟照半籠金翡翠，麝薰微度繡芙蓉。"《事物原會》卷二七引《事物紺珠》："公劉作黃蠟，劉安作白蠟。"又引《鳥獸考》："黃蠟，蜂蠟也；白蠟，蟲蠟也。"《格致鏡原》卷五〇引《本草綱目》："李時珍曰：蠟乃蜜脾底也。取蜜後煉過，濾入水中，候凝，取之。色黃者，俗名黃蠟。煉净色白者爲白蠟，非新白而久則黃也。"

【蠟】

當是"蠟"之本字。此體晋代已行用。見該文。

蟲白蠟

以白蠟蟲分泌之白脂和油澆燭，勝於蜜蠟。其法始於元朝。明李時珍《本草綱目·蟲一·蟲白蠟》〔集解〕："唐宋以前，澆燭入藥所用白蠟，皆蜜蠟也。此蟲白蠟則自元以來人始知之，今則爲日用物矣。"

黃蠟

粗製的蜜蠟。相傳爲周部落祖先公劉所製。宋蘇軾《次履常臘梅韵》詩："蜜蜂采花作黃蠟，取蠟爲花亦其物。"《格致鏡原》卷五〇引《事物紺珠》："黃蠟，公劉作。"明李時珍《本草綱目·蟲一·蜜蠟》〔集解〕："蠟乃蜜脾底也。取蜜後煉過，濾入水中，候凝，取之。色黃者，俗名黃蠟。"

蘭膏

古代用澤蘭子煉製的油脂。可以點燈。先秦已行用。《楚辭·招魂》："蘭膏明燭，華容備些。"王逸注："蘭膏，以蘭香煉膏也。"晋張華《雜詩》："朱火青無光，蘭膏坐自凝。"唐劉長卿《雜咏上禮部李侍郎·寒釭》詩："戀君秋夜永，無使蘭膏薄。"五代和凝《臨江仙》詞："嬌羞不肯入鴛衾，蘭膏光裏兩情深。"

蠟珠

蠟燃燒時熔液滴下凝結而成的珠。《南齊書·王僧虔傳》："採蠟燭珠爲鳳凰。"唐溫庭筠《海榴》詩："蠟珠攢作蒂，緗彩翦成叢。"

蠟淚

亦作"蠟淚""蠟泪"，亦稱"燭淚""蠟液""炧泪"。燭泪，蠟燭點燃時淌下的液態蠟。唐溫庭筠《更漏子》詞："玉爐香，紅蠟淚，偏照畫堂秋思。"唐李賀《惱公》詩："蠟淚垂蘭燼，秋蕪掃綺櫳。"唐白居易《府家夜宴喜雪戲贈主人》詩："酒鈎送盞推蓮子，燭淚粘盤叠葡萄。"《舊唐書·柳公權傳》："每浴堂召對，繼燭見跋，語猶未盡。不欲取燭，宮人以蠟淚揉紙繼之。"《新唐書・柳公權傳》作"蠟液"。前蜀李珣《望遠行》詞："屏半掩，枕斜欹，蠟淚無言對垂。"宋陸游《夜宴賞海棠醉書》詩："深院不聞傳液漏，忽驚蠟淚已堆盤。"宋洪邁《夷堅丙志・藍姐》："妾秉燭時，盡以炧淚污其背。"清孫承澤《硯山齋雜記》卷四："紅粧嬝娜蠟泪垂，萬花錦谷揚葳蕤。"

【蠟淚】

同"蠟淚"。此體唐代已行用。見該文。

【蠟泪】

同"蠟淚"。此體至遲清代已行用。見該文。

【燭淚】

即蠟泪。此稱唐代已行用。見該文。

【蠟液】

即蠟泪。此稱唐代已行用。見該文。

【炧淚】

即蠟泪。此稱宋代已行用。見該文。

炧

亦作"炨"。燈燭之餘燼。《説文・火部》："炧，燭炱也。"炱，同"燼"。漢桓譚《新論・袪蔽》："余見其旁有麻燭，而炧垂一尺所。"唐元稹《通州丁溪館夜別李景信》詩之二："離床別臉睡還開，燈炧暗飄珠蔌蔌。"唐鄭畋《題緱山王子晋廟》："古殿香殘炧，荒階柳長條。"宋張元幹《昭君怨》詞："衾暖麝燈落炧，雨過重門深夜。"又以指燈燭。宋蔣捷《女冠子・元夕》詞："江城人悄初更打，問繁華誰解，再向天公借，剔殘紅炧，但夢裏隱隱，鈿車羅帕。"元金絅《踏莎行》詞："江南倦客正思家，炧花搖夢來鄉里。"清納蘭性德《浣溪沙・庚申除夜》詞："竹葉樽空翻彩燕，九枝燈炧顫金蟲。"又以指燭光。清沈豐垣《千秋歲・旅夜》詞："風透紗窗隙，搖曳殘燈炧。"

【炨】

同"炧"。此體唐代已行用。見該文。

聖

燭芯之餘燼。《禮記・檀弓上》："夏后氏聖周。"鄭玄注引《弟子職》曰："右手折聖。"陸德明釋文引《管子》云："'左手執燭，右手折聖'，即燭頭燼也。"

第七章　用物説

第一節　工具考

　　工具，是生活、生産中使用器具的統稱。生活在大約四五十萬年前舊石器時代的原始人類把石頭砸打成粗糙的石器，作爲工具來采集植物、獵取動物，作爲食物。能够製造工具是人和動物的根本區别。新石器時代的人類挑選出一些石頭，打成刀、鑿、斧、鏟等一定形狀，再磨得光滑、鋒利。這是人類社會一大進步。父系氏族公社時期已開始製造銅器。至商朝，工匠把青銅鎔液灌注在陶範裏，鑄出青銅器，有刀、斧等等。青銅工具硬度大大勝過了石器。春秋時期，鐵器已經在農業、手工業生産上使用。農業生産使用的鐵製工具有鐵鋤、鐵斧等。鐵器堅硬、鋒利，勝過木石和青銅工具。鐵器的使用，標志着社會生産力的顯著提高。時至今日，石器、木器、銅器、鐵器仍是人類日常生産、生活中經常使用的工具。斧是工具中常見的一種，俗稱“斧頭”，砍伐工具。遠古有石斧，爲一木棍夾一楔形石頭。其後出現青銅斧，斧頭上有方或圓形孔，寬身，兩側近刃部較長或呈弧形，平刃或弧刃，孔中裝柄，其制已與今之斧相似。後世多爲鐵製。《周易·巽》：“得其資斧。”王弼注：“斧，所以斫除荆棘，以安其舍者也。”《詩·齊風·南山》：“析薪如之何？匪斧不克。”此乃“斧”之記載較早者。横刃的斧頭，稱作斤，亦作“釿”，亦稱“斧斤”。《周禮·考工記·輈人》：“金有六齊……五分其金而錫居一，謂之斧斤之齊。”《莊子·逍遥游》：“不夭斤斧，物無害者，無所可用。”《説文·斤部》云：“斤，斫木斧也。”王筠句讀：“斤之刃横，斧之刃縱。其用與鋤钁相似。”段玉裁注：“凡用斫物者皆曰斧，斫木之斧，則謂之斤。”此皆可爲證。納柄之孔爲方形的斧子，稱作“斨”。斧柄稱作“柯”。而古代傳説中大匠魯班之斧則稱“般斤”，狀爲石製之斧而無孔者，稱“雷楔”。

常使用的工具還有釘、隱栝（亦作“隱括”）、墨斗、銼、鋸、鐯、錘、鑪、鑿、鑽等。大多爲木匠所用。

工具中，刀也是較重要之一種。刀爲切、割、削、砍之器具。有利刃，種類繁多，如“牛刀”“菜刀”“劈柴刀”“却鼠刀”“板刀”“剃刀”“魚刀”“解手刀”等。此外，如并刀、鸞刀等不勝枚舉。《論語·陽貨篇》云：“子之武城，聞弦歌之聲。夫子莞爾而笑曰：‘割雞焉用牛刀？’”《莊子·養生主》云：“良庖歲更刀，割也。”《樂府詩集·横吹曲辭·木蘭詩》云：“小弟聞姊來，磨刀霍霍向猪羊。”此皆刀之記載（詳諸文）。刀長時間使用，刀刃變鈍，要在磨刀石上磨利。精細的磨刀石稱“砥”，亦稱“砥石”，用以細磨有刃的工具。《山海經·西山經》云：“〔崦嵫之山〕其中多砥礪。”郭璞注：“磨石也。精爲砥，粗爲礪。”《詩·大雅·公劉》：“涉渭爲亂，取厲取鍛。”磨刀石又稱作䃺（詳“䃺¹”文）。但另有破穀去殼、加工糧食之工具，亦稱“䃺”。它由上臼、下臼、搖臂與支座等組成。上、下臼接合面有齒。頂有漏斗，下有承盤。下臼固定，人力推動上臼轉動，借臼齒搓擦，使稻穀殼裂脱。起類似作用的工具有臼、磨、碓、碾、篩、羅等。臼美稱“玉臼”，舂米器具，古時掘地爲臼，後漸代之以木石。其形周圍凸起而中間凹下。《周易·繫辭下》謂“斷木爲杵，掘地爲臼”，可證。磨亦稱“石磨”，碎物成粉屑的工具。相傳爲魯班發明。其物始於周，沿用至今。碓，亦稱“地碓”。舂穀器具。今仍有用之者。篩、羅皆爲分離物質粗細的器具。詳其條文。

工具中尚有一類防火、救火器具，統稱“火備”，亦稱“火具”。《宋史·文苑傳·蘇舜欽》：“非慢於火備，乃天之垂戒也。”又《王祚傳》：“課民鑿井修火備。築城北堤以禦水災。”火浣布、水銃、水龍、灑子、撓鈎、鐵貓兒等皆爲火具類。《列子·湯問》云：“周穆王大征西戎，西戎獻錕鋙之劍，火浣之布……浣之必投於火；布則火色，垢則灰色；出火而振之，皓然疑乎雪。”此火浣布之記載。水銃、洒子爲噴水救火之器具；撓鈎、鐵貓兒爲搶抓救火器具。這些火具今多不見。詳各條文。

斤斧類

斤

亦作“釿”。橫刃的斧頭，用於斫木。即後世之錛。《説文·斤部》：“斤，斫木斧也。”段玉裁注：“凡用斫物者皆曰斧，斫木之斧，則謂之斤。”王筠句讀：“斤之刃橫，斧之刃縱。”周代，銅斤多有出土，然皆非全形。今已見商代晚期

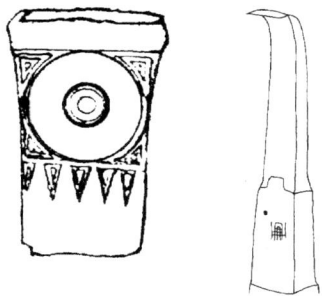

戰國斤　　　銅曲頭斤
（華夫《中國古代名物大典》）

銅斤，上海博物館有藏。1957 年河南信陽長臺關楚墓出土之斤爲全形，帶木柄，銅質，殊可寶。《逸周書·文傳》：“山林非時不升斤，以成草木之長。”《莊子·在宥》：“於是乎釿鋸制焉，繩墨殺焉。”陸德明釋文：“釿音斤，本亦作斤。”《左傳·哀公二十五年》：“皆執利兵，無者執斤。”杜預注：“斤，工匠所執。”《宋書·臧質傳》：“執藥隨親，非情謬於甘苦；揮斤斬毒，豈忘痛於肌膚。”元揭傒斯《與尚書右丞相書》：“牛之肯綮，逢庖丁之刃則解；木之盤錯，遇匠石之斤則離。”《集韻·平欣》：“斤或從金。”按：又有曲頭斤，類鑿而刃部微彎。

【釿】

同“斤”。此體先秦時期已行用。見該文。

【斧斤】

即斤。亦作“斧釿”。《孟子·梁惠王上》：“斧斤以時入山林，材木不可勝用也。”北齊劉晝《新論·言苑》：“倕無斧釿，不能善斫。”唐杜甫《枯椶》詩：“交橫集斧斤，凋喪先蒲柳。”清紀昀《閲微草堂筆記·槐西雜志三》：“不需梁柱之材，故斧斤不至。”

【斧釿】

同“斧斤”。此體南北朝時期已行用。見該文。

【錛】 [1]

即斤。亦稱“錛鋤”。明徐光啓《農政全書》卷三二引《務本新書》：“其間但有芽葉不旺者，以硬木貼樹身，去地半指，一斧截斷，快錛更妙。”明李實《蜀語》：“鈢木器曰錛鋤。錛，音奔。”

【錛鋤】

即錛。此稱明代已行用。見該文。

般斤

古代傳説中大匠魯班所用之斤。般，通“班”。漢揚雄《法言·君子》：“般之揮斤，羿之激矢，君子不言，言必有中也。”後以喻技能。宋蘇軾《次韵張安道讀杜詩》：“般斤思郢質，鯤化陋鯈濠。”

斧

亦稱“斧子”“斧頭”。縱刃的砍伐工具。遠古有石斧，爲一木棍夾一楔形石頭。其後，出現青銅斧，斧頭上有方形或圓形孔，寬身，兩側近刃部較長或呈弧形，平刃或弧刃，孔中裝柄，其制已與今之斧子相似。1961 年上海青浦縣崧澤遺址出土一件帶孔石斧，屬新石器時

代崧澤文化，距今約五千九百年，1988年江蘇金壇市西崗鎮三星村新石器時期文化遺址中有穿孔斧出土。另有一件環刃石斧，通體拋光，無使用痕迹，似爲禮器。後世則多爲鐵製，刃縱向，裝柄的孔是橢圓形的。《説文・斤部》："斧，斫也。" 段玉裁本作"所以斫也"，并注："'所以'二字今補。"

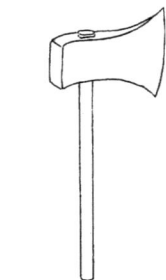

斧
（元王禎《農書》）

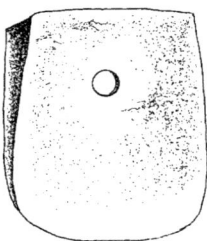

穿孔石斧

王筠句讀："斤之刃横，斧之刃縱。"《説文・斤部》："斤，方銎斧也。" 段玉裁注："銎者，斤斧空也。毛傳曰：'隋（橢）銎曰斧，方銎曰斤。'" 徐灝箋："隋（橢）銎謂其銎爲長圓形。"《周易・巽》："得其資斧。" 王弼注："斧，所以斫除荆棘，以安其舍者也。"《詩・齊風・南山》："析薪如之何？匪斧不克。" 漢王充《論衡・量知篇》："屋廡則用斧斤，墙壁則用築鍤。"《新唐書・五行志》："鎌柯不鑿孔，斧子不施柯。"《京本通俗小説・錯斬崔寧》："那人急了，正好没出豁，却見明晃晃一把劈柴斧頭，正在手邊。"

【斧子】

即斧。此稱唐代已行用。見該文。

【斧頭】

即斧。此稱宋代已行用。見該文。

斤

納柄之孔爲方形的斧子。《説文・斤部》：

"斤，方銎斧也。"《詩・豳風・七月》："蠶月條桑，取彼斧斤。" 毛傳："斤，方銎也。" 晋左思《魏都賦》："斧斤以時。"《廣雅・釋器》"斤" 王念孫疏證："橢銎曰斧。銎，謂受柄之孔也。" 清畢沅《釋名疏證》卷七："斧斤同類，唯銎稍異。銎，受柄之穿也。"

柯 [2]

斧柄。《説文・木部》："柯，斧柄也。"《廣雅・釋器》："柯，柄也。" 先秦時已有之。《詩・豳風・伐柯》："伐柯如何？匪斧不克。" 毛傳："柯，斧柄也。"《周禮・考工記・車人》："柯，長三尺，博三寸，厚一寸有半。"《國語・晋語八》："今若大其柯，去其枝葉，絕其本根，可以少間。" 韋昭注："柯，斧柄也，所操以伐木。"《資治通鑑・晋紀》穆帝永和五年："高力皆多力善射，一當十餘人，雖無兵甲，掠民斧，施一丈柯，攻戰若神。" 胡三省注："柯，斧柄也。" 亦稱"斧柯"。《史記・蘇秦列傳》："毫釐不伐，將用斧柯。" 唐杜甫《惡樹》詩："獨繞虚齋徑，常持小斧柯。"

【斧柯】

即柯。此稱漢代已行用。見該文。

雷斧

雷電擊石而生成之化合物，形似銅鐵之斧。宋沈括《夢溪筆談・神奇》："世人有得雷斧、雷楔者，云雷神所墜，多於雷震之下得之，而未嘗親見。元豐中，予居隨州，夏月大雷震，一木折，其下乃得一楔，信如所傳。凡雷斧多以銅鐵爲之，楔乃石耳，似斧而無孔。世傳雷州多雷，有雷祠在焉，其間多雷斧、雷楔。"

【雷楔】

雷電擊石碎裂而成之楔狀物。詳前文"雷斧"。

鋸銼諸類

鋸

用以切割竹、木、骨、角等的工具。由金屬鋸條裝於木製鋸牀上組成。鋸條爲長條薄片，邊沿有齒刃，其齒一左一右。有手鋸、弓形鋸、拉鋸、條鋸等多種類別。漢代稱之爲"槍唐"。《説文·金部》："鋸，槍唐也。"段玉裁注："槍唐，蓋漢人語。"今所見最早者爲商代青銅鋸。戰國時有直鋸和彎鋸，其形與今之鋸相似。後有鐵鋸和銅鋸。浙江城關鎮西施山出土之戰國削形鋸狹長有柄，既可作刀，亦可當鋸，殊工巧。《墨子·備城門》："門者，皆無得挾斧斤鑿鋸椎。"漢枚乘《上書諫吳王》："水非石之鑽，索非木之鋸。"《釋名·釋器用》："鋸，鐵葉爲齟齬，其齒一左一右，以片解木石也。"

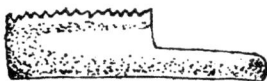

商刀形鋸

戰國雙刃鋸

戰國削形鋸

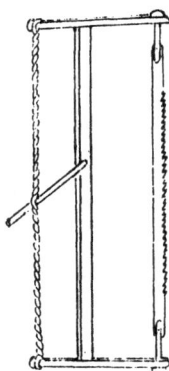

鋸
（元王禎《農書》）

【槍唐】

即鋸。此稱漢代已行用。見該文。

銼

用於磨擦加工竹、木、骨、角、銅、鐵等的工具。金屬製成，上有細齒或紋路，裝於木柄之上。有扁銼、方銼、圓銼、三角銼、尾銼等多種類型。今所見最早者爲戰國青銅銼，有直銼、彎銼兩種。河南汲縣山彪鎮戰國墓與安徽壽縣楚墓出土之青銅銼即有直式、彎式兩種。後世多爲鐵銼或銅銼。明金鉉《除戎紀》："復以鐵銼細爲磋琢，銹將去八九矣。"

戰國青銅銼

隱栝

亦作"隱括"。矯正竹木彎曲的器具。《韓非子·顯學》："自直之箭，自圜之木，百世無有一，然而世皆乘車射禽者何也？隱栝之道用也。"王先愼集解："栝，張榜本、趙本作'括'。"漢桓寬《鹽鐵論·大論》："俗非唐虞之時，而世非許由之民，而欲廢法以治，是猶不用隱括斧斤，欲撓曲直枉也。"

【隱括】

同"隱栝"。此體先秦時期已行用。見該文。

墨斗

亦作"墨斝"，亦稱"頹繩"。木工用以取材打直綫的工具。今所見者，形似舟，一邊裝一纏綫軸以繞綫繩，另一邊置一墨水匣。引綫繩經墨水匣染色後，從另端扯出，在木材上拉直固定，繃彈綫繩而得其墨綫。《禮記·經解》："故衡誠縣，不可欺以輕重；繩墨誠陳，不可欺以曲直；規矩誠設，不可欺以方圓。"《莊子·逍遥游》："吾有大樹，人謂之樗，其大本擁腫而不中繩墨。"《孟子·盡心上》："大匠不爲拙工改廢繩墨。"宋沈括《夢溪筆談·技藝》："畫文象形，如繩木所用墨斗也。"明楊慎《楊慎外集》："《商君書》：'頰繩束枉木'，古之匠人用頰繩，即今之墨斗也。"

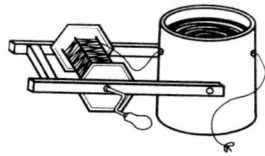
墨斗
（齐源据清代传世物绘制）

【墨斗】

同"墨斗"。此體宋代已行用。見該文。

【頰繩】

即墨斗。此稱明代已行用。見該文。

錛[2]

削平木料的工具。平頂，單面刃口，體呈單斜面或雙斜面，銎形和裝柄方式與钁相同。青銅錛始見於商代，春秋戰國時數量增多。後世之錛爲鐵製。1963年山東日照曾出土一物，似玉質石錛，扁平長方形，雙面刃，墨綠色，綫刻獸面紋。疑爲兵器。《改並四聲篇海·金部》引《餘文》："錛，平木器。"唐蘭《中國青銅器的起源與發展》："古代的兵字是兩個手捧一個斤，斤就是錛，既可以作兵器，也可以作農具或工具。"字亦作"鐼"。《説文·金部》："鐼，鐵屬。"《集韵·平魂》："鐼，平木器。或從奔。"

【鐼】

同"錛"。此體漢代已行用。見該文。

刨

古名曰"准"，亦作"鉋"，今稱"鉋子"。刮平木料、金屬等物的工具。明宋應星《天工開物·錘鍛·刨》："凡刨，磨礪嵌鋼寸鐵，露

刃秒忽，斜出木口之面，所以平木，古名曰准。"（明代少有稱宋元爲古者）亦作"鉋"。《正字通·金部》："鉋，平木器。鐵刃，狀如鏟，衔匣中，不令轉動。木匣有孔，旁兩小柄，以手反覆推之，木片從孔出，用捷於鏟。通作刨。"

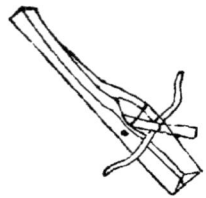
鉋
（清麟慶《河工器具圖説》）

【准】

即刨。此稱至遲唐代已行用。見該文。

【鉋】

同"刨"。此體明代已行用。見該文。

錘

捶擊具。錘頭裝於木柄上。漢王充《論衡·辨祟》："不動鑺錘。"《晋書·苻生載記》："常彎弓露刃以見朝臣，錘鉗鋸鑿備置左右。"《新唐書·嚴武傳》："武奮然以鐵鎚就英寢，碎其首。"《正字通·金部》："錘與鎚、椎通。"《雍州府志·土産門·服器部》："鐵鎚，其大者謂玄翁……其小者謂鐵槌。"按：槌亦與錘通。

鑢

磋磨骨角銅鐵等的工具。《禮記·大學》引《詩經》："如切如磋。"宋朱熹注："磋以鑢錫，磨以沙石，皆治物使其滑澤也。"《字彙·金部》："鑢，摩錯之器。"《六書故·地理一》："鑢，錯之精者。"按：錯同"銼"。

鑿

鑿孔或挖槽用的工具。體細長，下端爲楔形或錐形。端末有刃口。用錘敲擊上端，使下端刃部楔入工件，以切去材料。今所見青銅鑿最早者爲商代所製。春秋戰國時此物漸多。後

世之鑿多爲鐵製或銅製。有平鑿、圓弧鑿。《説文·金部》："鑿，所以穿木也。"段玉裁注："穿木之器曰鑿。"《釋名·釋器用》："鑿，有所穿鑿也。"《尸子》卷下："利錐不知方鑿。"漢王充《論衡·效力》："鑿所以入木者，槌叩之也。"明宋應星《天工開物·錘鍛·鑿》："凡鑿，熟鐵鍛成，嵌鋼於口，其本空圓，以受木柄。"

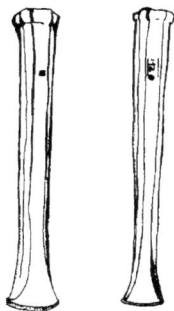

青銅鑿
（華夫《中國名物大典》）

鑽

穿孔的器具。今所見最早者爲商代青銅鑽。《急就篇·器用》："鐵鈇鑽錐釜鍑鑼。"唐顏師古注："鑽，所以穿通也。"《説文·金部》："鑽，所以穿也。"徐灝注箋："此謂鑽鑿之器。"《字

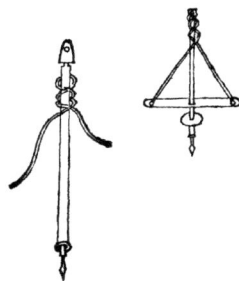

鑽
（清麟慶《河工器具圖説》）

彙·金部》："鑽，穿物之錐也。"《管子·輕重乙》："一車必有一斤、一鋸、一釭、一鑽、一鑿、一銶、一軻，然後成爲車。"宋蘇軾《白鶴山新居鑿井四十尺遇磐石石盡乃得泉》詩："豐我粢與醪，利汝椎與鑽。"明羅頎《物原·器原》："軒轅作鋸、鑿，般作鉋、鑽、鏁括。"

釘

釘子。用以貫物使堅固。其質或金屬或竹木。今所見者多爲鐵釘。《三國志·魏書·牽招傳》："賊欲斫棺取釘，招垂涙請赦。"南朝宋劉義慶《世説新語·政事》："官用竹，皆令録厚頭，積之如山。後桓宣武伐蜀，裝船悉以作釘。"唐李商隱《無愁果有愁曲北齊歌》："秋娥點滴不成涙，十二玉樓無故釘。"《水滸傳》第二七回："便把這婆子推上木驢，四道長釘，三條綁索。"《正字通·金部》："凡製器，用金、木、竹爲釘，鋭其首，椎入附著之。古借用'丁'字，音義同。"

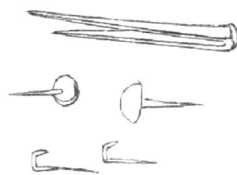

釘

刀　類

刀

用以切、割、削、砍的器具。多用金屬製成，種類繁多，如菜刀、牛刀、柴刀、手術刀等。1988年江蘇省金壇市西崗鎮三星村新石器時期文化遺址出土骨刀、石刀。其中石刀中的七孔刀共二件，爲目前所見七孔石刀分布的最

東緣。此外，還有三孔刀等。商代已出現青銅刀，至周代又有鐵刀。可見我國用刀的歷史十分久遠。《書·顧命》："越玉五重，陳寶、赤刀、大訓、弘璧、琬琰在西序。"鄭玄注："赤刀者，武王誅紂時刀。"《莊子·養生主》："良庖歲更刀，割也。"《樂府詩集·橫吹曲辭五·木蘭詩》：

"小弟聞姊來，磨刀霍霍向猪羊。"唐佚名《哥舒歌》："北斗七星高，哥舒夜帶刀。"山東蒼山縣出土一東漢安帝永初六年（112）鐵刀，環

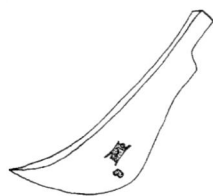

青銅刀
（華夫《中國古代名物大典》）

首呈橢圓形，刀身微弧，刀背飾錯金絲火焰紋，并有隸書銘文："永初六年五月丙午造州諫大刀吉羊"。刀全長 11.5 厘米，寬 3 厘米，刀背厚 1 厘米。現存蒼山縣文物管理所。

昆吾刀

省稱"昆吾""昆刀"。用昆吾石冶煉成鐵製作的刀。據載周穆王時已見行用。《海內十洲記・鳳麟洲》："昔周穆王時，西胡獻昆吾割玉刀及夜光常滿杯，刀長一尺，杯受三升。刀切玉如切泥……劍之所出，從流州來。"《宋史・文苑傳六・李公麟》："玉質堅甚，非昆吾刀、蟾肪不可治。"清紀昀《閱微草堂筆記・姑妄聽之三》："世謂古玉，皆昆吾刀刻，不盡然也。"元關漢卿《單刀會》第二折："他輕舉龍泉殺車胄，怒拔昆吾壞文醜。"明汪廷訥《種玉記・露遺》："切莫按昆吾，論同胞休戚相須。"清李漁《玉搔頭・抗節》："不用仗昆吾，赤手擒羆虎。"明朱珪《名蹟錄》卷六："方寸鐵詩：'并剪分江龍噴月，昆刀切玉鳳窺雲。'"清趙翼《甌北詩話・白香山詩》："且其筆快如并剪，銳如昆刀，無不達之隱，無稍晦之詞。"清納蘭性德《與韓元少書》："王伯安以天縱之奇才，加心學之獨得，故其爲文如昆刀之切玉，快馬之斫陣，爲天地間第一種快文。"

【昆吾】

"昆吾刀"之省稱。此稱先秦時期已行用。見該文。

【昆刀】

"昆吾刀"之省稱。此稱至遲明代已行用。見該文。

錐刀

小刀。《荀子・議兵》："故以詐遇詐，猶有巧拙焉；以詐遇齊，辟之猶以錐刀墮太山也。"《淮南子・說山訓》："斷右臂而爭一毛，折鏌鋣而爭錐刀，用智如此，豈足高乎？"又爲一種製茶用具。唐陸羽《茶經・具》："棨，一曰錐刀，柄以堅木爲之，用穿茶也。"另有"象牙錐刀"，參見下文。

象牙錐刀

象牙製小刀。傳世最早的象牙錐刀見於山東青州市蘇埠屯一號商代墓中。刀長 7.2 厘米，雕作魚形，體扁平，尾部磨成鋒刃，琢磨光滑，造型精美。

鸞刀

刀環上有鈴的刀。古代多在祭祀時用以割牲。《詩・小雅・信南山》："執其鸞刀，以啓其毛，取其血膋。"毛傳："鸞刀，刀有鸞者，言割中節也。"孔穎達疏："鸞即鈴也。謂刀環有鈴，其聲中節。"《禮記・禮器》："割刀之用，鸞刀之貴。"孔穎達疏："割刀，今之刀也；鸞刀，古刀也。今刀便利，可以割物之用；

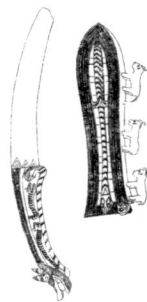

周鸞刀
（清梁詩正等《西清古鑑》）

古刀遲緩，用之爲難。"晋潘岳《西征賦》："雍人縷切，鸞刀若飛。應刃落俎，霍霍霏霏。"宋邵雍《首尾吟》之五："寶鑒造形難着髮，鸞刀迎刃豈容絲。"明宋濂《奉制撰蟠桃核賦》："鸞刀割蜜，神液流泉。"

刀刃

單稱"刃"。刀用來切削的一邊，也作刀類兵器的泛稱。《周禮·秋官·掌戮》："掌斬殺賊諜而搏之。"漢鄭玄注："殺以刀刃，若今弃市也。"《莊子·養生主》："今臣之刀十九年矣，所解數千牛矣；而刀刃若新發於硎。"漢司馬遷《報任安書》："然陵一呼勞軍，士無不起，躬自流涕，沫血飲泣，更張空弮，冒白刃，北嚮爭死敵者。"南朝宋劉義慶《幽明録·桓温》："命家中悉藏刀刃，不以自近。"《書·費誓》："礪乃鋒刃。"孔傳："磨礪鋒刃。"《北史·叔孫俊傳》："俊覺悦舉動有異，乃於悦懷中得兩刃匕首，遂執悦殺之。"

【刃】

"刀刃"之單稱。此稱先秦時期已行用。見該文。

刀子

小刀。清翟灝《通俗編·器用·刀子》："俗呼器物，多以'子'爲助，惟刀子與刀，似有大小之别。"北魏賈思勰《齊民要術·養牛馬驢騾》："纏刀子，露鋒刃一寸，刺咽喉，令潰破，即愈。"《宋書·朱齡石傳》："剪紙方一寸，貼著舅枕，自以刀子懸擲之。"《紅樓夢》第四四回："你要不實説，立刻拿刀子來割你的肉！"

魚刀

古代傳説中的一種鋒利之刀。北魏酈道元《水經注·温水》："范文，日南西捲縣夷帥范

椎奴也……山澗牧羊，于澗水中得兩鯉魚，隱藏挾歸，規欲私食。郎知撿求，文大慚懼，起託云：'將礦石還，非爲魚也。'郎至魚所，見

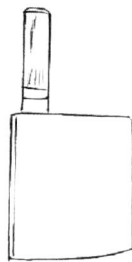

魚刀

是兩石，信之而去，文始異之。石有鐵，文入山中，就石冶鐵，鍛作兩刀。舉刃向碪，因祝曰：'鯉魚變化，冶石成刀，砍石碪破者，是有神靈，文當得此，爲國君王；砍不入者，是刀無神靈。'進砍石碪，如龍淵、干將之斬蘆藁。由是，人情漸附。今砍石尚在，魚刀猶存，傳國子孫，如斬蛇之劍也。"清屈大均《廣東新語·地語·銅柱界》："子孫寶之，以魚刀比之斬蛇劍云。"亦指剖魚用之刀。《尚書大傳》卷一下："大都：鱺魚、魚刀。"鄭玄注："魚兵如刀者也。"

剃刀[2]

刮去毛髮用的刀子。此稱唐代已行用。《法苑珠林》卷一〇引《佛本行經》："佛告阿難：'汝往菩提樹金剛座西塔，取我七寶剃刀並浴金剛盆，我欲剃髮。'"唐段成式《酉陽雜俎·具篇》："二十八宿，昂爲首，一夜行三十時，形如剃刀。"又《題僧壁》詩："有僧支頰撚眉毫，起就夕陽磨剃刀。"明董穀《碧里雜存·建文君》："乃開篋，有僧衣帽一副，度牒一紙，剃刀一具而已。"

却鼠刀

亦作"卻鼠刀"。能驅鼠的刀。宋蘇軾有《却鼠刀銘》。宋彭乘《續墨客揮犀·却鼠刀》："蘇子瞻有却鼠刀，云得之於野老，嘗匣藏之。

用時但焚香，置净几上，即一室之内無鼠。”一本作“卻”。

【卻鼠刀】

同“却鼠刀”。此體宋代已行用。見該文。

解手刀

亦稱“解手尖刀”“解腕刀”“解腕尖刀”。日常應用的小佩刀，一般尖長，背厚，刃薄，柄短。《警世通言·俞伯牙摔琴謝知音》：“伯牙於衣袂間取出解手刀，割斷琴絃，雙手舉琴，向祭石臺上，用力一摔，摔得玉軫抛殘，金徽零亂。”《醒世姻緣傳》第二回：“把床頭上那把解手刀拔出鞘來，袖在袖内，看他來意如何。”《水滸傳》第一〇三回：“〔王慶〕便悄地到街坊買了一把解手尖刀，藏在身邊，以防不測。”第二六回：“〔武松〕身邊藏了一把尖長柄短背厚刃薄的解腕刀。”第一〇回：“林冲大怒，離了李小二家。先去街上買把解腕尖刀，帶在身上。”

【解手尖刀】

即解手刀。此稱明代已行用。見該文。

【解腕刀】

即解手刀。此稱明代已行用。見該文。

【解腕尖刀】

即解手刀。此稱明代已行用。見該文。

板刀

短柄，窄長而無尖的刀。《水滸傳》第三七回：“那梢公便去艎板底下摸出那把明晃晃的板刀來。”魯迅《華蓋集續編·馬上日記》：“車邊上掛着兵，有的背着扎紅綢的板刀。”

砥　類

砥

亦作“厎”，亦稱“砥石”。質地精細的磨刀石，用以磨礪有刃的工具。《書·禹貢》：“礪砥砮丹。”孔傳：“砥細於礪，皆磨也。”《山海經·西山經》：“〔崦嵫之山〕其中多砥礪。”郭璞注：“磨石也。精爲砥，粗爲礪也。”《淮南子·脩務訓》：“劍待砥而後能利。”高誘注：“砥，厲石也。”《史記·高祖功臣侯者年表序》：“泰山若厲。”裴駰集解：“厲，砥石也。”磨刀石渾言之爲砥礪，析言之則砥爲細，礪爲粗。《墨子·兼愛下》引《詩》：“其直若矢，其易若厎。”《説文·厂部》：“厎，柔石也。从厂，氏聲。砥，厎或从石。”段玉裁注：“柔石，石之精細者……厎者，砥之正字。”《淮南子·説山訓》：“砥石不利，而可以利金。”漢王充《論衡·明雩》：“砥石劘厲，欲求銛也。”

【厎】

同“砥”。此體先秦時期已行用。見該文。

【砥石】

即砥。此稱漢代已行用。見該文。

【硎】

即砥。《廣韵·平青》：“硎，砥石。”《莊子·養生主》：“今臣之刀十九年矣，所解數千牛矣，而刀刃若新發於硎。”唐裴夷直《觀淬龍泉劍》詩：“發硎思剚玉，投水化爲龍。”宋王禹偁《仲咸以予編成商於唱和集以二十韻詩相贈依韻和之》：“硎發鋒鋩利，衡誠勢力懸。”參見“砥”。

礪

亦作“厲”，亦稱“礪石”。粗磨刀石。

《詩·大雅·公劉》："涉渭爲亂，取厲取鍛。"唐陸德明釋文："厲，本又作礪。"《國語·楚語上》："若金，用女作礪；若津，用女作舟。"《荀子·勸學》："故木受繩則直，金就礪則利。"漢劉向《説苑·建本》："學所以益才也，礪所以致刃也。"《山海經·中山經》："又北三十五里，曰陰山，多礪石、文石。"郭璞注："礪石，石中磨者。"《史記·高祖功臣侯者年表序》："使河如帶，泰山若厲。"裴駰集解："厲，砥石也。"《文選·司馬相如〈子虚賦〉》："瑊玏玄厲，硬石碔砆。"郭璞注："玄厲，黑石，可月以磨也。"

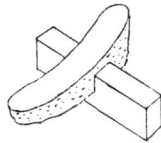

礪
（元王禎《農書》）

【厲】

　　同"礪"。此稱先秦時期已行用。見該文。

【礪石】

　　即礪。此稱先秦時期已行用。見該文。

錯

　　亦作"厝"。用於琢玉的粗磨石。《書·禹貢》："錫貢磬錯。"孔傳："治玉石曰錯，治磬錯。"孔穎達疏："磬有以玉爲之者，故云'治玉石曰錯'，謂'治磬錯'也。"《詩·小雅·鶴鳴》："他山之石，可以爲錯。"毛傳："錯，石也，可以琢玉。"清方文《贈張長仁職方》詩："石亦可爲錯，嫭亦可爲姝。"《説文·厂部》："厝，厲石也。从厂，昔聲。《詩》曰：'他山之石，可以爲厝。'"段玉裁注："〔厝石〕各本

作厲石，今正。《小雅·鶴鳴》曰：'他山之石，可以爲錯。'傳曰：'錯，錯石也。'……錯，古作'厝'。厝石，謂石可以攻玉者。"徐灝箋："凡磨鑢金石謂之厝，古通作錯。"

錯

【厝】

　　同"錯"。此體先秦時期已行用。見該文。

磨石[1]

　　磨刀石。此稱先秦時期已行用，今仍存。《百喻經·就樓磨刀喻》："嫌刀鈍故，求石欲磨。乃於樓上得一磨石，磨刀令利。"《文選·枚乘〈上書諫吳王〉》："磨礱砥礪。"唐李周翰注："皆磨石。"

【礱】[1]

　　即磨石[1]。《漢書·枚乘傳》："磨礱底厲，不見其損，有時而盡。"顏師古注："礱亦磨也；底，柔石也；厲，皂石也；皆可以磨者。"《文選·枚乘〈上書諫吳王〉》作"磨礱砥礪"，李周翰注："磨礱砥礪，皆磨石。"《廣雅·釋器》："礱，礪也。"王念孫疏證："《太平御覽》引《尸子》云：'磨之以礱礪'，是礱爲磨石也。"

礱
（元王禎《農書》）

杵臼諸類

杵臼

亦稱"臼杵""碓舂""舂碓""碓臼""碓磑"。杵和臼，用以舂搗糧食或藥物等的工具，杵爲搗棒，臼爲容器。宋高承《事物紀原·農菜陶漁部·杵臼》："桓譚《新論》云：'伏犧製杵臼。'《世本》乃云'雍父作舂杵臼。'《吕氏春秋》曰：'赤冀作杵臼。'皆非也。《黃帝内傳》曰：'帝既斬蚩尤，因剙杵臼。'《易·繫辭》曰：'神農氏没，黃帝、堯、舜氏作，斷木爲杵，掘地爲臼，臼杵之利，萬民以濟。'蓋取諸《小過》。此疑杵臼之始也。《唐韵》作：'羅父作杵臼。'"由此知杵臼始於黃帝時代。《六韜·農器》："戰攻守禦之具盡在於人事：耒耜者，其行馬蒺藜也……钁鍤斧鋸杵臼，其攻城器也。"北魏酈道元《水經注·河水四》："東厢石山猶傳杵臼之迹。庭中亦有舊宇處，尚髣髴前基。"唐杜甫《九成宫》詩："蒼石八百里，崖斷如杵臼。"《西游記》第九五回："這大聖用心力輪鐵棒，仔細迎着看時，見那短棍兒一頭壯，一頭細，却似舂碓臼的杵頭模樣。"《淮南子·天文訓》："是謂高舂。"漢高誘注："高舂時加戌，民碓舂時也。"南朝宋釋法顯《佛國記》："須臾聽

我中食，俄項得有人入，獄卒内置碓臼中搗。"《資治通鑑·唐僖宗中和三年》："時民間無積聚，賊掠人爲糧，生投於碓磑，併骨食之。"宋文瑩《湘山野録》卷中："民間舟車碓磑箱篋銀釧之物悉籍之。"《南史·侯景傳》："景虐於用刑，酷忍無道，於石頭立大舂碓，有犯法者擣殺之。"

【臼杵】

即杵臼。此稱先秦時期已行用。見該文。

【碓舂】

即杵臼。此稱漢代已行用。見該文。

【舂碓】

即杵臼。此稱南北朝時期已行用。見該文。

【碓臼】

即杵臼。此稱南北朝時期已行用。見該文。

【碓磑】

即杵臼。此稱宋代已行用。見該文。

玉杵臼

玉製的杵和臼。傳世最早的玉杵臼出於商代。1976年，河南安陽殷墟婦好墓出土一套，杵長28厘米，徑7厘米。棕色，圓柱形，首端較粗，圓而光滑。臼高23.2厘米，口面徑29.5厘米，孔徑16厘米，深13厘米，壁厚8厘米，白色，平沿，下腹内收，小平底。壁四周爲朱紅色，因研磨朱砂所致。唐裴鉶《傳奇·裴航》："我今老病，只有此一女孫，昨有神仙遺靈丹一刀圭，但須玉杵臼擣之百日，方可就吞，當得後天而老。"後世多以"玉杵臼"喻難得之物。宋陸游《寄龔立道》詩："難逢正似玉杵臼，易散便成風馬牛。"

杵臼
（元王禎《農書》）

杵 [1]

舂搗穀物、藥物及築土、擣衣用的棒槌，多木製，圓柱形，頭端較粗。原始社會已有其物。傳世最早的有商代的玉杵、玉臼一對，爲殷虚婦好墓藏之一。此稱先秦時已行用。《周易·繫辭下》："黃帝堯舜垂衣裳而天下治……斷木爲杵，掘地爲臼，臼杵之利，萬民以濟。"《説文·木部》："杵，舂杵也。"段玉裁注："舂，搗粟也。其器曰杵。"漢班昭《擣素賦》："於是投香杵，扣玫砧。"唐張籍《築城詞》："築城處，千人萬人齊把杵。"宋陸游《病中偶書》詩："竹枝影瘦橫殘月，藥杵聲寒續暮砧。"參見"玉杵臼"。

玉臼·玉杵

【玉杵】

玉製的舂杵，亦用作舂杵的美稱。宋陸游《玉京行》詩："爐開沐浴時日良，清夜玉杵聞琳房。"元耶律楚材《西域從王君玉乞茶因其韵》詩之四："酒僊飄逸不知茶，可笑流涎見麴車。玉杵和雲舂素月，金刀帶雨剪黃芽。"參見"杵"。

木臼
（明宋應星《天工開物》）

臼

亦稱"椎塘"，美稱"玉臼"。一種舂米器具，原始社會已有其物，最初掘地爲臼，後世代之以木石。傳世最早的實物有殷商玉臼、玉杵一對。《周易·繫辭下》："斷木爲杵，掘地爲臼。"漢王充《論衡·量知》："穀之始熟曰粟，舂之於臼，簸其粃糠，蒸之於甑，爨之以火，成熟爲飯，乃甘可食。"也指搗物爲末的器具。唐柳宗元《夏晝偶作》詩："日午獨覺無餘聲，山童隔竹敲茶臼。"唐王維《酬黎居士淅川作》詩："松龕藏藥裹，石唇安茶臼。"宋梅堯臣《食橙寄謝舍人》詩："玉臼擣盡憐膾美，金盤按酒助杯香。"明田汝成《炎徼紀聞·蠻夷》："人死，以杵擊椎塘，和歌哭。椎塘者，臼也。"

漢雙螭臼
（清梁詩正等《西清古鑑》）

【玉臼】

"臼"之美稱。此稱宋代已行用。見該文。

【椎塘】

即臼。此稱明代已行用。見該文。

碓

亦稱"地碓"。舂米、穀等物的一種工具。掘地安放石臼，上架木杠，杠端裝杵或縛石，以脚踏木杠，連續起落，脱去下面臼中穀、稻等物的皮或舂粉。最早是一臼一杵，用手持杵舂穀物。後又利用畜力、水力等代替人力，使用範圍亦擴大，如舂搗紙漿等。此稱先秦時期已行用。《説文·石部》："碓，所以舂也。"清王筠注："杵臼任手，碓則任足。"《太平御覽》卷八二九引漢桓譚《新論》："宓犧之制杵舂，萬

碓
（明王圻等《三才圖會》）

民以濟。及後人加功，因延力借身重以踐碓，而利十倍。又復設機關，用驢、驘、牛、馬，及役水而舂，其利乃且百倍。”晋陸翽《鄴中記》：“石虎有指南車及司里車，又有舂車木人，及作行碓于車上，車動則木人踏碓舂，行十里成米一斛。”唐杜甫《雨》詩之一：“柴扉臨野碓，半濕搗香秔。”《清平山堂話本·快嘴李翠蓮記》：“推得磨，搗得碓，受得辛苦吃得累。”宋陸游《小舟游近村舍舟步歸》詩：“數家茅屋自成村，地碓聲中晝掩門。”宋蘇軾《豆粥》詩：“地碓舂秔光似玉，沙瓶煮豆軟如酥。”

【地碓】

即碓。此稱宋代已行用。見該文。

舂堂

亦作“舂塘”。舊時我國南方用以舂穀物的木槽。唐劉恂《嶺表錄異》卷上：“廣南有舂堂，以渾木刳爲槽，一槽兩邊約十杵，男女間立，以舂稻糧。敲磕槽舷，皆有遍拍。槽聲若鼓，聞於數里。”宋周煇《清波雜志》卷七引《南海錄》：“南人送死者無棺椁之具，稻熟時理米，鑿大木若小舟以爲臼，土人名舂塘，死者多斂於舂塘中以葬。”

【舂塘】

同“舂堂”。此體至遲宋代已行用。見該文。

碾

亦稱“碾子”。把東西軋碎或壓平的器具。砌二尺高的座，上放置四周帶槽的石盤，正中立軸，將插有帶淺溝石滾的木杆或木架一端套於軸上，另一端用人力或畜力推拉，使石滾繞軸轉動以研磨東西。用水力驅動者稱“水輾”“水磨”，又稱“碾磑”。元代以來有用兩邊插木軸的小石滾，兩人相對，在稍凸的石礆面上來回擀轉以碾粟穀，稱“小碾”。《魏書·崔亮傳》：“亮在雍州，讀《杜預傳》，見爲八磨，嘉其有濟時用，遂教民爲碾。”《舊唐書·職官志三》：“甄官令掌供琢石陶土之事，凡石磬碑碣、石人獸馬、碾磑磚瓦、瓶缶之器、喪葬明器，皆供之。”唐韓愈《貟州司户韓府君墓志銘》：“破豪家水碾利民田，頃凡百萬。”明董斯張《廣博物志·器用》：“軒轅臣雍父作碓，后稷作水碓，魯般作礱磨、碾子，晋杜預作連機碓踏碓是也。”明宋應星《天工開物·粹精》：“唯小碾一制，在稻麥之外，北方攻小米者，家置石礆，中高邊下，邊沿不開槽。鋪米礆上，婦、子兩人相向接手而碾之。其碾石圓長如牛趕石，而兩頭插木柄。米墮邊時，隨手以小箒掃上。”《醒世姻緣傳》第一九回：“但小人家又沒個男女走動，脱不得要自己掏火，自己打水，上碾子，推豆腐，怎在那一間房裏藏躲得住？”

【碾子】

即碾。此稱明代已行用。見該文。

磨石[2]

用以研碎糧食的石製工具。新石器時代已出現。磁山—裴李崗文化和北辛文化的遺址皆出土過用以研碎糧食的石磨盤和石磨棒。以棒在盤上研碎穀物。後世多以兩個圓石盤組成，一面鑿有薄紋。殷墟婦好墓出後種磨石，呈棕紅色，泥質砂岩，略呈梯形，較厚。上端中部有一圓孔，與今之磨石相近。《莊子·天下》："若羽之旋，若磨石之隧。"《晋書·天文志上》："譬之於蟻行磨石之上，磨左旋而蟻右去，磨急而蟻遲，故不得不隨磨以左回焉。"參見"磨"文。

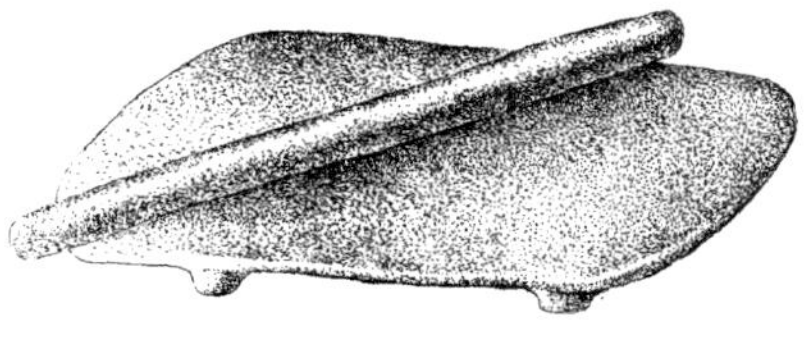

石磨盤、石磨棒

磨

亦作"礳"，亦稱"石磨""磨子"。用兩塊圓石盤做成的碎物成粉屑的工具。石上鑿有橢圓小窩形或縱横直形磨齒。上扇有孔漏下所磨之物，沿邊有長方形榫眼安磨柄。兩扇磨石齒相貼，上扇可以轉動，下扇固定。下有磨盤承粉屑。據傳爲魯班所創，其物始於西周，至今仍沿用。傳世最早的磨爲戰國末或西漢初之遺物。《説文·石部》："礳，石磑也。"段玉裁注："礳，今字省作磨。"桂馥義證："磑，北土名也，江南呼磨也。"宋高承《事物紀原·農業陶漁部·磨》："《方言》以磑爲磨，則磨以磑而作也。蓋起於公輸作磑之後。礳，古磨字。"《墨子·天志中》："以磨爲日月星辰，以昭道之。"《三國志·魏書·明帝紀》"曹真遣將軍費曜等拒之"裴松之注引三國魏魚豢《魏略》："昭又以繩連石磨，壓其衝車，衝車折。"宋朱熹《朱子語類·訓門人九》："那上面磨子、篩籮一齊都轉，自不費力。"明張岱《陶庵夢憶·目蓮戲》："凡天地神祇、牛頭馬面、鬼母喪門、夜叉羅刹、鋸磨鼎鑊……一似吴道子《地獄變相》。"清汪汲《事物原會》卷二七："《事物原始》：'鑿石上下，合研米麥爲磨，磨與礱二物皆始于周。'"南朝宋劉敬叔《異苑》卷二："上黨侯亮之於江都城下獲一石磨，下有銅馬。"

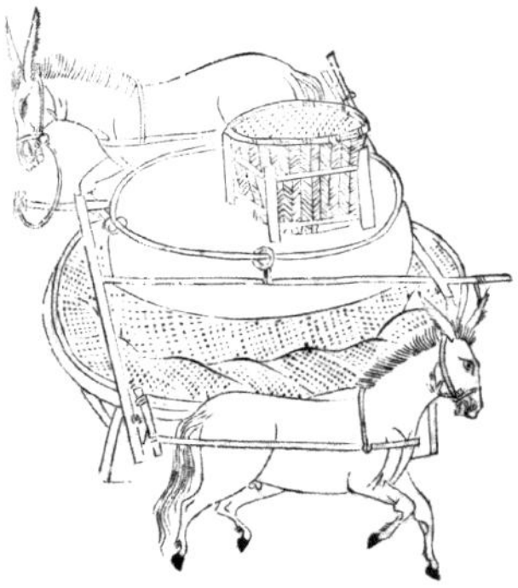

磨

（明王圻等《三才圖會》）

【礳】

"磨"的古字。此體漢代已行用。見該文。

【石磨】

即磨。此稱三國時期已行用。見該文。

【磨子】

即磨。此稱宋代已行用。見該文。

【磑】

即磨。亦稱"碨"。據傳爲魯班始創。《急

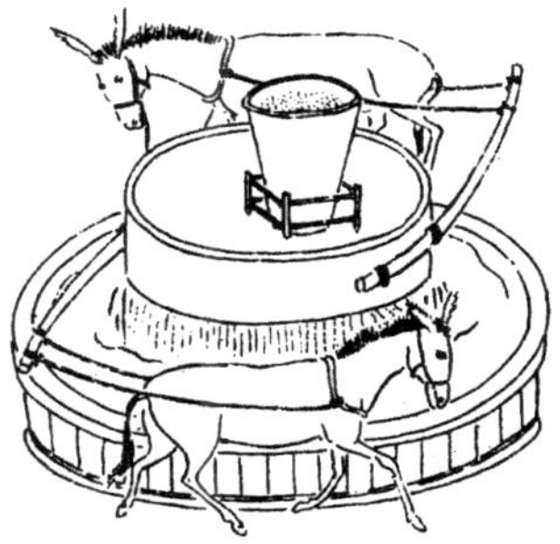

礳

（元王禎《農書》）

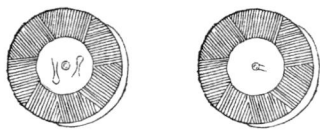

石磨
（清麟慶《河工器具圖説》）

就篇》卷三：“碓磑扇隤舂簸揚。”唐顏師古注：“磑，所以䃺也，亦謂之䃺。古者雍父作舂，魯班作磑。”漢王充《論衡·説日篇》：“其喻若蟻行於磑上，日月行遲，天行疾，天持日月轉，故日月實東行，而反西旋也。”《舊唐書·李元紘傳》：“諸王公權要之家，皆緣渠立磑，以害水田，元紘令吏人一切毁之，百姓大獲其利。”《六書故》：“磑，合兩石，琢其中爲齒，相切以磨物曰磑。”又指稱破穀殼之工具。宋高承《事物紀原·農業陶漁·磑》：“《世本》曰：‘公輸般作磑。’今以礱穀，首自山而東謂之磑，江浙之間或稱礱，編木附泥爲之，所以破穀出米矣。”與“䃺”微殊。明徐炬《事物原始·磨磑》：“《世本》曰：公輸班作磨磑之始，編竹附泥，破穀出米曰磑；鑿石上下合，研米麥爲粉曰磨。二物皆始於周。”《方言》第五：“磑，或謂之䃺。”郭璞注：“䃺，即磨也。”《太平御覽》卷七六二引漢服虔《通俗文》：“〔礱〕龣曰䃺。”

【䃺】

即磑。此稱漢代已行用。見該文。

碾磑

利用水力啓動的石磨。《通典·食貨二》：“往日鄭白渠溉田四〔萬〕餘頃，今爲富商大賈競造碾磑，堰遏費水，渠流梗澀，止爲溉一萬許頃。”《資治通鑑·唐代宗大曆十三年》：“春正月，辛酉，敕毁白渠支流碾磑以溉田。”胡三省注：

“公輸班作磑，後人又激水爲之，不煩人力，引水激輪，使自旋轉，謂之水磨。”《金史·宣宗紀上》：“議弛諸處碾磑，以其水溉民田。”明歸有光《嘉靖庚子科鄉試對策》：“又督成水利之官，常時相視，禁富人豪家碾磑蘆葦茭荷陂塘壅礙上流。”

【水碾】

利用水力帶動旋轉的碾子。多用以碾穀。《魏書·崔亮傳》：“〔亮〕奏於張方橋東堰穀水

水碾
（元王禎《農書》）

臥輪水磨
（元王禎《農書》）

造水碾磨數十區。"明徐光啓《農政全書》卷一八:"水碾,水輪轉碾也。"清顧炎武《與潘次耕書》:"彼地有水而不能用,當事遣人到南方,求能造水車、水碾、水磨之人。"

【水磨】

利用水力帶動的磨,多用以磨麵粉。宋葉適《財總論二》:"坊場、河渡免引,茶場、水磨之類,止以給吏禄而已。"參見"水碾"。

風磨

利用風力轉動的石磨。清王士禎《池北偶談·談異四·風磨風扇》:"西域哈烈、撒馬兒罕諸國,多風磨。其制:築垣墻爲屋,高處四面開門,門外設屏墻迎風。室中立木爲表,木上用圍置板乘風,下置磨石,風來隨表旋動,不拘東南西北,俱能運轉。"

擂槌

研物用的槌子。此物始見載於宋代。宋周密《武林舊事·小經紀》"擂槌"原注:"俗諺云:'杭州人一日吃三十丈木頭。'以三十萬家爲率,大約每十家日吃擂槌一分,合而計之,則三十丈矣。"明郎瑛《七修類稿·奇謔·少保吏筆對》:"他日古春又過學堂,見于梳成三角之髻,又戲曰:'三角如鼓架。'于又即對曰:'一禿似擂槌。'"明周履靖《錦箋記·陷選》:"說道每日呵擂槌吃一丈,脂粉塗千擔。"

礱²

亦作"礧"。一種脱去稻、穀殼的農具。狀如石磨,由上臼、下臼、摇擺臂與支座等組成。此物遠古時當已有之,今傳世最早的爲江蘇洪重崗漢墓中所繪之礱。北魏賈思勰《齊民要術·種胡荽》:"多種者,以甎瓦蹉之亦得,以木礱礱之亦得。"礱,一本作"礧"。明宋應星《天工開物·攻稻》:"凡稻去殼用礱,去膜用舂、用碾。"明徐光啓《農政全書》卷二三:"礱,礧穀器,所以去穀殼也。淮人謂之礱,江浙之間亦謂礱。"清汪伋《事物原會》卷二七:"《古史考》:'公輸般作礧。'今以礱穀,山東謂之礧,江浙之間謂之礱。編竹附泥爲之,所以破穀出米。"

【礧】

同"礱²"。此體南北朝時期已行用。見該文。

籭

亦作"籭""篩",亦稱"篩籭"。一種竹絲或金屬絲等編製而成的器,多小孔,周圍有沿,用以分離粗細顆粒,漏細留粗。《說文·竹部》:"籭,竹器也,可以取粗去細。"段玉裁注:"俗云筬籭是也。《廣韵》云:'籭、瀘也,能使粗者上存,細者瀘下。'籭、篩,古今字也。《漢賈山傳》作'篩'。"《急就篇》卷三:"筬箄箕帚

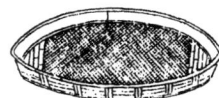

籭

(元王禎《農書》)

篩

篩

(清蔣廷錫等《古今圖書集成》)

筐簁篔。”唐顏師古注：“筵，所以籮去粗細者
也。今謂之篩。大者曰筵，小者曰篁。”唐韓愈
《喜雪獻裴尚書》詩：“宿雲寒不卷，春雪墮如
筵。”唐李洞《喜鸞公自蜀歸》詩：“掃石月盈
箒，瀘泉花滿篩。”宋林逋《淮甸南游》詩：“數
抹晚霞憐野笛，一篩寒雨羨沙禽。”宋朱熹《朱
子語類・訓門人九》：“那上面磨子、篩籮一齊都
轉，自不費力。”

【籮】

“篩”之古字。此體漢代已行用。見該文。

【筵】

同“篩”。此體漢代已行用。見該文。

【篩籮】

即篩。此稱宋代已行用。見該文。

罨罳

一種絹底竹筐的篩籮。在南宋時已有以
做罨罳爲業的手藝人，宋周密《武林舊事・小
經紀》已有記載。清厲荃《事物異名錄・器
用・篩》：“《事物原始》：罨罳以竹爲筐，以絹爲

幔，以篩米麥之粉，留粗以出細者。”

羅

細篩的一種，孔細密，多用以分離麵粉與
麩皮，也可用以分離其他物體的粉與渣。常見
的羅多用絹、銅絲製成。最早見載於宋代典籍。
宋王令《病中》詩：“小閣畫間書帙亂，畫堂風
靜藥羅香。”元無名氏《藍采和》第一折：“將
着個瓦瓶木鉢白磁罐，抄化了些羅頭磨底，薄
麩麵。”明宋應星《天工開物・粹精》：“凡麥經
磨之後，幾番入羅，勤者不厭重復。羅匡之底
用絲織羅地絹爲之。”

羅櫃

一種內部裝有篩面羅的木櫃。櫃外有機關
與篩面羅相連，雙脚踏動機關，櫃內的篩面羅
便來回滑動，篩下麵粉。《金瓶梅詞話》第八六
回：“自從他兒子王潮兒跟淮上客人，拐了起車
的一百兩銀子來家，得其發迹，也不賣茶了，
買了兩個驢兒，安了盤磨，一張羅櫃，開起磨
房來。”

火備類

火備

亦稱“火具”，防火設施的統稱。唐李翱
《再請停率修寺觀錢狀》：“前奉處分云：要與換
寺觀家人院蒲葵屋，以爲火備。”《宋史・蘇舜欽
傳》：“非慢於火備，乃天之垂戒也。”《宋史・王
溥傳》：“宋初，以祚爲使，課民鑿井修火備，
築城北堤以禦水災。”《元史・刑法志四》：“諸城
郭人民，鄰甲相保，門置木瓮，積水常盈，家
設火具，每物須備。”《清史稿・高宗紀一》：“（乾
隆九年，九月）辛未，以福建閩縣等縣火灾，

諭責疆吏不嚴火備。”

【火具】

即火備。此稱元代已行用。見該文。

火浣布

亦作“火澣布”，亦稱“火毳”“火鼠布”，
省稱“火布”。即用石棉織成的布。能去污，遇
火不燃。此稱最早行用於先秦時期。《列子・湯
問》：“火浣之布，浣之必投於火。”《後漢書・西
域傳・大秦國》：“作黃金塗、火浣布……凡外
國諸珍異皆出焉。”晉干寶《搜神記》卷一三：

"山上有鳥獸草木，皆生育滋長於炎火之中，故有火澣布。非此山草木之皮枲，則其鳥獸之毛也。"宋蔡絛《鐵圍山叢談》卷五："及哲宗朝，始得火浣布七寸……大抵若今之木棉布。色微青鷔，投之火中則潔白，非鼠毛也。"《後漢書·南蠻西南夷傳論》："又其賨幏火毳馴禽封獸之賦，輸積於內府。"李賢注："火毳，即火浣布也。"《宋書·蠻夷傳論》："通犀、翠羽之珍，蛇珠、火布之異。"北魏顏之推《顏氏家訓·歸心》："漢武不信弦膠，魏文不信火布。"唐元稹《送嶺南崔侍御》詩："火布垢塵須火浣，木棉溫軟當綿衣。"宋周密《齊東野語·火浣布》："昔溫陵有海商漏舶，搜其槖中，得火鼠布一匹，遂拘置郡帑。凡太守好事者，必割少許歸以爲玩。外大父嘗守郡，亦得尺許，余嘗親見之，色微黃白，頗類木棉，絲縷蒙茸，若蝶粉蜂黃然。每浣以油膩，投之熾火中，移刻，布與火同色。然後取出，則潔白如雪，了無所損。後爲人强取以去。"明陶宗儀《輟耕録·鎖鎖》："回紇野馬川有木曰鎖鎖，燒之，其火經年不滅，且不作灰，彼處婦女取根製帽，入火不焚，如火鼠布云。"

【火澣布】

同"火浣布"。此體晋代已行用。見該文。

【火毳】

即火浣布。此稱漢代已行用。見該文。

【火布】

即火浣布。此稱南北朝時期已行用。見該文。

【火鼠布】

即火浣布。此稱宋代已行用。見該文。

水銃

積水以救火之工具。《古今圖書集成·考工

水銃
（清蔣廷錫等《古今圖書集成》）

典·奇器部·水銃圖説》："此水銃可以滅火，可以禦火，可以防火，乃新有之器……但有此器，則五六人可代數百人之用，又不空費一滴水，不拘多高多遠皆可立到，有似大雨噴空，無處不沾。"

鐵貓兒

亦稱"鐵茅"，古時救火用的一種器具，多爲鐵鈎類。宋孟元老《東京夢華録·防火》："及有救火家事，謂如大小桶、灑子、麻搭、斧鋸、梯子、火叉、大索、鐵貓兒之類。"元張國賓《合汗衫》第二折："擺一街鐵茅水瓫，列兩行鈎鐮和這麻搭。"

【鐵茅】

即鐵貓兒。此稱元代已行用。見該文。

灑子

防火、救火用的一種噴水器具。宋孟元老《東京夢華録·防火》："及有救火家事，謂如大小桶、灑子、麻搭、斧鋸、梯子、火叉、大索、鐵貓兒之類。"

撓鈎

一種長柄頂端安有鐵鈎的用具，民間多用作救火工具。《水滸傳》第八八回："李逵殺得性起，只顧砍入他陣裏去，被他撓鈎搭住，活抓去了。"《古今小說·臨安里錢婆留發跡》："收拾撓鈎、水桶來救火時，哪裏有什麼火。"

水袋

古代一種滅火工具，用以貯水。明茅元儀《武備志·軍資乘·器式一》："水袋以牛馬雜畜皮渾脱爲袋，貯水三四石。以大竹一丈去節縛於袋口。若火焚樓棚，則以壯士三五人持袋口，向火蹙水注之。每門置兩具。"

撓鈎
（清麟慶《河工器具圖説》）

水龍

一種救火用的引水工具。清趙翼《八月二日天寧寺旁巽宫樓火》詩："四十三龍救不得，製水五丈力已窮。"自注："救火具名水龍，城内外四十三龍齊到。"胡思敬《政變月記》："編修徐琪，奏保粵人鐸金區通曉電學，能以電光鼓動機輪，作爲電燈、水龍、水車諸器。"

水袋
（明王圻等《三才圖會》）

第二節　繩袋考

繩袋，乃繩和袋的統稱。繩是用兩股以上的棉、麻纖維或棕、草等撚成的條狀物。袋是以布帛或皮革製成的盛物或包裝用品。文字產生前，人類曾結繩以記事。古文獻中常以繩索連文。細者爲繩，粗者爲索。《周易·繫辭下》云："上古結繩而治，後世聖人易之以書契。"《漢書·西域傳》云："行者騎步相持，繩索相引二千餘里。"《説文·糸部》："繩，索也。"《小爾雅·廣器》："大者謂之索，小者謂之繩。"繩之名稱很多。如紏纆、約、緪、鉅、徽纆、纗等，皆爲繩索。長繩子，稱長纓。如《漢書·終軍傳》："軍自請願受長纓，必羈南越王而致之闕下。"大繩索稱作絑，如《詩·小雅·采菽》："泛泛楊舟，絑纚維之。"朱熹集注："纚、維，皆繫也。言以大索纚其舟而繫之也。"粗繩索稱爲縴，亦作"率"。《類篇·糸部》："縴，索也。"繩索中麻製者居多。常稱作"麻索""麻縷""麻繩""緷"。如《孟子·滕文公上》："麻縷絲絮輕重同，則賈相若。"《墨子·備蛾傳》："以麻索大徧之，染其索涂中。"至於"緷"，乃用麻編成的辮狀繩。《説文·糸部》云："緷，交枲也。"段玉裁注曰："謂以枲二股交辮之也。交絲爲辮，交枲爲緷。"繩之品種除麻製者外，尚有很多。圓形細帶稱"紃"。《説文·糸部》："紃，圜采也。"段玉裁注："圜采，以采綫辮之，其體圜也。"用絲編織的帶子或繩子稱"條"，亦作"綯"；井繩稱"綆"；以茅草等編織成的繩索則稱"絇"。

歸於繩類的“鞞”則專指皮帶，又泛指帶子。繩作爲日常用品，有着不可替代的作用。今日科技之發展，使繩子之製造在原料、工藝上都有極大變化。

至於袋，品種亦繁多。袋亦稱“裹”“囊”，亦作“帒”。《玉篇·衣部》：“袋，囊屬。亦作帒。”《吕氏春秋·本生》：“無不裹也。”高誘注：“裹，猶囊也。”袋的用途是裝東西。《隋書·食貨志》即云：“有司嘗進乾薑，以布袋貯之。”以此意義引申出的“囊括”一詞，則指全體包羅。袋以布製者爲多，又袋、包複即是。又袋亦稱“又口”“口袋”“布袋”。《水滸傳》第六四回：“我那直子上又袋裹，已準備下一袋熟麻索。”包複，亦作“包袱”，亦稱“包裹”。多爲長方形，將物置於其中，四角繫住。複，通“襆”，本指包頭巾，引申作包物意。宋文天祥《出真州》詩序：“苗守又遣衣被包複等來還。”布袋外，亦有毛織囊袋，如毛連。其形似褡褳而大，中間開口，兩端可以貯物。“毛連”之稱，始見於宋代。皮革製成的囊袋在袋中亦多見。常稱作“革囊”“皮囊”。《史記·殷本紀》：“爲革囊，盛血，仰而射之，命曰射天。”袋之用途也常不同。五穀囊，是用於祭祀的專用袋，因裝五穀得名。晋顧微《廣州記》：“廣州廳事梁上畫五羊像。又作五穀囊，隨像懸之。”古人旅行時常携“行囊”盛財物。宋洪邁《夷堅志補·蔡州小道人》：“吾行囊元不乏錢。”行囊，亦稱“裝囊”“行滕”。《資治通鑑·唐肅宗乾元元年》：“〔史〕思明執〔烏〕承恩，索其裝囊，得鐵券及〔李〕光弼牒。”胡三省注：“凡行者之裝，盛以囊橐，古曰裝囊。”晋陳壽《益都耆舊傳·閻憲》中已有得遺裝囊之語。用作行囊的還有查裹、照袋、褡褳等。查裹亦作“查果”。照袋亦稱“方便囊”，唐代貴族已行用。至五代士人多用四方有蓋式樣，類今人之手提包。褡褳亦作褡連，亦稱“褡子”，起於宋明之際，今鄉村間猶存。尤值一提的是今仍常見的“荷包”。亦稱“茄包”，一般都用緞製成，綉有花鳥，常作禮品饋贈他人，傳情達意。它如“駝垛”“順袋”“鞘馬子”“氊包”“縢絡子”等皆爲古人使用的袋類名稱（詳諸條文）。繩和袋作爲一種用具，在人類生産、生活中起着重要作用。

作爲錢袋，尚有一系列專名。如“貝囊”（漢焦贛《易林》卷一）、“金囊”（《北齊書·幼主紀》）、“資囊”（北魏酈道元《水經注·河水三》）、“資橐”（宋鄭俠《謝夫人墓表》）等。此外另有“搭膊”“褡膊”“褡連”“褡褳”諸稱，指可裝錢物的腰帶，因本書《冠服卷·袋佩飾説·腰帶考》已收，此略。

繩索類

繩索

細者爲繩，粗者爲索。繩索連文，特指粗繩。《詩·小雅·何人斯》"及爾如貫"漢鄭玄注："我與女俱爲王臣，其相比次，如物之在繩索之貫也。"《漢書·西域傳上·烏秅國》："縣度者，石山也，谿谷不通，以繩索相引而度云。"

縢

即繩索。《玉篇·糸部》："縢，繩也。"《廣雅·釋器》："縢，索也。"《詩·魯頌·閟官》："公車千乘，朱英綠縢。"毛傳："縢，繩也。"《莊子·胠篋》："將爲胠篋、探囊、發匱之盜而爲守備，則必攝緘縢，固扃鐍。"成玄英疏："緘，結；縢，繩也。"唐柳宗元《牛賦》："或穿緘縢，或實俎豆。"

繩

亦稱"繩約""繩子"。用兩股以上的棉、麻、棕、草、絲或金屬絲絞合而成的條狀物，亦泛指繩索。《周易·繫辭下》："作結繩而爲罔罟，以佃以漁。"《老子》卷上："善閉無關楗而不可開，善結無繩約而不可解。"南朝梁劉勰《文心雕龍·原道》："自鳥迹代繩，文字始炳。"唐韓愈《〈張中丞傳〉後叙》："引繩而絕之，其絕必有處。"舊題元大司農《農桑輯要·栽桑》："其余割去，傍埋椽子一條爲依柱，芽條漸長用繩子或葛條總繫在柱上。"《儒林外史》第二三回："當下不由分説，叫兩個夯漢把牛浦衣裳剥盡了，帽子鞋襪都不留，拿繩子捆起了，臭打一頓。"

【繩約】

即繩。此稱先秦時期已行用。見該文。

【繩子】

即繩。此稱清代已行用。見該文。

【約】

即繩。此稱先秦時期已行用。《左傳·哀公十一年》："人尋約，吳髮短。"杜預注："約，繩也。八尺爲尋。"《鶡冠子·天權》："故先王之服師術者，呼往發蒙，釋約解刺，達昏開明而且知焉。"

【絢】

即繩。《詩·豳風·七月》："晝爾于茅，宵爾索綯。"鄭玄箋："夜作絞索，以待時用。"清陳奐傳疏："索者，糾繩之名，綯即繩也。索綯猶言糾繩。"晉葛洪《神仙傳》："以茅綯懸之。"宋沈作喆《寓簡》卷一〇："摶飯引來，猶掉續貂之尾；索綯牽去，難回顧兔之頭。"

【繵】

即繩。《集韻·平寒》："繵，繩也。"明李夢陽《豆蔃行》詩："縱健徵科何自出，大兒牽繵陸挽馱。"

索

粗繩，亦泛指繩索。此稱上古已行用。《書·五子之歌》："予臨兆民，懍乎若朽索之馭六馬。"《墨子·尚賢中》："傅説被褐帶索，庸築乎傅岩。"漢王充《論衡·謝短篇》："挂蘆索於户上，畫虎於門闌。"唐李商隱《令狐舍人説昨夜西掖玩月因戲贈》詩："露索秦宮井，風弦漢殿筝。"

【縋】

即索。《廣雅·釋器》："縋，索也。"《左傳·昭公十九年》："登者六十人，縋絕。"《後漢書·張衡傳》：“燭武懸縋而秦伯退師，魯連係箭而聊城弛柝。”《晉書·賀循傳》：“義士救時，驅馳拯世，燭之武乘縋以入秦，園綺彈冠而匡漢。”

緤

亦作“率”“綷”。大索。《詩·小雅·采菽》：“泛泛楊舟，紼纚維之。”毛傳：“紼，緤也。”孔穎達疏：“孫炎曰：‘緤，大索也。’李巡曰：‘緤竹爲索，所以維持舟者。’”《禮記·檀弓下》：“公室視豐碑。”鄭玄注：“豐碑，斫大木爲之，形如石碑，於椁前後四角樹之，穿中於間爲鹿盧，下棺以緤繞，天子六緤四碑。”孔穎達疏：“下棺以緤繞者，緤即紼也。以紼之一頭繫棺緘，以一頭繞鹿盧。”《新唐書·循吏傳·何易於》：“刺史崔朴常乘春與賓屬泛舟出益昌旁，索民挽緤。”《墨子·備穴》：“穴中爲環利率，穴二。”岑仲勉注：“率，《爾雅·釋水》作綷，亦作緤，索也。環利率即環利通索……可以上下或牽挽人、物。”

【率】

同“緤”。此體先秦時期已行用。見該文。

【綷】

同“緤”。此體先秦時期已行用。見該文。

【紼】

即緤。《詩·小雅·采菽》：“泛泛楊舟，紼纚維之。”朱熹集傳：“纚、維皆繫也。言以大索纚其舟而繫之也。”

徽纆

亦作“徽墨”，亦稱“徽纏”“徽繩”，單稱“徽”“纆”。古時用以拘係罪人之繩索，或用爲井繩。或兩股，或三股合成。先秦典籍多見行用。《周易·坎》：“上六，係用徽纆，寘於叢棘。”陸德明釋文引劉表云：“三股曰徽，兩股曰纆，

皆索名。”《文選·潘岳〈西征賦〉》：“於是弛青鯤於網鉅，解頳鯉於黏徽。”李善注：“《説文解字》……又曰：‘徽，大索也。’言魚黏於網，故曰黏徽也。”《史記·屈原賈生列傳》：“夫禍之與福兮，何異糾纆。”司馬貞索隱：“纆，三合繩也。”參閱本書《國法卷·刑具警械考》“徽纆”文。

【徽】

“徽纆”之單稱。此稱漢代已行用。見該文。

【纆】

“徽纆”之單稱。此稱漢代已行用。見該文。

【糾】

即徽纆。亦作“糺”，亦稱“糾纆”。《説文·丩部》：“糾，繩三合也。”漢賈誼《鵩鳥賦》：“夫禍之與福兮，何異糾纆。”李善注引《字林》：“糾，兩合繩；纆，三合繩。”《楚辭·九章·悲回風》：“糾思心以爲纕兮，編愁苦以爲膺。”

【糾纆】

即糾。此稱漢代已行用。見該文。

【糺】

同“糾”。此體先秦時期已行用。見該文。

麻縷

亦稱“麻繩”“麻綫”“麻條”。用麻製成的繩或綫。此稱先秦時期已見行用。《孟子·滕文公上》：“麻縷絲絮輕重同，則賈相若。”宋蘇軾《鮮于子駿見遺吳道子畫》詩：“不須更用博麻縷，付與一炬隨飛烟。”《陳書·沈衆傳》：“〔衆〕恒服布袍芒屩，以麻繩爲帶。”《水滸傳》第六〇回：“兩邊都是撓鈎手，早把兩個搭將起來，便把麻繩綁縛了，解上山坡請功。”唐李休烈《毀天樞咏》：“計合一條麻綫挽，何勞兩縣索人夫。”宋王質《紹陶録·交床懶床》：“宜用筋竹

水竹麻條交縶，懶床用竹用條皆如之，或黃牛革代條以牢穩爲良。"宋徐愷《漫笑録》："公隨行偶有藥，則以遺之，姥酬以麻綫一縷。"《水滸傳》第二六回："〔武松〕去房裏換了一身素净衣服，便叫士兵打了一條麻條，繫在腰裏。"

【麻繩】

即麻縷。此稱南北朝時期已行用。見該文。

【麻綫】

即麻縷。此稱唐代已行用。見該文。

【麻條】

即麻繩。此稱明代已行用。見該文。

長纓

亦稱"長靡"，俗稱"長索"。長繩子。常借指軍旅。《漢書・終軍傳》："軍自請願受長纓，必羈南越王而致之闕下。"晋劉琨《答盧諶》詩："乃奮長靡，是彎是鑣。"李善注引《廣雅》："靡，索也。"唐柳宗元《唐鐃歌鼓吹曲》之一一："臣靖執長纓，智勇伏囚拘。"

【長靡】

即長纓。此稱晋代已行用。見該文。

麻索

用麻製成的繩索。《墨子・備蛾傳》："以木爲上衡，以麻索大徧之，染其索塗中。"《元史・河渠志三》："逆流排大船二十七艘，前後連以大栿或長椿，用大麻索、竹絙絞縛，綴爲方舟。"《水滸傳》第三二回："把宋江捉翻，一條麻索縛了。"

絇

用布麻絲縷搓成的繩索。《説文・糸部》："絇，纑繩絇也。从糸，句聲。讀若鳩。"段玉裁注："纑者，布縷也。繩者，索也。絇，糾合之謂，以讀若鳩知之。謂若纑若繩之合少爲多

皆是也。"唐皇甫湜《諭業》詩："淺鬮庸種無嘉苗，纇絇疏織無良帛。"

絛

亦作"縧""縚""絡"。絲繩，絲帶，可用作衣服的飾物。《説文・糸部》："絛，扁緒也。"《淮南子・説林訓》："絛可以爲繶，不必以紃。"唐賀知章《咏柳》詩："碧玉妝成一樹高，萬條垂下緑絲絛。"《水滸傳》第三回："上穿一領鸚哥緑紵絲戰袍，腰繫一條文武雙股鴉青絛。"《急就篇》卷三："承塵户㡓絛縜緫。"顔師古注："絛，一名編緒，織絲縷爲之，所以懸係承塵户㡓，因爲飾也。"《禮記・内則》："織紝組紃。"唐孔穎達疏："組紃俱爲絛……薄闊爲組，似繩爲紃。"馬王堆漢墓竹簡《内具・千金縧》唐蘭考釋："縧即絛字……千金絛就是絛上織有千金字樣的。"前蜀李珣《漁父》詞："欋驚鷗飛水濺袍，影隨潭面柳垂縚。"宋杜安世《燕歸梁》詞："風擺紅縚捲畫簾，寶鑒慵拈。"

垂絛飄逸之貴婦
（明佚名《千秋絶艷圖》局部）

【絛】

同"絛"。此體漢代已行用。見該文。

【縧】

同"絛"。此體漢代已行用。見該文。

【縚】

同"絛"。此體五代時期已行用。見該文。

綆

亦作"綋"，亦稱"汲綆"。繩索，多用以

指汲水器上的繩索，即井繩。《左傳·襄公九年》："具綆缶。"杜預注："綆……汲水索。"《荀子·榮辱篇》："短綆不可以汲深井之泉。"前蜀貫休《行路難》詩："幾度美人照影來，素綆銀瓶濯纖玉。"《漢書·枚乘傳》："泰山之溜穿石，單極之統斷幹。"顏師古注引晋灼曰："統，古綆字也。"《隋書·食貨志》："東都城内糧盡，布帛山積，乃以絹爲汲綆，然布以爨。"宋陸游《讀何斯舉黄州秋居雜咏次其韵》之六："百尺持汲綆，道長畏天暑。"

綆
（元王禎《農書》）

【統】

"綆"之古字。此體漢代已行用。見該文。

【汲綆】

即綆。此稱隋代已行用。見該文。

緶

狀似辮的麻繩。《説文·糸部》："緶，交枲也。"段玉裁注："謂以枲二股交辮之也。交絲爲辮，交枲爲緶。"《漢書·賈誼傳》："緁以偏諸。"顏師古注："謂以偏諸緶著之也。"唐劉禹錫《楚望賦》："懸篿緶縋，日中見昧。"唐皮日休《酬陸魯望》詩："文星下爲人，洪秀密於緶。"

鞓

亦稱"鞓帶"。皮革製成的腰帶、鞋帶等。《字彙·革部》："鞓，皮帶。"唐杜牧《分司東都寓居履道叨承三川伊劉侍郎大夫恩知上四十韵》："脛細摧新履，腰羸减舊鞓。"明高濂《節

孝記》第九齣："紅塵夢從此斬青萍，玄猿性早以銷黄鞓。"明湯顯祖《牡丹亭·遇母》："不載香草穩，跋得鞋鞓斷。"《醒世姻緣傳》第一回："定製了一根金黄絨辮鞓帶。"

【鞓帶】

即鞓。此稱清代已行用。見該文。

活套頭

亦稱"活結""活結頭"。活的套結，大小可以伸縮。此稱行用於宋代，至清代仍沿用。宋宋慈《洗冤集録·自縊》："活套頭，脚到地並膝跪地，亦可也。"元李文蔚《燕青博魚》第四折："誰把個活套頭將他拴住了。"清黄六鴻《福惠全書·刑名·驗各種死傷》："自縊有活套頭，有死套頭，有單繫十字纏繞縊。"清阮葵生《茶餘客話》卷五："孔〔穎達〕疏云：生時帶並屈鈕，使易抽解，死則不復解，故結之。此乃俗言死結活結之由來也。"《水滸傳》第一七回："兩個莊家把索頭只一拽，拽脱了活結頭，散開索子。"

【活結】

即活套頭。此稱唐代已行用。見該文。

【活結頭】

即活套頭。此稱明代已行用。見該文。

紃

用絲綫編織成的圓形細帶，多用以鑲衣、枕等物之邊。《説文·糸部》："紃，圓采也。"段玉裁注："圓采，以采綫辮之，其體圓也。"《禮記·内則》："執麻枲，治絲繭，織紝組紃。"鄭玄注："紃，絛。"孔穎達疏："薄闊爲組，似繩者爲紃。"《荀子·正名篇》："粗布之衣，粗紃之履，而可以養體。"楊倞注："紃，絛也，謂編麻爲之粗繩之履也。"北齊顏之推《顏氏家

訓・治家》："河北婦人，織紝組紃之事，黼黻錦繡羅綺之工，大優於江東也。"明何景明《侄渭

女壙磚銘》："日扄閨事紃繡剪縷，未嘗從群女戲。"

囊橐類

囊橐

盛物用的袋子、口袋，多布製，亦有皮、革製。渾言囊橐不分，析言囊大橐小，囊有底，橐則無。《詩・大雅・公劉》："乃裹餱糧，于橐于囊。"毛傳："小曰橐，大曰囊。"鄭玄箋："乃裹糧食於囊橐之中。"《管子・侈靡》："囊橐之食無報，明厚德也。"《漢書・刑法志》："饑寒並至，窮斯濫溢。豪傑餱擅私，爲之囊橐。"顏師古注："有底曰囊，無底曰橐。言客隱姦邪如囊橐之盛物。"《資治通鑑・唐紀》蕭宗乾元元年"索其裝橐"胡三省注："凡行者之裝，盛以囊橐，故曰裝橐。"參見下文"囊""橐"。

囊

口袋，袋子。有底，較大，可提可負。《周易・坤》："六四，括囊，无咎无譽。"孔穎達疏："囊，所以貯物。"《詩經・大雅・公劉》："乃裹餱糧，于橐于囊。"毛傳："小曰橐，大曰囊。"《漢書・王吉傳》："及遷徙去處，所載不過囊衣。"顏師古注："有底曰囊，無底曰橐。"唐韓愈《送文暢師北游》詩："出其囊中文，滿聽實清越。"明夏完淳《大哀賦》："獨劍空囊，三江浪迹。"一說無底，較小。參閱《說文・木部》"橐"桂馥義證。

橐

口袋，袋子。無底，較小，扎口後，多負行。其狀若駱駝之雙峰，兩峰之空間爲着肩處，因以得名。實則亦有扎兩口於胸前，斜負於背

後者。《說文・木部》："橐，囊也。"桂馥義證："《一切經音義》十二云'犎脊如橐，因以名焉。'馥案：'犎即《長楊賦》之橐駝（按：即駱駝）……《漢書・刑法志》：'豪傑擅私爲之囊橐。顏注：'有底曰囊，無底曰橐。'"《詩・大雅・公劉》："乃裹餱糧，于橐于囊。"毛傳："小曰橐，大曰囊。"宋楊萬里《送王監簿民瞻南歸》

負橐游市圖

詩："路旁莫作兩踈看，老儒不用橐中金。"明文秉《烈皇小傳》卷六："凡大挑小挑之費，俱入上下私橐。"按：一說橐有底，較大，可提可負。參見上文"囊"，參閱《說文・木部》"橐"桂馥義證。

縢囊

亦作"滕囊"，單稱"縢"。香囊，亦泛指囊，布袋。《楚辭・離騷》："蘇糞壤以充幃兮"漢王逸注："幃謂之縢。縢，香囊也。"《戰國策・趙策一》："〔蘇秦〕家貧親老，無罷車駕馬，桑輪蓬篋嬴縢，負書擔囊……造外闕。"宋陸游《雨夜四鼓起坐至明》詩："悠然坐待旦，息倦倚書縢。"《後漢書・儒林傳序》："其縑帛圖書，大則連爲帷蓋，小乃制爲縢囊。"李賢注："縢亦縢也，音徒恒反。《說文解字》曰：'縢，囊也。'"《宋書・南郡王義宣傳》："乃於內戎服，

縢囊盛糧。”

【縢囊】

　　同“縢囊”。此體漢代已行用。見該文。

【縢】

　　“縢囊”之單稱。此稱先秦時期已行用。見該文。

革囊

　　亦稱“皮囊”“革橐”。皮製口袋。據載此物始於商代。《史記‧殷本紀》：“〔帝武乙〕爲革囊，盛血，仰而射之，命曰射天。”前蜀杜光庭《虯髯客傳》：“公方刷馬。忽有一人，中形，赤髯而虯，乘蹇驢而來，投革囊於前。”《晋書‧前趙載記‧劉聰》：“約歸，置皮囊於机上，俄而蘇。”唐林寬《寄何紹餘》詩：“風波凍馬遥逢見，革囊飢僮尚挈行。”

背負革囊出游之鬼僕
（元龔開《鍾山出游圖》局部）

【皮囊】

　　即革囊。此稱晋代已行用。見該文。

【革橐】

　　即革囊。此稱唐代已行用。見該文。

五穀囊

　　裝有五種穀物的口袋。多用於祭祀。《太平御覽》卷七〇四引三國魏王肅《喪服要紀》：“五穀囊者，起伯夷叔齊讓國不食周粟而餓首陽之山，恐魂乏饑，故作五穀囊。”晋顧微《廣州記》：“廣州廳事梁上畫五羊像。又作五穀囊，隨像懸之。”

貝囊

　　亦稱“金囊”“資囊”“貲囊”“資橐”“貲橐”“錢袋”。指裝錢的袋子。貝、金、資、貲皆指錢。漢焦贛《易林》卷一：“日暮寢寐，裸卧失明，喪我貝囊，銜卸道旁。”《北齊書‧幼主紀》：“周軍奄至青州，太上窘急，將遜於陳，置金囊於鞍後。”北魏酈道元《水經注‧河水三》：“其子尋求父喪，發冢舉尸，資囊一無所損。”宋史浩《焚妻贈黃祝文》：“吾家四壁，汝貲囊雖薄不可少。”宋鄭俠《謝夫人墓表》：“其前娶某氏，廣人，以資囊自負，頗不知訓言。”宋文同《屯田郎中閭君墓志銘》：“淳化中，順（李順）賊起，郡邑大擾，郎中盡委去貲囊，挈家所有書，居二江野外奧曲賊不能到處，穴地藏之。”宋楊士瀛《仁齋直指》：“〔虛腫方〕以大香附杵净，以童尿浸壹日夜取出……又換童尿，浸壹日夜，次以生布錢袋牽擦去皮。”

【金囊】

　　即貝囊。此稱南北朝時期已行用。見該文。

【資囊】

　　即貝囊。此稱南北朝時期已行用。見該文。

【貲囊】

　　即貝囊。此稱宋代已行用。見該文。

【資橐】

　　即貝囊。此稱宋代已行用。見該文。

【貲橐】

　　即貝囊。此稱宋代已行用。見該文。

【錢袋】

　　即貝囊。此稱宋代已行用。見該文。

行囊

　　出行時用以存放錢物的口袋，多斜繫於肩頭。宋洪邁《夷堅志補‧蔡州小道人》：“吾行囊元不乏錢。”明邵璨《香囊記‧途叙》：“誰道人離鄉賤，寶劍青氈，行囊儘餘沽酒錢，何處卸行蹻，向長安都市眠。”亦稱“裝囊”“行縢”。晋陳壽《益都耆舊傳·閻憲》：“男子杜成行於路，得遺裝囊，開視有錦二十五匹，明送詣吏。”《資治通鑑·唐紀》肅宗乾元元年：“思明乃執承恩，索其裝囊，得鐵券及光弼牒。”胡三省注：“凡行者之裝，盛以囊橐，故曰裝囊。”《隋書·食貨志》：“衣錦行縢，執青絲，纜挽船，幸江都。”清林則徐《林則徐日記·道光十九年七月初六》：“是日整理行縢，定於明日與制軍同往香山，先赴各處辭行。”

【裝囊】

即行囊。此稱晋代已行用。見該文。

【行縢】

即行囊。此稱隋代已行用。見該文。

【客囊】

即行囊。因作客他鄉所用，故稱。宋黄裳《送仲時南歸》詩：“壯志九年人事足，奇書千卷客囊空。”元方回《喜晴行》：“漂流踪迹客囊空，迅馳光陰歲律窮。”清孔尚任《桃花扇·訪翠》：“這三月十五日，花月良辰，便好成親，只是一件，客囊羞澀，恐難備禮。”

阮囊

“阮囊羞澀”的化用。空錢袋，借指身無錢財。元陰時夫《韵府群玉·七陽》“一錢囊”：〔晋〕阮孚持一皂囊，游會稽，客問：‘囊中何物？’阮曰：‘但有一錢看囊，恐其羞澀。’”清王韜《淞濱瑣話·金玉蟾》：“兩月餘，阮囊羞澀，垂橐興嗟。”亦稱“羞囊”。宋周紫芝《駝山秋晚》詩：“詩翁老去無人數，晚歲移家在河滸。敗絮蒙頭那復霜，破屋穿天只愁雨。大兒窗下抄奇書，小兒燈前誦《論語》。明日羞囊餘幾何，客至無錢具鷄黍。”明袁宏道《送蘊璞之

通州》詩：“敝衲纔三尺，羞囊無數錢。”清宣鼎《夜雨秋燈録·劉子儀膏藥》：“年餘，母金耗盡，依舊阮囊。”

【羞囊】

即阮囊。此稱宋代已行用。見該文。

被囊

亦稱“被袋”。放置被褥衣物的行李袋。《晋書·惠帝紀》：“穎與帝單車走洛陽，服御分散，倉卒上下無積齎，侍中黄門被囊中齎私錢三千，詔貸用。”唐李匡乂《資暇集》卷下：“被袋，非古制，不知孰起也。比者遠游行則用。大和九年，以十家之累者，遷迤竄謫，人人皆不自期，常虞倉卒之遣，每出私第，咸備四時服用。舊以紐革爲腰囊，置於殿乘，至是服用既繁，乃以被袋易之，成俗於今。大中以來，吳人亦結絲爲之。”《初刻拍案驚奇》卷一二：“只見墻上有兩件東西撲搭地丢將出來，急走上前看時，却是兩個被囊。”

【被袋】

即被囊。此稱唐代已行用。見該文。

被套

亦稱“被搭子”。被囊之一種，多爲長方形，一頭中間開口的大布袋，可放置被褥衣物。《儒林外史》第一二回：〔權勿用〕左手捎着個被套，右手把個大布袖子晃蕩晃蕩，在街上脚高步低的撞。”《兒女英雄傳》第四回：“那店夥忙着鬆繩解扣，就要扛那被套。騾夫說：‘一個人兒不行，你瞧不得那件頭小，份量够一百多斤呢！’”《老殘游記》第二〇回：“却説老殘次日雇了一匹驢，馱了一個被搭子，吃了早飯，就往泰山東路行去。”

【被搭子】

即被套。此稱清代已行用。見該文。

駝垜

亦作"馱垜"，亦稱"馱子"。捆扎成垜置於牲口背上供馱運的貨物或行李，其狀若褡褳。元李元直《虎頭碑》第二折："我就着人打開駝

駝垜
（張述鉾據《芥子園畫譜》摩繪）

垜，將一領綿襖子來，與哥哥禦寒。"《金瓶梅》第八一回："我打旱路，同小郎王漢，打着這一千兩銀子，裝成馱垜，先行家去。"《西游記》第九九回："遂此起了身，輕輕地抬上馱垜，挑着擔，從廂廊馱出。"《兒女英雄傳》第五回："兩個和尚也幫着搭那馱子。"

【馱垜】

同"駝垜"。此體明代已行用。見該文。

【馱子】

即駝垜。此稱清代已行用。見該文。

袋

亦作"帒"，亦稱"裛"。用軟薄材料製成的盛物或包裝用品。《玉篇·衣部》："袋，囊也。"又《巾部》："帒，盛物囊。"《隋書·食貨志》："有司嘗進乾薑，以布袋貯之，常用爲傷費，大加譴責。"唐王維《酬黎居士浙川作》詩："松龕藏藥裛，石唇安茶臼。"《太平御覽》卷三三引盧慎《盧公范》："九臘日，上藻豆帒及頭膏、面脂、口脂。"宋陸游《別建安》詩："三十年來雲水僧，常挑鉢帒繫行滕。"

【帒】

同"袋"。此體南北朝時期已行用。見該文。

【裛】

即袋。此稱唐代已行用。見該文。

照袋

亦稱"方便囊"。古人出行隨身攜帶的盛放文具雜物的袋子。多以錦帛或皮革製成。唐代貴族已行用，至五代時，士人多用四方形有蓋式樣，類今之手提包。宋陶穀《清異錄·方便囊》："唐季王侯競作方便囊，重錦爲之，形如今之照袋。每出行，雜置衣巾箆鑑香藥辭册，頗爲簡快。"宋李宗諤《先公談錄·照袋》："王太保每天氣暖和，必乘小駟，從三四蒼頭，携照袋，貯筆砧、《韻略》、刀子、牋紙並小樂器之類。照袋以馬皮爲之，四方，有襻帶，五代士人同用之。"明陳繼儒《珍珠船》卷四："照袋以烏皮爲之，四方有蓋並襻，五代士人多用之。"

【方便囊】

即照袋。此稱唐代已行用。見該文。

茄袋

一種製作精緻的小包，隨身佩帶作飾件，備放零錢或什物用。俗稱"荷包"。《宋史·輿服志六》載所獲亡金國寶，内有絲袍、玉帶、銷金玉事、皮茄袋等法物。《金瓶梅詞話》第二三回："西門慶道：'我茄袋内還有一、二兩，你拿去。'"

料袋

出門時隨身攜帶的用以盛乾糧、錢物的袋子。《水滸傳》第五七回："呼延灼把腰裏料袋解下來，取出些金帶倒換的碎銀兩，把與酒保。"又第七三回："便叫煮下乾肉，做下蒸餅，各把料袋裝了，拴在身邊。"

叉袋

亦稱"叉口"。袋口成叉角的麻袋或布袋。《水滸傳》第六一回："我那車子上叉袋裏，已準備下一袋熟麻索。"《金瓶梅詞話》第六〇回："一個急急脚脚的老小，左手拏着一個黃豆巴斗，右手拏着一條綿花叉口。"《初刻拍案驚奇》卷三："一個人走將進來，將肩上叉口也似一件東西，往庭中一摔。"

【叉口】

即叉袋。此稱明代已行用。見該文。

順袋

古代一種挂在腰帶上盛放物品的小袋，多用彩色綢緞製成，鑲邊綉花，甚爲華麗。《金瓶梅詞話》第一二回："西門慶拿剪刀，按婦人頂上，齊臻臻剪下一大柳來，用紙包放在順袋內。"《初刻拍案驚奇》卷一："恰遇一個瞽目先生敲着報君知走將來，文若虛伸手順袋裏，摸了一個錢，扯他一卦，問問財氣看。"《紅樓夢》第四回："一面說，一面從順袋中取出一張抄的護官符來，遞與賈雨村看時，上面皆本地大族名宦之家的諺俗口碑。"

毛連

毛織的長型口袋，似褡褳，中間開口，兩端可裝貯錢物。此物始見於宋代。宋洪皓《松漠紀聞》卷上："〔回鶻〕多爲商賈於燕，載以橐駝。過夏地，夏人率十而指一，必得其最上品者。賈人苦之，後以物美惡雜貯毛連中。"原注："毛連以羊毛緝之，單其中，兩頭爲袋，以毛繩或綾封之。有甚粗者，有間以雜色毛者，則輕細。"

褡褳

亦作"搭褳""搭連""褡連"，亦稱"褡子"。一種長方形的布袋，可盛財物。亦有皮製者，中間開口，兩端爲袋，因多搭連於肩上，故名。古時多用於行旅。起於宋明之際，今仍存。元無名氏《馮玉蘭》第一折："兀那前頭的車子，掉了我的搭褳，我拾起來者。"《紅樓夢》第一二回："從搭褳中取出個正面反面皆可照人的鏡子來。"《金瓶梅詞話》第四九回："那胡僧直豎起身來，向床頭取過他的鐵柱杖來挂着，背上他的皮褡褳，褡褳內盛着兩個藥葫蘆，下的禪堂，就往外走。"又第二五回："又舀些水與他洗臉攤塵，收進褡連去。"明徐渭《雌木蘭》第一齣："有些針兒綫兒，也安在你搭連裏了。"《古今小說·楊謙之客舫遇俠僧》："又知道楊公甚貧，去自己搭連內取十來兩好赤金子，五六十兩碎銀子，送與楊公做盤纏。"清蒲松齡《聊齋俚曲集·俊夜叉》："胡朋接過褡子去，殷勤替他上了肩，一心要去胡突幹。"

【搭褳】

同"褡褳"。此體元代已行用。見該文。

【搭連】

同"褡褳"。此體元代已行用。見該文。

【褡連】

同"褡褳"。此體明代已行用。見該文。

【褡子】

即褡褳。此稱清代已行用。見該文。

包袱

亦作"包複"，亦稱"包裹"。用布包起來的衣物包裹。多爲方形，將物置於其上，用四角繫住。宋洪邁《夷堅三志·胡廿四父子》："乾道元年中，弋陽某客子獨携包袱來宿。"元劉致《一枝花·羅帕傳情》套曲："封裏的丁一確二，和包袱鎖入箱子。"宋文天祥《出真州》詩

序："苗守又遣衣被包
複等來還。"元李文
蔚《燕青博魚》第四
折："我這包裹裏都是
些金珠寶具，要將來
上下使用。"《水滸傳》
第七回："三個人奔
到裏面，解下行李包
裹，都搬在樹根頭。"

懷抱包袱的貴婦
（元劉貫道《清夏圖》局部）

【包複】

同"包袱"。此體宋代已行用。見該文。

【包裹】

即包袱。此稱元代已行用。見該文。

荷包

隨身佩帶或綴於袍上裝盛零星物品的小
囊，多用緞製，繡有花鳥，常作爲禮物饋贈他
人。《事物原會》卷二六引《晋書·輿服志》：
"文武皆有囊綴綬，八座尚書則荷紫，乃負荷之
荷，非荷蕖也。今謂囊曰荷包，本此。"元馬
致遠《黃粱夢》第一折："我十年苦志，一舉成
名，是荷包裏東西，拿得定的。神仙事渺渺茫
茫，有甚准程？"明葉子奇《草木子·雜制》：
"元路、州、縣各立長官曰達魯花赤，掌印信以
總一府一縣之治……達魯花猶華言荷包上壓口
捺子也，亦有古言總轄之比。"參見"茄袋。"

氈包

用獸毛編織或用毛氈縫製的包，外出時用
以盛放衣物。《醒世恒言·錢秀才錯占鳳凰儔》：
"絹衫氈包，極其華整。"《儒林外史》第二二
回："當下叫了兩乘轎子，兩人坐了，兩個長隨
跟着——一個抱着氈包——一直來到河下。"《紅
樓夢》第八七回："雪雁走去，將一包小毛衣裳

抱來，打開氈包，給黛玉自揀。"

綫絡子

用綫結成的小網袋。《兒女英雄傳》第一五
回："餘外還用綫絡子絡着一瓶兒東洋玫瑰油。"

鞘馬子

裝銀錢的木筒。《兒女英雄傳》第四回：
"〔兩個騾夫〕又把衣裳包袱，裝錢的鞘馬子，
吃食簍子，碗包等件拿進來。"

行李

《左傳·僖公三十年》："行李之往來，共其
乏困。"杜預注："行李，使人。"清郝懿行《證
俗文》卷六："古者行人謂之行李，本當作'行
理'，理，治也。作'李'者，古字假借通用。"
本指受命出使者，後借指出行所帶的衣物錢財。
唐元稹《叙詩寄樂天書》："有詩八百餘首，色
類相從，共成十體，凡二十卷，自笑冗亂，亦
不復置之於行李。"宋蘇軾《與程德孺運使書》
之一："約程四月末間到真州，當遣兒子邁往宜
興取行李。"朱自清《背影》："我買票，他忙着
照看行李。"

【查裹】

即行李。亦作"查果"。宋無名氏《張協狀
元》戲文第一齣："打得它大痛無聲，奪去查果金
珠。"又第五齣："查裹與琴書、雨具，牢收記。"

【查果】

同"查裹"。此體宋代已行用。見該文。

負裝

外出時背負的行裝。《史記·日者列傳》："今
夫卜筮者之爲業也，積之無委聚，藏之不用府
庫，徙之不用輜車，負裝之不重，止而用之無
盡索之時。"

第三節　諸雜考

　　所謂諸雜，是屬於用物部却又不能歸入上述章節的器具之統稱。諸雜中有一類是和衣服有關的專用器具。剪刀、杵、指沓、砧、針、貼兒、熨斗、鈇、篋、管、錐、綫、觿等皆屬此類。剪刀亦作𩮰刀，省稱“剪”，亦稱“劑刀”，亦諧稱“齊司封”，截裁布帛之工具。當起於先秦。《管子・輕重乙》：“一女必有一刀、一錐、一箴、一鈇，然後爲女。”至漢代，其形制已與今相似，兩刃相交以斷物。後刃與柄間又裝一支軸，遂成今之剪刀。《爾雅・釋言》：“劑、剪，齊也。”郭璞注：“南方人呼𩮰刀爲劑刀。”唐賀知章《咏柳》詩：“不知細葉誰裁出，二月春風似剪刀。”宋陶穀《清異録・二儀刀》：“上饒葛溪鐵精而工細，余中表以剪刀二柄遺贈，皆交股屈環，遇物如風。”剪刀中較著名者有并剪、龍頭金縷交刀等。（詳“并剪”“鉸刀”條文。）指沓猶今之頂針，其名漢代已見。初多爲皮箍，套於指上以防刺。魏晋時已見金屬製者，環狀，上遍布凹點以推針。亦作“指搨”“指錯”“針裏”。杵是擣衣器具，多木製圓柱形，頭端較粗。唐代孟郊《聞砧》詩：“杵聲不爲衣，欲令游子歸。”砧、砧杵皆爲捶衣、擣衣之器具。唐代張若虛《春江花月夜》詩：“玉户簾中捲不去，擣衣砧上拂還來。”足見砧、砧杵在當時已被普遍使用。針又作“鍼”，最初爲竹或骨製，後有金屬針。亦稱引綫、貫綫物。針用以縫紉。1988 年江蘇金壇市西崗鎮三星村新石器時期文化遺址中出土了骨刀、骨簪、骨針等物。其中有些刻紋骨筒，多以動物肢骨切割製成，圖案精美，内有骨針，彌足珍貴。《禮記・内則》：“衣裳綻裂，紉箴請補綴。”没有孔的針，猶今之別針，稱弼針，縫紉時，用以繃衣料。鈇是一種無孔長針，行針製衣時插在四周，使其平直易於縫紉，故又名“錔”。始載於先秦典籍。又稱“緵”。盛針的針筒，稱“管”。綫亦作“線”。以棉、麻、絲、毛等材料製成。這些與衣服有關之具今日大都仍被使用。熨斗是用以燙平布料之器具。亦稱“火斗”。相傳原爲商紂所造之刑具，漢代已見熨衣者用之，今傳世者其上或有“熨斗直衣”的銘文。圓形平底，似斗勺，以銅鐵製成，内可盛炭火。有柄，持之以熨，故稱。諸雜中另一類是清潔用具。拖紛、刷子、刷箒、苕帚、抹布、掃箒、棕帚、撣子、簸箕等皆屬此類。拖紛是擦地板用的工具，即今之拖把。刷子、刷箒皆爲梳理、塗抹、刷洗用具。《儒林外史》第一九回：“他每日住店裏，手裏拿着一個刷子刷頭巾。”帚、苕帚、掃帚、棕帚都是掃除或刷洗塵埃、污物的用具。古人迷信，以爲帚可以掃除不祥。《周禮・夏官・戎右》：“贊牛耳，桃茢。”漢鄭玄注：“桃，鬼所畏也。茢，苕帚，所以掃不祥。”抹布，古稱“幡布”，是用以擦拭的布巾。《説文·巾部》：“幡，書兒拭觚布也。”明代人行舟諱翻音，遂改稱“抹布”。撣子，是拂撣灰塵的用具，通常以布繫於木棍一端爲之，或以鷄毛繫於竹條而成。今日仍有“鷄毛撣子”。《紅樓夢》第六七回：“猛抬頭，看見那葡萄架底下，有人拿着撣子，在那裏撣些什麽呢。”此類清潔用具沿用至今。諸雜中，還有一類盛物器。它們有：竹筌、竹撞、栲栳、笆斗、畚、頃筐、筊、籠、籃、筐、簀、篗，等等。這類盛物器具大多以竹條、柳條、草等編製而成（詳各條文）。諸雜中用具名目繁多。日常用器具、雜物統稱“什器”，亦稱“什物”“什具”。《史記·五帝紀》：“舜耕歷山……作什器於壽丘。”司馬貞索隱：“什，數也。蓋人家常用之器非一，故以十爲數，猶今云什物也。”可見什器包羅之廣。從井中向上汲水之“吊桶”、登高用之“梯”、刺物取物之“叉”、給花澆水之“噴壺”等，皆是什器之屬。諸雜類器具在古人生產、生活中有着極其重要的作用。

剪箴錐鑷砧杵諸類

剪刀

亦作“翦刀”，亦稱“劗刀”“剪子”。鉸切用具。剪刀自產生至今已有三千年歷史。先秦典籍中單稱“翦”或“剪”，用以指鉸切。《詩·召南·甘棠》：“蔽芾甘棠，勿翦勿伐。”《墨子·公孟》：“昔者越王句踐，剪髮文身，以治其國。”《爾雅·釋言》：“劗、剪、齊也。”晋郭璞注：“南方人呼翦刀爲劗刀。”傳世最早的剪刀首見於河南洛陽西漢古墓中，其物係將鐵條兩端錘成刀刃，彎作“𝟙”形，兩股交接處無軸，憑藉彈性而張合，因其形如兩刀相交，故亦稱“交刀”，後加“金”旁，

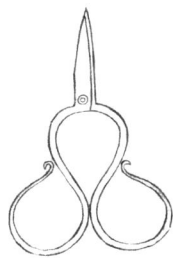

剪刀
（明王圻等《三才圖會》）

又作“鉸刀”。唐李賀《五粒小松歌》：“綠波浸葉滿濃光，細束龍髯鉸刀翦。”至唐代已有“剪刀”之稱，其時并州（今太原一帶）剪刀已馳名天下。古詩文中時見歌咏。唐杜甫《戲題王宰畫山水圖歌》贊曰：“焉得并州快剪刀，剪取吳松半江水。”按：一本作“翦刀”。明胡奎《常州》詩：“買得一雙金剪子，夢隨蝴蝶到家園。”至清代中葉出現了杭州張思家剪刀刃口鑲鋼之工藝，其子張小泉又加改進，形成國內一大流派，其剪背上常鑄以“張小泉”三字。稍後北京出現王氏家族剪。其剪以靈巧快捷著稱，惜爲時不久而劣貨攙入，王家之另支於剪背鑿上些許小點，以示區別，時人謔稱“王麻子剪”。此即所謂“南張北王”，其盛勢至20世紀80年代而未衰。《紅樓夢》第一七回：“〔黛玉〕生氣回房，將前日寶玉囑咐他没做完的香袋兒，拿起

剪子來就絞。"今我國剪刀品種繁多，以用途而言有花邊剪、花齒剪、綉花剪、旅行剪等。以形狀而言有興頭剪、長頭剪、尖頭剪、修髮剪、裁縫剪、闊頭剪、空口剪、綫型剪等，計百餘種名目。長者1米有餘，重4公斤；小者不足3厘米，重不盈25克，其尤小巧者可作耳環。

【鷄】

即剪刀。本指鉸切，後亦指鉸切用具。此稱先秦時期已行用。見該文。

【剪】

即剪刀。本指鉸切，後亦指鉸切用具。此稱先秦時期已行用。見該文。

【鷄刀】

同"剪刀"。此體晋代已行用。見該文。

【劑刀】

即剪刀。此稱晋代已行用。見該文。

【剪子】

即剪刀。此稱唐代已行用。見該文。

【鉸刀】

即剪刀。亦作"交刀"，亦稱"龍刀"。因其爲兩刃相交以斷物之工具，故名。此稱晋代已行用。《太平御覽》卷八三〇引晋張敞《東宮舊事》："太子納妃，有龍頭金鏤交刀四。"南朝梁簡文帝《和徐録事見內人作臥具》詩："龍刀橫膝上，畫尺墜衣前。"唐李賀《五粒小松歌》："緑波浸葉滿濃光，細束龍髥鉸刀翦。"

【交刀】

同"鉸刀"。此體晋代已行用。見該文。

【龍刀】

即鉸刀。此稱南北朝時期已行用。見該文。

并刀

亦稱"并州刀""并州剪""并剪"。古時并州所産剪刀，以鋒利著稱，故稱。後因以"并刀"代指剪刀。此稱始見於唐宋。唐杜甫《戲題王宰畫山水圖歌》："焉得并州快剪刀，剪取吳松半江水。"宋陸游《秋思》詩："詩情也似并刀快，剪得秋光入卷來。"元楊維楨《廬山瀑布謠》："便欲手把并州剪，剪取一副玻璃烟。"清陳維崧《念奴嬌·與任青際飲》詞："瀝盡并刀悲壯血，看有何人憐惜。"清趙翼《甌北詩話·白香山詩》："且其筆快如并剪，鋭如昆刀，無不達之隱，無稍晦之詞，工夫又鍊鍜至潔，看是平易，其實精純。"近代朱錫梁《白門懷古》詩："銷鑄并州刀，剪盡尾形辮。"

【并州刀】

即并刀。此稱唐宋時行用。見該文。

【并州剪】

即并刀。此稱元代已行用。見該文。

【并剪】

即并刀。此稱清代已行用。見該文。

摺叠剪刀

一種可以摺叠的剪刀。宋趙希鵠《洞天清録·剪刀》："有鑌鐵剪刀，製作極巧，外面起花鍍金，裏面嵌回回字者，如潘鐵所遺。倭製摺叠剪刀，古所未有，有則寶之，後世必有好尚之者。"今世摺叠剪刀俯拾可得，製作尤爲精妙，家居便藏，旅行宜携，已非稀罕之物。

夾剪

鐵製夾取物件的工具，形似剪刀，無鋒刃，頭寬而平。《紅樓夢》第五一回："那婆子站在門口笑道：'那是五兩的錠子夾了半個，這一塊至少還有二兩呢！這會子沒有夾剪，姑娘收了這塊，揀一塊小些的。'"

箴

縫衣用以聯綴衣物的工具。舊石器時代的山頂洞人時期已經出現了骨箴。最初爲竹製或骨製，後多爲金屬製。細長且小，一端尖銳，另一端有眼用以引綫。1988年江蘇金壇市西崗鎮三星村新石器時期文化遺址中就有骨針出土，且有裝針用的刻紋骨筒數量較多。後亦作“針”“鍼”。《左傳·成公二年》：“楚侵及陽橋，孟孫請往賂之，以執斲、執鍼、織紝、皆百人。”《禮記·內則》：“右佩箴管線纊。”《荀子·大略篇》：“今夫亡箴者，終日求之而不得。”《説文·竹部》：“箴，綴衣箴也。”又《金部》：“鍼，所以縫也。”段玉裁注：“以竹爲之，僅可聯綴衣，以金爲之，乃可縫衣。”《管子·輕重乙》：“一女必有一刀、一錐、一箴、一鈦，然後成爲女。”《周禮·內則》：“衣裳綻裂，紉箴請補綴。”《左傳·成公二年》：“以執斲、執鍼、織紝皆百人，公衡爲質，以請盟。”北周庾信《對燭賦》：“燈前桁衣疑不亮，月下穿針覺最難。”唐慧琳《一切經音義》卷六四：“鍼，俗作針。”按：《説文》及段注謂“箴”爲“綴衣箴”祇是其另一用法而已，以箴爲獨立之專用，則失之武斷。上古之“竹針”同樣帶有針眼，爲金屬針出現之前最早的“箴”，後世字書亦認定爲針之初始。

針
（明王圻等《三才圖會》）

【鍼】

同“箴”。此體漢代已行用。見該文。

【針】

同“箴”。此體唐代已行用。見該文。

綉鍼

刺綉用的針。明劉侗、于奕正《帝京景物略·春場》：“七月七日之午，丟巧針，婦女曝盎水日中，頃之水膜生面，綉鍼投之則浮。”

弼針

與今之別針相似。舊時爲便於縫紉，多先用一種無孔的針將片繃好，然後縫製。也指別在衣領或胸襟上用作裝飾的針。清朱駿聲《説文通訓定聲·謙部》：“《廣雅·釋器》：‘錭，鍼也。’按今製衣裳用之，蘇俗謂之弼針。”

鈦

亦稱“緫”。無孔長針，製衣時插在四周，使平直而易於縫紉，故又名“錭”。此稱先秦時已行用。《管子·輕重乙》：“一女必有一刀、一錐、一箴、一鈦，然後成爲女。”尹知章注：

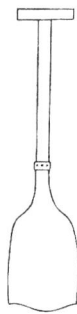

錭
（元王禎《農書》）

“鈦，長針也。”睡虎地秦墓竹簡《法律答問》：“若箴、鈦、錐傷人，各可（何）論？”《玉篇·金部》：“錭，長鍼也。”亦可用作縫衣針。清厲荃《事物異名錄》卷一九引《博雅》：“鈦、緫，針也。”《廣韻·去志》：“緫，連鍼。”

【錭】

即鈦。此稱南北朝時期已行用。見該文。

【緫】

即鈦。此稱宋代已行用。見該文。

指揹

亦作“指沓”，單稱“揹”，亦稱“韋韜”“頂指”“鍼裏”“頂鍼”“頂針”等。古時

縫紉套在手指上以防
針刺的用具，即後世
之頂針。此稱漢代已
行用。多用皮革製
成，亦有金屬製者。

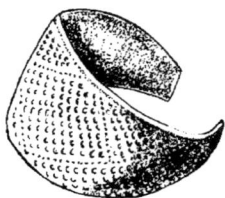
金指揩

《説文・手部》："揩，
縫指揩也……一曰韋韜。"段玉裁注："縫指揩
者，謂以鍼紩衣之人恐鍼之契其指，用韋爲
箍韜於指以藉之也。"王筠句讀："揩，今謂之
套。"朱駿聲通訓定聲："以革爲之。其以金者
爲鐥，今蘇俗謂之鍼裹。"《玉篇・巾部》："揩，
指沓也，亦稱頂指。"清蒲松齡《日用俗字・裁
縫章》："打了褔子縫梭布，戴上頂指做袂袍。"
宋元文學作品中已有"頂鍼續麻"或"頂針續
麻"之類游戲性文體，其"頂鍼"或"頂針"
謂前後相續之物，此物即指揩。遼寧房身晉墓
出土一枚金指揩，其形與近世所用盡同。

【揩】

　　"指揩"之單稱。此稱漢代已行用。見該
文。

【韋韜】

　　即指揩。此稱漢代已行用。見該文。

【指沓】

　　同"指揩"。此稱南北朝時期已行用。見該
文。

【頂指】

　　即指揩。此稱南北朝時期已行用。見該文。

【鍼裹】

　　即指揩。此稱清代已行用。見該文。

管²

　　用以盛針的器具，即今之針筒。《禮記・內
則》："緘管綫纊。"《荀子・賦篇》："簪以爲父，

管以爲母。"楊倞注："管，所以盛箴。"

綫

　　亦作"線"。用棉、麻、毛、絲、金屬等材
料製成的細縷，多用以縫紉。《周禮・天官・縫
人》："縫人掌王宮之縫線之事。"鄭玄注引鄭司
農曰："線，縷也。"《禮記・內則》："右佩箴、
管、綫、纊。"陸德明釋文："綫本又作線。"《公
羊傳・僖公四年》："中國不絕若綫。"何休注：
"綫，縫帛縷，以喻微也。"《説文・糸部》："綫，
縷也。从糸，戔聲。線，古文綫。"

【線】

　　同"綫"。此體先秦時期已行用。見該文。

貼兒

　　一種放置綉綫的夾子。元代時行用。金董
解元《西廂記》卷六："一雙春筍玉纖纖，貼兒
裹拈綫，把綉針兒穿。"凌景埏校注："貼兒，
放置綉綫的夾子。"

錐

　　錐子，別名"利通直"。尖端銳利用來鑽
孔的工具。最初爲骨製。1988年江蘇金壇西崗
鎮三星村新石器文化遺址，有鹿角錐出土。後
多青銅或紅銅錐。商代多爲細長扁條形或長條
形。至戰國時已與今之錐近似，錐頂插於前細
後粗之木柄上。河南信陽戰國楚墓已有出土。
今多爲鐵製或鋼製。《管子・海王》："行服連軺
輂者，必有一斤一鋸一錐一鑿，若其事立。"《戰

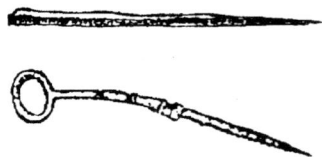
上：商代錐　　下：戰國錐

國策·秦策一》：“〔蘇秦〕乃夜發書，陳篋數十……讀書欲睡，引錐自刺其股，血流至足。”《史記·平原君列傳》：“夫賢士之處世也，譬若錐之處囊中，其末立見。”明宋應星《天工開物·錐》：“凡錐，熟鐵錘成，不入鋼和。”元羅先登《文房圖贊續》：“利通直名銳，字彌堅，號金精山人。”此以錐擬人。

【利通直】

“錐子”的別名。此稱元代已行用。見該文。

觿

亦作“觽”“鑴”“鐫”，亦稱“解結錐”“解錐”。古代解結用的工具，多用象骨製成，形如錐，分爲大觿、小觿。亦用作佩飾。此物始見於新石器時代。1977 年江蘇吳縣張陵山墓葬出土了一件鏤雕玉觿，長 6 厘米，寬 1.2 厘米。體扁，一端尖，一端平且寬，形如角，通體鏤空，直立側視如頭戴尖頂高冠之人形，有鏤雕孔，可佩帶。是迄今所知最早之透雕玉器。《詩·衛風·芄蘭》：“芄蘭之支，童子佩觿。”毛傳：“觿，所以解結，成人之佩也。”朱熹集傳：“觿，錐也，以象骨爲之，所以解結。”觿，一本作“觽”，又作“鑴”“鐫”。《子華子·晏子》：“請刻諸佩觿，以志其不忘也。”《禮記·内則》：“左佩紛帨、刀、礪、小觿、金燧。”鄭玄注：“小觿，解小結也。”唐陸德明釋文：“觿，解結錐。”清蒲松齡《聊齋志異·蓮香》：“〔桑生〕受而視之，翹翹如解結錐。”元曾瑞《哨遍·羊訴冤》套曲：“把我蹄指甲要舒做晃窗，頭上角要鋸做解錐。”

【觽】

同“觿”。此體秦漢時期已行用。見該文。

【鑴】

同“觿”。此體秦漢時期已行用。見該文。

【鐫】

同“觿”。此體秦漢時期已行用。見該文。

【解結錐】

即觿。此稱唐代已行用。見該文。

【解錐】

即觿。此稱元代已行用。見該文。

鑷

古代織機上用以提花的部件。《西京雜記》卷一：“霍光妻遺淳于衍……散花綾二十五匹。綾出鉅鹿陳寶光家。寶光妻傳其法。霍顯召入其第，使作之。機用一百二十鑷，六十日成一匹。”南朝陳徐陵《中婦織流黄》詩：“數鑷經無亂，新漿緯易牽。”

籰子

單稱“籰”，亦作“篗子”。絡繞絲、紗、綫等用的工具。元王禎《絡車》詩：“座上通槽連籰臼，軸頭引籰逗繩圈。”《説文·竹部》：“籰，收絲者也。”明宋應星《天工開物·調絲》：“絲匡竹上，其傍倚柱高八尺處，釘具斜安小竹偃月挂鈎，懸搭絲于鈎内，手中執籰旋纏，以俟牽經織緯之用。”清杭世駿《東城雜記序》：“居民勤織作，繰車緯籰，接響連簷。”清唐訓方《俚語徵實》卷中上：“收絲器曰籰子。”《紅樓夢》第七〇回：“〔丫頭們〕搬高墩，捆剪子股兒，一面撥起籰子來。”

【籰】

即籰子。此體漢代已行用。見該文。

【篗子】

同“籰子”。此體清代已行用。見該文。

楎

亦作"楥"，製鞋時所用的木製模型。宋吳自牧《夢粱錄・諸色雜貨》："家生動事如桌、凳、涼床、交椅……油杆杖、楎轆、鞋楎、棒槌。"《説文・木部》："楥，履法也。"段玉裁注："今鞋店之楎也，楥、楎正俗字。"明馮夢龍《古今譚概・專愚・艾子》："齊人獻木履於宣王，略無刻斫之迹。王曰：'此履豈非出於生乎？'艾子曰：'鞋楎是其核也。'"

【楥】

同"楎"。此體漢代已行用。見該文。

砧杵

亦作"碪杵"。搗衣石和搗衣用的棒槌。南朝宋鮑令暉《題書後寄行人》詩："砧杵夜不發，高門晝常關。"《樂府詩集・子夜四時歌・秋歌第一》："佳人理寒服，萬結砧杵勞。"唐韋應物《登樓寄王卿》詩："數家砧杵秋山下，一郡荊榛寒雨中。"明王圻等《三才圖會・器用》："砧杵，搗練具也。"清納蘭性德《浪淘沙》詞："野宿近荒城，碪杵無聲。"

砧杵
（元王禎《農書》）

【碪杵】

同"砧杵"。此體清代已行用。見該文。

砧

亦稱"玟砧""碪石""砧石"。搗衣石，洗衣服時用以捶搗的石頭。漢班昭《搗素賦》："於是投香杵，扣玟砧，擇鸞聲，爭鳳音。"南朝宋鮑照《登大雷岸與妹書》："迴沫冠山，奔濤空谷，碪石爲之摧碎，碕岸爲之整落。"北周庾信《彭城公夫人爾朱氏墓誌銘》："女郎砧石響明月而思秋風，織婦機床聽寒螿而催絡緯。"唐韓愈《和崔舍人咏月》詩："牖光窺寂寞，砧影伴娉婷。"明徐光啓《農政全書・蠶繅》："蓋古之女子對立，各執一杵，上下搗練于砧。"宋徐照《宿翁靈舒幽居期趙紫芝不至》詩："蛩響移砧石，螢光出瓦松。"

【玟砧】

"砧"之美稱。此稱漢代已行用。見該文。

【碪石】

即砧。此稱南北朝時期已行用。見該文。

【砧石】

即砧。此稱南北朝時期已行用。見該文。

【清砧】

"砧"之美稱。唐杜甫《暝》詩："半扉開燭影，欲掩見清砧。"清屠爌《贈別袁重奇》詩："霜凄茂苑清砧急，月照荒台落葉多。"

杵 [2]

亦稱"香杵"，後世稱"棒棰"。搗衣的棒槌。其形一頭粗一頭細。先秦已有其物。《藝文類聚》卷八五引漢班婕妤《搗素賦》："於是投香杵，扣玟砧，擇鸞聲，爭鳳音。"宋陸游《露坐》詩："秋近不堪聞急杵，夜涼已復怯輕絺。"

《金瓶梅詞話》第三八回："婦人見他的話不妨頭……便取棒棰在手，趕着打出來。"

【香杵】

"杵²"之美稱。此稱漢代已行用。見該文。

【棒棰】

即杵²。此稱宋代已行用。見該文。

刷帚撢子諸類

刷子

單稱"刷"。一種刷除污垢或梳理、塗抹用的工具。多用毛、棕製成。《文選·三國魏嵇康〈養生論〉》："勁刷理鬢，醇醴發顏。"李善注引《通俗文》："所以理髮，謂之刷也。"呂向注："勁刷，謂梳也。"《資治通鑑·後梁太祖乾化元年》："〔守光〕每刑人，必置諸鐵籠以火逼之，又爲鐵刷刷人面。"《水滸傳》第二一回："這邊放着個洗手盆，一個刷子，一張金漆桌子上，放着一個錫燈檯。"

【刷】

"刷子"之單稱。此稱漢代已行用。見該文。

刷箒

掃除污垢或塗抹時用的工具，類今之掃帚、飯帚。多以毛、棕、竹篾或植物根、穗捆扎而成。明李時珍《本草綱目·草五·瞿麥》〔集解〕引蘇頌曰："〔瞿麥〕淮甸出者根細，村民取作刷箒。"

帚

亦作"箒"，亦稱"净君"。掃除刷洗穢物的用具。多束植物的根、稈而散其枝葉、毫端而成。有短把、長把之分。小者有飯帚，用以洗刷碗、盆等炊具。中者爲苕帚，用以掃室内地面。大者稱掃帚，用以清掃庭院。另有炊帚，即飯帚。《禮記·曲禮上》："凡爲長者糞之禮，必加帚於箕上，以袂拘而退，其塵不及長者。"《南齊書·王思遠傳》："既去之後，猶令二人交帚拂其座處。"《急就篇》卷三："箕帚。"顏師古注："箕，可以簸揚及去糞；帚，所以掃刷。"《韓詩外傳》卷九："臣（北郭先生）有箕箒之使，願入計之。"南朝梁沈約《奏彈王源》："既壯而室，竊貲莫非皂隸，結褵以行，箕箒咸失其所。"宋陶穀《清異録·净君》："商山館中窗頰上有八句詩云：'净君掃浮塵，凉友招清風。'是帚與扇明矣。"

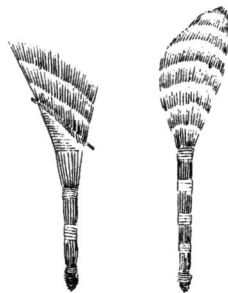

帚
（元王禎《農書》）

【箒】

同"帚"。此體秦漢時期已行用。見該文。

【净君】

"帚"之雅稱。此稱宋代已行用。見該文。

苕帚

亦作"苕帚""條帚""苕帚"。亦稱"苕""芀"。清潔室内的工具。其形扁而短，多以苕稈、細竹枝或去粒的高粱穗、黍子穗等製成。上古時人們又多以此爲掃除不祥的祭祀用具。《説文·草部》："苕，芀也。"段玉裁注："芀帚，花退用穎爲之。芀一名苕，故帚一名苕。"《周禮·夏官·戎右》"贊牛耳，桃茢"漢鄭玄注："茢，苕帚，所以掃不祥。"宋楊萬里《五月三日早起步東園示幼輿子》詩之二："筠箕苕帚兩無蹤，竊果畦丁職不供。"元王和卿《撥不斷·長毛小狗》曲："你道你有似個成精物，咬人的笤箒。"明徐光啓《農政全書》卷二四："《集韻》云：'少康作箕、帚。'其用有二：一則編草爲之，潔除室内，制則區短，謂之條帚；一則束篠爲之，擁掃庭院，制則叢長，謂之掃帚。"

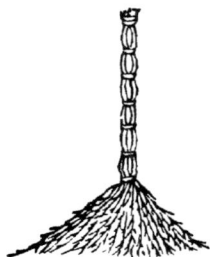

條帚
（清麟慶《河工器具圖説》）

【茢】

即苕帚。此稱先秦時期已行用。見該文。

【芀】

即苕帚。此稱先秦時期已行用。見該文。

【笤箒】

同"苕帚"。此體元代已行用。見該文。

【條帚】

同"苕帚"。此體明代已行用。見該文。

【芀帚】

同"苕帚"。此體清代已行用。見該文。

掃箒

亦作"掃帚"，亦稱"拔篲""掃彗"。用以清掃庭院、厩舍，除去塵土、垃圾等的工具，多用竹葉和掃帚菜之莖捆扎而成，其形長而闊。《南齊書·劉休傳》："令休於宅後開小店，使王

氏親賣掃箒皂莢以辱之。"《隋書·五行志上》："金作掃箒玉作把，净掃殿屋迎西家。"《官場現形記》第一八回："回看地上，業已滿地是水，當差的拿掃箒掃過，重新入席，開鑼唱戲。"《莊子·達生》："開之操拔篲以待門庭，亦何聞於夫子！"成玄英疏："拔篲，掃箒也。言我操提掃箒，參侍門户，灑掃庭前而已，亦何敢輒問先生之道乎？"《爾雅·釋天》："彗星爲欃槍。"晋郭璞注："亦謂之孛，言其形孛孛，似掃彗。"

【掃帚】

同"掃箒"。此體南北朝時期已行用。見該文。

【拔篲】

即掃箒。此稱先秦時期已行用。見該文。

【掃彗】

即掃箒。此稱晋代已行用。見該文。

笓箒

亦作"笓帚"。用竹絲或其他細硬絲等捆扎成的洗刷用具。宋吳自牧《夢粱録·諸色雜買》："其巷陌街市，常有使漆修舊人……並挑擔賣油，賣油苔、掃帚、竹帚、笓帚。"一本作"笓箒"。清李斗《揚州畫舫録·虹橋録下》："郡城畫舫無竈，惟沙飛有之……游人貰以野食，乃上沙飛船。舉凡水盉笓箒，西炷箸箬，醬瓿醋瓠，鑷勺盍鐺，茱萸芍藥之屬，置於竹筐。"

【笓帚】

同"笓箒"。此體宋代已行用。見該文。

棕帚

亦稱"棕將軍"，"棕"亦作"椶"。用棕絲編扎成的帚，多用於刷粉塵、漿糊等。宋黄休復《茅亭客話·雍道者》："道士取石像前棕帚云：'但有患者，將此帚掃之，即愈。'"明王

圻等《三才圖會·器用·棕帚》："棕將軍贊曰：版圖久虧，文執未一，公方往相英豪整我幅員，公能握刷精神，泛掃舊染，不振臂唾手間，使强胡屈服。宜乎，垂功竹帛也。非公，其人亦徒有白面書生耳。彼惡敢當將軍之勇哉！"清厲荃《事物異名録·器用·櫻將軍》："櫻將軍名剪，字思齊，號勇退老夫。"

棕帚
（明王圻等《三才圖會》）

【棕將軍】

"棕帚"之美稱。以其能清除污穢，故名"將軍"。此稱明代已行用。見該文。

堊帚

粉刷墙壁的工具。此稱唐代已行用。唐張懷瓘《書斷·飛白》："飛白者，後漢左中郎將蔡邕所作者……時方修飾鴻都門，伯喈待詔門下，見役人以堊帚成字，心有悦焉，歸而爲飛白之書。"

抹布

亦稱"幡布""搌布"。擦器物用的布。《水滸傳》第二五回："預先燒下一鍋湯，煮着一條抹布。他若毒藥發時……却將煮的抹布一揩，都没了血迹。"明陸容《菽園雜記》卷一："民間俗諱，各處有之，而吴中爲甚。如舟行諱住、諱翻，以箸爲快兒，幡布爲抹布。"《説文·巾部》："幡，書兒拭觚布也。"宋徐鍇繫傳："觚，八棱木，於其上學書已，以布拭之。晋人云：'不見酒家幡布乎？用久則爛。'"《三俠五義》第四三回："他便將小人綑了，又撕了一塊搌布，給小人塞在口裏。"

【幡布】

即抹布。此稱明代已行用。見該文。

【搌布】

即抹布。此稱清代已行用。見該文。

撣子

用鷄毛或布扎成的除塵用的工具。《紅樓夢》第六七回："猛抬頭看見那邊葡萄架底下有人拿着撣子，在那裏撣甚麽呢？"

拖紛

擦地板用的工具，即今之拖把。《何典》第一回："喝聲未絶，鬼圉已將拖紛打下，且正打蛇打在七寸裏，早已命盡禄絶。"

簣籠籢箕笸斗諸類

簣

亦作"蕢""匱"，亦稱"簣籠"。竹或草編製而成的盛土筐。《書·旅獒》："爲山九仞，功虧一簣。"《論語·子罕》："譬如爲山，未成一簣。"何晏集解："包曰：'簣，土籠也。'"晋陸機《豪士賦》："一簣之譽，積成山嶽。"《論語·憲問》："子擊磬於衛，有荷蕢而過孔氏之門者。"朱熹集注："蕢，草器也。"《漢書·王莽傳》："綱紀咸張，成在一匱。"唐許渾《獻韶陽相國崔公》詩："一匱爲功極九層，康莊猶自劍稜稜。"《左傳·襄公九年》："陳畚挶，具綆缶。"晋杜預注："畚，簣籠；挶，土轝。"

【籄】

同“簣”。此體先秦時期已行用。見該文。

【匱】[2]

同“簣”。此體漢代已行用。見該文。

【簣籠】

即簣。此稱晋代已行用。見該文。

篚

竹製盛物器具,多爲圓形。《書·禹貢》:“厥貢漆絲,厥篚織文。”孔傳:“織文,錦綺之屬,盛之筐篚而貢焉。”孔穎達疏:“篚是入貢之時盛在於篚。故云盛之筐篚。”《孟子·滕文公下》:“實玄黃于篚,以迎其君子。”唐杜甫《自京赴奉先縣咏懷五百字》:“聖人筐篚恩,實欲邦國活。”南唐陳陶《冬日暮旅泊廬陵》詩:“楚國蕙蘭增悵望,番禺筐篚旅虚空。”明方孝孺《謝蜀王賜荔支》詩之一:“涪州丹荔擅時稱,翠篚來庭色尚新。”

黃
（元王禎《農書》）

筐

亦作“匡”,亦稱“筐子”。方形盛物器具,多用竹、柳、荆條編織而成。《詩·召南·采蘋》:“于以盛之,維筐及筥。”毛傳:“方曰筐,圓曰筥。”《説文·匚部》:“匡,飯器,筥也。”清王念孫《廣雅疏證·釋器》:“匡者,方正之名。故《爾雅》云:匡,正也。對文則筐與筥異,散文則通。”《詩·小雅·楚茨》:“既齊既稷,既匡既敕。”鄭玄箋:“天子使宰夫受之以匡。”陸德明釋文:“筐,本亦作匡。”知陸德明所據本爲筐。《禮記·喪大記》:“大夫不裹椁,士不虞筐。”清

俞樾《群經平議·禮記三》:“筐,當爲匡,古字同也……學者不知筐、匡之同字,故莫得其解耳。”《漢書·賈誼傳》:“俗吏之所務,在於刀筆筐篋。”明顧易《題曹雲西山水》詩:“晴旭流輝耀翠微,蘿烟開處啓荆扉。澗橋兩兩提筐子,疑在深林采藥歸。”《儒林外史》第一七回:“那人把匡大擔子奪了下來,那些零零碎碎東西,撒了一地,筐子都踢壞了。”

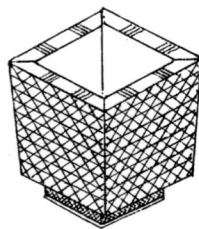

筐
（元王禎《農書》）

【匡】[2]

同“筐”。此體漢代已行用。見該文。

【筐子】

即筐。此稱明代已行用。見該文。

頃筐

亦作“傾筐”“頃匡”。斜口的竹筐,前低後高,似今之畚箕。《詩·周南·卷耳》:“采采卷耳,不盈頃筐。”毛傳:“頃筐,畚屬,易盈之器也。”陸德明釋文:《韓詩》云:‘頃筐,敧筐也。’”馬瑞辰通釋:“頃筐,蓋即今簸箕之類,後高而前低,故曰頃筐。頃則前淺,故曰易盈。”《晋書·殷仲堪傳》:“行者傾筐以顧念,居者籲嗟以待延。”唐湯悦《再次前韻代梅答》:“托植經多稔,頃筐向盛時。”《藝文類聚》卷三六引晋潘岳《許由頌》:“通於時憲,頃匡不盈。”

【傾筐】

同“頃筐”。此體晋代已行用。見該文。

【頃匡】

同“頃筐”。此體晋代已行用。見該文。

籠

亦稱"籠子"。用竹片編成的盛物器具。《周禮·地官·遂師》："共丘籠。"賈公彥疏："云'共丘籠'者，土曰丘，謂共爲丘之籠器以盛土也。"《漢書·王莽傳上》："父子兄弟負籠荷鍤。"南朝宋劉義慶《世說新語·任誕》："俄見一人持半小籠生魚徑來造船。"北魏賈思勰《齊民要術·白醪酒》："作胡葇湯，令沸。籠子中盛麴五六餅許，着湯中。"唐韓愈《和水部張員外宣政殿賜百官櫻桃》詩："香隨翠籠擎初到，色映銀盤寫未停。"

【籠子】

即籠。此稱南北朝時期已行用。見該文。

畚

亦稱"畚斗""畚箕"。以草繩或竹篾編織的盛物器具。《周禮·夏官·挈壺氏》："挈轡以令舍，挈畚以令糧。"鄭玄注引鄭司農曰："畚，所以盛糧之器。"《文選·謝惠連〈祭古冢文〉》："捨畚悽愴，縱鍤漣而。"呂延濟注："畚，土籠也。"宋王安石《幽谷引》："有繩於防兮，有畚於溝。"清褚人穫《堅瓠秘集·中時弊》："知縣是掃箒，太守是畚斗，布政是叉袋口，都將去京裏抖。"《説岳全傳》第三回："即去取了一個畚箕，走出門來。"

畚
（元王禎《農書》）

【畚斗】

即畚。此稱清代已行用。見該文。

【畚箕】

即畚。此稱清代已行用。見該文。

簸箕

單稱"箕"。用來揚去穀物糠粃的工具。三面有沿，一面敞口，口有舌，稱爲"葉"。多用柳條或竹篾編製而成，亦有銅製，河南信陽楚墓出土有銅箕。亦可用爲畚除垃圾之工具。《禮記·曲禮上》："凡爲長者糞之禮，必加帚於箕上……以箕自鄉而扱之。"鄭玄注："箕，去弃物。"孔穎達疏："箕是弃物之器。"北魏賈思勰《齊民要術·種槐柳楸梓梧柞》："至秋，任爲簸箕。"唐鍾輅《前定録·劉逸》："我讀《金剛經》四十三年，今方得力，就説初坐時，見巨手如簸箕，翕然遮背。"《戰國策·齊策六》："大冠若箕，修劍拄頤，攻翟不能，下壘于梧丘。"鮑彪注："箕，簸器。"漢李尤《箕銘》："箕主簸揚，糠粃及陳。"

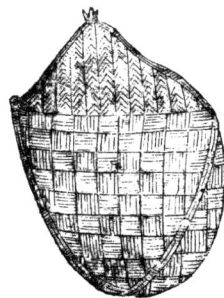

箕
（明王圻等《三才圖會》）

【箕】

即簸箕。此稱漢代已行用。見該文。

藁

亦作"壘"，亦稱"盛土籠"。古代盛土的器具，多竹製。《孟子·滕文公上》："夫泚也，非爲人泚，中心達於面目，蓋歸反藁梩而掩之。"朱熹集注："藁，土籠也。"《集韻·平脂》："藁，盛土籠也。或作壘。"《詩·大雅·綿》"捄之陾陾"毛傳："捄，藁也。"《淮南子·要略》："禹之時，天下大水，禹身執藁垂，以爲民先。"《史記·吳太伯世家》："〔夫差〕遂自剄死。"裴駰集解引《越絶書》："夫差冢在猶亭西卑猶位，越王使干戈人一壏土以葬之。"司馬貞索隱:"壏,路禾反,小竹籠,以盛土。"

【壏】

同"纍"。此體漢代已行用。見該文。

【盛土籠】

即纍。此稱宋代已行用。見該文。

篝²

亦稱"篝笭""篝簍"。竹製盛物用具,上大下小且長。《集韻·平侯》:"篝,蜀人負物籠,上大下小而長,謂之篝笭。"《楚辭·招魂》:"秦篝齊縷,鄭綿絡些。"宋洪興祖補注:"篝,籠也,笭也。"《史記·滑稽列傳》:"甌窶滿篝,汙邪滿車,五穀蕃熟,穰穰滿家。"明許時泉《同甲會》:"庭除爲箕篝,猷甿作篝簍。"按:"篝",蔣天樞《楚辭校釋》爲"轐"之假借,可備一說。

【篝笭】

即篝²。此稱宋代已行用。見該文。

【篝簍】

即篝²。此稱明代已行用。見該文。

簍

用竹篾、荆條、葦條編製而成的盛物器具。初指多孔之籠,後世之簍或圓或方而無提繫。《急就篇》卷三:"筐箄箕帚筐筬簍。"顏師古注:"簍者疏目之籠,言其孔樓樓然也。"《說文·竹部》:"簍,竹籠也,从竹婁聲。"明宋應星《天工開物·藍澱》:"近來出產,閩人種

簍
（清麟慶《河工器具圖說》）

山皆茶藍,其數倍于諸藍,山中結箬簍,輸入舟航。"《紅樓夢》第三七回:"我和我哥哥說,要他幾簍極肥極大的螃蟹來。"

篅笆

單稱"篅"。古代用以盛貯糧食的圓形容器,多爲竹製。《說文·竹部》:"篅,以判竹,圜以盛穀者。"段玉裁注:"用竹簜圜其外,殺其上,高至於屋,蓋以盛穀,近底之處爲小户,常閉之,可出穀。"《淮南子·精神訓》:"有之不加飽,無之不爲之飢,與守其篅笆,有其井,一實也。"高誘注:"篅笆,受穀器。"

【篅】

"篅笆"之單稱。此稱漢代已行用。見該文。

籃

亦稱"籃子""籃兒"。用竹、藤、柳條等編織而成的盛物器,上有提梁。此稱漢代已行用,今仍存。《廣雅·釋器》:"籃,筐也。"唐白居易《放魚》詩:"曉日提竹籃,家童買春蔬。"宋葉夢得《避暑録話》引唐安禄山《櫻桃詩》:"櫻桃一籃子,一半青一半黃。"《水滸傳》第二四回:"其日,正尋得一籃兒雪梨,提着來繞街尋問西門慶。"

籃
（元王禎《農書》）

【籃子】

即籃。此稱唐代已行用。見該文。

【籃兒】

即籃。此稱明代已行用。見該文。

簾

形狀似筐的竹製盛食之器。先秦時期已行用此稱。《説文·竹部》：“簾，飯器也。”《廣雅·釋器》：“簾，筐也。”《儀禮·士昏禮》：“婦執笲棗。”漢鄭玄注：“笲，竹器而衣者，其形蓋如今之筥簾簾矣。”

簾

亦作“筥”，亦稱“簾筐”“簯”“箵”“牛筐”。竹製圓底筐。古多與“筐”連文，方底爲筐，多用於喂牛。《説文·竹部》：“簾，牛筐也。方曰筐，圓曰簾。”《詩·召南·采蘋》：“于以盛之，維筐及筥。”毛傳：“方曰筐，圓曰筥。”《吕氏春秋·季春》：“具栚曲簾筐，后妃齋戒，親東鄉躬桑，禁婦女無觀。”高誘注：“員底曰簾，方底曰筐，皆受桑器也。”《方言》第一三：“箄、籔、簯、箵、簾也。江沔之間謂之簯，趙、代之間謂之箵，淇衛之間謂之牛筐。簾其通語也。”

【筥】[2]

同“簾”。此體先秦時期已行用。見該文。

【簾筐】

即簾。此稱先秦時期已行用。見該文。

【簯】

即簾。此稱漢代已行用。見該文。

【箵】

即簾。此稱漢代已行用。見該文。

【牛筐】

即簾。此稱漢代已行用。見該文。

糞箕

盛垃圾穢物的器具，多用木條編製而成，形狀似簸箕。南朝宋劉義慶《幽明録·石長和》：“〔石長和〕斯須見承閣西頭來，一手捉掃帚糞箕，一手捉把筋，亦問家消息。”《續傳燈録·宗杲禪師》：“師高聲叫曰：‘行者將糞箕掃帚來！’”

栲栳

亦作“筹笔”，古稱“簝”。用柳條編成的盛物器具。北魏賈思勰《齊民要術·作酢法》：“量飯著盆中或栲栳中，然後寫飯著瓮中。”唐盧延讓《樊川寒食》詩之二：“五陵年少粗於事，栲栳量金買斷春。”《三刻拍案驚奇》第九回：“耿埴見遠遠一個人頂着一個大栲栳走，他便趕上去道。”《集韻·上晧》：“笔，筹笔，屈竹木爲器，通作栲。”清方以智《通雅·器具》：“屈竹爲器，呼曰筹笔，考老加竹。或作栲栳，言其屈也。即古之簝，受盛器也。”《禮記·地官·牛人》：“凡祭祀共其牛牲之互，與其盆簝以待事。”鄭玄注引鄭司農曰：“盆簝皆器名。盆，所以盛血；簝，受肉籠也。”

【筹笔】

同“栲栳”。此體宋代已行用。見該文。

【簝】

“栲栳”之古稱。此稱漢代已行用。見該文。

筠籠 [2]

亦稱“筠籃”“筠筐”。竹籃類盛物器具。唐杜甫《野人送朱櫻》詩：“西蜀櫻桃也自紅，野人相贈滿筠籠。”宋邵伯温《聞見前録》卷一七：“洛中三月牡丹開，都人士女載酒爭出，抵暮游花市，以筠籠賣花，雖貧者亦戴花飲酒相樂。故王平甫詩曰：‘風暄翠幕春沽酒，露濕筠籠夜賣花。’”宋楊萬里《曉過丹陽縣》詩之四：“小兒不耐初長日，自織筠籃勝打閑。”清黃遵憲《己亥續懷人詩》：“記曾元子坊邊遇，手挈筠籃貫柳魚。”宋梅堯臣《和孫端叟蠶具詩·蠶簿》："河上緯蕭人，女織歸又葦，相與爲蠶曲，還殊作筠簾。"

【筠籃】

即筠籠[2]。此稱宋代已行用。見該文。

【筠簾】

即筠籠[2]。此稱宋代已行用。見該文。

竹篋

亦稱"竹籠"。用竹片編織而成的盛物器，較籮稍扁、小。《陳書·章昭達傳》："〔歐陽紇〕聞昭達奄至，惶擾不知所爲，乃出頓洭口，多聚沙石，盛以竹籠，置於水柵之外，用遏舟艦。"唐賈島《題皇甫荀藍田廳》詩："竹籠拾山果，瓦瓶擔石泉。"宋孟元老《東京夢華錄·般載雜賣》："又有馳騾驢馱子，或皮或竹爲之，如方區竹篋兩搭背上，斛斗則用布袋馱之。"宋洪邁《夷堅乙志·滄浪亭》："卒明日入白主人，即命十車徒池水，掘污泥，拾朽骨，盛以大竹篋，凡滿八器，共置大棺中，將瘞之。"

【竹籠】

即竹篋。此稱魏晋時期已行用。見該文。

背籠

背在背上用以運送東西的工具。宋朱輔《溪蠻叢笑》："負物不以背背之。筠籃汲水，則用木爲半枷之狀，箝其頭，以布帶或木皮繫之額上，名背籠。"

箯

竹編圓桶形盛器。宋蘇軾《答水陸通長老書簡》之二："惠及温柑甚奇，此中未嘗識也。棗子兩箯，不足爲報，但此中所有止此耳。"宋陳亮《又乙巳春書》之一："柑子一箯，内有真柑五十枚，乃是黄岩柑。"

笒籃

亦作"字籃""字蘭"，亦稱"字羅""薄籃"。圓形淺竹籃，行用於元代。元關漢卿《謝天香》第二折："我正是出了笒籃入了筐。"元秦簡夫《東堂老》第三折："今日呵便擔着字籃，拽着衣服，不害羞，當街裏叫將過去。"元石子章《八聲甘州》套曲："唱道事到如今，收了字籃罷了斗，那些兒自羞？"元宋方壺《一枝花·妓女》套曲："將取字蘭數取梨，有什麽希奇。"宋秦觀《滿園花》詞："待收了字羅，罷了從來斗。從今後，休道共我，夢見也，不能得句！"元張國賓《合汗衫》第三折："正末同卜兒薄籃上云：'叫化咱！叫化咱！'"

【字羅】

即笒籃。此稱宋代已行用。見該文。

【字籃】

同"笒籃"。此體元代已行用。見該文。

【字蘭】

同"笒籃"。此體元代已行用。見該文。

【薄籃】

即笒籃。此稱元代已行用。見該文。

筦子

單稱"筦"，亦稱"筦箕""筦筦"。用竹篾編製的盛器，有繫，多成對挑行。《集韻·上阮》："筦，竹器。"《醒世姻緣傳》第五四回："一百六十文錢買了兩個筦子，四十文錢買了副鐵勾擔杖。"未央《心中充滿陽光》："社員們擔着筦箕來到牛欄邊。"包川《高音喇叭》："錢用了一筦筦，還遭那妖精暗算。"

【筦】

即筦子。此稱宋代已行用。見該文。

【筲箕】

即筲子。此稱近現代已行用。見該文。

【筲筲】

即筲子。此稱近現代已行用。見該文。

竹撞

用篾條做的小竹匣子。《醒世恒言·陸五漢硬留合色鞋》："只見一個賣婆，手提着個小竹撞，進他家去，約有一個時辰，依原提着竹撞出來。"

笆斗

亦作"巴斗"。一種用竹片或荆條等編成的盛器，底爲半球形。明都穆《都公譚纂》卷上："興甫聞之，携一笆斗，置錢數千以往。"《金瓶梅詞話》第六〇回："左手拿着一個黃巴斗。"《老殘游記》第一〇回："北墙上嵌了兩個滴圓夜明珠，有巴斗大小。"

【巴斗】

同"笆斗"。此體明代已行用。見該文。

笯

用竹篾編織成的鳥籠。《説文·竹部》："笯，鳥籠也。"《楚辭·九章·懷沙》："鳳皇在笯兮，雞雉翔舞。"洪興祖補注："笯，籠也。"唐陸龜蒙《奉和太湖詩·初入太湖》："乍如開雕笯，聳翅忽飛出。"

蠻盒

一種藤製盛器，底蓋相合。古因藤産於南方，故稱。清周亮工《大清明曲》之二："銀瓶山下展新塋，蠻盒紛將橡栗盛。"

籯[3]

亦作"籝"。形似籃籠之類的盛物器具，大者可容三四斗。《管子·山國軌》："桯籠纍筥，縢籯屑糗。"《漢書·韋賢傳》："故鄒魯諺曰：'遺子黃金滿籯，不如一經。'"顏師古注："如淳曰：'籯，竹器，受三四斗。今陳留俗有此器。'……然則筐籠之屬是也。今書本籯字或作盈，又是盈滿之義，蓋兩通也。"唐陸羽《茶經·具》："籯，一曰籃，一曰籠，一曰筥，以竹織之，受五升，或一斗、二斗、三斗者，茶人負以采茶也。"《明史·雲南土司傳三·木邦》："己食鹽亦乏絶，乞於緬。緬以五千籯饋之。"

【籝】

同"籯[3]"。此體唐代已行用。見該文。

籮

用以盛物或淘米的竹製器具，多爲方底圓口。製作細緻，大者口側有兩耳，常用以盛穀米等物；小者用以淘米。《方言》第五："所以注斛，陳、魏、宋、楚之間謂之篝，自關而西謂之注箕。陳、魏、宋、楚之間謂之籮。"宋范成大《雪中聞墻外鬻魚菜者求售之聲甚苦有感》詩："飯籮驅出敢偷閑，雪脛冰鬚慣忍寒。"金元好問《學東坡移居》詩之四："兒啼飯籮空，堅陣爲屢却。"

籮
（元王禎《農書》）

桶

盛水或其他物品的容器，多爲長圓形，有提梁。初多爲木製，後有柳條、竹及鐵皮製。今見最早者爲銅緑山春秋戰國古礦井遺址中出土的桶。《急就篇》卷三："橢杅槃案桮閜盌。"唐顏師古注："橢，小桶也，所以盛鹽豉。"《廣雅·釋器》："桶，筒也。"《水滸傳》第一六回："那漢子收了錢，挑了空桶，依然唱着山歌，自下崗子去了。"

【梢】

即桶。方言。清陸增祥《八瓊室金石補正·宋君山鐵梢款》:"孟府十位鑄到鐵梢壹樣貳隻,各重壹仟斤。"陸增祥跋:"梢即桶也。今中州人猶呼桶爲梢。"

柳桊梯叉鈎噴壺諸類

柳桊

亦稱"柳鑵""柳罐"。用柳條編製成的杯盂之類的容器,多用以汲水。《舊唐書·中宗紀》:"幸臨渭亭修襖飲,賜群官柳桊以辟惡。"宋范成大《固城》詩:"柳桊涼鑵汲泉遙,味苦仍藭似海潮。"原注:"〔固城鎮〕水味極惡,用柳作大桊汲井,謂之涼鑵。"北魏賈思勰《齊民要術·種葵》:"井,別作桔槔,轆轤,柳鑵,令受一石。"石聲漢注:"鑵是汲器,即從井裏汲水出來灌地用的,現在多寫作罐。"

【柳鑵】

即柳桊。此稱南北朝時期已行用。見該文。

【柳罐】

即柳桊。此稱近現代始行用。見該文。

吊桶

桶梁上拴着繩子或竹竿,以從井中打水,或從高處向河中、坑中打水的桶。《水滸傳》第一回:"洪太尉倒在樹根底下,諕的三十六個牙齒捉對兒廝打,那心頭一似十五個吊桶七上八落的響。"《西游記》第五三回:"大聖見他不動,却使左手輪着鐵棒,右手使吊桶,將索子才突轆轤的放下。"《老殘游記》第三回:"這三股水,均比吊桶還粗。"

梯

亦稱"梯子"。一種登高用具,一般用竹、木製成,供人逐階上下。《孫子·九地》:"帥與之期,如登高而去其梯。"《三國志·蜀書·諸葛亮傳》:"琦乃將亮游觀後園,共上高樓,飲宴之間,令人去梯。"宋孟元老《東京夢華錄·防火》:"有救火家事謂如:大小桶,洒子,麻搭,斧鋸,梯子,火杈,大索,鐵貓兒之類。"《水滸傳》第四一回:"衆鄰舍方纔吶聲喊,抬了梯子、水桶,一鬨都走了。"《二十年目睹之怪現狀》第三七回:"自己站上去,央德泉拿畫遞給他,又央德泉上梯子上去,幫他把畫釘起來。"

【梯子】

即梯。此稱明代已行用。見該文。

踏脚板

置於床前或車沿前的案板,方便上下。李劼人《大波》第二部第八章:"〔郝又三〕也繫好了湖色花緞夾褲腰,正站在踏脚板上。"

叉

一種用來刺物取物的器具,頭部有分叉,多金屬製。《文選·潘岳〈西征賦〉》:"垂餌出入,挺叉來往。"李善注:"叉,取魚叉也。"唐李商隱《病中聞河東公樂營置酒口占寄上》詩:"鎖門金了鳥,展幛玉鴉叉。"宋蘇軾《答秦太虛書》:

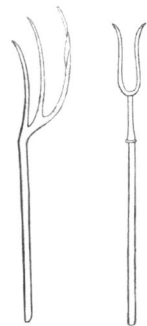

叉
(明王圻等《三才圖會》)

"每月朔便取四千五百錢，斷爲三十塊，挂屋梁上，平旦用畫叉挑取一塊。"《水滸傳》第四九回："弟兄兩個都使渾鐵點鋼叉，有一身驚人的武藝。"

鈎 ²

亦稱"鏃""鈎格""鹿觡"。鈎子，用於鈎取、連接、懸挂器物用的工具。其種類有釣鈎、帶鈎、挂鈎等。形體彎曲，末端有尖。《莊子·外物》："任公子爲大鈎巨緇，五十犗以爲餌。"《墨子·辭過》："鑄金以爲鈎。"于省吾《雙劍誃諸子新證·墨子一》："按：鈎爲帶鈎。近世出土之晚周帶鈎習見，其花文多錯金銀以爲飾。"《樂府詩集·相和歌辭三·陌上桑一》："青絲爲籠係，桂枝爲籠鈎。"《方言》第五："鈎，宋、楚、陳、魏之間謂之鹿觡，自關而西謂之鈎格，或謂之鏃。"

【鏃】
即鈎²。此稱漢代已行用。見該文。

【鈎格】
即鈎²。此稱漢代已行用。見該文。

【鹿觡】
即鈎²。此稱漢代已行用。見該文。

剔鈎

亦作"搭鈎"。鐵製鈎類工具，帶柄，抓牢而鈎取。唐玄英《一切經音義》卷一九："剔鈎，丁盍反。《字書》：'剔，著也。'剔鈎、剔索、剔等皆作此。經文作搭，非也。"《隋書·煬帝紀上》："〔大業五年正月〕己丑，制民間鐵叉、搭鈎、鑕刃之類，皆禁絶之。"

【搭鈎】
同"剔鈎"。此體隋代已行用。見該文。

噴壺

亦稱"花澆"。澆水器具。壺狀，噴水處似蓮蓬，有許多小孔。有的地方亦稱噴桶。此物漢代已見，至今沿用。明徐光啓《農政全書》卷二八："五六日內，遇雨，不須灌；無雨，庠水溝中遥潤之。種少者，噴壺下水或水斗遥灑之。"清梁詩正《西清古鑒·漢噴壺》："高一尺一分，深九寸六分，腹圍一尺五寸，重七十七兩，有繫，壺口如蓮房，俗謂之花澆，灑、掃所用也。"《紅樓夢》第二五回："咱們的噴壺壞了，你到林姑娘那邊借用一用。"《兒女英雄傳》第三〇回："親自提着個宜興花澆，澆了回菊花。"

漢噴壺（清梁詩正等《西清古鑒》）

【花澆】
即噴壺。此稱清代已行用。見該文。

附　錄

中國扇制、扇文化與“桃花扇”之争

華夫（張述錚）

　　何謂“扇”？國人常望文生訓，誤釋爲人居户中執以納凉之羽類器具。實則大謬，扇之原義爲門。從羽者，喻其開闔如鳥羽，非指羽器（見《説文·户部》“扇”及段玉裁注）。今之“扇”字，古作“箑”，爲本字，從“竹”，可證最初當以竹製成，今見先秦出土實物亦多爲竹類。其後，箑亦作“翣”，從羽。箑、翣皆讀爲shà。自西漢始，“扇”與箑、翣并用，“扇”漸廣行於世，而箑、翣二字反漸冷。扇（箑、翣）一經誕生，即扮演了异乎尋常的角色。似乎可以這樣説，中國之扇隱含并拂動了華夏數千載文明史，而且是最爲光輝燦爛的文明史。這可愛的扇兒絶不僅僅用於消夏納凉，而且廣泛涉及了政治制度、軍事指揮、學術風尚，乃至於愛情生活等等古今社會的各個領域，更與帝王將相、才子佳人交織成難解情緣。

　　中國扇始於何時？派何用場？據《黄帝内經》稱，黄帝爲廣開政路，求賢自輔，特製五明扇爲標志，以彰顯視聽。此五明扇當屬儀仗中的障扇，面寬柄長，甚爲高大，足以昭示其博大襟懷。晋代崔豹《古今注·輿服》中亦有類似記載，不過製扇以求賢者乃虞舜而非黄帝。品味以上記載，可知古人對扇的人文價值是何樣重視！古代文獻學者、博物學家們認定這中國扇始一誕生，即出於治理天下之所需，而非納凉。據考古發現，先秦時已有障扇(下將述及，此略)。這一時期的扇用於民間納凉者甚少，功能性、時效性甚弱，當然未能形成規制。

　　自秦漢始，中國之扇漸形成七大系統，兹分述如下：

　　一曰障扇系統，傳説始於黄帝時期。其初，形若直立之旗，一邊爲手柄，一邊爲扇面，甚長大，多竹製，可用以遮日避沙兼示威儀。後世帝王權貴所用手柄居中之儀仗扇，或竹或羽，形狀多樣，亦屬障扇。史籍中又有稱爲“掌扇”者，乃障扇之訛。晋崔豹《古今注·輿服》：“障扇，長扇也。漢世多豪俠，象雉尾扇而制長扇也。”宋程大昌《演繁露·障扇》：“今人呼乘輿所用扇爲掌扇，殊無義。蓋障扇之訛也……凡扇言障，取遮蔽爲義，以扇自障，通上下無害，但用雉尾飾之，即乘輿制度耳。"按：臣民亦可用障扇，但惟有皇帝方可以雉尾爲飾（見下文"羽扇系統"）。乘輿之制，障扇多由内臣於馬上執掌。另有大障扇，形似傘，可遮掩全身，故亦稱"擁繖扇"，省稱"擁扇"。《後漢書・梁冀傳》："冀亦改易輿服之制，作平上軿車，埤幘、狹冠、折上巾、擁身扇、狐尾單衣。""擁身扇"，李賢注"大扇也。"　宋　周煇《清波别志》卷下："當日車駕行幸，惟前有駕馬，後有擁繖扇。"《通雅・器用十》："擁扇，大障扇也。"另有日常生活所用之障扇，湖北江陵戰國墓已見出土。較短小，稱"便面"。初爲竹製，後多以絹爲扇面。史載，漢代文官張敞美聲譽，性靦腆，每下朝過長街，爲避路人窺視，常於馬上以便面自掩。史家注曰："便面，所以障面，蓋扇之類也。"（《漢書・張敞傳》及顔師古注）可見便面其初亦并非爲納凉。後世便面又指小巧的扇子。

　　二曰羽扇系統，據傳殷商時已有雉尾扇（見晋崔豹《古今注・輿服》），又傳周昭王時曾"取鵲翅以爲扇"（宋高承《事物紀原・什用器物》引晋王嘉《拾遺記》），另傳戰國楚襄王時曾以"白鶴之羽以爲扇"（下引晋陸機《羽扇賦》）。初始當爲儀仗之用，或兼以納凉。羽扇主要指鵝毛，約始於漢末。據傳諸葛亮曾以白羽扇指揮軍旅，東晋顧榮征伐叛賊陳敏時，亦曾以白羽扇麾軍，賊衆大潰（見《晋書・陳敏傳》），後羽扇遂成爲發令的信號。其形爲手柄居中或居半側，扇面爲圓或半圓，或成丫形。據《晋書・五行志上》載，"舊爲羽扇柄者刻木象其骨形，列羽用十，取全數也"，大將王敦南征，"始改爲長柄……減其羽用八"，古代史家認爲長柄者"將執其柄，以制羽翼也"，長柄謂加大權秉。扇面"改十爲八者，將未備奪已備也"，這就是説扇柄之變長，扇面之減小，暗藏了聚衆犯上的凶象殺氣。可見古人對於扇制又是何樣敬畏，擅自改制，必有灾异！南朝宋孝武帝規定臣民不得用雉尾（見《宋書・武三王傳・江夏王義恭》）。唐代雉尾扇廣用於宫廷之中，稱之爲宫扇。如唐杜甫《秋興八首》之五："雲移雉尾開宫扇，日繞龍鱗識聖顔。"羽扇之制延宕至清代終於消亡。民間或有用之者，取其納凉把玩而已。

　　三曰麈尾扇系統，始於戰國。晋陸機《羽扇賦》載，楚襄王會山西與河右諸侯於章臺之上，大夫宋玉、唐勒操白鶴之羽侍側，諸侯見之，以麈尾扇掩口暗笑，襄王不悦。經宋玉侃侃而辯，鶴羽扇始得諸侯認同。據此可證，鶴羽扇興起之前後麈尾扇業已盛行。其形手柄居中，扇面以麈尾（即麋鹿尾）製成平底之橢圓形或長條形。初始亦當爲儀仗之用，或兼以驅蚊蠅。麈尾扇盛行於魏晋時期，多爲文人雅士所鍾愛，常揮之以談禪論道，張揚老莊，史稱玄學。其時湧現了宗炳、陶潛之流的所謂賢達、隱逸之士。手持麈尾扇，遂成談玄的象徵。按：學界多認爲麈尾扇主要用於驅蚊蠅，不確。驅蚊蠅當爲其功能之一種。

　　四曰團扇系統，首見於西漢。其形手柄居中，初若滿月，後有橢圓、葫蘆諸狀。多爲絹面，主要用以納涼。漢代徐幹著有《團扇賦》，爲我國最明確的直標爲咏團扇之作。漢劉邦稱帝不久，即將團扇作爲儀仗之一，扇面廣數尺，高丈餘，被高高擎起，臣民不得僭越，不過臣民也以持有小團扇爲美。漢班婕好作《怨歌行》，以團扇自比，藉團扇寄托艾怨之情。婕好本成帝女官，美而能文，初甚得恩寵，後趙飛燕姊妹勢盛，婕好自知見薄，乃退居東宮。自嘆命同團扇，秋風起時，"弃捐篋笥中，恩情中道絕"。晋代又有年輕大臣王珉憑團扇而與嫂婢傳情。事發，嫂罰婢作歌，婢應聲而成。歌曰："團扇復團扇，持許自遮面。憔悴無復理，羞與郎相見。"後有《團扇郎歌》傳世。團扇其物遍行天下，歷代不衰。兩漢之後，僅就臣民而言，不祇用於把玩納涼，亦可作爲障扇，已非帝王專屬。元代劉貫道所繪《清夏圖》中，懷抱包袱的貴婦人之側即有一婢女手執長大團扇以爲儀仗。明沈德符《野獲編·玩具·摺扇》："團扇製極雅，宜閨閣用之。予少時見金陵曲中，諸妓每出，尚以二團扇，今侍兒擁於前。"可知萬曆年間（1573—1619）諸名妓出游時，尚有兩侍兒各舉一團扇於前開路。權貴之家，當更有氣勢。明清之後，始漸廢止。

羽扇
（張述鉒據《晋書·五行志》摹繪）

　　五曰摺扇系統，初見於西漢。其物，扇面爲絹或紙，以竹篾爲骨，兩側夾以小竹板，可收可撒。初稱"九華扇"。《西京雜記》卷一："趙飛燕爲皇后，其女弟在昭陽殿遺飛燕書曰：'今日嘉辰，貴姊懋膺洪册，謹上襚三十五條……九華扇、五明扇、雲母屏風、琉璃屏風。'"三國魏曹植《〈九華扇賦〉序》："昔吾先君常侍得幸漢桓帝，帝賜上方竹扇，不方不圓，其中結成文，名曰'九華'。"桓帝所賜這一"不方不圓"，可以摺疊而題字之扇，與趙飛燕所得"九華扇"同名同物，皆爲漢代皇宮納涼之奇品，即摺扇。晋代稱爲"要扇"。因常佩於腰（要，腰之本字）間，故稱。試看晋陸雲《與兄平原書》："一日案行，並視曹公器物、牀薦席具，有……扇如吳扇、要扇亦在。"陸氏所見曹公之"要扇"，正是曹植先君曹操之遺物"九華扇"，再度證實其物即摺扇。南朝時已作"腰扇"。如《南齊書·劉祥傳》："司徒褚淵入朝，以腰扇障日。"《資治通鑑·齊高祖建元二年》引褚淵以"腰扇障日"事，元人胡三省注曰："腰扇，佩之於腰。今謂之摺疊扇。"

胡氏未曉，晉代除有"要扇"之稱外，亦早有"疊扇"之稱。如"疊扇放床上，企想遠風來"（《樂府詩集・清商辭曲一・子夜四時歌夏歌五》）。至南北朝時，依然是王公國戚之珍玩，至大唐一度失寵，偶見唐代孫愐《唐韻》注中出現過"撒扇"一詞。撒扇即摺扇，明陳慧貞《秋園雜佩・摺疊扇》中有注。至宋代疊扇復興，文人雅士却不知其源於中土，反以爲乃朝鮮或日本所產，此後遂有"摺疊扇""摺扇""撒扇""聚頭扇""聚骨扇"諸稱。因其扇面展開形似蝴蝶，亦別稱"蝴蝶扇"（下文《桃花扇》中將論及）。因傳説係以朝鮮之柔韌松皮或檜皮製成，故又稱"松扇"或"檜扇"。明陸深《春風堂隨筆》："今世所用摺疊扇，亦名聚頭扇。吾鄉張東海先生以爲貢於東夷，永樂間始盛行於中國。予見南宋以來咏聚扇者頗多，予收得楊妹子所寫絹扇面，摺痕尚存。東坡謂高麗白松扇展之廣尺餘，合之止二指許，正今摺扇，蓋北宋已有之。倭人亦製爲泥金面、烏竹骨充貢，出自東洋夷果然。"又宋徐兢《宣和奉使高麗圖經》卷二九載："松扇，取松之柔條，細削成縷，搥壓成綫，而後製成……唯王府遺使者最工。"蘇軾有《和張未高麗松扇》詩，中有"可憐堂堂十八公……裁作團團手中扇"諸語。《宋史・外國七・日本國》載，日本國貢品中即有"檜扇"二十枚。又據明代文震亨《長物志・扇、扇墜》載，日本仍有進貢，"彼國今尚有絶佳者"。此時之摺扇常配有扇墜，多以美玉、寶石爲之，明代喜用伽南香（即沉香）。宋趙彥衛《雲麓漫鈔》卷四："今人用摺疊扇，以蒸竹爲骨，夾以綾羅……蓋出於高麗。"據明代劉若愚《酌中志》、清代韓泰華《無事爲福齋隨筆》及有關典籍記載，自明永樂間又有進貢。萬曆年間又興起另一摺扇，即蘇詩所稱頌的"團團手中扇"。此扇扇面可以完全展開，呈圓形，左右兩側夾板合攏成扇柄，宛若團扇（下文將舉證，此略），一時間風靡朝廷。自成祖始，即曾以摺扇遍賜群臣，内府復予仿製，漸傳入民間，時稱"宮扇"。

六曰輪扇系統。始於西漢，爲巧工丁緩所創。此扇以翅狀飛輪多片分插於一條轉軸周圍，軸端爲曲柄，下承以架，架下或置冰盤。一人搖柄，四面寒風。《西京雜記》卷一："長安巧工丁緩……又作七輪扇，連七輪，大皆徑丈，相連續，一人運之，滿堂寒顫。"後多爲帝王或權貴人家擁有，今已罕見原物傳世。南朝梁劉孝威《行幸甘泉宮歌》："輦回百子閣，扇動七輪風。"此"扇動七輪"即指七輪扇。宋葉廷珪《海録碎事》卷五之"七輪扇"正引此文。宋高承《事物紀原・舟車帷幄》："《西京雜記》曰：'長安巧工丁緩作七輪扇。'今禁中泊宗戚貴室，亦多爲此物者，蓋起自漢丁緩云。"明胡應麟《與祝鳴臯文學》書："憶爾昔長安中伏天，偕足下過某勳戚貴人家……平頭奴運七輪扇，涼飈滿庭，令人心骨俱冽。

酒酣興發，龍陽君振袂起歌《高氏小梁州詞》，胡姬年十五，吹紫玉簫相逐，清音泠泠，上屬雲漢。"約自南宋始，亦稱"風輪""風車"。其形制已漸多樣，或七輪，或一輪，或改爲風箱式。稱"風輪"者，如宋周密《武林舊事·禁中納涼》："又置茉莉、素馨、建蘭、麝香藤……蒼蔔等南花數百盆於廣庭，鼓以風輪，清芬滿殿。"明文震亨《長物志·茉莉素馨百合》："夏夜最宜多置，風輪一鼓，滿室清芬。"清曹庭棟《老老恒言·雜器》："暑天室有熱氣，非風不驅，辦風輪如紡車式，高倍之，中有轉軸，四面插木板扇五六片，令人舉柄搖動，滿室風生。"清梁章鉅《歸田瑣記·北東園日記詩》附詩中之"風輪"與曹氏無甚差異。稱"風車"者，如宋李之彥《東谷所見·寒暑》："寒猶可禦而暑不可避，涼亭水榭，風車簟枕，世不多有。"《金瓶梅詞話》卷二七："雲母床上鋪着那水紋涼簟，鴛鴦珊枕四面撓起風車來。"清全祖望《風車》詩："橐籥生噫氣，能教滿堂涼。吹噓奪真宰，旋轉在中央。"此處之橐籥即指風箱式之輪扇。

七曰蒲扇系統，至遲見於晋代。其物以蒲葵葉稍事加工製成，俗稱"芭蕉扇"。放達士子和貧苦百姓甚喜使用，傳說中的神仙常以爲法器。初稱"蒲葵扇"。《晋書·謝安傳》："安（謝安）少有盛名，時多愛慕。鄉人有罷中宿縣者還，詣安。安問其歸資，答曰：'有蒲葵扇五萬。'安乃取其中者捉之。京師士庶競市，價增數倍。"唐代始稱"蒲扇"。唐王燾《外台秘要方》卷一三："又療臥盜汗方……用敗蒲扇煮汁下藥。"又稱"葵扇"。唐白居易《游豐樂招提佛光三寺》詩："竹鞋葵扇白綃巾，林野爲家雲是身。"蒲扇至今猶見，城鄉皆用。

以上七大系統，乃就扇之總體歸類而言，若就日常生活，尤其是百姓日常生活而細予區別，僅以摺叠扇而言，其種種名目，甚爲繁夥。如，因扇面扇骨不同，分別用於春秋者，稱"春扇""秋扇"；體薰芝蘭，搖而香飄者，稱"香扇"；插於靴中，旅行使用者，稱"靴扇"；用艷麗漏紗爲扇面，可以隔扇窺人者，稱"瞧郎扇"；形色獨特，持爲暗號者，稱"幽會扇"；還有製成三面，左右能隨意展開，中間一層畫有裸女或裸交者，稱"穩扇"或"三面扇"。區區一扇，展現的却是紛紛紜紜的大千世界。自兩漢以來，扇已與文化藝術結下不解之緣。繼班婕妤《怨歌行》、徐幹《團扇賦》之後，南朝梁武帝蕭衍、唐劉禹錫、宋陸游、元楊維禎、明高啓、清吳偉業等皆有咏團扇之著名詩篇。此外，漢班固有《竹扇賦》、漢閔鴻有《羽扇賦》、晋傅玄有《狗脊扇賦》、唐郭振有《雉尾扇賦》、明楊循言有《摺扇賦》，清熊景星又有《咏葵扇詩》，加之前述曹植的《九華扇賦》（可譯作《腰扇賦》），梁章鉅的《北東園日記詩》附詩之咏"風輪"。七大系統之扇，無不在吟咏之列。自東晋王義之、王獻之父子書扇畫扇之後，南朝宋顧景秀、唐邊鸞、宋李唐、元趙孟頫皆擅此道。書扇畫扇之風，至明清而尤盛，明沈周、文徵明、唐寅、仇英，清"揚州八怪"、常州丹青高手惲南田，今仍有諸多扇面佳作傳世。而明清小說戲曲《西游記》《紅樓夢》及下文中之《桃花扇》，盡皆有扇演繹其中。而在歌舞評話等演員手中，小小扇兒更爲活潑多姿，奇趣妙象，風雲變幻，實難言狀。

七輪扇
（張述錚、郭士恒據《西京雜記》卷一摹繪）

近讀史揮戈、吳騰凰合著之《李香君傳》，感慨良多。此書如同孔尚任的《桃花扇》一樣，皆以李香君爲傳主，但取材審慎，文筆細膩，頗具史家之冷眼、作家的柔腸，披露了李香君鮮爲人知的後半生，同時展現了侯方域的民族氣節，這是一部很見功力的名副其實的傳記文學。在半真半假或三真七假的所謂傳記文學充斥文壇、在以"戲說"爲遮羞布下任意胡說、隨心所欲地塗抹歷史、閹割歷史人物的今日，怎不令人欣慰！孔尚任曾以忠於史實自詡，其親撰《凡例》稱："朝政得失，文人聚散，確考時地，全無假借。"一讀史、吳新作，孔氏之虛妄立現。史吳二君往返大江南北，尋踪秦淮河、媚香樓，三登棲霞山，四赴商丘城，不止《桃花扇》主人公的真實面目及其結局得以揭示，而對《桃花扇》中的題眼孔氏稱之爲"龍珠"的"桃花扇"，亦作出反常論斷，認定爲"摺扇"，而這却正是孔氏的原意，同樣恢復了歷史的真相。不過，就三百年來定於一尊的研究結論而言，又大有"標新立異"之嫌。故而著名戲曲史家蔣星煜先生批評曰：

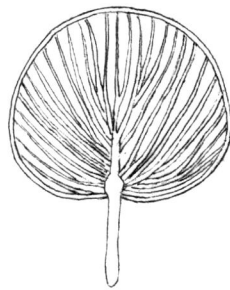

蒲扇
（張述錚據清代傳世實物繪）

《李香君傳》美中有不足，作者不顧歐陽予倩、王季思、朱端鈞、谷斯范諸戲劇家、作家均毫無保留地肯定桃花扇爲團扇之事實，根據1986年《張伯駒目睹桃花扇》一文，定此扇爲摺扇，進而把"宮扇"十分勉强地解釋爲崇禎皇帝賜給侯方域父親侯恂的"宮中之扇"，那是既不符合孔尚任的意思，也違反了歷史真實、生活真實，又曲解了"宮扇"的字義，故決不可取也。(《〈李香君傳〉與〈桃花扇〉》，載《文匯報》2007年5月5日)

史揮戈女士如同蔣先生一樣，是一位嚴謹的學者，對此批評頗爲重視，她詢及筆者，是否自己真的失之武斷？并告知筆者除却研究了上述《目睹桃花扇》一文外，她亦曾與吳騰凰先生多次往訪侯方域之後裔與親眷，證實桃花扇確系摺扇。此扇裝入紫檀盒内，血色桃花已變黑。惜已不知流落何處，遂成今日疑案。筆者認爲，假設原扇復現，蔣先生諸君仍會斥之爲贋品，因爲諸君已陷入學術研究中的團隊怪圈裏，形成排異反應，這些學殖深厚的專家最重視的是史實與本證，即明史與孔氏原書，故拙文亦必就此而展開。

先看有關明代團扇、摺扇的史實。明陸容《菽園雜記》卷五："摺叠扇一名撒扇，蓋收則摺叠，用則撒開……或云始永樂中因朝鮮國進松扇，上喜其卷舒便，命工如式爲之。南方女人皆用團扇，惟妓女用撒扇。"明沈德符《野獲編・玩具・摺扇》："團扇製極雅，宜閨閣用之。予少時見金陵曲中，諸妓每出，尚以二團扇令侍兒擁於前，今不復有矣。宮中所用，又有以紙絹叠成摺扇，張之如滿月，下有短柄，居扇之半。有機斂之，用牡笋管定，闊僅寸許，長尺餘。宮娃及内臣，以囊盛而佩之。意東坡所見者此耳。"又劉若愚《酌中志・内臣佩服紀略》："撒扇，其制用木柄，長尺餘，合竹作小骨二十餘根……放則遮日，收則入囊。"陸氏爲成化進士，嗜讀書，廣見博聞；沈氏爲萬曆舉人，自祖父始，三代皆以進士官朝廷；劉氏爲天啓至崇禎兩朝宦官，尤熟宮中掌故。陸、沈、劉三氏熟知朝内典制及日常起居、衣飾器物，侯恂得之於崇禎，傳之於兒子侯方域的摺扇，正是永樂之後的宮中物。這種摺扇展開爲圓形，有"居扇之半"的扇柄。扇柄可用竹，亦可用木。因其形如團扇，且開合便捷，最受青睞。據沈文可以得知，明成化之後，摺扇早已傳入民間，金陵妓女久已不用團扇。李香君乃崇禎間名妓，當然是追求時尚，不會謹依舊制，固守團扇而不變，侯方域贈予李香君的定情物，正是這種時尚的"張之如滿月，下有短柄"摺扇。

下文重點論析《桃花扇》中有關桃花扇的描述，此即破解桃花扇的本證。

《訪翠》齣，寫李香君自樓頭走下，欲見侯方域之際，有句戲詞曰："香草偏隨蝴蝶扇，美人又下鳳凰台。"蝴蝶扇即摺扇，這是孔尚任精心設定的一筆，暗含三重意思，一是借蝴蝶扇比喻李香君的身份；二是借蝴蝶扇點明故事發生的季節；三是以香草喻君子，以蝴蝶喻美人，謂君子追慕美人。與第二句"美人又下鳳凰台"正合。其句式可以下辭作比："秋色長伴紡織娘，姮娥欲下廣寒宮。"王季思、蘇寰中、楊德平三先生于上世紀60年代注之曰：“香草偏隨蝴蝶扇——意即蝴蝶偏隨香草扇，爲了跟下句對得工整，把句子倒裝過來的。”“蝴蝶偏隨香草扇。”“香草扇”究爲何物？蝴蝶何以不戀鮮花，而“偏隨”這“香草扇”？同齣：“南國佳人佩，休教袖裏藏。隨郎團扇影，搖動一身香。”這是侯方域欲見李香君，曾將扇墜拋上樓内，李香君與之雅集時，侯方域以“香扇墜”爲酒令所作的詩。前輩專家、今世學者對此詩極爲重視，皆以此爲據，將桃花扇最終定之爲團扇。因詩中明確地出現了“團扇”字樣，似乎一詞定局，毋庸置疑。惜專家學者們未曾細考，這“團扇”却是“張之如滿月，下有短柄，居扇之半”的另一種摺扇，故而喻之曰“團扇影”，而非直指爲“團扇”。按：此詩明咏“香扇墜”，實則咏李香君也。李香君嬌小香艷，時有“香扇墜”的雅號。此句香扇墜跟隨團扇影而擺動，謂香君追隨方域，佳人配才子，與上文“香草偏隨蝴蝶扇”遥相呼應。拋扇墜，咏扇墜，這扇墜正是摺扇之飾物，團扇通常是不帶扇墜的。這是專家學者們忽略了的。而“南國佳人佩，休教袖裏藏”一句，又鎖定了唐宋之後團扇的收藏特點，那就是可佩帶不可藏於袖中，而摺扇却與之相反，恰恰是可收藏於袖中之物。《桃花扇》原書在在爲研究者提供了佐證。如《眠香》齣：“小生帶有宫扇一柄，就題贈香君，永爲訂盟之物罷。”場景插語：“旦收扇袖仲介。”《却奩》齣：〔末〕詩在哪裏？〔旦〕詩在扇頭。”場景插語：“旦向袖中取出扇介。”又：“正芬芳桃香李香，都題在宫紗扇上；怕遇着狂風吹蕩，須緊緊袖中藏，須緊緊袖中藏。”收取皆在袖中，可證這是一柄合攏的摺扇，而非袖外的團扇。以上引文又可證此摺扇同樣可稱爲“宫扇”“宫紗扇”。正因爲桃花扇是可合攏的摺扇，在《守樓》齣裏李香君拒收彩禮，不穿嫁衣時，才可以“持扇前後亂打”，才有“好厲害，一柄詩扇，倒像一把防身的利劍”的臺詞。若是團扇怎可“前後亂打”？若是團扇怎可以劍爲喻？還有《寄扇》齣，寫李香君病起後，“獨坐無聊，不免取侯郎詩扇，展看一回”，當李香君困睡妝台時，蘇昆生又有“這柄扇兒展在面前……想因面血濺後，晾在此間”之語。這裏兩次寫了“展”字，若是團扇何用“展看”？何需“展在面前”？準備郵寄時，又寫道：“手帕兒包，頭繩兒繞，抵過錦字書多少。”一位小佳人的手帕兒能有多麽寬大，竟包容了一柄團扇？這團扇又怎禁得起“頭繩兒纏”？而在《舟逢》齣裏，當侯方域接到李香君郵寄的書信——“手帕兒包，頭繩兒纏”的桃花扇時，孔尚任祇用了兩個短句作結：“這封書不是箋紋，摺宫紗夾在斑筠。”這就是説郵寄物并非普通信箋，而是將宫紗摺叠起來夾在斑竹版間，當然必須展開方可閱讀。“桃花扇”究爲何扇？三百年的懸案，僅憑劇中這一諧謔白描，也應迎刃而解。

令人疑惑的是我們今日的專家們何以如此拘泥於成説，何以如此抱殘守缺，強行索解？今再論析王季思教授諸君本世紀初爲《桃花扇》所作注釋：

《寄扇》齣："點染紅麼，新畫你收着。便面小，血心腸一萬條。"注釋："便面，即團扇，因便於遮面，所以叫做便面。"按：前已論及，便面爲中國七大扇系障扇中的一種，并非團扇。後世又指小巧的扇子，包括摺扇。

《舟逢》齣："這封書不是箋紋，摺宮紗夾在斑筠。"注釋："摺即是叠。宮紗是一種質地輕細的絲織品。斑筠，即斑竹。全句的意思即指桃花扇。"按：季思諸君對每一單詞逐一作出明確無誤的注釋，貫穿起來的結論也應是明確無誤的，未料却作出"全句的意思即指桃花扇"的論斷。看來專家們就是不願承認桃花扇即摺扇的事實，若將"摺宮紗夾在斑筠"硬是釋爲團扇又太荒唐，於是就含混其辭地釋爲桃花扇，以回避正面回答。再推問"桃花扇"爲何物？專家們在全書中的注釋是一以貫之的，即團扇。這是專家們自己難以直言，又不肯直言，而留待讀者自答的。

蔣先生批評史吳二君曲解桃花扇的字義時，援引《入道》齣："虧了俺桃花扇扯碎一條條，再不許痴蟲兒吐柔絲縛萬遭。"同齣"白骨青灰長艾蕭，桃花扇底送南朝。"蔣先生點評曰："這分明是紈扇。"按：以"痴蟲兒吐柔絲縛萬遭"斷定爲紈扇，不確！紈，白色細絹，蠶絲織成。白色細絹可以織成紈扇，但却并非紈扇專用，下文引證之偏扇、方扇同樣可以使用。據此指認爲紈扇，進而釋爲團扇，缺乏説服力。此句的本義是，這對痴心男女纏綿於柔情中如同作繭自縛。前文"兩個痴蟲，你看國在那裏，家在那裏，父在那裏，偏是這點花月情根割他不斷麼"可證。"桃花扇扯碎一條條"一語，又反證了"桃花扇"并非團扇，唯有摺扇才易於"扯碎一條條"，團扇有靭竹或鐵絲爲扇框，弱女子李香君哪有如是本領"扯碎一條條"？至於"白骨青灰"兩句，謂南明王朝一代君臣早成白骨青灰，墳頭已是雜草叢生，同紈扇或團扇毫無干係，不足爲證。

近見紅學家嚴中先生亦加入了"桃花扇"之論爭，先生亦認爲"桃花扇"即摺扇，而非團扇。但其文末又稱"事實上，宋代以前宮扇確是指團扇"，并稱。史吳二君釋摺扇爲"宮中之扇"乃"美中不足"。嚴中先生亦誤！試看，《新唐書·儀衛志下》載，在後宮中已有"偏扇""團扇""方扇"諸扇，"團扇"中又有"朱漆團扇""朱畫團扇"等多種。以上是就形狀而言，就用料而言還有"小團雉尾扇""四方雉尾扇"種種不同（已非絲織品），這些皆是宮中儀仗之屬，當然皆可稱之爲宮扇了，可見在唐代宮扇即非專指團扇，故而

“宋代以前宫扇確是指團扇”之説亦失之武斷。專家諸君將“桃花扇”鎖定爲團扇，又將團扇鎖定爲宮扇，那才是“既不符合孔尚任的意思，也違反了歷史真實、生活真實，又曲解了‘宫扇’的字義，故決不可取也。”看來，“曲解了‘宫扇’字義者”并非蔣先生一人，前輩專家、今世學者亦多有疏失。

　　通過“桃花扇”之争，反映出來的不止是《桃花扇》注釋之誤，而是對中國扇制的忽視，對中華物態文化研究的忽視！

　　(此文原爲作者應邀於 2010 年 11 月 27 日在山東省圖書館“大衆講壇”所作報告，2010 年 12 月 2 日全文轉載於《齊魯晚報》文藝版)

索 引

索引凡例

一、本索引爲詞條索引,凡正文詞條欄目出現的主詞條均用"*"標示,副詞條則無特殊標識。

二、本索引諸詞條收録順序以漢語拼音音序爲基礎,兼顧古音、方言等差異,然爲方便檢索,又與音序排列法則有異,原則如下:

首先,以詞條首字所對應的拼音字母爲序排列,詞條首字相同(讀音亦同)者爲同一單元;詞條首字不同但讀音相同的各個單元,一般按照各單元詞條首字的筆畫,由簡至繁依次排列。例如以huáng爲首字的詞條,則按首字筆畫依次分作"皇""黄"等不同單元;又如以diāo爲首字的詞條,則按首字筆畫依次分作"虭""蛁""貂"等不同單元。此外,爲方便查閱和比較,在對幾個同音且各祇有一個詞條的單元排序時,一般將兩個或幾個含義相同或相近的單元鄰近排列。如"埋頭蛇""貍蟲""薶頭蛇"都屬於mái爲首字的單元,且"埋頭蛇"與"薶頭蛇"含義相同,因此這三個單元的排列順序是"貍蟲""埋頭蛇""薶頭蛇"。

其次,同一單元内按各詞條第二字讀音之音序排列,第二字讀音相同者則按第三字讀音之音序排列,以此類推。例如以"皇"爲首字的單元各詞條的排列依次爲"皇戚、皇帝鹵簿金節……皇貴妃儀仗金節……皇史宬……皇太后儀駕卧瓜……皇庭"。

三、本索引中詞條右側的數字爲該詞條在正文位置的起始頁碼。

四、本索引所收詞條僅限於正文、附録中明確按主、副詞條格式撰寫的詞條,而在其他行文中涉及的詞條不收録。

五、多音字、古音字或方言字詞條按其讀音分屬相應的序列或單元,如"大常"古音爲tàicháng,因此歸入音序T序列;又如"葛上亭長","葛"是多音字,此處讀gé,因此歸入音序G序列之ge的二聲單元;互爲通假的詞條,字雖异然而讀音同者,如"解食""解倉"皆爲芍藥別稱,因"食"與"倉"通,故"解食"讀音與"解倉"同;等等。

六、某些詞條多次出現,在正文中以詞條右上標記數字爲標志,如"朝¹""朝²""百足¹""百足²"等,索引中亦按照其右上標記數字的順序排列。詞條相同但讀音不同的則按照其讀音分屬相應的音序序列和單元。如"蟒¹"(měng)、"蟒²"(mǎng),"蟒¹"歸入音序M序列之meng的三聲單元,"蟒²"則歸入音序M序列之mang的三聲單元。

七、某些特殊詞條,如數字詞條、外文字母詞條等,則收入《索引附録》。

A

B

C

G

H

M

N

O

P

Q

T

Y